DER STALINISMUS UND DIE RENEGATEN

D1723583

MICHAEL ROHRWASSER

Der Stalinismus
und die Renegaten

Die Literatur der Exkommunisten

J. B. METZLERSCHE VERLAGSBUCHHANDLUNG
STUTTGART

Gedruckt mit Unterstützung der Deutschen Forschungsgemeinschaft

für Gunther R. Lys

Die Deutsche Bibliothek – CIP-Einheitsaufnahme

Rohrwasser, Michael:
Der Stalinismus und die Renegaten : die Literatur der Exkommunisten /
Michael Rohrwasser. – Stuttgart : Metzler, 1991 (Metzler Studienausgabe)
ISBN 3-476-00765-0

Gedruckt auf säurefreiem, alterungsbeständigem Papier

© 1991 J. B. Metzlersche Verlagsbuchhandlung
und Carl Ernst Poeschel Verlag GmbH in Stuttgart
Satz: Walter Huber Grafische Kunstanstalt, Ludwigsburg
Druck: Gulde-Druck GmbH, Tübingen
Printed in Germany

Inhaltsverzeichnis

I. Einleitung: Aspekte der Renegatenliteratur 1

1. Umrisse des Themas 1
»Internationalismus« 7
Gattung 8
Kalter Krieg 10
Renegatentadel – Renegatenlob 14
2. Leitfaden und Aufbau der Arbeit 19

II. Wörterbuch der Verdammungen 26

1. Renegaten, Dissidenten und Konvertiten 26
Renegatentradition 26
Exkurs: Adrien Turel 28
Der Intellektuelle als Ketzer und Verfolger 29
Literaturgeschichtsschreibung 32
Der Renegat als »Triumph des Stalinismus«? 33
Der Dissident 37
Der Konvertit 38
Apostat und Proselyt 39
2. Ketzer, Deserteure und Verräter 40
Häresie und Ketzerei 41
Kirchen- und Parteigeschichte 42
Der Deserteur 45
Der Verräter 47
Judas 48
Zur Figur des Renegaten in der sozialistischen Literatur 52
Schlußfolgerungen 55

III. Der Spanische Krieg und die »Geburt des Renegaten« – Krivitsky, Regler,
Kantorowicz, Koestler 58

1. Faszination und Ernüchterung im Spanischen Krieg 58
Heimat 58
Medien und Propagandakrieg 59
Madrid und Moskau 62
Die Fünfte Kolonne 67
Renegaten 69
Die »9. Kompanie« 71
2. Walter Krivitsky: Opfer und Täter 73
3. Die »Geburt des Renegaten« 81

Gustav Regler: Lösung von der Partei und Denunziation 81
Gustav Regler: »Doppelagent« und Gedankenattentäter 86
Die Verspätungen des Renegaten 88
Liebe und Tod 91
Die Geburt 94
Denunziation und Verfolgung 96
Anhang: Die Funktionalisierung im Nationalsozialismus 101

IV. Alfred Kantorowicz und das »Tagebuch« 105

Der Weg in die KPD: Von der Elite zur Avantgarde 106
Kantorowicz in der DDR 110
Korrekturen an den Tagebüchern? 113
Die Kritik in den Tagebüchern 119
Der Funktionär und der Tagebuchautor 121
Die Sprache des Opfers 123
Das Niemandsland 126

V. Schauprozesse und Hitler-Stalin-Pakt 129

1. Die Polarisierung 129
Kritik, Apologie und Verdrängung 129
Manès Sperber und die Schauprozesse 132
Zweifel und Rückzug 135
Das Argument vom Zeitgewinn und die Hoffnung auf Krieg 137
Spaltung 141
Karikaturen der Kritik (Brecht und Bloch) 144
Folter und Erpressung 146
NS- und Sowjetjustiz. Stalin als Chirurg 147

2. Feuchtwanger, Brecht und Bloch 151
Lion Feuchtwanger 151
Alfred und Heinrich Kurella. Die Frage der Denunziation 157
Bertolt Brecht und die Schublade des Schreibtisches 160
Ernst Bloch: Stalin als Steuermann 167
Schlußfolgerungen 173

VI. Richard Krebs: Der Kominternagent 177

1. Eine politische Karriere 178
2. Absprung von der Partei. Die Ankunft in den USA 182
»American Mercury« 184
Themenverschiebung? 186

3. Die Rezeption in den USA 188
Der Erfolg 188
Der Autor und seine Glaubwürdigkeit 189
»Counterattack« 193
»Freies Deutschland« und »PM« 197
Exkurs: Der Fall Kravchenko 199
Karl Korsch 200

4. Krebs in den USA. 1941-1951 204
    Die Aussage vor dem »Dies-Committee« 204
    Nachkrieg 207
5. Rezeption nach 1945 in Deutschland, Frankreich und Dänemark 210
    Richard Jensens Antwort an Krebs 211
    Die westdeutsche Rezeption 214
6. Analyse 217
    Glaubwürdigkeit der Einnerungen 217
    Abenteuerroman, Thriller, Kriminalroman 224
    Pseudonym und Wiedergeburt 225
    Geständnis 226

VII. Robert Bek-gran, »Gegen den Strom« und die CPUSA 232
    Bek-grans politische Sozialisation 232
    Im Dienste der Kommunistischen Partei der USA 233
    »Gegen den Strom« 236
    Der unbekannte Helfer 240

VIII. Georg K. Glaser: Die Partei und das Schreiben 242
    Die Kritik einer Erzählung 242
    Geburtshelferinnen 251
    Muttersprache 253
    Sprachkritik 255
    Ablehnung von »Geheimnis und Gewalt« 257
    Autobiographie 259

IX. Stereotypen und Typologie 263
    Ontologisierung und Typologie 263
    Der Renegat als »Nihilist« oder »Wahrer Sozialist« 267
    Der einsame Renegat. Stalin als Adressat 271
    Die Wahrheit 274

Anmerkungen 279
Kurzbiographien 349
Abkürzungen von Periodika 362
Abkürzungen von Organisationen 363
Bibliographie: Renegatenliteratur 365
Bibliographie: Sekundärliteratur (einschließlich Belletristik) 382
Personenregister 401

Mit der Nennung von Autor, Jahr und Seitenzahl wird auf die Bibliographie verwiesen; ausführliche Quellenangabe erfolgt in der Fußnote dann, wenn die Quelle einmalig zitiert wird oder für das Thema marginale Bedeutung hat. Hervorhebungen im Zitat stammen, sofern nicht anders vermerkt, vom jeweiligen Autor. (Meine Einfügungen stehen in eckigen Klammern.) In der Regel wurden Zitate aus dem Englischen und Französischen von mir übersetzt.

Die Siglen von Zeitschriften und die Abkürzungen von Organisationen sind zu Beginn der Bibliographie verzeichnet.

Eingerückte Passagen haben (ähnlich wie einige Fußnoten) die Funktion von erläuternden oder illustrierenden Exkursen. Sie wollen die Argumentation der Arbeit verdeutlichen, die Argumentation sollte aber nicht von ihnen abhängig sein. »In den Fußnoten werden zumeist gerade solche Belege untergebracht, auf die nicht näher eingegangen wird, deren Beweischarakter also noch durchaus fraglich ist«, schreibt Peter Szondi (»Über philologische Erkenntnis«) – mit einigem Recht; sie sind, wie die eingerückten Passagen, die Kompromisse oder Ventile einer geschlossenen Arbeit.

»⟨...⟩ und ich bin außer mir, wenn dann andere ihre ahnungslosen Schnäbel daran wetzen, sie, denen alles erspart geblieben ist und die nicht wissen, was sie da eigentlich tun.«
Marieluise Fleißer an Arno Schmidt (1965)

»In seinem Versuch, soviel wie möglich über die Sowjetunion zu erfahren, las X von ungefähr 1930 bis 1950 nichts als die Werke angesehener nichtkommunistischer Autoren ⟨...⟩. Dieses geistige Kraftfutter wurde durch die Lektüre höchst objektiver nichtakademischer Rußlandkenner ergänzt ⟨...⟩. Sein Freund Y verspürte die gleiche Wißbegier, aber sein Geschmack war auf das Nichtgelehrte und Melodramatische gerichtet. Da ihm Objektivität gleichgültig war, suchte er den Schlüssel zur sowjetischen Politik in den Schriften der geschworenen Feinde des Regimes, wie etwa der Ex-Menschewiki; er genoß die romanhaften Berichte à la Koestler und Victor Serge. Von Stufe zu Stufe sinkend, verschlang Y kitschige oder Sensationsgeschichten der Gattung ›Ich war Gefangener des roten Terrors‹. Er versetzte X in Wut, indem er behauptete, manches von der sowjetischen Politik sei leichter zu verstehen, wenn man den Kampf zwischen Al Capone und Dan Torrio, nicht aber den zwischen Lenin und Martow oder die Polemik über ›Sozialismus in einem Lande‹ studiere. Welcher unserer beiden erdachten Helden wäre besser in der Lage gewesen, das Wesen der sowjetischen Politik unter Stalin zu verstehen? Natürlich ist diese Gegenüberstellung nicht ganz fair. Es gab eine Anzahl wissenschaftlicher Werke, die durchaus realistisch waren und das Kind beim Namen zu nennen wagten. Aber im allgemeinen gilt, daß der durchschnittliche angloamerikanische Gelehrte, der während der in Frage stehenden Periode schrieb, an Kategorien wie ›Polizeistaat‹, ›Terror‹, ›Totalitarismus‹ mit der gleichen Bangigkeit und demselben Abscheu heranging wie der viktorianische Romancier, wenn er den Geschlechtsakt andeuten wollte...«
Adam B. Ulam (1967)

I. 1. Umrisse des Themas

Literatur der Exkommunisten: Das meint die Literatur jener, die ihre Partei verlassen haben und ihre Erfahrung literarisch bearbeiteten, sei es als Beichte oder Enthüllung, als Selbstreflexion oder Abrechnung, sei es in der literarischen Form einer Autobiographie oder eines Entwicklungsromans, als Utopie oder historischer Aufriß. Hat diese Literatur mehr Gemeinsames als eine politische Erfahrung ihrer Autoren?

Daß diese Studie den Schwerpunkt auf die Zeit der nationalsozialistischen Diktatur legt, weist auf einen verbindenden historischen Hintergrund und damit auf jenes Dilemma, das in der Renegatenliteratur als ›Falle des Entweder-Oder‹ benannt ist: ›Treue zu Stalin oder Faschismus, ein Drittes gibt es nicht‹. Renegatenliteratur ist per se Einspruch gegen das Postulat dieser Alternative.

Im Januar 1942 macht Ernst Bloch im Blick auf die Literatur der Exkommunisten eine literarische Gattung aus: Er spricht von der »Literaturgattung des Verrats« (1942, 199) [1]. Als Blochs Aufsatz 1942 in Mexiko veröffentlicht wurde, waren bereits sehr unterschiedliche Titel erschienen, die der Gattung der Renegatenliteratur zugerechnet werden konnten:

– *Jewgenij Samjatins* utopischer Roman aus den frühen zwanziger Jahren, »Wir«, in dem ein sowjetrussisches Reich geschildert wird, das durch stereotaktische Operationen jedem Staatsbürger das Nervenzentrum der Phantasie entfernt. George Orwell und Aldous Huxley wußten sich von diesem Roman beeinflußt. Der Autor reagierte auf die staatliche Kritik an seinem Roman mit dem Austritt aus der sowjetischen Schriftstellervereinigung; nach dem über ihn verhängten Schreibverbot bat er Stalin brieflich um die Erlaubnis zur Ausreise. Auf Gorkis Fürsprache konnte er 1932 nach Paris emigrieren.

– Drei Rußlandberichte, die in Deutschland 1930 unter dem Autorennamen des rumänischen Schriftstellers *Panaït Istrati* erschienen waren. Den ersten Band, einen Reisebericht, hatte Istrati selbst verfaßt und war daraufhin von der kommunistischen Partei zum »Spion« erklärt worden; für den zweiten und dritten Band der Trilogie hatte er seinen Namen den Exkommunisten Victor Serge und Boris Souvarine geliehen.

– Der Rußlandreisebericht von *André Gide*, »Retour de l'U.R.S.S.«, der von der parteikommunistischen Kritik als Renegatenbericht gelesen wurde, obwohl Gide darin einer Enttäuschung und keiner Abkehr Ausdruck gab. Gide wurde in der kommunistischen Presse nicht nur als Verräter, sondern auch als perverser alter Greis beschimpft. Er wandte sich nach der denunziatorischen Kritik gegen sein Buch von der PCF ab und veröffentlichte ein Jahr später, 1937, einen Nachtrag zu seinem Reisebericht, die »Retou-

ches à mon ›Retour de l'U.R.S.S.‹«, mit dem er seine Abkehr von der Kommunistischen
Partei vollzieht.

– Der Enthüllungsbericht »In Stalin's Secret Service« des ehemaligen Sowjet-Generals
Walter Krivitsky, der 1939 eine detaillierte Darstellung von Stalins Außenpolitik geliefert
hatte, die, etwa während des Spanischen Krieges, einzig sowjetischen Machtinteressen
gehorcht und alle revolutionären Ideale der Oktoberrevolution verraten habe. Zum
Zeitpunkt von Blochs Polemik war Krivitsky bereits in den USA von der GPU liquidiert
worden.

– »Darkness at Noon« (»Sonnenfinsternis«) von *Arthur Koestler,* der in fiktiven Dialogen
eines Romans versucht, das Rätsel der Geständnisse der Angeklagten in den Moskauer
Prozessen zu lösen. Koestler wurde dafür von den Kommunisten zum »objektiven
Helfershelfer der Faschisten« ernannt.

– Schließlich die Autobiographie von *Richard Krebs,* »Out of the Night«, erschienen
unter dem Pseudonym Jan Valtin und wahrscheinlich das auflagenstärkste Buch der
ganzen Exilliteratur – es ist das einzige literarische Beispiel, auf das sich Bloch, das Buch
als »Schmutz- und Schundroman« qualifizierend, in seinem Artikel bezieht.

   Es scheint kein Zufall, daß zuerst ihre Gegner die Existenz einer »Renegatenliteratur«
konstatieren; bis heute gewinnt die Diskussion ihren polarisierenden Charakter daher,
daß es vor allem ›Betroffene‹ sind, die über Begriffe, Autoren und Bedingungen dieser
Literatur sprechen und urteilen. Die Literaturkritik registriert die Nützlichkeit oder die
Verwerflichkeit der Texte; ein Urteil über literarische Traditionen oder Qualitäten bleibt
diesem Raster untergeordnet.

Günter Zehm behauptet in seiner Sartre-Monographie, »Die schmutzigen Hände« seien Sartres
bestes, »Nekrassow« dessen schlechtestes Stück. Daß das erstere, von der Literaturkritik als
antikommunistisch eingestufte Stück zugleich das erfolgreichste und die parteifreundliche Nekrassow-Komödie das erfolgloseste Drama des Autors war, nimmt Zehm zum Beweis seines Werturteils.
So wird der Publikumserfolg zum Indikator der literarischen Qualität und der politischen Wahrheit
[2].

Der amerikanische Renegat Whittaker Chambers übersetzt die Renegaten Gustav Regler
und Karl August Wittfogel; Wanda Bronska Pampuch tritt als Übersetzerin von Leszek
Kolakowski auf; Manès Sperber gibt in Frankreich Gustav Regler und in Deutschland
Ignazio Silone heraus; die Exkommunistin Carola Stern lektoriert die Bücher von
Autoren wie Fritz Schenk und Ralph Giordano, die ihrem Weg von Ost nach West gefolgt
sind; Alfred Kantorowicz richtet als Kommunist in einem Essay über Arthur Koestler und
rezensiert ihn nach seiner Übersiedelung in die Bundesrepublik; Herbert Wehner unter-
stützt Kantorowicz nach dessen Flucht; Ruth Fischer und Ignazio Silone unterstützen
Franz Jung. Andere Renegaten wie Margarete Buber-Neumann gründen Zeitschriften, in
denen Renegaten zu Wort kommen. Kritische Aufmerksamkeit erfährt die schriftstellerische Produktion der Renegaten im Blickwinkel der ehemaligen Parteifreunde. Ernst
Bloch oder Jules Humbert-Droz psychologisieren und kategorisieren die Figur des
Renegaten und fällen ein literarisches Werturteil, das dem von Zehm entgegengesetzt ist:
»literarisch völlig indiskutabel« [3].

Die Renegatenliteratur entsteht – Blochs Polemik bleibt noch außer acht – im Zeichen des doppelten Verlusts der geographischen und der politischen Heimat. »Die Partei war für all diese Heimatlosen der letzte Rest von Heimat, das Geborgensein in einer Genossenschaft Gleichgesinnter ⟨...⟩«, schreibt Oskar Maria Graf in seinem Roman »Flucht ins Mittelmäßige« (1959, 22). Der Verlust der politischen Heimat wiegt dabei für die meisten schwerer als der Verlust der geographischen. Georg Katharina Glaser, Gustav Regler, Richard Krebs oder Robert Bek-gran schildern ihren Fortgang aus Deutschland keineswegs nur als katastrophale Erfahrung.

Die Vertreibung aus der Heimat bedeutet für Glaser im wesentlichen den Verlust der Muttersprache. In Frankreich habe er »die sonnigsten Wochen jener Vorkriegsjahre« erlebt (1968, 18); »ich war wieder daheim«, sagt er nach seiner Ankunft in Südfrankreich (1953, 295). Regler spricht vom »provenzalischen Paradies«, in das die Vertreibung ihn geführt habe [4]. Doch beide gewichten die Trennung von der Partei als die schwerste Erfahrung der Exiljahre.

Die Renegatenliteratur entwickelt in der Zeit des nationalsozialistischen Exils die Umrisse einer neuen literarischen Gattung. Ihre Texte handeln von Desillusionierung und Wandel, die zumindest den politischen Glauben betreffen, häufig aber die ›Neugeburt einer Identität‹, eine radikale Zäsur der Biographie postulieren. Dargestellt wird eine existentielle Läuterung vom Dunkel ins Licht, eine Rettung aus Lebensnot oder eine Heilung aus schwerer Krankheit. Die Darstellung der Wandlung unterstreicht in der Regel die einsame Entscheidung des Renegaten und rekonstruiert mit der Folgerichtigkeit der Entwicklung einen Mythos der intellektuellen und der moralischen Einsicht.

»Ein Gott der keiner war«, »Ernüchterung« und »Erwachen« sind Vokabeln dieser Literatur, die auf eine Vorgeschichte hinweisen; sie reden vom Lösen einer religiösen Bindung, von der Ernüchterung aus dem (eigenen) Hoffnungsrausch, vom Erwachen aus der (eigenen) Euphorie. Geschrieben wird von einem »Glücksrausch«, der dann »langsam verflog« [5]. So selten bei der Bekehrung zum Kommunismus die Rede von der Faszination eines theoretischen Systems war, so selten wird auch in der Abkehr von der Partei auf eine Widerlegung des Marxismus Bezug genommen. Das »Haus der Partei«, sagt Georg Glaser, sei

»⟨...⟩ nicht aus Lehren, sondern aus der Hoffnung, der Inbrunst, der Empörung, den Leiden und den Träumen von Menschen erbaut ⟨...⟩, aus der Suche Irrender; es ist nicht Marx, der die Armen in sein Reich eingelassen hat, sondern die Entrechteten haben Marx beauftragt, das zu schreiben, was ihnen dient« [6].

Die Trennung von der Partei impliziert nicht immer das Ende des Glaubens, der Hoffnung und Empörung, zumindest steht sie für das Ende der Gewißheit, daß die Hoffnung einzig von der Partei verkörpert werde. Glaser:

»Und während aller jener Jahre hatte mich nie das Unbehagen verlassen, stets hatte ich gespürt, daß in allen Programmen und Vorschlägen geheime Angebote sich mitteilten, die allein von den Menschen gehört wurden, und wenn etwas widerstand, so nie eine Lehre einer anderen Lehre, sondern eine Verheißung einem Handel, ein Traum einer Angst« (1953, 258).

Es sind Hoffnungen und Empörungen, die schon vor der Oktoberrevolution den literarischen Expressionismus bestimmten [7]. Die Suche nach dem »neuen Menschen« scheint 1917 erfolgreich abgeschlossen. Aber wie genau konnte der sehnsüchtige Blick sein, der nach Bestätigung suchte? »Mein Verhältnis zu Rußland war immer ein wohlwollend kritisches«, schreibt 1938 beispielsweise der Renegat Bek-Gran, »selbst nach den Erfahrungen eines Besuches ⟨in Rußland⟩ im Jahr 1931. Ich versuchte wie viele andere immer zu verzeihen, zu verstehen. Der Wunscherfüllungsdrang war so groß, daß eine gewisse Unehrlichkeit gegen mich selbst in mir Platz ergriff« (1938, 14 f). Panaït Istrati bekennt, daß er die »Übelstände« in der Sowjetunion »tief in den Untergrund meines Bewußtseins zurückdrängte« (1930, 117). Ganz vom »Wunscherfüllungsdrang« überwältigt wird Lion Feuchtwanger, als er 1937 in Moskau erscheint, um Material für ein Buch zu sammeln, das die Wirkung von André Gides Reisebericht auslöschen soll. Gewitztere Autoren wie Brecht schlagen Einladungen des sozialistischen Mutterlandes aus, möglicherweise auch, um den eigenen Traum nicht zu gefährden.

Die Renegatenliteratur widerlegt kaum politische Programme [8], sondern verkündet das (vorläufige) Ende des Glaubens an den »neuen Menschen«. André Gide stellt seinem Rußlandreisebericht ein Detail aus dem Demeter-Mythos voran, in dem der Säugling Demophoon von Demeter auf ein Feuerbett gelegt wird: »Ich stelle mir die grosse Demeter vor, wie sie über den strahlenden Säugling gebeugt ist: über die Zukunft der Menschheit.« Doch die mißtrauische Mutter kommt in die »Experimentalkammer« hineingestürzt; »von mütterlicher Angst missleitet, stiess sie die Göttin und alles sich formende Übermenschliche beiseite, riss die Glut auseinander und, den Sohn zu retten, verlor sie den Gott« (1936/ 1937, 10). Während der homerische Hymnus davon kündet, daß Demophoon »nicht mehr dem Schicksal des Todes entgehen« kann, vereint Gide Demophoon mit dessen glücklicheren Bruder Triptolemos.

Die homerische Hymne an Demeter (Vs. 262) und die orphische Überlieferung sprechen vom Tod Demophoons; Triptolemos, Demophoons Bruder, erhält von Demeter die Gabe des Getreides zum Segen der ganzen Menschheit. Indem Gide Demophoon zu Triptolemos macht, schwächt er die schlechte Botschaft ab: Zwar scheitert die Gottwerdung Demophoons, aber er wird dennoch der Menschheit Segen bringen. Demophoon (d. h. »der Volkstöter«) und seine Brüder sind ursprünglich der Figur des Ares verwandte Krieger; Triptolemos wird durch Demeters Hilfe vom Krieger zum Getreidebauern und zum Erfinder des Pflugs [9]. Unausgesprochen bleibt, wer in Gides Allegorie die ängstliche Mutter verkörpert: Lenin und seine Politik der NEP, Stalin und die Doktrin vom »Sozialismus in einem Lande«; oder sind es die Kritiker des sowjetischen Experiments? In seinem Vorwort zur »Retour« legte Gide die Lesart nahe, daß Stalin die Mutter verkörpere (1936/37, 12 f).
  Mit seiner Allegorie vom Feuerbad verbeugt sich Gide vor *Nikolai Alexejewitsch Ostrowski*, dem Dichter des ›klassischen‹ Sowjet-Romans »Wie der Stahl gehärtet wurde«. Gide hatte Ostrowski in der Sowjetunion an dessen Krankenlager besucht und beschreibt ihn als den »Heiligen« der Revolution (1936/1937, 115). Ostrowski, der im Dezember 1936 starb, schreibt in seinem letzten Brief – so berichtet Theo Pinkus (1937, 15 f) – an seine Mutter: »Wie hat Gide unsere Herzen getäuscht. In diesem Buch schreibt André Gide ›gut‹ von mir, er sagt, daß wenn ich in Europa leben würde, ich als ein Heiliger betrachtet würde. Ich will nicht mehr davon sprechen, dieser Verrat war ein großer Schlag für mich ⟨...⟩«.

»Rußland nackt. Zahlen beweisen«, heißt ein Renegatentext von 1930 [10], der entzaubern will. Aber die Magie von Rußland war die Verknüpfung von Erlösungshoffnung,

Glaube an die Geburt des ›Neuen Menschen‹ und Aufklärungsoptimismus, Fortschritts-glaube – eine Magie, der Zahlenbeweise darum nicht gewachsen sein konnten: »Anstelle von Visionen bedienten wir uns der logischen Deduktion«, heißt die Sprache des Revolutionsingenieurs [11]. »Wir hatten Vorstellungen von einem Wunder, nämlich dem Sieg der Schwachen. Das russische Beispiel narkotisierte. ⟨...⟩ Oh, es war ein Mosesklop-fen, und der Stein gab Wasser!«, schreibt der katholische Exkommunist Gustav Regler über seinen Lebensabschnitt als abtrünniger, zum Kommunismus konvertierter Exkatho-lik [12], während der Proletarier Georg K. Glaser die Faszination der Revolutionsmaschi-ne in expressionistischen Bildern beschwört:

»Wir träumten, ja, aber von unserer Erde. Uns leuchteten keine heiligen Lichter, uns verwirrten keine übersinnlichen Mädchenaugen, und uns rührten keine Gesänge. Vor unseren Augen erstanden Heere donnernder Raupenschlepper, erstanden Ziffern, die sich wie flammende Botschaften aus der Zukunft lasen. Ein gewaltiger Atem wehte uns aus den Jahresabrechnungen des großen Planes der Rätestaaten an« (1953, 71).

Eine der Botschaften der Oktoberrevolution, dem Werk von Pazifisten und Deserteu-ren, hieß Frieden [13]; seine Sicherung wird kriegerischen Bildern anvertraut. Noch in der Kritik des Glaubens wird dessen Faszination spürbar, und Koestlers Dialoge, denen Heiner Müllers verwandt, erhellen wieder das Szenarium der Experimentalkammer, in der die ›Avantgarde‹ der Menschheit Demeters Stelle eingenommen hat. Der Verhörer Rubaschows, des ›schuldlos‹ angeklagten, spricht:

»Jahr für Jahr sterben Millionen sinnlos als Opfer von Epidemien und Naturkatastro-phen. Und da sollten wir zurückschrecken, einige hunderttausend dem sinnvollsten Experiment der Geschichte zu opfern? Ganz zu schweigen von den Legionen jener, die an Unterernährung und Tuberkulose, in den Kohlengruben und Quecksilberminen, auf den Reisfeldern und Baumwollplantagen zugrunde gehen. Kein Hahn kräht nach ihnen, kein Mensch fragt, warum und wofür; aber wenn wir hier ein paar tausend objektiv schädliche Leute umlegen, steht den Humanisten in der ganzen Welt der Schaum vor dem Mund. Jawohl, wir haben den parasitären Sektor der Bauernschaft liquidiert oder verhungern lassen. Es war eine chirurgische Operation, die ein für allemal durchgeführt werden mußte; aber in den guten alten Zeiten vor der Revolution sind in Dürrejahren ebensoviel vor Hunger verreckt, bloß daß ihr Tod sinn- und zwecklos war. Die Opfer der Über-schwemmungen des Gelben Flusses in China gehen mitunter in die Hunderttausende. Die Natur ist so großzügig in ihren sinnlosen Experimenten an der Menschheit, und du wagst es, der Menschheit das Recht abzusprechen, an sich selbst zu experimentieren?« (1940/1979, 138)

Sind die literarischen Vorbilder für die Verhörszenen von Koestlers Roman »Die Sonnenfinsternis« in Dostojewskis »Raskolnikoff« zu finden, so hat die hier zitierte Rede ihre Folie ganz offensichtlich in der von Büchners St.Just [14]. St.Just verweist dort statt auf Demeter und Demophoon auf die Töchter des Pelias, die den Vater zerstückeln wollen, mit der Absicht, ihn zu verjüngen.

Iwanoff, der Verhörer, wirft Rubaschow »Auflehnung gegen Experimente« vor – er spricht mit Demeters Stimme, während der neue Verhörer, der den verhafteten Iwanoff ablöst, bereits Koestlers Sicht von Demophoon entspricht: der »neue Mensch« entpuppt sich als skrupellos und ungebildet, eine funktionierende Maschine [15].

Wo die Rede von der »Geburt des neuen Menschen« ist, können Mißstände und Mängel als Geburtswehen interpretiert werden. Romain Rolland antwortete 1927 auf einen »Appell der gemarterten sowjetischen Schriftsteller« in feierlicher Ablehnung: »Diese neue Ordnung ist über und über mit Blut befleckt, vollkommen besudelt, wie die Frucht, die wir dem Mutterschoß entreißen. ⟨...⟩ Ich hebe es auf, das Neugeborene: Es ist ⟨...⟩ die letzte Hoffnung für die Zukunft der Menschheit« [16].

Die Fülle der Rußlandreiseliteratur der zwanziger Jahre war kein Ausdruck von leidenschaftsloser Informationssuche und Orientierungslosigkeit, sondern sie liefert Bestätigungen für die Glaubenshungrigen und Bestätigungen für die Zweifler. »Je euphorischer, desto willkommener war diese Literatur«, vermutet Hans Magnus Enzensberger; »ihre Illusionen, die uns als Defekte erscheinen, waren vielleicht die Grundlage ihres Erfolgs« (1973, 147). Es ist sinnfällig, daß die altertümliche Kommunikationsform des vereinzelten Reisenden für diesen selektiven Blick besonders geeignet ist. Gleichzeitig ist die deutsche Osteuropaforschung vor 1933, so das Urteil von Walter Laqueur, »am besten über Rußland informiert, das heißt: jene wenigen tausend Personen, die sich für Außenpolitik interessieren, verfügen über ein detaillierteres und realistischeres Bild von der Lage in der Sowjetunion als die entsprechenden Kreise in anderen Ländern« [17].

Massenelend und Zerstörung liberaler Hoffnungen in der Weltwirtschaftskrise lassen auch so skeptische Beobachter der deutschen Arbeiterbewegung wie Franz Jung das Vokabular wechseln, wenn sie von Rußland berichten [18]. Vergleicht man die späteren Reiseberichte von André Gide und Lion Feuchtwanger, die kurz hintereinander die Sowjetunion besuchen, dann ist die Gegensätzlichkeit ihrer Wahrnehmung zunächst verblüffend. Wulf Koepke folgert denn auch, »daß es nicht leichter war, die Sowjetunion Stalins von 1936/37 aus der Nähe als aus der Ferne zu beurteilen« (1983, 70). Mir scheint es jedoch naheliegend, die Unterschiedlichkeit der Berichte aus der jeweiligen Gewichtung der ›faschistischen Gefahr‹ abzuleiten. Während bei Gide vom Faschismus kaum die Rede ist, (be)sucht Feuchtwanger ein ›Bollwerk des Antifaschismus‹. Faschismus und Nationalsozialismus bestimmen in den dreißiger Jahren den Blick auf die Sowjetunion. Wenn Lion Feuchtwanger die Klarheit von Stalins Sprache rühmt und Heinrich Mann in Stalin die Inkarnation des Intellektuellen findet, dann weist dies zum einen auf Informationsdefizite, zum anderen aber will das sagen: Stalin ist der Antipode Hitlers. »Die Sowjetunion ist so gefestigt, ihre geformte Vernunftmäßigkeit so sehr Tatsache, daß heute ein Urteil über die Sowjetunion mehr über den Betrachter aussagt, als über das Betrachtete«, schreibt Feuchtwanger in seiner Attacke auf Gides Rußlandbuch (1937 a, 86).

Auch wo die Politik der deutschen Kommunisten sich selbst desavouiert, wächst der Glaube an Rußland als dem Hort des antifaschistischen Kampfes. »Die alte Illusion war wieder da: der Osten«, schreibt der 1933 von der KPD-Politik verdrossene Gustav Regler (1946, 4). »*Denn diese Land gibt es wirklich*«, betont der Lyriker Erich Arendt 1937 in seinem, soweit ich sehe, einzigen Stalin-Gedicht, als Schlußzeile einer Strophe, die den *Traum* von Sowjetrußland besingt:

»und unser Kriegskommissar
hat im Graben uns, im niedrigen Unterstand,
als er die große Erde erklärte,
auf einer bunten Karte das Land, das
in roter Farbe gemalt war und voller
Freude blühte und glänzte, gezeigt.
Wir aber wollten
alle den roten herrlichen Fleck
auf der Karte berühren. Und einer ging hin
und tat es.«

Beschrieben wird in diesem Gedicht ein Kindheitstraum der Menschheit, dessen Details aus Titeln der russischen Revolutionsliteratur zusammengesetzt wird [19].

Die sich im Stalinismus noch verschlechternde Informationslage fördert bei den jeweiligen Bildentwürfen vollends die Plausibilitäten und Spekulationen. »Säuberungen« und Hitler-Stalin-Pakt stärken die Sowjetunion in ihrem Kampf gegen den Faschismus, behaupten die einen, von Schwächung und einer echten Annäherung der Paktierenden sprechen die anderen, die am antifaschistischen Anspruch der Stalinschen Diktatur zweifeln (s. Kap. V).

»Internationalismus«

Die deutschen Renegaten werden vom Nationalsozialismus aus Deutschland vertrieben und von ihrer Partei, die sich als Garant des antifaschistischen Kampfes präsentiert hatte, ausgestoßen – oder sie hatten sich von ihr getrennt (wie nahe Ausschluß von seiten der Partei und der Austritt aus der Partei verwandt waren, wird zu untersuchen sein). Der Ausschluß bedeutet nicht nur für jene Renegaten, die vom Apparat ihrer alten Partei gejagt wurden, Lebensgefahr; meist ist mit Ausschluß oder Austritt eine elementare Verschlechterung der Exilsituation verbunden. Carola Stern: »Die meisten jener Kommunisten, denen die Flucht vor der Gestapo gelungen war, lebten in der Emigration in finanzieller Abhängigkeit von ihrer Parteibehörde. Jeder von ihnen wußte, was der Vertrauensentzug durch diese Behörde bedeutete: Entzug der Unterstützung, Isolierung von den Genossen, Konflikte mit den Behörden des Gastlandes, unter Umständen sogar Ausweisung. Wer unter diesen Voraussetzungen noch den Mut zum Widerspruch fand, dem drohte das kommunistische ›Staatsbegräbnis‹: der Beschluß der Auslandsabteilung, den unbequem Gewordenen aus der Emigration ›auf illegale Arbeit nach Deutschland‹, ›zur Bewährung‹ zu schicken. Oft genügte die Aushändigung eines – vielleicht sogar mit Absicht – stümperhaft gefälschten Passes oder die Angabe eines von der deutschen Polizei längst entdeckten Grenzüberganges, um den Genossen direkt in die Hände der Gestapo fallen zu lassen« (1964/1965, 95 f.).

Die Losung des Internationalismus, unter der die KPD nach dem ›Verrat der Sozialdemokratie‹ im Ersten Weltkrieg angetreten war, wird für die schreibenden Renegaten schließlich doch zur Realität, nicht zuletzt in ihrer Sprache. Bald ist in der Parteipolemik die Rede von der »Internationale der Verräter« [20].

»I am a german by birth« (1941 a, 3), schreibt der ehemalige kommunistische Internationalist Richard Krebs (»aber auch nicht mehr«, fügte der Vorbesitzer meiner Ausgabe von 1957 am Seitenrand hinzu), der seine Adressaten 1940 nicht mehr im deutschen Proletariat erwarten kann; er will Zeugnis ablegen für alle ›Opfer des Glaubens an den kommunistischen Internationalismus‹[21]. In seiner neuen Heimat schreibt er auf englisch, erst 1957 erscheint »Out of the Night« auf deutsch. Der gebürtige Ungar Arthur Koestler schreibt sein »Spanisches Testament« (1938) auf deutsch, das darin enthaltene Tagebuch hat er jedoch ursprünglich auf englisch geführt, um nicht die Aufmerksamkeit der Gestapo auf sich zu lenken (1980, 6); vor der deutschsprachigen Ausgabe von 1938 erscheinen die Aufzeichnungen Koestlers als Fortsetzungsfolge im englischen »News Chronicle«. Auch »Die Sonnenfinsternis« schreibt Koestler noch auf deutsch; die erste deutsche Ausgabe von 1946 ist jedoch eine Übersetzung der englischen von 1940 (»Darkness at Noon«) [22]. Seine späteren Bücher hat Koestler auf englisch geschrieben. Renegatenberichte russischer Emigranten wie Krivitsky, Orlow, Bessedowski, Barmine oder Kravchenko erscheinen zuerst auf englisch; spätere Emigranten wie J. Bogdanov schreiben auch deutsch. Panaït Istrati, Jorge Semprún und Erich Wollenberg schreiben im Exil in französischer Sprache (Istrati übersetzt seine eigene Bücher ins Rumänische); Manès Sperber schreibt in den dreißiger und vierziger Jahren französisch und deutsch, der Ungar Julius Hay deutsch und englisch. Ignazio Silones Bücher erscheinen zuerst in deutscher Sprache (»Fontamara«, »Brot und Wein«); Georg K. Glaser entwirft die ersten Pläne von »Geheimnis und Gewalt« in deutscher Kriegsgefangenschaft auf französisch (1985 b, 7), und erst nach dem Erfolg der französischen Ausgabe (1951) erscheint eine deutsche.

Die Mehrsprachigkeit der Renegatenliteratur wird zu deren Charakteristikum; viele ihrer Autoren schreiben oder veröffentlichen ursprünglich nicht in ihrer Muttersprache. Internationalismus ist freilich ein Symptom der Exilliteratur [23], das sich bei den Renegaten indessen verstärkt: sie wenden sich an die ›Internationale‹ der Exkommunisten oder rechtfertigend an ihr Exilland; sie sind, sofern sie als parteikommunistische Schriftsteller bereits ein Lesepublikum hatten, auf der Suche nach einem neuen Leser. Die Fragen, in welchem Maße dabei Übersetzer oder literarische Berater zu Co-Autoren, wie weit die Texte der Renegaten von den Rezeptionserwartungen des Exillandes und einem neuen politischen Umfeld bestimmt werden, sind im VI. Kapitel ausführlicher thematisiert. Die Gemeinschaft der »Ehemaligen« beschwört Ignazio Silone 1942 in einem Vortrag vor Exkommunisten: »Was wir gemeinsam haben, ist weder das Geburtsland noch die Sprache oder die Religion und auch nicht mehr das gleiche politische Ideal, sondern eine Erfahrung« (1966, 149).

Gattung

Die Suche der Renegaten nach einer neuen Öffentlichkeit und die Intentionen des Mitteilens, Überzeugens oder Rechtfertigens legen nahe, daß die neue literarische Gattung kaum zu den formalen Experimenten der Moderne neigt. Eine historische Wahrheit soll vermittelt, ein verfälschtes Bild entzerrt, ein Heilungsprozeß soll erläutert werden; das geschieht in der Regel in den bewährten Formen der Autobiographie, der Memoiren, der negativen Utopie wie des Entwicklungs- und Bildungsromans. Verwandtschaften sind erkennbar zur religiösen Konversionsgeschichte und zu jenem autobiographischen Läuterungsbericht, der den Weg vom Bürgertum oder aus dem faschistischen Lager zur kommunistischen Partei beschreibt.

So sehr der Wandlungsbericht des Renegaten diffamiert wurde, kann er doch als Variante dieser kodifizierten Wandlungsgeschichte zum Kommunismus, dem ›naturgesetzlichen‹ und ›folgerichtigen‹ Weg des sozialistischen Bildungs- und Erziehungsromans, entziffert werden. An der Spitze dieser Konversionsromane, deren Titel meist schon Programm ist, steht Nikolai Ostrowskis autobiographischer Roman »Wie der Stahl gehärtet wurde« (1934), der in der DDR über 20 Auflagen erreicht; in den Weimarer Jahren und im Exil sind es die Lebensgeschichten oder autobiographischen Romane von Wladimir Korolenko, Max Hölz, Ernst Ottwalt, Bodo Uhse, Johannes R. Becher, Ludwig Renn oder Maté Zalka. Gustav Regler spricht, als Exkatholik, von »Missionsliteratur« [24].

In der DDR-Literaturwissenschaft wurden neben früheren Arbeiten von Franz Fühmann vor allem Dieter Nolls »Die Abenteuer des Werner Holt«, Jurij Brezans »Hanusch«-Trilogie und Max Walter Schulz' »Wir sind nicht Staub im Wind« unter dem Begriff der »neuen Entwicklungsromane« klassifiziert [25].

Hinter der Vorliebe für traditionelle Formen und Gattungen kann sich ein Element der Konversion verbergen; gewiß aber ist die Hinwendung zur Geschichte der eigenen Subjektivität (mit der Autobiographie oder dem Entwicklungsroman) als politische Antwort auf das WIR des Parteikollektivs deutbar. »›Wir‹, ›die Unseren‹, grundsätzliche Wörter der Sprache aus Holz, aus dem man die Scheiterhaufen errichtet und die Guillotinegerüste anfertigt«, schreibt der Exkommunist Jorge Semprún, das befreiende Moment der Auflösung im WIR ausklammernd (1980/1981, 219). »Wir« heißt die (1920 entstandene und 1924 in London erschienene) negative Utopie des Exkommunisten Jewgenij Samjatin. Durch die operative Entfernung seines Phantasievermögens wird auch der Erzähler von seinem ›kleinbürgerlichen Individualismus‹ befreit, der sich – wie bei Orwells Protagonisten Winston Smith (»1984«) – im Tagebuchschreiben manifestiert [26]. »Les Nôtres« – die Unseren, war der Titel der Erinnerungen Elisabeth Poretskis, der Witwe des vom eigenen Apparat ermordeten Sowjet-Agenten Ignaz Reiß.

Koestlers Protagonist Rubaschow findet als Angeklagter zurück zum ICH. Er erinnert sich in der Zelle: »Es gab kein ICH außerhalb des WIR der Partei; das Individuum war nichts, die Partei alles; der Ast, der sich vom Baum abbrach, mußte verdorren...«. Wenn die Partei aber nicht mehr die Revolution verkörpert, dann wird das WIR zum Anachronismus. Rubaschow sagt zu seinem Verhörer: »Ich bin von dieser Sprachform abgekommen, du hältst weiter an ihr fest. Wer aber ist das WIR, in dessen Namen du heute sprichst? Man wird es wohl neu definieren müssen. Das ist der entscheidende Punkt« (1940/1979, 73). Kurz vor seiner Hinrichtung klopft Rubaschow das Wort ICH an die Gefängnismauer.

Das sich im Schreiben selbstvergewissernde Ich knüpft daran nicht selten den Anspruch, den ›Lügengespinsten des Stalinismus‹ die ganze Wahrheit entgegenzusetzen [27]. Dieser

Anspruch impliziert Vergeblichkeit, ob es dabei nun um die Wahrheit der eigenen Biographie oder um die eines historischen Gegenentwurfs geht (s. Kap. IX).

Seltener sind romanhafte Versuche, in denen das autobiographische Element ephemer bleibt. Nimmt man hier allerdings die naheliegenden Beispiele von Arthur Koestlers »Sonnenfinsternis« oder Manès Sperbers Trilogie »Wie eine Träne im Ozean«, dann werden die fließenden Grenzen zwischen Autobiographie und Roman offensichtlich. Koestler hat sich bei seinem Roman auf die mündlichen Mitteilungen der Ehefrau Weissberg-Cybulskis gestützt [28] und – unübersehbar – auf die eigenen Erfahrungen in spanischen Gefängnissen. Und Sperber teilt Hermann Kesten brieflich über seine Trilogie mit: »Wie Sie wissen, sind diese Bücher weder Schlüsselromane noch autobiographisch, aber sie geben, denke ich, bestimmte Situationen, in denen meinesgleichen gelebt hat, zutreffend wieder« [29].

Noch seltener ist der Gegenentwurf zum Entwicklungs- und Bildungsroman, die Schelmengeschichte, in der ein Frontenwechsel des Helden keinem Heilsplan mehr gehorcht [30]. Auch die Form der Satire findet sich nicht eben häufig; Ladislav Mnacko und Alexander Sinowjew sind späte Beispiele.

Kalter Krieg

Keine andere Literatur der Zeit ist so deutlich bestimmt von ihren Rezeptionsbedingungen. Die Renegatenliteratur wird geprägt im Spannungsfeld von Funktionalisierung und Denunziation. Bedingung für ihre Instrumentalisierung ist gerade die Ausgrenzung der Autoren und ihrer Literatur durch das kommunistische Lager. Die affektgeladene Feindseligkeit, mit der die Autoren weggeschoben, denunziert, totgeschwiegen werden (oder totgeschlagen wurden), sichert ihnen das sprichwörtlich berüchtigte Lob der anderen Seite – in dem Maße, in dem diese Seite sich als Lager konstituiert. Folglich wird das Bild der Renegatenliteratur vor allem im Nationalsozialismus (s. Kap. III.Anhang) und zur Zeit des »Kalten Krieges« in seinen Verzerrungen festgelegt.

Aus dem Blickwinkel der Partei sind beide Epochen durch die Frontstellung des Antikommunismus verwandt; hier sind sie allein des Merkmals des Lagerdenkens wegen in Zusammenhang gesetzt: die Pluralität der liberalen Öffentlichkeit verengt sich im Kalten Krieg zur Forderung nach Parteilichkeit, die politische Wahrnehmung ist ganz auf die Erkennungszeichen von Freund und Feind gerichtet. Für die Anfangsjahre der Bundesrepublik ist dies auch in liberalen Periodika wie »Der Spiegel« oder »Die Zeit« nachzuprüfen.

Der Renegat wird mit einer Rezeptionserwartung konfrontiert, die ihn zum Geheimnisträger stempelt. Wenn es im Nationalsozialismus mehr um Bestätigung des Feindbildes eines »Weltbolschewismus« geht, das der Renegat zu bekräftigen hat, so werden im Kalten Krieg von ihm Nachrichten aus einem abgeschirmten, der Öffentlichkeit entrückten Bereich erwartet.

Zur Zeit des Kalten Kriegs rücken die Renegaten verstärkt in die Frontlinien der Medien; ihnen wird »die Rolle eines opinion leaders eingeräumt« [31] und noch mehr: »Der Exkommunist ist heute eine unserer schlagkräftigsten Waffen im Kampf gegen den Kommunismus«, schreibt FBI-Chef Hoover in seiner Studie über den Kommunismus in Amerika [32]. Der ehemalige Trotzkist James Burnham tritt mit seinem Buch »The

Coming Defeat of Communism«, das im Klappentext der deutschen Ausgabe als »Handbuch der kalten Kriegsführung« gerühmt wird und dessen Hinweise vom Übersetzer folgendermaßen kommentiert werden: »⟨...⟩ wird der Leser feststellen können, daß seit dem Erscheinen der amerikanischen Ausgabe im Februar 1950 eine Reihe von Vorschlägen des Verfassers von der offiziellen amerikanischen Politik übernommen worden ist« [33], den Beweis für Hoovers These an. Margret Boveri nennt Koestler den »ideenreichsten Bundesgenossen« der amerikanischen psychologischen Kriegsführung (1976, 434). In den Wissenschaften werden die Exkommunisten die Experten von Ostforschung und Ideologiekritik. Die »Roten Weissbücher«, eine Reihe von Texten, deren Autoren in der Regel Exkommunisten sind, werden auch in Tarnausgaben für Ostdeutschland verlegt.

»*Die Roten Weissbücher*« erschienen, laut Mitteilung von Berend von Nottbeck, »in Zusammenarbeit weniger mit dem Verlag Kiepenheuer & Witsch als mit dem Verleger Dr. Joseph Caspar Witsch. Diese Reihe wurde in Verbindung mit der entsprechenden Abteilung beim einstigen amerikanischen Hohen Kommissar begründet und aufgelegt« [34]. Der Vertrieb für die SBZ lag in Händen des »Ostbüros der SPD« (Stefan Thomas u. a.). Folgende Titel der Reihe konnte ich ermitteln:
El Campesino: Die große Illusion (1951)
G. Friedrich: FDJ (1951)
H. Brill: Das sowjetische Herrschaftssystem (1951)
M. Kramer: Die Bolschewisierung der Landwirtschaft in den Satelittenstaaten, in der Sowjetunion und in der Sowjetzone (1951)
A. Ciliga: Im Land der Lüge (1951)
R. Crossman, Hg.: Ein Gott der keiner war (1952)
L. v. Balluseck: Kultura (1952)
M. Buber-Neumann: Als Gefangene bei Stalin und Hitler (1952)
G. Klimow: Berliner Kreml (1952)
G. Friedrich: Der Kulturbund zur Demokratischen Erneuerung Deutschlands (1952)
L. Trotzky: Stalin. Eine Biographie (1953)
Einsicht und Umkehr. Drei Bekenntnisse. Koestler, Silone, Fischer (1953)
H. Achminow: Warum ändern die Sowjets ihren Kurs? (1953)
C. Stern: Die SED (1954)
H. Duhnke: Stalinismus in Deutschland (1955)
W. Leonhard: Die Revolution entläßt ihre Kinder (1955)

Wolfgang Leonhards Buch »Die Revolution entläßt ihre Kinder« erscheint beispielsweise mit Einbänden von Publikationen des Ostberliner Dietz-Verlages [35]. Wichtiger als die Funktion der Tarnung ist wohl das Signal, daß das ›totalitäre Ostzonenregime‹ mit denselben Mitteln zu bekämpfen sei wie das nationalsozialistische.

Rußlanderinnerungen von deutschen Kriegsgefangenen werden durch Hinweise auf eine vorgebliche politische Konversion des Autors den Erwartungen eines Marktes anempfohlen [36]. Folgerichtig beklagt Kurt Hiller bereits 1951, »daß sich der Exkommunist, als solcher, heute ungebührlich vordrängt ⟨...⟩. Der Taube von damals spielt heute den Ohrenarzt« (1951/1980, 43).

Hiller hält den Renegaten vor, sie seien über mühselige Umwege dahin gelangt, wo er schon immer gestanden habe; und diese Umwege seien keineswegs verdienstvoll. In Hillers Kritik mischt sich die ärgerliche Stimme gegen den »verlorenen Sohn«, dem vom Vater zu große Aufmerksamkeit gezollt werde; und er unterschlägt die eigenen Irrwege, zu denen ihn die (später verschwiegene) KP-Gefolgstreue geführt hat (s. Kap. V.1). Aber auch wenn Hiller es schon immer gewußt hätte, so steht hinter der Rede des Renegaten die Erfahrung dessen, der inmitten des Systems war und dessen Zeugnis zwangsläufig auch gegen die eigene Person gerichtet ist [37].

Franz Borkenau, ehemaliger Mitarbeiter der Komintern, der sich bereits 1929 von der KPD getrennt hatte, war einer der führenden Fachleute, die später unter dem Schlagwort »Kreml-Astrologen« rubriziert werden. Er sagt beispielsweise im Januar 1953 Stalins Tod voraus, weil Ulbricht in einer Resolution der SED (vom Januar 1953) zu den »Lehren aus dem Fall Slansky« Malenkow in übermäßiger Länge, Stalin dagegen nur mit einem Halbsatz zitiert hatte. »Eine solche vorsätzliche Beleidigung «, schlußfolgert Borkenau, »konnte sich nur leisten, wer sich des Sturzes dieses Tyrannen sicher war. ⟨...⟩ Sonst wäre es glatter Selbstmord gewesen« [38].

1950 fand in Westberlin (dessen Bürgermeister der Exkommunist Ernst Reuter war) der in der Hauptsache von Exkommunisten organisierte »Kongreß für kulturelle Freiheit« statt [39]. Dort scheint sich, nicht zuletzt durch den gleichzeitigen Beginn des Korea-Krieges, unter dessen Eindruck die Beteiligten ihre Referate ›korrigieren‹, zu bewahrheiten, was Silone »im Scherz« zu Togliatti gesagt hatte, daß »der Endkampf ⟨...⟩ zwischen« den Kommunisten und den Ex-Kommunisten ausgetragen ⟨...⟩« werde (1949/1952, 104). Isaac Deutscher erkennt in diesem »Scherz ⟨...⟩ einen bitteren Tropfen Wahrheit« und fügt hinzu, der Exkommunist sei »das Problemkind gegenwärtiger Politik« (1955, 9). »Die Zahl der ExKommunisten hat heute schon gewaltigen Umfang erreicht«, schreibt Silone in seinem Beitrag zu dem auflagenstarken Sammelband »Ein Gott der keiner war«, dessen Titel zum Kennzeichen der verwandten Literatur wird. (Kantorowicz nennt den Band später »das antikommunistische Manifest« ⟨1967, 173⟩.)

Silones Wort vom »Endkampf« ist mit Absicht mißverstanden worden als eindeutige Zuordnung der Exkommunisten in die Lager des Kalten Krieges. Doch Silone zielt auf die Auseinandersetzung zwischen Weltveränderern: zwischen denen, für die der Zweck alle Mittel heiligt und den Widerspenstigen, die das Lagerdenken sprengen [40]. Georg K. Glaser hat in seiner eigenwilligen Reformulierung den Sinn von Silones Gedanken verdeutlicht, wenn er schreibt, »daß die grundlegende Auseinandersetzung einmal ausgetragen werde zwischen denen, die aus dem Scheitern der zu nackter Macht verunstalteten Sache heil hervorgegangen, und denen, die noch dem blutigsten Zerrbild jener Sache verhaftet geblieben sind« (1985 b, 63).

Der britische Labour-Abgeordnete und Chefredakteur des »New Statesman«, Richard Crossman, schreibt im Vorwort des Sammelbandes, daß man nicht im mindesten daran interessiert gewesen sei, »die Flut antikommunistischer Propaganda noch mehr anschwellen zu lassen« (1949/1952, 7). Im letzten Bruchstück seiner mehrbändigen Autobiographie kommentiert Arthur Koestler diese Bekundung: »Natürlich waren wir genau daran interessiert, aber ein Parlamentsmitglied der Labour Party konnte das einfach nicht so deutlich sagen« (1984, 51).

»Antikommunismus« heißt der politische Kampfbegriff, dessen Bedeutung sich flexibel [41] um den Kernvorwurf »Antisowjetismus« rankt und letztlich ein manichäisches Weltbild impliziert, das sich nur noch aus Kommunisten und Antikommunisten zusammensetzt. Unter dem Begriff »Antikommunismus« wird Renegatenliteratur rubriziert, und einzelne Renegaten setzen sich dagegen explizit zur Wehr. Georg K.Glaser legt in

Gesprächen Wert darauf, er sei nicht Antikommunist, sondern »akommunistisch«; eine Distanzierung, die auf die Nähe beider Lager reagiert und auf die Gefahr einer Funktionalisierung seiner literarischen Arbeit. In ähnlicher Weise distanziert sich Theodor Plievier im Gespräch mit Hans-Werner Richter auf die Frage, ob er an einem »antikommunistischen Roman« arbeite:

»›Ich persönlich bin gegen diesen Begriff anti‹, sagt er, ›vor zwanzig Jahren stempelte man mich zu einem antifaschistischen Schriftsteller ⟨...⟩ wenn Sie mich als einen antikommunistischen Schriftsteller bezeichnen, verengt sich für mich die Welt nur auf den Kommunismus, und ich stehe nur dem Kommunismus gegenüber‹« [42].

Die Abwehr von Glaser oder Plievier richtet sich weniger gegen die diffamierende Intention des Wortes, als gegen die damit implizierte Funktionalisierung von Literatur. Die negative Aufladung des Begriffs wurde fast regelmäßig mit einem – zu Unrecht – Thomas Mann zugeschriebenen Satz vom ›Antikommunismus als der Grundtorheit des Jahrhunderts‹ verbunden.

Thomas Mann hatte 1944 in dem Essay »Schicksal und Aufgabe« geschrieben: »Trotzdem kann ich nicht umhin, in dem Schrecken der bürgerlichen Welt vor dem Wort Kommunismus, diesem Schrecken, von dem der Faschismus so lange gelebt hat, etwas Abergläubisches und Kindisches zu sehen, die Grundtorheit unserer Epoche« (In: »Deutsche Blätter«, Santiago de Chile, 2. Jg., H. 7, 1944, S. 10). Alfred Kantorowicz beispielsweise schreibt, daß Thomas Mann den »›Antibolschewismus‹ ⟨...⟩ in seiner gesitteten Manier ›die Grundtorheit unserer Epoche‹ genannt hat« (OW, 3. Jg., H. 1, Jan. 1949, S. 77). Zu Kantorowicz' Entschuldigung sei darauf hingewiesen, daß in der Zeitschrift »Aufbau« Auszüge aus dem Aufsatz Manns unter dem Titel »Grundtorheit Antibolschewismus« veröffentlicht wurden (1946, H. 8).

Auch weil eine literaturwissenschaftliche Auseinandersetzung mit der Renegatenliteratur ausblieb, konnten die funktionableren Texte das Bild der Gattung bestimmen. Fragt man nach den bekanntesten Renegaten, so sind die Namen nicht nach literarischen Gesichtspunkten gewählt, sondern nach dem Maß der Zurechenbarkeit in die Ordnungen des Entweder-Oder, in die Lager des Kalten Krieges. Selten fallen die Namen von Ignazio Silone, Franz Jung oder Georg K. Glaser. Vielleicht aus *dem* Grund, weil man sich scheut, sie einer so übel beleumdeten Kategorie wie der Renegatenliteratur zuzuordnen, in der Regel aber, weil andere Autoren geläufiger waren. Arthur Koestler, von Zwerenz »das Exemplar« genannt, »das eine Gattung begründete« (1974 b, 275), steht im Blickpunkt der Aufmerksamkeit, während Glaser oder Silone in ihren Heimatländern anfangs kaum wahrgenommen werden, obwohl sie Koestler an literarischer Bedeutung wohl übertreffen. Ignazio Silone will nicht ausschließen, daß der Einfluß seiner ehemaligen kommunistischen Genossen auf Literaturkritik und Verlagswesen stark genug war, die Verbreitung seiner Bücher um Jahre zu verzögern (1972, 138).

Beschäftigung mit Exilliteratur war und ist, in Westdeutschland, auch Wiedergutmachung an jener großen und inkohärenten Gruppe von Autoren, die vom Nationalsozialismus vertrieben worden war. Renegatenliteratur konnte dabei unter das Verdikt jenes »professionellen Antikommunismus« [43] fallen, der als ideologisches Instrument des Nationalsozialismus und des Kalten Krieges entlarvt wurde. Joseph Gabel weist in seiner Studie über den amerikanischen McCarthyismus im übrigen auf Gemeinsamkeiten des militanten amerikanischen Antikommunismus mit dem Stalinismus hin. Beide Seiten

pflegten die Welt in Kommunisten und Nichtkommunisten aufzuteilen und falsche
Identifizierungen vorzunehmen (»Trotzki ist Hitler gleich, Acheson ist ein Stalinist«).
Gabel hebt neben Gemeinsamkeiten zwischen dem Prozeß gegen Alger Hiss und den
Moskauer Prozessen auch die folgende Übereinstimmung hervor: »Der kommunistische
›Renegat‹ erscheint seiner ehemaligen Partei nur als Spitzel denkbar, und nur als solcher
wird er vom antikommunistischen McCarthyismus akzeptiert« [44]. Daß der Zweck alle
Mittel heilige, hatte man dem Stalinismus vorgeworfen; eben dieses Prinzip scheint im
McCarthyismus perpetuiert.

›Antikommunismus‹ als Erfahrungsbericht war dem zu nahe, um im Kontext der
Exilliteratur rezipiert zu werden. So bleibt in den späten sechziger Jahren der Blick auf die
Renegatenliteratur erneut verstellt [45]. Liest man wiederum die scharfen Worte Sper-
bers oder Glasers zur Revolte von 1968, so mag man dahinter die Verbitterung der
Autoren entdecken, daß ihre Erfahrungen ignoriert wurden.

Renegatentadel – Renegatenlob

Die Vorurteile gegen Renegatenliteratur rühren vor allem von deren Instrumentalisierung her; sie werden jedoch nicht nur von Kommunisten geteilt. Klaus Mann spricht in
einem Brief an Willi Schlamm davon, daß jeder »kleine Ex-Kommunist« sich aus »seinen
dubiosen Ressentiments gegen ›die Partei‹ eine aggressive Weltanschauung und interes-
santen Lebensinhalt gemacht« habe und bezeichnet seinen Briefadressaten und dessen
Gefährten als »hysterischen Renegaten-Typ« [46]. In seinem späten Essay von 1949, »Die
Heimsuchung des europäischen Geistes«, konstatiert Mann: »Die kommunistischen
Intellektuellen verachten alle nichtkommunistischen, aber ihre früheren Kameraden, die
Deserteure und Apostaten, hassen und fürchten sie aus tiefster Seele. Diese wütende
Feindschaft von seiten der Stalinisten erklärt sich aus der natürlichen Neigung aller
Renegaten, mit Schmutz zu bewerfen, was ihnen heilig war. Unter den vielen hysterischen
und schrillen Stimmen, die das heutige Europa durchgellen, sind die Stimmen gewisser
Exradikaler und fanatischer Kommunistenfresser die mißtönendsten. In ihrem blinden
Eifer, die Aufrichtigkeit ihrer Wandlung zu beweisen und ihre früheren Freunde zu
›erledigen‹, gehen diese Leute zum äußersten; noch die absurdesten und infamsten Mittel
sind ihnen recht« (1949/1973, 125 f).

Mann läßt keine Zweifel, daß dieses Verhalten der Renegaten das ihnen »natürliche«
sei. Sein Vorbehalt zielt auf deren Glaubwürdigkeit: Das Motiv der Rache, der schrille
Haßgesang, mache die Renegaten blind für komplexe Realitäten. Er nennt die Namen
von Koestler (»Hexenverbrenner«), Silone (»Hang zu religiösem Mystizismus«) und
Malraux (»Prophet und Hauptpropagandist« General de Gaulles), aber keine Titel von
Büchern; um Literatur scheint es, bei den Renegaten, am allerwenigsten zu gehen. Von
»Abrechnungsliteratur« sprechen Flieger und Lefèvre noch 1977 und kritisieren die
»äußerst fatale Wirkung«, die von einer »Position des Dazwischenstehens« ausgegangen
sei; Reglers und Orwells literarische Veröffentlichungen werden mit dieser Verschwö-
rungstheorie auf ein politisches Kalkül reduziert [47].

Zum Negativbild der Renegatenliteratur tragen nicht unwesentlich die Rechtfertigungsversuche der Autoren bei, die Verzögerungen ihres Parteiaustritts zu erklären. Mit dieser Anstrengung versuchen sie die Folgerichtigkeit von Irrtum und Einsicht, die logische Konsequenz des eigenen Handelns, das in Parteiaustritt oder Glaubensverlust mündet, zu rekonstruieren. Die zentrale Frage der Rezeption: ›warum erfolgte der Austritt nicht schon früher?‹, komprimiert das Mißtrauen in die Integrität des sich Erinnernden. Die Frage partizipiert zum einen an der Renegatendenunziation von seiten der Kommunistischen Partei: Haben andere, ungenannte Gründe (und das heißt: finanzielle Gründe) eine Rolle bei der Trennung gespielt? Zum anderen ist es die Frage des früheren Gegners: Warum war der Renegat so lange Täter; welcher Verbrechen hat er sich schuldig gemacht? Hat überhaupt eine Bekehrung stattgefunden [48]?

Schließlich hat Renegatenliteratur mit dem Vorbehalt gegenüber dem ›Deserteur‹ und dem ›Verräter‹ (s. Kap. II) zu tun. »Leute, die die Front nach Sauereien einfach wechseln, kann ich nicht ausstehen«, bekennt Walter Janka [49], und Arthur Koestler berichtet von einem englischen Konservativen, der ihm gesteht, »Darkness at Noon« habe ihm darum nicht gefallen, weil der Autor ein Judas sei und seinen ›Club gewechselt‹ habe (1971, 302).

Heute ist die häufigste Form der Renegatenschelte die des Lobes: dem einzelnen Renegaten wird attestiert, er sei nicht ›wie die anderen Renegaten‹ [50].

Die wenigen Stimmen, die sich gegen diese Ausgrenzung der Renegatenliteratur wenden, laufen Gefahr, am Pathos der Ausgeschlossenen [51] zu partizipieren. Die Publizistin Margret Boveri schlägt die Exkommunisten den »Verrätern« zu und faßt diesen Begriff positiv: Es sei »(...) nicht möglich zu wissen, ob die Zukunft die heutigen Verräter oder einen Teil von ihnen als Vorläufer einer großen Wendung ansehen wird, so wie wir heute in den Ketzern die Vorläufer einer geistigen und sozialen Revolution sehen« (1976, 290). Sie verweist am Ende ihrer Studie, in der nicht die Systeme, sondern die Rolle der einzelnen in den Systemen untersucht werden, auf die wertfreie Verwendung des Wortes »verraten« im Sinne eines ›Kundmachens‹ (in der Platen davon spricht, daß »Gang und Tracht und edle Haltung / keines Ruderknechts Geschlecht verraten«). Nicht mehr die beiden Urtypen des Verrats, Judas und Petrus, spielten im 20. Jahrhundert ihre Rolle, so Boveri, »wohl aber verrät der Verrat in der Massenhaftigkeit, in der er sich abspielt oder in der er behauptet wird, die Bewegung, die unterhalb des noch weithin ›gleichstimmigen‹ rationalen Denkens aufbricht und anzeigt, wo dieses Denken und die ihm zugeordneten Lebensformen nicht mehr stimmen« (1976, 761).

Der aus der DDR emigrierte Jürgen Rühle schreibt 1960 in seiner Studie »Literatur und Revolution« mit unüberhörbarem Pathos:

»Die exkommunistischen Schriftsteller hoben die Auseinandersetzung mit dem Kommunismus auf eine neue Stufe. Sie zerstörten die Legende, wonach Kapitalismus und Kommunismus die Gegensätze unserer Zeit sind, als jede Kritik an der alten Gesellschaftsordnung in den Kommunismus mündet, andererseits jeder Abfall von Moskau in die Arme der finstersten Reaktion führt. Die abgefallenen Schriftsteller blieben Sozialisten, die sie waren, ja, sie konnten es nur bleiben, weil sie abfielen. Sie blieben Antifaschisten, aber sie kamen zu der Ansicht, daß Konzentrationslager unter jedem Regime vom Übel sind« (1960, 531).

Und mit dem Pathos der Höhe formuliert der Publizist Jürgen Serke:

»Die Denkfigur für die überwiegende Zahl der deutschen Dichter von Rang ⟨sic!⟩ war zu Anfang dieses Jahrhunderts der sozialistische Revolutionär, der eine gerechte Welt für den neuen Menschen bringt. ⟨...⟩ Auf diesem Denkmodell basierte aber auch die Widerstandskraft eines Arthur Koestler, eines Manès Sperber, eines Gustav Regler, eines Franz Jung, eines Georg K. Glaser. Die Denkfigur zu Ende dieses Jahrhunderts trägt den Namen derjenigen, die mit dem Aberglauben vom kommunistischen Paradies brachen, die als Seismographen der gesellschaftlichen Krise nicht ihrem Wunschdenken erlagen, die Humanität im Beharren auf das ethisch Unbedingte vorlebten. Die Denkfigur zu Ende dieses Jahrhunderts trägt den Namen Renegat« [52].

Einer dieser Renegaten, Georg K. Glaser, äußert sich 1986 im Gespräch; es ist die Stimme eines Widerspenstigen, der die Eigenständigkeit des Renegaten betont:

»Eigentlich sind es die Renegaten beider Lager, die das Wort haben sollten. Das heißt die Menschen, die den Mut hatten, ›Schluß‹ zu sagen. Wenn der Mut nicht existiert, gegen sich selbst zu denken, geschieht nichts. Und man kennt sein eigenes Lager ja besser als das des Gegners. Darum kann man da mit mehr Grund kritisieren, die Finger drauflegen, auch wenn es weh tut. ⟨...⟩ Renegat, das ist die große Sache überhaupt. Was ist denn ein Renegat? Oder sogar das schlimme Wort Verräter. Was ist denn das? Das ist ein Mann, der in einem Augenblick seine eigene Verantwortung wieder zurücknimmt, der sagt: ›Ich habe euch meine Verantwortung nur geliehen, ich war euer Alliierter, euer Verbündeter und ich nehme sie zurück.‹ Wir haben nicht die Partei, sie hat uns verraten. Die Renegaten und Häretiker haben uns das beste gegeben, was wir bekamen: Es sind die Widersteher« [53].

Der Literaturkritiker Gerhard Lüdtke schreibt 1955 in Anderschs Zeitschrift »Texte und Zeichen«: »Die Selbstanklagen ehemaliger, namhafter Kommunisten bilden nun schon eine ganz ansehnliche Bibliothek. Es wäre ganz hübsch, wenn man diesen Bekenntnissen gelegentlich einmal ein einziges mea culpa eines vormals prominenten Nazis gegenüberstellen könnte« (1955, 533). Überraschend an dieser zutreffenden Bemerkung über eine so gut wie fehlende ›Bekenntnisliteratur‹ ehemaliger Nationalsozialisten [54] ist, daß sie in Lüdtkes Rezension (von Koestlers Autobiographie) gegen die Exkommunisten gewendet wird. Im ähnlichen Sinn notiert Lothar Baier dreißig Jahre später, »daß die Sünden, die allerorten gebeichtet werden, ausschließlich linke Sünden sind« (1985, 21). Lüdtke wie Baier legen nahe, daß Bußfertigkeit, Reue und Selbstbezichtigung ›linke Tugenden‹ sind.

Wenn dem so ist, wird auch ein Verweis auf religiöse Parallelen (die Baier zieht) zur Erklärung nicht ausreichen. Wer Mitglied einer kommunistischen Partei war, hatte als Intellektueller nicht nur mit dem Schreiben von Flugblättern, Referaten, Rapporten, Beurteilungen, Einschätzungen, Lageberichten und Protokollen zu tun, sondern auch mit dem Verfahren von »Kritik und Selbstkritik« [55].

Das stalinistische System zehrte wie das nationalsozialistische vom Mechanismus der »Denunziation«, die das eigene Überleben sichern sollte. Alexander Sinowjew gibt einen ironischen Hinweis auf die ›Gattungen‹ der »Denunziation«, des »Rechenschaftsberichts« und des »wissenschaftlichen Traktats«:

»Damals begriff ich, daß die Denunziation, eben gerade die Denunziation die fundamentalste, allseitigste und aufrichtigste Form der persönlichen Selbstdarstellung ist. Schade, daß Tausende von Tonnen davon in jenen liberalen Jahren ⟨der Chruschtschow-Ära⟩ vernichtet worden sind. Das schöpferische Werk eines riesigen Volkes verschwand in der interessantesten Periode seiner Geschichte spurlos« [56].

Allerdings verweist die Frage, inwieweit die Renegatenliteratur dem Parteiprinzip von ›Kritik und Selbstkritik‹ verhaftet blieb, auf den größeren Zusammenhang der Bekenntnisliteratur, den Michel Foucault im ersten Band seiner Studie über »Sexualität und Wahrheit« umrissen hat. Und auch wenn sich die Momente von Reue und Bußfertigkeit auf die Überwachungsmechanismen der Partei zurückführen lassen, sind die selbstkritischen Renegatentexte von Herbert Wehner und Ernst Fischer bis zu Georg K. Glaser, Ignazio Silone und Jorge Semprún auch vom Merkmal einer intellektuellen Redlichkeit geprägt, die an keine kommunistische Sozialisation gebunden war. Der Renegatentext läßt sich in seiner besten Variante als die Rückbesinnung des Intellektuellen auf seine Verpflichtung zur (Selbst)Kritik verstehen.

Ganz ähnlich wie Lüdtke argumentiert die Exkommunistin Carola Stern. Es sei uns zur Gewohnheit geworden, »daß ehemalige Kommunisten unvergleichlich häufiger als ehemalige Nazis bereit sind, öffentlich über ihre einstige Überzeugung und über die Gründe ihres Abfalls zu sprechen« (1963, 217), und sie fügt als Erklärung hinzu, daß die kommunistische Partei jedes Mitglied dazu erzogen habe, Rechenschaft abzulegen, »seine Gedanken und sein Tun ständig vor sich und anderen zu analysieren ⟨...⟩« (1963, 217). Auch Alexander Sinowjew scheint dasselbe zu meinen, wenn er im Roman »Homo Sovieticus« sich den Anschein gibt, als schreibe er, nun im Westen, den gewohnten Rechenschaftsbericht, lediglich an eine andere Adresse. Hinter der Lust am Paradoxon kann jedoch der Unterschied nicht verborgen bleiben, daß das (externe) Über-Ich der Partei dem des schreibenden Renegaten unterlegen ist. Reflexion und Selbstanalyse im kommunistischen Rechenschaftsbericht waren Elemente einer Machtstrategie, deren Ziel die Selbsterhaltung des politischen Apparats war; nun sind ungleich gewitztere Richter bestellt, deren Fragen nicht mehr an die Kriterien von Überwachen und Strafen gebunden waren: Die Beichte von André Gorz gibt davon beredte Auskunft [57].

Bedeutsam für den Bericht des Renegaten bleibt das Motiv der Rechtfertigung; aber sein ›Geständnis‹ kennt nun *wenigstens drei Adressaten: das eigene Gewissen, die verlassenen Genossen und die neue Öffentlichkeit*. Das Ungenügen als Folge jedes Versuchs, die drei Adressaten [58] zu einem imaginierten Leser zu verschmelzen, ist offensichtlich. Wer freilich seinen Bericht zu funktionalisieren verstand, etwa als politisches Geständnis eines sich dem neuen Lager offenbarenden Geheimnisträgers, mithin eindeutig an einen Adressaten richtete, konnte die geschlossene Form zu wahren hoffen. So spricht etwa der zum Katholizismus konvertierte Douglas Hyde eine katholische Lesergemeinde an: »Was sind die Kommunisten? ⟨...⟩ Erlauben Sie mir, Ihnen einige vorzustellen« (1952, 170). Dagegen bleiben die literarischen Figuren des Märtyrers und Chronisten, dessen Pflicht es war, als Stellvertreter Zeugnis abzulegen für die Zurückgebliebenen oder Verstorbenen (I), des Gewandelten, der die existenzielle Läuterung vom Dunkel ins Licht als Rettung und Erlösung beschrieb (II), oder des Zeugen der Wahrheit, der die Lügen des Stalinismus entlarvte und die Wahrheit von der Klausel der Nutzens befreien wollte: der Renegat als Korrektor der Geschichtsschreibung (III), schwer einlösbare Herausforderungen. Hier liegt wohl der Grund, daß kaum ein Renegatenbericht den Charakter der Abgeschlossenheit vermittelt. Jeder Versuch leitet über zu einem neuen, besseren, korrigierenden Anlauf. Die vorgebliche Schlüssigkeit der dargestellten Wandlung, der Anspruch der Wahrhaftigkeit und der Zeugenschaft lassen sich allenfalls in der Fiktionalität des Romans einlösen, kaum aber in der Selbstbiographie, die ›Authentizität‹ postulierte.

Die beiden großen Themen der Renegatenliteratur finden sich im Konflikt des Intellektuellen, der Erlösung sucht und mit einem (symbolischen) Tod büßt *(Rechtfertigung, Bekenntnis, Beichte)* und in der Darstellung von Terror und Barbarei, der Schilderung des stalinistischen Systems *(Abrechung, Anklage)*. Nicht selten heißt die Verbindung beider Themen: Das Scheitern des einzelnen in der Politik, dargestellt als Scheitern der Politik. Der Renegat konnte, wenn nicht zu Heilung und Erlösung, so doch zu den intellektuellen Aufgaben der Kritik und Selbstkritik, des Desillusionierens und ›Zersetzens‹ zurückfinden.

I. 2. Leitfaden und Aufbau der Arbeit

»Wir müssen uns also um Klarheit bemühen, müssen also damit beginnen, was dunkler und undurchsichtiger, zumindest aber verworrener ist als alles andere auf der Welt: dem tatsächlich Erlebten. Was noch lange nicht bedeutet, daß es hier darum ginge, sein Leben zu erzählen – so wichtig es auch sein mag, das Ich von der Anonymität einer im Selbstgespräch erstickten politischen Erfahrung zu befreien. Es geht vielmehr darum aufzuzeigen, wie sich das tatsächlich Erlebte und Begriffliche in der politischen und kulturellen Erfahrung des 20.Jahrhunderts artikulieren (diese Erfahrung liegt im Grunde ebensowenig in der Eroberung des Weltraums wie in der Erschließung neuer Energiequellen, ⟨...⟩ die Erfahrung dieses Jahrhunderts scheint mir vielmehr im weltweiten Scheitern der kommunistischen Revolution zu liegen).«   J. Semprun 1981, 75

Ignazio Silones triumphale Zählung der Renegaten [59] mag die Aufmerksamkeit darauf lenken, daß die Schriftsteller unter ihnen nur einen geringen Bruchteil dieses ›Heeres‹ ausmachen. Es ist naheliegend, daß nur die schreibenden Renegaten ins Blickfeld der zeitgenössischen Beobachtungen rückten. Doch sie wurden nicht als Schriftsteller rezipiert, sondern als Zeugen, Experten, Propheten, Warner oder Lügner; ihre festgeschriebenen Rollen waren die von Märtyrern, Opfern, Helden oder Verrätern.

Was sie schrieben und warum, wie sie schrieben und welche Bedeutung das Schreiben für ihre Loslösung hatte, diese Fragen schienen angesichts der politischen Aufladung nicht von Bedeutung – sie sind es, die hier gestellt werden. Mein Interesse für die Renegaten als Schriftsteller soll nicht deren politische Bedeutung leugnen, aber versuchen, ihr Bild aus den Rastern von Funktionalisierung und Denunziation zu lösen und damit das Wort *Renegat* von den Anführungszeichen befreien, die es bis heute begleiten.

Viele der dargestellten und hier unter dem Begriff *Renegat* subsumierten Autoren verwehren sich gegen diese Bezeichnung. Ruth von Mayenburg nennt sich im Brief an den Verfasser als »Nicht-Renegatin«; Mathias Greffrath berichtet von Wittfogels Verbitterung, weil man ihn »Renegat« genannt habe [60]; Kantorowicz wehrt sich mehrfach gegen die Bezeichnung (vgl. Kap. IV), und Karl Albrecht schreibt 1938: »Eines aber fürchte ich am meisten: daß die Freunde und Genossen jahrelanger und doch so vergeblicher Kämpfe um eine bessere Welt mich mißverstehen, mich als einen Verräter und Renegaten aus ihrer Erinnerung streichen könnten. Das will ich nicht. Ich war nie ein Verräter. Ich bin kein Renegat« (1938/1942, 20 f).

Ignazio Silone wurde durch seinen Bruch mit der Partei und seine Reflexion dieses Bruchs, die er als Trauerarbeit schildert, zum Schriftsteller: »Wenn ich Bücher geschrieben habe, so überhaupt nur, um diese Fragen begreifen zu können und andern begreiflich zu machen, und ich bin mir keineswegs sicher, ob ich bereits das Ende meiner Bemühungen erreicht habe« (1949/1952, 103).

In der überarbeiteten Fassung seines Essays heißt es: »Und wenn meine Arbeit als Schriftsteller einen Sinn hat, so liegt er darin, daß ich in einem bestimmten Augenblick die absolute Notwendigkeit empfand, Zeugnis abzulegen, das unabweisbare Bedürfnis, mich von einem Alpdruck zu befreien und mir Sinn und Grenzen eines schmerzlichen Bruches und einer bleibenden Treue zu bestätigen. Das Schreiben war für mich, von einigen seltenen glücklichen Augenblicken abgesehen, nicht eine ästhetische Befriedigung, sondern ein mühsamer Kampf, den ich für mich allein weiterführte, nachdem ich mich von Gefährten getrennt hatte, die mir viel bedeuteten« (1966, 79).

Wenn Silone seine schriftstellerische Arbeit als endloses Mühen und mühsamen Kampf faßt, dann macht er auch deutlich, daß das Schreiben sich nicht allein auf politischen Journalismus beschränkt; er zielt auf einen literarischen Erkenntnisprozeß. Alexander Solschenizyn hat zuletzt »Literatur« und »politischen Journalismus« gegenübergestellt: »Denn die politische Publizistik unterscheidet sich von einem künstlerischen Werk dadurch, daß ihr Autor für einen Artikel oder für eine Rede einen bestimmten Standpunkt einnehmen muß. Ich habe dann die jeweiligen Opponenten vor mir, die ihrerseits auch einen bestimmten Standpunkt einnehmen, so daß meine Darlegung immer linear sein wird«. Literatur dagegen »bietet nicht nur drei Dimensionen, sondern Dutzende von Richtungen« (1987, 218).

Iganzio Silone und Alexander Solschenizyn sind nicht die einzigen Renegaten, die nach der Loslösung von der Partei oder von ihrem politischen Glauben Schriftsteller geworden sind – über die Autorschaft eines Renegatenberichts hinaus. Auch für Richard Krebs, Ralph Giordano, Manès Sperber, Arthur Koestler oder Jorge Semprún beginnt mit der Lösung von der Partei die eigentliche schriftstellerische Produktivität. Sie berichten zwar von vorangegangenen literarischen Versuchen oder Plänen, doch erst mit ihrem Bruch findet ein expliziter Schritt statt hin zu einer literarischen Existenz. Auch bei jenen Autoren, die bereits zuvor als Schriftsteller in Erscheinung getreten sind, bei Georg K. Glaser, André Gide, Panaït Istrati oder Gustav Regler, hat sich deren literarische Arbeit nicht ins Prokrustesbett einer Parteiliteratur gefügt. Der Bruch mit der Partei wird von den Autoren nicht selten als Bekenntnis zur Literatur gewichtet, in der die politische Zweckgebundenheit aufgehoben scheint. »Die literarische Berufung«, sagt Ignazio Silone im Gespräch mit François Bondy, »wurde für mich in dem Augenblick zwingend, in dem ich begriff, daß die politische Tätigkeit und die dazugehörige journalistische Arbeit meiner Auffassung vom Leben nicht ganz entsprach, weil einige wesentliche Aspekte unberücksichtigt blieben. ⟨...⟩ Als aber die Taktik unvermeidlich den Vorrang gegenüber der Idee ⟨erhielt⟩, wuchs in mir das Gefühl der Unvereinbarkeit der beiden Funktionen: der des Schriftstellers und jener des Politikers. Die Politik drängt zur Macht, die Literatur zur Wahrheit oder doch zur Zeugenschaft. Ohne mich im mindesten vom Sozialismus abzuwenden, bin ich vom organisierten Parteimann zum freien *Schriftsteller* geworden« [61].

Es scheint kein Zufall, daß in den Utopien von Samjatin und Orwell und in den Romanen von Silone der Griff zur Feder für die Protagonisten das erste Anzeichen der Ketzerei ist. »C'est un traître – Das ist ein Verräter«, heißt der Ausruf, der Reglers Spanienroman »Das große Beispiel« einleitet: Der Verdacht fällt auf einen Tagebuchschreiber.

Auch der linientreue Albert, Reglers Protagonist in dem Spanienroman »Das große Beispiel«, vertraut seine Zweifel dem Tagebuch an.
Zwar will Kurt Langmaack mit seiner unsinnigen Behauptung, in der Sowjetunion der vierziger Jahre habe auf Totschlag fünf Jahre, auf Tagebuchschreiben 25 Jahre Straflager gestanden (1953, 54), nur das eigene Tagebuch gewichten. Doch Elinor Lipper berichtet von einer zehnjährigen Haftstrafe für jene Lagerhäftlinge, die im Lager eine Chronologie des Alltags verfassen wollten (1950, 156 f), und Victor Serge schreibt 1936 an Gide: »Ich stieß auf Ihr Tagebuch zu einer Zeit, in der niemand in meiner Umgebung gewagt hätte, ein Tagebuch zu führen, wollwissend, daß die politische Polizei es mit Sicherheit eines Nachts abgeholt hätte« (1975, 128).

Und es scheint kein Zufall, daß nicht die Flucht in einen anderen Glauben oder die Rekrutierung im Lager des ›Klassenfeindes‹, sondern die Autorschaft der bemerkenswerteste Weg der Renegaten wird. Es sind die zum Klischee geronnenen Bilder von der Literatur als Ketzerei und von der Dichotomie von Geist und Macht, die sich mit dieser Selbstdarstellung verbinden. Im Anspruch des Renegaten auf literarische Geltung ist auch die Hoffnung verborgen, der Funktionalisierung durch die beiden Lager zu entgehen. Den Konflikt zwischen dem politisch-parteilichen und dem literarisch-subjektiven Blick genauer zu bestimmen, ist eine Aufgabe dieser Arbeit. Im Fall Arthur Koestler läßt sich die Bedeutung der literarischen Selbstreflexion für die Loslösung von der Partei beobachten (Kap. III.1); detailliert untersucht wird dieser Prozeß dann bei Georg K. Glaser (Kap. VIII).

Der literarischen Arbeit am Thema Stalinismus kommt auch darum Gewicht zu, *weil der Stalinismus* zu Stalins Lebzeiten *von einem Theorievakuum umgeben war.* Marxistische Theoretiker, die dem Stalinschen System kritisch gegenüberstanden, scheuten die detaillierte Analyse der sowjetischen Entwicklung, weil sie Berührungen mit der Faschismustheorie fürchteten. War die Analyse des faschistischen Personenkultes nicht auch auf Stalin zu beziehen? War der Protest gegen den Terror der nationalsozialistischen Justiz mit Stillschweigen gegenüber dem Terror der Stalinschen Justiz zu vereinen? Eine Folge dieses Theoriedefizits war die Gleichsetzung beider Systeme um den Preis der Einebnung spezifischer Unterschiede im Zeichen der Totalitarismustheorien [62]. Der Renegatenliteratur gebührt das Verdienst, den Terror des Systems dargelegt [63] und die literarische Bilderwelt des Stalinismus geprägt zu haben, während der Nationalsozialismus eine Flut theoretischer Erklärungsversuche und nur wenige überzeugende literarische Figurationen hervorrief [64]. Literatur wird zum Medium des Widerstands für die Ausgestoßenen und Abtrünnigen.

Der Renegat ist eine historische Figur, die gleichwohl typische Züge trägt: die des aufklärerischen Intellektuellen, der sich aus der selbst verschuldeten Unmündigkeit befreit oder die des rebellierenden Ketzers, der sich auflehnt gegen die Erstarrung der Kirche in ihren Dogmen. Die historischen Besonderheiten und die psychologischen Muster des Typus sollen in dieser Arbeit nicht künstlich getrennt werden. Zum einen geht es um die Literaturgeschichte der Renegatenliteratur, zum anderen um die historischen und psychologischen Umrisse des Renegaten im Spiegel seiner literarischen Arbeit.

Unter Renegatenliteratur verstehe ich Texte, die von der Loslösung des Autors oder eines Protagonisten vom Kommunismus (von der kommunistischen Organisation oder dem Glauben) handeln. Die dezidierte Geschichtsschreibung von Renegaten wie Ruth Fischer, Franz Borkenau oder Erich Wollenberg steht nicht im Zentrum dieser Arbeit, da deren Loslösung vom Kommunismus zwar Themen und Sprache beeinflußt, aber selbst nicht thematisiert wird. In den Nachlässen von Ruth Fischer und Erich Wollenberg ruhen freilich noch unveröffentlichte autobiographische Manuskripte. Viele Autoren haben sowohl historische, journalistische als auch literarische Texte geschrieben, und vielfach sind in der Renegatenliteratur Mischformen von politischem Journalismus und literarischer Autobiographie anzutreffen.

Ebenso bleibt die politische Publizistik der Renegaten im Spektrum der Exil- und Nachkriegszeitschriften am Rande dieser Untersuchung. Dennoch gilt mein Interesse an

Renegatenliteratur mehr als nur der autobiographischen Variante der Darstellung, sowenig sich die Autobiographien von Renegaten auf die Phase der Parteizugehörigkeit und des Absprungs beschränken.

Sozialistischen Richtungskämpfe können und sollen hier nicht nachträglich entschieden werden, wenn auch an einzelnen Punkten deren innere Logik überprüft wird. Es geht um keine Untersuchung und Bewertung der Schismen, um keine Beurteilungen eines richtigen und eines falschen Handelns, auch wenn ich mein Interesse an der Frage, ob sich Kirchen (und welche?) ablösten, nicht verleugnen mag. Kurz, es ging mir nicht um politische Notenverteilung.

Die Darstellung der Opfer evoziert jedoch jenseits der Parteinahme für theoretische Positionen Parteilichkeit für die Unterlegenen und birgt die Gefahr, im Gegensatz zum denunziatorischen Blick der Verfolger die pathetische Rede des Opfers zu verdoppeln. Es ist einfacher, über Renegaten wie André Gide zu schreiben, die lediglich ein Opfer der Kritik wurden, als über Autoren wie Alfred Kantorowicz oder Richard Krebs, deren Leidensgeschichte das kritische Urteil über ihre Texte erschwert. Perpetuiert wäre das Pathos des Opfers in der Rede vom wahren Sozialismus gegen die Geschichte seiner Verfälschung. Das letzte Hindernis bei ihrer Trennung von der Partei war für viele Kommunisten die Argumentation, daß die Opfer nicht umsonst gewesen sein durften. *Die Millionen Opfer des Stalinismus sind umsonst gestorben und nicht für eine falsche Sache, die durch eine bessere hätte ersetzt werden können* [65].

Schließlich ist es unumgänglich, auf die unfreiwillige Beschränkung dieser Arbeit hinzuweisen. Einige wenige historische Augenblicke wie der Krieg in Spanien und die Auswirkungen der Moskauer Politik von 1936 bis 1939 auf die deutschen Emigranten sind genauer untersucht und einige wenige Renegaten gründlicher dargestellt worden. Auf der anderen Seite sind die Lücken, die durch vordergründige Rezeption, durch aktives Vergessen und ausgebliebene wissenschaftliche Rezeption gerissen wurden, größer, als daß die Arbeit sie wirklich schließen könnte. Angesichts der großen Zeitspanne von den ersten Rußlandreisen nach der Oktoberrevolution bis zu den Schismen des Nachkriegs war ein umfassender und detaillierter Blick auf historische Differenzen nicht zu leisten. Zudem berührt das Renegatenthema Probleme, deren Komplexität endgültige Antworten ausschloß: etwa zum Verhältnis von Christentum und Kommunismus, von Kirchen- und Parteigeschichte, zum Verhältnis des Intellektuellen zur Macht im allgemeinen, zur kommunistischen Bewegung im besonderen, zur Tradition der politischen Autobiographie oder zur Soziologie des Verrats. Von großer Bedeutung waren hier die Studien von Hannah Arendt, Margret Boveri, Isaac Deutscher, Karl Wilhelm Fricke, Roy Medwedew, David Pike, Ernst-August Roloff, Jürgen Rühle und Hans-Albert Walter.

Unter den rund 170 in der Bibliographie erfaßten Renegaten haben Robert Bek-gran, Georg K. Glaser, Alfred Kantorowicz, Richard Krebs, Walter Krivitsky und Gustav Regler ihre Kapitel. André Gide, Arthur Koestler, Ignazio Silone und Manès Sperber werden ausführlich in den Verlauf der Argumentation einbezogen [66]. Andere Autoren wie Karl Albrecht, Margarete Buber-Neumann, Ernst Fischer, Franz Jung, Victor Kravchenko oder Erich Müller sind dagegen exkursorisch behandelt. Und wie jede Rechtfertigung wird auch die meiner Auswahl nicht völlig befriedigen können. Eines meiner Kriterien war die Gewichtung des Unbekannten unter der Hypothese, daß die Bekanntheit der

Autoren keiner literarischen Wertung entspricht, ein anderes die Suche nach Extremen oder doch nach exemplarischen Werken, die in ihrer Summe die Spannweite der Renegatenliteratur vergegenwärtigten. Bei jedem der behandelten Autoren sollte auch dessen paradigmatische Bedeutung für die Gattung untersucht werden. So läßt sich Alfred Kantorowicz als der exponierte Repräsentant der Legitimationsrede verstehen, Richard Krebs als der nichtintellektuelle Renegat, der fast gänzlich auf Rechtfertigungen verzichtet, sein Freund Robert Bek-gran als Repräsentant jenes Typus, der sich der Partei anschloß, ohne von ihr je völlig bestimmt zu sein, Walter Krivitsky als Beispiel des Renegaten, dessen Loslösung erzwungen wurde und Georg K. Glaser als Autor, dessen Abwendung von der Partei sich am deutlichsten als literarische Suche widerspiegelt. Die Rolle des Zufalls kann bei der Auswahl ebensowenig geleugnet werden wie die fachliche Notwendigkeit, den deutschsprachigen Renegaten genügend Raum zu geben.

Trotz dieses Hinweises auf Repräsentanz bestimmten die Autoren und die Themen Frageweise und Methode dieser Arbeit. Das heißt nicht, daß für die offenliegenden Antworten eines Textes die dazugehörigen Fragen gesucht und gestellt wurden, sondern es schließt den Blick auf Gegenströmungen und auf das Schweigen der Texte ein. Was erzählt der Renegat und wie erzählt er von der eigenen Ablösung, wovon schweigt er? Benutzt oder verändert er typische Bilder und Denkfiguren? Ist ihm das Schreiben Kommunikationsmittel, das die eigene Erfahrung mitteilbar macht, ist es ästhetisches Medium, das die Erfahrung auch für den Autor erst verständlich werden läßt? Gibt es einen Austritt, der auch in sprachlich-stilistischen Wandlungen verfolgbar ist? War der Renegat (und kann von *dem* Renegaten die Rede sein?) tatsächlich entlassen in andere Sprachen oder blieb er alten Schreibweisen verhaftet? [67] Diesen Fragen nähern sich die einzelnen Kapitel von je verschiedenen Seiten.

Das *II. Kapitel* enthält den systematischen Versuch, die Begriffe der kommunistischen Partei für Exkommunisten im Blick auf ihre Verwendung und ihre Vorgeschichte zu untersuchen. Wichtig war mir, bei dieser Sprachfelduntersuchung nicht nur die Gemeinsamkeiten, sondern gerade auch die Unterschiede zur Kirchengeschichte zu akzentuieren. Neben dem Umgang der Partei mit ihren Renegaten werden hier auch deren begrifflichen Versuche einer Selbstverständigung untersucht.

Das *III. Kapitel* interpretiert den Spanischen Krieg 1936-1939 als einen der frühesten historischen Brennpunkte, auf den Renegatenliteratur sich rückblickend bezieht. Die Verbindung von Faszination und Ernüchterung, die Gleichzeitigkeit des Geschehens in Spanien und der Moskauer ›Säuberungswelle‹ werden im ersten und zweiten Teil des Kapitels dargestellt. Ausgehend von dem Motiv des Zuspätkommens und dem Bildmaterial von Liebe, Treue und Verrat für die Beziehung des Kommunisten zur Partei, wird im dritten Teil eine Theorie von »Tod und Geburt des Renegaten« entwickelt. Hier werden auch die sozialpsychologischen Momente im Verhältnis von Renegat und Partei, die im zweiten Kapitel gesammelt wurden, aufgegriffen und entfaltet. Walter Krivitsky, Gustav Regler und Alfred Kantorowicz sind die drei Renegaten, deren Texte in diesem Kapitel genauer untersucht werden.

Das *IV. Kapitel* widmet sich Werk und Biographie des Spanienkämpfers Alfred Kantorowicz, weil bei ihm die Spanne zwischen Wissen und Handeln exemplarisch groß scheint; seine enzyklopädische Rechtfertigungsarbeit, bislang nirgends eingehend untersucht, bedient sich des Tagebuchs und führt zum Stichwort der »inneren Emigration«.

Am Beispiel der Moskauer Prozesse und des Hitler-Stalin-Pakts als den am häufigsten genannten Zäsuren exkommunistischer Biographik soll im V. *Kapitel* kontrastiv die Ignoranz und Fügsamkeit gegenüber dem stalinistischen System untersucht werden. Mit Lion Feuchtwanger, Heinrich Mann, Bertolt Brecht und Ernst Bloch wurden vier Autoren ausgewählt, die im Westen Loyalität gegenüber Stalin übten und dessen Kritiker bekämpften. Da die eigene Skepsis mit Renegatentadel bekämpft wurde, werden nicht polare Gegensätzlichkeiten, sondern Verwandtschaften untersucht. Zugleich wird der Unterschied betont zwischen existentieller Erfahrung des Stalinschen Terrors (in Spanien oder im Moskauer Exil) und intellektuellen Reaktionen auf politische Nachrichten.

Im VI. *Kapitel* werden Richard Krebs und die Rezeption seines Bestsellers »Out of the Night« ausführlich dargestellt; Krebs gehört zu den frühesten Renegaten und zu jener Gruppe, die nach ihrem Bruch mit der Partei zu Schriftstellern wurden; von Interesse ist er nicht nur als ehemaliger Angehöriger des Untergrundapparats (dessen Mitglieder sich nach ihrem Bruch selten an die Öffentlichkeit gewandt haben), sondern auch als Gegentypus zum intellektuellen Renegaten. Während die Rechtfertigungsarbeit in »Out of the Night« weit in den Hintergrund gerückt bleibt, lassen sich Indienstnahme und Denunziation eines Renegatentextes hier besonders anschaulich verfolgen. Auch bei der Auswahl von Krebs galt jenes Kriterium, das bei Kantorowicz schon genannt wurde: Die bislang kaum beachteten und untersuchten Renegaten sollen im Vordergrund stehen.

Das VII. *Kapitel* rekonstruiert in ähnlichem Sinn die Biographie Robert Bek-grans, des späten Förderers von Richard Krebs, und stellt das Umfeld einer Exilzeitschrift vor, die in New York zum Sammelpunkt für Renegaten wurde. Beide Kapitel basieren auf Recherchen in den USA. Bek-grans Name wurde bislang als Pseudonym von Marut-Traven fehlgedeutet. Seine Mitgliedschaft in der CPUSA trägt deutlich funktionalen Charakter. Er steht damit auch für jene Gruppe von Exkommunisten, deren Bindung an die Partei nur eine vorübergehende war.

Das VIII. *Kapitel* gilt dem Schriftsteller und Kunstschmied Georg K. Glaser und dessen Konfiguration von Partei und Literatur. Glasers Umgang mit Sprache hebt sich durch den Anspruch auf ›literarische Wahrhaftigkeit‹ von dem anderer Renegaten ab. Im ersten Teil des Kapitels werden einige Textpartien genauer untersucht, im zweiten Teil wird Glasers Widerstand gegen die Kategorie »Autobiographie« im Kontext anderer autobiographischer Anstrengungen thematisiert.

Die Möglichkeiten und Probleme einer Typologie von Renegaten und Renegatenliteratur sind Thema des IX. *Kapitels*. Dabei werden einer möglichen Typologie die Stereotypen der Gattung gegenübergestellt. Die auffälligste Gemeinsamkeit der Renegatenliteratur ist ihr Bezug auf eine ›Wahrheit‹, die dem ›System der Lüge‹ gegenübergestellt ist.

Der *Anhang* enthält eine ausführliche (wenn auch unvollständige) Bibliographie der Renegatenliteratur; Schwerpunkt dieser Bibliographie liegt, der Untersuchung entsprechend, auf den Renegaten des Exils. Die sogenannte Dissidentenliteratur ist nur punktuell aufgenommen [68]. Kurzbiographien von 37 Renegaten beschließen die Arbeit.

Mein Dank gilt jenen ergrauten Gesprächspartnern, Renegaten wie Nichtrenegaten, die mir Tage schenkten beim Versuch, meine Neugierde zu stillen, und den Briefpartnern, die oft mehr Fragen beantworteten, als ich gestellt hatte. Besonders wichtig waren mir die Gespräche mit Georg K. Glaser, Charlotte Janka, geb. Scholz, Walter Janka, Clara Krebs, geb. Medders und Gunther R. Lys. Mein Dank gilt außerdem den Gesprächspartnern und kritischen Lesern meines Manuskripts, deren Hinweisen ich nachgegangen bin: Gerhard Bauer, Horst Domdey, Michael von Engelhardt, Bernd Gürtler, Hans Peter Herrmann, Fokke Joel, Johannes Pankau, Antje Roßdeutscher, Robert Stockhammer, Fritz Suhr, Kurt Tautenhahn und Hans-Albert Walter. Die Recherchen über Richard Krebs habe ich gemeinsam mit Peter Ober begonnen, dessen Überlegungen ich wichtige Anregungen verdanke.

»»Wenn ich ein Wort gebrauche‹, sagte Goggelmoggel in recht hochmütigem Ton, ›dann heißt es genau, was ich für richtig halte – nicht mehr und nicht weniger.‹ ›Es fragt sich nur‹, sagte Alice, ›ob man Wörter einfach etwas anderes heißen lassen kann.‹ ›Es fragt sich nur‹, sagte Goggelmoggel, ›wer der Stärkere ist, weiter nichts.‹«

Lewis Carroll: Alice hinter den Spiegeln

»Die Frage, von wem sie ⟨die Begriffe⟩ stammen und wer sie verwendet, besagt mehr über ihren Inhalt als ideengeschichtliche oder philologische Ableitungen.«   O. Negt/A. Kluge 1972, 15

I. 1. Renegaten, Dissidenten und Konvertiten

Renegatentradition

Die offizielle Bezeichnung für Exkommunisten im Sprachgebrauch staatstragender kommunistischer Parteien ist »Renegat« geblieben. Das »Kleine politische Wörterbuch« (der DDR) definiert den Renegaten als »Abtrünnige⟨n⟩, Überläufer, Verleugner seiner bisherigen ⟨...⟩ politischen Überzeugung. Der Imperialismus stützt sich in seinem Vorgehen gegen den Sozialismus ⟨...⟩ in verstärktem Maß auf den Renegaten der Arbeiterbewegung« [1].

Mit dieser (Nicht-)Spezifizierung, die (stattdessen) die Nutznießer benennt, wird indirekt auf die Tradition der Renegaten jenseits der Arbeiterbewegung hingewiesen: Die mittelalterliche Kirche bezeichnete mit diesem Wort jene Christen, die zum islamischen Glauben übertraten [2]. Wenn sich die kommunistische Partei hier eines kirchengeschichtlichen Begriffs bedient, und wenn zudem die Mehrzahl der anderen Begriffe, die ihr zur Kennzeichnung des Exkommunisten dienen [3], diesem Umfeld entstammen: Konvertit, Ketzer, Häretiker, Dissident, Apostat und Neophyt, dann liegt es nahe zu prüfen, wie weit die Koordinaten der Kirchengeschichte ihre Gültigkeit bewahrt haben. Die Grundfrage des Kapitels ist auf Bedeutung und Funktionsweise der Begriffe gerichtet, mit der Absicht, das kommunistische Feindbild »Renegat« zu skizzieren und die sprachlichen Reaktionsweisen der Renegaten zu untersuchen. Alle Begriffe zielen aus dem Blickwinkel der Zurückgebliebenen auf die Abtrünnigen, Abweichler, Renegaten und Verräter; ein eigenes Wort ist ihnen vorenthalten: Die Begriffe gehören der Partei.

Marxismus und Kommunismus wurden als christliche Häresie und als ›Islam des 20. Jahrhunderts‹ bezeichnet [4]. In ihrem Selbstverständnis sahen sich die Marxisten als Häretiker, gegen die der Gegner »Kreuzzüge« führte. Doch der Staatskommunismus ergriff in einem Maß, das seine Opfer an die Inquisition erinnerte, als Instanz der Rechtgläubigkeit (Orthodoxie) das Recht, Ketzer und Häretiker zu benennen und zu verbrennen. Auch hier schien sich eine Episode der Kirchengeschichte zu wiederholen: Aus Verfolgten wurden Verfolger [5]. »Aber das Verächtlichste, das ich in der Geschichte gefunden habe, waren ja doch die Verfolgten, die im Handumdrehen Verfolger wurden«, läßt Manès Sperber seinen Protagonisten sagen [6].

Wo ein Häretiker benannt wird, spricht die Orthodoxie; bei ihr liegt das Recht/die Macht zur Definition. Neutrale Begrifflichkeiten sind es nicht, gerade auch dort nicht, wo sie als solche auftreten; stattdessen sind sie geprägt vom Ziel, den Gegner zu disqualifizieren. Das Brockhaus-Conversationslexikon von 1886 bezeichnet mit *Renegaten* »diejenigen, welche aus unlauteren Motiven ihre Partei wechseln«; auch Lenin konnotiert den Begriff bereits mit moralisch abwertendem Attribut, wenn er vom »verabscheuungswürdige⟨n⟩ Renegatengesindel« spricht [7]. Selbst dort, wo schließlich der ›Renegat‹ oder ›Ketzer‹ sich dieselben Bezeichnungen mit dialektischem Grimm wieder ans eigene Revers heftet, will er sich von der Umkehrung ihrer Denunziationskraft nähren.

»Wenn ich das klassische Schimpfwort adoptiere und mich selbst als ›Ketzer‹ vorstelle«, schreibt Günther Anders im Versuch, ›einen Spieß umzudrehen‹, »so auch deshalb, weil, wer (das Verleumdetwerden durch die offizielle Majorität gewissermaßen vorwegnehmend) sich selbst als ›Ketzer‹ präsentiert, dadurch die Rechtgläubigen ins Unrecht setzt, nämlich nun diese in Ketzer umfunktioniert. Denn Orthodoxie ist stets Ketzerei gegen die Wahrhaftigkeit; und um so ketzerischer, für je wahrer sie ihr Glaubenssystem hält« (1982, 6).

Eine Gegenposition formuliert der streitbare Katholik Gilbert Keith Chesterton zu Beginn des Jahrhunderts: »In früheren Zeiten war der Häretiker stolz darauf, kein Häretiker zu sein. Die Fürsten dieser Welt, die Polizei und die Richter, die waren Häretiker. Er war ›orthodox‹. Er war nicht stolz darauf, sich gegen sie aufgelehnt zu haben: sie hatten sich aufgelehnt gegen ihn ⟨...⟩. Alle Foltern, hervorgeholt aus verlorenen Höllenschlünden, hatten ihn nicht dazu bewegen können, zuzugeben, er sei ein Häretiker. Aber ein paar moderne Phrasen haben es bewirkt, daß er damit prahlt. Mit einem selbstbewußten Lachen sagt er, ›ich glaube, ich bin ein rechter Häretiker‹ und sieht sich dabei nach Beifall um« [8].

Sinowjew und Lenin nennen 1915 Karl Kautsky einen »Renegaten« – Kautsky verteidigte die marxistische Ideologie gegen die bolschewistische Revolution und deren marxistischen Anspruch – und fordern »rücksichtslosen Kampf gegen dieses Renegatentum« Kautskys [9]. Bemerkenswert ist, daß Lenin drei Jahre später in seiner Streitschrift »Die proletarische Revolution und der Renegat Karl Kautsky« [10] nicht den Autor (dem er nach einer siegreichen Revolution immerhin eine Stellung als »Gymnasialprofessor für Geschichte des Altertums« in Aussicht stellt), sondern dessen späte Schriften verdammt und darauf hinweist, daß Kautskys frühere Arbeiten »dauerndes Besitztum des Proletariats bleiben werden« (1970, III 109). Auch Marx differenziert den Begriff, indem er die Richtung zu bestimmen sucht, in die der Renegat sich bewegt [11].

Das Urteil gegen Kautskys erfährt in der Folge eine Revision; die Position als Geschichtslehrer wird ihm gestrichen. In der theoretischen Zeitschrift »Unter dem Banner des Marxismus« erscheint 1933 ein Aufsatz, in dem »der Renegat Kautsky« als Bündnispartner des »Renegaten Trotzki« ausgemacht wird; beide schlügen sie ein Kampfbündnis von Sozialdemokraten und Kommunisten gegen den Faschismus vor, in dem die Kommunisten ihre Avantgarde-Positionen zu räumen hätten; damit zählten Kautsky und Trotzki zur »vordersten Truppe der bürgerlichen Konterrevolution«, die mit ihren »Verleumdungen« in der »Faschistenpresse« Eingang fänden. Kautsky wird damit zum übel beleumundeten »Sozialfaschisten« [12].

Hermann Weber erwirbt als SED-Mitglied 1948 antiquarisch einige Bücher von Trotzki und bringt damit die Bibliothekarin des Instituts, an dem er beschäftigt ist, zum Erschrecken. »›Weißt du denn

nicht, daß Trotzki ein Agent war?‹, fragte sie mich. ›Trotzki ist doch seit acht Jahren tot‹, meinte ich.
›Und selbst wenn er später eine falsche Politik machte, was ändert das an der Wichtigkeit und
Richtigkeit dieser Bücher, die 1920 offiziell von der Partei herausgegeben wurden? Wir studieren
doch auch Kautsky, der später zum Renegaten wurde.‹ Über meine Naivität schlug sie die Hände
über dem Kopf zusammen ⟨...⟩. Ihre Furcht war so offensichtlich, daß es mich schockierte. Sie nahm
mir die Bücher weg. Ich bin überzeugt, daß sie sie vernichtet hat« (1963, 123).

Exkurs: Adrien Turel

Doch auch jenseits der bolschewistischen Diktion ist das Wort *Renegat* zum politischen
Begriff geworden.

Der Expressionist Adrien Turel, ein späterer Kampfgefährte und Gegner von Franz
Jung (in der Redaktion der gemeinsamen Zeitschrift »Der Gegner«), schreibt 1919 in
einem kleinen Text, den er zwischen »Essay« und »intuitiver Novelle« einordnet – er ist
überschrieben: »Der Renegat. Aus einer Schwurgerichtsverhandlung« – die Verteidigungsrede eines Mannes, der, in jungen Jahren Nietzsche und Stirner anhängend, im
mittleren Alter die bürgerliche Karriere gewählt hat und damit zum »Renegaten« wurde.
»Ist ein Jüngling Renegat«, heißt es in dieser Verteidigungsrede, »weil er anders denkt als
zur Kinderzeit? Empfindet der Mensch nicht anders im Frühling als im Herbst? Am
Morgen nicht anders als am Abend? Es ist eine unerhörte Grausamkeit, einen Menschen
auf irgendeiner Entwicklungsstufe festzunageln, zu kreuzigen und ihm zu befehlen: du
sollst nicht mehr wachsen... Wenn das Wort, wenn der Begriff Renegat enträtselt und
überwunden wäre, ich stünde nicht hier. Mehr noch, es sei mir gestattet, über mein
Einzelschicksal hinauszugreifen und zu behaupten: wenn man wüßte, wie gesetzmäßig
diese Umschaltung vom Prometheus, vom Zwergtitan zum Patriarchen sich in der
Entwicklungskurve fast jedes Menschen vollzieht, die ganze Revolution wäre entgiftet.
Die Angst vor dem Verrat hetzt alle gegen alle. Die Sucht, sich und andren seine Treue zu
beweisen, seinen Eifer zu bekunden, treibt uns, einander zu überklettern, jeden zu
extremen Forderungen, die er vor der Klarheit des eigenen Gewissens nicht verantworten
könnte« (1919, 128).

Die Verteidigungsrede von Turels Protagonisten dient ihm nicht dazu, sich von der
Anklage des Schwurgerichts zu befreien, die ihm die Tötung seines Sohnes vorwirft,
sondern von der des Renegatentums: Es ist der Vorwurf, den der Sohn und alle anderen
gegen ihn erhoben haben. Das Schwurgericht ist erhöht zum Schiedsgericht einer
Parteizentrale, die über mehr als den Mord eines Vaters an seinem Sohn entscheidet; sie
befindet über die Anklage des Verrats. Und wie alle Verteidigungsreden enthält auch
diese ein Schuldeingeständnis: Es gibt eine gesetzmäßige Entwicklung hin zum Renegaten. Auch außerhalb des kommunistischen Sprachbereichs hat die Bezeichnung des
»Renegaten« das Lebensbedrohliche, weil der Verrat letztlich an der eigenen Person
verübt und als Identitätsverlust verstanden wird. Gegen ihn wird das Bild vom biologischen Wachstums des reifenden bürgerlichen Ich entworfen. Es ist zu jener oft zitierten
Spruchweisheit geronnen, nach dem, wer mit zwanzig kein Revolutionär gewesen sei,
kein Herz, wer es mit vierzig noch sei, keinen Verstand besitze [13]. Bemerkenswert ist bei
Turel die literarische Anstrengung, in der der Angeklagte sich zum Gekreuzigten macht,

die im Keim vorwegnimmt, was in der Renegatenliteratur der Exkommunisten zu untersuchen bleibt [14]. Sein Bild von ›Jugendtorheit und Reife des Alters‹ freilich stieße bei der Mehrheit der exkommunistischen Renegaten nicht auf Zuspruch. Die Erfahrung des Stalinismus sprengt die Metaphorik von biologischem Wachstum. Silone sagt 1942 in einem Vortrag, der sich an Exkommunisten richtet: »Wie traurig, daß man gewisse Dinge erst versteht, wenn die Haare anfangen grau zu werden und man einsehen muß, daß man die besten Jahre und die besten Kräfte verschwendet hat« (1966, 162).

Die ›Partei neuen Typs‹, die nach 1919 das Schwurgericht bestellt, hat jene Utopie, von der Turels Angeklagter spricht, integriert: Die Menschenalter und Entwicklungsstufen, Einzelschicksale und Gesetzmäßigkeiten sind Momente eines umfassenden Geschichtplans geworden, den zu verleugnen nicht mehr Verrat an der Gruppe, sondern am Heil der ganzen Menschheit bedeutet, deren Schicksal in der Partei bewahrt ist. Die Familientragödie des Angeklagten läßt aus der Sicht der neuen Partei keine familiale Deutung mehr zu. Jeder Verrat ist maßlos, irreversibel, tödlich. Und die neue literarische Verteidigungsrede muß die des Turelschen Angeklagten übertreffen.

Der Intellektuelle als Ketzer und Verfolger

Der Verrat ist jedoch bereits im Intellektuellen angelegt, der seine bürgerliche Klasse ›negiert‹, als Intellektueller aber dem Prinzip der Wahrheit verpflichtet bleibt. »Der echte Intellektuelle erachtet nichts als gegeben, bezweifelt alles«, schreibt Klaus Mann in seinem letzten Essay und ordnet den Intellektuellen »unwiderruflich einer Spezies von Forschern und Dissidenten« zu (1949/1973, 118). »Literatur ist Ketzerei«, heißt eine Überschrift in Sartres Essay über Literatur; Literatur sei »ihrem Wesen nach Häresie« (1948/1975, 151), und die Stelle der mißtrauischen Kirche habe nun die Kommunistische Partei eingenommen. Auch Gide definiert die Rolle des Schriftstellers als »antikonformistisch; seine Richtung ist gegen den Strom«. Bezogen auf den Konflikt zwischen Parteidisziplin und Schreiben heißt es bei Gide weiter: »Wenn ich die Genehmigung einer Partei nötig habe, um zu schreiben, so ziehe ich es vor, nicht mehr zu schreiben, obwohl ich die Partei gut heiße« [15].

Jene häretischen Qualitäten, die von Gide bis Sartre (auch) als Detail eines positiven Selbstbildes verstanden wurden, nährten das Mißtrauen der Partei, die Häresie, Antikonformismus und Zweifel als Wankelmütigkeit, Unzuverlässigkeit und Opportunismus entzifferte. Als Doris Lessings Protaginistin Mitglied der englischen KP wird, hört sie von einem Parteiarbeiter die skeptische Prognose, er nehme an, in fünf Jahren werde sie in der kapitalistischen Presse Artikel schreiben, in denen sie die Partei als Ungeheuer darstellen werde – »es gab einen Mythos in der Partei, daß es nur die Intellektuellen sind, die kommen und gehen, während in Wahrheit die Fluktuation in allen Klassen und Gruppen gleich stark ist« (1962/1978, 164).

Dennoch waren es gerade Schriftsteller und Intellektuelle, die den Parteirichtspruch gegen Ketzer und Renegaten, besonders gegen solche des eigenen Berufs, aussprachen (im Sinne eines Urteils), explizierten (im Sinne einer Urteilsbegründung) und den Verurteilten isolierten (im Sinne eines Strafvollzugs) [16]. Sie hatten stets aufs Neue zu beweisen, daß ihre Abkehr von bürgerlichen Positionen gelungen war. Die eigenen Zweifel konnten am Renegaten ausgemacht und verurteilt werden. Denn der intellektuelle Kommunist und Schriftsteller trug den Makel, daß er aus freien Stücken in die Partei eingetreten war, vielleicht auf Grund der Lektüre des »Kapital«, vielleicht auf Grund der Analyse der historischen Situation, aus Gerechtigkeitssinn oder Solidarität. Sartre: »Das alles beweist eine Unabhängigkeit, die nicht gut riecht. Er ist aus freier Wahl in die Partei eingetreten; also kann er auch wieder austreten. Er ist eingetreten aus Kritik an der Politik seiner ursprünglichen Klasse, also kann er auch die Politik derer kritisieren, die seine neue Klasse repräsentieren. So liegt selbst in der Aktion, mit der er ein neues Leben eröffnet, ein Fluch, der sein Leben lang auf ihm lasten wird. Mit der Ordination beginnt für ihn ein langer Prozeß, ähnlich dem, den Kafka beschrieben hat; die Richter sind unbekannt, die Akten sind geheim und die einzig definitiven Sätze sind der Urteilsspruch« [17].

Die Partei muß nicht die Schuld des Intellektuellen beweisen, sondern dieser hat seine Schuldlosigkeit nachzuweisen. Er ist verfangen in der Logik der Shakespeareschen Königsdramen: Wer durch Verrat zu unserem Lager hinzugestoßen ist, wird auch uns verraten. »Bei euch geht es zu wie bei Shakespeare«, soll Charlie Chaplin zu Hanns Eisler gesagt haben [18]. Alles, was der Intellektuelle schreibt, muß zweideutig erscheinen; es kann auch als pure Verstellung oder Selbstrechtfertigung ausgelegt werden. Daher wird die Verteidigungsrede des kommunistischen Intellektuellen in Form einer Anklage an die ›Renegaten-Verräter‹ nie zu einem Ende kommen.

Noch 1986 stellt einer der Anwälte der Moderne, Stephan Hermlin, »Dissidenten« und »Hofschranzen« auf eine Stufe der Geringschätzung. Seine Richterrolle scheint der Preis, den er für die Vermeidung aller Selbstkritik und aller Berührung mit den Problemen des Stalinismus in seinem literarischen Werk zu entrichten hat [19]. Nicht zufällig findet sich die Renegatenschelte konzentriert bei jenen Autoren, die aus dem ›bürgerlichen Lager‹ kommen: bei Ehrenburg, Kisch, Anna Seghers, Ernst Bloch oder Johannes R. Becher. Hinter der Linientreue der Intellektuellen kann sich die Versuchung verbergen, selbst zum Renegaten zu werden [20]. Und nicht selten wird eine ästhetische oder philosophische Opposition gegen die Parteidogmatik (etwa bei Hermlin, Brecht oder Bloch) durch Renegatenschelte abgegolten (s. Kap. V).

Becher benutzt 1950, anläßlich des in Westberlin tagenden »Kongresses für kulturelle Freiheit« für die dort anwesenden Renegaten-Autoren Bezeichnungen wie »Polizeispitzel«, »Brandstifter«, »Kriegsverbrecher«, »Kriegshetzer«, »Gesindel«, »Hochstapler«, »Gangster« und »Schufte«, die »entweder ins Gefängnis oder ins Irrenhaus« gehörten (1969, 308 ff, 551).

Zur kriegerischen Sprache gehört die Forderung nach dem Kriegsgesetz. Während des Kongresses schreibt Becher, daß man gegenüber einem Autor, dessen »Herz unempfindlich ist gegenüber allem dem, was sein Volk will«, so zu verfahren habe, »wie es Menschenfeinde verdienen und wie es Maxim Gorki in dem Satz ausgedrückt habe: ›Wenn der Feind sich nicht ergibt, muß er vernichtet werden‹« [21]. Wenn Becher an die Adresse der Renegaten schreibt: »Ihr langweilt uns. Wie langweilig seid Ihr in dem sogenannten Glanz Eurer Interessantheit, der kein echter Glanz ist, sondern nur das Phosphoreszieren der Fäulnis« (1969, 701 f), dann wird stattdessen Faszination spürbar, und seine Tiraden scheinen Bannflüche, die Distanz schaffen sollen, um dieser Faszination Herr zu werden.

Dennoch finden sich auch bei Becher Anzeichen einer Differenzierung, die Hinweise über die Verwendung des Begriffs »Renegat« geben: »Inzwischen sind die Renegaten mit ihren Kumpanen von der nichtkonvertierten Fraktion in Streit geraten, beide wollen sich bei ihren Geldgebern als allein berufen zur geistigen Führung im antibolschewistischen Kreuzzug anbiedern« (1969, 319).

Kriegstreiber sind sie allesamt, Kumpane ebenso, zudem auf der Gehaltsliste derselben Geldgeber; und dennoch unterscheidet Becher zwei Fraktionen: die Konvertierten und die zumindest ›subjektiv‹ Nichtkonvertierten. Erstere sind für ihn Renegaten im engeren Sinne, letztere – er zielt hier auf seinen ehemaligen Schützling Theodor Plievier und auf Rudolf Pechel [22] – sind es immerhin im ›objektiven‹ Sinn.

Becher weist neben aller Polemik auf einen weiteren Charakterzug des Renegatentums hin, der deutlich wird in seinem Brief an die Westberliner Bildhauerin Renée Sintenis, die einen Aufruf des Kongresses unterzeichnet hatte – für Becher Anlaß zur Trauer. »Wohin hat Sie ihr Bedürfnis nach Neutralität geführt«, schreibt er ihr, und antwortet für sie: »in das Lager der schlimmsten Kriegshetzer, in das Lager von Menschen, die nichts so sehr hassen als den Frieden« (1969, 317). Das will sagen: Es gibt keinen dritten Weg, nur den der Friedensfreunde und den der (antisowjetischen) Kriegshetzer; es gibt nur ein Entweder-Oder, auch wenn der Motor ein subjektiver Wunsch nach »Neutralität« sein mochte. Und noch einmal an die Adresse von Theodor Plievier: »Er setzte sich nicht zwischen alle Stühle, wie er meinte, als er die Ostzone verließ, sondern nahm ganz eindeutig Partei für unsere Gegner, er wurde aus einem deutschen zu einem antibolschewistischen Schriftsteller« (1969, 119 f). So eng berühren sich die Lager im Bild Bechers, daß bereits ein Schritt abseits vom rechten Wege ins andere Lager führt.

Schützenhilfe erhält Becher überraschenderweise von seinem schärfsten Opponenten, Arthur Koestler [23]. Auf dem »Kongreß für kulturelle Freiheit«, den Becher mit einem Geschwür vergleicht, greift Koestler zum Bild der Cholera: Gegenüber dieser Krankheit gebe es keine Neutralität, erklärt Koestler auf dem Kongreß, denn »es geht um Leben und Tod«; er ruft es den »Halbjungfrauen der Demokratie zu, die immer noch nicht gelernt haben, daß es Zeiten gibt, in denen man in Bedingungssätzen redet, und Zeiten, in denen man Ja sagt oder Nein« [24]. In diesem Bekenntnis zum Matthäus-Evangelium stimmt Koestler mit Becher überein. Für beide gibt es keinen listigen Ausweg des Odysseus zwischen Skylla und Charybdis, sondern nur ein aufrechtes Ja oder ein Nein.

Sind es die komplementären Stimmen aus den gegnerischen Lagern des Kalten Kriegs, die von Renegatenverfolgern und Renegaten? Dem widerspricht Koestler, wenn er im folgenden ausführt: »Die These, die ich Ihnen hier unterbreiten möchte, besagt, daß die Antinomie: rechts oder links, Sozialismus oder Kapitalismus, heute weitgehend ihren Sinn eingebüßt hat und daß, solange Europa in diesen falschen Alternativen steckenbleibt, die alles klare Denken hindern, keine konstruktive Lösung der Probleme unserer Zeit möglich ist« [25].

Es ist die Anstrengung des Renegaten, sich jenseits der Lager zu definieren. Ob diese Selbsteinschätzung lediglich Reflex auf die als Entlarvung verstandene Zuordnung von seiten des kommunistischen Lagers ist, oder einem differenzierteren Blick entspricht, wird zu untersuchen sein.

Literaturgeschichtsschreibung

Nicht nur im »Politischen Wörterbuch« und in der politischen Rede von Schriftstellern wird der Renegat definiert, auch die Literaturgeschichtsschreibung nimmt hier ihren politischen Auftrag wahr. In der DDR-Literaturgeschichte werden Renegaten zwar nur am Rande erwähnt, aber um so deutlicher durch den Kontext charakterisiert. Sie werden in den Zusammenhang einer Gruppe von Autoren gestellt, die als Selbstmörder klassifiziert werden (Kurt Tucholsky, Ernst Toller, Walter Hasenclever, Stefan Zweig, Walter Benjamin) und in die Nachbarschaft von Autoren, die »in religiöse Ersatzlösungen flüchteten« (Alfred Döblin, Franz Werfel). Als Repräsentanten tauchen weder Manès Sperber noch Arthur Koestler, weder Georg K.Glaser, Franz Jung oder Alfred Kantorowicz auf, sondern Ernst Glaeser und Gustav Regler [26]. Warum eben diese beiden? Glaeser war in den Weimarer Jahren engagierter Sozialist gewesen, stand der KPD jedoch nie nahe. Nachdem er 1939 aus dem Exil ins nationalsozialistische Deutschland zurückgekehrt und sich mit dem System arrangiert hatte, galt er bei den Exilierten als Nazi und (fälschlicherweise) auch als Antisemit [27]. Und Gustav Regler wurden Spitzeldienste für die mit den Nazis kollaborierende Pétain-Regierung vorgeworfen. Glaeser wie Regler verkörperten den Typus des Verräters. Vorbild für die DDR-Literaturgeschichte ist vermutlich F. C. Weiskopfs knapper Abriß der deutschen Exilliteratur, wo Glaeser und Regler bereits verbunden wurden als die »schwarzen Schafe« des Exils [28].

Weiskopf mag das biblische Gleichnis vom guten Hirten zur Wahl dieser riskante Metapher bewogen haben, mit der die linken Exilautoren als Schafherde versammelt werden, behütet von den guten Hirten der Partei. Ein früher Kämpfer gegen die Häresie, Bischof Eusebius, vergleicht die Kirche mit einem Stall, der die Schafe vor den umherstreunenden Ketzer-Wölfen schützt (W. Bauer 1964, 135).

Regler habe sich, so Weiskopf, eines persönlichen Vorteils wegen an Pétain verkauft, und Glaeser sei nationalsozialistischem und antisemitischem Denken verfallen.

Durch Verschweigen anderer Positionen (etwa von Münzenbergs »Zukunft«) und ›Entlarvung‹ scheinbar geeigneter Repräsentanten will die Literaturgeschichte beweisen, daß jenseits der Partei keine echte antifaschistische Position innerhalb der Linken möglich war. Auch in einer Studie Dieter Schillers – Schiller ist freilich einer der maßgeblichen Herausgeber des zehnten Bandes der DDR-Literaturgeschichte – fehlen Renegaten wie Regler, Sperber, Kantorowicz oder Koestler. Schiller beschränkt sich auf eine knappe Auseinandersetzung mit Gide, dessen Rußlandreiseberichte er mit Hinweis auf den Abdruck im »Völkischen Beobachter« und in der Franco-Presse als »Rückfall auf eine offen konterrevolutionäre Position« kennzeichnet [29].

Die Zusammenstellung von Ernst Glaeser und Gustav Regler suggeriert, daß Renegaten Verräter sind, Kollaborateure und (Nazi-)Überläufer, die aus ›unlauteren Motiven‹ die Lager wechseln. Verbunden bleibt diese Definition mit der Eliminierung des Renegaten aus der Literaturgeschichte. Auch die früheren, parteikonformen oder von der Partei verbreiteten schriftstellerischen Arbeiten der Renegatenautoren werden aus dem kollektiven Gedächtnis ausgelöscht.

Ausnahmen jüngeren Datums scheinen mir von Bedeutung, weil hier der Renegat nicht länger der Typus des ewigen Verräters ist, der als Kommunist nur eine Maske trug. Jürgen Kuczynski schreibt im Geleitwort zu der 1983 erschienenen Dokumentation »In jenen Tagen...«: »Und merkwürdig, aber wichtig und Richtung weisend: Auch manche, die in späterem Alter zu unseren Gegnern wurden, können wir als Überlebende ihrer Jugend oder ihres Mannesalters in tätigwirkender Tradition uns aneignen, zu uns zählen« [30]. Folgerichtig sind dort auch Texte von Regler oder Kantorowicz aufgenommen. Und in dem jüngsten Dokumentationsband über den Pariser Schriftstellerkongreß des Jahres 1935 sind nun die Reden von Regler und Kantorowicz dokumentiert [31]. Auch Heinz Kamnitzer stimmt in seinen Erinnerungsskizzen von 1988 einen bemerkenswerten Ton an, wenn er von seiner Begegnung mit Stephen Spender und anderen Renegaten spricht: »Ihren Widerruf hätte ich noch in mich hineingefressen. Auch gestehe ich, mich schmerzt noch immer, wenn solche Zeitgefährten mich verlassen. Dennoch verfolge ich ihre Suche nach einem neuen Halt stets mit zunehmender Sorge und, solange es gegeben ist, nicht ohne Mitgefühl. Denn wer die Sehnsucht kennt, weiß, was wir alle leiden. Und wem bewußt ist, was uns auf Erden zugemutet wird, sollte die englische Spruchweisheit im Sinne haben: Da gehst du, wenn nicht die Gnade Gottes dich davor bewahrt hätte« [32].

Renegatentum als »Triumph des Stalinismus«?

Die denunziatorische Kraft des Begriffs reicht über die Sprachregelung von Kirche und Partei hinaus. Auch für ehemalige Kommunisten oder Kritiker des Marxismus kann die pejorative Aufladung der Bezeichnung »Renegat« konstitutiv bleiben. »Die Dissidenten des stalinistischen Kommunismus wurden leicht zu Renegaten, da es keine bedeutende soziale Kraft gab, die ihre Kritik im Rahmen des sozialistischen Gedankens halten konnte«, schreibt Leszek Kolakowski (1960/1967, 71) und fordert damit nicht nur die Unterscheidung von Dissident und Renegat, sondern nimmt die verurteilende Kraft des Begriffs auf. Bei Kolakowski heißt es weiter:
»Das Renegatentum ist durchaus kein erfundener Begriff: Renegaten der revolutionären Bewegung sind alle jene Exrevolutionäre, die tatsächlich, und nicht nur in der Meinung ihrer ehemaligen Genossen, auf die Positionen der politischen Rechten übergehen, wenn es auch wahr ist, daß man alles getan hat, um ihnen diesen Weg zu erleichtern. Doriot war ein Renegat. Auch Arthur Koestler ist ein Renegat, und zwar nicht, weil er Autor der ›Sonnenfinsternis‹ ist, eines Romans, der zweifellos in die Geschichte der gegenwärtigen Kultur eingegangen ist, sondern infolge seiner Tätigkeit in den letzten Jahren. ⟨...⟩ Renegaten des Kommunismus sind alle jene (und ihrer sind viele), die nach dem Bruch mit dem Stalinismus in ihm die einzige Gefahr für die Welt zu sehen beginnen und im Kampf gegen ihn bereit sind, mit jedem ein Bündnis zu schließen: mit den Kolonialisten, mit der aktiven Konterrevolution, mit politischen Rechtsextremisten. Von ihrer antikommunistischen Sendung besessen, fangen sie an, den Faschismus für ein von Stalinisten erfundenes Gespenst zu halten, der Antistalinismus genügt ihnen als Grundlage für die Verständigung mit jedem früheren Gegner« (1960/1967, 71 f).

Alfred Kantorowicz erhebt an dieser Stelle Einspruch gegen Kolakowskis Thesen: man dürfe Koestler nicht »in einem Atemzug« mit Doriot nennen (1964, 232).

Jacques Doriot gründete 1936, zwei Jahre nach seinem Ausschluß aus der PCF, die »Parti Populaire Français«, eine Anti-Volksfrontpartei, die eine Kollaboration mit den Nazis befürwortete. Zehntausende von Kommunisten folgten ihm von der PCF in die PPF. Karl Albrecht nennt seinen »Freund« Doriot den »französischen Tito«, einen ›wahrhaften Sozialisten‹, der »niemals seine wirkliche Gesinnung verleugnen konnte« [33].

Kolakowski beläßt es bei dem vagen Hinweis auf *Arthur Koestlers* politische Entwicklung. Koestler sagte 1970 in einem Gespräch mit Adelbert Reif, er habe »(...) der sozialistischen Bewegung nie eine ›Absage erteilt‹« [34]; freilich gehörte er in seinen letzten Jahren zum Patronatskomitee einer Zeitschrift der französischen Neuen Rechten, der »Nouvelle Ecole« (Chefredakteur Alain de Benoist).

Folgerichtig ist der ›Renegat‹ für Kolakowski ein ohnmächtiger Gegner des Stalinismus, da er immer noch am stalinistischen Weltbild des Entweder-Oder partizipiert. Erpreßt durch die Theorie der einzigen Alternative weiß Kolakowskis Renegat, daß sein Platz folgerichtig nur im anderen Lager sein kann. Er ist Stalinist, insofern es für ihn keinen dritten Weg gibt. Kolakowskis Fazit: »Das Renegatentum ist ein großer Triumph des Stalinismus ‹(...)« (1960/1967, 72).

Die Analyse von Kolakowski (der sich zu diesem Zeitpunkt als Marxist und Kritiker des Stalinismus verstand) läßt die Namensgebung unbegründet: Kolakowski behält die Parteiterminologie im Falle des ›schlechten‹ Renegaten bei, indem er, wie die anfängliche Gegenüberstellung zeigt, einen neutralen Begriff des Dissidenten hinzufügt. Ebensowenig hinterfragt er, ob das Weltbild des Entweder-Oder wirklich stalinistischen Ursprungs ist und nicht Folge einer Lagerbildung oder Kennzeichen der Epoche, das sich zur selben Zeit auch bei Carl Schmitt, Ernst Jünger oder Adolf Hitler finden läßt [35]. Immerhin könnte Kolakowski, Fachmann für spätmittelalterliche Kirchenphilosophie, wenn nicht auf den Wortsinn, so doch auf den kirchlichen Sprachgebrauch hinweisen: Da der Renegat vom Christentum zum Islam übertrat, handelte es sich in der Tat um einen Konvertiten. Alfred Kantorowicz nennt Kolakowskis Thesen »für mich verbindlich« (1964, 232) und wehrt sich folgerichtig gegen die Titulierung seiner Person als »Renegaten«.

Einige Randbemerkungen von Kolakowski verdienen jedoch weitere Aufmerksamkeit und erhellen noch einmal seine zentrale These vom Renegatentum als Triumph des Stalinismus und der damit implizierten Behauptung, daß für die Kommunistische Partei von den Renegaten kaum eine Gefahr ausgehe.

Die Scheiterhaufen der Inquisition, so Kolakowski, werden für die Ketzer, nicht für die Heiden entzündet; Bücher von Nichtkatholiken stehen selten auf dem Index der katholischen Kirche. Übetragen auf die Sphäre der KP heißt das: Mit dem Bürgertum ist eine Volksfront denkbar, mit Hitler ein Pakt, aber kein Abkommen mit den Hauptfeinden Trotzki oder Tito (1960/1967, 64). Die Entwicklung dieses Mechanismus läßt sich auf das Fraktionsverbot zurückführen, das Lenin 1921 auf dem X. Parteitag der KPdSU erlassen hatte; es wurde zur Grundlage für jede künftige Interpretation von Opposition als Verräterei. Das Fraktionsverbot bildete die zentrale verborgene Klausel in der Argumentation der Stalinschen Schauprozesse. Kritik wurde als konterrevolutionäre Haltung ›entlarvt‹. Damit war das System hermetisch geworden [36]. Wurden aus den derart interpretierten Verfolgten des Systems schließlich wirkliche Verräter (im Sinne der Partei), so bestätigten sie damit nachträglich die Stalinschen Anklagen. Insofern produzierte das System Konvertiten.

Die Opposition konnte zum Triumph des Stalinismus beitragen, weil die Konsolidierung der herrschenden Organisation durch die Existenz einer ›Verschwörung‹ gefördert wurde. Gefährliche Zersetzungsherde mit Forderungen nach innerparteilicher Demokratie oder mit der Tendenz, geronnene Machtstrukturen in Frage zu stellen, wurden zu Verschwörergruppen transformiert, die das ›Ganze‹ in Frage stellten (die Partei, die Revolution, die Sowjetunion). Die Partei mußte sich gegen eine Verschwörung mit dem Appell an die ›revolutionäre Wachsamkeit‹ noch enger zusammenschließen.

Kolakowski beschreibt die bolschewistische Partei unter Stalin als Sekte, deren Daseinsgrund die Selbsterhaltung sei; die Sekte bilde ein geschlossenes Lager, für das die Welt in Verdammte und Erlöste zerfalle, »in das Reich Gottes und das Reich des Teufels« (1960/1967, 67). Jede Tatsache, jeder Gedanke, jedes Element des sozialen Lebens sei dem einen oder dem anderen Lager zugeordnet. Es gebe keine neutralen Positionen, sondern nur totale Anerkennung oder Ablehnung – daher rühre auch das chronische Unvermögen zur Volksfront; Einheit heiße Bekehrung des Partners.

Der Exkommunist und Soziologe Lewis Coser klassifiziert bereits die Leninsche Partei als »Organisation, ⟨die⟩ der Organisation religiöser Sekten ⟨ähnelt⟩« (1956/1965, 117); er teilt Kolakowskis Einschätzung, daß statt von der Gefährlichkeit des Renegaten von einem stabilisierenden Effekt für die zurückgebliebene Gruppe zu sprechen sei. Die Kohäsion der verbleibenden Mitglieder werde durch die Ausschließung oder den Austritt des Renegaten wesentlich gestärkt [37]. Der Abweichler stiftet mehr Verwirrung als der Ketzer, der Ketzer mehr als der Renegat. Der Renegat, der sich als Feind der Gruppe zu erkennen gibt, schafft klare Verhältnisse und bestätigt die Dichotomie von Freund und Feind. Darum wird die Partei die Transformation des innerparteilichen Kritikers in einen Renegaten fördern, was im Sinne der selfulfilling prophecy geschehen kann: »Seht ihr nun ⟨...⟩, wohin ihr durch eure Schwenkung geraten seid ⟨...⟩, daß ihr euch gegen euren Willen und ohne euer Wissen im Schlepptau der monarchistischen Bourgeoisie befindet?« [38] Die Partei verwandelt den Kritiker in einen Klassenfeind und beweist damit, was von dessen Kritik zu halten sei. Ist der Kritiker erst ausgeschlossen, bleibt die Partei auch von der Auseinandersetzung mit seinen Ideen verschont: Die Fronten sind ›bereinigt‹.

Wie der unliebsame KPdSU-Historiker *Roy Medwedew* zum Renegaten gemacht wurde, berichtet sein Herausgeber David Joravsky. Medwedew war nach dem XX. Parteitag der KPdSU in die Partei eingetreten und begann nach dem XXII. Parteitag mit der Arbeit an der »Geschichte des Stalinismus«, ähnlich wie Anton Antonow-Owssejenko persönlich motiviert durch das Schicksal von Familienangehörigen. 1968, in der Ära Breschnew, beendet er sein Buch (»Let History Judge« – »Die Wahrheit ist unsere Stärke«). Als in der Zeitschrift »Kommunist«, dem theoretischen Parteiorgan ein Rechtfertigungsversuch Stalins erschien, schrieb Medwedew einen kritischen Leserbrief an den Herausgeber der Zeitschrift.

»Diese durchaus nicht ungewöhnliche Handlung hatte sonderbare Folgen: Der an ›Kommunist‹ gerichtete Brief erschien in ›Posew‹ (1969, Nr. 6/7), einer antisowjetischen Zeitschrift, die in Westdeutschland von einer Emigrantenorganisation herausgegeben wird, von der man annimmt, sie werde vom CIA finanziert und sei vom KGB unterwandert. Die Emigranten veröffentlichen gerne alle Manuskripte sowjetischer Dissidenten, die in ihre Hände gelangen, einerlei, ob der Verfasser damit einverstanden ist oder nicht, und die sowjetischen Behörden bestrafen jeden, dessen Manuskripte von den Emigranten gedruckt werden. Diese gespenstische Zusammenarbeit von antisowjetischen Emigranten und sowjetischen Polizeibehörden – die beiderseits aus durchaus ehrlichen ideologischen Überzeugungen resultieren mag, denn beide verabscheuen die kommunistischen Reformer – hat eine sehr praktische Funktion. Sie sorgt dafür, daß sich Sowjetbürger immer noch davor fürchten müssen, unerwünschte Gedanken zu Papier zu bringen. Die Justiz der Nach-Stalin-Zeit hat zu unterscheiden versucht zwischen erlaubter Kritik und dem, was amerikanische Zensurbeamte Subversion nennen würden, doch kann diese Unterscheidung kaum Bedeutung erlangen, solange das KGB aus Kritik Subversion macht, indem es die Kritik den Emigranten in Westdeutschland zuspielt. Seines Briefes an ›Kommunist‹ wegen, der bei ›Posew‹ landete, wurde Roy Medwedew aus der Partei ausgeschlossen. ›Posew‹ verschlechterte seine Situation dann noch durch den Abdruck eines zweiten Briefes mit seiner Unterschrift, diesmal einer kompletten Fälschung. Sein zorniger Protest veranlaßte die Herausgeber zu einer höchst delikaten Erwiderung: Sie unterließen grundsätzlich, die Authentizität der unter den von ihnen abgedruckten Manuskripten stehenden Namen nachzuprüfen, weil sie befürchten müßten, durch Nachfragen ihren Autoren Ungelegenheit zu bereiten. Medwedews Ableugnung könne übrigens sehr wohl eine Fälschung des KGB sein ⟨...⟩« [39].

Die Bezeichnung »Renegat« impliziert in den bislang herangezogenen Quellen die Einbindung des Exkommunisten in das Weltbild zweier Lager. Im Blick der Kommunisten war der Renegat als Überläufer gekennzeichnet, im Blick Kolakowskis als Gefangener des Lagerdenkens. Die Gegenposition hieße, *Renegatentum als Emanzipationsprozeß zu verstehen, der die komplementäre Gegenläufigkeit des Lagerdenkens zu sprengen sucht.* Das ist eine der zentralen Hypothesen dieser Untersuchung. Mein Ziel ist dabei nicht die Rekonstruktion einer vorgeblichen Uniformität, sondern die Darstellung von Spannweite und Widersprüchlichkeit der Renegatenliteratur.

»Inzwischen hatten wir eingesehen«, schreibt der Exkommunist Hermann Weber, »daß die Vorstellung, es gebe nur zwei Blöcke, eine Legende ist, daß es nicht nur zwei Wege, sondern zumindest einen ›dritten Weg‹ gibt, ja wahrscheinlich auch vier, fünf oder mehr« [40]. Auch der ehemalige Gulag-Häftling Bernhard Röder verneint implizit Kolakowskis These, daß der Renegat dem manichäischen Weltbild verhaftet bleibe. »Die Welt ist aber niemals schwarz oder weiß«, wie einige der ehemaligen Parteigänger Stalins es unter umgekehrten Vorzeichen bestätigten, »sondern immer nur grau, mehr oder weniger grau« [41]. Und Klaus Mann, einer der sensibelsten Chronisten seiner Zeit, macht in dieser Eintönigkeit die Zeichen der Zeit aus. Er zitiert kurz vor seinem Suicid einen namenlosen Studenten, in dem man mit einigem Recht Manns eigene Stimme hört: »Koestler hat unrecht, wenn er eine Seite für ein bißchen besser als die andere, für nur eben grau, nicht wirklich schwarz erklärt. In Wahrheit ist keine von beiden gut genug, und das heißt, das sie beide schlecht sind, beide schwarz, schwarz, schwarz« (1949/ 1973, 131). Im Gegensatz zu den optimistischen Blicken Hermann Webers oder Heinz Brandts kehrt sich hier, indem die Leuchtkraft des sozialistischen Rot verblaßt, die Welt ins Dunkel (s. Kap. IX).

Während der Exkommunist Alfred Kantorowicz Kolakowskis Sprachregelung beipflichtet, verbindet Gerhard Zwerenz Elemente der Reden von Kolakowski und Klaus Mann, um zu einem modifizierten Begriff des Renegaten zu kommen. Zwerenz negiert die kommunistische Sprachregelung. Für ihn hat der Renegat die Zukunftsversprechen der Geschichte verloren: »Der Kommunist, der den Schritt zum Renegatentum vollziehen will, muß wissen, daß er nicht unbedingt auf die Seite des Stärkeren überwechselt, daß er von seinen Genossen nur Haß und Hohn und von Seiten der Nichtkommunisten nur Mißtrauen zu erwarten hat. Er soll nicht auf Verständnis, Hilfe oder Klugheit rechnen. Er ist allein und er steht allein, es sei denn er habe Geheimnisse zu verraten. In diesem Falle ist er aber auch kein Renegat, sondern ein Konvertit, der den einen Glauben durch den andern und den einen Job durch den nächsten ersetzt« (1961, 144).

Und: »Der Renegat dagegen (im Gegensatz zum Konvertiten) verliert alles, seine Kirche, seine Bibel, seinen Gott. Er steht vor dem Nichts. Im Nichts selbst muß er sich bewähren. Das wahre Renegatentum ist selten, vielleicht ist es sogar unmöglich; auf alle Fälle sollte es als Ideal angestrebt werden.

Man kann einen Glauben verraten, auswechseln, schmähen, mißachten, verleugnen, verheimlichen. Dies alles mag mit beträchtlichen Schwierigkeiten verbunden sein, aber es ist kein Renegatentum, denn dieses verlangt die Aufgabe des Glaubens unter Beibehaltung jener sittlichen Kräfte, die er weckte« (1961, 144 f.).

Später bezeichnet Zwerenz jene, die sich widerspruchslos einordneten »in die stalinistische Phalanx« als die ›Renegaten‹ (1974 b, 298). Auf seine unterschiedliche Verwendung des Begriffs angesprochen, antwortet er in einem Brief: »Schriebe ich erneut darüber, gäbe ich ihm eine neue, zeitgemäß subversive Bedeutung. Kommt auf die Bedingungen an. (...) Gehen wir jetzt von Gorbatschows Perestroika aus, zurück zu Lenin, wer weiß wohin noch, sind die KP-Orthodoxen Renegaten, abgefallen von MarxLenin. Sehen wir es so, ist jemand wie ich, der als Chruschtschowianer verfolgt wurde, parteigetreu, also kein Renegat. Derlei zu entscheiden hat, wer die Definitionsmacht ausübt. Insofern würde ich also jetzt meiner ›Widerspruchs‹-Deutung beipflichten. Früher war der Begriff Diffamierungsvokabel der Partei uns gegenüber. Da wir aber per Gorbi ›recht‹ bekommen, geraten die Stalinistischen in den Ruch des Renegatentums« (Brief an den Verfasser vom 13. 4. 1988).

Zwerenz' ›reiner Renegat‹ steht jenseits der Lager; die Idealisierung des Typus ist zwar offensichtlich dem Umstand geschuldet, daß es Zwerenz – kurz nach seiner Loslösung – um eine rechtfertigende Selbstbeschreibung geht, doch er hält dabei am Begriff Renegat fest und hebt die Selbständigkeit des Abtrünnigen hervor. Indem er die Lage aus dessen Sicht beschreibt, kann der Begriff eine neue Qualität gewinnen. Ohne das Zwerenzsche Pathos der Einsamkeit nimmt Urs Jaeggi diese Perspektive des einzelnen auf: »Renegat werden kann heißen: die notwendige Distanz zurückgewinnen« [42].

Der Dissident

Aufschlußreich ist der Blick auf die übrigen Namen der Exkommunisten: Dissident, Neophyt, Apostat, Proselyt, Häretiker und Ketzer zum einen, Deserteur, Überläufer, Spion, Agent, Diversant und Saboteur zum anderen.

Die Kennzeichnung des Abtrünnigen als *Dissident* (lat.: dissidere – uneinig sein) benutzt Kolakowski in jener positiven Betonung, mit der Glaser oder Zwerenz vom »Renegaten« sprechen. Das ergibt seinen Sinn, sofern man auf die Verwendung des Wortes zurückblickt. Im Warschauer Religionsfrieden von 1573 (»pax dissidentium«) wurden die polnischen Protestanten in versöhnender Absicht nicht mehr Häretiker, sondern »Dissidenten« genannt, um das Konfliktpotential des traditionellen, denunziatorischen Begriffs des Häretikers zu umgehen [43].

Dissidenz konnte sich daher leichter als ›Renegatentum‹ zum positiven Begriff entwikkeln. Von Klaus Mann bis David Cooper wird der Dissident zum Sinnbild des Intellektuellen, dem es gelingt, die Konditionierung durch die Systeme zu überwinden [44].

Der Konvertit

In der Kirchengeschichte werden die Begriffe *Neophyt* (griech.: das Neugepflanzte) und *Konvertit* (lat.: der Bekehrte) oftmals gleichgesetzt. Neophyt bezeichnet den Neugetauften oder den neuaufgenommenen Mönch im Orden, also denjenigen, der seinen alten Glauben aufgegeben und einen neuen gewählt hat, in einen neuen Orden aufgenommen wurde [45]. »Im Abfall verbirgt sich das Geheimnis sittlicher Neugeburt. Ohne Abfall keine Taufe, ohne Bekehrung keine Erlösung, ohne ›Verrat‹ keine Treue«, so umreißt Wolfgang Strauss im Raster der Lagertheorie das Wesen des Neophyten (1980, 140).

Auch der Konvertit hat ein Lager verlassen und sich einem neuen angeschlossen, sein Weg führt von einer christlichen Kirche zur anderen, in der Regel hin zur katholischen. Die römische Kirche, welche ihre Bekehrungsversuche bei hochgestellten Persönlichkeiten betrieb, forderte von den Übergetretenen den sogenannten »Konvertiteneid«, mit dem die Konvertierten ihre »Irrtümer« abschworen.

Wenn der DDR-Duden den Konvertiten exklusiv religiös definiert – möglicherweise deshalb, weil der Renegat bereits als Konvertit gilt – so ist dagegen im westlichen Sprachgebrauch »Konvertit« eine politische Vokabel, die in der Regel negativ konnotiert ist [46]. Der Begriff erfährt Zuschreibungen, die seine negative Bedeutung sinnfällig machen. In Walter van Rossums Essay über das zeitgenössische »Konvertitentum der französischen Intellektuellen« wird der Begriff in den syntagmatischen Zusammenhang von ›Käuflichkeit, Lärmen, Herdenhaftigkeit, libertärem Geschwätz und schauderhaften Pamphleten‹ gestellt, ohne daß die Kritik der ›Pamphlete‹ das Woher und Wohin der Konvertiten genauer zu benennen hätte [47]. Das eben scheint den Sprachgebrauch zu charakterisieren: Der Begriff will keine Bewegung orten und vermessen, sondern lediglich den Verrat kundtun; das Wort enthebt seinen Benutzer von der Aufgabe einer Beschreibung spezifischer Umstände.

»Das Konvertitentum ist in der jüngsten Zeit zu einer Frage der Zweckmäßigkeit geworden. Man wechselt den Glauben dabei kaum noch, nur die Organisation, der man dient. Man bleibt gläubig, man bleibt der Funktionär, Manager, Organisator, der man war; nur die Form ändert sich, nicht der Inhalt«, so urteilt Gerhard Zwerenz (1961, 144), um hier jene große Gruppe der Exkommunisten einzuordnen, die nicht seiner Kategorie des »reinen Renegatentums« entsprechen. Damit wird nicht nur deutlich, daß der Konvertit auf der Stufenleiter des ›Wörterbuchs der Verdammungen‹ noch unter dem Renegaten rangiert (obwohl das Wort »Konversion« den Sachverhalt einer Wandlung am neutralsten ausdrückt), sondern auch, daß der Konvertit selbst bei Exkommunisten als wichtige Abgrenzungsfigur fungiert. Zwar schreibt Arthur Koestler (1971, 301 f): »Die Welt achtet den katholischen oder den kommunistischen Konvertiten, verabscheut aber die davongelaufenen Priester aller Bekenntnisse. Diese Haltung wird als Abneigung gegen das Renegatentum erklärt. Aber auch der Konvertit ist ein Renegat von seinem früheren Glauben oder Unglauben und meistens sehr bereit, jene zu verfolgen, die diesem Glauben noch anhängen. Ihm vergibt man trotzdem, da er einen Glauben *gewonnen* hat, während der Exkommunist oder Priester ohne Soutane einen Glauben *verloren* haben – und damit zum gefährdenden Mahnzeichen des furchtbaren, drohenden Vakuums geworden sind«.

Doch er referiert hier die Wertung jener, die von der Konversion profitieren, während er selbst sich als eines der »gefährdenden Mahnzeichen des ⟨...⟩ Vakuums« begreift und damit in Gegensatz zum Konvertiten stellt.

Wenn sich in Rede und Schrift des politischen Konvertiten (in seinem »Konvertiteneid«) nur die Form, nicht der Inhalt ändert (so Zwerenz), was geschieht dann beim Renegaten, der sich einer Konversion verweigerte? In der Zwerenzschen Formulierung scheint der Anspruch des Renegaten auf, sich von allen Prämissen seiner früheren Sprache befreit zu haben. Das bleibt zumindest der Überprüfung bedürftig. Denn Anklage und Rechtfertigung, Bekenntniszwang unter dem Druck einer Öffentlichkeit, die zum Eid und Bekenntnis auffordert, die Rituale von Kritik und Selbstkritik scheinen auf den ersten Blick auch in der Renegatenliteratur gegenwärtig (und auch die Kategorien von Zwerenz sind Resultat einer Rechtfertigungsarbeit). Schon deren Titel beschwören eine Wandlung innerhalb der vertrauten Koordinaten: aus dem Dunkel ins Licht, von Lüge und Illusion zur Wahrheit, aus den Kerkern in die Freiheit.

Apostat und Proselyt

Auch der *Apostat* tritt zu einer anderen Religion über. Während der Neophyt und der Konvertit sich zum Christentum bekehren, verläßt der Apostat jedoch den Schoß der christlichen Kirche. Diese prägte den Begriff bereits in der Zeit der frühen Christenverfolgung durch die römischen Kaiser für jene Christen, die durch die Verfolgungen abfielen, wobei ein feines Netz von Differenzierungen gewoben wurde; die Kirche unterschied zwischen sacrificati (womit jene Abtrünnigen bezeichnet wurden, die zum Zeichen ihres Abfalls den heidnischen Göttern opferten), thurificati (wenn sie der Bildsäule des Kaisers Weihrauch streuten), libellatice (wenn sie Trugscheine über Darbringung von Opfern von den heidnischen Obrigkeiten zu erlangen gewußt) und acta facientes (wenn sie ihren Abfall zu Protokoll gegeben hatten) [48].

Proselyt ist der Neubekehrte, ursprünglich der zum Judentum bekehrte Heide; gebräuchlich ist der verächtlich gemeinte Begriff der »Proselytenmacherei«, der die aufdringliche oder gewaltsame (Ab)Werbung für einen Glauben oder Anschauung meint (Matthäus 23,15). »Proselyt« bezeichnet im kommunistischen Sprachgebrauch seltener den Renegaten als vielmehr den »Konjunkturritter«, der sich zu spätem Zeitpunkt aus Gründen der Opportunität der siegreichen Revolutionspartei anschließt.

II. 2. Ketzer, Deserteure und Verräter

Häresie und Ketzerei

Die zentralen Begriffe der Kirchengeschichte für die Feinde aus dem eigenen Lager waren »Häretiker« und »Ketzer«. Häresie (griech.: hairesis, das Erwählte, die erwählte Meinung; Günther Anders übersetzt »Häresie« mit »Selbständigkeit« – »mithin Ehrenwort« ⟨1982, 5⟩) bedeutete zunächst wertfrei die selbsterwählte Lebens- und Lehrart, philosophische Schule oder religiöse Tradition. In der christlichen Lehre wird der Begriff seit der Mitte des 2. Jahrhunderts negativ aufgeladen: »von der allgemeinen christlichen Wahrheit abweichend« [49]. Das katholische Kirchenrecht spezifiziert die Bedeutung ›Irrlehre‹ oder ›falsche Schriftauslegung‹ als ›Widerspruch gegen das Dogma der Kirche und gegen ihre Autorität‹. Seit der Mitte des 4. Jahrhunderts galt Häresie als politisches Verbrechen, auf dem im Mittelalter die Todesstrafe stand. Der Codex Iuris Canonici definiert den Häretiker als Getauften, der den Namen eines Christen beibehalten will, aber an einer kirchlichen Wahrheit zweifelt oder sie leugnet [50].

Statt durch sachliche Widerlegung sei der Umgang mit Häretikern durch »Demagogie und Verteufelung« geprägt worden, wiederholt Karlheinz Deschner (1986, 155) die Klage, die am Ende des 17. Jahrhunderts von Gottfried Arnold und im 18. Jahrhundert in Diderots »Encyclopédie« erhoben worden war.

Goethe betont zu Ende des achten Buches von »Dichtung und Wahrheit« den »großen Einfluß«, den er von Gottfried Arnolds »wichtigem Buche«, der »Unparteiischen Kirchen- und Ketzergeschichte« erfahren habe [51]. Der Mystiker Arnold übt nicht nur Kritik an der »Ketzermacherei«, deren Ursache er in Habgier, Machtsucht und Racheplänen sucht, sondern zeichnet die Geschichte der Kirche als Geschichte eines Verfalls, einer ›Veräußerlichung der rein geistigen Wahrheit‹. Der Geist flüchte sich in die Wüste, und wo man ihm begegne, werde er verfolgt und verketzert. Arnold nimmt eine Umwertung von Orthodoxie und Ketzerei vor, nach welcher der wirkliche Glaube von den Ketzern bewahrt werde. Die Mißverstandenen und Verleumdeten würden Ketzer genannt, während die Orthodoxen als Inhaber von Machtpositionen sich zu unrecht rühmten, den wahren Glauben zu besitzen. Sie seien die wahren Ketzer, weil sie sich weigerten, Gott auf sich wirken zu lassen.

Jaucourt beklagt unter dem Stichwort »Hérétique«, daß »sogar die Ausdrucksweise und die Tugenden« der Ketzer verunglimpft würden. »Man hat zu dieser niederträchtigen List gegriffen, weil man befürchtete, wir könnten von der Achtung ihrer Personen zu Achtung ihrer Werke und von dem Gefallen an ihrer Schreibweise zum Gefallen an ihren Anschauungen gelangen« (Artikel aus der von Diderot und d'Alembert herausgegebenen Enzyklopädie. Leipzig 1972, S. 663).

In der Phase politischer Machtlosigkeit der Kirche blieb der Kampf gegen Ketzer auf die verbale Verdammung beschränkt. »Die Verunglimpfung des Gegners spielt in diesen Kreisen eine größere Rolle als etwa der Schriftbeweis« [52]. Mit besonderer Vorliebe wurden ›Hedonismus‹ und ›Unkeuschheit‹ der Gnostiker gebrandmarkt [53].

In der kirchlichen Verdammungsrede gegen Häresie ist häufig von »Gift« und »Wachsamkeit« die Rede [54], was nicht nur auf die Figuration des Ketzers als eines Zauberers und des Orthodoxen als eines Hirten verweist, sondern auch auf eine Anerkennung der Gefahr von Ansteckung und Vergiftung. Im »Gift« kommen sowohl Omnipotenz des Verschwörers als auch seine Unterlegenheit zum Ausdruck: Das Gift dringt überall ein, es kann verderben und töten, aber rechtfertigt auch den Arzt und dessen Therapie. Je größer die Gefahr, die vom Gift der Ketzerei ausgeht, um so mehr wird die Rolle des Hirten und dessen Ruf nach Wachsamkeit gestärkt. Zur »Wachsamkeit« gehören Demaskierung und Benennung, vor allem dort, wo der Häretiker sich tarnt [55]. Beide Begriffe, Gift und Wachsamkeit, bleiben auch in der Geschichte der kommunistischen Bewegung von zentraler Bedeutung:

»Ein Gespenst geht um in Moskau – das nennt sich ›Wachsamkeit‹. ›Wachsamkeit‹ – das heißt, aufmerksam jede verdächtige Rede seines Nebenmannes zu erlauschen und den Organen des NKWD zu melden. ›Wachsamkeit‹ – das bedeutet, seinen Vater und seinen Bruder nicht zu schonen, wenn sie sich mit einem Wort an den unantastbaren Interessen des Sowjetstaates versündigen. Diese gespenstische ›Wachsamkeit‹ liegt wie ein Alp über der Russischen Hauptstadt ...«,
    schreibt Ernst Ottwalts Frau Waltraut Nicolas [56].
    In den Moskauer Schauprozessen spricht der Ankläger von »giftigem Nattern- und Otterngezücht«; den Angeklagten wird die Vergiftung Gorkis und andere Giftattentate zur Last gelegt. »Kartoffelkrebsbazillen« seien von den Saboteuren nach Rußland geschmuggelt, Baumwollsamen mit dem »Rosenwurm« infiziert [57], Heereslieferungen mit Hilfe von »Parasiten und Milben« verdorben, Schweine im Bezirk Leningrad mit Rotlauf, und im Bezirk von Woronesch mit der Schweinepest infiziert worden [58]. Das »trotzkistische Gift« wird noch in Karikaturen beschworen, die Trotzki und andere Verräter als Schlangen mit Giftzähnen zeigen. Selbst Oskar Maria Graf spricht in seinem Roman »Die Flucht ins Mittelmäßige« von den »giftigen Exkommunisten« (1985, 391).

Seit dem 13. Jahrhundert hat das deutsche Wort Ketzer den Begriff »Häretiker« verdrängt. Hier fehlt freilich die Vorgeschichte eines wertfreien Ursprungs der Bezeichnung. Ketzerei war »schlechthin Ausdruck für unnatürliche Wollust« (Grimmsches Wörterbuch). Im Mittelhochdeutschen Wörterbuch ist der Ketzer ein »frevelhafter, verworfener Mensch«, der »besonders der unnatürlichen Wollust fröhnt, Sodomit« [59], und in der Schweizer Mundart steht Ketzer schon früh für einen »frech und mutwillig Handelnden« (Grimmsches Wörterbuch). Die Definitionen der Wörterbücher spiegeln kirchliche Strategie: Wo Ketzerei als höchste, unbegreifliche Sünde galt, schrieb man dem Ketzer weitere Schandtaten zu. Vermutlich ist das Wort vom Namen der Katharersekte (»Die Reinen«) hergeleitet; genannt wird auch die deutsche Quelle »quetser« (Schänder). Der Name der Katharer wird mit der Katze, dem Teufelstier, verbunden (»Kätzer«).

Karl Kautsky, der kommunistische Züge bei den Katharern unterstreicht, bezweifelt die Abstammung des Namens von ›katharos‹ (griech.: rein): »Am schlauesten sind jene Erklärer, die das Wort von der deutschen ›Katze‹ oder ›Kater‹ ableiten. Zwei ›gelehrte‹ Jesuiten, Jakob Grether und Gottfried Henschen, meinten, man habe die Irrgläubigen Kater genannt, weil sie ihre Versammlungen bei Nacht wie diese abhielten. Ein anderer Gelehrter meint, sie hätten ihren Namen davon, weil sie den Teufel in Gestalt einer Katze anbeteten, der sie den Hintern küßten« (1909/ 1947, I 201). Auch der Franziskaner Berthold leitet den Namen von der Katze her, der er »alles böse nachsagt« [60].

Die Ketzerverfolgung der Kirche reicht zurück bis ins 2. Jahrhundert; seit Konstantin dem Großen waren die Häretiker weltlichen Strafen unterworfen (die erste Todesstrafe wurde im Jahr 385 ausgesprochen). Die »Ketzerkataloge« von Justin (»Syntagma«), Tertullius (»Adversus Marcionem«), Irenäus (»Adversus haereses«) oder Hippolyt (»Elegchos«) legten die Richtlinien für die weltliche Gerichtbarkeit fest. Eine der ersten

massenhaften Verfolgungen galt den Katharern (denen wiederum ihre Feinde als die
Häretiker galten). Auf Betreiben von Papst Innozenz III. wurde 1209 ein Kreuzzug gegen
sie ins Werk gesetzt, genauer gesagt ein Unterwerfungs- und Eroberungskrieg des
nordfranzösischen Adels und des Königs gegen den okzitanischen Raum. Diesem Krieg,
der die Ausrottung ganzer Städte einschloß, verdankt Frankreich zum großen Teil seine
staatliche Einheit. Dem Krieg ging die Gründung der Inquisition, des kirchlichen
Ketzergerichts, voran. Die Inquisition mit ihrer Systematisierung der Ketzerverfolgung
wurde zu einem Bezugspunkt der exkommunistischen Literatur; immer wieder wird von
Renegaten die Parallele zum Stalinismus gezogen. Und selbst die Verteidigung der
Inquisition, wie der marxistische Historiker Henry Kamen sie unternimmt, hat ihre
Gemeinsamkeiten mit den Verteidigungen des Stalinismus [61].

Mit welchen Mitteln ein Häretiker von der Kirche verfolgt wurde, zeigt das Beispiel des Bischofs von
Chiapas in Mexiko, Bartolomé de Las Casas. Dessen Darstellung der Greuel spanischer Kolonizali-
sten und der Kirche in Westindien (1552) wurde vom Heiligen Tribunal der Inquisition verboten,
die Schrift wurde als Fälschung bezeichnet und mit dem Hinweis bekämpft, der Autor sei Franzose,
also Landesfeind. Las Casas wurde zum Geisteskranken und größenwahnsinnigen Paranoiker
erklärt [62].

Ketzer und *Häretiker* waren Sammelbegriffe, unter denen sehr inhomogene historische
Kräfte und Figuren subsumiert wurden [63]. Dagegen scheint die Definition durch das
Kirchenrecht eindeutig: Der Häretiker war derjenige, »der nach der Taufe unter Beibe-
haltung des christlichen Namens eine der mit göttlichem und katholischem Glauben zu
glaubende Wahrheiten hartnäckig leugnet oder bezweifelt« (K. Rahner 1961, 19). Da im
Laufe der Ketzerverfolgungen und mit dem Machtzuwachs der Kirche die denunziatorische Potenz des Begriffs zunahm, wurde später zwischen Ketzern/Häretikern und
Schismatikern unterschieden. Protestanten waren Häretiker, die griechischen Christen
Schismatiker. Galt der Häretiker als Irrgläubiger, der wesentliche Dogmen seiner Kirche
nicht akzeptierte, so waren Schismatiker Irrgläubige in weniger wesentlichen Punkten
[64]; beide waren »innerchristliche Feinde«, die die »wirkliche und endgültige Wahrheit
des Christentums im Namen der christlichen Wahrheit selbst« bekämpften (K. Rahner
1961, 16 f).
    Der Apostat war dagegen ein ›außerchristlicher Feind‹, weil er der Kirche den Rücken
gekehrt hatte.

Kirchen- und Parteigeschichte

Diese und andere Differenzierungen sind in die kommunistische Parteigeschichte nicht
eingegangen. Renegat, Häretiker, Verräter und Apostat werden dort gemeinhin als
Synonyma benutzt; das stalinistische Wörterbuch der Verdammungen kennt weder
Hierarchie noch Differenzierung. Wenn aus dem Blickwinkel der Abtrünnigen noch die
Unterscheidung möglich war zwischen dem Ketzer, der seine Kirche (Partei) retten und
verändern wollte, und dem Apostaten, der keine Hoffnung mehr auf eine Reform von
innen setzte, so sprach die Parteikirche pauschal schuldig. Die Partei benutzte kirchenge-

schichtliche Begriffe nicht in ihrer funktionalen Spezifik, sondern mit ihrer denunziatorischen Konnotation, die den Richtenden der Aufgabe einer genauen Bestimmung des ›Verrats‹ gerade enthob. Auch nachträglich wird es schwierig, bei Exkommunisten zwischen Häretikern und Apostaten zu unterscheiden, nicht zuletzt, weil der Absprung einen prozeßhaften Charakter besitzt. Der Apostat kann (auch aus Gründen der Selbstrechtfertigung) schismatische oder häretische Vorstufen durchschreiten, in denen er Positionen der Partei beibehält. Welcher Glaube nur häretisch, welcher schon apostatisch war, blieb angesichts der Machterhaltungsstrategien der Partei bedeutungslos. So stellt sich auch für den Begriff des *Exkommmunisten* die Frage, welche Entfernung von (welchem) Kommunismus er bezeichnet.

Wenn diese Studie sich mit den Texten von Renegaten befaßt, so ist mit der Existenz dieser Texte bereits ein Hinweis auf eine grundlegende Unterscheidungen zwischen Kirchen- und Parteigeschichte gegeben. Während die Kirche in ihren Ketzerprozessen und Häretikerverfolgungen ihre Macht bewies, wird diese Strategie im Stalinismus lediglich bei den Schauprozessen wirksam. In der Regel wurde jedoch heimlich abgeurteilt und geächtet; die Namen der Verräter wurden aus dem Gedächtnis der Geschichte ausgelöscht. Das Augenmerk der antistalinistischen Kritik galt gemeinhin den Schauprozessen und nicht den Geheimprozessen ohne Öffentlichkeit [65], den Erschießungen ohne Gerichtsverfahren; die massenhafte Verfolgung und Liquidierung (etwa der sogenannten Kulaken) blieb mit der Anonymität der Opfer im Verborgenen. Außerdem ging es der Partei nicht mehr um die Errettung der Seele, um Heimholung der Verlorenen, und sei es durch die ›Läuterung‹ auf dem Scheiterhaufen der Inquisition. Allenfalls konnten von Koestler die Geständnisse der Angeklagten in den Schauprozessen als Läuterungsversuche interpretiert werden; aus dem Jenseitsversprechen der christlichen Kirche wurde im Kommunismus die Hoffnung auf Rehabilitierung: »Die Partei verspricht Ihnen nur eines: Nach dem Endsieg, zu einer Zeit, wenn dadurch kein Schaden mehr angestiftet werden kann, wird das Material unserer geheimen Archive veröffentlicht werden (...) Und dann wird Ihnen und einigen Ihrer Freunde aus der alten Generation die Sympathie und das Mitleid zuteil werden, das wir Ihnen heute versagen müssen« [66].

Was wir über die frühen Häresien wissen, stammt aus den Schriften ihrer Verfolger. Bischof Irenäus, der um 180 die Kirche von Lyon leitete, schrieb ein fünfbändiges Werk mit dem Titel »Die Ausrottung und Überwindung des fälschlicherweise so benannten Wissens« (Libros Cinque Adversus Haereses), in dem »die bodenlose Tollheit und Blasphemie« der Häresien dargestellt wird [67]. Diese Bände und die seiner Nachfolger beinhalten auch das unfreiwillige Eingeständnis der Überzeugungskraft jener Häresien; deren Widerlegung durch die Orthodoxie schloß eine ausführliche Darlegung der häretischen Lehre mit ein.

Jorge Luis Borges malt in einer Legende von der Zerstörung einer Klosterbibliothek durch die Hunnen die Kraft dieser überlieferung aus: Unter der Asche des Bücherscheiterhaufens habe sich das 12. Buch der »Civitas Dei« unversehrt erhalten. »Der Text, den die Flammen verschonten, genoß 〈daraufhin〉 besondere Verehrung, und die Menschen dieser entlegenen Provinz, die ihn lasen und wiederlasen, vergaßen ganz, daß der Autor diese Lehre erläutert hatte, um sie besser widerlegen zu können.« Borges schildert den Zweikampf eines Häretikers und seines Verfolgers; die Erzählung mündet in die Einsicht, »daß in den Augen der unerforschlichen Gottheit er und Johannes von

Pannonien (der Orthodoxe und der Ketzer, der Hassende und der Gehaßte, der Kläger und das Opfer) ein und dieselbe Person darstellten« [68].

Jaucourt schreibt in Diderots »Encyclopédie«:

»Ich will die Frage, ob man die Lektüre ketzerischer Bücher erlauben soll, nicht entscheiden: ich frage nur, ob man, falls sie verboten wird, in das Verbot auch die Bücher der Strenggläubigen, die jene widerlegen, einbeziehen muß. Wenn die Strenggläubigen in ihren Widerlegungen, wie es ihre Pflicht ist, die Argumente der Ketzer in ihrem vollen Wortlaut anführen, so scheint es, als könne man uns ebensogut die Werke der Ketzer selbst lesen lassen. Wenn die Strenggläubigen aber gegen diese Gerechtigkeit und diese Pflicht in Dingen der Kritik verstoßen, so bereiten sie sich selbst durch ihren Mangel an Aufrichtigkeit Schande und verraten aus Argwohn die gute Sache« (Stichwort »Hérétique«).

Die scholastische Tugend, daß zu Anfang einer Polemik und einer Widerlegung die sachliche Darlegung der gegnerischen Position stand, findet sich nicht mehr in der Parteiliteratur der Stalinzeit. Die Widerlegung Trotzkis bedurfte keiner Rückgriffe auf dessen theoretischen Schriften.

»Wir hörten von einem Buch Trotzkis über die Oktoberrevolution, das russisch Ende 1923 erschienen sei und von dem wir erst Ende 1924 den Text erfuhren, und zwar zuerst von parteifeindlicher Seite ⟨...⟩. Immer aber erwartete und forderte man von seiten der Komintern, daß wir uns gegen Trotzki aussprechen sollten. Wenn wir unseren Verstand brauchen wollten, konnten wir es mit dem besten Willen nicht, da man uns die Originaläußerungen Trotzkis vorenthielt. Ich habe mir lange den Kopf zerbrochen, um was es sich handle«, schreibt Fritz Brupbacher über die Frühzeit des Kampfes gegen den ›Trotzkismus‹ und resümiert: »Aus dieser Zeit stammt mein erster starker Einwand gegen die Komintern« (1935/1973, 319 f).

Ignazio Silone, Mitbegründer der italienischen KP, nahm im Mai 1927 in Moskau an einer außerordentlichen Sitzung der Komintern teil, in der die Teilnehmer aufgefordert wurden, eine Resolution gegen Trotzki zu unterzeichnen, um ein Schreiben zu verurteilen, das dieser an das Politbüro der russischen KP gerichtet hatte.

»›Es ist sehr wohl möglich‹, sagte ich, ›daß das Schreiben von Trotzki verdammenswert ist, aber schließlich können wir es nicht verdammen, ohne es gelesen zu haben.‹ ›Auch wir‹, wiederholte Thälmann, ›haben es nicht gelesen und ebensowenig die meisten der hier anwesenden Delegierten, mit Ausnahme der russischen Delegation‹‹, um der italienischen Delegation die Zustimmung zu erleichtern. »An diesem Punkt griff Stalin ein ⟨...⟩ ›Das Politbüro der Partei‹, sagte Stalin, ›hat es nicht für zweckmäßig erachtet, das Dokument zu übersetzen und unter die Delegierten der internationalen Exekutive zu verteilen ⟨...⟩‹« (1966, 116 f).

Silone schildert, wie er mit der Weigerung zu unterschreiben den Zorn anderer Komintern-Mitglieder auf sich zog und Stalin den Resolutionsentwurf zurücknahm. Nach Abreise der italienischen Delegation sei die Resolution jedoch in aller Namen verabschiedet worden. Auch Silone akzentuiert diese Erfahrung als Beginn seiner Loslösung von der KP (der Bruch folgte vier Jahre später).

Gustav Regler schließlich berichtet von einer grotesken Zuspitzung des Verbots, Trotzkis Positionen zu referieren: »Ich wurde ⟨1935 in Moskau⟩ zu einer Vollversammlung der ausländischen Schriftsteller geladen. Die Komintern hatte die Veröffentlichung eines Buches moniert, in dem eingehend und mit allen Kontroversen geschildert worden war, wie ein Trotzkist sich zum Stalinismus zurückbekehrte. Der Entwicklungsroman war als Feindesarbeit erklärt worden: Der Autor habe versucht, auf solch heimtückische Art die Ideen Trotzkis einzuschmuggeln« [69].

Die christliche Kirche war Herrin der Geschichtsschreibung; schon im Spätmittelalter war beispielsweise die Geschichte der Katharer in Vergessenheit geraten. Erst die Aufklärung sah im Katharerkreuzzug dann ein düsteres Kapitel jenes ›Fanatismus‹, den sie bekämpfte [70].

Die politischen Ketzer und Apostaten der Neuzeit dagegen schrieben als Chronisten und Zeugen (i. e. »Märtyrer«) an gegen die Strategien des Vergessens und der Auslöschung. Die Geschichte des Stalinismus, die Chroniken des GULag, die Auflistung der Opfer sind die Programme der Renegatenliteratur.

Die Geschichte der Inquisition wird nicht nur zum Paradigma der kritischen Darstellung des Stalinismus, sondern der Renegat verweist auch auf die Ketzergeschichte zur Kennzeichnung eigener Positionen. »60 Jahre Ketzer« überschreibt Fritz Brupbacher seine Selbstbiographie, und Franz Jung trägt sich mit dem Plan, eine Geschichte der Ketzer zu schreiben; er betont, seine Hochachtung gelte jedem einzelnen der Ketzer.

Franz Jung 1947 in einem Brief an Cläre Jung: »Ich möchte beispielsweise eine Geschichte der Ketzer schreiben und grundsätzlich jeden Ketzer verteidigen, denn irgendwo war jede Abweichung vom Dogma im Recht – was im übrigen auch in der kath. Kirche heute schon zugegeben wird« (1981, 924); in seinem späten Essay »Die Albigenser« geht er zurück auf die Schriften der Kirchenväter Irenäus und Eusebius, auf die frühe Christenverfolgung und das Märtyrerwesen. Die Geschichte der »Albigenser« wertet er als »die Revolte des Einzelnen« (1981, 718). *Oskar Maria Graf* zieht die Linie seiner Herkunft in »Das Leben meiner Mutter« zurück bis zu den Katharern. Auch *Robert Bek-gran* nennt sich »Ketzer« (GDS, 1. Jg., H. 2, S. 4; H. 4, S. 16).

Der Deserteur

»Ich baue nur noch auf die Deserteure«. André Gide [71]

Gustav Regler berichtet in seinem Tagebuch von einem Streitgespräch mit Egon Erwin Kisch (1940): »Es kommt das alte Argument: ›man verläßt nicht das Bataillon, wenn es so von überall bedroht ist‹. Ich bitte endgültig, diese Militärterminologie aufzugeben. Kisch wechselt zum kirchlichen Vergleich ⟨...⟩ man darf nämlich ›den Papst nicht angreifen, ohne aufzuhören, Katholik zu sein‹. Jawohl mein Guter, aber nicht aufhört Christ zu sein« [72].

Hier sind die beiden Sprachfelder, auf denen der Renegat bekämpft wird, vereint: Kisch warnt Regler vor der Rolle des kirchlichen Ketzers und vor der des soldatischen Fahnenflüchtlings.

Die Begriffe *Überläufer* und *Deserteur* meinen den Fahnenflüchtigen, der zum militärischen Gegner überläuft oder sich verbirgt, der das Lager wechselt oder verläßt [73]. Da es jedoch in der Ideologie des Lagers kein ›Niemandsland‹ gibt, wird der Fahnenflüchtige und Deserteur zum *Frontenwechsler*. Auch die Begriffe Agent, Spion,

Saboteur und Diversant, die in der Anklage der Schauprozesse eine zentrale Rolle spielen, gehören in diesen Kontext. *Der Renegat wird als militärischer Gegner entlarvt.*

Über den sowjetischen Handelsbeauftragten Victor Kravchenko, der 1944 in den USA um Asyl nachgesucht hat, lautet das Partei-Urteil: »Er ist eine Figur, die mitten im Krieg den ihm anvertrauten Posten im Stich gelassen hat ⟨...⟩ ein Prahlhans ⟨...⟩ ein Lügner, ein Verräter, und darüber hinaus ein Kriminalverbrecher« [74] – eines billigt man dem Angeklagten nicht zu: eine politische Entscheidung.

Der Vorwurf an den Deserteur wiegt um so schwerer, da ihm vorgehalten wird, seinen Platz im historisch entscheidenden Kampf gegen den Faschismus verlassen zu haben [75]. Aber auch noch 1950 kennzeichnet Becher die Renegaten des »Kongresses für kulturelle Freiheit« als »Kriegsverbrecher«: *Es ist die Existenz des Renegaten, die den Kriegszustand beweist.*

In der militärischen Terminologie stellt sich nicht mehr die Frage nach dem Wesen einer Häresie, nach deren Begründung und Widerlegung, sondern der Tatbestand ist eindeutig geworden: Ein Soldat hat in Kriegszeiten seinen Posten verlassen und ist zur anderen Seite übergelaufen. Während der Renegat seinen Schritt rechtfertigt und als Ankläger oder Enthüller auftritt, während die Kirche den Akt der Ketzerei nachzuweisen sucht, besteht der Verrat des Deserteurs oder Überläufers allein im Akt des Frontenwechsels oder der Frontflucht. So wenig der Tatbestand der Desertion des komplizierten Nachweises bedarf, so selten hinterläßt der (wirkliche) Deserteur Zeugnisse seines Tuns [76]. Desertion gilt als ›Verrat des kleinen Mannes‹, als ›Rettung der eigenen Haut‹ und daher kaum als bewußter politischer Widerstand. Agenten und Spione sind bloße Funktionsträger, Deserteure sind feige oder wurden bestochen; ihnen allen werden damit politische Motive ihres Handelns abgesprochen. Die Begriffe Deserteur und Frontenwechsler sind Konkretisierungen des abstrakten Begriffs Renegat. Konkretisiert wird die Motivation des Renegaten als eine unmoralische und letztlich unpolitische. Darin scheint mir der Sinn der militärischen Terminologie begründet. »Meiner Ansicht nach ist der Begriff ›Renegat‹ deswegen so negativ besetzt, weil er die Bedeutung hat ›zum Feind übergelaufen«, schreibt Ruth von Mayenburg [77]. Folglich ist der Deserteur auch in besonderer Weise der Geringschätzung ausgesetzt, und entsprechend groß ist bei Exkommunisten die Versuchung, diese Anklage zurückzuweisen.

»Nach dem ungarischen Aufstand ⟨...⟩ wäre meine Flucht als Fahnenflucht erschienen; ein obsoleter Begriff, der in unserer Managerwelt Gelächter auslösen mag«, so benennt Kantorowicz die Gründe, die ihn im Spätherbst 1956 noch »zum Ausharren bewogen« [78]. Nach seiner Flucht im September 1957 in die Bundesrepublik schreibt er in seiner ersten Erklärung: »Ich komme nicht zu spät, sondern zu früh ⟨...⟩. Ich weiß, daß ⟨...⟩ manche, denen ich zu raten, die ich bestärken oder denen ich zu helfen vermochte ⟨...⟩, mir nun vorwerfen können, ich habe sie im Stich gelassen, um die eigene Haut zu retten, meine Flucht sei Fahnenflucht« [79].

Das Monopol des Mächtigen über die Definition bleibt hier nahezu unangetastet. Besonders anschaulich wird das angesichts der Tatsache, daß sowohl die russische Revolution als auch die deutsche Novemberrevolution des darauffolgenden Jahres von Fahnenflüchtigen getragen wurde. Fahnenflucht vom Klassenfeind wurde für Bolschewisten zum Siegel der Zuverlässigkeit; davon handelt Bechers Drama »Die Winterschlacht«, das im doppeldeutigen Sinn verkündete, daß Moskau den Freunden ›das Herz öffne‹, und daran erinnert Hermlins Erzählung vom »Leutnant Yorck von Wartenburg« [80].

Der Verräter

»Verräter sagen nicht ohne Grund: es gibt den Nichtverrat nur in der Form des Verrats. Die Seiten wechseln. Das Gegenteil von dem tun, was man getan hat.«   U. Jaeggi 1984, 327

Im Begriff des Verrats/des Verräters kulminieren alle vorangegangenen Begriffe. Mit ihm ist der Vorwurf der Ketzerei in den Herrschaftsbereich gehoben, der kirchliche und weltliche Gewalt vereint. Verrat ist die schärfste Anklage und zugleich die bedrohlichste, weil niemand seiner Unschuld sicher sein kann. Das Gesetz des Verrats scheint unumstößlich. Als Valtin-Krebs von der Komintern den Auftrag erhält, einen Verräter zu liquidieren, heißt die knappe Begründung: »Dieser Mann ist ein Verräter – und das genügt. Verräter müssen sterben. Das ist ein allgemeines Gesetz, das so alt ist wie das menschliche Zusammenleben« (1957, 138 f).

Bedrohlich ist die Anklage, weil der Vorwurf der Ketzerei, der verräterischen Verschwörung und der Oppositionsbildung ohne eindeutige Umrisse bleibt. Einerseits lautete die tödlichste Form der Anklage »Trotzkismus«, andererseits blieb gerade dieser Begriff ohne genaue Festlegung [81]. Verraten werden kann nur, was geheim bleiben soll – das Geheimnis war das System.

Die Kennzeichnung des Verrats und des Verräters offenbart sich im Stalinismus als Herrschaftstechnik, die den Alltag bestimmte: Eine militärische Niederlage, ein unerfülltes Plansoll, ein wirtschaftlicher Fehlschlag waren die Folge von Verrat. Selbst Lion Feuchtwanger bemerkt in seiner Apologie auf Stalins Rußland eine »richtige Schädlingspsychose«: »Man hat sich angewöhnt, alles, was schief geht, mit Sabotage zu erklären« (1937 b, 47). Generalstaatsanwalt Wyschinski kommt im dritten Moskauer Prozeß gegen Bucharin, Krestinski u. a. zum Schluß: »In unserem Lande, das an allen möglichen Vorräten reich ist, konnte und kann keine solche Lage eintreten, wo es an irgendeinem Produkt mangelt. ⟨...⟩ Jetzt ist es klar, warum es bei uns bald hier, bald dort Stockungen gibt, warum auf einmal trotz Reichtum und Überfluß diese oder jene Produkte fehlen. Eben deswegen, weil diese Verräter daran schuld sind« [82].

Jedermann konnte potentiell zum Sündenbock, jede Handlung zum Verrat erklärt werden. In der paranoischen Logik des Systems gibt es keine Unschuldigen, nur solche, die ihres Verrats noch nicht überführt sind: »maskierte Verräter« [83]. Die Partei stellte nicht die Frage nach den Grenzen des Verrats und nach den Motiven des Verräters, sondern konstatierte nur noch den Tatbestand des Verbrechens. »Eine Regierung braucht nur unbestimmt zu lassen, was Verrat sei, und sie wird zur Despotie«, schreibt Montesquieu in den »Esprits des Lois« [84]. Die Anklage des Verrats trifft im Stalinismus den ›Verräter‹ ohne dessen Zutun. Und indem der Angeklagte andere oder sich selbst verriet, konnte er versuchen, sich dieser Anklage zu entziehen. »Wer nicht als Verräter gelten will, muß unverzüglich verraten, woran er sich vordem gehalten hat«, schreibt

Hans Magnus Enzensberger in seinem Essay über die »Theorie des Verrats« (1964, 364).
Wer den Teufel bei anderen austrieb, konnte damit den Verdacht (und die Ahnung)
vertreiben, daß das ›Böse‹ in ihm selbst steckte. Richard Krebs illustriert dies, wenn er im
»Tagebuch der Hölle« von der Unterredung seines autobiographischen Protagonisten
mit dem an der Komintern-Politik zweifelnden Arthur Ewert berichtet. Ewert war in
Krebs' Augen ein Verräter, weil er eine Allianz mit den sozialdemokratischen ›Verrätern‹
vorschlug. Doch als Krebs von diesem Treffen zurückkehrt, erhält er den Auftrag, das
Gespräch mit dem in Verdacht geratenen Ewert zu protokollieren: »Das war die neue
Waffe der Komintern. Es war meine Pflicht als Kommunist, Arthur Ewert, meinen
geachteten Lehrer, zu verraten. War Verrat an den Genossen von nun an der Preis der
Loyalität? Ich schrieb den Bericht« (1957, 160).

Hannah Arendt kennzeichnet totalitäre Herrschaft, deren Wesen Terror sei, damit,
daß »an die Stelle des Prinzips des Handelns ⟨...⟩ die Präparierung der Opfer ⟨tritt⟩« (1955,
738); das betroffene Opfer wird zum »objektiven Gegner«. In einem fiktiven Anklagemo-
nolog zeichnet sie die Überführung des Verräters nach: »Da du ein überzeugter Bolschewist bist, weißt du, daß die Partei immer recht hat. Aus Gründen des objektiven
geschichtlichen Prozesses muß die Partei in diesem Augenblick bestimmte Verbrechen
bestrafen ⟨...⟩. Entweder hast du im Zug der historischen Notwendigkeit die Verbrechen,
die wir dir zur Last legen, wirklich begangen ⟨...⟩, oder du hast sie nicht begangen und
weigerst dich, die historisch notwendige Rolle des Verbrechers zu spielen; dann begehst
du das Verbrechen, das wir dir zur Last legen, eben durch deine Weigerung, es zu
bekennen« (1955, 744 f.).

Die typische Reaktionsweise des Renegaten ist die Umkehrung des Sprachspiels. Die
Anklage wird an die Kläger zurückadressiert: Nicht wir haben die Partei, die Partei hat uns
verraten. Vor allem im Kontext des Hitler-Stalin-Pakts wird der Gegenvorwurf des
Verrats zu einer Stereotype der Renegatenliteratur. Hans Werner Richter nennt den 23.
August 1939 den »Tag eines beispiellosen, klassischen Verrats« (1974, 80). »Adolf Judas
Stalin« ist ein Artikel von Willi Schlamm überschrieben (1939), und Willi Münzenberg
schreibt nach dem Pakt in seiner Zeitschrift »Die Zukunft«: »⟨...⟩ keine Nummer der
›Volkszeitung‹ erschien, die nicht hundertmal wiederholte: ›Nieder mit dem Schädling.
Nieder mit dem Verräter.‹ Heute stehen in allen Ländern Millionen auf, sie recken den
Arm, rufen, nach dem Osten deutend: ›Der Verräter, Stalin, bist Du‹« [85].

Die Dialektik von Verrat und Treue, von Verrat der Partei und Selbstverrat klingt an in
einem Satz Arthur Koestlers: »Wir haben eine Partei verraten. Die anderen verraten nur
die Menschheit« [86].

Judas

Im neunten Kreis der Hölle stößt Dante auf die Verräter, deren letzter Aufenthaltsort das
ewige Eis ist; hier versagt er den Opfern sein Mitleid. Einem der Verdammten gibt er zwar
das Versprechen, ihm die Eisschicht von den Augen zu nehmen, aber unterläßt es,
nachdem er die Geschichte des Verrats vernommen hat. »Zum Schelm an ihm zu werden,
schien mir bieder!« [87] – Grund für den mexikanischen Schriftsteller und Exkommuni-

sten Octavio Paz, 1987 auf dem Schriftstellerkongreß in Valencia an Schopenhauers Empörung über Dantes Wortbruch zu erinnern.

»Ehre und Gewissen nämlich gelten ihm nichts mehr, sobald sie mit den grausamen Beschlüssen des Domeneddio irgend interferiren: daher denn hier das, zur Erlangung einer Aussage, fest und feierlich von ihm gegebene Versprechen, ein Tröpflein Linderung in die Pein einer von Jenem ersonnenen und grausam vollführten Marter zu gießen, nachdem der Gemarterte die ihm aufgelegte Bedingung erfüllt hat, von Danten, ehr- und gewissenloser Weise, frank und frech gebrochen wird, in majorem Dei gloriam: weil nämlich er eine von Diesem aufgelegte Pein, auch nur, wie hier, durch das Wegwischen einer gefrorenen Thräne, im Mindesten zu lindern, obwohl es ihm nicht etwa ausdrücklich verboten war, für durchaus unerlaubt hält und also es unterläßt, so feierlich er es auch, den Augenblick vorher, versprochen und gelobt hatte. Im Himmel mag Dergleichen der Brauch und lobenswerth sein; ich weiß es nicht; aber auf Erden heißt wer so handelt ein Schuft« [88].

Octavio Paz nahm am ersten (1937) und zweiten Kongreß (1987) teil; 1987 reservierte er in Dantes Hölle einen Platz für die Intellektuellen, wo sie, ›bis zum Hals in der Scheiße steckend, in alle Ewigkeit über Faschismus und Stalinismus debattieren müßten‹.

Am schrecklichsten wird in Dantes Inferno Judas bestraft: Sein Platz ist im untersten Kreis der Hölle, wo er kopfüber im Rachen Luzifers steckt [89]. Mit ihm werden Brutus und Cassius, die Mörder Cäsars gequält: Die ›Erzverräter‹ an Kirche und Reich sind vereint in der Giudecca, dem nach Judas benannten Ort des Grauens.

Es mag überraschen, daß Judas auch in der kommunistischen Tradition Prototyp des Verräters geblieben ist. Lion Feuchtwanger beschreibt in »Moskau 1937« Stalins Reaktion auf das Thema der Schauprozesse: »Ihr Juden habt eine ewig wahre Legende geschaffen, die von Judas«, bekennt ihm Stalin persönlich, und Feuchtwanger fügt hinzu: »es war seltsam, den sonst so nüchternen, logischen Mann diese simpel pathetischen Worte sprechen zu hören« [90].

Wenn Stalin im Gespräch und im »Kurzen Lehrgang: Geschichte der kommunistischen Partei der Sowjetunion« seinen Kontrahenten Trotzki »Judas« nennt (1944/1952, 171) und wenn in den Nachkriegsjahren auch Tito diesen Namen trägt [91], dann wird damit der Tod Trotzkis und Titos angekündigt, aber auch stillschweigend auf die eigene Göttlichkeit hingewiesen. *Das Bild will einen abgründigen Verrat beschreiben, beschwört aber zugleich Gottheit und Erlösungswerk.* Wer das Bild projiziert, gewinnt etwas vom Lichte eines Apostels. Judas, getrieben von Geldgier, ein Werkzeug des Teufels, keiner Gnade gewärtig – so lautet die biblische Charakteristik, die hier auf den politischen Gegner aus den eigenen Reihen übertragen wird.

Es sind keine großen Reichtümer, die Judas für seinen Gottesverrat erhält, nicht die Schätze, mit denen Satan den HErrn zu locken versuchte, sondern Gott wird für eine winzige Summe verraten. Immer wieder findet sich in der Geschichte der Denunziation des Renegaten der Vorwurf des Verrats »um der lächerlichen Summe von dreißig Silberlingen willen« [92]. Die Renegaten verkaufen ihre Seele um eine bescheidene Pension, die der Feind ihnen stiftet. Ernst Bloch nennt die Renegaten ›kurzsichtige Verrats-Spekulanten‹, der auf die falschen Kurse setzt, und weiß: »Dreißig Silberlinge bleiben was sie sind« (1942, 19 f). Bloch erwartet, daß die Renegaten darum reumütig zur Partei zurückkehren werden, aber er will ihnen dann, ganz Dante, jedes Mitleid verweigern; er verweist auch auf dessen »Inferno«, wo die Verräter im untersten Teil der Hölle sitzen. »Diese ungeheure Abwertung ist zwar ans Treue-Motiv des Feudalismus gebunden, doch laesst sich auch heute der Kompagnie Enttäuschungsverkäufern kein Psalm singen« (1942, 20).

Wie alle Versuche, einen Mythos zu instrumentalisieren, verweigert sich das Bild der Eindeutigkeit und löst Irritation aus, nicht zuletzt, weil Judas derjenige war, der das Erlösungswerk erst ermöglichte: »ohne Judas kein Kreuz, ohne das Kreuz keine Erfüllung des Heilsplans« [93]. Judas Ischarioth gehorchte der Rolle, die ihm im göttlichen Plan zugeschrieben war, wie Bucharin und die anderen Angeklagten der Moskauer Prozesse die von ihnen geforderte Rolle übernahmen; wenn Bucharin Judas war, dann zeugte er in der Rolle des Verräters für Gott. Walter Krivitsky berichtet, daß der nicht geständige Karl Radek zu Stalin gerufen worden sei. Zurückgekehrt aus dem Kreml, habe er die Rolle des eigenen Untersuchungsrichters übernommen und sein Geständnis selbst entworfen. Von offizieller Seite wird bestätigt, Stalin habe die »wahrhaftige Verkörperung der Judas-Legende« in Karl Radek gefunden [94].

Jochen Steffen und Adalbert Wiemers: »Die Unterredung zwischen Stalin und Radek soll nach zwei Monaten im Hause der NKWD in Gegenwart von Jeschow zustande gekommen sein ⟨...⟩ Radek war danach wie verwandelt, plötzlich hatte er seinen Part in dieser Justizkomödie entdeckt, in der er nun in einer Person gleichzeitig Drehbuchautor, Hauptdarsteller und sein eigener Regisseur wurde. Er verfaßte sein eigenes Verhörprotokoll, ein umfangreiches Werk, in dem er Fragen an sich richtete und sie gleichzeitig beantwortete ⟨...⟩ Radek beherrschte noch einmal die Bühne ⟨...⟩« [95].

Walter Jens erzählt in seinem Prosaband »Judas« vom (fiktiven) Antrag eines Franziskanerpaters zur Seligsprechung des Judas und zu dessen Anerkennung als Märtyrer. Es geht um eine angestrebte Rehabilitierung, den sowjetischen Prozeduren nach dem Tod Stalins und nach dem XX. Parteitag vergleichbar. Der Jens'sche Pater weist auf den Propheten Sacharja des Alten Testaments hin, der für seine Dienste ebenfalls mit dreißig Silberlingen entlohnt wurde – der damalige Kaufpreis für einen Sklaven -, und Sacharja folgte Jahwes Befehl und warf die Silberlinge in den Tempel des Herrn.

»Indem Judas Sacharja nachfolgte und den Schandlohn in den Tempel warf, gab er ein Zeichen und deutete, eine Sekunde lang den Zipfel seines Geheimnisses lüftend, dem, der zu lesen versteht, an: ›Auch ich habe, wie jener Sacharja, im Namen Gottes gehandelt‹« [96].

Aber der Judas-Mythos birgt noch eine weitere Irritation: Ein Blick auf die biblische Synopse zeigt, daß erst im spätesten Evangelium, dem von Johannes, der niedrige Charakter des Verräters entfaltet wird. Seine Funktion bleibt auch bei Johannes noch unklar. Denn für die Gefangennahme des predigenden Jesus wurde Judas kaum benötigt. »Das ist aber eine ganz sinnlose Handlung«, schreibt Karl Kautsky, »Jesus war nach den Evangelien in Jerusalem wohlbekannt ⟨...⟩. Das wäre ungefähr so, als wenn die Berliner Polizei einen Spitzel besoldete, damit er ihr die Person bezeichne, die Bebel heißt« (1908/ 1919, 388). Ist die Figur des Judas, wie wir sie kennen, eine nützliche Erfindung?

»Es gibt keinen Judas. Paulus, der Kronzeuge, kannte keinen Verräter unter den Zwölf. Judas war eine Erfindung jenes Evangelisten, der sehr genau wußte, daß jede Gruppe – eine Partei so gut wie eine Glaubensgemeinschaft -, die darauf pocht, sie allein vertrete die Wahrheit und nur in ihr sei das Heil, nicht allein des äußeren, sondern auch des inneren

Feindes bedarf, um Geschlossenheit zu wahren und jede Spaltung von vornherein zu verhindern« [97].

Diese Argumentation läßt an Goldstein, den globalen Feind des ›Systems‹ in George Orwells »1984«, denken, dessen Bedeutung und Werk, möglicherweise auch dessen Existenz eine Erfindung des ›Systems‹ war, das sich des inneren Feindes bediente.

Doch auch mit dieser Funktion der Stabilisierung eines diktatorischen Systems ist die Figur des Judas nicht ausreichend beleuchtet. Nun wird von Leonid Andrejev, dem Autor der Novelle »Judas Ischariot«, berichtet, daß er Judas und Jesus als Brüder gemalt habe, mit dem Ausdruck des gleichen Schmerzes und einem gemeinsamen Heiligenschein [98]. Das ist Indiz für einen anderen Blick auf die Figur des Judas: als alter ego von Jesus. Theodor Reik verfolgt diesen, von Jorge Luis Borges verschiedentlich variierten Gedanken in seinen religionspsychoanalytischen Studien. In Jesus und Judas liege »eine, später in zwei Anteile gespaltene Gestalt« vor, urteilt Reik (1923/1975, 105). Judas stelle jene Anteile von Christus dar, die man nicht sehen wollte; darin begründet Reik die Notwendigkeit der Judas-Legende (1923/1975, 100 ff). Die Judas-Figur vereinige als Sündenbock »alle als peinlich empfundenen Impulse auf sich und entlaste so die Jünger« (1923/1975, 103), auch hierin ein Gegenstück des Lamms, das alle Sünden auf sich nimmt. Auch in Dantes »Göttlicher Komödie« sind Jesus und Judas kontrapunktisch angesiedelt.

Für das Renegatenthema ist der Aspekt der Nutzbarmachung des inneren Feindes von Interesse, aber auch der von der Entlastung der Jünger von eigenen Schuldgefühlen des Versagens und Ungenügens. Alles Mißlingen kann auf Trotzki und die Verräter projiziert werden: Ihre Taten sind es, deren man sich als der eigenen nicht erinnern will. Im Sündenbock Trotzki verleugnet man nicht nur die eigenen feindseligen Impulse gegen Stalin, Trotzki werden in den Schauprozessen auch eigene Taten und Projekte vorgeworfen, die den Gruppenkonsens gefährden: ein Nichtangriffspakt oder ein wirtschaftliches Abkommen mit Nazideutschland über die Lieferung von Rohstoffen.

»Überall dort, wo eine Gruppe einen starken, unbeugsamen Dogmatismus predigt, um ihre Kohäsion zu gewährleisten, ist sie einem bedingungslosen scapegoating ausgeliefert. Dies bedeutet, sie hat in Krisenzeiten einen Sündenbock nötig, dem sie die Schuld für alle ungelösten Probleme aufbürden kann. Der Streit gegen den Sündenbock stärkt den Zusammenhalt der Eigengruppe. Er schafft ein Feindbild, gegen das man sich absetzen, gegen das man kämpfen, eine Fahne, unter der man den eigenen versprengten und verzweifelten Haufen eventuell wieder sammeln kann« [99].

Auch Erich Mühsams »Judas«-Drama faßt, ähnlich der Erzählung von Regler [100], die Judas-Figur positiver, wie es schon der Titel von Mühsams Zeitschrift »Kain« vermuten läßt. Vordergründig bleibt der Judas der Münchner Revolution von 1918 ein Verräter, doch wird in ihm ein messianischer Erlösungswille sichtbar. Sein Verrat soll der sozialen Revolution dienen: Er hofft, daß durch die Verhaftung des von ihm verratenen Führers der ›revolutionäre Funke‹ auf die Massen überspringt; und sein Christus, Professor Seebald (Seebald/Landdauer: ein Namensspiel für Gustav Landauer) verzeiht ihm. So erscheint Judas am Ende nicht als Verräter, sondern als Märtyrer, als Protagonist der Revolution [101].

Karl Kautsky weist auf die versteckten aufrührerischen Züge der christlichen Messias-idee hin. Den Widerspruch zwischen der Bewaffnung seiner Jünger und Christi Friedfertigkeit im Augenblick seiner Verhaftung (an ihn erinnert Reglers Titel »Das Ohr des Malchus«), erklärt Kautsky folgendermaßen: »Dieser Widerspruch wird nur dann begreiflich, wenn wir annehmen, daß die christliche Überlieferung ursprünglich von einem geplanten Handstreich berichtete, bei dem Jesus gefangen wurde ⟨...⟩. Die späteren Bearbeiter wagten nicht, diesen Bericht, der tief gewurzelt war, ganz zu eskamotieren. Sie verstümmelten ihn, indem sie die Gewaltanwendung zu einem Akte machten, den die Apostel wider Willen Jesu versuchten« [102].

Zur Figur des Renegaten in der sozialistischen Literatur

In der sozialistischen Literatur des Exils und der Nachkriegsjahre wird das Problem des Renegaten meist nur am Rande abgehandelt. Denunziert wird auch hier im Regelfall der Typus, der frei von allen individuellen Zügen bleibt [103].

Bekanntestes Beispiel für die auf eine bestimmte Person zielende literarische Denunziation ist möglicherweise die Figur des Feiglings und Verräters Patrice Orfilat im ersten Band von *Louis Aragons* Romanchronik »Les Communistes« von 1949; Aragon hatte Orfilat überdeutliche Züge von Paul Nizan verliehen. Dieser war nach seinem Parteiaustritt von 1939 von den französischen Kommunisten als »Polizeispitzel« bezeichnet worden. Aragon, Maurice Thorez und Henri Lefebvre hatten Nizan einen Verräter genannt, der dem Innenministerium Informationen über die Tätigkeiten der PCF geliefert habe (Thorez nannte Nizan den »räudigen Hund aus dem Innenministerium« [104]). Mit seiner Romanfigur ›bewies‹ Aragon die Vorwürfe der Partei.

»Die literarische Wertlosigkeit dieses Porträts änderte nichts an seiner Perfidie«, urteilte Simone de Beauvoir (1963/1970, 200). Sartre nähert sich Nizan in seiner Erzählung »Eine komische Freundschaft« (»Drôle d'amitié«) mit dem Protagonisten Schneider alias Vicarios (Schneider = sartor = Sartre; Vicarios = der Stellvertreter ⟨Nizans⟩), einem Renegaten, der sich im Kriegsgefangenenlager wieder zur KP-Gruppe gesellt, um nicht allein zu sein, und von ihr in den Tod getrieben wird [105].

Die literarische Denunziation soll hier nicht weiter untersucht werden, sofern sie bereits bekannte Bilder wiederholt. Von Interesse ist jedoch das Szenario, das *Anna Seghers* in ihrem noch im Exil konzipierten Roman »Die Toten bleiben jung« entfaltet. Sie befreit sich hier von dem Schock, den die Verurteilung der ›alten Garde‹ als Verräter in den Moskauer Schauprozessen bei ihr ausgelöst hatte (er hat vor allem ihren Roman »Transit« beeinflußt), indem sie als Abschreckung auf den ›Renegaten‹ verweist, der zum Faschismus konvertiert: auf Mussolini. Dieses Beispiel war nicht nur für Kommunisten sinnfällig; auch für ganz andere Adressaten galt Mussolini als Inkarnation des Verräters.

In Seghers' Roman meint der sozialdemokratisch gesinnte Vater, angesichts der Moskauer Prozesse und der Erschießung der Leninschen Mitkämpfer würden sich die Nationalsozialisten in die Faust lachen. Er wird vom kommunistischen Sohn zurechtgewiesen: »›Es waren vielleicht gar nicht die Besten, die man dort totschoß.‹ – ›Doch, doch‹, sagte Geschke, ›das weiß ich selbst; ihre besten Genossen, ihre ältesten.‹ – ›Das kann man von Mussolini auch sagen, daß er ein alter Genosse war. Bis er genug davon hatte. Die wollen vielleicht in Moskau reinen Tisch, bevor ein neuer Krieg kommt‹« (1949/1951, 440 f).

Die Liquidierungen erscheinen im Licht eines Generationenwechsels: Die Alten müssen abtreten (sie sind vielleicht noch sozialdemokratisch ›infiziert‹, tragen den Makel ihrer Herkunft in sich) und einer neuen zuverlässigen Generation Platz machen. Seghers bedient sich hier offen eines sozialdarwinistischen Arguments, das in der stalinistischen Ideologie verankert ist. Stalin erscheint als Gärtner und Züchter, der das alte Unkraut jätet und den neuen Typus eines Menschen schafft [106].

In ihrem Nachkriegsroman verteidigt sie den Hitler-Stalin-Pakt [107]. Die tiefe Verstörung durch dieses Bündnis, welche ihren Exilroman »Transit« prägt und den Erzähler an den Rand des Absprungs treibt [108], ist verflogen. Als sie in Marseille an ihrem Roman »Transit« schrieb, war die Verbindung zur Partei durch den Schock des Pakts und durch die Erfahrung, im Stich gelassen worden zu sein, gestört; bei der Arbeit an ihrem Roman »Die Toten bleiben jung« war diese ›Leitung‹ wieder intakt.

Friedrich Wolf hatte in seinem 1940/41 im französischen Lager Le Vernet entstandenen »Beaumarchais«-Drama das Dilemma des Intellektuellen gestaltet, der Anstöße zur Revolution gibt, dann aber dieser Revolution die Parteilichkeit verweigert. In seiner Figur des Beaumarchais, die Züge eines Faust trägt, sind auch Wolfs Begegnungen im Lager mit Gustav Regler und Arthur Koestler eingegangen [109]. Wolf hat in seiner Vorbemerkung zum Stück einen Satz besonders hervorgehoben, mit dem er seine Beaumarchais-Figur mit solcher Eindringlichkeit festlegt, als fürchte er die gegenteilige Lesart durch kommende Regisseure: »Keinesfalls darf er am Schluß als Feigling erscheinen, keinesfalls darf er unsympathisch wirken!« Er nennt Beaumarchais zuvor einen »tieftragischen Held⟨en⟩ in seinem Zwiespalt!« (1946, 78) Will man den Schilderungen von Regler oder Kantorowicz folgen, so kann Wolfs Beaumarchais-Kommentar auch als Selbstporträt gelesen werden [110].

Schärfere Konturen gewinnt die Intellektuellenkritik in *Hanns Eislers* Opernlibretto von 1952, »Johann Faustus«, in dem der Intellektuelle als Renegat auftritt. Weniger durch den Operntext als in der sich anschließenden heftigen Kontroverse, die vorläufig mit der Abreise Eislers nach Wien endete, wurde das Problem des wankelmütigen Intellektuellen zur Diskussion des Renegatenthemas. Werner Mittenzweis Rückblick von 1983 will deutlich machen, daß Eislers Faust kein Renegat sei: »denn mit Verrätern, mit Renegaten spricht man nicht« (1983, 121), da doch der streitbare Bauer Karl zu Eislers Faust sagt: »Hans, komm zurück zu deinem Karl« (I/2). Mittenzwei definiert weiter: »Ein Verräter ist der, der seine Aktivität für diese Ideale ⟨den Kampf der Bauern⟩ einstellt und sie nun unerbittlich gegen sie verwendet. Faust gebraucht seine Aktivität nicht gegen seine Ideale. Im Gegenteil!« (1983, 121) Mittenzweis Definition deckt sich mit jener von Kolakowski: der Renegat als Konvertit, der die Lager gewechselt hat.

1952/53 dagegen war zwischen den Kontrahenten um das Eisler-Libretto, Ernst Fischer und Alexander Abusch, ausgemacht, daß dieser Faust ein Verräter und Renegat sei. Der Klappentext der Originalausgabe war deutlich: »Faust, der Renegat mit schlechtem Gewissen, der Bauernsohn, der die Bauern verraten hat ⟨...⟩. Wer auch immer sein Volk verrät, ein Renegat wird, muß zugrunde gehen. Dieser Faust endet dort, wo ihn die Flüche der Bauern hinwünschen, beim Teufel.« Ernst Fischers Definition ist eine andere als die Mittenzweis: Eisler habe »⟨...⟩ in der Gestalt des Faust *eine Zentralgestalt der deutschen Misere* reproduziert: den deutschen Humanisten, der vor der Revolution zurückschaudert, der die Ideen Münzers gutheißt, aber in feiger Klugheit lamentiert: ›Man hätte nicht zu den Waffen greifen sollen!‹, der sich, wenn im Klassenkampf die große Entscheidung heranreift, um jeden Preis ›heraushalten‹ will und so durch die Logik der Ereignisse zum Renegaten wird. *Der deutsche Humanist als Renegat* ⟨...⟩« (1952/ 1969, 113 f). Wenn Fischer im folgenden noch vom »Teufelspakt mit dem Imperialismus«, von »Renegaten des Geistes« und vom »Renegat⟨en⟩ mit schlechtem Gewissen« (1952/1969, 114) spricht, dann wird klar, daß hier ein Kampfbegriff anders gefüllt wird; Fischer meint (auch) den schwankenden (deutschen) Intellektuellen, der seiner Bündnispflicht nicht nachkommt und dadurch in der entscheidenden historischen Situation zum Verräter wird. Abusch dagegen sieht den Renegaten wiederum als Konvertiten und hält es daher für einen »unverständlichen Widerspruch« der Eislerschen Fabel, wenn Faust als Renegat kein »wohlgelittener Gast in Atlanta-Amerika« sei. Seine Kritik zielt jedoch auf Ernst Fischer, denn Eisler stellt seinen Faust zwar in den Kontext von Verrat, er leiht ihm auch Züge des Renegaten [111], die Bezeichnung selbst gilt im Libretto aber nur einigen von Plutos Dienern [112]. Eislers Faust, ein Judas, bei dessen Spaziergang die Natur trauert (I/2), trägt Züge eines ›verräterischen‹ Menschewiken. Plechanows Einschätzung der russischen Revolution von 1905: »Man hätte nicht zu den Waffen greifen sollen« [113], wird im Libretto von Faust ausgesprochen (I/2).

Der aktuelle Hintergrund für Eislers Text war der Kampf gegen den sogenannten Titoismus, zu dem Stalin 1950 aufgerufen hatte; Eislers Freund Ernst Fischer hatte im selben Jahr ein »politisches Drama« veröffentlicht (»Der große Verrat«), in dem Tito (als »Pablo Malabranca«) die Revolution verrät und sich von den Briten ›kaufen‹ läßt [114].

Nach allem wird die Gefahr deutlich, Definitionen zu finden, wo tatsächlich die Begriffe beliebig gehandhabt werden. Auch wenn Eisler nur von Verrat spricht, so sind von Seiten der Partei Unterscheidungen zwischen Verräter, Abweichler und Renegaten nicht zu erwarten. Entsprechend liest sich die Interpretation von Wilhelm Girnus, gerichtet an die Adresse Eislers: »Faust ist nach der Konzeption, die Du geschaffen hast, ein Renegat nach dem Typus Slansky, Rajk oder Tito... Dieser Renegat wird uns als typische Gestalt der deutschen Geschichte hingestellt« [115]. Wenn Rudolf Slansky, 1952 in der CSSR als Hochverräter gehenkt, Laszlo Rajk, 1949 in Ungarn hingerichtet und Josip Broz Tito einen einzigen ›Typus‹ des Renegaten repräsentieren, macht das deutlich, wie umfassend – und beliebig – dann schließlich der Begriff gefaßt ist. Ignazio Silones Deutung des Umgangs mit diesen Begriffen wird damit einleuchtend: »Die Worte Verräter, Renegat, käuflich usw. sind nur Synonyme für den Begriff Gegner« (1950, 106). Freilich handelt es sich nicht um einen ehrenvollen, sondern um einen verabscheuungswürdigen Gegner, und die Namengebung erinnert an ein beschwörendes Ritual, in dem der Name seine Verwandlungskraft entfalten soll.

In einem Motiv berühren sich jedoch der Faust-Stoff und das Renegaten-Thema deutlich: im Teufelspakt. Der Eislersche Faust will seinen Verrat vergessen und verdrängen; Mephisto soll das mit Ruhm, Geld und Macht ermöglichen. Judas gibt sich nicht mehr mit dreißig Silberlingen zufrieden. Der Renegat verkauft seine Seele, indem er eine Unterschrift leistet. Gustav Regler kauft sich aus dem französischen Lager Le Vernet frei, indem er einen Pakt mit der Pétain-Regierung unterzeichnet; Richard Krebs unterschreibt einen Gestapo-Ausweis, um sich als Agent in deren Dienst zu stellen und seine

Haut zu retten, Kurt Hiller einen Revers, der ihn zur Denunziation kommunistischer Genossen zwingt, um aus dem Konzentrationslager entlassen zu werden: so lautet die faustische Lesart der Partei.

Die Rollenbesetzung ist von allen Seiten her denkbar.
– Die Seele dem Imperialismus verkaufen: Renegatenschelte von der Partei.
– Die Seele den Nazis verkaufen: Klaus Manns »Mephisto«.
– Die Seele dem Kommunismus verkaufen und doch noch zum Himmel auffahren: die Sicht des Renegaten.

Schlußfolgerungen

Die russische Revolution als Werk von Verrätern – dieser Sicht entsprechen paradoxerweise die Anklagen Stalins gegen das Leninsche ZK in den Moskauer Schauprozessen. Während der Oktoberrevolution umfaßte die Partei der Bolschewiki 200 000 Mitglieder; die Hälfte davon waren Intellektuelle [116]. Die Führungsgruppe der Partei bestand sogar in der Mehrheit aus Intellektuellen, Verrätern an ihrer Klasse. Die Verräter bedienten sich einer häretischen Wissenschaft: des Marxismus, und sie wurden unterstützt von Deserteuren, die an der Front den Gehorsam aufkündigten – Ketzerei und Renegatentum waren Keime jenes Systems, das dann in einem Ausmaß wie kein anderes zuvor Ketzer und Renegaten verfolgte. Aus der Revolution der Deserteure wuchs beispielsweise die schärfste Gerichtsbarkeit gegen Fahnenflüchtige. Stalin verurteilte russische Soldaten, die in deutsche Kriegsgefangenschaft geraten waren, als Deserteure und Verräter, wobei es unerheblich war, ob sie mit den Deutschen kollaboriert hatten oder nicht [117].

Die Verfolger bedienten sich eines Vokabulars, dessen kirchengeschichtliche und militärhistorische Tradition ohne erkennbare Irritation beerbt wurde. Dem Vokabular ist gemeinsam, daß die Verfolger die Begriffe bestimmten und daß die Begriffe sich gegen die Verfolgten (die Feinde im eigenen Lager) richteten.

Die Bezeichnungen haben nicht mehr die Funktion einer inhaltlichen Bestimmung und Differenzierung, sondern dienen der Zuordnung, der Ausgrenzung und der Verdammung. Der Code ist im Besitz der Gruppe und dient neben der Kennzeichnung des Gegners auch der Dynamik des eigenen Lagers. Wo der Ketzer angeklagt ist, wird zugleich die Orthodoxie bewiesen, und wo die Verräter demaskiert werden, soll Licht auf jene fallen, die Treue bewahrt haben.

Die Parallelen von Kirchen- und Parteigeschichte machen auch die Grenzen des Vergleichs deutlich. Die pauschale Gleichsetzung kirchlicher Ketzerverfolgung und stalinistischer ›Säuberungen‹ wie Renegatenverfolgung kommt zum einen dem Versuch nahe, den Stalinismus zu enthistorisieren, erfaßt aber zum anderen die religiösen Komponenten der kommunistische Bewegung.

Fritz Brupbacher prägt in seiner Selbstbiographie für die Übereinstimmung der KP mit der katholischen Kirche den Begriff »Kapolizismus«, identifiziert den Marxismus als »Offenbarungsreligion« und schlußfolgert: »Bis in alle Details hinein erleben wir beim Studium des Katholizismus den Kapolizismus« (1935/1973, 330 f). Er spricht freilich von seinen Erfahrungen mit Schweizer Genossen in den zwanziger Jahren [118].

Vor allem der Hinweis auf die Inquisition als Modell für die Stalinschen Säuberungen gehört zu den Stereotypen der Renegatenliteratur. Die Parallelen konnten in den spezifischen Verfolgungsmethoden gegenüber Ketzern und in der Glaubensgewißheit der Richtenden gefunden werden, auch in der Praxis, daß der Verdächtigte sich durch Denunziation anderer reinwaschen konnte [119], oder in der Praxis der Hexenprobe [120]. Alfred Kantorowicz nimmt die ›Säuberungen‹ als »das zeitgemäße Gleichnis der Inquisition« und wendet sich in seinem Tagebuch explizit gegen den Versuch, im Stalinismus eine neue historische Qualität zu erkennen [121]. Nicht immer wird die Parallele ausführlich belegt; oft ist es ein heimliches Zitat wie bei Hans Mayer, der über die Drohgesten eines stalinistischen Kulturpolitikers schreibt: »Mir wurden die Instrumente gezeigt« [122], und nicht immer geht es um eine Gleichsetzung. Wenn Gerhard Zwerenz schreibt: »Die Opfer christlicher Inquisition und kommunistischer Tschistka (“Säuberung“) sind Brüder« (1961, 169), dann will er damit den Stalinismus als das kommunistische Mittelalter kennzeichnen.

Roy Medwedew versucht die Gleichsetzung mit dem Blick auf Quantitäten zu widerlegen: »Es heißt, der grausamste aller Inquisitoren, Tomas de Torquemada, habe 10 220 Menschen lebendig verbrannt ⟨...⟩. Stalins Terror hatte ein weit größeres Ausmaß ⟨...⟩. Man muß die schlichte Wahrheit aussprechen: Kein Tyrann und kein Despot der Vergangenheit hat so viele seiner Landsleute verfolgt und vernichtet« (1971/1973, 266 f).

Außerdem waren im Stalinismus auch die Verfolger und Schergen nicht sicher, selbst in die Mühlen des Justizapparats zu geraten.

Ich versuche, die wichtigsten Punkte einer Differenz zusammenzufassen:

– Die Partei bediente sich der kirchlichen Bezeichnungen ohne deren distinktive Funktion und ohne deren Systematisierung. Der Grad der Abweichung spielte in der Partei eine marginale Rolle [123]: Ein Schritt jenseits der Generallinie begann die faschistische Verschwörung.

– Die Partei verurteilte in der Regel heimlich; sie rühmte sich ihrer Macht in der Verurteilung der Ketzer nicht im selben Maß wie die Kirche. Die Verräter der Partei sollten als »Unpersonen« aus dem Gedächtnis der Geschichte ausgelöscht werden.

– Während die Ketzergeschichte der Kirche aus deren Akten rekonstruiert wurde, weil keine Notate der Ketzer überliefert waren, schreiben die politischen Ketzer der Neuzeit an gegen das System des Vergessens und Auslöschens.

– Die Kirche wollte die Ketzer läutern und sei es im Feuertod; entsprechende Läuterungsabsichten der Partei sind nur in der Funktion der Verräter als Sündenböcke, die durch ihr Opfer die Gruppe ›reinigen‹, oder in den literarischen Bildern der Exkommunisten (Koestlers »Darkness at Noon«) nachzuweisen [124].

– Die Kirche erzwang Gehorsam durch Glauben, Autorität und Dogma. Zur Faszination der Partei gehörte ihre Rolle als Aufklärerin. Man wußte sich auf der Seite des Fortschritts und der säkularen Erlösung. Die Stalinsche Partei war zudem die Hoffnung des antifaschistischen Widerstands.

Wo die Renegaten von Verrat sprechen, geht es gleichwohl um mehr als nur um die hilflose Umkehrung eines Sprachspiels. *Die kommunistische Bewegung wird in den*

Renegatentexten weniger als politische denn als Glaubensbewegung gewichtet. Kritisiert wird die Entwicklung einer dogmatischen Kirche, die den Glauben verrät. Damit werden Vergleiche wie die der »Säuberungen« mit der Inquisition und Verurteilungen wie die des Hitler-Stalin-Pakts als »Sündenfall« oder des Stalinismus als »Erbsünde« sinnfällig. Dieser Blick auf die kommunistische Sozietät als religiöse Gemeinschaft hat, so scheint mir, seine Berechtigung [125], auch wenn sich damit eine Entlastung des Renegaten verbinden kann: Indem der Renegat von seinem Irrglauben spricht, entkräftet er den Naivität oder Dummheit implizierenden Vorwurf einer politisch-intellektuellen Fehlorientierung.

Der Grund, warum sich viele Renegaten in ihren Berichten der Loslösung von der kommunistischen Partei auf den »Bürger«-Krieg [1] in Spanien beziehen, wird überdeckt von der Faszination, die das Erlebnis des Engagements für nahezu alle Beteiligten behielt. Faszination und Zusammenbruch des politischen Glaubens gehen in den untersuchten Texten Verbindungen ein, die hier im ersten Teil des Kapitels verdeutlicht werden. Der Spanische Krieg ist für viele der teilnehmenden Kommunisten und ›fellow-travellers‹ die entscheidende Zäsur in ihrem Verhältnis zur Partei. Freilich werden die organisatorischen Konsequenzen oftmals erst später gezogen. Im zweiten und dritten Teil des Kapitels werden die Selbstdarstellungen von Krivitsky, Kantorowicz, Koestler und Regler unter diesem Gesichtspunkt untersucht und der ›Geburtsakt‹ des Renegaten analysiert.

III. 1. Faszination und Ernüchterung im Spanischen Krieg

Heimat

Der holländische Anarchosyndikalist und Spanienkämpfer Arthur Lehning hat 20 000 Publikationen über den Spanischen Krieg gezählt [2]. Der meistgenannte Grund für dieses anhaltende Interesse an den zeitweiligen Geschicken eines südeuropäischen Landes liegt in dem damaligen Bewußtsein und seiner historischen Bestätigung, daß in diesem Krieg mehr entschieden wurde als nur der Kampf zwischen den Putschisten und den Verteidigern einer jungen Republik [3].

»Jedermann fühlt«, schreibt Willi Münzenberg bereits 1937, »dass im Spanischen Bürgerkrieg die Keime eines neuen europäischen Krieges enthalten sind« [4]. Für die deutschen Emigranten [5] war es vor allem der Zeitpunkt, an dem die Passivität des Vertriebenseins mit einem offenen Kampf gegen den Faschismus, der sie heimatlos gemacht hatte, vertauscht werden konnte. Gustav Regler läßt den aus dem Konzentrationslager entflohenen Hans Beimler sagen: »Nur über Madrid kommen wir nach Deutschland zurück« [6].

»Todgeweihte sahen wieder Sinn im Leben. Die meisten der Männer waren Emigranten, die seit drei Jahren die Gedemütigten der Pariser, Prager und Schweizer Präfekturen gewesen waren. ⟨...⟩ Nun hatten sie Waffen in den Händen und eine Stadt zu beschützen. Der ständig drohende Tod, den sie verlachen oder zumindest übersehen konnten, gab ihnen die Würde wieder. Viele waren Juden; ihre Schüsse in der Nacht galten Hitler«, schreibt Gustav Regler (1958, 382).

Ähnlich liest es sich bei dem in Jugoslawien geborenen linientreuen Kommunisten Dragutin Fodor, der unter dem Namen Theodor Balk publizierte und zum Zeitpunkt der Niederschrift selbst ins Visier der Stalinschen Polizei geraten war: »Hier ist auch kein wehrloses Objekt, auf das der Henker den Tod appliziert. Hier ist ein Revolver in meiner Hand, hier sind viele Gewehre in den Händen der Kameraden« [7]. Und der ehemalige Major der spanischen republikanischen Armee, Walter Janka, dessen Weg wie bei Beimler über ein Konzentrationslager an die spanische Front geführt hatte, äußert sich im Gespräch: »Nun konnte man es den Faschisten heimzahlen!«

Hinzu kam die Faszination, die von diesem aktiven Engagement als Vision einer brüderlichen Menschheit und sinnlich faßbarer Solidarität ausging, in der alle verfeindeten Linken nunmehr vereint schienen: »Liberale, Leute der U.G.T. und der C.N.T., Anarchisten, Republikaner, Syndikalisten und Sozialisten gemeinsam«, lautet die Auflistung bei André Malraux [8]. Es war ein Engagement, in dem die lähmende Niederlage gegen den Faschismus im eigenen Lande, die auch als Niederlage der Arbeiterbewegung und der politischen Theorie verstanden werden konnte, noch einmal aufgehoben schien, aber auch die Faszination der persönlichen Erfahrung von Aktion, Schmerz, Hingabe, von Abenteuerlust und Todesgefahr. »Der Einzelmensch mit seiner Leidenschaft und seiner relativen Unabhängigkeit von technischen Systemen« hatte hier noch Geltung, glaubt rückblickend Stephen Spender (1949/1952, 224). Spanien verkörperte die Vision eines europäischen Freiheitskampfes für Demokratie und gegen Faschismus, in dem die Fronten so eindeutig schienen, wie das »Kommunistische Manifest« es verheißen hatte: die Lager stehen sich »direkt gegenüber« [9]. Der Intellektuelle im Spanischen Krieg stand der Geschichte nicht länger ohnmächtig gegenüber, seine Handlungen schienen von historischer Tragweite. Maurice Blanchot schreibt über die Intellektuellen: »Hier war einmal ein Krieg, in dem sie sich wiedererkennen konnten, und in dem sie, bei einem Minimum an militärischem Gehorsam, zur Teilnahme zugelassen waren. ⟨...⟩ Und vor allem trat der Intellektuelle hier den Beweis für seine Überzeugung an, nicht nur gefahrlose Entscheidungen zu treffen« [10]. Im Nachhinein war es die Legende des geschlagenen Revolutionärs, die die Erinnerung an Spanien trotz Weltkrieg, Konzentrationslager und atomarer Zerstörung nicht verblassen ließ. Der Scheiternde blieb rein, kein Kriegsverlauf konnte sein Programm widerlegen.

Medien und Propagandakrieg

Ein anderer Faktor, der den Spanischen Krieg von früheren Kriegen unterschied, bleibt meist ungenannt und vermag Hinweise auf die Entstehung der Legende des geschlagenen aber unbesiegten Revolutionärs zu geben. Die Entwicklung der Nachrichtentechniken machten die spanischen Kämpfe zum ersten umfassenden Medienkrieg [11]; eine Heerschar Reporter, Redakteure, Korrespondenten, unter ihnen Schriftsteller wie George Orwell, Egon Erwin Kisch, Arthur Koestler, Theodor Balk, Antoine de Saint-Exupéry, Ilja Ehrenburg, Michail Kolzow, Herbert L. Matthews, Alfred Kantorowicz, Carl Einstein und Ernest Hemingway, berichteten telegraphisch oder postalisch vom Kriegsschauplatz und griffen so ins Kriegsgeschehen ein. Aus dem Bewußtsein des historischen Augenblicks wuchs das Bedürfnis der umfassenden Dokumentation. Nicht selten sind dabei die Rolle des Schreibers und die des Kombattanten eins [12]. In Spanien verlangte die Reportage (in stärkerem Maß als im I. Weltkrieg) Parteilichkeit, da in aller Regel Berichterstattung nur aus einem der Lager möglich war; dem entsprach eine internationale Parteilichkeit der Weltpresse. Koestlers Versuch, als Korrespondent der »Pester Lloyd« und der »News Chronicle« auf der franquistischen Seite zu recherchieren, schlägt bereits am zweiten Tag fehl: Er wird durch einen ehemaligen Ullstein-Redaktionskollegen, einen Stiefsohn August Strindbergs, entlarvt [13].

»Das lange Intervall zwischen den Kriegsmemoiren und dem Friedensschluß«, von dem Adorno spricht (1986, 810), ist zusammengeschrumpft. Noch während der Kämpfe erschien die erste Bücherwelle über den Spanischen Krieg. Wochenschau, Zeitschriften, Zeitungen, Flugschriften, Schallplatten und vor allem der Rundfunk kommentierten, illustrierten und interpretierten das Kriegsgeschehen. In keinem bisherigen Krieg wurde soviel photographiert wie in Spanien. Das lag an den technischen Neuerungen der kleinen Kameras mit ihren Wechselobjektiven und lichtempfindlichen Filmen; die Leica und Ermanox ließen sich leicht bedienen und erlaubten Aufnahmen auch bei schwächerem Licht [14].

Auch dem massiven Einsatz der Nachrichtentechniken verdankt der Spanische Krieg seine Berühmtheit. Die Mischung aus Propaganda und Zensur schuf Legenden des Krieges und erschwerte eine objektive Beurteilung. George Orwell erinnert sich an ein Gespräch mit Arthur Koestler, in dem sie übereinstimmen, daß die Geschichtsschreibung »1936 ihr Ende gefunden« habe: »⟨...⟩ in Spanien las ich zum ersten Mal Zeitungsberichte, die mit den Tatsachen überhaupt nichts mehr zu tun hatten, nicht einmal soviel wie für gewöhnlich mit einer Lüge verbunden ist. ⟨...⟩ Ich erlebte, daß Soldaten, die sich tapfer geschlagen hatten, als Feiglinge und Verräter beschimpft wurden, und daß Verräter und andere, die nie Pulver gerochen hatten, als Helden nie stattgefundener Schlachten gefeiert wurden. ⟨...⟩ Es bestätigte mir, daß Geschichtsschreibung nicht mehr darin besteht, festzuhalten, was sich ereignet hatte, sondern, was sich je nach der ›Parteilinie‹ hätte ereignen sollen« (1953/1975, 22).

Koestler berichtet später, daß der Propaganda-Spezialist Otto Katz »eine britische parlamentarische Delegation durch ein potemkinsches Spanien ⟨führte⟩ und behauptete, die abgebrannten Kirchen Kataloniens seien durch Luftangriffe zerstört worden – in Wirklichkeit hatten diese Luftangriffe nie stattgefunden« (1971, 33), und wie er die eigenen Skrupel bei der Redaktion seines »Schwarzbuches über Spanien« verdrängt im Gedanken an »die Skrupellosigkeit von Francos Propaganda«. Koestler läßt Münzenberg erklären, »wir beide wüßten, daß die Behauptungen im großen und ganzen wahr seien, und es käme daher auf Einzelheiten nicht an, die müsse man eben gelegentlich ›interpolieren‹« (1971, 42).

Selbst Ilja Ehrenburg bestätigt die Einschätzung Orwells, wenn er den russischen Schriftsteller und Kominternbeauftragten Michail Kolzow zitiert: »Wir zeigen in unseren Artikeln ja nicht, was in Spanien vorgeht, sondern das, was in Spanien eigentlich vorgehen müßte« (1972, II 453).

Koestlers Buch »Menschenopfer unerhört« und die Reportage von Otto Katz »Spione und Verschwörer in Spanien« (veröffentlicht unter dem Pseudonym Franz Spielhagen) erschienen auf
deutsch und französisch in Münzenbergs Pariser Verlag »Editions du carrefour«, auf englisch in
Victor Gollancz' »Left Book Club« in London. In Spanien wurde die kommunistische Position durch
einen kolossalen Propaganda-Apparat auf zahllosen Veranstaltungen, Flugblättern und in den
Medien verbreitet (einen knappen Überblick gibt J. Aróstegui 1987, 166). Manipuliert wurde auf
beiden Seiten, am häufigsten wohl durch die Bildunterschriften. Henry Luce, Chef des Medienkon-
zerns ›Time Inc.‹ hatte Anweisung gegeben, »Fälschungen im Dienste der Wahrheit« vorzunehmen,
wenn dadurch eine größere Wirksamkeit erzielt werden könne (S. Schneider 1987, 15). Fälschungen
der NS-Presse prangerte Koestler in seinem »Schwarzbuch« an [15], sie wurden in der Exilzeitschrift
»Das Wort« aufgegriffen oder in Broschüren wie »Guadalajara. Eine Niederlage des Faschismus«
(Zürich: Verlag Freie Schweiz 1937).

In der frühzeitigen Dokumentation des Kriegs in Büchern, Broschüren und auf Schallplatten von seiten der Kommunisten zeichnet sich der Plan eines Denkmalbaus ab, der
dem verlorenen Krieg den Sieg der revolutionären bolschewistischen Tradition abgewin-
nen sollte. Wenn Alfred Kantorowicz ausführlich und wiederholt betont, wie sein
Erinnerungsband zum einjährigen Bestehen des Bataillons Tschapaiew (der XIII. Brigade) gegen den Widerstand der »Funktionäre« zustande kam, und von seiner List spricht,
mit der alle Versuche der Zensur durch ihn abgewehrt wurden, dann ist seine Akzentuie-
rung irreführend, und nicht erst dann, wenn er zum überraschenden Fazit kommt, mit
dem Erscheinen des Bandes habe er einen »Privatkrieg« gegen den Stalinismus gewonnen
(1979/1982, 473). Der Widerstand der Leitung galt wohl allein dem Versuch, einen
unkontrollierten Text zu veröffentlichen [16], während die Dokumentation doch den
Intentionen der Exil-KP entsprach, die Legende des antifaschistischen Kampfes in
Spanien noch während des Krieges zu schmieden. Das Gewicht liegt auf den frühen
Siegen, in denen die Vorwegnahme eines letzten, endgültigen Sieges angekündigt ist. Die
Opfer müssen dafür das Versprechen geben. Erich Weinert reimt auf die Toten der
Interbrigaden [17]:

»Viele ruhn in deiner Erde,
Aber diese Saat geht auf.
Regne deine Tränen drauf,
Daß ihr Blut nun fruchtbar werde!«

Die Offensive von Brunete im Juli 1937 scheint rückblickend ein exemplarischer Fall der
›strategischen Siegesfeier‹ gewesen zu sein. Der Entlastungsangriff gegen die kleine Stadt
in der Nähe von Madrid wurde propagandistisch als Erfolg gefeiert, obwohl die Offensive sich bereits nach wenigen Tagen als militärischer Fehlschlag erwiesen hatte. Der
Angriff fand in jenen Tagen statt, als in Madrid der zweite »Internationale Schriftstellerkongreß zur Verteidigung der Kultur« tagte, und der Sieg wurde dort unter großem Jubel
gemeldet. »Es gibt Vermutungen, daß der republikanische Angriff bei Brunete vor allem
deshalb befohlen worden war, weil man den versammelten Schriftstellern ein Kriegs-
schauspiel bieten wollte«, schreibt Reinhold Görling unter Berufung auf spanische
Quellen [18]. Kantorowicz, der bei dieser Offensive verwundet und dessen Bataillon
»Tschapaiew« nahezu aufgerieben wurde, spricht 1938 glorifizierend von einem
»schwungvollen« und »unwiderstehlichen Angriff« auf Brunete, ohne Rückzug und
Niederlage zu erwähnen [19].

Am Mythos des antifaschistischen Kampfes in Spanien, mit dem man die Niederlage zum Sieg erklärte, wurde mit großem Einsatz noch während der Kämpfe gebaut. Bereits zu Anfang des Jahres 1938, so Walter Janka, habe man in Spanien gewußt, daß der Kampf um die Republik verloren war.

Nach der Schlacht von Teruel (1937/1938), so Janka, habe man auch an der Front gewußt, daß der Krieg verloren sei. Die Ebro-Schlacht (1938) sei dann der Anfang vom Ende gewesen. Aber bereits der Rückzug der russischen Piloten und Panzerführer nach der Schlacht von Guadalajara (März 1937), die Verringerung der sowjetischen Waffenlieferungen und das Versiegen des Zustroms europäischer Freiwilliger im Herbst 1937 seien deutliche Anzeichen gewesen.

Der ehemalige kommunistische Buchenwald-Häftling Jorge Semprún berichtet, daß in deutschen Konzentrationslagern die Spanienkämpfer unter den besonderen Schutz der kommunistischen Lagerselbstverwaltung gestellt wurden: »Die spanische Gruppe ist nicht sehr zahlreich in Buchenwald: knapp hundertfünfzig Deportierte. Durch einen Beschluß der illegalen Führung ist diese Gruppierung global vor jedem Transport geschützt. Im Gedenken an den Spanischen Bürgerkrieg, deshalb. Denn es gibt nicht wenige Mitkämpfer aus den Internationalen Brigaden unter den kommunistischen Verantwortlichen in Buchenwald. Und Spanien ist das grüne Paradies ihres antifaschistischen Gedächtnisses« [20].

Madrid und Moskau

Rückblickend faßt Peter Weiss in der »Ästhetik des Widerstands« das Geschichtsbewußtsein der Zäsur in den Zeilen:"In dieser Zeit konnte jeder Tag historisch genannt werden, jeder einzelne das Produkt einer Leistung von vielen, die zur Entscheidung drängten, prall voll mit Ereignissen, von denen die Zukunft der Nationen, der Kontinente, der ganzen Welt abhing« (1975, 288).

Der erste klassische Stellvertreterkrieg des Jahrhunderts bedeutete jedoch nicht nur Erfahrung von internationaler Solidarität, von Krieg und Propagandaschlachten, sondern war für viele Exilierte Ort und Zeitpunkt einer neuen Erfahrung, die mit der Gleichzeitigkeit der spanischen Ereignisse und den Entwicklungen in der UdSSR in den Jahren 1936 bis 1939 zusammenhing. Willi Schlamm schrieb 1937 in einer Polemik: »Nach Spanien werden weniger Waffen als Hörberichte über die ›Trotzkistenprozesse‹ gesendet« (1937, 35 f).

In Kantorowicz' Aufzeichnungen aus dem Spanischen Krieg stößt der Leser auf das zeitliche Nebeneinander von den Kämpfen in Spanien und den Moskauer Schauprozessen: »In Madrid war Nachdenken über Ereignisse, die anderswo geschahen, widersinnig gewesen. Später, an der abgelegenen Südfront drangen Nachrichten nur gefiltert und gedämpft zu uns. Als dennoch Briefe und gelegentliche Zeitungsnachrichten aus Frankreich über die sich steigernde Haßkampagne gegen sogenannte ›Trotzkisten‹, Parteiausschlüsse, Verurteilungen, Erschießungen erreichten, sagte ein in den Erdhütten von Sierra Mulva liegender deutscher Kamerad befriedigt: ›Fern vom Schuß‹. Das war kein witziges Paradoxon. Der Kamerad meinte es ernst. Solange wir vorn in den Schützenlöchern lagen, war alles klein und einfach: vor uns lag der Feind unserer eigenen Völker und der Weltfeind: Nazismus, Faschismus mit ihren Hilfsvölkern und Hilfstruppen. Was weit hinter uns an der Moskwa vor sich ging, Unbegreifliches, Unfaßliches, war nicht in Hautnähe, brannte uns nicht so. Erst wenn der Nazismus besiegt war, konnte man sich umtun, nach dem Rechten im eigenen Lager zu sehen« [21].

Ilja Ehrenburg erzählt, wie er im Dezember 1937 Michail Kolzow kurz vor dessen Verhaftung in Moskau traf und von diesem mit einem Witz empfangen wurde: »Zwei Moskauer begegnen sich auf der Straße. Sagt der eine: ›Wissen Sie schon? Man hat Teruel genommen!‹ Darauf der andere: ›O je! Hat man denn auch Teruels Frau genommen?‹« Ehrenburgs Kommentar: »Ich begriff nichts mehr« [22].

Wenn Kolzow jedoch einige Monate zuvor in seiner Rede auf dem Zweiten Schriftstellerkongreß den Stalinschen Terror als Präventivschlag gegen eine Staatsverschwörung rechtfertigt, zieht er dort die Parallele zu der spanischen Situation, in der eine solche vorbeugende Aktion gegen die Putschisten viele Opfer verhindert hätte [23].

Kolzows Argumentation wird zu einem Topos der kommunistischen Legitimationsrede. 1956, während des ungarischen Volksaufstandes, verweisen Anna Seghers wie Stephan Hermlin wieder auf Spanien und den faschistischen Putsch, um damit die Sowjetintervention vom 24. Oktober 1956 zu rechtfertigen [24].

Der Krieg in Spanien und die Schauprozesse in Moskau, beide im Blickpunkt der Medien, sind durch Tausende von Kilometern voneinander getrennt. Darin schwingt die Hoffnung mit, daß nach der Rückkehr aus Spanien die blutigen Tage eines Thermidor vorüber seien. »Hoffentlich haben wir das hinter uns, wenn wir hier lebendig herauskommen«, heißt es weiter bei Kantorowicz (1979/1982, 268), und bei Regler, der Moskau einige Tage nach dem ersten Schauprozeß verlassen hatte: »⟨...⟩ da war nichts mehr von der Sklavenangst der Intellektuellen in Moskau; im Kugelregen der Faschisten vergaßen alle die heimtückischen Nackenschüsse der GPU ⟨...⟩. Hier schuf die Revolution Vertrauen.⟨...⟩ Der Gestank von Moskau verfliegt im Wind der Sierra und dieses heroischen Spanien« (1958, 396). Gleichwohl hegt Regler Befürchtungen: »Ich weiß nicht, warum ich dort in den Wäldern an Moskau denken mußte. Man hatte mir am Morgen erzählt, daß eine russische Sondermission in Madrid eingetroffen sei. ⟨...⟩ Das gute Rußland war eingetroffen. Würde das dämonische Rußland nachkommen?« (1958, 369)

Hier wie bei anderen Autoren, die nachträglich ihre historische Weitsicht präsentieren, bleibt die Frage, inwiefern spätere Einsichten die Akzente der Darstellung verschieben – das Problem wird am Beispiel von Kantorowicz noch ausführlich behandelt werden.

Peter Weiss verknüpft dagegen als Romancier die beiden historischen Ereignisse: »Es war kaum möglich, die verschiedenen Schichten der Geschehnisse auseinanderzuhalten, in unsere Schritte, unsere Handlungen drangen ständig die Bilder aus Zentren ein, in denen sich Macht und Gewalt verdichteten« [25].

»Gleichzeitig mit der Siegesmeldung der Falangisten, die auf dem Vormarsch waren nach Fuendetodos, Goyas Geburtsort, westlich von Belchite, drang der Ankläger auf den Widerspenstigen ein« (1975, 290).

Mit dem Angeklagten ist Nikolai Krestinski gemeint, Bolschewik seit 1903 und zuletzt Botschafter der UdSSR in Berlin, 1937 in Moskau der »trotzkistischen Verschwörung« angeklagt; er hatte sich als einziger der Gefangenen geweigert, ein Geständnis abzulegen, »⟨...⟩ nie habe er dem Block der Rechten und Trotzkisten angehört, habe von dessen Bestehen nicht einmal gewußt und keinerlei der ihm zur Last gelegten Verbindungen mit dem deutschen und japanischen Spionagedienst unterhalten« (1975, 290).

Später hören die Mitglieder der Internationalen Brigaden bei Peter Weiss dann vom Geständnis Krestinskis: »⟨...⟩ Wort für Wort schrieben wir es nieder, um es, schwarz umrandet, in die Wandzeitung des kommenden Morgens aufzunehmen. Von den Niederlagen an der Nordfront meldeten wir nichts ⟨...⟩« [26].

Krestinski wird zum Tode verurteilt. Weiss unterstreicht die Gleichzeitigkeit des Kriegs in Spanien mit den Prozessen in Moskau, und wie Kantorowicz unterstreicht er (an dieser Stelle), wie weit beide Geschehnisse voneinander entfernt waren.

Gleichwohl ist allen Beteiligten klar, auch den Protagonisten bei Kantorowicz, daß beide Zentren miteinander verbunden waren. Spanien war der Ort des Handelns, der aktiven Solidarität, wo man kurzfristig vor dem geschützt schien, was sich in Moskau auf den Theaterbühnen der Gerichte und in den Parteiapparaten der jeweiligen Länder abspielte.

»Spanien war 1936 der bedrohte Freund, nachdem Rußland sich als der entartete herausgestellt hatte. Vielleicht war der Entschluß, mich nach dem russischen Kurzschluß in Spanien wieder einzuschalten, um so leichter zu fassen, als Lebensgefahr in diese Entscheidung einbezogen werden mußte. Tod ist immerhin ein Risiko und läßt sich nicht mit Phrasen betrügen« (1958, 363), schreibt Gustav Regler mit einem Hang zur Phrase. Hinter ihr verbirgt sich (ähnlich wie bei Koestler, der das bedrohte Malaga nicht verließ und seine Gefangennahme provozierte) eine Todessehnsucht, die möglicherweise aus der Erkenntnis einer doppelten Niederlage wuchs: aus der Ahnung einer militärischen Niederlage und der Befürchtung, daß der kommunistische Terror gegen die übrige Linke im Falle eines Sieges diesen in eine moralische Niederlage verwandelt hätte.

Genauer gelesen ist es nicht die Phrase, die bei Regler irritiert, sondern die spezifische Aufladung seiner Metaphorik. Er spricht von Stromkreisen und ist auf der Suche nach Kontakten mit der Macht, die er an ihrer Tödlichkeit erkennt. Sein autobiographischer Bericht »Das Ohr des Malchus« ist gesättigt mit einer Sinngebung des Todes [27].

Und auch Kantorowicz verzeichnet beim nachträglichen Blick einen ähnlichen Beweggrund für das Engagement in Spanien, für sich wie für andere: »Es war unsere Sache, die da mit Waffen verhandelt wurde, und es ist nicht zuviel gesagt, wenn ich hier ausspreche, daß manche von uns vor den bedrängenden Zweifeln, die uns Kopfweh und Herzweh machten, nach vorn flohen, an die Front flohen, wo wir im Angesicht des vor uns liegenden Feindes der inneren Bedrängnis vergaßen und mit uns selbst wieder ins Reine kamen« [28].

Diese Sehnsucht nach dem identifizierbaren Feind (eine selbstironische Redewendung der heutigen spanischen Linken heißt: »Contra Franco viviamos mejor« – gegen Franco ging es uns besser) und die Angst vor einer Entwicklung, die Freund und Feind nicht mehr unterscheidbar machte, sind Symptome, auf die noch zurückzukommen ist.

Die Irritation wirkt selbst nach bei linientreuen Autoren wie Bodo Uhse, der nicht seinen Romanen, aber dem Tagebuch folgende Episode anvertraut: »Natürlich sprechen wir über die Moskauer Prozesse, und die dumme Trudi (Gertrud Feistmann, M. R.) ist gar nicht so dumm. Man sollte an das Menschliche denken, meint sie und fragt: Wer von uns war nicht einmal schwach? Wer hat nicht auch gewankt? Jeder hat irgendwo eine faiblesse. Man schweigt darüber, solange jemand in führender Stellung ist, und nachher wird nichts als diese Schwäche gezeigt. So springt man aus der einen Kategorie in die andere über – und niemand versteht, was eigentlich vorgegangen ist.« Uhses Kommentar: »Man kann das Menschliche nicht unterdrücken, man muß es in die Revolutionsexistenz hineintragen – damit trägt man aber auch seine Schwäche hinein« (1981, 376).

Die Unterstützung Francos durch Hitler und Mussolini schien die Einheit des Faschismus zu beweisen, und die Tatsache, daß Rußland das einzige europäische Land war, das nach dreimonatigem Zögern der spanischen Republik seine militärische Hilfe anbot, ohne die eine Verteidigung der Republik chancenlos gewesen wäre, schien die Polarisierung der Weltpolitik zu belegen. Doch die Moskauer ›Säuberungswelle‹ griff bald nach den ersten sowjetischen Waffenlieferungen über nach Spanien. Bereits am 17. Dezember 1936 proklamierte die »Prawda« in Moskau, daß die »Säuberung« in Spanien schon eingesetzt habe und mit der gleichen Energie durchgeführt werde, mit der sie in Rußland vollzogen worden sei [29]. In der Kominternzeitschrift »Rundschau«, Nachfolgerin der »Inprekorr«, beginnt zu dieser Zeit die ideologische ›Entlarvung‹ der spanischen Anarchisten und Trotzkisten. Die von der spanischen KP abgespaltene POUM wird beispielsweise als ein Organ der Gestapo bezeichnet [30]. In Spanien folgen die Taten: Der POUM-Vorsitzende Andres Nin wird in einem Gefängnis der GPU gefoltert und getötet. Peter Weiss läßt Goya zum Augenzeugen seiner heimlichen Hinrichtung werden (1975, 313). Die Stalinsche Politik der Auslöschung seiner Gegner war auf die internationale Ebene ausgedehnt worden.

Die Folgen dieser ›Entlarvungen‹ sind später in den linientreuen Spanienerinnerungen schreibender Kommunisten nachzulesen. Noch 1974 nennt Pablo Neruda die spanischen Anarchisten »Hauptdarsteller von Spaniens Todeskarneval« und schildert sie als raubende und mordende »Horden« [31]. Wenn zwischen manchen Erfahrungsberichten ehemaliger Verteidiger der spanischen Republik Welten zu liegen scheinen, dann mag es daran liegen, daß die einen an der Intention der internationalen Solidarität sich rettend festklammerten, die anderen aber den Einfluß Stalins wahrnehmen mußten, nicht zuletzt, weil sie ihn am eigenen Leib erfuhren. Der Stalinsche Terror traf dabei eher am Rande die Interbrigadisten, in seiner vollen Schärfe galt er der sozialen Revolution in Spanien, die den Krieg begleitete. Der Verlust der Hoffnungen, in Spanien einem temporären Machtkampf innerhalb des kommunistischen Lagers zu entgehen, prägt einen unübersehbaren Teil der Literatur über den Spanischen Krieg.

Wer außerhalb Spaniens blieb, konnte sich angesichts des neutralen Verhaltens der Westmächte nicht dem Gewicht der Tatsache entziehen, daß Rußland (neben Mexiko) das einzige Land war, das der bedrohten Republik zu Hilfe gekommen war. André Gide fügt seinem skeptischen Bericht über die Rußlandreise eine hoffnungsvolle Schlußbemerkung hinzu: »Der Beistand, den, neuerdings, die USSR den spanischen Gouvernementalen leistet, zeigt uns, welcher glücklichen Akte der Selbstbesinnung sie fähig bleibt. Die USSR hat nicht aufgehört, uns zu belehren und in Erstaunen zu setzen« (1937, 90).

Im Folgeband seiner Rußlandschilderungen hat sich Gides Eindruck über Rußlands Spanienpolitik so stark ins Negative gekehrt, daß der Schweizer Kommunist Theo Pinkus Gide in einer Broschüre die Verfälschung der eigenen Erinnerung vorwarf (1937, 11 f). Aber bereits in »Retour« hatte Gide die abwartende Haltung Stalins kritisiert; er schildert eine Situation, in der sein Reisegefährte Jef Last einen Toast auf den Sieg der Roten Front in Spanien ausbrachte, der auf eine gewisse »Geniertheit« stieß: »In bezug auf die spanischen Wirren und Kämpfe ⟨...⟩ erwartete die öffentliche und private Meinung die Direktiven der *Prawda*, die sich noch nicht ausgesprochen hatte. Man wollte keinerlei Risiko eingehen, bevor man erfahren hatte, was man denken müsse« (1937, 68f).

Am 17. 7. 1936 hatte der Putsch der spanischen Generäle seinen Ausgang genommen, und lange Zeit schienen Komintern und sowjetische Staatsorgane davon keine Notiz zu nehmen. Am 23. August trat die SU dem Nichtinterventionsabkommen bei, das von England und Frankreich ausgehandelt worden war, und beteiligte sich am Embargo der westlichen Staaten. Erst Mitte September 1936, nach dem Ende der ersten Moskauer Schauprozesse, wurden die sowjetischen Sympathiebekundungen durch direkte Interventionen abgelöst [32]. A. Viñas urteilt: »Die sowjetische Hilfe diente m. E. im wesentlichen der Durchsetzung von Stalins Politik. In erster Linie trug sie dazu bei, die Wirkung der großen Säuberungen jener Jahre abzuschwächen ⟨...⟩. Die Unterstützung der Republik war der Beweis dafür, daß der proletarische Internationalismus nicht nur eine leere Worthülse war. Dieser erforderte die Mobilisierung aller kommunistischer Parteien ⟨...⟩ gegen die Angriffe des Bösen. Das Böse aber konnte sowohl der Faschismus als auch der Trotzkismus sein« (1987, 260).

Kantorowicz betont mehrfach, daß die Renegaten trotz Antikommunismus ihr antifaschistisches Engagement in Spanien nie verleugneten [33]. Und neben der Renegatenbewegung war bei den deutschen Emigranten auch eine Zuwanderung zur KPD zu verzeichnen; einige der Interbrigadisten, die als unabhängige Linke, Anarchisten oder Sozialdemokraten gekommen waren, verließen das Land als Kommunisten. Bei anderen wie Louis Fischer (1949/1952, 201) hat die Erfahrung des aktiven Widerstands gegen eine faschistische Front die Lösung von der Partei noch verzögert.

Während das russische Engagement in Spanien den Blick der Weltöffentlichkeit vom Stalinschen Terror in der UdSSR weglenkte, erfuhren die Freiwilligen in Spanien auf drastische Weise davon. Der Kampf der Kommunistischen Partei und ihrer sowjetischen Helfer gegen die übrige Linke wurde zur traumatischen Erfahrung vieler Spanienkämpfer. Einige von ihnen waren bereits auf der Flucht vor den »Säuberungen« nach Spanien gekommen und dort von dem Stalinschen Krieg eingeholt worden [34]. Dieser Krieg, der in Spanien im Inneren der eigenen Linie tobte, forderte eine große Zahl von Opfern, deren genaue Höhe unbekannt ist. Wenn Roy Medwedew (als KPdSU-Mitglied) in seiner Geschichte des Stalinismus schreibt: »Sehr wahrscheinlich hat Stalin mehr Spanienkämpfer erschiessen lassen, als durch die Kugeln der Faschisten in Spanien gefallen sind« (1973, 277), dann hat er allerdings in seine Rechnung vor allem jene russischen Opfer einbezogen, die nach ihrer Rückkehr in Rußland hingerichtet worden sind. Auch Heinrich Jaeneckes Urteil, daß der Krieg im Innern bei der europäischen Linken »tiefere Spuren hinterlassen« habe »als die Niederlage gegen Franco« (1980, 73), bedarf einer Prüfung [35]. Medwedew wie Jaenicke argumentieren gegen die parteikommunistischen

Mythen des Spanischen Krieges und kehren deren Bilder um. Hier bleibt festzuhalten, daß der Spanische Krieg für die Beteiligten ein Doppelgesicht trug: die Erfahrung internationaler Solidarität und des aktiven Widerstands gegen eine faschistische Front zum einen, zum anderen die des Stalinschen Terrors und der Zerstörung einer linken Einheitsfront.

Die fünfte Kolonne

In den Spanientexten späterer Renegaten oder sozialistischer Beobachter findet sich die Schilderung einer Atmosphäre des Mißtrauens gegenüber Mitkämpfern. *Freund und Feind verlieren ihre festen Konturen.* Niemand weiß, wo die Verräter zu finden sind. Die »Fünfte Kolonne« ist unsichtbar, sie tarnt sich mit falschen Uniformen; sie ist bedrohlich, da sie unberechenbarer ist als der äußere Feind. Der Verteidigungsruf »No pasaran« verliert hier seine Wirksamkeit, weil die »Fünfte Kolonne« längst in den eigenen Reihen steht. Es ist nicht genau auszumachen, wer zu ihr zählt: Die heimlichen Renegaten, Verräter und Trotzkisten geben sich nicht zu erkennen. Die von der spanischen KP abgespaltene POUM wird nicht zum politischen Kontrahenten, sondern zur Agentur der Gestapo erklärt. Bereits 1937 erheben sich in der KP-unabhängigen Exilpresse erste Stimmen, die warnend auf eine die Front schwächende Verratshysterie hinweisen [36], doch das Schlagwort von einer »faschistisch-trotzkistischen Fünften Kolonne« wird zum zentralen Bestandteil der kommunistischen Kriegspropaganda [37].

Schon am ersten Tag in der Chronologie seines Tagebuchs erfährt Kantorowicz, »daß die ›Fünfte Kolonne‹ eine Aktivistengruppe der Faschisten im republikanischen Hinterland sei, verräterische Offiziere, Falangisten, Aristokraten, bezahltes Gesindel, Spione, Saboteure, Attentäter, Berufsverbrecher, zusammengehalten von einigen Fanatikern« [38]. Später schildert Kantorowicz ein Gespräch an der Front zwischen dem »General« (i. e. General Gomez alias Wilhelm Zaisser) und einem Interbrigadisten: »›Ihr seht ⟨...⟩, daß wir nicht wachsam genug sein können. Heute darf man niemandem vertrauen. Jeder kann ein Verräter, Spitzel, Agent oder Schwindler sein.‹ Karl entgegnete ruhig und entschieden: ›Und wo kommen wir hin, wenn jeder jedem mißtraut? Die ehrlichen Kumpel gehen dabei vor die Hunde, und die wirklichen Spitzel oder Gauner schlüpfen immer noch mal durch, weil die ja wissen, wie man's macht, die kennen die Tricks, die Redensarten, die man gerne hört. Wenn man liest, wer in der Sowjetunion jetzt als Spion oder Agent entlarvt worden ist – bis in die höchsten Parteispitzen hinein...‹ Der General unterbrach: ›Nun also, das bestätigt doch die These, daß man nicht vorsichtig und mißtrauisch genug sein kann‹« [39].

Auch Reglers Spanienroman »Das große Beispiel« kreist um das Motiv des Verräters und um dessen Entlarvung [40].

Die Existenz einer »Fünften Kolonne«, um deren Kern von Partisanen der Aufständischen sich die Verräter aus den eigenen Reihen sammeln, wird in der damaligen Spanienliteratur nicht hinterfragt. Der niederländische Historiker Luis de Jong trifft die notwendige Unterscheidung zwischen einer »inneren Fünften Kolonne«, die aus Verrätern besteht und eine »äußeren«, die sich aus eingeschleusten Soldaten und Anhängern des Gegners zusammensetzt, bei denen von Verrat nicht gesprochen werden kann. Die »innere Kolonne« war »die wirkliche Fünfte Kolonne, wie sie dem geschichtlichen Ursprung des Begriffs entsprach. ⟨...⟩ Es überrascht jedoch nicht, daß die Völker, die Opfer eines Angriffs wurden, zwischen der inneren und äußeren Fünften Kolonne nicht unterschieden« (1959, 229 f). Die »Fünfte Kolonne«, die in der kommunistischen Propaganda in Spanien beschworen wird, zielt offensichtlich auf den »inneren Feind«. Auch Kantorowicz und Regler als Kritiker der Verratshysterie rühren nicht an der Existenz des Verräter-Bataillons noch an der Konsequenz, deren Mitglieder zu inhaftieren, abzuurteilen oder zu liquidieren. Selbst der tschechische Spanienkämpfer Artur London, der 1951 Opfer der Jagd auf eine ›innere Feindkolonne‹ wurde, setzt danach in seinen Erinnerungen an Spanien die Existenz der »Fünften Kolonne« als gegeben voraus [41].

Der Aufbau eines »Apparats« durch Komintern und sowjetischen Sicherheitsdienst in Spanien wird mit der Aufgabe der Bekämpfung der »Fünften Kolonne« legitimiert.

Über den Aufbau des »*Apparats*« in Spanien gibt es Informationslücken, die ihren Grund in dessen konspirativer Organisation haben. Es existierte sowohl ein Apparat in den Interbrigaden als auch einer im Zivilbereich, die beide dem NKWD (der ehemaligen GPU) unterstanden. Für den Zivilbereich war u. a. der KPD-Funktionär Karl Mewis (Schwiegersohn von Franz Dahlem) zuständig, der sich in seinen Erinnerungen (1971) über seine Arbeit ausschweigt (Walter Janka: »Ein verlogenes Buch«). Im Interbrigade-Apparat waren André Marty und Palmiro Togliatti tätig; zuständig für die Überwachung der deutschsprachigen Spanienkämpfer waren Wilhelm Zaisser und Erich Mielke, die späteren Staatssicherheitsminister der DDR, außerdem Richard Staimer und Artur Illner. Laut Erich Wollenberg war auch Walter Ulbricht kurzfristig in Spanien tätig und persönlich für die ›Liquidierung‹ des Anarchisten Kurt Landau verantwortlich [42].

Wenn es auch Partisanen und Aufständische gab, so waren doch die »Säuberungsaktionen« dieses Apparats de facto gegen »Trotzkisten«, POUM, SAP und KPO, gegen Anarchosyndikalisten, linkssozialistische Splittergruppen und gegen Kommunisten, die von Ideologie und Parteidisziplin abwichen, gerichtet; kurz: gegen »Spione, feindliche Agenten und Nazi-Trotzkisten« [43]. Sie wurden verhaftet und aus Spanien vertrieben, zum Teil gefoltert und getötet. Wurden Angehörige der »äußeren Fünften Kolonne« entlarvt, galten diese als wertvolle ›Handelsobjekte‹, die selten vor Gericht gestellt, sondern gehegt wurden, um sie gegen Gefangene der eigenen Seite auszutauschen [44]. Eine regelrechte »innere Fünfte Kolonne«, wie sie vor allem von seiten der Kommunisten im Spanischen Krieg beschworen wurde, hat wohl niemals existiert. Es ist bemerkenswert, daß Luis de Jong die vielzitierte Rede der Falangisten von den ›vier Kolonnen vor Madrid und der entscheidenden fünften im Innern der Stadt‹ nur in kommunistischen Publikationen nachweisen konnte [45].

Die Gründe, warum die Gefahr einer »inneren Fünften Kolonne« zumindest drastisch übertrieben wurde, hängen wohl mit jenem sozialpsychologischen Mechanismus von ›Verrat‹ und Konsolidierung der Eigengruppe zusammen, der hier im II. Kapitel umrissen wurde [46]. Das Gespenst einer trotzkistisch-faschistischen Geheimwaffe zwingt zur verstärkten Wachsamkeit, zur Erhöhung der Kampfmoral. Es verlangt engere Bindung an die Leitung, Kontrolle und Überwachung; es legitimiert den Aufbau des Apparats.

Dieser Apparat trat um so stärker in Erscheinung, je mehr sich eine militärische Niederlage abzeichnete. Nach dem Juni 1937 begann »die Hexenjagd gegen alles, was unter das Verdikt des ›Trotzkismus‹ fiel, ⟨...⟩ das direkte Pendant zu den Moskauer Säuberungen« [47], die einer innerrussischen »Fünften Kolonne« galten. Die Legende der spanischen »Fünfte Kolonne« wurde zum Baustein einer Dolchstoßlegende: Mit Verrat, Verschwörung, Zersetzung und Diversion wurd die militärische Niederlage erklärt. Peter Weiss läßt seine Max Hodann-Figur die Zusammenhänge verstehen: »Sündenböcke werden gesucht für die Räumung Teruels, den verlustreichen Rückzug. Da wurden zunächst Anarchisten, versprengte Anhänger Nins genannt, obgleich deren Einfluß längst als gebrochen gemeldet worden war. Plötzlich tauchten sie wieder auf und hatten ⟨...⟩ die Stadt in die Hände des Feindes fallen lassen ⟨...⟩« [48].

Alfred Kantorowicz, der an eine »innere Fünfte Kolonne« glaubt, aber die ›Hysterie der Verdächtigungen‹ ablehnt, löst den Widerspruch im Vertrauen auf seinen »⟨...⟩ Instinkt, der mich immer gewarnt hatte, wenn irgendein verkleideter Nazi oder Spion oder Verräter in meine Nähe kam. Ohne besonders mißtrauisch zu sein ⟨...⟩ scheine ich eine Art sechsten Sinn zu entwickeln, wenn ich Leute von schurkischer Veranlagung begegne; es muß irgendetwas in dem Charakter eines Spions oder Verräters oder Achtgroschen-Jungen geben, das in seiner Stimme oder in der Art, wie er einem die Hand gibt, oder in seinem Gang, oder in seinen Augen, überhaupt in seiner ganzen Physiognomie zum Ausdruck kommt und mich unbewußt abstößt. Ich hatte im Laufe der Jahre so viele Beweise für die Verläßlichkeit dieses ›Instinktes‹ gesammelt, daß ich mich ihm wie einem unfehlbaren Schutzengel überließ« [49].

So beiläufig diese Erklärung im Kontext des Berichts klingt, so zentral ist sie doch für die Aufrechterhaltung der Scheidung von Freund und Feind, auch wo letzterer mit Verstellung und Maske operierte. Diese Scheidung ist konstitutives Element des Lagerdenkens, und die physiognomische Beweisführung spiegelt sich in der literarischen Praxis nicht nur von Kantorowicz wider.

Der Renegat verliert die Sicherheit dieser Scheidung, die im ideologischen Konstrukt der »inneren Fünften Kolonne« ihre terroristische Form angenommen hat; Freund und Feind sind nicht länger in Lager geordnet und durch Parteiabzeichen oder Gesichtszüge unterscheidbar.

Renegaten

Gerade weil Spanien die Hoffnung war, an die sich viele Exilanten in einem Augenblick klammerten, als die Weltlage düsterer denn je war, wuchs auch die Sensibilität gegenüber jenen Faktoren, die diese Hoffnung zunichte machen konnten. Daß in Spanien ein Großteil der militärischen Kraft darauf verwendet wurde, die eigene Linie gegen Anarchisten und POUM-Mitglieder durchzusetzen, daß republikanische Soldaten liquidiert wurden und unliebsame Politiker verschwanden, schmälerte offensichtlich die Hoffnung auf einen exemplarischen Sieg gegen den Faschismus und drohte den Glauben an die Sowjetunion als der einzigen antifaschistischen Kraft zu zerstören. Im Juli 1937 konstatiert Leopold Schwarzschilds »Neues Tage-Buch« unter dem Titel »Verräter und Spione«,

»dass man geradezu von einer Uebertragung der innerrussischen Vorgänge auf den Boden Spaniens sprechen muß, und das mitten im Bürgerkrieg! ⟨...⟩ Die POUM-Führer wurden jetzt verhaftet ⟨...⟩ unter der Anklage der Spionage und des Verrats zugunsten Francos! ⟨...⟩ Man muss zugeben, dass solche Vorgänge die Kampfkraft des antifascistischen Spaniens nicht gerade stärken werden, – und dass sie, wenn sie sich noch häufiger wiederholen sollten, zur wahren Katastrophe werden müssen« [50].

Mit dieser Entwicklung wurde der Spanische Krieg zu einem Wendepunkt in der politischen Biographie einer Generation, die mit der kommunistischen Bewegung sympathisierte. Sozialistische Beobachter und Mitstreiter wie George Orwell, Ernest Hemingway, John Dos Passos [51], Franz Borkenau oder Willy Brandt kehrten als Gegner der kommunistischen Politik aus Spanien zurück. Die Zäsur des Krieges für das eigene Schreiben betont George Orwell:

»Der Spanische Bürgerkrieg und andere Ereignisse in den Jahren 1936-37 bewirkten den Umschwung. Ich wußte nun, wo ich stand. Jede Zeile der wesentlichen Arbeiten, die ich seit 1937 geschrieben habe, ist direkt oder indirekt gegen das totalitäre System, und für den demokratischen Sozialismus, wie ich ihn auffasse« [52].

Ein neuer Typus des politischen Schriftstellers wurde geprägt: der Renegat. Neben den spanischen Renegaten El Campesino (i. e. Valentin Gonzalez), Jesus Hernandez, Enrique Castro Delgado, Gustavo Duran, Manuel Tagüeña und Julian Gorkin [53] handelt es sich vor allem um Gustav Regler, Jef Last, Arthur Koestler, Alexander Orlow, Walter Krivitsky, André Malraux, Stephen Spender, Lucien Roederer, Hubert von Ranke und (was zu diskutieren bleibt) um Alfred Kantorowicz. In ihren Spanienberichten macht die Erfahrung des Terrors gegen die Verbündeten die Begründung des späteren Bruchs mit der Partei plausibel. (Ob die Kausalität nur eine nachträgliche des literarischen Selbstentwurfs war, wird an dieser Stelle nicht beantwortet.)

Die Konfrontation mit einem »dämonischen Rußland« (Regler) hatte – zumindest in der schriftlichen Selbstvergewisserung – zur Folge, daß mit der Auflösung der scharfen Fronten (Faschismus und Antifaschismus) auch die Hoffnungen verschwammen. Wollte man den Sieg der Republik um den Preis organisierten Terrors, Massenmords und Folterungen? Bei George Orwell wird diese Irritation spürbar, auch wenn seine Antwort nach Eindeutigkeit sucht: »Trieben wir Franco und die ausländischen Söldner ins Meer, würde das die Weltsituation gewaltig verbessern, selbst wenn Spanien unter einer beklemmenden Diktatur daraus hervorginge und seine besten Leute ins Gefängnis kämen. Allein schon eine Niederlage des Faschismus war es wert, den Krieg zu gewinnen« (1938/1975, 226). Am Ende seines Katalonien-Buches schreibt er: »Wie auch der spanische Krieg enden mag, er wird sich jedenfalls als eine entsetzliche Katastrophe erweisen, ganz abgesehen von dem Gemetzel und den körperlichen Leiden« (1938/1975, 286). In ähnlichem Tenor schließt Franz Borkenaus Untersuchung von 1938: am Ende werde in Spanien in jedem Fall keine Demokratie, sondern ein System mit starker ausländischer Einmischung stehen [54]. Und Kantorowicz memoriert eine Bemerkung von Egon Erwin Kisch: »Weh uns, wenn wir gesiegt haben!« (1959, 56)

Georg K. Glaser äußert rückblickend im Gespräch, daß er seine Pläne, zur Unterstützung der Republik nach Spanien zu gehen, aufgab, weil mit dem stalinistischen Terror kein wirklicher Sieg mehr denkbar gewesen war [55]. Victor Serge schreibt 1936 an André Gide: »Wir bekämpfen den Faschismus. Wie aber können wir ihm mit so vielen Konzentrationslagern im Rücken den Weg verstellen?« Serge fährt fort: »Kein neuer Konformismus, keine heilige Lüge könnte die Schwären dieser Wunde verhindern. Die Revolution wird nicht mehr ausschließlich an der Weichsel und der mandschurischen Grenze verteidigt« [56]. Sein Blick gilt nicht ausdrücklich Spanien, sondern der innenpolitischen Entwicklung in der UdSSR, die Konsequenz aber betrifft das Revolutionsmonopol, das in Spanien von Stalin verteidigt wird.

Der Krieg produzierte jedoch auch Renegaten der Gegenseite. Golo Mann schreibt 1938 über Georges Bernanos' Buch »Les grands cimetières sous la lune«: »Um so zu leiden (wie Bernanos), um so zu zürnen, um so zu verachten, um Leid, Zorn und Verachtung so Ausdruck zu geben, muß man Anhänger gewesen sein – mehr, muß es noch sein; Anhänger nicht des Generals, aber der ehrwürdigen Institutionen, auf die er sich beruft: die Kirche, des Königtums, der geschichtlichen Werte. Auch würde Bernanos nicht das Wort ›Anhänger‹ akzeptieren; die christliche Kirche ist ihm das Leben, und was er ist, ist er durch sie« [57].

Es sind Sätze, die auch die exkommunistischen Renegaten betreffen.

Das Bild, daß die politische Enttäuschung in den Renegatentext mündet, kann freilich zu grobkörnig sein. Bei Arthur Koestler wie bei anderen steht zwischen Desillusionierung und dem Austritt aus der Partei die literarische Produktion. Wie Kantorowicz und Regler korrigiert er nachträglich den Entwurf seines Spanienbildes und unterstreicht die eigene Enttäuschung [58]. Doch das Spezifische seines »Spanischen Testaments«, nicht mehr Partei- und noch nicht Renegatenliteratur, sind die Aspekte des Unheroischen und der Verzicht auf das Pathetische. Koestler betont im »Spanischen Testament« seine literarische Verantwortlichkeit. Reflektiert wird der Konflikt zwischen parteilicher Wahrnehmung und dem unzensierten subjektiven Blick. Dieser Blick setzt die Regeln kommunistischer Parteilichkeit, den er selbst an seinem ersten Spanienbuch (»Menschenopfer unerhört«) analysiert, außer Kraft. Seine Sympathien für die Mitgefangenen gehorchen nicht länger politischen Kriterien; das Bild einer politischen Verschwörung verwandelt sich in das von einem barbarischen Krieg, dessen Opfer das ganze spanische Volk war. Koestler entwickelt sich mit dem »Spanischen Testament« vom politischen Journalisten zum Schriftsteller. Ähnlich wie Regler in seinem Spanienroman »Das große Beispiel« dokumentiert er die eigenen Zweifel mit größerer Deutlichkeit, als sie dem Politiker Koestler (Regler) zu dieser Zeit sichtbar waren.

Die »9. Kompanie«

Der Blick auf ein historisches Nachspiel unterstützt die These vom Spanischen Krieg als der Geburtsstunde des neuen Renegaten.

Im französischen Konzentrationslager Gurs, wo 1939/40 ehemalige Spanienkämpfer interniert waren, schloß sich eine Gruppe von Kritikern der KP-Politik zusammen, die neben Sozialisten und Anarchisten zu über der Hälfte aus ehemaligen kommunistischen Parteimitgliedern und Sympathisanten bestand [59]. Sie nannte sich (nach ihrem Quartier) »9. Kompanie« oder »Unabhängige Antifaschisten« und stand in engem Kontakt zu Willi Münzenberg und dessen »Freunden der ›Zukunft‹«.

Im Mai 1938 war Münzenberg, Mitbegründer der Partei, aus dem ZK der Exil-KPD ausgeschlossen und seiner Parteifunktionen enthoben worden, nachdem er sich der mehrmaligen Aufforderung widersetzt hatte, erneut nach Moskau zu gehen. Im April 1937 war sein enger Freund und Schwager Heinz Neumann dort verhaftet worden. Dieser Vorfall und die Krise der Volksfront im Herbst 1937 hatten Münzenberg zu einer unauffälligen Distanzierung von der Partei veranlaßt. Die KPD verlangte nach Münzenbergs Weigerung von allen seinen Mitarbeitern, daß sie sich von ihm lossagten. Ende 1938 gründete er eine eigene Zeitschrift, »Die Zukunft«, die eine Volksfrontlinie unter Ausschluß der KP vertrat, die sowjetische Politik aber erst nach der Unterzeichnung des Hitler-Stalin-Paktes angriff [60]. Gleichwohl wurde sie von der Komintern von Anfang an aufs heftigste bekämpft. Ludwig Marcuse, zeitweilig Kulturredakteur der Zeitschrift, nennt »Die Zukunft« in seinen Erinnerungen »ein totgeborenes Unternehmen mit zwei sehr lebendigen Unternehmern: Koestler und Münzenberg« [61]. Manès Sperber und Richard Loewenthal waren Mitarbeiter des Blattes, für kurze Zeit übrigens auch Heinrich Mann. Im Mai 1939 konstituierte Münzenberg eine Gruppe oppositioneller Kommunisten, die sich anfangs »oppositionelle Kommunisten«, nach dem Hitler-Stalin-Pakt schließlich »Freunde der sozialistischen Einheit Deutschlands« nannten.

Die »9. Kampanie« zählte im Juni 1937 170 Gefangene; diese distanzierten sich von den stalinistischen Unterdrückungsmethoden in Spanien und gerieten damit ins Visier ihrer kommunistischen Mithäftlinge. Die Kommunisten hatten als stärkste Fraktion die Lagerleitung inne und übergingen etwa bei der Verteilung von Geschenkpaketen oder Geldsendungen systematisch die »9. Kompanie«.

Gustav Regler berichtet in »Das Ohr des Malchus« von diesen Praktiken der KPD im Lager Le Vernet, wo er zum Vertrauensmann der Baracke 33 gewählt worden war: »Ich ließ die von Münzenberg gesandten Ballen öffnen. Wollschals quollen heraus; Gamaschen für die zitternden Waden, und Decken, Decken für eisige Nächte. Ein Freudengeheul ging durch den Riesensarg. Darauf tagten die Berufsrevolutionäre und faßten neuen Beschluß. Als ich an das Verteilen ging, wurde ich von dem Abgesandten der Berufsrevolutionäre, Merker, zur Seite gerufen. Er überreichte mir eine Liste mit den Namen derer, die zuerst Decken bekommen sollten; es waren nur Parteibeamte. ⟨...⟩ So hatten die Berufsrevolutionäre beschlossen. Es fiel das Wort ›Kaderschutz‹. Ich kann bis heute das Wort nicht mehr hören« [62].

Die Exil-KPD reagierte auf die Kritik der »9. Kompanie« mit Erklärungen, daß die Gruppe aus »Trotzkisten« und Verrätern bestünde, ja sogar aus verkappten Nazis und Gestapo-Agenten. Der kommunistische Metallarbeiter Karl Kunde aus Neustettin, der 1940 im Lager Cepoy interniert war, berichtet in seinen Erinnerungen, wie sogar Mitglieder der Kommunistischen Partei-Opposition (KPO) als »Fünfte Kolonne« bezeichnet wurden (1985, 134 f). Bruno Frei entwirft eine Dolchstoßlegende, nach der die »9. Kompanie« von Gestapo-Agenten geleitet wurde: »Allzuviele Beweise gab es, daß Widersetzlichkeit auch schon in Spanien das Werk von Gestapagenten gewesen, derselben, die den Putsch in Barcelona organisierten, um der kämpfenden Front in den Rücken zu fallen« [63]. Schließlich wurde das Gerücht verbreitet, daß die »9. Kompanie« eine Gruppe von »Gestapo-Agenten und Heimfahrern« sei, die nun ins »Dritte Reich« zurückkehren wollte [64].

Nachdem sich unter dem Einfluß Willi Münzenbergs immer mehr Kommunisten von der Partei trennten, veröffentlichte die KPD in der (Prager) »Deutschen Volkszeitung« einige Artikel, in denen die »9. Kompanie« wegen ihrer Parteinahme für Münzenberg als »Gestapoagenten, Hochstapler, Diebe« und »Trotzkisten« bezeichnet wurden, die »am Aufstand gegen die Spanische Republik teilgenommen hätten« [65]. Folge davon war eine weitere Konsolidierung der Renegaten: Peter Maslowski und Walter Oettinghaus, ehemalige Reichstagsabgeordnete der KPD, gaben zusammen mit anderen Parteifunktionären einen offenen Brief heraus, mit dem sie gegen die Diffamierungen in der »Deutschen Volkszeitung« protestierten. Zu den etwa 260 Unterzeichnern gehörten auch eine Reihe ehemals kommunistischer Intellektueller wie Arthur Koestler und Manès Sperber [66].

Die Diffamierung von seiten der Kommunisten, die diesen Zusammenschluß von Kritikern und ›Renegaten‹ provozierte, war eine Reaktion auf die Nichtbeachtung des Revolutionsmonopols der KP durch Münzenberg. Dieses Monopol umfaßte natürlich auch die Volksfrontpolitik; das Münzenbergsche Konkurrenzunternehmen bedeutete eine Apostasie, obwohl die Volksfrontpolitik zu diesem Zeitpunkt praktisch bedeutungslos geworden war.

III. 2. Walter Krivitsky: Opfer und Täter

Die Geschichte des stalinistischen Terrors in Spanien ist ausführlich dokumentiert [67]. Eines der frühesten Dokumente verdient dabei besondere Hervorhebung; es stammt von Walter Krivitsky, mit bürgerlichem Namen Samuel Ginsberg, dem ersten hohen Beamten des sowjetischen Geheimdienstnetzes, der zum Deserteur wurde. Krivitsky war in den zwanziger Jahren einer jener Organisatoren gewesen, die mit der Aufgabe betraut worden waren, in Deutschland die Rote Armee aufzubauen [68].

Wenn Krivitsky von der Arbeit der GPU oder OGPU in Spanien spricht, will er ein Terrorinstrument benennen und nicht den historisch exakten Namen der Organisation wiedergeben; denn 1934 hatte Stalin die OGPU (bis 1923 GPU) zusammen mit der Miliz in ein Ministerium verwandelt, das den Namen »Volkskommissariat für Innere Angelegenheiten« (NKWD) erhielt.

Hede Massing schreibt über die Namensgebung und Begriffsverwirrung in ihren Erinnerungen: » Als ich ein ›Apparatschik‹ war, dachte ich, es gäbe drei unabhängige auswärtige Spionageapparate der Sowjets. Und die waren, wie ich wußte, sorgfältig geschieden. Der eine war der Militärgeheimdienst, das sogenannte Dritte Büro. Der zweite war der Kominternapparat, der die kommunistische Bewegung in der ganzen Welt leitete und überwachte. Und schließlich gab es den Apparat der Geheimpolizei, die auswärtige Abteilung der GPU, mit der ich zu tun hatte. Ich bin seitdem unterrichtet worden, in Begriffen, die für ein einfaches Gemüt aus ›Alice in Wonderland‹ oder von Gilbert und Sullivan stammen könnten, daß 1934 die GPU dem Kommissariat für Inneres untergeordnet wurde, dem NKWD. (...) Im Mai 1943 wurde daraus ein unabhängiges Kommissariat für Staatssicherheit, NKGB genannt« [69].

1936 hatte General Krivitsky die Funktion des Leiters des sowjetischen Militär-Nachrichtendienstes in Westeuropa inne; er hatte in dieser Funktion zuvor das Netz des russischen Geheimdienstes in Nazideutschland ausgebaut. 1936 organisierte er die Hilfslieferungen für die spanische Regierung, indem er Waffenkäufe außerhalb der UdSSR tätigte [70]. Er leitete auch die Verlagerung des spanischen Goldschatzes nach Moskau ein. Im September 1937 brach er mit Stalin und veröffentlichte im Frühjahr 1939 in den USA eine Artikelserie in der »Saturday Evening Post« und im Herbst 1939 seinen Enthüllungsbericht (»In Stalins Secret Service. An Expose of Russias Secret Service Policies by the Former Chief of the Soviet Intelligence of Western Europe«), der ein Jahr später im Amsterdamer Exilverlag Allert de Lange auf deutsch erschien: »Ich war in Stalins Dienst!« Der Trotzki-Biograph Isaac Don Levine, der später auch bei der Redaktion von Richard Krebs' »Out of the Night« half, schreibt, er habe mit Krivitsky »zusammengearbeitet, als dieser seine Memoiren schrieb« [71].

»In Stalins Secret Service«, »Out of the Night« und Koestlers »Darkness at Noon« waren 1939/40 die drei Publikationen, die in den USA die öffentliche Diskussion über die sowjetische Politik prägten. So unterschiedlich die Intentionen und Wege der Autoren waren, so deutlich blieben auch Parallelen: Krivitsky wie Krebs geben an, im Namen der Opfer der Stalinschen Politik zu sprechen, und Koestler hebt in einer Nachschrift zu seinem Roman hervor, wie überraschend die Übereinstimmung zwischen seinen fiktiven Verhören in »Darkness at Noon« (»Sonnenfinsternis«) und jenen Verhören in den Aufzeichnungen von Krivitsky waren. Auch beider Versuch, das Rätsel der Geständnisse in den Schauprozessen zu lösen, stimmt so weit überein, daß Koestler von einem »übelkeitserregenden Gefühl von déja vu« sprach, als er »diesen Bericht mehrere Jahre nach der Arbeit an ›Sonnenfinsternis‹ las ⟨...⟩ es war wie ein gespenstischer, ektoplastischer Durchbruch der Charaktere und Vorfälle meiner Phantasie durch die Realität« (1940/1979, 235 f).

Krivitsky hatte sich bereits im Dezember 1937 in einem »offenen Brief« an die Sozialistische Partei Frankreichs, die französische KP und die Vierte Internationale gewandt. Er schrieb, daß er seit 1919 Parteimitglied und mit Orden und Vertrauen ausgezeichnet worden sei. Verhaftung und Erschießung vieler Unschuldiger hätten ihn nun bewogen, seine Position aufzugeben und sich der Rehabilitierung jener zu widmen, die zu Unrecht angeklagt und ermordet worden seien.

»Ich weiß – und kann es beweisen –, daß auf meinen Kopf eine Belohnung ausgesetzt ist. Ich weiß, die OGPU wird vor nichts zurückschrecken, um mich zum Schweigen zu bringen, durch Mord. Jeshow hat Dutzende von Leuten zur Verfügung, die zu allem bereit sind, und sie sind schon hinter mir her. Ich halte es für meine Pflicht als militanter Revolutionär, dies alles der internationalen Arbeiterklasse zur Kenntnis zu bringen« [72].

Es ist nicht nur der erste Tätigkeitsbericht eines russischen Geheimdienstlers – Ruth von Mayenburg spricht vom »erste(n) Enthüllungsbuch« (1978, 118) –, sondern auch einer der ersten Renegatenberichte überhaupt.

Der GPU-Offizier Lew L. Feldbin alias *Alexander Orlow* (Pseudonyme: Lijowa, Sved, Nikolsky), der nach seinem leitenden Einsatz in Spanien 1938 in Kanada um politisches Asyl nachsuchte, veröffentlichte seine Erinnerungen erst 1953 (»The Secret History of Stalin's Crimes«; dt.: »Kremlgeheimnisse«); nach Broué/Témime (1961/1975, 373) »eine geschwätzige und wenig überzeugende Selbstrechtfertigung«. Orlow schweigt sich vor allem gänzlich über die eigenen Führungsaktivitäten in Spanien aus. Nach Julián Gorkin (1978/1980, 166 ff) war er beispielsweise an der Ermordung des POUM-Vorsitzenden Andrés Nin beteiligt. Die OGPU sei » ⟨...⟩ unter Orlows Leitung just dabei, Spanien nach russischem Vorbild gründlich von allen Andersdenkenden, Unabhängigen und Antistalinisten zu säubern ⟨...⟩«, schreibt Krivitsky (1939/1940, 118) und liefert Details über dessen Aktivitäten (1939/1940, 127).

In seinem Spanien-Kapitel schildert Krivitsky die Geschichte der Sowjetintervention in Spanien unter dem Motto: »Die Welt glaubt noch immer, daß Stalins spanische Aktion irgendwie mit Weltrevolution zu tun gehabt habe. Aber das stimmt nicht. Die Weltrevolution hatte damals für Stalin schon lange aufgehört, ein echtes Ziel zu sein. Hier ging es allein um russische Außenpolitik« (1939/1940, 93).

Krivitsky berichtet von Waffenlieferungen (einige der Waffen kamen sogar aus Deutschland), von der Verfrachtung des spanischen Goldschatzes nach Moskau, vom Aufbau der GPU in Spanien, vor allem aber in Katalonien, und der Überwachung der Freiwilligen, denen gleich bei der Ankunft in Spanien die Pässe abgenommen wurden.

»Die erfolgreiche Verteidigung Madrids durch Sowjetwaffen gab der GPU aufs neue Gelegenheit, ihre Macht auszudehnen. Tausende wurden verhaftet, unter ihnen manche ausländische Freiwillige, die gekommen waren, um gegen Franco zu kämpfen. Jede Kritik an Methoden, jede abfällige Äußerung über Stalins Diktatur in Russland, jedes Zusammensein mit Leuten, die eine ketzerische politische Meinung vertraten, wurde Verrat. Die GPU machte von allen ihren in Moskau so berühmt gewordenen Methoden Gebrauch, wenn sie Geständnisse erpresste und Massenhinrichtungen vornahm« (1939/40, 121).

Krivitskys Bericht, der die eigene Rolle und die Beweggründe seines Handelns in den Hintergrund schiebt zugunsten eines Tableaus der Stalinschen Außenpolitik, in dem die Ereignisse in Moskau und Spanien kausal verknüpft sind, schildert das Schicksal einiger Unbekannter, die in den Gefängnissen der GPU endeten, wie der Einfluß der Komintern schwindet und vor allem Stalins Kampf um Katalonien, wobei er die erstaunliche These vertritt, daß einer der Führer der russischen Anarchisten in Paris Geheimagent der GPU gewesen, und dann in Barcelona als agent provocateur aufgetreten sei, um die Katalonier zu ›übereilten‹ Taten zu veranlassen. »Die GPU fachte die Flammen an und hetzte Syndikalisten, Anarchisten und Sozialisten gegeneinander« (1939/ 1940, 128). Krivitsky kehrt damit die Behauptung der parteikommunistischen Geschichtsschreibung um, derzufolge die Vorkommnisse durch franquistische Agenten provoziert und durch die POUM vermittelt gewesen sein sollen [73].

Der spanische Historiker Julio Aróstegui hält beide Varianten für unglaubwürdig; bezogen auf Krivitsky schreibt er: »So etwas kann es zwar auch gegeben haben; aber der Ursprung des Problems lag viel tiefer als nur in einer reinen Provokation« (1987, 133).

Krivitskys Fazit: »Stalins Rolle in Spanien ging nun dem schmählichen Ende zu. Er hatte dort in der Hoffnung interveniert, mit Spanien als Meilenstein einen Weg von Moskau nach Paris und London und so letzten Endes nach Berlin bauen zu können. Das Manöver war nicht geglückt. Er spielte seine Karten kühn gegen die Unabhängigkeit des spanischen Volkes aus, aber nur zaghaft gegen Franco. Er hatte Erfolg in der mordenden

Intrige, aber er versagte, wenn es Krieg zu führen galt. Paris und London nahmen Franco gegenüber immer deutlicher eine freundliche Haltung ein. Mählich im Lauf des Jahres 1938 zog Stalin seine Hand von Spanien zurück. Alles, was er aus Spanien gewann, war ein Haufen spanischen Goldes« (1939/1940, 133).

Die Stalinsche Politik läßt Fragen offen, so z. B. die, warum die sowjetische Regierung nicht ihre Öllieferung nach Deutschland und Spanien einstellte – mit dem italienischen Öl lief die Militärmaschine Francos. Willi Schlamm (1937, 117 ff) und Rudolf Rocker (1938, 7) – später auch Ervin Sinko (1962, 451) – weisen darauf hin, daß die Sowjetunion ihre Öllieferungen nach Italien und Deutschland nicht einstellte, sondern, nachdem der Völkerbund Sanktionen gegen Italien beschlossen hatte, sogar die Ausfuhr noch vergrößerte. Italien exportierte das Öl weiter nach Spanien. Die Sowjetunion unterhielt 1936 zu Mussolinis Italien gute Beziehungen. Italien zählte wiederum zu den ersten Ländern, die die sowjetische Revolutionsregierung anerkannt hatten. Paradoxerweise war auch Mexiko, das die Spanische Republik unterstützte, Öllieferant von Hitler und Mussolini, was allerdings Konsequenz des US-amerikanischen Embargos war (vgl. NTB, 6. Jg., Nr. 33, 13. 8. 1938, S. 773).

Weder das Bild eines ›unverbrüchlichen Beistandes‹ der Sowjetunion für Spanien noch das einer zynisch-machiavellistischen Sowjetpolitik vermag die Diskontinuität von Stalins Aktivitäten zu fassen [74]. Einiges spricht jedoch dafür, daß Stalin in Spanien neben dem Ziel der militärischen Niederschlagung Francos andere verfolgte: die Bekämpfung der Anarchosyndikalisten in Katalonien und die Verhinderung der sozialen Revolution, die von keiner KP angeführt war und damit auch deren Führungsanspruch negierte. Die soziale Revolution in Spanien wurde bekämpft, zum einen aus außenpolitischen Gründen, da Stalin sich den westlichen Demokratien noch als Bündnispartner gegen Hitler anbieten wollte und nicht als Revolutionsexporteur, zum anderen, weil die spanische Revolution nicht unter kommunistischer Führung stattgefunden hatte. »Das war für Moskau etwas, was nicht sein konnte, weil es nicht sein darf«, schreibt Henry Jacoby (1982, 44). Was konnte für Stalins Doktrin vom ›Sozialismus in einem Lande‹ unerwünschter sein, als eine erfolgreiche Revolution ohne Leitung der KP, die zum Vergleich mit der russischen eingeladen hätte [75]. Ein außenpolitisches Kartenhaus samt dem Legitimationskonstrukt der Komintern wäre zusammengebrochen. In Spanien wurde eine drohende Konkurrenz im Keim vernichtet. Ladislav Mnacko (1987) geht in einer seiner Satiren dann so weit, Hitler zu einem Agenten Stalins zu erklären, der die drohende Konkurrenz europäischer Revolutionen habe verhindern sollen.

Statt Krivitskys Thesen zu Stalins Spanienpolitik weiter zu erörtern [76], stellt sich hier die Frage, wie er seinen Bruch mit der Partei begründet und warum er dieses Buch schrieb. Die naheliegende Antwort scheint: Krivitsky hat den Terror in Spanien erfahren, mit Stalin gebrochen und als Konsequenz seine anklägerischen Erinnerungen veröffentlicht. Es ist die Antwort, die er und die anderen Renegaten, die über Spanien berichten, nahelegen, aber sie ist in dieser Plausibilität und Geradlinigkeit nicht zutreffend.

Tatsächlich war bei Krivitsky der Grund des Bruchs, oder genauer: der Anlaß, ein anderer als die Erfahrung des GPU-Terrors in Spanien. Als vormaliger Chef des sowjetischen Nachrichtendienstes in Westeuropa und einer der führenden Köpfe des Untergrund-Apparats war Krivitsky mit den Spielarten des Terrors vertraut; er war nicht nur Beobachter sondern auch Befehlsgeber gewesen. Diesen Aspekt seiner Tätigkeit klammert er freilich aus seinen Erinnerungen ebenso gründlich aus wie sein Kollege Alexander Orlow. Dazu bedient er sich eines einfachen Mittels: Der konterrevolutionäre Terror geht für Krivitsky aus von der GPU, während jener Apparat, den er vertritt, immer die revolutionären Ziele Lenins verfolgt [77]. Die Rivalität zwischen seinem Militärischen Sicherheitsdienst und dem Apparat der Partei scheint mir das untergründige Thema von

Krivitskys Darstellung zu sein. *Der Scharfsichtigkeit, mit der er die Machterhaltungsstrategien der GPU analysiert, entspricht die schweigsame Oberflächlichkeit, mit der von ihm die Aktivitäten des Militär-Apparats beschrieben werden.* So gelingt es ihm, sich in den Rollen des Revolutionärs und des Opfers zu beschreiben, während die Rolle des Täters, dessen terroristischen Methoden die Revolution verraten, von Stalin und den Agenten der GPU verkörpert wird.

Krivitskys Absprung war zudem keine Entscheidung aus freien Stücken, sondern Beispiel dafür, wie Renegaten gemacht wurden. Seine Trennung vom Militärischen Nachrichtendienst und von Stalin hängt zusammen mit der Ermordung seines Freundes Ignaz Reiß (Ludwig Poretsky), einem der ranghöchsten sowjetischen Agenten, die im Westen eingesetzt waren. Dessen Loslösung von Stalin und der Partei geht wiederum auf die Hinrichtung der Moskauer Freunde zurück, die als »Gestapokreaturen« ›entlarvt‹ worden waren. Reiß schrieb einen offenen Brief an das ZK der KPdSU und gab den Orden der »Roten Fahne«, der ihm für Tapferkeit im russischen Bürgerkrieg verliehen worden war, zurück [78]. Er handelte in völliger Isolation und suchte in Frankreich Kontakt zum Exilkreis um die trotzkistische IV. Internationale. Dort unterrichtete er Leo Sedow (den Sohn Trotzkis), Victor Serge und deren Freunde darüber, daß die Durchführung der Beschlüsse anstehe, die Anhänger Trotzkis und der POUM in Spanien auszurotten. Als Antwort auf diesen Schritt von Reiß rief das Moskauer GPU-Hauptquartier die Mitglieder der Reißschen Gruppe zu einer Untersuchung in die Sowjetunion, angeblich um zu prüfen, ob eine trotzkistische Verschwörung vorlag. Mit Hilfe einflußreicher Freunde in den USA (u. a. Roger Baldwin) gelang es der Reiß-Untergebenen Hede Massing und ihrem Mann, aus Moskau zurückzukehren [79].

Zum Mord an Reiß schreibt Victor Serge: »Ignaz Reiß warnte uns ⟨die Gruppe um Sedow⟩, wir seien alle in Gefahr, und wollte uns sehen. Reiß hielt sich jetzt in der Schweiz verborgen. Wir verabredeten uns mit ihm für den 5. September 1937 in Reims ⟨...⟩. Er kam nicht. Wir gingen beunruhigt in der Stadt herum ⟨...⟩. Im Zug, auf der Rückfahrt nach Paris lasen wir in einer Zeitung, daß Tags zuvor auf der Landstraße von Chamblandes bei Lausanne der von Kugeln durchlöcherte Leichnam eines Ausländers gefunden worden sei, der in der Tasche eine Eisenbahnfahrkarte nach Reims hatte... Drei Tage später schilderte uns die Witwe, Elsa Reiß, mit gebrochener Stimme den Hinterhalt: die Ankunft einer Genossin (Gertrude Schildbach), die trostlos geweint hatte, als sie von den Moskauer Hinrichtungen erfuhr und die mit Reiß seit 15 Jahren verbunden war; sie war gekommen um seinen Rat zu erbitten. Sie gingen miteinander fort. Die Genossin ließ für Frau und Kind vergiftete Schokolade zurück. In der zusammengekrampften Hand des Ermordeten fand man ein Büschel grauer Haare ⟨...⟩. Die Ermittlungen klärten das Verbrechen völlig auf. Hohe Russische Funktionäre wurden gebeten, im Schutz der diplomatischen Immunität binnen drei Tagen abzureisen« [80].

Don Levine berichtet davon, daß ein zweites Mordkommando bereits in Reims auf Ignaz Reiß gewartet habe (1970, 50 f).

Jules Humbert-Droz macht 1937 noch die »Faschisten« für die Ermordung verantwortlich: »Da gibt es kein faschistisches Verbrechen, ⟨...⟩ sei es schließlich der Mord von Chamblandes, das nicht von den Trotzkisten in der ihnen offen stehenden reaktionären Presse zur Entlastung der faschistischen Urheber dieser Verbrechen, der ›Stalinschen GPU‹ in die Schuhe geschoben wird« (Vorwort zu Pinkus 1937, 4).

Krivitsky war beauftragt worden, sich an der Liquidierung seines Freundes zu beteiligen und zieht daraufhin die Konsequenzen. Victor Serge schreibt: »Jemand, der sich in Lebensgefahr fühlte, bat uns telephonisch um eine Zusammenkunft. Leo Sedow, Sneevliet und ich empfingen diesen Jemand bei einem Pariser Anwalt (Gérard Rosenthal, M. R.). Es war ein kleiner hagerer Mann mit einem Gesicht voll verfrühter Runzeln und nervösem Blick, Walter Kriwizki, den ich Rußland mehrmals getroffen hatte. Er war, mit Reiß und Brunn (Ilk), einer der Chefs der Geheimdienste im Ausland, und arbeitete an den Waffenlieferungen für Spanien mit. Er hatte, gegen seinen Willen, an der Vorbereitung der Falle für seinen Freund teilgenommen; man hatte ihn aufgefordert, vor seiner Rückkehr nach Moskau die Witwe zu liquidieren. Unsere Aussprache war zuerst ziemlich mühsam (...) Er sagte mir, daß unser gemeinsamer Freund Brunn in Rußland kürzlich erschossen worden sei, wie die Mehrzahl der Geheimagenten aus der ersten Periode der Revolution. Er fügte hinzu, daß er sich trotz allem uns (der IV. Internationale, M. R.) sehr fern fühle und dem revolutionären Staat treu bleiben werde, daß die Mission dieses Staates weit über seine Verbrechen hinausgehe und daß er nicht an den Erfolg irgendeiner Opposition glaube... Ich hatte mit ihm eines Abends ein langes Gespräch auf einem verlassenen dunklen Boulevard, den die sinistre Mauer des Santé-Gefängnisses säumte. Kriwizki fürchtete die beleuchteten Straßen. Jedesmal, wenn er die Hand in die Tasche seines Mantels steckte, um eine Zigarette herauszuholen, folgte ich seinen Bewegungen mit gespannter Aufmerksamkeit und steckte ebenfalls meine Hand in die Tasche... ›Ich riskiere von einem Augenblick zum andern ermordet zu werden‹, sagte er mit einem armseligen, verzerrten Lächeln, ›und sie mißtrauen mir immer noch, nicht wahr?‹ – ›Ja.‹ – ›Und wir wären bereit, für dieselbe Sache zu sterben, nicht wahr?‹« [81]

Serge zufolge bricht Krivitsky also mit Stalin, weil ihn der Tod seines Freundes Reiß erschüttert, weil er den Auftrag erhält, ihn oder dessen Witwe zu liquidieren, vor allem aber, weil er nach Moskau in den sicheren Tod zurückbeordert wird. Sein Bruch mit der Partei ist folglich kein Akt intellektueller Besinnung, sondern eine durch die Moskauer Direktiven erzwungene Reaktion. Krivitsky versucht sein Leben zu retten und nimmt dafür die Trennung von der Partei in Kauf. In seiner Erinnerung konstruiert er jedoch das Selbstbild eines aktiv Handelnden, der von seinen Einsichten und moralischen Urteilen geleitet wird. Er berichtet, daß er den Direktiven der GPU, nach Moskau zurückzukehren, Folge leisten wollte; erst »in dem Augenblick«, als er erkannte, daß man ihn nur auf die Probe gestellt hatte, kam »über mich der Entschluß, nicht nur mit dem Dienst ein Ende zu machen, sondern auch nie mehr nach Stalins Rußland zurückzukehren« (1939/1940, 281 f).

In der Einleitung zu seinen Erinnerungen (dem Teil seines Buches, wo es sich der Exkommunist Krivitsky erlaubt, ausführlicher von der eigenen Person zu sprechen) stellt er die Gründe für seinen Bruch und für dessen Verzögerungen dar. Er schildert, wie ihn das Schicksal seiner Kampfgefährten bedrückt, die nicht unter feindlichen Kugeln, sondern unter denen der GPU gestorben waren. »Alle jene, deren persönliche Unantastbarkeit über jeden Zweifel erhaben schien, hatten als ›Verräter‹, ›Spione‹ oder ›gemeiner Verbrecher‹ geendet« (1939/1940, 7).

Liest man Krivitskys Erinnerungen mit dem Wissen um sein gewaltsames Ende (s. Kap. III.3), so läßt sich nicht nur der obige Satz als Prophezeiung (und Betonung der eigenen ›Unantastbarkeit‹) entziffern. Krivitsky beschreibt sich nicht selten in der Rolle des letzten Überlebenden, den der Haß des Tyrannen treffen muß: »Es ist so gekommen, dass ich von der Gruppe der Sowjet-Funktionäre, die bei der Organisierung der Sowjet-Intervention unmittelbar ihre Hand im Spiel hatten, der einzige Überlebende im Ausland bin, der einzige, dem es heute freisteht, dies dramatische Kapitel zeitgenössischer Geschichte zu enthüllen« (1939/1940, 92).

Doch immer wieder war es ein Gedanke, der ihn ausharren ließ: »Stalin war Hitlers Feind – und so blieb ich in Stalins Dienst ⟨...⟩ Die Sowjet-Union schien trotz allem die einzige Hoffnung der Menschheit. So blieb ich im Dienst der Sowjet-Union – will sagen: Stalins, ihres Herrn. Zwei Jahre später begann die spanische Tragödie. ⟨...⟩ Noch immer fühlte ich bei der Wahl zwischen den Übeln, daß ich auf der rechten Seite focht« (1939/1940, 9 u. 12).

Dieses weltumspannende Entweder-Oder brachte die meisten Antifaschisten zum Schweigen oder zur lauten, die eigenen Zweifel übertönenden Verteidigung der Stalinschen Politik, verstanden als Opfer für die Aufrechterhaltung einer ›antifaschistischen Front‹. Niemand brachte es auf eine kürzere Formel als der Spanienkämpfer und spätere Leiter der Westkommission der SED, Franz Dahlem, 1938 mit dem Titel seines Aufsatzes: »Wer gegen die Sowjetunion ist, hilft dem Faschismus« [82]. Krivitskys Kampf gegen diese terroristische Alternative gipfelt in einer hilflosen Umkehrung: »Die Welt weiß seit dem 23. August 1939: *Wer Stalin dient, dient Hitler*« (1939/1940, 91).

Krivitsky entfaltet in seiner Einleitung eine Spannung zwischen ›Wissen‹ und ›Sehen‹; seinem Wissen um den faschistischen Terror und um die Kriegsdrohung, die von Deutschland ausgeht, steht seine sinnliche Erfahrung der Vernichtung russischer ›Kulaken‹ und der Hungersnöte gegenüber. Es ist der Gegensatz von ›Politik‹ und ›Moral‹, die in einer fiktiven Rede der Parteikader gipfelt: »Wir sind auf dem harten Weg zum Sozialismus. Viele bleiben am Wege liegen. ⟨...⟩ Wenn wir anhielten, um Euch eine Krume zuzuwerfen, würde vielleicht das Ziel nicht erreicht!« (1939/1940, 10 f). Die Nähe zu Brechts dramatischer Widerlegung des Mitleids ist unübersehbar [83].

Auffällig ist, daß Krivitsky gerade in jenen drei Szenen der Einleitung, die das eigene Sehen betonen, versucht, seinen Stil ›literarisch‹ zu verstärken. Allerdings geschieht dies in so unbeholfener Weise, daß seine klischeereiche Attribuierung gerade ein ungenaues Sehen dokumentiert. In einem Sanatorium für ›verdiente Helden der Partei‹ wird er konfrontiert mit dem sozialen Elend und registriert »behagliche Wärme«, »die fiebernden Augen hungriger Bauernkinder« und »ihre kleinen Gesichter« an den »kalten Scheiben« (1939/1940, 10).

Das Entsetzen über den Anblick hungernder und bettelnder Kinder (Bespresorny) wird zu einem der Topoi der Renegatenliteratur [84]. Soweit ich sehe wird diese Konfrontation aber in keinem Fall, auch nicht innerhalb der Darstellungen, zum auslösenden Motiv des Absprungs.

Das ist kaum als ›literarischer Ehrgeiz‹ Krivitskys zu interpretieren, eher als Suche nach einer anderen Sprache. Am Ende der drei Szenen notiert er: »Das alles aber, so wusste ich, war nur eine traurige Abteilung aus der Schar von Millionen rechtschaffener Bauernfamilien, die Stalin unter dem Namen Kulaken – ein Wort, das heute nichts anderes mehr als

Opfer bedeutet – entwurzelt, verschleppt und vernichtet hatte« (1939/1940, 11); und am Schluß der Einleitung ist die Rede davon, »(...) daß Mord so und nicht anders genannt werden muss« (1939/1940, 15). In seinem Versuch, sich von der stalinistischen Terminologie zu befreien, bedient er sich der schönen Literatur [85].

Auch wenn Krivitskys literarische Mittel eine direkte Auflösung dieser Spannung nahelegten, folgt keine unmittelbare Konsequenz aus den konkreten Erfahrungen; »ich wußte aber auch«....»trotz allem«....»noch immer« lauten die Kristalle seiner Verzögerungsrede.

»Doch dann kam der Wendepunkt. Ich beobachtete, wie Stalin der verfassungsmäßigen spanischen Regierung den Dolch in den Rücken stiess, während er bares Geld für seine verspätete Hilfe verlangte« (1939/1940, 12).

Erneut scheint Krivitskys Argumentation den Bruch mit Stalin anzukünden, der dann aber doch erst später folgt, als die Partei an ihn »das entscheidende Verlangen« stellte – »das Verlangen, das er allen verantwortlichen Beamten stellte, die den feuernden Pelotons der Ogpu zu entkommen wünschten. Ich sollte meine Treue dadurch beweisen, dass ich einen mir nahestehenden Genossen in seine Klauen lieferte. Ich lehnte das ab. Ich brach mit Stalin« (1939/1940, 12 f.).

Krivitsky widersteht der Versuchung, die sich in seiner Argumentation deutlich manifestiert, eine allzu geradlinige Geschichte des eigenen Absprungs zu konstruieren. Aber er bricht die Erzählung vor jenem Punkt ab, wo es nur noch um die existenzielle Entscheidung geht, nach Moskau zurückzukehren, in den Tod, oder die Kontakte zur Partei abzubrechen. Die Einleitung macht deutlich, daß Krivitsky sich rechtfertigt, warum er seine Konsequenzen erst so spät gezogen hat. Damit wird der Doppelcharakter des Textes klar: Mit dem Angriff gegen Stalin und der Aufforderung an die kommunistischen fellowtraveller wie Romain Rolland, seiner eigenen Entscheidung zu folgen, verbindet sich eine Anklage gegen den Mitbeteiligten Krivitsky, der so spät erst die Konsequenzen zog, obwohl er wie kaum ein anderer informiert schien [86]. Daher überwiegt in der Einleitung seine Rolle eines passiven Beobachters.

Die Öffentlichkeit, an die Krivitsky sich wendet, wird nicht genau umrissen; die genannten Adressaten sind jene, die mit Hilfe seines Berichts und seines Appells seiner Einsicht folgen sollen. Andererseits umreißt er klar, in wessen Namen er spricht: in dem der Opfer des Stalinschen Terrors. Er wendet sich nicht an die politischen Gegner Stalins, auch nicht an die IV. Internationale, sondern weicht aus auf die abstrakte Formel der ›Wahrheit‹: »Mag sein, dass sich die Methoden, durch die das zivilisierte Europa dem Menschen Würde und Wert zurückgibt, nicht diktieren lassen – nach meiner Ansicht jedenfalls müssen sich alle, die sich nicht für das Lager Hitlers und Stalins bestimmt glauben, darin einig sein, dass Wahrheit die vornehmste Waffe bleiben, dass Mord so und nicht anders genannt werden muss« (1939/1940, 15).

Der hier anklingende defensive Ton mag auch dem Umstand geschuldet sein, daß erst nach dem Abschluß des Hitler-Stalin-Pakts sich ein amerikanischer Verlag für die Erinnerungen Krivitskys fand [87].

III. 3. Die »Geburt des Renegaten«

Gustav Regler: Lösung von der Partei und Denunziation

Auch bei anderen Renegaten, die nachträglich den Stalinschen Terror im Bürgerkrieg thematisierten, läßt sich die Geschichte ihres Abfalls von der Partei kaum so fassen, daß sie aus ihren Erfahrungen in Spanien geradlinig Konsequenzen zogen, auch wenn ihre Memoiren und Autobiographien dieses Bild vermitteln wollen. Warum und wann etwa Gustav Regler die Partei verließ, wird durch dessen »Lebensgeschichte«, der er im Deutschen den Titel »Das Ohr des Malchus« gab (im Englischen »The Owl of Minerva« [88]), nur suggestiv beantwortet. Besonderes Gewicht liegt in seiner Erzählung auf dem Krieg in Spanien, der ihm endgültig die Augen geöffnet und zur Trennung mit der Partei veranlaßt habe. Mißtrauen gegen Parteidirektiven, Vorahnungen des Stalinschen Terrors und frühzeitige Glaubenszäsuren sind in Fülle gesetzt, zusammen mit dem Anspruch des Erzählers, »⟨...⟩ alle erdenkliche Manneszucht ⟨zu üben⟩, im Buch selbst nichts von meinen verspäteten Erkenntnissen in frühere Zeiten einzuschmuggeln« (1958, 10). Zu verlockend ist auch für ihn, das Wissen des distanzierten Autors auf seinen Protagonisten zu übertragen – das scheint in vielen Passagen zunächst leicht nachweisbar.

Regler bedient sich dabei der argumentativen Figur des »*Doppellebens*«: »es schloß die in pedantischen Abständen geforderten Lippenbekenntnisse ein; im Innern aber bewahrten sie das persönliche Urteil« (1958, 222). Er antwortet damit Klaus Mann, dem im »Wendepunkt« vor Reglers »militantem Glaubenseifer etwas ängstlich zumute« geworden war (1952, 337) und der über Plivier, Andersen-Nexö und Regler urteilte: »sie vertraten das marxistisch-leninistisch-stalinistische Dogma in seiner reinsten und starrsten Form« [89]. Regler: »⟨Klaus Mann⟩ deutet mit liebenswerter Toleranz auf den Tisch, an dem ich mit Plivier saß; ich machte den Eindruck eines starren Marxisten, so scheint es, und war es wohl auch im Gespräch ›nach außen‹« (1958, 520).

Regler stellt seine eigene Variante der Loslösung noch einmal im Kontrast zu den Verhaltensweisen seiner Kombattanten dar und verbindet dabei die Strategie des »Doppellebens« mit einem Führungsanspruch. Bei einer Zellensitzung im Pariser Exil wird der Widerspruch von Kantorowicz gegen die »zu einfachen Ausführungen des Referenten« von Parteibeamten ›niedergeknüppelt‹. Regler: »er setzte sich und ließ sich vermahnen; in sein blaßes Gesicht schlichen sich uralte masochistische Züge ein«. Anna Seghers »gehorchte gegen ihre nicht unbeträchtliche Intelligenz«. Kurt Stern »schwieg verachtend«. Koestler verhielt sich »als Fremder«. Sperber setzte die »offizielle⟨n⟩ Schwätzer schachmatt«, indem er die Diskussion auf eine andere Ebene hob (1958, 228). Über sein eigenes Verhalten schreibt Regler dann: »Ich selbst dachte nicht daran, zu protestieren, es war meine katholische Erziehung, die mir solch zweifelhaften Gehorsam leicht machte; ich erkannte mit weniger Zögern die Hierarchie an. Wenn man aber einmal gegen den Papst war, wenn man Häretiker sein mußte, so erklärte man die Ketzerei nicht in kleinen Hinterzimmern, sondern wie Luther vor brennenden Bullen oder wie Thomas Münzer aus einer Wagenburg heraus und mit der Muskete in den Fäusten; dies war das Axiom meines Vaters gewesen. Es ist mir bis heute eine Genugtuung, daß ich keinem der kleinen

Funktionäre je Gelegenheit gab, mich zurechtzuweisen oder mir gar geistlichen Zuspruch zu geben« (1958, 229).

Wichtigste Figur in Reglers religiöser Ahnengalerie ist jedoch kein Rebell wie Thomas Münzer, sondern Moses, der von Gott Gewählte und zum Mittler zwischen Gott und den Menschen Bestimmte, der Befreier des auserwählten Volkes aus der ägyptischen Unterdrückung und zugleich derjenige, der gegen die Lethargie der Massen kämpft und das gelobte Land nicht mehr betritt. Mit seinem ersten Roman (»Zug der Hirten«) hatte Regler sich dem Religionsstifter zugewandt; in seinem Spanienroman »Das große Beispiel« wählt er ein alttestamentarisches Bild: »Die Felsentribüne, von der Werner diesmal sprach, war wie ein großartiger Gerichtshof; ein Volk konnte unten in der weiten Ebene sitzen und zuhören. So tobte Moses über seinen Vierzigtausend, als er vom Berg stieg« (1976, 388). Er weist auch noch in »Das Ohr des Malchus« auf die besondere Nähe zwischen Moses und Gott hin: »und ich erschrak, als hätte mich jemand aus den Wolken angerufen« [90].

Regler, der (bei Gundolf) über Goethe promoviert hatte, kannte wahrscheinlich dessen Moses-Aufsatz von 1797, wo Moses als Mann der Tat geschildert wird (1819 in den Noten und Abhandlungen zum »West-östlichen Divan« aufgenommen), vielleicht auch Schillers »Die Sendung Mosis« (1790), der den Akzent auf die Befreiungstat lenkt, die auch die denkerische Befreiung von den ägyptischen Mysterien einschließt. Auch Koestler nähert sich mit seinem Protagonisten Rubaschow der Moses-Figur [91], entsprechend seinem literarischen Vorbild, der Rede St.Justs in Büchners Drama. Der amerikanische Schriftsteller und fellowtraveller Lincoln Steffens schrieb 1926 eine politisch-historische Parabel mit dem Titel »Moses in Red«. Pharao war für Steffens der kapitalistische Unternehmer, Moses der Revolutionär, der die indifferenten Massen, die ihrer Bestimmung als Werkzeug Gottes (der Revolution) alleine nicht gewachsen waren, vorwärts trieb. Moses durfte das gelobte Land nicht mehr betreten, weil er noch den Stempel Ägyptens trug (Aaron 1961, 126 ff).

In einem früheren autobiographischen Text – eine siebenseitige Broschüre mit dem Titel »Regler über jenen Regler«, ein Beichtgebet, das mit dem »Amen!« schließt – kennzeichnet er sich bereits für das erste Exiljahr als »Individualist« (1946, 4). Von seiner zweiten Rußlandreise im Jahr 1936 schreibt er dort: »Ein Gespenst ging um im ›Paradies‹: die *Angst*. Er floh vor ihm zurück nach Paris und von dort in den *spanischen Bürgerkrieg*. (...) Dort war wieder die eine Front aller gegen das Monstrum von Berchtesgarden und seine totalitäre Brutalitätstheorie. Mitten in den Krieg kamen neue Nachrichten aus dem Osten: man ›reinigte‹ weiter, man wetteiferte mit Himmler im ›Paradies‹« (1946, 5).

Wichtigste Zäsur aber ist in diesem Text der Hitler-Stalin-Pakt, der »ihn dann mehr überraschte als der Krieg« [92]; und Manès Sperber berichtet, er habe damals dazu beigetragen, daß Regler sich »nun endlich« von der Partei trennte (1977/1982, 167). Mit dieser Bemerkung scheint Sperber vor allem den eigenen Einfluß unterstreichen zu wollen. Kantorowicz dagegen berichtet von einem Brief Reglers, datiert vom 18. August 1939, mit einer »zornige⟨n⟩ Verurteilung des bereits erschienen Spanienbuches des holländischen Schriftstellers und Spanienkämpfers Jef Last, der sich von der kommunistischen Partei getrennt hatte; Regler, der damals noch parteitreu war, unterstellt dem holländischen Kollegen ›Haß gegen die Sowjetunion‹« [93]. Und auch in seinem 1939 geschriebenen Spanienroman »Das große Beispiel« verteidigt Regler noch Positionen der Stalinschen Politik. (Da er die Erlaubnis zur Veröffentlichung des deutschen Manuskripts verweigerte, konnte der Roman erst posthum wieder erscheinen.) Die autorisierte amerikanische Ausgabe von 1940 (»The Great Crusade«) unterscheidet sich denn auch von der deutschen Originalfassung durch entschiedenere antistalinistische Akzente [94].

Im Widerstreit der beiden Hauptfiguren Werner und Albert – bei Arthur Koestler heißt Regler in »Scum of Earth« (»Abschaum der Erde«) Albert – verteilt Regler die Argumente für und wider die spanische KP-Politik. Werner kritisiert in der amerikanischen wie in der deutschen (Original-)Fassung die ›Verräterhysterie‹ der Stalinisten. Ähnlich wie Kantorowicz legt Regler seiner Figur Werner den Vorwurf in den Mund, daß die Suche nach Verrätern gerade zum Verrat erziehe. »Man wird es aus Opposition. Aus Rache. Es ist ein Befreiungsakt. Damit ihr endlich recht habt« (1976, 385) – Kantorowicz und Regler gehen beide von einer faktischen Schuld der ›Verräter‹ aus.

In seinem Text von 1946 zitiert Regler die Schlußpassage der amerikanischen Fassung (sie fehlt in der deutschen), wo er seinen Protagonisten Werner sprechen läßt: »Ich pfeife auf Eure schöne neue Welt, wenn an jeder Straßenecke ein Polizist steht und aufpaßt, daß keiner ein wahres Wort gegen die neue herrliche Regierung sagt ... Ihr sagt, daß das Ende die Mittel heiligt, aber Euer Ende wird faul und krank mit den faulen und kranken Mitteln« (1946, 6).

In der deutschen Originalfassung scheint im Konflikt zwischen den beiden Protagonisten Albert und Werner – es ist, wie bereits in den früheren Romanen Reglers, ein inneres Zwiegespräch des Autors – klar, daß die in Moskau Verurteilten tatsächlich Verschwörer sind: »Träumer, die Angst bekamen, als die Verwirklichung sich näherte; wachen nachts auf und schreien: ›Paradies ist Schwindel. Geh mir weg mit diesem Paradies!‹ ⟨...⟩ Wahrhaftig, das Ganze ist eine Angelegenheit für den Psychiater. Dieser Zwang zur Opposition! Diese bösen Müdigkeiten. Diese morbide Freude an der Doppelrolle ⟨...⟩ (1976, 198 f).

Regler läßt seinen Protagonisten Werner, der diesen inneren Monolog führt, gleichzeitig eine Telephonleitung flicken. Am Ende seiner Gedanken angelangt, springt Werner, der Arzt, auf, »der Draht war geflickt«. Der Autor gewichtet damit die Argumente seines Protagonisten; zugleich versinnbildlicht der Draht die Anstrengung des Autors: Er versucht gestörte Verbindungen zur Leitung wiederherzustellen. Offensichtlich hatte Regler 1939 das System der Moskauer Prozesse nicht so scharfsichtig wie Koestler oder Sperber gesehen und auf eine andere Rettung als die des eigenen Parteiaustritts gehofft.

1936 war Regler zum zweiten Mal (gemeinsam mit Kantorowicz) in der Sowjetunion gewesen, wo »⟨...⟩ er die Freunde von 1934 nicht mehr antraf« (1946, 5), und hatte das Land nach dem Ende des ersten Schauprozesses und der Hinrichtung von Kamenew, von dem er den Auftrag zu einer Loyola-Biographie erhalten hatte, verlassen. Zurück in Paris, meldete er sich sofort als Freiwilliger für den Spanien, wo er bis zu seiner schweren Verwundung als Kriegskommissar bei der XII. Brigade im Einsatz war. In seinen Texten von 1946 und 1958 setzt er mit Moskau 1936 eine innere Zäsur und verschweigt folgerichtig in »Das Ohr des Malchus« seinen Auftritt auf dem II. Schriftstellerkongreß, der sich nicht mit der selbstdiagnostizierten kritischen Distanz zur Parteipolitik vertrug [95].

Regler berichtet nirgends über die besonderen Aufgaben, die ihm 1936 in Rußland anvertraut wurden. In »Das Ohr des Malchus« schließt das Moskau-Kapitel mit der

Erschießung von Kamenew und Sinowjew im August 1936; das nächste Kapitel beginnt bereits mit der Fahrt nach Spanien, wo Regler am 21. Oktober ankommt. Herbert Wehner traf ihn im September 1936 in Paris: »Angesichts der brutalen Härte und Wucht, mit der dort die Anklagen gegen Sinowjew, Kamenew und andere, die mit dem Mord an Kirow und mit anderen Anschlägen gegen den Sowjetstaat in Verbindung gebracht worden waren, hinausgeschleudert wurden, fühlte Regler das Fundament, auf dem er bisher sicher gehen und bauen zu können geglaubt hatte, bersten.«

Weil ihm vor den Auswirkungen dieser Nachrichten auf die europäische Intelligenz schauderte, »hatte er, als man an ihn herangetreten war, an der Redigierung von Prozeßberichten für die Auslandspresse teilgenommen, um – wie er sagte – das Gröbste zu verhindern« [96]. In »Das Ohr des Malchus« benennt er die »tägliche Medizin«, die den direkten Bruch mit der Partei noch verhindert habe: »die Nachrichten aus Spanien« (1958, 354). Diese Linderung aber, so seine Erzählung, sei ihm dann dort geraubt worden.

Nach seiner Internierung im französischen Lager Le Vernet war er ins mexikanische Exil gegangen, wo er sich in der »Liga Pro-Cultura Alemana« engagierte und von den Exil-KP-Kreisen fernhielt, »bis zu dem Tag, als er einen der Agenten ankommen sah, um den mexikanischen Arbeitern unter falschem Namen die neue Linie zu servieren ⟨...⟩. Er stellte den Akrobaten vor der Oeffentlichkeit bloß; seine Liebe zu dem neuen Gastland, dem generösen Asyl von tausenden von Spaniern, ist eine echte; er will es warnen« (1946, 7).

Im Januar 1942 veröffentlicht Regler in der ersten Ausgabe der von den Exkommunisten Victor Serge und Julian Gorkin herausgegebenen Zeitschrift »Analisis«, unter dem schwachen Schutz des Pseudonyms »El observador d'Artagnan«, ein pamphletisches Porträt von dem tschechischen Kominternagenten Otto Katz [97].

Andreas Otto Katz, der in Paris und Mexiko das Pseudonym André Simone trug, stand im Dienst der Komintern und war auch im mexikanischen Exil eine der mächtigsten und einflußreichsten Gestalten [98]. Nach dem Krieg war er in die Tschechoslowakei zurückgekehrt, wurde 1948 Chefredakteur der »Rude Pravo« und später Chef der Presseabteilung des Außenministeriums. Im sogenannten Slansky-Prozeß wurde er 1952 u. a. angeklagt, zionistischer Agent zu sein und hingerichtet; 1963 wurde er rehabilitiert.

Koestler weist darauf hin, daß Katz in seiner Schlußrede vor dem Tribunal »⟨...⟩ die letzte Rede von Koestlers Protagonisten Rubaschow (»Sonnenfinsternis«/»Darkness at Noon«) so wörtlich zitiert, »wie er sich wahrscheinlich daran erinnern konnte. ⟨...⟩ Die Formulierung von Ottos letzter Aussage war offensichtlich als eine getarnte Botschaft gemeint, die andeuten sollte, daß er, genau wie Bucharin und Rubaschow, gezwungen worden war, imaginäre Verbrechen zu gestehen« (1940/ 1979, 242). Die Beobachtung Koestlers fügt sich in dessen Anstrengung, »Darkness at Noon« zum historischen Dokument zu erheben (vgl. seine Hinweise auf die Übereinstimmung seiner fiktiven Verhöre mit den Schilderungen Krivitskys ⟨1971, 314⟩).

Mit der Veröffentlichung dieses Pamphlets, die einem Austritt gleichkam, kündigte er ein ungeschriebenes Stillhalteabkommen mit der Partei; und gewiß ist es kein Zufall, daß an die Stelle des direkten Austritts die Publikation eines pseudonymen Textes tritt, dessen Niederschrift ein halbes Jahr zurückliegt: Der zaudernde Regler setzt damit einen

Mechanismus in Gang, mit dem er der Partei die Erklärung des Ausschlusses überläßt. Es gibt im Falle Reglers weder einen offiziellen »Ausschluß« von seiten der Exil-KPD noch einen »Austritt« Reglers – nach den Statuten der Partei war das letztere gar nicht möglich.

Die Exil-KPD in Mexiko, offensichtlich von Reglers Entschluß schon vor der Veröffentlichung unterrichtet, leitete sofort eine Kampagne gegen ihn ein, Otto Katz wird in Schutz genommen und Reglers enger Freund und Gesprächspartner (in ›Glaubensfragen‹) Egon Erwin Kisch zieht in der Zeitschrift »Freies Deutschland« gegen Regler zu Felde, indem er diesen als »Meuchelmörder« abstempelt [99].

Kisch bedenkt Regler mit dem Vokabular: »Agent«, »schmutzigstes und feigstes Element«, ›Mitarbeiter der französischen Gestapo‹, ›Spitzel‹, ›Verräter‹, »zweitklassiger Schriftsteller«, »ehrgeizzerfressener Kriecher, blasser Streber und blinder Autoritätsverehrer«, »Subjekt«, »der Autor, der sich von seinen Büchern dadurch unterscheidet, daß diese nicht verkäuflich sind« (1985, 165 ff). Da die KP-Vorwürfe erst 1942, nach dem Katz-Artikel, erhoben wurden (noch 1940 wird Regler von Bredel und Becher lobend erwähnt), scheint es auch ohne Gegenbeweis sicher, daß es sich um eine taktische Verleumdung handelt. Wie der Bericht von Kurt Hiller zeigt (1951 / 1980), handelte es um einen gebräuchlichen Vorwurf; auch Sartre wurde von den Kommunisten vorgeworfen, er habe sich seine Freiheit aus dem deutschen Kriegsgefangenenlager dadurch erkauft, daß er sich als Spitzel für die Deutschen verdingt hatte (Beauvoir 1963/1970, 14). Artur London, der im Slansky-Prozeß der »Zusammenarbeit in Frankreich mit der französischen Polizei, der Gestapo, den amerikanischen Geheimdiensten‹ ›überführt‹ wird, berichtet ebenfalls von einem Mitangeklagten, der bezichtigt wird, in Le Vernet in den Dienst der Gestapo getreten zu sein (1968/1970, 59 u. 221).

Es ist der Anfang einer Serie von Denunziationen, die zum Teil in der mexikanischen Presse veröffentlicht werden und zur Isolation Reglers beitragen. Regler: »Sie nutzen die Unwissenheit des mexikanischen Volks über die Vergangenheit der europäischen Flüchtlinge aus, um alles Gift über ihren Feind auszuschütten, das sie in ihren Gehirnen haben. Sie bringen falsche Zeugen, die unsern Mann in den Zeitungen zu einem Hitleragenten machen, zum geheimen Berater der Phalangisten, derselben Phalangisten, deren Kugeln noch im Rücken des Mannes sitzen« (1946, 7).

Kern der Vorwürfe von 1942 war, daß Regler 1939 in Le Vernet ›Verrat‹ begangen habe. Ernst Bloch meldet sich in der Exilzeitschrift »Freies Deutschland« grundsätzlich zum Thema »Verrat und Verräter« zu Wort. Regler gehört für ihn zur »Kloake«; mit Invektiven wie ›Dummheit, Wahnsinn und Lumperei‹ bedenkt er Regler, dessen Verrat mit »dreißig Silberlingen« belohnt worden sei. »Es findet sich einer«, schreibt Bloch, »der seine Kameraden im Konzentrationslager in Frankreich denunziert hat, um selber freizukommen, und ganz selbstverstaendlich nur, weil er mit Stalins Politik nicht uebereinstimmt« (1942, 19 f).

Regler war am 9.2.1942 aus der »Liga Pro-Cultura Alemana« ausgetreten, um die Organisation aus der Schußlinie der Parteikritik herauszuhalten (was vergeblich war). In den folgenden Jahren litt er unter Ängsten, daß ihm ein gleiches Schicksal wie seinem Nachbarn Trotzki drohe, dessen Tod ihn und seine Frau stark berührte [100]. »Verdächtige Gestalten bewachen für Wochen das Haus, auf Mordbefehle von höherer Stelle wartend« (1946, 7).

In der kommunistischen Zeitschrift »La Voz de Mexico« erscheint im Januar 1942 eine Karikatur, in der aus Trotzkis Totenschädel der »Baum des Verrats« sprießt; die Schlangen, die sich dort winden, tragen die Namen Regler, Gorkin, Munis und Serge. Das Bild signalisierte deutlich die Aufforderung, dem giftigen Ungeziefer die Köpfe abzuschlagen; Regler interpretiert die Zeichnung in »Das Ohr des Malchus« als »Aufforderung zur Lynchjustiz« [101].

Regler bleibt am Leben, aber ausgelöscht wird er aus dem literarischen Gedächtnis seiner früheren Gefährten. In Ludwig Renns autobiographischem Roman »Der spanische Krieg« (1955) wird er totgeschwiegen, obwohl beide ›Seite an Seite‹ gekämpft hatten; in Theodor Balks »Erinnerungsreportage« (»Das verlorene Manuskript«) fällt sein Name ebensowenig, obwohl Balk wie Regler denselben Weg von Spanien über das französische Lager Le Vernet nach Mexiko gingen. Und auch in späteren Publikationen seiner alten Kampfgefährten fällt sein Name nicht [102]. Erwähnt wird er immerhin in Bodo Uhses Tagebuch: »Alles Falsche, Trügerische, Angeklebte seiner früheren Begeisterung kommt ans kalte Licht. Er war nie ernsthaft Sozialist ⟨...⟩« [103].

Gustav Regler: »Doppelagent« und Gedankenattentäter

Handelt es sich also schlicht um eine Fiktion, wenn Regler (und andere Autoren) nachträglich ganz andere Beweggründe für ihren Bruch mit der Partei geltend machen, als biographisch zu ermitteln sind, hat die Erfahrung des Stalinschen Terrors in Spanien gar nicht jenen hier hypostasierten Stellenwert?

Der Verdacht, den die Interpreten gegenüber Regler hegen, er habe die Glaubenszweifel nachträglich seiner Biographie hinzugefügt, ist schnell ausgesprochen [104]; die Interpretation des Bennschen »Doppellebens« als einer »argumentativen Figur« der Rationalisierung liegt nahe, dennoch mag das »Doppelleben« *Signum einer psychischen Realität* gewesen sein.

In »Das Ohr des Malchus« schildert sich Regler bereits nach seiner ersten Rußlandreise von 1934 als Zweifelnder. Karl-Wilhelm Strödter hat auf die enthusiastischen Rußlandberichte des Autors von 1934 in der »Deutschen Volkszeitung« und im »Gegen-Angriff« hingewiesen und gefolgert, damit sei die Darstellung in der Autobiographie »ad absurdum« geführt (1982, 82). Ein zu schneller Schluß, da gerade die Widersprüche auch in der Schreibproduktion den Loslösungsprozeß kennzeichnen. Im Winter 1939 schreibt Regler im Lager Le Vernet ein Gedicht mit der Zeile »O Tag der Wende, bitterböser Klarheit!« [105], das im Widerspruch steht zu seinem anschließenden Versuch, die Stalinsche Spanienpolitik (in »Das große Beispiel«) zu rechtfertigen. Hans-Albert Walter (1976) zeigt am Beispiel des Bauernkriegsromans »Die Saat«, wie sich Reglers Zweifel an der Parteilinie schon 1936 im historischen Gewand manifestierten; sowohl in »Die Saat« wie in »Das große Beispiel« (wo Werner »die morbide Freude an der Doppelrolle« bei den Verrätern ausmacht ⟨1976, 199⟩) spaltet sich der Autor in seinen Protagonisten und dessen Gegenspieler.

In seinem Tagebuch [106] von 1941 schließlich spielt die Spaltung in zwei Figuren, den ›Agenten A‹ und den ›Agenten B‹ eine konstitutive Rolle. Anläßlich eines öffentlichen Auftritts von Otto Katz notiert er in derselben Nacht im Tagebuch: »14. Juli 1941, nachts. Ab heute bin ich ein Doppelagent. Es ist keine andere Wahl. Man kann nicht nur einem

Herren dienen. ⟨...⟩ Um von Anfang an klar zu sein, es handelt sich um keine Großmächte dieser Erde, nicht um den Intelligent Service, der senil geworden ist, noch um das korrupte deuxieme bureau, noch um die Gestapo und schon gar nicht um die asiatische GPU. Es handelt sich um nicht weniger und nicht mehr als um mich. Um den Moralisten, der sich täglich die Schlachtpläne der Zukunft zuträgt, den Utopisten, der nicht müde werden will, sich über Panoramas von Traumländern zu beugen, den Gläubigen, der einen Sinn in der Geschichte der Menschen mit verbissenem Wünschen zu sehen fortfährt. Das ist die eine Seite. Die andere aber protestiert. O, alle Vergleiche von Faust und seinem Teufel, von Quichotte und seinem irdischen Sancho sind Literatur. Denn nun sind die zwei in einem und spalten sich täglich und lassen kein Ganzes mehr zurück« [107].

Nimmt man diese Spaltung ernst, dann ist ihr Resultat gerade die Aufhebung aller Handlungsfähigkeit. Sowohl ›Agent A‹ (der Moralist), als auch ›Agent B‹ (der machtpolitisch argumentierende Konvertit, der den »Satan mit dem Beelzebub austreiben will«) – A nennt B einen Manichäer und Handlanger der Polizei, B nennt A einen Reinlichkeitsapostel – wollen auf Katz schießen, doch die Gründe des einen heben die des anderen auf.

»Es ist eine blutige Farce, aber ist es wirklich ein Beginn? Ist es nicht eine erbärmliche Repetition einer abgesetzten europäischen Komödie? Ist er ⟨Otto Katz⟩ nicht ein Schauspieler, der sich in die Provinz gerettet hat, um vor wenig verwöhntem Publikum sich noch einen letzten billigen Triumph zu holen?« [108]

Erneut erweist sich die Bühne für den Aufstand eines Luther oder Thomas Münzer als zu klein; der mexikanische Mario feuert auf Cipolla (»den Jongleur unter größeren Jongleuren«) keine Kugel ab.

Schon einmal war Regler in der Rolle des Gedankenattentäters (will man seiner Selbstdarstellung folgen). Als Hitler zum Reichskanzler ernannt wird, geht er am Abend zum »Reichskanzlerpalais« ⟨sic!⟩, wo Göring und dann Hitler am offenen Fenster erscheinen. »Ich hatte meinen Wintermantel an und eine kleine Pistole in der Tasche; ich sah zum Balkon der Kanzlei hinauf. Ein lebensgefährlicher Gedanke kam mir.›In Paris 1928 habe ich mir wochenlang mein Essen als Preis erschossen – was könnte ich mir hier erschießen? Den Tod und historischen Ruhm.‹ Ich steckte die Pistole unter dem Mantel in die sichere Gesäßtasche« (1958, 196).

In einem autobiographischen Text aus dem Nachlaß, geschrieben 1940/41, schließt er die Szene von Hitlers Ernennung zum Reichskanzler mit dem Satz: »Später habe ich mir überlegt, warum ich nicht hinaufgeschossen habe« [109].

Reglers Rolle ist die des passiven Beobachters, gebannt vom Schauspiel der Geschichte. Er phantasiert Attentate, die ihn doch immer wieder zur Schlußfolgerung führen, daß ein Handeln nicht möglich sei. In seinem Mexiko-Roman »Vulkanisches Land« führt er den Ich-Erzähler Gustavo am Ende zusammen mit seinen Protagonisten Jorge und Ines und gibt einem Spanier die Pistole in die Hand. Bald würde »der ganze Raum voller Leichen liegen ⟨...⟩. Ich war im Bann des irrsinnigen Schaupsiels; ich fühlte, daß ich nicht länger zuschauen dürfe, aber die Verwirrung, die sich da anhäufte, fesselte mich« (1947/1987, 212). Und wenn Gustavo sich fragt, warum keiner der Opfer des Stalinschen Terrors in

Spanien mit einer Pistole »in einem der Parteiämter« erschienen war, um »mit ⟨André⟩ Marty auf Martys Art« abzurechnen (1947/1987, 91), dann hat auch Gustav Regler wieder mit diesem Gedanken gespielt. Die Pistole in der Gesäßtasche und die Kalkulation der Risiken scheinen Rationalisierung zu sein. Auch wenn, dem Tagebuch zufolge, Regler auf die größere Bühne wartet, so ist es doch kaum das große Ich, das, verschmolzen mit der Geschichte, sich hier literarisch in Szene setzt; es ist die Scham vor der eigenen Ohnmacht, was deren Rationalisierung bedingt. Sich »dem Gesetz der Geschichte« (1958, 196) beugen, davon ist nach dem mißglückten Attentat in »Das Ohr des Malchus« die Rede. In »Vulkanisches Land«, wo der Schuß in die Zimmerdecke dringt und Sand herabrinnt, schreibt er: »Es hörte sich an, als wenn jemand über uns ein Stundenglas zerbrochen hätte« (1947/1987, 214); und dort, wo Marty vom Attentat verschont bleibt: »Ich weiß nicht, warum sie glaubten, daß die Geschichte dieses Gericht selbst abhalten würde«.

Die Verspätungen des Renegaten

Der Renegat entscheidet sich im Urteil seiner Zeitgenossen immer zu spät. Wenn ich von der »Geburt des Renegaten« spreche, dann nicht einer einprägsamen literarischen Metapher wegen, sondern weil zwischen der Über-Zeugung und der Geburt des Renegaten eine längere Zeitspanne liegt. ›Warum so spät?‹, ist nicht nur die Frage der Öffentlichkeit [110], sondern wird auch zu der des sich rechtfertigenden Renegaten; und dieser reicht sie (mit Erleichterung, so scheint es) weiter an jene, die nach ihm das Lager wechseln oder deren Zögern noch länger angedauert hat [111]. Reglers strenges Urteil über Kantorowicz bedeutet Entlastung von eigener Rechtfertigungsmühe: »Kantorowicz ist nach über 25 Jahren der Kompromisse und der Zellentreue nach dem Westen Deutschlands entkommen. Er ist einer der Hunderttausende, die aus dem Osten flüchteten, und sein Fall hätte genausowenig Originalität wie sein spärliches und notwendigerweise kümmerliches Schreiben unter Sowjetzensur, wenn die westeuropäische Presse nicht ein so bedeutendes Geschrei um den – wie man im Interview hörte – noch sehr verwirrten Flüchtling gemacht hätte. Um die Proportionen wieder in Ordnung zu bringen, mußte ich mich fragen, ob wirklich einer der Journalisten, die über Kantorowicz schrieben, geglaubt hat, die Ratte verlasse das sinkende Schiff. ⟨...⟩ Es fällt mir nicht leicht, zu einem früheren Gesinnungsfreund ungütig zu sein, aber diese verspätete Flucht eines Staatsbeamten der Ulbricht-Diktatur ist kein Vorbild mehr, es sei denn, daß Kantorowicz ins Kloster geht – das heißt: lange, lange schweigt und mit sich selber ins Gericht geht« [112].

　　Palmiro Togliatti, Chef des PCI, richtet 1950 im SED-Organ »Neues Deutschland« die Frage an den Renegaten Ignazio Silone: »Die berühmte Zusammenkunft, die angeblich den Schleier zerrissen und ihm das unmoralische Verhalten der Kommunisten und ihre ›Schachzüge‹ gezeigt hatte, fand im Jahre 1927 statt«; in den folgenden vier Jahren habe Silone aber seine Karriere in der Partei vorangetrieben. Silone antwortet in den »Temps Modernes«: »Wie ist es mir moralisch möglich gewesen ⟨...⟩ Dieser Einwand ist nicht nur polemischer und äußerlicher Natur; es ist eine Frage, die ich mir selbst später ernsthaft und wiederholt gestellt habe. Mit anderen Worten, warum habe ich vier Jahre gebraucht, um mich von einem Widerspruch freizumachen, dessen Lösung mich jetzt kaum länger als ein oder zwei Minuten beschäftigen würde?« [113]

Silone wiederholt in seiner Antwort jene Gründe, die er in dem Sammelband »Ein Gott der keiner war« bereits veröffentlicht hatte. Von einem bislang verschwiegenen Grund der Verzögerung kann er »nicht ohne Überwindung« sprechen, d. h. erst Togliattis Anschuldigung zwingt ihn zu der unfreiwilligen Offenbarung. Silone berichtet von seinem Bruder, der von den italienischen Faschisten gefoltert und 1932 hingerichtet wurde. Dieser war kein Parteimitglied gewesen, hatte sich aber im Gefängnis zum Kommunismus bekannt; der Bruder schreibt an Silone: »ich habe versucht, so zu handeln, wie ich glaube, daß Du an meiner Stelle gehandelt hättest«. Silone: »Es war daher für mich nicht leicht, aus der Partei auszutreten, nachdem meine Mitgliedschaft das freiwillige Opfer meines Bruders inspiriert hatte« [114].

Auch Kurt Hillers Kritik an einem Typus des Renegaten (dem Konvertiten) setzt gerade beim Moment der Verspätung an: »Er (der Exkommunist) tut, als sei er bei weitem führungsbefugter als sonstwer, besonders als jene Menschen, die schon früh aus Nachdenken und nicht, wie er, erst spät auf Grund übler Erfahrungen, die er innerhalb der Kommunistischen Partei machen mußte, zu dem Ergebnis gekommen sind, die kommunistische Theorie, Praxis und Internationale tauge nichts. Ich möchte gewissen Exkommunisten, die seit ein paar Jahren wer weiß wie angeben, mal endlich erzählen, daß sie *aus dem Mustopf* kommen! Ich und einige meiner Freunde und Nachbarn haben das, was der Typ, auf den ich abziele, endlich begriffen hat, zu einer Zeit gewußt, wo er sich über unsere Argumente entweder lustig machte, oder, noch anmaßender, an ihnen vorüberging, als bestünden sie nicht. Der Taube von damals spielt heute den Ohrenarzt; ich warne vor Kurpfuschern« (1951/1980, 43).

Im Blickwinkel der Partei heißt dieses Zu-Spät-Kommen, daß der Renegat ja schon immer ein Agent des feindlichen Lagers war und jetzt erst die Maske des Revolutionärs abstreift (Uhse über Regler: »Er war nie ernsthaft Sozialist«), im Blick des anderen Lagers hat er sich zu rechtfertigen, warum das Re-Negare, das Nein-Sagen, erst so spät erfolgt, wo doch alles so offensichtlich scheint. Arthur Koestler führt die Verzögerung in seinem Fall darauf zurück, daß der Schock in Spanien mit einem »Zeitzünder« versehen war (1949/1952, 58), und Louis Fischer verweist auf »Glaube« und »Hingabe«, die sich als stärker denn »intellektuelle Zweifel« erwiesen (1949/ 1952, 187 f). Ein Renegat der Nachkriegszeit, Jorge Semprún, erklärt die Verspätung zur Regel: »Wenn man sich innerhalb der kommunistischen Bewegung engagiert hat, kommt eine Bewußtwerdung dieser Art – gemessen an den objektiven kritischen Informationsmöglichkeiten und den Erfordernissen einer wirklich linken Sicht – immer zu spät« [115].

Gründe für das Zuspätkommen gibt es viele. Im Fall Regler betreffen sie nicht nur den Politiker, sondern auch den Schriftsteller. Regler bekam zu spüren, daß seine literarisch-politische Prominenz (anders als beispielsweise bei Gide) an die Partei geknüpft war. Seine literarische Karriere begann ein Jahr nach dem Parteieintritt; sein zweites Buch, der Gefängnisroman »Wasser Brot und blaue Bohnen« (1932) erschien gleichzeitig im kommunistischen »Neuen Deutschen Verlag« und im KPD-eigenen Buchklub »Universum-Bücherei«, er wurde sofort ins Russische übersetzt und dort in hoher Auflage vertrieben. Bindung an die Partei bedeutete in den dreißiger Jahren Auflagensteigerung und hohe Autorenhonorare für russische Übersetzungen. Regler stand während seiner Zeit als kommunistischer Funktionär auf der Bühne, stets in Kontakt mit Generälen der Politik und der Literatur. Kantorowicz schildert in seinem »Spanischen Kriegstagebuch« die rasende Eitelkeit dessen, der sich nach der Bühne sehnte (1979/1982, 291 f); Joris Ivens Film »Spanish Earth« vermittelt davon einen Eindruck. Ein Austritt aus der Partei hieß für Regler, der in den dreißiger Jahren Brecht an Berühmtheit übertraf, Auftrittsverbot und Rückkehr in die Anonymität. Eine Warnung mußte ihm 1940 der Mißerfolg seines Spanienkriegsromans »The Great Crusade« sein. Die verschwindend geringen Verkaufszahlen waren zwar auf die Exilsituation zurückzuführen, doch ebenfalls darauf, daß der Roman (der wohl zu Recht als bester Spanienroman des deutschen Exils bezeichnet wurde) die Erwartungen seiner alten KP-Leserschaft düpierte. Für ein neues Lesepublikum blieb seine Kritik am Stalinismus zu undeutlich; die »Time« titulierte Regler als »Salonbolschewisten« [116]. Für seinen zweiten Spanienroman, »Juanita«, fand er dann überhaupt keinen Verleger mehr (freilich konnte sich die Qualität des Romans mit dem ersten nicht messen).

Als kommunistischer Schriftsteller hatte Regler im Rampenlicht gestanden. Das bedeutete auch, daß er die eigene Entscheidung zum repräsentativen Akt erhoben sah. Eine anonyme Fahnenflucht war ihm nicht möglich; mit seinem Austritt, der als Aufruf an seine Leser verstanden würde, hätte er also zudem die Verantwortung für die anderen übernehmen müssen.

Er wußte außerdem, spätestens gewarnt durch die Ermordung Trotzkis, was ihm nach seinem Absprung drohte: Denunziation, Mißachtung und Verfolgung. Er hatte mit dem Verlust und auch der Gegnerschaft seiner alten Freunde zu rechnen. »Ob das ganze Spiel dann in der Liquidation des Doppelagenten endet?«, notiert er im Juli 1941 in seinem Tagebuch [117]. Der politische Glaube sterbe nicht so schnell, wie er erwache, erklärt Koestler: »Die Abscheu der Natur vor dem Vakuum gilt auch für die geistige Sphäre« (1971, 299). Welche politische Haltung und welche Organisation bot sich dem Renegaten nach der Loslösung von der sicherheitsstiftenden Partei? Bevor er sich von der Partei trenne, sagt Sperbers Protagonist, »muß ich wissen, wohin ich dann gehe ⟨...⟩. Keiner von uns will allein sein, keiner könnte es ertragen. Recht haben ist wichtig, aber nicht allein sein ist viel wichtiger« (1961/1976, 641). Der Austritt aus der Partei war Eingeständnis einer Niederlage; er bedeutete den Verzicht auf die Hoffnung in die antifaschistische Schlagkraft der Partei und auch auf die Überlegenheit der Marxisten gegenüber den Nichtgläubigen [118]; er war das Ende der Rationalisierungen, mit der die stalinistische Entwicklung zu (vorübergehenden) Oberflächenphänomenen erklärt wurde und damit ein Eingeständnis der eigenen Beteiligung an dem mörderischen System.

Hinzu kam die Erpressung durch das Lagerdenken des Entweder-Oder – konnte Regler Fahnenflucht begehen im Moment höchster Bedrohung durch den Faschismus? Die kommunistische Interpretationsfalle, mit einer öffentlichen Distanzierung von der KP ›objektiv‹ zum Faschisten erklärt zu werden, war auch außerhalb des engeren Machtbereichs der Exil-KP wirksam. Dort, wo Antifaschismus und kommunistische Politik in eins gesetzt wurden, bedeutete eine Lösung von der KP auch Isolation innerhalb der antifaschistischen Front.

Schließlich würde er als Exkommunist zu jenem Kreis von Verrätern zählen, die er zuvor (auch in seinem Spanienroman »Der große Verrat«) selbst bekämpft und verurteilt hatte. Es war für Regler keineswegs nur eine Loyalitätspflicht gewesen, ›Verräter‹ zu brandmarken; der Lohn war die Verdrängung der quälenden Zweifel und die Stärkung des eigenen Selbstbilds. Indem man von der Käuflichkeit des Abtrünnigen sprach, wurde nicht nur die politische Dimension des Konflikts geleugnet, sondern die Positionen polarisierten sich in den moralischen Kategorien von ›gut‹ und ›böse‹. Der reine Revolutionär und der käufliche Renegat standen sich als Extreme gegenüber, gerade weil ihre Positionen so nahe waren. Es war also ein kleiner Schritt, den Regler zu gehen hatte, aber *ein Schritt in die Richtung jener Feindbilder, die bislang die eigene Identität genährt hatten.*

Vom Chor der Stimmen, die dem Renegaten die Verspätung vorwerfen, geht für diesen die Versuchung aus, im literarischen Selbstbild die Anfänge des eigenen Absprungs in der Frühzeit zu suchen und die ersten Anzeichen der Zweifel zu unterstreichen.

Liebe und Tod

»Wenn du erst einmal mit anderen Männern ins Bett gehst, wirst du entdecken, daß es mehr oder weniger immer das gleiche ist. Du wirst sehen! Du wirst sehen!‹
›Unmöglich!‹
›Wie kann ein Mädchen, das einen Kursus über den dialektischen Materialismus mitgemacht hat, *unmöglich* sagen?‹
›Schön‹, schlug Stella vor, ›wir werden davon reden, wenn auch du nicht mehr in der Partei bist.‹
Oscar sprang auf. ›Unmöglich‹, brüllte er«.　　　　　(Ignazio Silone 1952, 195 f)

Das Zuspätkommen weist auf die Differenz zwischen Wissen und Handeln, auf die Schwierigkeiten der Lösung von der ›Mutter Partei‹; eine Abnabelung, die mehr als Einsicht und Glaubenszweifel voraussetzt, nicht zuletzt, weil die ›Mutter‹ sich dem Autonomisierungsprozeß ihres Zöglings mit allen Mitteln widersetzt. Dem Renegaten droht die Verstoßung ins soziale Nichts oder gar Lebensgefahr durch die rächende Partei, darüber hinaus auch die Umarmung des alten Feindes und damit die Erkenntnis, auf der falschen Seite gekämpft, sein Leben vertan zu haben. »Wenn er austreten würde, dann würde er aus ›seinem ganzen Leben‹ austreten«, weiß Doris Lessings Protagonist Paul (1962/ 1978, 175). Auch nach dem Verlust des Glaubens bleibt manchen Renegaten die Gewißheit: »Es gibt kein Leben außerhalb der Partei«. Daher wird der Bruch mit ihr zu einer tendenziell tödlichen Erfahrung: »Lieber hätte ich sterben wollen, als diesen geistigen Tod zu überleben«, sagt der ehemalige spanische Kommunist José Diaz [119]. Sperber schildert in seiner Romantrilogie »Wie eine Träne im Ozean« die Trennung von der Partei als eine Begegnung mit dem Tod; Alexander Barmine schreibt, daß er mit der Lösung sein »eigenes Todesurteil« unterzeichnet habe (1938, 11). Die Beschreibungen wollen mehr, als die Gefahr einer Liquidierung durch die GPU zu benennen. Ignazio Silone verdeutlicht in seinem Essay »Notausgang« noch einmal das Todesbild, indem er auf den mit dem Parteieintritt verbundenen »Austritt aus der bürgerlichen Welt, den

Bruch mit der Familie, das Aufgeben jeder anderen privaten Bindung und die Einordnung in eine Welt für sich« hinweist. Diese Opfer haben sich mit der Loslösung als sinnlos erwiesen; das eigene Leben scheint verfehlt. Die Partei »eines Tages wieder verlassen ist so etwas wie sterben« (1965/1966, 150 f). Koestler, Sperber und Lepp berichten von ihren Selbstmordgedanken [120], als sie sich von der Partei lösen, während der kommunistische Schriftsteller Theodor Balk eine Figur seines Romans »Das verlorene Manuskript« in den Freitod schickt, weil diese nach dem Hitler-Stalin-Pakt mit der Partei gebrochen hat – eine implizite Warnung an die Leserschaft [121].

Georg K. Glaser schließlich zitiert aus den (mündlichen) Erinnerungen seines Freundes Hubert von Ranke, der sich im Spanischen Krieg von der Komintern gelöst hatte: »Mein Mut war angeschlagen. Als es neben mir meinen Kumpel seit Spartakus getroffen hat, habe ich meine Aussicht zu überleben, um eine Atempause erhöhen wollen, ich habe es mir nicht verhehlt, ich gestehe es dir. Ich habe mich neben ihm niedergeworfen und Verbandspäckchen aufgerissen ⟨...⟩ Ich hatte nicht länger neben ihm gelegen, als einer sich bei einem Sturmangriff nach Sprung in Deckung wirft. Aber während dieser wenigen Pulsschläge Auge in Auge mit ihm, habe ich gebrochen mit dem, was wir den ›Apparat‹ genannt hatten – nicht erst in Barcelona. Was einen heimsucht, der sich jäh in sein Ende schickt, du hast es erfahren, du hast es geschrieben, ich habe es meinerseits erlebt, und ich habe es in meinem sterbenden Kumpel mitgelitten. Es begibt sich, als überlasse der rechnende, zerlegende, schließende Geist dich einem anderen, einem schauenden Wahrnehmungsvermögen. Du überschlägst das Leben, das dich verläßt, nicht mehr als Nacheinander der Begebenheiten, nicht mehr in Ketten aus Folgerungen, nicht mehr als eine Säule von Ziffern, die du zusammenzählst. Du siehst sie miteinander, ineinander, in einer Sicht. Nur so erklärt sich, glaube ich, daß du während einer solch plötzlichen Tuchfühlung mit dem Tod tausend und tausend Erinnerungen in der Zeit eines Wimpernzuckens nach ihrer letztgültigen Bedeutung ausliest. Was du je geträumt, was du dir je ausgedacht, je vorgenommen hast, es geht dich nichts mehr an. Du bleibst allein mit dem einen, das dir wert scheint, dich zu überleben« [122].

Hier wird der Augenblick der Todesgefahr geschildert als ein Moment, der die Augen öffnet für die ursprünglichen Beweggründe des eigenen Handelns und der die falschen Bindungen offenlegt. »Zu Gitterstäben gewordene Lehrsätze hatten ⟨seinen⟩ jugendliche Großmut gefangengesetzt«, lautet Glasers Interpretation von Rankes Blick; Glaser nimmt den Moment der Todesgefahr wahr als Kraft, das Gitter zu durchbrechen.

In der spanischen Todeszelle beginnt auch Koestlers Bruch mit der Partei; der Beginn seiner Loslösung ist an der Differenz seiner beiden Spanienbücher zu ermessen. Für Koestler wie für Ranke (in der Wiedergabe Glasers), möglicherweise auch für den an der spanischen Front schwerverwundeten Regler, scheint erst die Todesgefahr jener Moment gewesen zu sein, in dem sie ihre Bindung an die Partei als negative wahrnehmen und sowohl den sozialen Tod als auch das Glaubensvakuum akzeptieren konnten.

Wo die Renegatenliteratur das Verhältnis zur Partei thematisiert, wählt sie neben den Todesbildern vor allem Bilder der Liebe. Der Renegat erscheint in der Rolle des anfangs enthusiastischen, später dann enttäuschten und verratenen Liebenden.

Am ausführlichsten gestaltet Regler die Verbindung von Partei und Liebe in seinem Mexiko-Roman »Vulkanisches Land« von 1947. »Liebe die zerstörende Göttin« heißt das

Kapitel, das die Liebesgeschichte von Jorge, einem »Dichter von Wucht und Feinheit«, der mehr litt »als er ausdrücken konnte« (1947/1987, 125) und Ines, Tochter eines Revolutionärs mit ihrer »überraschende⟨n⟩ und beunruhigende⟨n⟩ Mischung aus Idealismus und Menschenverachtung« (1947/1987, 128 f) erzählt; das Kapitel nimmt beinahe die Hälfte des Romans ein. Während Regler die autobiographische Zeichnung seines Ich-Erzählers Gustavo unterstreicht, sind die autobiographischen Züge bei Jorge eher verborgen, und dennoch unübersehbar. Von Jorge heißt es beispielsweise, er wolle ein Gedicht auf Dädalus schreiben – von Regler ist ein solches überliefert [123].

Ines trägt Züge der Partei. Sie ist der Vulkan der Revolution, aus dem »Lava herausströmt« (1947/1987, 138), und Jorge denkt bei ihr: »ich schlafe mit einer Partei« (1947/1987, 175); sie macht aus Jorge einen öffentlich anerkannten Dichter, wie Regler es durch die KPD geworden war. »Ihr Charme wuchs, je mehr sie sah, wie er das wurde, was sie aus ihm machen wollte« (1947/1987, 143). »Ines hatte den Boden gut vorbereitet ⟨...⟩, er fand sich im Licht stehend und hatte nun vorwärts zu gehen« (1947/ 1987, 144), sie riß ihn mit »in den Kampf, dessen Sang er geschrieben hatte« (1947/1987, 150). Jorges Zweifel am politischen Kampf und das Wiedererwachen seines religiösen Gefühls fallen zusammen mit dem Ende seiner Liebe zu Ines und bergen die Gefahr des Verstummens. Unter dem Druck seiner Zweifel zerreißt Jorge sein optimistisches Manuskript; und »wie eine Schlammflut bricht, wenn ein Revolutionär so weit gekommen ist, der Strom der Zweifel über ihn« (1947/1987, 158); er kann seinem eigenen Text keinen Glauben mehr schenken.

Und dennoch ist Ines nicht Allegorie der Partei – gerade mit Jorges sinnträchtigem Gedanken, er schlafe »mit einer Partei«, wird das deutlich. Indem Regler Jorge diesen Satz in Gedanken aussprechen läßt, wird sich Jorge der Unstimmigkeit des Bildes bewußt. Er bricht damit den Zauber, und Ines verwandelt sich zurück in die gedemütigte Frau, die unterlegen ist und alleingelassen wird; sie beginnt zu weinen.

Bertolt Brecht notiert im »Arbeitsjournal« (1973, 567) in drastischer Kürze über den Renegaten Karl August Wittfogel: »W hat die hitze und das trauma des enttäuschten troubadours (›und sie läßt sich jetzt vom reitknecht ficken‹)«. Fatal wird dieser Vergleich, weil Wittfogels Frau Rose Schlesinger in der Sowjetunion ermordet wurde. Freilich beschränkt Brecht dieses Bild nicht auf den Renegaten; auch Johannes R. Becher wird mit derselben Interpretation bedacht [124] – Brecht scheint mit der Rolle des siegreichen Nebenbuhlers vertraut.

Margarete Buber-Neumann spricht dezenter von ihren »Flitterwochen mit der Kommunistischen Partei« [125], und Arthur Koestler, der sieben Jahre lang Parteimitglied war, schreibt: »Sieben Jahre hütete Jakob Labans Schafe, um seine Tochter Rachel zu gewinnen – ›und sie deuchten ihn, als wären's einzelne Tage, so lieb hatte er sie‹«. Koestler teilt mit Regler die Neigung, die eigene Biographie in biblischen Bildern zu adeln – er fährt fort im alttestamentarischen Gleichnis: »Am Tage nach der Hochzeitsnacht im dunklen Zelt entdeckt er, daß seine Leidenschaft nicht der schönen Rachel, sondern der häßlichen Lea zugute gekommen war. Und er sagte zu Laban: ›Warum hast du mich denn betrogen?‹ Man sollte glauben, daß er nie den Schock überwinden konnte, mit einer Illusion geschlafen zu haben. Wir hören aber, daß er, um den Preis von noch einmal sieben Jahren, schließlich doch die richtige Braut empfing. Und wieder erscheinen ihm die Jahre wie einzelne Tage; denn zu seinem Ruhme sei gesagt, der Mensch ist eine hartnäckige Kreatur« (1971, 303).

Ruth von Mayenburg: »Ich möchte das Wort ›Enttäuschung‹ vermeiden, und zwar, weil es keine Enttäuschung war, sondern es war die Trauer um eine große Liebe, die ich für das russische Volk und die Sowjetunion in ihren Kampfzeiten empfunden habe, daß ich diese Liebe nicht mehr empfinden konnte guten Gewissens« (1984, 125). Sperber vergleicht, als Schüler Alfred Adlers, das Festhalten am Glauben mit der Situation des betrogenen Ehemanns, der lieber glaubt, daß die Frau ihm treu sei; »er will nichts wissen, weil er es vorzieht zu glauben, daß er geliebt wird ⟨...⟩. Es ist nicht erwiesen, daß es soviel klüger ist, in Enttäuschung und Bitternis die Wahrheit über sein eigenes Eheleben zu kennen« (1984, 161 f).

Die Geburt

Carola Stern nimmt die geläufige Assoziation von Partei und Liebe zum Ausgangspunkt ihrer Reflektion über Renegatenliteratur. Sie vergleicht die Erfahrungen der Renegaten mit einer unglücklichen Liebe, in der man sich betrogen und verraten glaubt und sich darum dieser Liebe nicht mehr erinnern mag. »Darum ⟨...⟩ haben auch einige meiner Freunde ihre Selbstbefreiung eindrucksvoller als ihre Hingabe schildern können« (1963, 219). Doch das Bild der Liebe wirkt nirgends schlüssig; es ging bei der Partei und der Loslösung um keine Geliebte, mit der man in der Umarmung sich vereint hatte, nicht um die Liebe von Gleichberechtigten, um die Erfahrung von Sinnlichkeit und Entgrenzung oder die von Solidarität. Die Liebesmetapher macht zwar Züge einer Bindung deutlich, die über rationale Einsichten hinausgeht, verschleiert jedoch die Spezifik von Bindung und Loslösung.

Ungleich genauer scheint mir eine andere Metapher. In den Projektionen von Mutterbildern und den darin verborgenen Ambivalenzen gewinnt die Darstellung der Bindung zur Partei Anschaulichkeit. Der Trennung von der Partei entspricht die Lösung von einer übermächtigen Mutter. Die Metapher von der »Mutter Partei« ist gewichtiger als die von der »Geliebten«, nicht zuletzt, weil die Unaustauschbarkeit der Mutter gegen die Freundlichkeit von »Flitterwochen« und gegen das Intermezzo einer »Geliebten« steht. Die Trennung von einer ›verräterischen Geliebten‹ ist schmerzlich, doch eine Mutter bleibt für den Abhängigen unersetzlich; das wissen auch Ignazio Silones Protagonisten: »›Weshalb denn austreten? Auch wenn die eigene Mutter Fehler macht‹, sagte Stella, ›kann man die Mutter doch nicht verleugnen‹« (1952, 134).

Béla Szász spricht davon, daß der Renegat eine »Nabelschnur ⟨durchtrennt⟩, die ihn an seine Mutter, das heißt an die Vergangenheit bindet« [126]. (Das erste Wort des neuen Menschen ist ein »Nein«.) Fast immer bleibt die Beschwörung der Liebe auf den Moment des Parteieintritts beschränkt. Günter Bartsch, der von einer Liebesheirat spricht, wechselt bereits auf der folgenden Seite seiner Darstellung das Bild und schildert die Partei als »Mutter«, die ihm ihre nährenden Brüste entzieht [127]. Nicht nur hier wird die Verwandtschaft zur Metaphorik der mütterlichen Kirche (z. B. Marias Mantel) deutlich.

Wenn Heinz Kamnitzer oder Merleau-Ponty als Verteidiger der Partei auf dem Bild der Liebe, die vom Renegaten verraten werde, insistieren [128], dann stellt sich immerhin die Frage, warum auch die Renegatenliteratur so bereitwillig an der Liebesmetaphorik festhält. Vermutlich taucht das Bild von der Partei als der Geliebten/Gattin dort eben darum so häufig auf, weil es dem ehemaligen Parteigänger die aktive Rolle des Verlassenden suggeriert. Doch während der Verlassende dazu neigt, die Verlassene als die ›Reine‹ zu heroisieren (das unschuldige Opfer), spricht aus dem Verlassenen die Stimme der Verbitterung – und diese Stimme (des Geopferten) ist es, die in der Renegatenliteratur vernommen werden kann [129].

Offensichtlich ist die Lösung von der Partei weder identisch mit einer intellektuellen oder moralischen Distanzierung noch mit dem Ende des Glaubens.

»Was sagen Sie da? 1960? Im Sommer? Ist das nicht etwas spät, viel zu spät, um sich derart banaler Wahrheiten bewußt zu werden, die Sie hier verkünden, als wäre es die letzte Neuigkeit? Hat man das alles nicht schon lange vor 1960 gesagt, analysiert und begrifflich erarbeitet?«, läßt Semprún seinen kritischen Gegenüber fragen (1981, 77). Das Wissen ist bereits gesammelt, der Glaube schon verloren, und dennoch erfolgt noch kein Absprung. Der Bruch ist nicht identisch mit richtiger Einsicht oder kritischer Information, obwohl in vielen Texten ›innerer Bruch‹ und Austritt nähergerückt werden [130]. Der Grund für das Zu-spät-Kommen ist in der spezifischen Bindung des Mitglieds zur Partei zu suchen.

Unter der »psychischen Geburt« [131] wird die allmähliche Lösung des Kleinkindes von der Mutter verstanden, die Entwicklung der Erfahrung, daß die Mutter nicht die Welt, die Welt nicht die Mutter ist. Diese schmerzhafte Erfahrung kann zum positiven Ende kommen, wenn die Mutter gegenüber den Abtrennungsversuchen ihres Kindes mit Gelassenheit (oder mit Unterstützung) reagiert. Bei dieser Abtrennung erfährt das Kind, daß es ein eigenständiges Wesen ist; es lernt, seine Erfahrungen »als absolute« wahrzunehmen, nicht länger verschmolzen mit denen der Mutter. In der Phase der Loslösung wird das Bild der Mutter negativ besetzt; das Kind vergißt, daß von seiner Mutter je Güte oder Befriedigung kam, aber es sehnt sich gleichwohl nach der magischen Zeit der symbiotischen Einheit zurück.

Diese Vergegenwärtigung soll zu keinem individualpsychologischen Ansatz überleiten, in dem die frühe Mutterbindung des Renegaten auf seine späteren Erfahrungen in der Partei bezogen werden. Das Modell der »psychischen Geburt« wird versuchsweise dem der Lösung von der Partei gleichgesetzt; die Parallelen scheinen mir erhellend. Renegaten beschränken ihre Autobiographien nicht auf die Zeit der Mitgliedschaft und Lösung, sie gehen zurück in die Kindheit (Sperber, Koestler, Glaser, Krebs oder Regler) und versuchen, eine Geschichte der eigenen Individualität zu konstituieren, die über die Bindung mit der Partei hinausgeht und diese überwindet. Daß manche darüber zu Schriftstellern werden (Silone, Krebs, Sperber u. a.) entspricht dem Erlernen einer (neuen) Sprache. Ich habe bereits darauf hingewiesen, daß die »psychische Geburt« um so günstiger verläuft, je mehr Unterstützung das Kind bei seinen Unabhängigkeitsbestrebungen durch die Mutter erfährt. Je weniger Zuwendung die Mutter gegeben hat, je weniger sie die Bedürfnisse des Kindes gestillt hat, um so schwieriger wird eine Lösung sein. Die Partei hat aber gerade die Abhängigkeit ihrer Mitglieder gefördert und jeder Selbständigkeit entgegengewirkt. Alle ›privaten Bindungen‹ waren der großen ›historischen Bindung‹ unterzuordnen [132]; man hatte der ›Mutter Partei‹ zu beweisen, daß man dem Wechsel ihrer politischen Linie zu folgen bereit war – kein Indiz einer ›Rückgratlosigkeit‹ des Mitglieds, sondern Indiz dafür, daß die Partei das ›Rückgrat‹ war. Die Psychologie hat für die elterliche Umklammerung, in der einerseits das Prinzip der Individualität postuliert, andererseits die Unterwerfung des einzelnen mit Hilfe der Erpressung des Entweder-Oder praktiziert wird, den Begriff des »double bind« geprägt. Der Befreiung aus dieser Umklammerung entspricht das Heraustreten aus dem Begriffsmonopol der ›Familie‹. Die Hauptarbeit ihrer Analysen, sagt die Züricher Psychoanalytikerin Alice Miller, bestehe darin, die Patienten zur Wahrnehmung eigener, von denen der Eltern abweichender Gefühle zu bringen und den Mut zu entwickeln, darin zu leben [133].

Die Psychoanalytikerin Augusta Bonnard hat die geständigen Kommunisten der Moskauer Schauprozesse mit Kindern verglichen, deren Elternhaus ein paranoisches Wahnsystem repräsentierte und die der Konfrontation dieses Systems mit der Außenwelt (z. B. der Schule) nicht gewachsen waren. Für die Moskauer Verhältnisse nimmt Bonnard eine Multiplizierung der ›folie à deux‹ im Elternhaus an. Die Loslösung von den Eltern ist darum unerreichbar, weil die Kinder die Eltern introjiziert haben (bzw. die Kommunisten ihre Ankläger) und damit jeder Trennungsversuch ein Angriff gegen sich selbst bedeuten würde [134]. Insofern war die ›Geburt des Renegaten‹ verbunden mit einer Todeserfahrung.

Die Rolle der ›Mutter Partei‹ bei der Ablösung charakterisiert Georg K. Glaser mit dem ersten Satz seines jüngsten Buches »Jenseits der Grenzen« – und es scheint kein Zufall, daß Glaser hier seine mütterliche Freundin Anna Seghers [135] zu Wort kommen läßt: »Die Netty Reiling hatte versucht, ihr liebes, unter Sommersprossen leuchtendes Gesicht grimmig zu verzerren und ihren Gefährten, über die eine todesgewaltige Führung den Stab gebrochen hatte, eine Zeile Brecht hinterher geschickt, langsam, so wie sie stets jede Silbe bis in alle Ecken hinein aussprach: ›Man schlage ihnen ihre Fressen mit schweren Eisenhammern ein‹« (1985 b, 5).

Der Vers findet sich bei Brecht am Ende der »Ballade, in der Macheath jedermann Abbitte leistet« (in der »Dreigroschenoper«) und bei François Villon (nach der von Brecht benutzten Übersetzung von K. L. Ammer) in der »Ballade, in der Villon jedermann Abbitte leistet« [136].
    Glaser schreibt in einem Brief zu seinem Anna Seghers-Zitat: Wenn den Leser dieser Satz schmerze, »dann wird er um so besser verstehen müssen, wie ungeheuerlich und jahrelang es mich gefoltert hat, einen so liebenswerten, ja kostbaren Menschen wie Anna Seghers, die ich doch innig gekannt hatte, durch ihre bedingungslose Unterwerfung unter die Macht (Gewalt, geadelt durch die Lehre, ›Das Wort‹) verunstaltet zu sehen« (Brief an den Verf. vom 3. 1. 1986)

Denunziation und Verfolgung

Gustav Regler, dem die Drohung von Anna Seghers galt, blieb von dem Eisenhammer verschont, andere sind ihm nicht entgangen. Walter Krivitsky wird im Februar 1941 in einem Hotelzimmer in Washington DC erschossen aufgefunden. Der Abschiedsbrief deutet auf Selbsttötung und der Fall wird von der amerikanischen Bundespolizei schnell zu den Akten gelegt. Allerdings hatte Krivitsky seine Frau gewarnt, daß sie, egal was geschehe, nicht an einen Selbstmord glauben dürfe. Richard Krebs und Eugene Lyons vermuten einen ›erzwungenen Selbstmord‹, und auch Serge spricht von Mord [137]. »Sein Tod wurde so arrangiert, daß es wie Selbstmord aussah«, glaubt Arthur Koestler: »General Kriwitskij wurde mit einem scheinbar selbst beigebrachten Kopfschuß im Zimmer eines kleinen Washingtoner Hotels gefunden, in dem er nie vorher abgestiegen war. Er hatte seiner Familie und seinen Freunden wiederholt erklärt, sie sollten im Falle seines plötzlichen Ablebens unter keinen Umständen je an einen Selbstmord glauben. Es gibt einen alten GPU-Ausspruch: Jeder Dummkopf kann einen Mord ausführen, aber nur ein Künstler bringt einen natürlichen Tod zustande« (1971, 313).

In seinen Erinnerungen berichtet Krivitsky von zwei Versuchen der GPU, ihn in die Sowjetunion zu verschleppen – durch den späteren Bericht eines der beteiligten GPU-Agenten wird dies nachträglich bestätigt [138] –, und schließt mit der Schilderung eines weiteren Anlaufs zum Kidnapping, der in letzter Minute scheitert. »Ich war noch einmal mit heiler Haut davongekommen«, lautet der Schlußsatz seines Buches, das Roloff nicht zu unrecht als ›selbstverfaßten Nekrolog eines Exekutierten‹ liest [139].

Nach der Ermordung von Ignaz Reiß schrieb Leo Trotzki einen Artikel für das Pariser Oppositionsbulletin (»Eine tragische Warnung«), in dem er auf die Situation der Überläufer einging: »Die einzige wirkliche Sicherheit gegen Stalins gemietete Mörder bietet die volle Publizität ⟨...⟩ Noch am Tage des Bruchs hätte eine politische Erklärung an die Presse herausgehen müssen. Solch eine Erklärung würde sofort die Aufmerksamkeit weiter Kreise auf ihn gelenkt und Stalins Henker gehindert haben« [140].

Daß Trotzkis Ratschlag keine sichere Gewähr gab, zeigen sein eigenes Schicksal, das seiner Familie und das Ende von Krivitsky. Krivitsky hatte sich nach seiner Flucht sofort an die amerikanische Öffentlichkeit gewandt. Auf Pressekonferenzen und mit Artikelserien suchte er den Schutz, von dem Trotzki gesprochen hatte.

Aber auch die andere Möglichkeit, die sich Abtrünnigen bot, garantierte nicht das Überleben. Es war der Versuch des ›Unsichtbarwerdens‹, getragen von der Hoffnung, daß mit dem angezeigte Versprechen des Schweigens die eigene Person die Gefährlichkeit als Geheimnisträger verlor. Paul und Hede Massing, Untergebene von Ignaz Reiß, gelang so das Überleben, während Juliette Stuart Poyntz dennoch von der GPU entführt wurde [141]. Auch Richard Krebs wollte anfangs diesen Weg einschlagen.

Noch eine weitere Gefahr war mit Trotzkis Ratschlag verbunden, die 1937 nicht absehbar war: die Vereinnahmung und Funktionalisierung des Renegaten als Konvertiten durch das andere Lager. Während die kommunistische Presse die Renegaten denunzierte und deren Berichte auf ihren antikommunistischen Part reduzierte, alle Attacken gegen Hitler und Nationalsozialismus als Tarnung der Autoren abtat, vereinnahmte das gegnerische Lager den Autor als einen der ihren. In der polemischen Sprache Ernst Blochs: »Die Ware, die der Renegat liefert, ist kapitalistisch zu wertvoll, als daß ihm erlaubt wuerde, sie in den Lagerräumen seiner Subjektivität zu belassen. Die Interessenten sind dafür zu zahlreich, und wo immer eine Berührung hergestellt wurde, durch einen Zeitungsartikel, durch literarische Agenten oder durch welchen Kanal immer, werden sie Auftraggeber. ⟨...⟩ Sie ⟨die Gesellschaft⟩ bezahlt ihn nicht bloß, wie je, sie gibt ihm auch literarische Ehren für die literarisch zweifelhaftesten oder anrüchigsten Produkte ⟨...⟩

Gute Zeit derart für Verräter, für Denunzianten und Kriegslieferanten der Lüge« (1942, 19).

Was die Denunziation in der parteikommunistischen und sympathisierenden Presse angeht, so wird aus André Gide ein »unmoralisches und perverses Individuum«, aus Panaït Istrati ein »Agent«, aus Victor Kravchenko ein »Trunkenbold« und aus Krivitsky wenigstens ein »Feigling« [142]. Im Spiegel des Lagerdenkens ist der Autor nicht aus Überzeugung, Gewissensnöten oder Verzweiflung ins andere Lager übergelaufen, sondern zumeist aus materiellen Gründen, d. h. aus moralischer Inferiorität – sein Autorenhonorar ist der Judaslohn. Der Verräter war schon immer ein Agent der Gegenseite, dem nun die Larve vom Gesicht gerissen werden mußte. Zur Entlarvung gehört die Nennung des ›wahren Namens‹, häufig aber auch der explizite Hinweis auf die literarische Minderwertigkeit der Produkte; das soll unterstreichen, daß der Verrat und gewiß nicht der literarische Erfolg den Renegatenautor auf die Feuilletonseiten der bürgerlichen Presse befördert hat.

»›Jan Valtin‹ war eines der vielen Pseudonyme des früheren Gestapo-Agenten Richard Krebs. Er nannte sich auch Richard Anderson, Richard Peterson, Richard Williams, Rudolf Heller und Otto Melchior« (M. Sayers/A. Kahn 1946/1949, 351). »Raoul Laszlo, bekannt unter dem ›Schriftsteller‹-Namen A. Rudolf, mit seinem richtigen Namen Richard Lengyel und mit dem Paßnamen Paul Schamuel ⟨...⟩«, so entlarvt Theo Pinkus in seiner Anti-Gide Broschüre (1937, 21) den Renegaten Laszlo-Rudolf. (Rudolf hatte den Protagonisten seines »Tatsachenromans« »Abschied von Sowjetrußland« Richard Lengyel genannt).

»Zweitklassiger Schriftsteller« (Kisch über Regler); »literarisch völlig indiskutabel« (Humbert-Droz über Laszlo und andere ⟨Vorwort zu Pinkus 1937, 3⟩); »die literarisch zweifelhaftesten oder anrüchigsten Produkte. ⟨...⟩ ein offener Schmutz- und Schundroman ⟨...⟩. Der Schönheit solcher Lumpen wird in literarischen Magazinen eine bewundernde Großaufnahme geliefert, ihren anderen Enthüllungen eine Druckpresse, die jedes Quäken in ein Dröhnen verwandelt« (Bloch über Krebs, Regler und andere ⟨1942, 19⟩); »Schundprodukte« (Becher über R. Fischer ⟨1969, 375⟩), »Magazin-Schmierant« (B. über Koestler ⟨1969, 690⟩).

Zur Zeit, als Krivitsky noch am Leben war, veröffentlichte Malcolm Cowley, der Herausgeber des amerikanischen prokommunistischen Blattes »New Republic«, eine Rezension von Krivitskys »In Stalins Secret Service«, die den Autor moralisch liquidieren sollte. Lesenswert ist dazu ein Kommentar des Historikers Edmund Wilson, der Cowley in einem Brief angreift: »Du schreibst besser als die Leute von der regulären stalinistischen Presse, aber was Du schreibst, ist schlichtweg stalinistischer Rufmord in der rücksichtslosesten und verleumderischsten Weise. Du hast nicht gezögert, Krivitsky einen Feigling zu nennen. Warum in Gottes Namen war Krivitsky ein Feigling: weil er sich geweigert hat, Reiss zu ermorden, und weil er sich geweigert hat, zurückzugehen und einer Säuberungsaktion zum Opfer zu fallen? In welcher Weise spielt er eine ›unehrenhafte Rolle‹?« [143]

Die Verleumdungspraxis kannte verschiedene Grade, deren Aktivierung von der Bedeutung des Abtrünnigen und von der politischen Situation abhing. Die erste Stufe bedeutete in der Regel Verschweigen (›wir kennen keine Person namens Kravchenko‹), der ein breitgefächertes Instrumentarium der öffentlichen Verleumdung folgte. Die letzte Stufe war der Versuch einer physischen Vernichtung.

Franz Jung schildert die Verleumdungspraxis in der Frühzeit der KPD: »Überall in den deutschen Parteibezirken saßen die Abgesandten aus Moskau zur Beobachtung der Spaltungsvorgänge, der Abweichung von den jeweils veränderten und von Moskau befohlenen taktischen Richtlinien, Beobachter, die von dem zentralen Apparat sorgfältig abgeschirmt wurden ⟨...⟩. Als Überzeugungsknüppel handhaben sie mit meisterhafter Geschicklichkeit das Mittel der verleumderischen Intrige, das Karl Marx gegen Bakunin und Proudhon angewandt hatte, gelehrige Schüler in der Charakterdiskriminierung« (1961, 140).

Umgekehrt kann aber die Nennung und Widerlegung von Renegaten eine erste Stufe der Revision bedeuten. Walter Jankas Kritik an Krivitsky und Orlow in einer DDR-Fernsehzeitschrift (1987) war, soweit ich sehe, die erste Nennung der beiden Abtrünnigen in der DDR und brachte ihrem Autor interne Kritik ein.

Die Psychologie des Totschweigen deutet Annie Cohen-Salal an: »Man machte ihn ⟨Paul Nizan⟩ doppelt abwesend, indem er einfach ignoriert wurde, als bedeute schon das bloße Aussprechen seines Namens die Gefahr, sich bei diesem ›Verräter‹ anzustecken ⟨...⟩« [144].

Ignazio Silone berichtet, daß über seinen Abfall gleichzeitig zwei verschiedene Interpretationen existierten. Die erste und ursprüngliche Version besagte, er sei »nicht normal, gewissermaßen ein klinischer Fall«. Nachdem Silone Stillschweigen bewahrte, wurde angesichts des öffentlichen Ansehens und der potentiellen Nützlichkeit seiner Person, sowie in Erwartung einer möglichen Rückkehr zur Partei von denselben Verfassern eine freundlichere (mündliche) Variante formuliert: Silone habe sich in einem »Augenblick der Entmutigung und der Verzweiflung« von der Partei entfernt. »Die beiden Versionen (die offizielle vom politischen Delinquenten und die offiziöse vom Pessimisten) sind seitdem abwechselnd benutzt worden, je nachdem ob meine Artikel und Reden die Kommunisten erfreuten oder ärgerten« (1950, 106).

Nicht allein vor den Ausschüssen über »unamerican activities« kam es zu ›Gegendenunziationen‹, die man von Exkommunisten als Beweis ihrer Wandlung forderte und die zum Teil auch freiwillig erfolgten. Nach Arthur Koestler handelte es sich dabei eher um ein Randphänomen: »Unter der großen Zahl von Exkommunisten fanden sich nur sehr wenige in der schmerzlichen Situation, ihre früheren Kameraden denunzieren zu müssen; nur eine Handvoll ehemaliger ›Apparat‹-Leute hatte wichtige Enthüllungen zu machen. Die umfangreiche, von früheren Kommunisten geschaffene Literatur, von Ciliga, Gide, Silone, Serge bis zu Krawtschenko, Weißberg, Sperber, Neumann-Buber, ist eine Denunziation von Umständen, nicht von Individuen« (1971, 303).

Doch stellenweise findet sich auch in der Renegatenliteratur die Neigung zum Gegenprozeß: Ruth Fischer rechnet ab mit alten Parteifreunden und mit ihren Brüdern, Alfred Kantorowicz mit Becher, Gerhard Zwerenz mit Hermlin. Diese Abrechnungen können, wie bei Kantorowicz zu zeigen ist, noch Spuren des stalinistischen Jargons tragen. Vor allem da, wo die Abrechnung nicht an den Leser, sondern an die politische Öffentlichkeit gerichtet war, konnte sie sich vermischen mit der Suche nach Anerkennung angesichts der Deklassierung durch Exil und des Verlusts der politischen Heimat [145].

Die Kehrseite der Denunziation ist die Indienstnahme des ›Renegatenberichts‹, der wohl wie kein anderes literarisches Genre der Zeit politisch funktionabel gemacht wurde. Auflage und Ruhm wurden bestimmt durch den Grad der Funktionabilität. Im Spanienkrieg war diese Funktionalisierung wohl noch deutlicher. Gides Rußlandreisebericht wurde im franquistischen Spanien und im nationalsozialistischen Deutschland abgedruckt. Freilich tauchten auch Photographien antifaschistischer Journalisten ohne deren Wissen in der NS-Presse auf, etwa von Hans Namuth und Georg Reisner, was den übereifrigen Ilja Ehrenburg prompt zur Annahme verführte, Reisner mache Geschäfte mit den Nazis [146].

Viele Texte sind, wenn nicht schon während ihrer Entstehung, so doch spätestens im Moment ihrer Verbreitung politisch verwertbar geworden. Hinzu kam die Versuchung für den entwurzelten Exkommunisten, in dieser Funktionalisierung die Rechtfertigung seiner neuen Existenz zu erkennen. Da die Nützlichkeit oftmals der schon beim Schreiben einkalkulierte Preis war, den zu zahlen man sich bereit erklärte, wäre es kurzsichtig, die Texte jenseits dieses ›Nutzeffekts‹ zu betrachten. Der Nutzeffekt aber treibt wiederum die Denunziation des Renegaten voran; ihre Funktionalisierung ist der Beweis, daß sie ganz und gar sich dem anderen Lager einfügen, in dessen Dienst und in dieser Funktionalisierung aufgehen. Der Soziologe Lewis (Ludwig) Coser, selbst Exkommunist, hat die doppelt integrative Funktion der Apostaten verdeutlicht: Sie zwingen die verlassene Gruppe zur verstärkten ›Wachsamkeit‹ und zur Konzentration auf ›innere Feinde‹, erhöhen also die Gruppenzusammengehörigkeit; sie bestärken die andere Gruppe in der Richtigkeit ihres Abwehrverhaltens und erhöhen die Konsistenz auch dieser Gruppe [147]. In diesem Wechselspiel von Funktionalisierung und Denunziation wird der Renegat endgültig ›geboren‹; er erhält die aus den Vorurteilen vertrauten Konturen. Gleichwohl ist es fatal, den Renegatenbericht auf den ›Nutzeffekt‹ zu reduzieren, wie es im rezeptiven Blick beider Lager geschieht, und die ›Geburt des Renegaten‹ nur ex negativo zu erklären, als geprägt von den Denunziationen der einen und den Funktionalisierungen der anderen.

Dagegen hilft zum einen eine differenzierte Lesart der Texte, die nicht die Erwartungshaltungen der Lager perpetuiert (das soll vor allem am Beispiel von Richard Krebs' »Out of the Night« gezeigt werden), zum anderen die Beobachtung, daß die Renegaten es waren, die das historische Entweder-Oder, Faschismus oder Stalinismus, tertium non datur, von innen heraus sprengten. Kritik an Stalin mußte nicht mehr im Antikommunismus, Antifaschismus nicht mehr in die stalinistische Organisation münden.

»Woran liegt es«, fragt Lothar Baier am Ende seiner Studie über eine der frühesten kirchlichen Ketzerverfolgungen, »daß aus Dissidenten ⟨...⟩ allzuoft Überläufer werden, die im anderen Lager landen und dadurch der um sich schlagenden Rechtgläubigkeit zu einem ruhigen Gewissen verhelfen? Weil es ihnen selten gelingt, aus der Logik des tertium non datur auszubrechen, in der zusammen mit ihren Verfolgern auch ihre selbsternannten Freunde gefangenbleiben« (1984, 195).

III. Anhang: Die Funktionalisierung von Renegatenliteratur im Nationalsozialismus

Renegaten werden aus der Sicht der Stalinschen Partei zu ›Handlangern des Faschismus‹. Diese Anklage kennt verschiedene Abstufungen. Die Bücher von Victor Kravchenko und anderen werden mit nationalsozialistischen Publikationen verglichen; André Gide wird der Kollaboration mit den Nationalsozialisten bezichtigt; Renegaten wie Richard Krebs schließlich werden als leibhaftige Nazi-Agenten ›entlarvt‹. Für alle Stufungen gilt: *Renegatenliteratur wird im Stalinismus auf das Paradigma »Nationalsozialismus« und deren Instrumentalisierung von Renegaten zurückgeführt.* Darum folgt hier ein Blick auf jene Renegaten, deren Bücher im »Dritten Reich« mit oder auch ohne die Zustimmung der Autoren [148] veröffentlicht wurden. Dieser Blick soll verdeutlichen, daß es um unterscheidbare Fälle, um ein breites Spektrum von Berichten, aber nicht um den Typus des nationalsozialistischen Renegaten gehen kann.

Die nationalsozialistische Presse druckt nicht nur Teile von *André Gides* Rußlandberichten ab, sondern auch Auszüge von Angriffen in Exilzeitschriften auf Lion Feuchtwangers Apologie »Moskau 1937« [149]. Ernst Bloch interpretiert dies 1937 als ein ›Pakt mit dem Teufel‹ (1972, 290). Gerade in der Frühzeit lassen nationalsozialistische Zeitungen außerdem enttäuschte Kommunisten zu Wort kommen, die sich zum »deutschen Sozialismus Adolf Hitlers« ›bekehrt‹ haben.

In der Beilage des »Hamburger Tageblatts« (»Der deutsche Sozialist«) etwa werfen 22 Arbeiter, die in der Sowjetunion gearbeitet haben, unter der Überschrift »Arbeiter warnen vor dem Sowjetparadies« der KPD vor, Lügen über die Sowjetunion zu verbreiten und beklagen den »Verrat des Sozialismus« in der UdSSR. »Hunderte eurer ehemaligen Genossen kehrten erst dem Marxismus den Rücken, als sie den ›Sozialismus‹ im ›Proletarierland der U.d.S.S.R.‹ am eigenen Leib verspürt hatten«. Der Artikel führt neben den Namen der Unterzeichnenden auch die Dauer ihres Aufenthalts und die Art ihrer Tätigkeit in der Sowjetunion an [150].

Nationalsozialistische Verlage, allen voran der dem »Reichsministerium für Volksaufklärung und Propaganda« unterstellte »Nibelungen-Verlag«, veröffentlichen die Erinnerungen ehemaliger Kommunisten, die den Stalinschen Lagern entkommen waren, beispielsweise die von Ernst Ottwalts Ehefrau *Waltraut Nicolas,* die nach dem Hitler-Stalin-Pakt an die Gestapo ausgeliefert worden war [151], oder die Rückschau *Karl Albrechts* (»Der verratene Sozialismus«), deren erste Auflage im November 1938 erscheint, deren zehnte im August 1939, und die mit dem Abschluß des Hitler-Stalin-Pakts aus den deutschen Buchhandlungen verschwindet. Die elfte Auflage in Höhe von einer Viertelmillion erscheint dann im September 1941: eine Mobilmachung auf dem Buchmarkt. Im Nibelungen-Verlag, dem Verlag des »Gesamtverbandes deutscher antikommunistischer Vereinigungen« (»Anti-Komintern«) erscheint neben dem fünfhundert Seiten starken ›Standardwerk‹ »Der Weltbolschewismus« (»Herausgegeben von der Anti-Komintern«), das sich mit internationaler Autorenschaft, Statistiken und Dokumentation einen wissenschaftlichen Anstrich gibt, auch die Broschüre von Maria Reese: Abrechnung mit Moskau (1938). Maria Reese war kommunistische Reichstagsabgeordnete und Privatsekretärin des von den Nazis nach dem Reichstagsbrand verhafteten Ernst Torgler gewesen; sie schloß sich in Paris anfangs den Trotzkisten an, publizierte in deren Zeitschrift »Unser

Wort« (Paris, Nr. 14, Nov. 1933) und veröffentlichte eine Broschüre (mit einem enthusiastischen Vorwort Trotzkis), in der sie die Verwirrung und Panik der KPD im Jahr 1933
nach dem Zusammenbruch enthüllte und ihr Bekenntnis zum Trotzkismus gab. Kurz
darauf verließ sie die Trotzkisten und kehrte nach Deutschland zurück; in ihrer Broschüre
für die »Anti-Komintern« beschränkt sie sich auf die recht sachliche Schilderung ihrer
Rußlandreisen und versucht Ernst Torgler zu schützen [152].

Im Gegensatz zu Waltraut Nicolas hat Karl Albrecht (i. e. Karl Matthäus Löw) eine
eindeutige Konversion vollzogen. Babette Gross, Ehefrau und Biographin von Willi
Münzenberg, spricht zwar davon, daß Albrechts Erinnerungen »von den Mitarbeitern des
Doktor Goebbels mit entsprechenden nazifreundlichen Zusätzen versehen« worden
seien [153]. Doch der antisemitische Grundton des Buches, die Leugnung des Terrors in
deutschen Konzentrationslagers und die spätere Einleitung des Autors, in dem der
deutsche Angriff auf Rußland gefeiert wird, lassen sich damit kaum erklären. Auch seine
weitere Tätigkeit steht im Gegensatz zu der anderer Renegaten: Albrecht tritt auf als
Propagandaredner und eröffnet Anfang August 1941 in den ehemaligen Räumen des
sowjetischen Reisebüros Intourist in Berlin, Unter den Linden, die »Erste und einzige
Spezialbuchhandlung für antibolschewistische Literatur«, in der vor allem sein eigenes
Buch verkauft wird. Wenn Albrecht sich nicht Nationalsozialist nennt, dann wohl nur,
um den propagandistischen Wert seiner Auftritte zu erhöhen [154].

Der polnische Historiker Andrzej J. Kaminski unterscheidet Publikationen über die
Stalinschen Lager aus der »NS-Propagandawerkstatt« und realistische Augenzeugenbe-
richte, die im »Dritten Reich« veröffentlicht wurden (1982, 23 f). In den NS-Propaganda-
schriften, für die er als Beispiel die Erinnerungen von Richard Krawtschenko nennt,
werde das sowjetische »Straflager« vor allem zur »jüdischen Institution«. (In der KP-Pres-
se wird die Identität von Richard Krawtschenko und Victor Kravchenko angedeutet, als
Beleg für den einheitlichen Typus des ›nationalsozialistischen Renegaten‹ [155]). Zu den
NS-unabhängigen, informativen Publikationen zählt Kaminski etwa »das äußerst wertvolle Werk« von Iwan Solonjewitsch.

Karl Albrechts Buch kann jedoch keiner dieser beiden Gruppen eindeutig zugeschlagen werden. Nationalsozialistische Interpretationsmuster und Selbstglorifizierung des
Erzählers sind verbunden mit präzisen Schilderungen des sowjetischen Alltags. Karl-
Heinz Jakobs beschreibt seinen zwiespältigen Eindruck von der Lektüre der Erinnerungen Albrechts: »Noch heute bewahre ich Abstand zu dem Werk, dessen antisemitische
Einstellung mich peinigt ‹...›. An den Fakten aber, die das Buch vermittelt, kann ich heute
nicht mehr zweifeln« (1983/1985, 136 f).

Von einem unbekannten Renegaten berichtete mir Gunther R. Lys, ehemaliger
Häftling im Konzentrationslager Sachsenhausen: »*Bruno Krömke* ging 1931 gemeinsam
mit anderen nach Moskau; erkletterte zunächst eine hohe Position im Kartographischen
Institut. 1938 verhaftet; Lubljanka-Gefängnis. 1940 durch Petition der Eltern und deutsche Botschaft an der San-Bug-Grenze zusammen mit drei anderen Männern ausge-
tauscht gegen Sowjet-Agenten. Einlieferung ins KZ Sachsenhausen. Dort nach ca. vier
Wochen isoliert in einer Bunkerzelle untergebracht. Er schrieb dort zwei grundverschiedene Berichte. A) eine denunziatorische Namensliste von ›Genossen‹ im Lager, die ihn
zunächst arglos-freundschaftlich begrüßt und behandelt hatten; dieser Bericht blieb ohne

nennenswerten Schaden, wie ich sehr viel später erfuhr. B) Berichte über seine Erfahrungen in Moskau. Redigiert und publiziert in dem Goebbels-Blatt DER ANGRIFF, Titel: ›Neuköllner KPD-Mann – in Moskau fertiggemacht‹. Auf der Straße vermied Krömke jedes Gespräch mit alten Bekannten, warnte sogar: ›Besser, ihr kennt mich nicht.‹ Ca. 1943 sprach mich ein älterer SPD-Genosse an, Helmuth Sundermann aus Oldenburg: ›Hier, lies das mal; der Mann war hier im Lager.‹ Er gab mir ein Heft der ›Geopolitischen Monatshefte‹ (Herbst 1943); Bruno Krömke: ›Der Grosse Weltatlas der Sowjet-Union‹. Wesentlich darin: seine Aufzählung mit entsprechenden Kommentaren über die ›weißen Flecken‹ im Atlas: ausgeschwiegene Industriezentren und Rohstoffvorkommen in Transuralischen Gebieten ⟨...⟩. Krömke war in dieser Stunde in der Politischen Abteilung der Lager-SS. Er wurde Dozent für Sowjetkunde an der SS-Ordensburg Crossinsee; Kriegstod in Ostpreußen« [156].

Freilich hat ein Publizist wie *Rudolf Pechel* versucht, in seiner Besprechung des Erlebnisberichtes eines russischen Emigranten den Blick auf den nationalsozialistischen Terror zu lenken. Im Septemberheft 1937 der »Deutschen Rundschau« veröffentlicht er einen Aufsatz über die russischen Chroniken von Iwan Solonjewitsch, mit dem er das System der deutschen Konzentrationslager treffen will. Vermutlich gibt es unter den Veröffentlichungen im »Dritten Reich« keine deutlichere Kritik am nationalsozialistischen Terror als eben jene Besprechung Pechels. Die Camouflage bringt ihn dann auch an den Rand der Verhaftung durch die Gestapo [157].

Wie schwierig die Beurteilung im Einzelfall ist, zeigt exemplarisch die Auseinandersetzung zwischen dem aus dem russischen Exil nach Deutschland zurückgekehrten Exkommunisten Erich Müller und dem in der New Yorker ›Diaspora‹ lebenden Emigranten Oskar Maria Graf. Müller veröffentlichte 1943 im nationalsozialistischen Deutschland den (bereits 1937 niedergeschriebenen) Bericht über seine Lagerhaft in Sibirien, »Die russische Wanderung«. 1947 wird er von Graf in einem Brief für diese Publikation getadelt: »Nicht *was* Du schreibst, sondern *daß Du das Geschriebene in der Hitlerdiktatur veröffentlicht hast,* ist ⟨...⟩ für mich das Erschreckende, das Unannehmbare. ⟨...⟩ Niemals kann man aber doch eine Unmenschlichkeit in einer anderen, weit schlimmeren sozusagen, wie Du meinst, ›entlarven‹« (1984, 202).

Müller antwortet Graf, der ihm die Freundschaft aufgekündigt hat, er habe das Buch veröffentlicht, »um mit der Wahrheit über den Stalinfaschismus zugleich die Wahrheit über den Hitlerfaschismus zu sagen. ⟨...⟩ Diese Unduldsamkeit, Verständnislosigkeit, ja Phantasielosigkeit ist es, was euch Emigranten überhaupt von uns trennt und die so viele von denen, die sich von Hitler distanziert hatten, auch heute abseits stehen läßt« [158].

Oskar Maria Graf schreibt 1947 an Kurt Rosenwald über Müller und andere Renegaten: »Ich wundere mich nicht, wenn solche Menschen wie Erich, eben durch ihr betontes Renegatentum – siehe bei den Katholiken die Konvertiten! – heute in Deutschland hochkommen, sie sind zu brauchen: Die SPD braucht sie, die Katholiken brauchen sie, die Amerikaner brauchen sie, die Prediger eines Krieges gegen Rußland brauchen sie« [159].

1934 hatte Graf in einem Brief Erich Müller noch seinen »nächststehenden Freund« genannt [160]; in der späten Autobiographie »Gelächter von außen« (1966) taucht Müller nur noch am Rande auf als »rasanter Kommunist« und »bebrillter Doktor« [161].

Die Lektüre des Buches vermag Müllers Anspruch auf eine versteckte Kritik am national-sozialistischen System kaum zu erhärten, auch wenn er über einer russischen Lagerunter-kunft eine Parole entziffert, die an die deutscher Konzentrationslager erinnert: »Durch Arbeit zur Freiheit« [162]. Tenor seines Rußlandberichtes bleibt, daß das Leben in den Lagern oft erträglicher war als das in einem von Angst und Terror geprägten Alltag. Dennoch erscheint Grafs Kritik an Erich Müller fragwürdig. Weder in der Originalausga-be von 1943 noch in der »Frontausgabe« der »Russischen Wanderung« von 1944 findet sich ein Bekenntnis zum nationalsozialistischen System [163] oder der von Graf monierte »Antisemitismus« (beide Vorwürfe treffen auch nicht zu auf Müllers erste Publikation im nationalsozialistischen Deutschland, eine Monographie über Grafs Malerfreund Georg Schrimpf). In der »Russischen Wanderung« findet sich immerhin der beredte Satz: »Gegen Stalin würde ich mich selbst mit dem Teufel verbinden« [164]. Grafs Beurteilung der Müllerschen Biographie erinnert jedoch an die mittelalterliche Hexenprobe – die Tatsache des Überlebens beweist Müllers Schuld, und nur die Ertrunkenen sind unschul-dig: »Genossinnen ⟨...⟩ wurden sofort in das deutsche Frauen KZ-Ravensbrück eingelie-fert. Warum geschah eigentlich Dir gar nichts? Warum konntest Du geruhig Deiner Schriftstellerei während der ganzen Nazizeit nachgehen? Merkwürdig!« (1984, 202)

Grafs Urteil schließlich, daß »eine Unmenschlichkeit ⟨nicht⟩ in einer anderen« ›ent-larvt‹ werden dürfe, könnte auch als unfreiwilliges Verdikt gegen die antifaschistische Literatur aus Moskau gelesen werden.

Kantorowicz in die Reihe von Regler, Koestler, Krivitsky und anderen Renegaten zu stellen, die nach dem Spanischen Krieg die Partei verließen oder aus ihr verstoßen wurden, mag seltsam erscheinen. Erst 1957 verließ er die DDR und hatte bis dahin keine Parteimitgliedschaft aufgekündigt. Patrik von zur Mühlen schlußfolgert denn auch, daß die Erlebnisse im Spanischen Krieg für Kantorowicz kein auslösendes Moment bei seiner Distanzierung von der Kommunistischen Partei waren (1985, 162). Kantorowicz selbst schildert das anders: »Monate später, Ende August ⟨1938⟩ findet sich ⟨in den Tagebüchern⟩ die Notiz, daß viele Gespräche mit Lion Feuchtwanger, Arnold Zweig, Professor Gumbel, Ludwig Marcuse und Arthur Koestler in Sanary ⟨...⟩ mich in der Überzeugung bestärkt hätten, daß die Partei das Recht zum Führungsanspruch in der deutschen Opposition gegen Hitler verwirkt habe. Das zeigt, wie wenig die Funktionäre, die Koestler natürlich sogleich in Acht und Bann getan hatten, über uns noch vermochten. Was mich betrifft, so war ich nun soweit, ihm ⟨Koestler⟩ zu folgen. ›Kann man gegen den Faschismus kämpfen, wenn Geist und Seele gefesselt sind, eingeschnürt in Zwangsjacken der eigenen Parteibürokratie?‹ fragt das Tagebuch 1938. ›Muß man nicht erst die Fesseln sprengen, um Geist und Gewissen freizumachen? Ist es denn nicht so, daß sich gegenwärtig die Kräfte der Besten, Fähigsten, der Sache des Sozialismus selbstlos Ergebenen verzehren im Kampf gegen Dummheit, Sturheit, Feilheit der von Moskau aus dirigierten Parteiwebel? Vielleicht wird die Geschichte eines Tages über uns ihr Urteil fällen: wir seien entschlußlos gewesen, wir hätten den moralischen Mut nicht gefunden, uns frei zu machen, die Wahrheit, die wir sahen, die ganze Wahrheit auszusprechen: daß wir unter solcher Führung die Freiheit nicht erlangen können.‹ Und etwas aphoristisch werden solche inneren Monologe mit dem Satz beschlossen: ›Wir müssen die Partei verlieren, um den Sozialismus zu gewinnen.‹ Die Tinte, mit der diese Skrupel in das Heft eingetragen wurden, ist nun seit mehr als zwanzig Jahren eingetrocknet. Die Frage aber ist heute noch für viele offen. Mir will scheinen, daß ich seinerzeit, 1938, die Frage bereits beantwortet hatte, indem ich sie niederschrieb. Die Entscheidung, daß diese Parteiführung für mich nicht mehr verbindlich sei, war gefallen und wurde nie mehr rückgängig gemacht, so widerspruchsvoll die Tatsache anmuten mag angesichts der Tatsache, daß ich erst zwanzig Jahre später die äußersten Konsequenzen aus der Erkenntnis von der Unterwertigkeit der Funktionärsherrschaft zog.« [1]

Alfred Kantorowicz nennt die zwanzigjährige Verzögerung einen »nur scheinbaren Widerspruch«, den seine gesammelten Aufzeichnungen »zu erklären versuchen« (1959, 60). Diese Anstrengung zur Erklärung ist den meisten seiner Texte, die nach 1957 erschienen sind, eingeschrieben. Er erscheint darin als der Autor von Nachträgen, korrigierenden Nachworten und Richtigstellungen, als Philologe in eigener Sache, der seinen früheren Texten die ›ursprüngliche‹ Form wiedergeben will. Er entläßt sich nie aus dieser schriftlichen Rechtfertigungsarbeit, auch wo er feststellt, daß »wenig zurückzunehmen« sei [2].

Diese eher verborgene Rechtfertigungsarbeit ist überdeckt von der Chronistenrolle, die Kantorowicz einnimmt. Über viele Jahre hinweg hat er ein zumindest in Teilen für die Öffentlichkeit bestimmtes Tagebuch geführt. Die »Aufgabe des Chronisten« sei es, »das Wesentliche« des Tages und der Stunde aufzuzeichnen, und darin verberge sich »der didaktische Anspruch, wegweisend zu wirken« (1969, 22 f). Die publizierten Aufzeichnungen (von 1936/1937 und 1945 bis 1956) und die autobiographischen Passagen seiner Bücher, die auf seinen Tagebuchaufzeichnungen aufbauen [3], verknüpfen das eigene Schicksal mit dem seiner Zeitgenossen und den politischen Entwicklungen unter dem Zeichen von Nationalsozialismus und Stalinismus.

Seine Rechtfertigungs- und Chronistenarbeit sind verbunden mit steten Verweisen aufs Tagebuch. Bereits als Schuljunge habe seine Tagebuchproduktion begonnen, erinnert sich Kantorowicz; die Tagebuchhefte vor 1933 seien nach einer Hausdurchsuchung von der SA vernichtet worden. Etwa 2000 Seiten Tagebuch habe er im französischen Exil geschrieben, weitere 1000 Seiten in New York. »Das ist keine Dichtung ⟨...⟩; es ist Überlieferung ›erlebter Geschichte‹« (1969, 22). Doch ironische Wendungen wie die, daß die Erwähnung in seinem Tagebuch »eine Ehre« sei, »die nicht jedem zuteil wird«, oder daß im Tagebuch »ein Denkmal gesetzt« sei (1968, 20, 22), weisen auch auf die zentrale Gewichtung hin: Das Tagebuch ist Kantorowicz' Hauptwerk [4].

Der Rückbezug auf die eigene Person, in dem die Zeitgenossen als Zeugen und die historische Entwicklung als Belege dienen, bleibt sichtbar. Seine Bedeutung als »Zeitzeuge« ist wohl verstanden worden [5], aber Kantorowicz hat in seinen Tagebüchern die Zeit zu seinem Zeugen gemacht. Während Regler seine Biographie in historischer Kulisse versinnbildlichen (in »Die Saat«) oder die Geschichte Mexikos als Allegorie des eigenen Schicksals gestalten wollte (in »Vulkanisches Land«), ist die literarische Anstrengung von Kantorowicz bescheidener: Er schildert Figuren der Zeitgeschichte, in denen die eigene Biographie in verschiedenen Brechungen sich spiegelt und konstituiert. Gerade in den Schriften, die nach seiner Flucht in die Bundesrepublik erschienen sind, nimmt ein (noch näher zu bestimmendes) »Wir« zentralen Raum ein. Wenn er zu Beginn eines autobiographischen Rückblicks hervorhebt, daß sein Name »in der Mitte« der Ausbürgerungsliste des Deutschen Reiches vom 3. November 1934 lag [6], so will Kantorowicz sich in der Zeitgeschichte einordnen oder gar verbergen.

Seinem autobiographischen Roman wollte er den Titel »Der 5. März« geben: das Datum der letzten deutschen Reichstagswahl. Und er notiert in seinem Tagebuch, daß er am 5. März 1934 die Arbeit an seinem Roman aufgenommen habe. Kantorowicz nennt diese Eingliederung in Geschichte, die ihm schließlich der Betonung wert ist, zurücknehmend eine »schrullige Selbstfixierung an Daten« [7].

Der Weg in die KPD: Von der Elite zur Avantgarde

Am 12. August 1899 in Berlin geboren, im bürgerlich-jüdischen Elternhaus aufgewachsen (der Vater, Rudolf Kantorowicz, war Textilkaufmann und starb 1944 als 82jähriger im

Konzentrationslager Theresienstadt), meldete sich Alfred Kantorowicz 1917 freiwillig zur Front und erhielt dort das Eiserne Kreuz. Einige Wochen lang schloß er sich nach dem Krieg einem Freikorps an. Über die »logisch rekonstruierbare Kurzschlußhandlung von 1919« spricht er im Kontext seiner Hinweise auf den deutschnational gesinnten jungen Heinrich Mann. Kantorowicz schöpfte »Trost aus der Erkenntnis ⟨...⟩, in welche Sackgassen auch die bedeutendsten Geister in ihrer Jugend bei der Wegsuche durch das Labyrinth der Widersprüche geraten können« [8]. Danach studierte er in Berlin und Freiburg, dann in München und Erlangen Germanistik und Rechtswissenschaften. 1923 promovierte er, dem Zionismus verpflichtet, über die »völkerrechtlichen Grundlagen des nationaljüdischen Heims in Palästina«; wohl die erste Dissertation an einer deutschen Universität, die das Werden des Staates Israel rechtlich und moralisch begründet, vermutet Kantorowicz rückblickend [9]. Bis 1933 arbeitete er als Kulturredakteur und Korrespondent verschiedener Zeitungen und Zeitschriften, zuerst in den »Westfälischen Neuen Nachrichten« und der »Vossischen Zeitung«, später als Feuilletonredakteur und Theaterkritiker der »Neuen Badischen Landeszeitung« in Mannheim. 1928/29 war er als Ullstein-Kulturkorrespondent und Nachfolger Tucholskys (für die »Vossische Zeitung«) in Paris tätig.

Im Herbst 1931 wurde er von seinem Gefährten Gustav Regler in die KPD aufgenommen. Beim Parteieintritt war Kantorowicz bereits 32 Jahre alt – im Vergleich mit anderen Renegaten ein später Zeitpunkt. Die KPD stand im Zeichen Stalins und hatte sich vieler ihrer Häretiker entledigt. Gustav Regler nennt den Patrioten Kantorowicz rückblickend einen »armen Ritter, der zur falschen Armee gestoßen war« [10].

Der Eintritt in die KPD war nach eigenem Bekunden eine Entscheidung für den organisierten Widerstand gegen den Nationalsozialismus. Es ist nicht das Resultat einer geradlinigen Entwicklung. »Andere kämpften, und er sah zu«, wirft sich Kantorowicz' Romanheld vor und beruhigt sich in der Erinnerung, daß er an der Westfront nicht die militärische Marschordnung einhielt, beim Gefecht aber stets zur Stelle war: »Er würde auch diesmal in der Stunde der Entscheidung in der ersten Reihe der Kämpfenden zu finden sein« [11]. Sein 1929 entstandenes Studentenschauspiel »Erlangen« trug das Motto »Deutschland: Das ist eine Minderheit« und sprach einer geistigen Elite die politische Führungsrolle zu [12]. Ernest J. Salters Urteil, Kantorowicz sei »als radikaler bürgerlicher Demokrat« in die KPD gegangen [13], scheint die politische Entwicklung des Autors zu simplifizieren, obwohl es dem Bildentwurf in Kantorowicz' autobiographischem Roman »Der Sohn des Bürgers« entspricht. Ein Jahr vor seinem Parteieintritt hatte er einen ganz anderen Weg entdeckt: In einem Leitartikel der »Literarischen Welt« rief er dazu auf, »alle intellektuellen Reserven beiseite⟨zu⟩ stellen und Ja ⟨zu⟩ sagen« zu einer Einigung der nationalrevolutionären Jugend und konservativer Gruppen um die neugegründete »Deutsche Staatspartei«, mit dem Ziel, »⟨...⟩ in Deutschland den Begriff national wieder zu einem sittlichen Begriff zu machen, einem Kulturbegriff ⟨...⟩«.

»Der Aufbruch der bürgerlichen Jugend hat begonnen, und vielleicht ist dies der letzte Versuch, den Deutschlands Bürgertum unternehmen kann, um bürgerliche Werte: Humanität und Liberalität und den sittlichen Nationsbegriff, der in erster Linie kein politischer, sondern ein Kulturfaktor ist, zu bewahren« [14].

Die Gründung der »Deutsche Staatspartei« war ein Sammlungsversuch der »Deutschen Demokratischen Partei« für die Septemberwahlen 1930 (unter anderem schloß sich der »Jungdeutsche Orden« an). Sie erhielt jedoch nur 20 Mandate [15].

Dieses Bekenntnis zum »positiven Aktivismus« (so überschreibt er seinen Leitartikel) stieß bei der marxistischen Linken folgerichtig auf Kritik. Kurt Hirschfeld und Heinz Pol antworteten ihm mit aller Schärfe in der »Weltbühne« [16]. Kantorowicz verteidigte sich mit einem Leserbrief, in dem er seinerseits die »haltlose Zwischenposition der ›Weltbühne‹« kritisierte. Doch rückblickend urteilt er, daß diese Auseinandersetzung zu seiner Entscheidung für den Marxismus beigetragen habe, und nennt seine essayistischen Arbeiten in jener Zeit »ein Rückzugsgefecht« [17].

In »Das Ohr des Malchus« schreibt Regler, Kantorowicz sei »gefesselt von den Ehrbegriffen Kleists, stolz, einmal Kriegsteilnehmer gewesen zu sein, unglücklich verliebt in den nationalen Abenteurertyp« (1958, 214). Auch wenn es problematisch bleibt, Regler (Träger des Eisernen Kreuzes wie Kantorowicz) als Zeugen zu benennen, so fügt sich seine Beschreibung doch in die Spuren, die Kantorowicz hinterlassen hat. Auch nach seinem Parteieintritt hielt er noch Kontakt zu nationalrevolutionären Kreisen. Mit Ernst von Salomon blieb er befreundet; für Ernst Jünger empfindet sein autobiographischer Romanheld verwandtschaftliche Gefühle; über den Nationalbolschewisten Karl Otto Paetel schrieb er in der »BZ am Mittag« ein (ungezeichnetes) Porträt [18]. Doch war er wirklich, wie Regler schreibt, ›in die falschen Armee‹ geraten? Seine nationale Romantik ließ sich mit der Parteiarbeit durchaus vereinbaren.

Ralph Giordano geht in seiner Trauerrede auf die »patriotischen Illusionen« des Kommunisten Kantorowicz ein. Aus dem französischen Exil schrieb dieser in einem Brief: »Die Feinde meines Vaterlandes, das sind die braunen Besatzungsarmeen auf deutschem Boden« [19]. Karl Retzlaw erinnert sich an eine patriotische Rede von Kantorowicz 1933 bei einer ersten Zusammenkunft kommunistischer Flüchtlinge in Paris, die mit den Worten begann: »Wer hier behauptet, die deutsche Arbeiterklasse habe eine Niederlage erlitten, der hat hier nichts zu suchen« (1971, 366) – Retzlaw verließ den Saal. Kantorowicz' erste Exilpublikation heißt »In unserem Lager ist Deutschland« [20]. »Herr, was wissen Sie und Ihresgleichen von der ›Nation‹«, lautet die Frage, die er in dieser Broschüre an einen mit dem Nationalsozialismus sympathisierenden Zeitungsredakteur richtet (1949 b, 77). 1977 erläutert er im Gespräch: »wir waren überzeugt, daß das Dritte Reich von einer Horde Gewaltverbrecher besetzt gehalten wurde gegen den Willen des größten Teils der Bevölkerung« [21].

Wahrscheinlich ist, daß Kantorowicz' Wohnort seine Entscheidung für die KPD erleichterte. In der Berliner ›Roten Künstlerkolonie‹ am Laubenheimer Platz herrschte größere Bewegungs- und Diskussionsfreiheit als in anderen Parteizellen. Kantorowicz widmete sich den neuen Aufgaben mit Energie; im Sommer 1932 wurde er (als Nachfolger Reglers) bereits politischer Leiter der dortigen Parteizelle (Organisationsleiter war Max Schröder, Agitpropleiter Arthur Koestler) und schulte auch seine alte Freundin Karola, die er an Ernst Bloch verloren hatte [22].

Der »Rote Block« in Wilmersdorf zwischen Laubenheimer Platz (heute Ludwig-Barnay-Platz) und Bonner Straße, der sogenannten »Künstlerkolonie« – die »Gewerkschaft der Bühnenangehörigen« und der »Schutzverband deutscher Schriftsteller« hatten um diesen Platz herum drei Wohnblocks für ihre Mitglieder gebaut – war in den späten zwanziger und Anfang der dreißiger Jahre ein Sammelpunkt von ›Arrivierten und Verkannten, Obenstehenden und Abgerutschten‹ [23]; unter den Bewohnern finden sich neben dem von Kantorowicz (der neben Bloch in der Kreuznacher-Straße Nr. 48 wohnte) viele bekannte Namen: Johannes R. Becher, Ernst Bloch, Sally Bowles, Hermann Budzislawski, Ernst Busch, Axel Eggebrecht, Erich Engel, Georg Hermann, Kurt Hiller, Peter Huchel, Martin Kessel, Arthur Koestler, Susanne Leonhard, Jo Mihaly, Erich Mühsam, Gustav Regler, Wilhelm Reich, Alfred Sohn-Rethel, Leonhard Steckel, Werner von Trott zu Solz oder Erich Weinert. »Funktionäre, politische Geschäftemacher, Denunzianten, Spitzel waren nicht unter denen zu finden ⟨...⟩«, notiert Kantorowicz (1959, 26), der in Paris tagträumte, den alten Wohnort einmal zum »Platz der Intellektuellen« umzubenennen (1947, 86). Dort funktionierte bis 1933 auch nach dem Urteil anderer Beobachter die Kooperation zwischen Parteilosen, Kommunisten, Sozialdemokraten und anderen Linken. »Da die Mehrheit von uns aus Intellektuellen bestand, war die Zelle in ihrer Struktur untypisch«, erläutert Arthur Koestler [24]; und Axel Eggebrecht vermutet, »daß unser ›Roter Block‹ ein Beispiel gab, wie das braune Unheil möglicherweise hätte abgewendet werden können« (1975, 258 f).

Kantorowicz ging im März 1933, nachdem im Vormonat ein Haftbefehl gegen ihn als den »rührigen Häuptling des Roten Blocks« (1957 b, 2), erlassen worden war – er hatte den »Schutzbund Künstlerkolonie« organisiert –, zusammen mit seiner Frau, Friedel Ebenhoech, ins französische Exil, wo er als Generalsekretär des Schutzverbandes Deutscher Schriftsteller im Exil und bei Willi Münzenberg in der »Internationalen Arbeiterhilfe« tätig wurde. Für das »Braunbuch über Reichstagsbrand und Hitlerterror« schrieb er das Kapitel »Die Judenverfolgung in Hitlerdeutschland« [25]; außerdem arbeitete er in Paris, wenn Brecht da recht informiert war (1981, 231 f), als Sekretär von Johannes R. Becher. Schließlich übernahm er dort die Leitung einer »Bibliothek der verbrannten Bücher«, die ein Jahr nach dem 10. Mai 1933 gegründet worden war [26], und bereitete den Internationalen Schriftstellerkongreß von 1935 vor. Er veröffentlichte in Klaus Manns »Sammlung«, in Münzenbergs »Unsere Zeit« [27], in den Moskauer Blättern »Das Wort« und »Internationale Literatur«, sowie in der Prager »Neuen Weltbühne«.

1934 von den Nazis wegen seiner Mitarbeit am »Braunbuch« ausgebürgert [28], besuchte er im August 1934 als Teilnehmer des Ersten Unionskongresses der Sowjetschriftsteller Moskau und reiste im August 1936, zusammen mit Gustav Regler, ein zweites Mal in die Sowjetunion, um einen Bericht von den politischen Entwicklungen zu geben. Noch im selben Jahr meldete er sich als Soldat nach Spanien, kämpft als Politkommissar bei der XI. und XIII. Interbrigade und übernahm im Frühsommer 1937 die Leitung des Zentralorgans der Interbrigaden, »El Voluntario de la Libertad«.

Nachdem er in der Schlacht von Brunete bei einem Fliegerangriff verschüttet worden war, veröffentlichte er 1938 in Madrid den Sammelband »Tschapaiew, das Bataillon der 21 Nationen« (s. Kap. III.1). Im Frühjahr 1938 verließ er Spanien, und bis zur Internierung im September 1939 nutzte er die Frist, um seine Aufzeichnungen zu transkribieren. Er arbeitete in der Nähe von Le Lavandou in Nachbarschaft mit Marieluise und Gustav Regler, zu denen er in freundschaftlicher Beziehung stand.

Er wählte den Platz in der idée fixe, daß die benachbarte Burgruine die des von Ludwig Uhland besungenen Bertran de Born sei. Die Uhland-Ballade schildert den besiegten Aufrührer Bertran, der durch sein Wort den König zu rühren vermag – eines von Kantorowicz' Lieblingsgedichten und möglicherweise ein Schlüssel für die Hoffnungen, die Kantorowicz mit seinem Schreiben verband. Ein anderes Gedicht, auf das Kantorowicz im »Deutschen Tagebuch« mehrfach hinweist, ist Shakespeares LXVI. Sonett, das den Tod herbeiwünscht, weil Despotenwillkür alle Tugenden mißachtet [29]. Auch die Vorliebe für Goethes Epos »Hermann und Dorothea« verrät, *daß Kantorowicz die eigene Biographie in literarischen Paradigmen wiederfindet*: »Der langwährende zwiespältige Prozeß, der auf fast 1500 Seiten des ‹...› ›Deutschen Tagebuchs‹ dargestellt worden ist, findet sich, perspektivisch verkürzt, an unvermuteter Stelle, nämlich im sechsten Gesang von Goethes ›Hermann und Dorothea‹« [30].

Als die Nachrichten von vorrückenden deutschen Truppen sich überstürzten, floh er aus dem Konzentrationslager Les Milles nach Marseille und lebte einige Zeit illegal in Südfrankreich (Bormes Les Mimosas). Im März 1941 gelangte er gemeinsam mit seiner Frau nach New York [31], wo er als freier Mitarbeiter für verschiedene Zeitungen arbeitete und 1942 trotz seiner Parteizugehörigkeit eine Anstellung beim Rundfunk (CBS) fand.

Seine Versicherung, daß er in den USA nie »vor irgend jemand« geleugnet habe, »daß ich Kommunist war« (1957 b, II 3), kann bezweifelt werden. Er selbst wendet sich in dem amerikanischen Blatt »The German American« gegen Behauptungen der New Yorker »Neuen Volkszeitung« über kommunistische Aktivitäten mit der Erklärung, er sei »in niemandes Diensten denn in dem meiner Überzeugung, niemandem verantwortlich als meinem Gewissen und meinen Kampfgefährten, den Untergrundkämpfern in Deutschland und den Freiheitssoldaten in Spanien« (1949 b, 290).

Zuletzt arbeitete er beim CBS in einer leitenden Stellung als Direktor der (kleinen) Abteilung des Auslandsnachrichtendienstes. In der Zeit des Exils vertiefte sich auch seine Freundschaft mit Heinrich Mann.

Kantorowicz in der DDR

1946 kehrte Kantorowicz nach Deutschland zurück und bemühte sich zuerst – vergebens – um eine Professur an einer Universität in der englischen Besatzungszone. Von Bremen ging er nach Berlin, wohnte bis 1949 im Berliner Westen (Argentinische Allee in Zehlendorf) und arbeitete vorwiegend im sowjetischen Sektor. Seine Rundfunkansprachen habe er »fast pedantisch aufgeteilt zwischen dem sowjetisch-kontrollierten Berliner Sender und dem amerikanischen RIAS«; ebenso paritätisch sei er mit seinen ersten publizistischen Veröffentlichungen verfahren, um eine Zeitschriftenlizenz durch alle Alliierten zu gewinnen (1959, 290 f). Wohl auf seinen Vorschlag hin wurde in der SBZ der 10. Mai zum »Tag des Freien Buches« erklärt [32]. Sein wichtigstes Projekt war aber zweifellos die Gründung einer kulturpolitischen Zeitschrift, der er den programmatischen Titel »Ost und West« gab (ursprünglich sollte sie »Die Brücke« heißen), die von der Hoffnung auf eine kulturelle Einheit geprägt war und damit bereits auf jenes Niemandsland verwies, von dem er später sprach.

»Ich, der personifizierte Bindestrich zwischen ›Ost *und* West‹«, so charakterisiert sich Kantorowicz später im »Deutschen Tagebuch« (1961, 188). Das Programm der Zeitschrift mit russischer Lizenz mußte in der SBZ/DDR provokativ wirken, verstärkt zu dem Zeitpunkt, als man der gesamtdeutschen Zielsetzung den Abschied gab, aber ebenso im Westen, wo im Zeichen des Kalten Kriegs Berührungsverbot herrschte. Die Zeitschrift wurde zu Kantorowicz' »Lieblingskind«; ihre Auflage überschritt anfangs die Hunderttausend; doch seine Hoffnung auf eine zusätzliche West-Lizenz erfüllte sich trotz der guten Kontakte zum amerikanischen Rundfunk nicht. Während der Verhandlungen mit den Westalliierten erschienen in der amerikanischen Presse mehrere Artikel, die ihn als sowjetischen Agenten verleumdeten [33]. Zur Finanzierung der Zeitschrift gründete er den »Alfred Kantorowicz-Verlag«, in dem die Bücher seiner »Ost und West-Reihe« erschienen. Das künftige Dilemma des Herausgebers war in der »Einführung« zu seiner Zeitschrift bereits zu erkennen, wo Kantorowicz eine »in jeder Weise unabhängige deutsche Zeitschrift« ankündigt, eine »Freistatt der Meinungsäußerung«, die den »repräsentative⟨n⟩ Wortführer⟨n⟩ der verschiedenen weltanschaulichen Richtungen« Raum verspricht [34]; weder die Zeitschrift noch ihr Herausgeber konnten diesen Anspruch erfüllen.

Die Zeitschrift des Brückenschlags zwischen ›Ost‹ und ›West‹ mußte 1949 ihr Erscheinen einstellen. 1948/49, nach Währungsreform und Berlinblockade, war die Auflage so weit zurückgegangen, daß die SED ihr nur noch die Subventionen verweigern mußte. Ernst Niekisch deutet an, daß hier die entscheidende Zäsur in Kantorowicz' Verhältnis zur DDR zu suchen sei. Auch Karola Bloch – sie spricht von einem Verbot der Zeitschrift durch das ZK der SED – urteilt, das Ende der Zeitschrift sei für ihn der schwerste Schlag gewesen [35]. Kantorowicz: »Von jetzt an heißt es West gegen Ost und Ost gegen West« (1961, 49).

Dennoch zeichnete sich eine Etablierung des Autors in der DDR ab. Sein »Spanisches Tagebuch« erschien im Aufbau-Verlag; 1950 wurde er Mitglied der SED [36] und erhielt an der Alexander-Humboldt-Universität eine Professur für »Neueste Deutsche Literaturgeschichte«. Außerdem wurde er zum Leiter des Heinrich-Mann-Archivs, 1954 zum Ordinarius und 1956 zum Direktor des Germanistischen Instituts der Ostberliner Humboldt-Universität ernannt. Seine wichtigste editorische Arbeit war die 12 bändige Heinrich-Mann-Ausgabe, die zwischen 1951 und 1956 im Aufbau-Verlag erschien.

Doch am 14.6.1956 veröffentlichte er in der (Ost-)"Berliner Zeitung« den Artikel »Gewissen und Mahner des Volkes«, in dem er vehement den »Funktionärsbarden« Kuba angreift: »Ein Schriftsteller, der um seiner Bequemlichkeit willen der Macht sein Wort leiht, auch wenn die Macht mißbraucht wird, verliert seinen Rang. Er gibt sich selber auf« [37]. Außerdem verweigerte er als einziges Vorstandsmitglied des Schriftstellerverbandes die obligate Unterschrift zur Ungarn-Resolution des Verbandes und die Unterzeichnung eines Aufrufs über »Die Renazifizierung der Justiz in Westdeutschland« [38]; stattdessen schlug er dem schwedischen Komitee seinen Freund Georg Lukács für den Literatur-Nobelpreis vor. Kantorowicz hat seinen Ablösungsprozeß auf ähnliche Weise wie Gustav

Regler und Ralph Giordano eingeleitet: Durch seine schriftliche Offensive provozierte er die erwarteten Reaktionen und geriet in Zugzwang, zuletzt auch noch durch eine private Denunziation.

Am 22. August 1957 verließ der Achtundfünfzigjährige die DDR und bat in Westberlin um Asyl. Weder ausgestoßen noch vertrieben, verließ er Positionen und Privilegien (seine verschiedenen Funktionen hatten ihn zu einem der Spitzenverdiener des Landes gemacht). In einem Interview im Sender Freies Berlin und einem dreiteiligen Artikel für das Wochenblatt »Die Zeit« kommentierte er seinen Schritt: »Die Wahrheit ist, daß ich am Ende meiner Nervenkräfte war und nicht mehr durchhalten konnte« (1957 b, 2). Kantorowicz hatte seine Flucht nicht von langer Hand geplant; noch im Frühjahr 1957 hatte er sich ein Haus in Bansin gekauft. Einer der wenigen Eingeweihten war Axel Eggebrecht, der ein paar Habseligkeiten von Kantorowicz in den Westen brachte. Die Flucht kam auch für die meisten seiner Freunde und Gegner in der DDR so überraschend, daß erst die Rundfunknachricht sie davon in Kenntnis setzte.

Gerhard Zwerenz, zu dieser Zeit auf der Flucht vor dem Staatssicherheitsdienst in der DDR-Provinz untergetaucht, erinnert sich: »Seinen Zornesausbruch hörte ich mit an. Große Freude. Endlich fand einer aus der Prominenz den Mut, mit Ulbricht offen zu brechen. Wie man erfuhr, saßen mehrere DDR-Dichter im Schriftstellerheim am Bildschirm und beobachteten Kantorowicz, wie er mit Ernest J. Salter sprach. Man faßte also den ›Verräter‹ ins Auge. Nach der Sendung herrschte fatale Stille. Die anwesende Prominenz verließ schweigend den Raum ‹...›. In Parteikreisen waren die Reaktionen ebenfalls differenziert, viel seelische Befreiung dabei. Viele jüngere Parteimitglieder machten aus ihrer Begeisterung für Kantorowiczs Schritt keinen Hehl« (1961, 20).

Auch wenn Kantorowicz keine aktive Rolle in oppositionellen Gruppierungen der DDR spielte, trug er die repräsentativen Züge dessen, der noch ›auszuharren‹ vermochte, der die Freiräume seines Instituts furchtlos nutzte (und für seine Kompromißlosigkeit gefürchtet war). Seine Flucht, die Züge einer lange hinausgezögerten Kapitulation trug, gewann damit Signalwert.

Kantorowicz weigerte sich im Westen, die ihm angetragene Rolle des Konvertiten zu spielen. Bei seiner Rundfunkerklärung habe ihm mehr am ehrlichen Abgang als an einem guten Entree gelegen, notiert ein Hörer [39]. Manfred Jäger urteilt, daß Kantorowicz die Fähigkeit sich anzupassen und das Talent des Opportunismus fehlte [40]. Bis 1962 lebte er »nach Ermessen« des zuständigen sudetenbayerischen Flüchtlingsministeriums in München, »wo ich rechtloser war als während der 14 Jahre des ersten Exils in Frankreich und USA« (1968, 45). Die Anerkennung als Verfolgter des NS-Regimes wurde ihm in verschiedenen Instanzen versagt. Nach Auffassung des Gerichts war Kantorowicz vom Nationalsozialismus nicht bedroht gewesen, da er die Möglichkeit zur Flucht gehabt habe. Die Zulassung der Revision wurde abgelehnt, weil der Fall keine grundsätzliche Bedeutung besitze. Als »Gnadenakt« erhielt er lediglich eine kleine Sonderrente. Er zog 1962 schließlich, tatkräftig unterstützt von Ingrid Schneider (die Kantorowicz 1969 heiratete), um nach Hamburg, wo er (1965) in die Hamburger Akademie der Künste aufgenommen und (1966) als politischer Flüchtling anerkannt wurde. Am 27. März 1979, dem Geburtstag seines Mentors Heinrich Mann, vierzig Jahre nach der Kapitulation der Spanischen Republik, starb er in Hamburg [41].

Korrekturen an den »Tagebüchern«?

Die Rede von Rechtfertigungsarbeit läßt an Retuschen denken, womit ein unfreundlicher Widerspruch zu Kantorowicz' leitmotivischer Versicherung der Authentizität seiner Tagebücher gesetzt wäre. In der Fassung seines »Spanischen Kriegstagebuchs« von 1979 fügt Kantorowicz einen Brief von Regler aus dem Jahr 1939 an, in dem dieser Jef Last kritisiert, der sich ein Jahr zuvor von der Partei gelöst hatte, und die (in Auszügen 1938 erschienenen) Tagebuchaufzeichnungen von Kantorowicz lobt: »Wenn ich auf diesen Last kam, so kann ich nicht unterlassen, hinzuzufügen, daß er einen Fehler beging, den Du streng vermieden hast: er hat seine nachträglichen parteikritischen Bemerkungen mit dem Datum von 36 versehen, was allem die Echtheit raubt« [42]. Doch wenn Kantorowicz in seinem Vorwort zum »Spanischen Kriegstagebuch« fünfmal suggestiv wiederholt, daß es die unveränderten, unverfälschten Quellen seien, die er hiermit vorlege »mitsamt ihren Irrtümern, ihren Illusionen« (1979/1982, 21), dann spricht er hier gewiß nicht als Philologe. Sein Anspruch scheint eindeutig und klar umrissen: »An den Erfahrungen, Eindrücken, Empfindungen von damals herumzubasteln, herumzuflicken, besseres Wissen von heute hineinzumogeln, würde das Dokument aus der schwersten Zeit des antifaschistischen Kampfes verfälschen. Von diesem neu hinzugefügten Vorwort abgesehen, erscheint das ›Spanische Kriegstagebuch‹ in unveränderter Form wieder« (1979/1982, 22).

Das »Spanische Kriegstagebuch« soll, so Kantorowicz, die Abschrift der Tagebuchhefte, des ›ursprünglichen Tagebuchs‹ von 1936/1937 sein, einer »amorphen Masse der Notizen«, die er 1939/1940 in Le Lavandou vornahm; nur »stilistischen Korrekturen« habe er vorgenommen (1979/1982, 9). Jene Eintragungen, die er in Südfrankreich hinzufügt, will er durch ihre Datierung kenntlich machen, womit erneut die Authentizität des Tagebuchs betont wird. Aber was heißt »stilistische Korrektur«? Kantorowicz, der Nietzsche schätzte, wußte auch, daß ›den Stil verbessern‹ hieß, ›die Gedanken zu verbessern‹. Schon ein erster Vergleich zeigt, daß auch die beibehaltenen Passagen der Ausgabe von 1948 für die von 1979 stilistisch überarbeitet wurden. Vorerst ist festzuhalten: Indem Kantorowicz auf den dokumentarischen Charakter seiner Schrift verweist, pocht er auf deren Glaubwürdigkeit und Beweiskraft. »Formlos und subjektiv« nennt er seine Eintragungen [43] – gerade die Mängel und zeitbedingten Irrtümer sind demzufolge die Qualitäten, die die Authentizität bezeugen sollen. Wenn aber Robert Neumanns Urteil stimmt, Kantorowicz habe seine Tagebücher »zurechtgebogen und frisiert« [44], dann bleibt zu fragen, in welcher Weise und mit welcher Absicht er redigiert und gestrichen hat.

Eine Feststellung ist leicht zu treffen: Die Neuausgabe des »Spanischen Kriegstagebuchs« von 1979 ist keine Rekonstruktion einer ›ursprünglichen Fassung‹ – gekürzt ist nicht nur die Ausgabe von 1948, wofür auch die (kultur-)politische Führung der DDR die Verantwortung trägt, sondern Kantorowicz hat nun in eigener Regie Passagen der erste Ausgabe fortgestrichen: solche, in denen der Optimismus der Stunde zu deutlich anklingt und auch solche, in denen die sozialdemokratischen Parteifunktionäre Wels, Ollenhauer und Stampfer als »Kryptofaschisten« gekennzeichnet wurden [45].

Für Kantorowicz geht, in der Ausgabe von 1979, in Spanien ein Traum zuende. Er nennt sich »eine alte Unke«, die das »rosige Weltbild«, den ›amtlichen Optimismus‹ der Komintern nicht länger zu teilen vermag (1979/1982, 268). »Nicht die Parteiführung in ihrem sturen Zweckoptimismus, sondern wir mit unseren Kassandrarufen hatten (vor der Geschichte) recht behalten« (1979/1982, 275), heißt kurz darauf sein Fazit, das sich auch durch das Tempus als nachträgliches Urteil zu erkennen gibt. Im »Spanischen Tagebuch« von 1948 entwirft er, etwa unter dem Datum vom 17. Juni 1937, ein hoffnungsfroheres Bild, das in den späteren Ausgaben gestrichen ist: »Das Grübeln wird aufhören, alles wird klar und einfach sein, man wird hinter einem Maschinengewehr liegen oder einen Zug kommandieren ⟨...⟩. Man hat ein gutes Gewissen bei alledem. Man tut seine Pflicht. Man ist mit sich selbst im reinen« (1948, 340).

In der Ausgabe von 1948 – und nur dort – findet sich kriegerischer Optimismus: »Seltsamerweise fühle ich keine Spur von Erschöpfung; ich bin überwach, heiter und erwartungsvoll. In wenigen Stunden werden unsere Kanonen zu donnern beginnen, unsere Flieger werden am Himmel sein, unsere Tanks werden vorfahren. Zum ersten Male ⟨...⟩ wird die Dreizehnte mit Unterstützung schwerer Waffen in den Kampf gehen. Wir haben heute nacht zweiunddreißig Tanks gezählt, die auf der Straße an uns vorbeifuhren. Das gibt gute Stimmung« (1948, 435).

Die Zukunft wird geschwängert mit Hilfe der Erinnerung an eine Korrespondentin, »jung, groß, blond biegsam« und »blaue Augen«, mit der er seinen Sitz im Wagen teilen muß. Es war »⟨...⟩ angenehm, sie zu fühlen. Wir spürten stark und innig, daß wir jung waren und alles war sinnvoll; unser Kampf, unser schweres Leben, sogar die harten Stunden der Niederlagen. Wir standen auf der richtigen Seite. Was auch die Gegenwart uns zusetzen mochte, die Zukunft war trächtig und reich an Hoffnungen« (1948, 111). In der Revision von 1979 wird die erotische Aufladung gemildert; die Zukunft ist nicht mehr trächtig und nicht länger so reich an Hoffnungen. Es bleibt die Erinnerung an die Situation einer Männerkonkurrenz zwischen Kantorowicz und Bodo Uhse, die dank des gemeinsamen Kampfes nicht gefährlich werden konnte (1979/1982, 128 f).

Schwieriger steht es mit jenen parteikritischen Abschnitten, die in der »Aufbau«-Ausgabe von 1948 fehlen. Sind sie wirklich Elemente des Manuskripts von Le Lavandou oder Rekonstruktionsversuche der damaligen Kritik? In der Ausgabe von 1979 bildet im Zusammenhang der neu aufgenommenen Passagen die Kritik an den Parteifunktionären einen deutlichen Schwerpunkt. An einer Stelle beschreibt sich Kantorowicz als Kontrahent des Brigadegenerals und referiert das Streitgespräch; General Gomez (i. e. Wilhelm Zaisser) erwidert ihm als Repräsentant der Partei: »Manche der Gedankengänge und der Formulierungen des Genossen Kantorowicz würde ich aufs allerschärfste zurückweisen, wenn sie an die Öffentlichkeit gelangten. ⟨...⟩ Wenn das, was er hier gesagt hat, über unseren engeren Kreis hinausdringen sollte, so würde ich mich fragen, ob der, der diese Ansichten weiterverbreitet, nicht wirklich ein Parteifeind ist« (1979/1982, 309).

1948 ist davon selbstverständlich nichts zu lesen; im Februar 1949 aber erscheint in der Zeitschrift »Ost und West« ein Brief von Kantorowicz, in dem sich die damalige Antwort des Interbrigade-Generals zum Standpunkt des Autors verwandelt hat. Kantorowicz übernimmt in diesem Brief Zaissers lagerspezifische Differenzierung zwischen interner und öffentlicher Kritik: »Konnte ich in einem Kreise, in dem neben einer Anzahl geistig und charakterlich hochzuschätzender Männer auch einige von der antibolschewistischen Tollwut befallene Spießer mich umlungerten, um nur ja irgendein Wort, einen falschen Zungenschlag, ein nicht zu Ende durchdachtes Argument aufzuschnappen und gegen meine Sache und meine Freunde zu kehren – konnte ich in einem solchen zwiespältig zusammengesetzten Kreise und noch dazu unter den Augen und Ohren von Offizieren und Beamten der westlichen Besatzungsmächte zu den selbstkritischen Beobachtungen mich durchringen, die von den Referenten erwartet wurden? Ich konnte das nicht tun, ohne meine Sache und meine Freunde zu verraten ⟨...⟩ nichts anderes wäre denn eine Denunziation, unverzeihlicher, schäbiger, eindeutiger Verrat. Und wenn man mit Engelszungen neunundneunzig unwiderlegliche Argumente zur Rechtfertigung der gegenwärtigen Praktiken des sozialistischen Humanismus vorbrächte und nur ein einziges, das Irrtümer, Mängel und Schwächen der eigenen Position vor Unberufenen preisgäbe, so würde dieses eine selbstkritische Wort, nur dieses, die Runde machen und zur Parole, noch einer Haß- und Hetzparole der Tollwütigen werden. ⟨...⟩ Ein Wort zuviel der Selbstkritik vor der Öffentlichkeit und man wird unversehens zum Kronzeugen der Widerwärtigsten, zum Rechtfertiger Hitlers und Goebbels, Francos, Horthys, Pétains, Quislings, Rankins, man gerät in die Nachbarschaft des Abhubs« [46].

Kantorowicz spricht in seinem Brief vom »Imshauser Kreis« zu Ost-West-Fragen, der 1947 als »Gesellschaft Imshausen« von Werner von Trott zu Solz gegründet worden war; an ihm nahmen Eugen Kogon, Walter Dirks, Ernst Niekisch, Carl Friedrich von Weizsäcker teil. Niekisch schildert ausführlich den Verlauf des dritten Treffens, auf dem »die Diskussionsredner aus dem Westen als überlebte Gespenster erschienen ⟨...⟩ Die westdeutschen Teilnehmer erhofften sich nichts mehr von weiteren Ost-West-Gesprächen, sie wollten in der Sicherheit ihres leichteren Daseins nicht mehr erschüttert werden« [47].

Diese Gegenüberstellung macht eine Spannung deutlich, in der sich Kantorowicz als Herausgeber seiner Zeitschrift »Ost und West« befand. Deren Erhaltung forderte ihm Kompromisse ab. Ernst Niekisch, früherer Nationalbolschewist und nun Professorenkollege von Kantorowicz an der Humboldt-Universität – er referierte ebenfalls im Mai 1948 in Imshausen – erinnert sich an den Teilnehmer Kantorowicz: »Einige Male ergriff er ⟨Kantorowicz⟩ dort in der Diskussion das Wort und erging sich auch in einem Kurzreferat. Mir fiel seine ungewöhnliche Nervosität auf, Zuckungen liefen über sein Gesicht, seine Hände zitterten, seine Sprechweise war überstürzt«. Und Niekisch fügt hinzu, daß Kantorowicz »in vertrauter Gesellschaft« aus seiner Kritik an der Politik der DDR kein Hehl gemacht habe (1974, 282 f).

Kritik an der Sowjetunion und an Ostdeutschland nennt Kantorowicz in seinem Brief »Antibolschewismus« und erklärt diesen zur Geisteskrankheit der Epoche: »Der ›Antibolschewismus‹, den Thomas Mann in seiner gesitteten Manier ›die Grundtorheit unserer Epoche‹ genannt hat und den ich, weniger zurückhaltend, als die schwarze Pest unserer Zeit, eine weltweit verbreitete Gehirnkrankheit paranoischen Charakters bezeichnen möchte, endet in seiner letzten Konsequenz immer wieder in schauerlichen, selbstzerstörerischen Exzessen«. Er erwähnt sozialdemokratische Funktionäre, die »mit bierseliger Gemütlichkeit dem millionenfachen Massenselbstmord das Wort« redeten [48].

War es für Kantorowicz wirklich die Angst, Verrat an der DDR zu begehen, für deren Aufbau, so Niekisch, »sein Herz ⟨...⟩ von heißer Begeisterung« (1974, 282) erfüllt war? Nicht undenkbar, daß es genau genommen die Angst war, als Verräter zu gelten. Es wäre das Ende der Zeitschrift gewesen und hätte wohl auch gefährlich für ihren Herausgeber werden können [49].

Sicher spiegelt der Bildentwurf von der bedrohlichen Nachbarschaft »des Abhubs« den Druck der eigenen Zweifel wieder. Sie lassen sich am rigorosen Sprechverbot (»lieber will ich mir zehnmal die Zunge abbeißen«) und den ausgemalten Folgen einer Übertretung ablesen [50]. Lautstark vertreibt der Zweifler jede Andeutung, die der Existenz der Zeitschrift gefährlich werden könnte. Deutlich bleibt seine Bereitschaft, mit der herrschenden Terminologie sich vor diesen Zweifeln zu schützen. Hier liegt ein typischer Konflikt des Renegaten verborgen, der Licht auf die Verzögerungen des endgültigen Austritts wirft. Der inneren Auseinandersetzung mit den eigenen Glaubenszweifeln entspricht die Projektion der Zweifel auf Außenstehende: Abtrünnige und ›Verräter‹ trifft die scharfe Kritik und die wütende Verdammung dessen, der selbst mit der Versuchung kämpft. Koestler, dem er in der eingangs zitierter Tagebucheintragung 1938 beipflichtet, ist nur einer der ›Schurken‹, die in den späten vierziger Jahren von Kantorowicz voller Abscheu an den Pranger gestellt werden [51]. Mit jeder Entlarvung findet eine Entäußerung des Verdachts gegen sich selbst statt.

Im Zusammenhang mit dem »abscheulichen Fall« des amerikanischen Renegaten Louis Budenz spricht er von einem »Judasakt« und davon, daß »kein anständiger Mensch ⟨...⟩ einem solchen Gesinnungslumpen noch die Hand reichen« würde. Er kennzeichnet ihn als Verleumder »im Stile von Streichers ›Enthüllungen‹« (1949 b, 320 f). Ruth Fischer wird im selben Kontext als »eine manische Kriminelle« beschimpft und zur ehemaligen »Sekretärin des Faschisten Doriot« ernannt. Der Schriftsteller Kantorowicz läßt hier alle Zurückhaltung fahren. Er nennt sie »eine niedere, gemeine, halbwahnsinnige Vettel«, die einst »mit Schimpf und Schande aus der kommunistischen Partei ausgestoßen wurde« und nun in den USA ihre »Exkremente« hinterlasse (1949 b, 323 ff).

Kantorowicz bezieht sich auch auf Arthur Koestlers »ersten antikommunistischen Roman« (»Sonnenfinsternis«), den er aber im Spätjahr 1952 noch nicht gelesen hat [52]. Er stempelt den Autor zu einem seelisch labilen, suicidgefährdeten Neurotiker, der Ende 1932 »in einem jähen Anfall von Panik« in die Partei eingetreten sei. Ähnlich hat er Koestler (als »Kosterlitz«) bereits in seinem autobiographischen Roman charakterisiert [53]. »Als ich mit der Partei brach, war er der einzige, der nicht über mich herfiel«, notiert Koestler 1949 über Kantorowicz, um dann zu dessen inzwischen erschienenen Polemik nachzutragen: »ein erschütterndes Beispiel dafür ⟨...⟩, wie die Selbstentwürdigungsmühle der Partei auch einen im Grunde anständigen Charakter am Ende zermalmt« (1949/1952, 43). Am 26.8.1957 sendet er Kantorowicz ein Telegramm mit dem einen Wort: »Willkommen«. Kantorowicz korrigiert seine Haltung 1964 mit einem größeren Essay: »Abschied von Arthur Koestler«, in dem er die »grundsätzlichen« Differenzen zwischen ihm und Koestler analysiert. Seiner Polemik von 1949 gedenkt er mit »Beschämung« (1977, 150-178). Die Wiederbegegnung von Koestler und Kantorowicz 1959 in London findet ihr Ende mit einem Zornesausbruch Koestlers. Kantorowicz: » ⟨...⟩ schrie er plötzlich unbeherrscht: ›Jetzt komm her, Kanto, setz Dich an meine Seite und erkläre mir, wieso Du so lange dabei geblieben bist.‹ ⟨...⟩ Er schrie auf mich ein – wie ein ›Kommissar‹, der am Ende seiner Geduld, von dem Verstockten nun endlich ein Schuldbekenntnis erzwingen will« [54].

Ist es Zufall, daß Kantorowicz die Szene ohne weiteren Kommentar fortsetzt mit einer Schilderung der Weltlage, mit einem Hinweis darauf, daß die »noch starren Fronten der Weltblöcke ⟨sich⟩ seither gelockert« haben? Konfrontiert mit dem Vorwurf, nicht allein Opfer, sondern auch Funktionär gewesen zu sein, ordnet Kantorowicz die peinliche Szene ein in Weltgeschichte.

Damit aber vergrößert sich die Kluft zwischen dem Zweifelnden, der zur Rettung des eigenen Glaubens andere verurteilt und verdammt, und den Renegaten, die vor ihm ihren Austritt erklärten. In der Zuspitzung: Der Renegatenjäger muß auf die Seite seiner Opfer wechseln.

Die Gegenüberstellung der Passagen aus dem »Spanischen Kriegstagebuch« und aus dem Band »Suchende Jugend« (und der Nachweis einer Überarbeitung des Tagebuchs) verfolgt nicht das Ziel, Kantorwicz als Fälscher zu überführen, sondern den Charakter seiner Korrekturen zu bestimmen. Der kritische Blick, den Kantorowicz in der späten Fassung des Spanien-Buches restaurieren will, war in der Ausgabe von 1948 auch durch den Versuch verstellt, seine Zeitschrift »Ost und West« nicht zu gefährden, vor allem aber durch die Abwehr der eigenen Zweifel.

Ein anderer Widerspruch in der Selbstdarstellung ergibt sich durch eine Notiz im »Deutschen Tagebuch«, wo er von einem »Rüffel« berichtet, den die Parteiführung ihm im November 1935 wegen seines Engagements für Heinrich Mann erteilt habe. Nicht lange danach sei Mann von der Partei im Rahmen der Volksfrontpolitik dann umworben worden. Resultat dieser Reminiszenz: nicht Kantorowicz, sondern Becher habe umlernen müssen. Kantorowicz zitiert aus seinem Tagebuch vom November 1935: »Ach du mit Deinem Heinrich Mann, Deinem verdammten Heinrich Mann, hieß es sogar wörtlich« und weist darauf hin, daß Johannes R. Becher Mann »angeflegelt« habe (1959, 47 f). 1938 habe die Partei dann sogar versucht, seine Freundschaft zu Heinrich Mann auszunutzen und ihn als dessen Assistenten in einem Volksfrontausausschuß zu schleusen (1959, 61 f). Dagegen spricht Kantorowicz nicht von jenem Artikel des gleichen Monats, in dem er die »idealistische« Position Romain Rollands kritisierte. Willi Bredel, der diesen Artikel für die »Internationale Literatur« ablehnt, schreibt an den Autor: »Wir dürfen bei Diskussionen mit antifaschistischen bürgerlichen Schriftstellern nicht Behauptungen aufstellen, wie die, daß Begriffe wie Kultur, Menschlichkeit und Gerechtigkeit ›Worte von gestern‹ sind. Erstens stimmt das nicht, und zweitens wird mit dieser Behauptung nichts bewiesen. ⟨...⟩ Die Methode, auf der einen Seite einen Mann zu benutzen, um ihn auf der anderen Seite als Trottel hinzustellen, ist nicht möglich« [55].

Rigide war seine kommunistische Literaturkritik auch gegenüber Brecht. Dessen »Dreigroschenroman« charakterisierte er (im Dezember 1934) als idealistisches Produkt: »Den (auch sehr weit gefassten) Forderungen des Realismus entspricht der Roman von Brecht nicht. Man darf, ohne zu schematisieren, sagen, daß es ein idealistisches Buch ist.« So freundlich die vorangehenden Passagen ausfallen, signalisiert die Kritik doch ein Urteil, das als Stereotyp streitender Linksintellektueller gelten kann: ›X ist – wenn überhaupt – ein schlechterer Marxist als ich, sein Kritiker‹ [56].

Brecht hat das Kantorowicz sehr übel genommen. Er zählt ihn zu den »Würstchen« (1981, 233) und meldet seinerseits Bedenken gegen die Linientreue von Kantorowicz an. Er verdächtigt ihn, sich mit den ›Bürgerlichen‹, Hermann Kesten und Joseph Roth verbündet zu haben und plädiert (ironisch?) für mehr Aufsicht: »Wie gut, daß die Leute wenigstens nur infolge von Fehlern der Aufsicht ihre freie Meinung äußern können und nicht etwa prinzipiell. Sie sehen aus dem Vorfall deutlich, wie streng die Aufsicht sein muß« (1981, 233). Zu diesem Zweck schaltet Brecht den Aufsichtsbeamten Becher ein (1981, 231 f), der ihm in untertänigem Ton antwortet, daß eine Gegenkritik veranlaßt werde und Kantorowicz sich bei Brecht schriftlich zu melden habe [57]. Kantorowicz bietet der »Internationalen Literatur« einen neuen Aufsatz zu Brechts »Dreigroschenroman« an, den Willi Bredel ablehnt, weil der Auftrag schon vergeben sei. Die folgenden Kritiken wiederholen jedoch zum Teil die Vorwürfe von Kantorowicz [58]; dessen Kritik fügt sich in die Moskauer Anti-Brechtfront, an der Julius Hay, Andor Gabor, Fritz Erpenbeck, Alfred Kurella und Georg Lukács standen.

Kantorowicz wird von Johannes R. Becher gemaßregelt – wieder sind die Rollen vertauscht.

Problematischer ist die Gegenüberstellung von sich widersprechenden Aussagen und Selbststilisierungen. Regler berichtet in »Das Ohr des Malchus«, wie Kantorowicz auf einer Zellensitzung im »Roten Block« über die Rede ›eines recht beschränkten Halbgebildeten vom ZK‹ errötete (1958, 227), während Kantorowicz schreibt: »Der höchste Besuch, dessen wir uns rühmen konnten, war die gelegentliche Anwesenheit des Unterbezirksleiters Müller ⟨...⟩. Wir waren auf uns gestellt und das war gut so« (1959, 31). Kantorowicz schildert außerdem, wie er selbst den Versuch eines »Pharisäers aus der Bezirksleitung«, im Künstlerblock einen Vortrag zu halten, verhindert habe (1959, 33).

Alle diese Beispiele legen die Vermutung nahe, daß Kantorowicz sich bei der Redaktion seiner Tagebücher für ein selektives Verfahren entschieden hat. In seinem »lange⟨n⟩ Selbstgespräch« (1959, 14) erinnert Kantorowicz sich an die lichtvollen, selten an die widersprüchlichen Ausschnitte seiner Vergangenheit als kommunistischer Parteifunktionär. Bemerkenswert bleibt aber, mit welcher Sorglosigkeit das geschieht. Ginge es Kantorowicz um Fälschung, wäre er – als Philologe! – kaum so plump vorgegangen, er hätte wohl auch nicht mit jenem unermüdlichen Nachdruck auf die Authentizität der Tagebuchfassungen hingewiesen. Wenn er in der Einführung zum »Deutschen Tagebuch« seine Regel nennt, »nicht einer Obrigkeit zuliebe Erfahrungen zu manipulieren« (1959, 10), läßt sich die Vermutung doch schwer entkräften, daß er des eigenen Selbstbildes zuliebe bestimmte Erfahrungen akzentuierte und andere vergaß. Statt von Fälschungen wäre von *Verfälschung im Zeichen von Selbsttäuschung* zu sprechen.

Charakteristisch für diese Selbsttäuschung ist gerade ihre Schutzlosigkeit: Sie ist von außen rasch zu durchschauen, nicht zuletzt, weil Kantorowicz verräterische Akzente setzt, die auf seine Verdrängungsleistung aufmerksam machen. Die mehrmalige Verneinung einer möglichen Überarbeitung ließe sich, mit Freud, als »eine Art« deuten, »das Verdrängte zur Kenntnis zu nehmen, eigentlich schon eine Aufhebung der Verdrängung, aber freilich keine Annahme des Verdrängten« [59]. Wenn Kantorowicz schreibt, das »Deutsche Tagebuch« sei kein Schuldbekenntnis, keine Beichte, keine Enthüllung (1959, 14), so kann hier das »kein« eingeklammert werden.

Im »Spanischen Kriegstagebuch« von 1979 spricht der Renegat, der nicht zuletzt sich selbst die zwanzigjährige Verzögerung seiner Trennung von der Partei begründen will. Eine Anklagerede gegen die Funktionäre, die (unfreiwillige?) Momente der Selbstanklage enthält, verbunden mit der Abwehr einer Funktionalisierung seiner Rede, verknüpft sich mit einer Rechtfertigung, die nicht darauf zielt, sich reinzuwaschen, die sich aber immer wieder der These nähert, daß der Autor sich treu geblieben sei, während die Partei sich zum Schlechten verändert habe.

Die Kritik in den »Tagebüchern«

So bemerkenswert die Funktionärskritik in der Fassung des »Spanischen Kriegstage-buchs« (1979) ist, so sehr fügt sich das »Spanische Tagebuch« (1948) in die Reihe der Erinnerungen anderer in der SBZ/DDR publizierender Spanienkämpfer. Selbst Passa-gen, die erst in die Ausgabe von 1979 aufgenommen sind, verraten noch eine literarische Anpassungsbereitschaft. Der Stil des »Spanischen (Kriegs-)Tagebuchs« ist am ehesten dem märchenhaften Ton des sozialistischen Realismus verwandt: »Ich sah im Kerzenflim-mern die Gesichter entlang. Ich sah das offene Gesicht Ludwigs erwartungsvoll mir zugewandt; ich fand in dem harten, männlichen Gesicht des Berliner Proleten Karl keine Abwehr, kein Spott, keinen Dünkel, ich glaubte in den zumeist etwas lasch wirkenden Zügen des Generals Abgespanntheit zu bemerken, und ich fand Jensens lebhafte, intensive Augen auf mich gerichtet. Nein, die waren keine feilen Dummköpfe. Sie würden vielleicht mit mir streiten, aber ich war sicher, daß sie mich nicht verraten, nicht hinterrücks denunzieren würden ⟨...⟩« (1979/1982, 307).

Diese Passage (sie fehlt in der Ausgabe von 1948) erinnert nicht nur an seine idealisierende Beschreibung des »Roten Blocks« sondern auch an Heinrich Manns Dichotomie von Geist und Macht. Kantorowicz entfaltet hier sein Generalthema: die Gegenüberstellung der Schriftsteller/Idealisten und der Funktionäre/Machthaber.

Märchenhaft (im Sinne von Franz Fühmanns Unterscheidung von Märchen und Mythos) läßt sich die Schreibweise nennen, weil in der Physiognomie bereits Klasse und Klassenbewußtsein erkannt und jede Situation zur eindeutigen gemacht ist [60]. Befrie-digt blickt der Berliner Intellektuelle in die offenen Gesichter der Proleten, die ihn nicht verraten werden, mißtrauisch in die lasch wirkenden Züge des Generals, der die Partei und ihre Funktionäre verkörpert und der sich durch seine Rede verrät.

Die Kritik, die Kantorowicz in der Neufassung des »Spanischen Kriegstagebuchs« und im »Deutschen Tagebuch« artikuliert, nähert sich aufklärerischer Adelskritik, die Morali-tät einfordert. »Den Wurms der Parteikabalen ist jeder, der für seine Überzeugung den Kopf hinhält, ein Greuel und Anathem« (1959, 318). Die Kritik richtet sich gegen »Feilheit, Strebertum, Unaufrichtigkeit ⟨...⟩. Wer aus Liebe und Treue zur Partei ein offenes Wort wagt, macht sich verdächtig. Wer mit bösen Hintergedanken oder auch nur aus Feigheit oder Bequemlichkeit immer zustimmt, macht sich lieb Kind« (1979/1982, 307 f).

»Was wir bereits einmal in der Weimarer Republik erlebt hatten, wiederholte sich im europäischen Maßstab. ⟨...⟩ Europa gab sich auf. Dies Vorgefühl, das zwar nur von

wenigen Politikern, aber von der Mehrheit der europäischen Schriftstellern mitempfun-
den wurde, war die eine Quelle meiner depressiven Stunden. Eine andere waren die
Nachrichten über die fortdauernden Prozesse und ›Geständnisse‹ in Moskau« (1979/
1982, 114).

Das WIR seiner Kritik scheint sich hier auf den europäischen Schriftsteller zu
beziehen, der in Opposition zum Berufspolitiker steht – der Politiker der neutralen
Staaten, der sozialdemokratische wie der kommunistische Funktionär. Es sind die
leitmotivischen »Gegensätze zwischen den Funktionären und den Schriftstellern« (1959,
47). Für Kantorowicz, den Freund Heinrich Manns, gibt es (im Rückblick) keine ›gute‹
Herrschaft; er sieht keine Alternativen, denn Revolutions- und Parteigeschichte sind in
eins gesetzt. Das »Spanische Kriegstagebuch« beschwört daneben das WIR der Spanienkämpfer im Kontrast zu den Funktionären in der Etappe, die den Sozialismus verraten
haben. Dieser Bildentwurf trägt Züge einer Dolchstoßlegende.

»Wenn ich von meiner Verbundenheit mit den Kameraden des Spanienkampfes
spreche, so ist selbstverständlich nicht die Rede gewesen von den vielen ⟨...⟩ Apparatschiks, die in den Bürostuben von Barcelona und Albacete ihr Unwesen trieben ⟨...⟩.
Ebensowenig kann die Rede sein von Funktionären, die aus den Bürostuben von
Moskau, Paris, Prag auf Stippvisite in die Bürostuben von Barcelona, Valencia oder
Albacete ⟨...⟩ kamen, um ›nach dem Rechten zu sehen‹, daß heißt über die Vorrechte und
die Karriere der Parteibeamten zu wachen, während das Fußvolk an den Fronten starb«
(1959, 51).

In der Vernachlässigung der verkannten XIII. Brigade durch die Leitung scheint
Kantorowicz ein Sinnbild des eigenen Schicksals zu erblicken [61]. Der Spanienkrieg
bleibt der wichtigste Bezugspunkt für die politische Identität von Kantorowicz. Immer
wieder betont er eine Einheit der Spanienkämpfer; auch die »Klassiker des Antikommunismus« hätten ihr Engagement in Spanien später nicht widerrufen. In seiner Zeitschrift
»Ost und West« knüpft er im ersten Heft programmatisch am Spanienerlebnis als der
entscheidenden Zäsur des antifaschistischen Kampfes an. »Der Kampf geht weiter, und
man wird uns Spanienkämpfer immer wieder in der Vorfront dieses Kampfes für das neu
zu erbauende Deutschland finden ⟨...⟩« [62]. Auch seine letzte, bislang unveröffentlichte
Arbeit galt der Spanienerfahrung. Die Figur des »mißliebigen Spanienkämpfers« (1961,
634) wird von Kantorowicz mehrfach hervorgehoben, beispielsweise in seinem wieder-
holten Bericht von der Ehrung Walter Ulbrichts als Spanienkämpfer: »Als nämlich der
Name Walter Ulbricht aufgerufen wurde, herrschte im ganzen Saal ein eisiges, ein
tödliches Schweigen ⟨...⟩. Mit diesem vernichtenden Schweigen zeigten die überlebenden
Spanienkämpfer, die, die wirklich an den Fronten gestanden und den Kopf hingehalten,
ihre Verachtung für die Männer der Apparate« [63].

Die Vorliebe für die Verstecke des WIR ist charakteristisch für die Tagebücher und die
späte Prosa von Kantorowicz. Auf den ersten drei Seiten einer Vortragsrede, deren
Thema der Weg in die Partei und aus der Partei war, finden sich gerade zweimal ein ICH,
dreizehn Mal dagegen das WIR. Das WIR bezieht sich auf unterschiedliche Gruppen, vor
allem auf ›die Schriftsteller‹, ›das Fußvolk‹, ›die Spanienkämpfer‹ (im »Deutschen Tagebuch« auch auf ›die Intellektuellen‹ und ›die unzeitgemäßen Alten‹); manchmal bleibt es
auch unbestimmt. Während das IHR regelmäßig an die »Funktionäre« gerichtet ist, tritt

das ICH dort auf, wo es in Opposition zur Funktionärskaste gesetzt wird (1962, 31 u. 34). Wenn der neugegründete Staat gegen Kantorowicz losschlägt (1962, 31), wenn Kantorowicz sich dem heimlichen Kern der Harich-Gruppe zurechnet (1962, 34), wenn Ulbricht den Namen seines Erzfeindes von einer Wahlliste streicht (1961, 311) oder Kantorowicz »als einziger« gerügt wird (1961, 114), verläßt er die Anonymität des WIR und verwandelt sich, als ICH, zum Prototypen des verfolgten Einzelgängers im ›Schußfeld der Funktionäre‹ [64].

Seiner Funktionärskritik liegt das sozialanklägerische Schema von denen da oben und uns da unten zugrunde [65]. »Wir sprachen verschiedene Sprachen ⟨...⟩. Begriffe, die wahrhaftig nicht nur für mich allein, sondern fast ausnahmslos für alle Schriftsteller zählten, erreichten diese Funktionäre nur wie Bilder, die von Zerrspiegeln reflektiert wurden«. Diese Funktionäre waren »unfähig, den Traum von der menschlichen Zukunft zu begreifen« (1979/1982, 275); wo sie reden, »schweigen die Musen« (1967, 183). Erneut hat Kantorowicz Zuflucht zum WIR der Schriftsteller gefunden. Doch die ordentliche Scheidung zwischen diesem WIR und dem IHR der Funktionäre, zwischen »Geist« und »Macht«, verlangt ein Fragezeichen.

Der Funktionär und der Tagebuchautor

Kantorowicz wird von verschiedenen Seiten, auch in mündlichen Erinnerungen, als linien- und prinzipientreuer Kommunist geschildert. Hans Sahl spricht mit dem freundlichen Spott jener, die an der Partei nur geschnuppert haben, von Kantorowicz' Parteidisziplin (1983, 200 ff). Sein Kampfgefährte Gustav Regler äußert sich schärfer: »Er war kurz vor dem Machtantritt Hitlers zu uns gestoßen und hatte sich sofort durch Eifer und Gehorsam ausgezeichnet ⟨...⟩ Er widerstand der Erkenntnis, abgesunken zu sein; er wollte zu den Massen gehören, er hatte, wie wir alle, Schuldgefühle« (1958, 227). Georg K. Glaser erinnert sich im Gespräch an einen »übereifrig linientreuen Kantorowicz, dem im Pariser Exil stets die Angst vor der Parteiobrigkeit anzumerken war«; ähnlich klingen die (mündlichen) Erinnerungen von Charlotte und Walter Janka.

In seinen Publikationen vor 1956 finden sich abweichende Programme und Visionen (in »Ost und West«), vor der Konstituierung der DDR auch widersprüchliche Positionen zur offiziellen Kulturpolitik, doch kaum ein Satz der Skepsis oder des verborgenen Widerstands.

Am 7. August 1936 kam Kantorowicz im Auftrag des SDS [66], zusammen mit Regler, nach Moskau. Den Leser seiner Bücher kann das überraschen. Im »Spanischen Kriegstagebuch« ist zwar die Rede davon, daß Regler von Moskau aus bedrückt nach Spanien kam; Regler sei in Berlin wie in Paris an seiner Seite gewesen (1979/1982, 265); daß Kanto auch in Moskau Reglers Reisebegleiter war, findet dagegen keine Erwähnung. Einer der Gründe für das Verschweigen mag sein, daß er Koestlers Loslösung von der Partei auf dessen Rußlandreise zurückführt (1962, 29).

David Pike schreibt in seiner Darstellung der Reaktionen auf den stalinistischen Massenterror von 1936: »Und schließlich gab es diejenigen, die nichts unternahmen. Alfred Kantorowicz und Gustav Regler waren im Sommer-Herbst 1936 in Moskau, gerade als sich die Festnahmen ⟨unter den deutschen Exilanten⟩ häuften. Sie müssen von den Vorgängen gewußt haben, und doch haben sie als loyale Parteimitglieder nach der Rückkehr in den Westen Ende 1936 nichts über das Schicksal ihrer Landsleute verlauten lassen« [67].

Es ist wahrscheinlich, daß Kantorowicz seine Beobachtungen den Tagebüchern – dem unveröffentlichten Teil – anvertraut hat. Er liest 1959 beispielsweise in seinen Aufzeichnungen von 1935 nach: »⟨Die Tagebücher⟩ berichten von der Mißachtung und Mißhandlung einfacher Genossen, die bös zerschlagen nach längerer Lagerhaft aus dem Lande flüchten und von den Parteibeamten in den Bürostuben wie lästige Bittsteller verwiesen wurden« (1959, 47).

Neben Regler berichtet auch Max Barth von einem literarischen Probehandeln Kantorowicz', dem die Unterwerfungsgeste des Parteimitglieds folgt: »Kantorowicz wurde getadelt und steckte mit Ergebung und edler proletarisch-freier Unterwerfung unter die Autorität des die Versammlung leitenden Hüters der stalinistischen Linie die Rüge ein. Sein williger Konformismus hat ihm denn auch Früchte eingetragen« [68].

Daß Kantorowicz »niemals ein ›hundertprozentiger‹ Kommunist« gewesen ist, vermutet Roloff (1967, 41) – doch kaum einer der Exkommunisten hat das gegenteilige Bild von sich entworfen. Koestler schildert Kantorowicz als »ausnehmend warmherzige⟨n⟩ Genossen und aufopfernde⟨n⟩ Freund; er besaß Anstand, Humor und Mut; sein einziger Fehler war Mangel an Zivilcourage der Parteiobrigkeit gegenüber« (1949/1952, 43). Das widerspricht empfindlich dem Selbstbild von Kantorowicz, wie es sich in seinen »Tagebüchern« widerspiegelt. Ernest J. Salter zieht aus seinen Gesprächen mit Kantorowicz das Fazit, daß dieser nicht zur DDR-Opposition gezählt habe. Harichs Angebot zur Mitarbeit habe er ebenso ausgeschlagen wie den Kontakt zu anderen Oppositionskreisen gemieden. Sein Lehrstuhl sei Ort der »inneren Emigration« gewesen [69].

Kantorowicz' Selbstdarstellung zielt in zwei verschiedene Richtungen. Zum einen unterstreicht er (was Roloff aufgegriffen hat), vom ersten Tag an in Opposition zur Partei gestanden zu haben: »Mit dem Tage des Eintrittes in die Partei begann zugleich bei den meisten von uns damals noch jüngeren Intellektuellen der innere Widerspruch zu den Praktiken des Apparats; man darf sagen – so absonderlich diese Feststellung Außenstehenden erscheinen mag –: der Prozeß der Loslösung von ihr« [70].

Zum anderen heißt seine Verteidigung: Nicht wir, sondern die Funktionäre sind die Verräter – an den Idealen der kommunistischen Bewegung. WIR sind jene Minderheit, die den wahren Sozialismus verkörpert, aber einen ohnmächtigen Kampf gegen die Funktionäre führt [71]. Ein wesentliches Ziel seiner Rechtfertigungsarbeit ist es folglich, aus seinem Selbstbild *die Züge des Funktionärs* auszuklammern. Seine Funktionärskritik ist geprägt von der Heftigkeit derer, die sich selbst in den Irrtümern und Fehlern ihrer Feinde bekämpfen. Dennoch scheinen mir die Akzente, die im Tagebuch den Oppositionellen Kantorowicz bezeichnen, richtig gesetzt. Es finden sich kaum Erinnerungen an aktive Konfrontationen eines Widerspenstigen, mehr Erinnerungen dagegen an staatliche Maßnahmen, die den Schriftsteller und Publizisten betreffen. Vor allem aber sind es *Bekundungen einer oppositionellen Gesinnung,* die das »Deutsche Tagebuch« prägen. Das Tagebuch selbst ist der Ort, wo (stellvertretend) Widerstand gegen den Stalinismus geleistet wird, »Ableitung an der Klagemauer« (1961, 26). An einer Stelle des »Tagebuchs« (»Nachtbücher sage ich wohl richtiger« ⟨1961, 44⟩) übt Kantorowicz Selbstkritik an dieser Praxis seiner heimlichen »Klagen und Anklagen in diesen Heften«; er nennt sein Schreiben »diese armseligen kleinen Selbstbefriedigungen, mit denen ich mir ein wenig vorübergehende Erleichterung meiner latenten Atemnot zu verschaffen suche« (1961, 572; vgl. 573 f). Andererseits gewichtet er unmißverständlich die Bedeutung seines Schreibens: »Geschrieben habe ich nach bewährter alter Übung auch in den vergangenen Jahren fast ausschließlich für die Schublade. Das wenige, was veröffentlicht wurde, ist beiläufig und teilweise wohl unter meinem Niveau« (1961, 410). In der zu Beginn dieses Kapitels zitierten Passage hat Kantorowicz das Dilemma auf die Formel gebracht: »Mir will scheinen, daß ich ⟨...⟩ die Frage bereits beantwortet hatte, indem ich sie nieder-schrieb« [72]. An die Stelle der offenen Opposition tritt das heimliche Bekenntnis der Verweigerung; Schreiben wird zur literarischen Illusionsarbeit, die, als innere Entlastung, eine öffentliche Anpassung gerade gewährleistet. In einem »Rückblick« findet Kantorowicz dafür selbst deutliche Worte: »Schreiben war für mich von Beginn an oftmals Notwehr; ich setzte Schrecken, Enttäuschungen, Demütigungen, Empörung (soweit ich sie nicht offen äußern konnte) durch die Notierungen in meinen Tagebüchern von mir ab« (1969, 21).

Auf die Frage eines westdeutschen Journalisten, warum der Entschluß zur Flucht erst so spät gefallen sei, verweist Kantorowicz auf sein Tagebuch. Es »wurde geführt, als der Gedanke an eine Flucht noch nicht einmal in Andeutungen aufgekommen war, es lag in der Schreibtischschublade des Autors, als er noch gegen sich und seine Wandlung zum Abtrünnigen kämpfte« [73].

Die Haltung des schreibenden Kantorowicz erinnert an die der Autoren der sogenannten »inneren Emigration« [74]. In der Welt seiner Tagebücher, seiner »verschwiegenen Notizen«, ist Kantorowicz Gegner und Opfer des Stalinismus [75].

Die Sprache des Opfers

Zu Beginn des »Deutschen Tagebuchs«, in dem die Funktionärsschelte noch breiteren Raum einnimmt als im »Spanischen Kriegstagebuch«, erzählt Kantorowicz ein chinesi-sches Märchen: »Die Geschichte spielt irgendwann irgendwo in China. Da reitet ein Bauer aus seinem abgelegenen Dorf in die nächste Kleinstadt, um etwas einzukaufen oder Verwandte zu besuchen, was auch immer. Auf dem Rückwege sieht er zu seinem Entsetzen in einem schlammigen Tümpel einen riesigen feuerspeienden Drachen lauern, der ihn verschlingen will. Der Bauer reitet um sein Leben, und tatsächlich gelingt es ihm, zu entkommen. Als er sich nach einigen Meilen umwendet, ist der Drache nicht mehr zu sehen. Nicht mehr weit von seinem Dorf entfernt, begegnet er dem Kinde eines Nachbarn, das ihm ⟨...⟩ erzählt, es sei auf dem Wege zur Großmutter in der Kleinstadt. Noch vor Schrecken bebend sagt der Mann: ›Du kannst nicht dorthin, denn ein riesiger, feuerspeiender Drache lauert in einem Tümpel am Wege auf die Vorbeikommenden. ⟨...⟩ Setz dich hinten auf, wir reiten so rasch wie möglich in unser Dorf zurück, wo die Hausgötter uns vor dem Untier schützen mögen. Das Kind, hinter ihm auf dem Pferd, beginnt ihn neugierig über die grausige Erscheinung des Drachens auszufragen. ›Hatte er ein großes Maul?‹ ›Ja‹, sagte der Bauer, ›ein Maul so groß wie ein Tempeltor. Frag mich nicht, ich will nicht mehr daran denken.‹ ›Und große Drachenzähne hat er auch in dem Maul gehabt?‹ fragt das Kind weiter. ›Zähne, mit denen er mein Pferd und mich hätte zermalmen können wie du ein Reiskorn. Hör doch auf, mich zu fragen. Bei der Erinnerung läuft es mir kalt den Rücken hinab.‹ ⟨...⟩ ›Und furchtbare Klauen hat er wohl auch gehabt?‹ ›Klauen, mit denen er einen Tiger zerschmettern könnte, wie ich ein junges Bambusrohr breche. Nun ist es aber genug. Ich werde dir auf keine Frage mehr antworten. Ich will den Drachen vergessen und Buddha danken, daß ich mein Leben retten konnte.‹ Einige Sekunden schwieg das Kind. Dann sagte es mit süßer, einschmeichelnder Stimme: ›Sieh dich doch einmal um, sah er vielleicht so aus?‹ Der Bauer wandte sich, da saß hinter ihm der Drache auf dem Pferd und drehte ihm mit seinen fürchterlichen Klauen augenblicks den Hals um« [76].

Kantorowicz spricht noch vor dem Märchen von der ›hintergründigen Gleichniskraft‹ (1959, 11) der folgenden Geschichte (Ernst Bloch hat sie ihm in den zwanziger Jahren erzählt), um sie im Anschluß zu erläutern – seine Leser sollen gegen Fehldeutungen gesichert sein: »Ja, so war das. *Unser* Erlebnis war es. *Wir* waren dieser Bauer. *Wir* glaubten *uns* und die Kinder *unseres* Volkes vor der Bestie Nazismus gerettet zu haben, aber wie *wir uns* umwandten, war das Untier, das *uns* in harmlos vertrauter Gestalt getäuscht hatte, hinter *uns* auferstanden und hielt *uns* in seinen mörderischen Klauen« [77].

Er ignoriert den Widerspruch, daß er selbst vom Drachen nicht gefressen wurde. »Sind wir nicht dieser Bauer?«, wiederholt er an späterer Stelle (1961, 354). Seine Betonung macht deutlich, daß er sich zum WIR der Opfer rechnet und nicht zu jenen, die dem Drachen seine Gestalt gaben: den Funktionären und funktionstüchtigen Intellektuellen. Aber Kantorowicz war Opfer und Funktionär: im »Roten Block«, in Paris und Spanien und auch noch in der Redaktion von »Ost und West«. Er war funktionstüchtig mit seinem literarischen Tribut an Stalin, mit der schriftlichen Kampfansage an die Verräter und mit der Literaturpolitik, die gegen die ›schlechteren Marxisten‹ wie Brecht, Rolland oder Franz Jung gerichtet war [78].

Die Funktionäre sind für Kantorowicz die Projektionsfiguren einer Verdrängung, die schließlich irreale Züge annimmt. Nach dem 17. Juni 1953 erinnert er im Tagebuch an die Parteiführer, die sich 1933 »in ihre strategisch uneinnehmbaren Positionen, in die Moskauer Bürostuben zurückzogen, während wir Fußvolk von den braunen Horden zerstampft wurden« (1961, 372). Weder hat Thälmann in Deutschland überlebt, noch hat die Mehrzahl der KPD-Funktionäre das Moskauer Exil überlebt, und ebensowenig ist Kantorowicz von den braunen Horden zerstampft worden. Aber vermutlich war der Gewissensdruck nach dem 17. Juni weiter gewachsen, so daß der Funktionsträger Kantorowicz sich im Tagebuch zu den ›Opfern‹ schlagen mußte [79].

Die Geschichte vom Bauern und dem Drachen ist eine Variante des Grimmschen Märchens vom Rotkäppchen und dem bösen Wolf [80]. Der Wolf nähert sich in vertrauter Gestalt; Freund und Feind, Opfer und Henker sind märchenhaft getrennt. In seiner Rundfunkrede nach der Flucht aus der DDR wird das von Kantorowicz noch unterstrichen: »Nein, ich konnte nicht mehr die Augen verschließen vor dem fast mythischen Phänomen, daß, während wir gläubig für Freiheit und Recht gegen die faschistische Barbarei gekämpft hatten, Faschismus und Barbarei hinter uns wieder auferstanden waren in Wort und Tat und Ungeist in den Amtsstuben der Apparatschiks« (1959, 13).

Während Kantorowicz an der Front (in Spanien) kämpfte, wurde in der Etappe der Antifaschismus gemeuchelt: eine antistalinistische Dolchstoßlegende.

In einem offenen Brief an die amerikanische Zeitschrift »The German American« (April 1944) spricht er im Titel von einem »Dolchstoß in den Rücken«, den ihm die sozialdemokratische »Neue Volkszeitung« als »Mundstück der Naziintrigen« durch den Hinweis auf seine kommunistische Parteizugehörigkeit versetzt habe (1949 b, 290).

Nicht WIR (da unten) wurden zu Drachen, indem wir einen Gegner bekämpften und uns diesem anverwandelten, sondern die Verwandlung des Drachen war das Werk der ANDEREN (da oben). *Kantorowicz versucht das Doppelgesicht des Renegaten als Täter und Opfer zu verdrängen.*

Auch in seiner Sprache gibt sich Kantorowicz als Funktionär zu erkennen: vor 1957 in seiner Selbstdisziplinierung, in seinen Attacken auf Sozialdemokraten und Renegaten, danach gerade in dem Muster und in der Tonlage seiner Funktionärsschelte.

Auf seine literarische Anpassungsbereitschaft während den DDR-Jahren habe ich bereits hingewiesen. Aber Kantorowicz akzentuiert die eigene literarische Tätigkeit als Partisanenwerk. Er weitet die Konfrontationen mit der SED, die im Fall seiner Zeitschrift gegeben war, auf alle seine Bücher aus. Auch in diesem Zusammenhang ist die Betonung seines listigen Kampfs um die Veröffentlichung der »Tschapaiew«-Dokumentation und seine Auseinandersetzung um das »Spanische Tagebuch« zu sehen [81].

Nach der vollzogenen Abwendung von der Partei behält er in seinem Tagebuch das dichotomische Wahrnehmungsmuster von Gut und Böse, von Wahrheit und Lüge bei. Vor 1957 sah er sich bei rechten Sozialdemokraten und Renegaten an den »Stürmer« und an »Goebbelspropaganda« erinnert. Gegen die »Herren von der ›Neuen Volkszeitung‹«, die den »wahren ›Dolchstoß in den Rücken‹ der deutschen Freiheit« geführt und die Nazis »hochgepäppelt« hätten, will er 1944 mit Insektenvertilgungsmittel vorgehen [82]. Die Sprache seiner Verdammungsurteile bleibt im »Deutschen Tagebuch« dieselbe: »Ulbricht und seine mörderische Clique ⟨...⟩, die Spitzel, Denunzianten, Lügner, Folterknechte, Rechtsbeuger, die Lakaien des Unrechts und der Gewalt, die ihr Leben lang aus den Bürostuben geschoben, gehetzt, verleumdet, nach oben gebuckelt und nach unten getreten haben. Da werde ich deutlich sein ⟨...⟩ um diesen Abschaum abzusondern von der großen Mehrheit ⟨...⟩« (1959, 15).

Einige der Vokabeln seiner Funktionärsschelte: »Gauleiter«, »Rollkommandos«, »Sturmabteilungsmänner«, »Totschlägerkolonne«, »Sturmführer«, »Ulbrichtsche Gestapo«, »im Stil des ›Völkischen Beobachters‹«, »das ist die Sprache Streichers«, »Funktionärsgeschmeiß«, »Ratten«, »Wanzen«, »Maulwürfe«, »Ungeziefer [83]. Er konservierte in seinen Rechtfertigungstexten denunziatorische Elemente der Parteisprache.

Als Kantorowicz 1957 der DDR den Rücken kehrt, erscheint im »Neuen Deutschland« und der »Neuen Deutschen Literatur« eine öffentliche Erklärung von Schriftstellerkollegen (unter anderem von seinen Spanienmitkämpfern Bredel, Renn, Uhse und Hermlin), die sich in ihrer Denunziation eines besonders fatalen Mittels bedient – man gibt sich den Anschein, als ließe man Kantorowicz das Urteil über sich selbst fällen: »Seinen eigenen Fall vorwegnehmend, schrieb er 1949 über seinesgleichen: ›Wir dürfen zufrieden sein. Je mehr von der Sorte wir loswerden, desto besser für uns. Auch das ist eine Art Enttrümmerung. Es wird sauberer bei uns‹«.

Das Zitat, nicht untypisch für die affektgeladene Sprache von Kantorowicz, bezieht sich jedoch nicht auf »seinesgleichen«. In der »Täglichen Rundschau« vom 14.1.1949 hatte er in dem Artikel »Die Bestochenen« den Satz nicht auf politische Flüchtlinge, sondern auf Geschäftemacher, Schieber und Hochstapler gemünzt: »Über jeden Schwarzmarktschieber, der sich ihnen als ›Flüchtling‹ aus der sowjetischen Besatzungszone oder dem Ostsektor präsentiert, stimmen sie ein mißtönend widerhallendes Halleluja an. Wir dürfen zufrieden sein ⟨...⟩«.

Auch sein »Ost und West«-Redaktionskollege Maximilian Scheer, der im »Deutschen Tagebuch« von Invektiven verschont bleibt, versucht Kantorowicz zum ›Selbstbelastungszeugen‹ zu berufen: »Dein ganzes bisheriges Werk spricht gegen Dich. Hast du es wirklich vergessen? Wer hat denn das ›antikommunistische Delirium‹ verhöhnt? Das warst Du. Wer hat denn den Antikommunismus mit dem Faschismus gleichgesetzt? Das warst Du. Wer hat denn dies geschrieben? ›Angesichts dieser Gefahr des Antikommunismus, sprich Faschismus, erscheinen mir die Mängel und Irrtümer kommunistischer Parteien und Bewegungen, die ich nicht übersehen kann, wie Geringfügigkeiten.‹ Das warst Du« [84].

Noch bösartiger ist das in Scheers Autobiographie als »geistige Abrechnung« verstandene Kantorowicz-Bild, das diesen als »Kosmetiker ⟨...⟩ für sein Gesicht des Jongleurs am Trapez der Elite«, zeichnet und als »Nervenbündel« mit »krankhaftem Lebens-Zickzack« vom Hakenkreuz zum Zionismus [85]. Die Gehässigkeit von Scheer, der Kantorowicz mehr als die Redakteurstelle verdankt, läßt sich wohl auf die Nähe zu dem ›entlarvten Verräter‹ zurückführen, in der sich Scheer über lange Jahre befand; er mußte deutlicher als andere versichern, daß er sich am ›Bazillus des Verrats‹ nicht infiziert habe.

Noch 1957 war Kantorowicz gerühmt worden als einer, der »jahrzehntelang ⟨...⟩ in der vordersten Linie des politischen Kampfes gestanden« habe (»Aufbau«, H. 5, 1957, S. 292 f). Kanto notiert 1964, daß Hanns Eisler, Max Schröder und Arnold Zweig zu den wenigen zählen, »die sich nicht bewegen ließen, mir Schimpf nachzurufen; ich weiß, welche Entschlossenheit, welch moralischer Mut dazugehört, die geforderte Unterschrift unter die vorgeschriebene kollektive Verdammung eines Geächteten zu verweigern« [86]. In der Folgezeit wurde Kantorowicz in der DDR totgeschwiegen; in der von ihm edierten Heinrich-Mann-Ausgabe verschwand sein Name als Herausgeber [87].

Das »Niemandsland«

»Der Platz zwischen den Fronten ist der Platz der Verlierer. Mit einem Bein diesseits, mit dem anderen jenseits bleibt keiner im Gleichgewicht. Wer obendrein glaubt, in solcher Position lasse sich am ehesten die Wahrheit finden, der irrt sich – milde ausgedrückt – sehr.«
Erich Honecker: Rede auf dem Treffen mit Kultur- und Kunstschaffenden im Hause des ZK der SED am 28.6.1979

»Als ich innerhalb der Deutschen Demokratischen Republik isoliert wurde, hatte ich den Eindruck, daß sich auch Kantorowicz von mir zurückziehe. Nie hatte ich das Gefühl, mit ihm in einem unausgesprochenen Einverständnis zu stehen, doch konnte ich ihm natürlich nicht ins Herz blicken«, schreibt Ernst Niekisch [88]. Seine leise Kritik an der Flucht von Kantorowicz wird vermutlich von diesem Eindruck beeinflußt, denn Niekisch setzt falsche Akzente: »Kantorowicz hatte in der Bundesrepublik eine gute Presse; ein paar Tage lang war er beinahe ein ›gefeierter Mann‹. Man bewunderte ihn als einen großen Gelehrten; die Zeitungen brachten sein Bild, das einen geistigen Menschen zeigte« [89].

Die Feier dauerte tatsächlich nur ein paar Tage. Hans Joachim Schädlich, der bei ihm studiert hat, nannte ihn (im Gespräch) einen der »aktiv Vergessenen« [90].

Kantorowicz glaubte an eine Konvergenz der ideologischen Systeme, aber vielleicht nur in jenem Sinn, wie sie in einem seiner späten Gedichte gefaßt wird:

»Den Geist liebt man nicht hüben
Man liebt ihn drüben nicht
Der Haifisch jagt im Trüben
Der Mörder scheut das Licht
Man hetzt den Geist mit Hunden
Ist hier wie dort verbannt
Bedeckt von tausend Wunden
Flieht er ins Niemandsland« [91]

1949 in Imshausen, so schlußfolgert er zwanzig Jahre danach, konnten »die besten des Kreises, die Aufrichtigsten« – er meint vor allem Carl Friedrich von Weizsäcker und Walter Dirks – keine gültige Alternative anbieten »außer der subjektiven Einsicht, daß alles fragwürdig geworden war und daß ihr eigener Standort im Spannungsfeld zwischen ›Ost‹ und ›West‹ vorerst das Niemandsland war oder die Katakombe« (1985, 189).

In der ersten Tagebucheintragung des Jahres 1950 heißt es: »Die Funktionärsschaften des Kalten Krieges hüben und drüben haben Positionen im währenden Stellungskrieg bezogen und schießen auf jedweden, der sich im Niemandsland bewegt« (1961, 49). Mehrmals benutzt er das Gleichnis von den zwei Anwälten, die sich vor Gericht wütig bekämpfen, aber freundschaftlich untergehakt zum Essen eilen: zwei Klingen einer Schere, die aufeinander losfahren, aber nur zerschneiden, was dazwischen ist, was vermitteln will [92].

Folgt man seinem Tagebuch, dann hat sich Kantorowicz frühzeitig diesem Kreis zugehörig gewußt. Unter dem Datum vom 30. November 1952 – in Prag rollt der Slansky-Prozeß über die Gerichtsbühne – notiert er: »Abschreiben, abschreiben. Auslöschen. In die Katakomben. Ins Niemandsland. Dies *Jahrhundert des ›gemeinen Mannes‹* sieht den Triumph der Bestialität. Sodom und Gomorrha. Wenn diese Menschheit, wie sie heute ist, sich atomisiert – werde ich im Bruchteil der Sekunde vor dem (erwünschten) Ende noch gottesgläubig. Das Experiment der Schöpfung – wie immer man sie benennen mag – auf diesem winzigen Stern mit dem denkenden Wesen, Mensch genannt, ist als gescheitert anzusehen, und ganz folgerichtig ist es, daß am Ende des mißratenen Versuchs der ›Weltgeist‹ diese Unwesen die Mittel finden läßt, sich selber auszurotten« (1961, 335).

Es ist die bedrohlichste Haltung des Enttäuschten, die sich auch beim späten Franz Jung und bei Arthur Koestler findet [93]: Das Experiment ist gescheitert, und im Bild des Untergangs gelingt zum letzten Mal die gläubige Identifikation mit dem Weltgeist. Im Zentrum seiner Drohung steht verborgen das ICH als das des isolierten Schriftstellers, der stets unbesiegbare Feinde hatte: den Faschismus, den Stalinismus, die bundesrepublikanische »Managerwelt« und den Neonazismus. »Man muß immer auf das Schlimmste gefaßt sein: den durchaus möglichen abermaligen Sieg der Kaschemme über den Geist« (1969, 25).

Auch wenn es Kantorowicz' Traum war, Romanschriftsteller zu werden, galt seine Schreibarbeit vor allem der Dokumentation und Rechtfertigung. Die dichterischen Versuche blieben vor dem selbstkritischen Blick Kantorowicz' nicht bestehen. Sie erscheinen unter Pseudonym oder werden von ihrem Autor ›vergessen‹. Während er die Bücher des Chronisten ins rechte Licht zu stellen sucht, äußert er sich nur am Rand über Roman und Drama, seine genuinen literarischen Versuche [94]. Schreiben blieb für ihn Fluchtbewegung und Verdrängungsarbeit; seine Opposition hieß Tagebuch.

»Besäße ich mehr Gelehrsamkeit, befürchtete ich nicht, daß das Thema meinen Sinn für Humor zum Versiegen brächte, so würde ich vielleicht den Versuch wagen, die Historie der Menschen als eine Geschichte der Schauprozesse zu schreiben. Ich ginge zurück bis zu den Schauprozessen des Sokrates von Athen und des Jesus von Nazareth und würde ihre immer weniger vornehmen Abkömmlinge über die Jahrhunderte hin der Reihe nach aufführen, um dann mit ein wenig Boshaftigkeit festzustellen, daß nahezu alle Schauprozesse sich letzlich als Fehlschläge erwiesen und daß sie zu Ergebnissen geführt haben, die den Absichten der Initiatoren genau entgegengesetzt waren.«
Béla Szász (1963/1986, 373)

V. 1. Die Polarisierung

Kritik, Apologie und Verdrängung

Für jene Antifaschisten, die nicht im Spanischen Krieg gekämpft und den Terror des kommunistischen Apparats dort nicht erfahren hatten, konnte die Sowjethilfe für Spanien den Glauben an das antifaschistische Rußland bestärken und die Aufmerksamkeit weglenken von den Moskauer Schauprozessen der Jahre 1936 bis 1938. Doch durch die polarisierenden Auseinandersetzungen in der Exilpresse wurden die Prozesse und schließlich der »Hitler-Stalin-Pakt« vom 23. August und 28. September 1939 zur Herausforderung ihres Glaubens. Kritik und Widerstand gegen den Nationalsozialismus mußten nun verbunden werden mit der Rechtfertigung eines Paktes zwischen den Antipoden Hitler und Stalin und mit der Verteidigung von Prozessen gegen die Helden und Akteure der russischen Revolution, die inzwischen als die Gehilfen der Gestapo ›entlarvt‹ waren.

Die Absurdität der Anklagen, denen die ›Alte Garde‹ der russischen Revolution ausgesetzt war, erscheint dem heutigen Leser offensichtlich. Lenins Mitstreiter waren fast allesamt zu Handlangern des Faschismus und Imperialismus erklärt worden, die gleichzeitig im Solde Deutschlands, Japans, Frankreichs und Großbritanniens standen und die Stalin nach dem Leben trachteten, aber es trotz ihrer großen Zahl und ihrer einflußreichen Positionen nicht vermochten, ihm auch nur ein Haar zu krümmen. »Es war«, schreibt der Stalin-Biograph Isaac Deutscher, »als hätte man die ganze Kraft des Niagarafalls für den Antrieb eines Kinderschiffchens verwendet« [1].

Der Begriff »Säuberungen«, den Deutscher ohne Anführungszeichen verwendet, gehörte seit dem II. Weltkongreß der Kommunistischen Internationale (1920) zum offiziellen Parteivokabular; an den X. Parteitag der KPdSU (1921) schloß sich eine erste »Parteisäuberung« an. Stalin prägte schließlich die Parole, ›die Partei werde durch Säuberungen gestärkt‹ [2].

Da das gesamte Leninsche Politbüro mit Ausnahme Stalins und Trotzkis auf der Anklagebank erschien, unter der Anschuldigung, seit den ersten Tagen der Revolution für ausländische Spionagedienste gearbeitet zu haben, konnte das Werk der Revolution als eine Tat von Verrätern erscheinen. Die ganze Führungsgruppe einer revolutionären Bewegung hatte sich geschlossen dem Feind verkauft; nur einer war in Treue zurückgeblieben: Stalin, der nun die Anklage führte. Willi Schlamm versucht die Konsequenzen der Anklage deutlich zu machen: »Die bolschewistische Partei Russlands, die Partei der Oktoberrevolution, die Partei Lenins wäre die grauenhafteste Pestbeule, die entsetzlichste Entartung, das furchtbarste Sammelbecken der Verräterei, des Spitzeltums und der Käuflichkeit ⟨...⟩« (1937, 67). Die Prozesse selbst bauten statt auf sachlichen Indizien, schriftlichem Beweismaterial oder beschlagnahmten Waffen nur auf die Geständnisse der Angeklagten; die Geständnisse wiederum perpetuierten den Stil der Anklage und hielten keiner Nachprüfung stand.

Der Angeklagte, der ein Treffen im Jahr 1932 mit Leo Sedow im Kopenhagener Hotel »Bristol« eingestehen muß, wird von einer dänischen Zeitung darüber informiert, daß dieses im Jahr 1917 abgerissen worden sei. Ein anderer Angeklagter (Pjatakow), der gesteht, daß er Mitte Dezember 1935 von Berlin nach Oslo geflogen sei, um sich dort mit Trotzki zu treffen, wird von Osloer Behörden korrigiert: Zwischen dem 19. September 1935 und dem 1. Mai 1936 sei auf dem angegebenen Flughafen kein ausländisches Flugzeug gelandet [3]. So gab es auch in den Nürnberger Prozessen von der sowjetischen Seite keinerlei Verweis auf die Moskauer Prozesse (etwa auf den Prozeß gegen den »Gestapo-Agenten« Tuchatschewski).
     »Da hörte ich einmal von folgender, wörtlich formulierter Anklage: ›Spionage für irgendein Land‹«, erinnert sich Margarete Buber-Neumann (1952, 48 f). Die Anklagen klangen für sie nachträglich »wie Ausgeburten einer kranken Phantasie« und die Geständnisse der Angeklagten wie die Aussagen von »Geisteskranken« (1967, 450).

Bemerkenswert ist daneben, daß nicht der Massenterror, der bereits einige Jahre andauerte, und weniger die Todesurteile, sondern hauptsächlich die Anklagen und Geständnisse der drei Schauprozesse im Zentrum des Interesses der Exilierten standen. Die großen »Säuberungen«, die zwischen dem August 1936 und dem Jahreswechsel 1938/39 für jene nach Moskau emigrierten Flüchtlinge ihren Höhepunkt erreichten, wurden in der Exilpresse kaum in ihrem Zusammenhang wahrgenommen und kommentiert [4]. Die Schauprozesse mit ihrer öffentlichen Anklage und Verurteilung müssen im Kontext des Stalinschen Terrors als Ausnahme angesehen werden. Sie waren »nur eine sensationelle, schlaglichtartig hervortretende Ausformung eines alltäglichen Phänomens der sowjetischen Wirklichkeit«, schreibt Louis Fischer [5].
     Der Nichtangriffs- und Freundschaftspakt zwischen Deutschland und der Union der Sozialistischen Sowjetrepubliken schließlich mußte alle provozieren, die in der Sowjetunion den »Halt der gesamten antifascistischen Front« [6] sahen, und nicht nur Willi Bredel, der zwei Jahre zuvor noch mit der publizistischen Entlarvung von Hitlers »Pakt mit den Trotzkisten« die Stalinsche Generallinie vertreten hatte [7]. Der Pakt beendete die kurze und unbeständige Phase der Volksfrontpolitik; mit ihm waren wieder die demokratischen und die demokratisch sozialistischen Parteien zum ›Hauptfeind‹ geworden [8]. Plötzlich schien fraglich, ob die Westmächte ohne eine sowjetische Allianz dem Druck der nationalsozialistischen Militärmaschinerie standhalten konnten.
     In diesem Kapitel sollen verschiedene Reaktionsweisen auf Pakt und Prozesse untersucht werden: neben der Kritik von Renegaten auch die rechtfertigenden Texte der berühmtesten literarischen Apologeten, die in ihren Reden Fügsamkeit und Blindheit mit Schweigen oder Beredsamkeit verbinden. Der Kontrast entspricht einer Momentaufnahme, die verdeutlicht, wie sich in der Folge Positionen verschieben (und von den

Beteiligten vergessen werden); es ist ein Blick auf die Vorgeschichte der Renegaten und eine Vergegenwärtigung, wie nahe die frühere Argumentation von Renegaten und die ihrer späteren Verfolger waren. Brecht und Bloch sind dabei nur in begrenztem Sinne die Gegenspieler der von ihnen attackierten Kritiker. Sie sind zugleich Häretiker, die ihre angefochtenen ästhetischen und ideologischen Positionen durch die Distanzierung von vermeintlichen Gegnern zu sichern suchten. *Die Schwelle, Renegat zu werden, liegt nie so niedrig wie in den Jahren des Stalinschen Terrors und nie so hoch wie in den Jahren des Nationalsozialismus,* als die Fortschrittszuversicht der Aufklärung zerstört zu werden droht. Die Spuren sind in einem Gedicht wie »Fragen eines lesenden Arbeiters« auszumachen, in dem Brecht unter der Oberfläche des optimistischen Lehrgedichts die Angst verbirgt, daß ein mythischer Untergang wie der von Atlantis oder eine Welteroberung wie die durch Alexander sich wiederholen könne [9].

Die Kritiker mußten jenem Staat die Vernunft absprechen, der in besonderem Maß als deren Repräsentant auftrat, nicht nur, weil er sich durch den marxistischen Anspruch der Aufklärung legitimierte, sondern weil er als Antipode des nationalsozialistischen Regimes galt, das seine Intellektuellen vertrieb oder einkerkerte und deren Bücher verbrannte. Das Goebbels-Ministerium hatte im März 1933 Literatur unter der Rubrik »Propaganda« eingestuft. »Die wissenschaftlich genaueste Definition des Faschismus ist vielleicht wirklich diese: der Faschismus ist die Margarine des Geisteslebens«, schreibt vor dem Kriegsbeginn Ignazio Silone in der »Schule der Diktatoren« (1938, 245). Gegenüber dem Faschismus, der sich, so Halldór Laxness, »ganz offen als Feind der Gebildeten gebärdete und dessen Programm es war, all das wieder abzuschaffen, was die bürgerliche Demokratie für die Selbstverwirklichung des Menschen errungen hatte« (1963/ 1980, 72), schien das Rußland vor 1936 im Begriff zu stehen, »eine erhöhte intellektuelle Freiheit zu erreichen. Aufregende Experimente auf dem Gebiet des Theaters, des Films und der Musik wurden veranstaltet«, vergegenwärtigt sich Stephen Spender (1949/1952, 223).

Der Kritiker der Sowjetunion sah sich abgeschnitten von der progressiven Meinung der Mehrheit. Vor allem aber implizierte die Kritik den Zusammenbruch der Hoffnungen, zumindest der aktuellen Hoffnung auf eine wirksame antifaschistische Kraft. Noch in den Renegatentexten wird mit der Rede von Kalkül und ›beglichenen Rechnungen‹ die Anstrengung deutlich, in Stalins Politik Züge der machiavellistischen Vernunft eines Diktators zu rekonstruieren und damit den Vorwurf des Irrationalismus abzuwehren [10].

Richard Krebs läßt Jan Valtins Gegenspieler Wollweber Machiavelli lesen, und Koestler legt Stalin Machiavellis »Il Principe« auf den Nachttisch (1940/1979, 85). Die Originalausgabe von »Darkness at Noon« war auch von einem Machiavelli-Zitat eingeleitet. Staatsanwalt Wyschinski ›überführt‹ dagegen seinen Angeklagten Kamenew des Machiavellismus und erklärt dessen Machiavelli-Ausgabe zum Beweisstück (1951, 516 ff).

So ist es nicht untypisch, daß Verstörung und Irritation im privaten Kreis zum Ausdruck kommen, kein Wort der Kritik jedoch an die Öffentlichkeit dringt. Michail Kolzow, aus Spanien zurückgekehrt, teilt seinem Bruder mit: »Ich denke, denke... Und kann nichts verstehen. Was geht vor? ⟨...⟩ Ich fühle, daß mir der Verstand schwindet. Ich in meiner Position als Mitglied des Redaktionskollektivs der ›Prawda‹ ⟨...⟩ sollte, so scheint es, doch den anderen den Sinn dessen erklären können, was vorgeht für eine solche Anzahl von

Entlarvten und Verhafteten. Und in diesem Punkt weiß ich wie der letzte verängstigte Spießer absolut nichts, habe den Kopf verloren, bin aus der Fassung gebracht, tappe im Dunkeln« [11].

Nicht selten war das Resultat der Auseinandersetzung eine verstärkte Bindung zur Partei. Douglas Hyde (1952, 75) und Louis Budenz (1946, 201) betonen, daß der Pakt für einen Kommunisten keine folgenschweren Interpretationsprobleme ergeben habe. Gerade die ablehnenden Reaktionen der Außenwelt konnten Mitglieder und Sympathisanten stärker an ihre Partei schmieden. Nur wer schon auf dem Weg nach ›draußen‹ war, fand in Pakt und Prozessen jenen Prüfstein zur endgültigen Entscheidung, als der er in den Renegatenberichten so regelmäßig auftaucht. Auch wenn Manès Sperber den Pakt als »die größte politische und moralische Niederlage ⟨...⟩ für die gesamte antifaschistische Linke« bezeichnet, »die ihr je zugefügt worden war« (1977/1982, 106), blieb doch die Zahl unter den zweifelnden Kommunisten, die sich von der Partei lösten, klein.

David Caute nennt den Pakt »die schwerste Probe für Glauben und Loyalität der Kommunisten und fellowtravellers« (1973, 185), und Wolfgang Leonhard spricht gar von einem »Wendepunkt in der politischen Biographie einer ganzen Generation von kommunistisch organisierten Menschen« [12]. Das scheint so naheliegend und einleuchtend, daß man die Versuchung für die Renegaten ahnt, sich bei der Rekonstruktion ihres politischen Weges in jedem Fall dieses glaubwürdigsten der Argumente zu bedienen, auch wo die spezifischen Umstände komplizierter und die Ablösungsprozesse langwieriger waren.

Manès Sperber und die Schauprozesse

Sperber beispielsweise läßt in seiner Selbstdarstellung »die schwerste, bedrohlichste Phase« seines Lebens, die Loslösung von der Partei, mit den Schauprozessen beginnen. So ausführlich er jedoch das Anwachsen seiner Zweifel schildert, so knapp bleibt sein Bericht über die eigenen Parteiaktivitäten, mit denen er diese Zweifel bekämpfte. Hans Sahl berichtet in einem Gespräch, daß er als Vorstandsmitglied des SDS im französischen Exil von Sperber aufgefordert wurde, ein Dokument zu unterschreiben, das Leopold Schwarzschild in Reaktion auf dessen Kritik an den Schauprozessen als Gestapo-Agenten denunzieren sollte. Anna Seghers und Egon Erwin Kisch hätten unterschrieben, Sahl aber habe Sperber die Unterschrift verweigert [13].

Sigrid Kellenter (1987, 142) berichtet von einem Gespräch mit Sahl: »Politische Kämpfe innerhalb der Emigration, Auseinandersetzungen mit den übrigen Vorstandsmitgliedern veranlaßten ihn, mit dem Schutzverband zu brechen. Der Hauptgrund für seine oppositionelle Haltung war das in seinen Augen beschämende Schauspiel, das der Stalinismus mit den Moskauer Prozessen der Welt bot. Sahl weigerte sich auch, eine Erklärung gegen Schwarzschild, der als von Goebbels gekauft denunziert wurde, zu unterschreiben, und an dem Abend, an dem der deutschrussische Nichtangriffspakt abgeschlossen wurde, erzählt Sahl, habe er seinen Freunden erklärt, er wolle nichts mehr mit ihnen zu tun haben. ⟨...⟩ Kisch habe ⟨...⟩ ihm vorgeworfen, daß er das Schlimmste sei, was man einer Partei zumuten könne, nämlich ein Wahrheitsfanatiker«.

Sahls Erinnerung mag, was die authentische Qualität betrifft, anfällig sein wie alle Erinnerungen; spezifisch (nicht nur) für die Renegatenliteratur ist, daß ein anderer Renegat als Kontrastfigur für das Selbstbild dient. Aber Sahls Bericht steht hier nicht gegen eine widersprechende Erinnerung Sperbers, sondern gegen dessen Schweigen. In Sahls Schlüsselroman »Die Wenigen und die Vielen« ist mit diesem Vorfall die Trennung des Ich-Erzählers von den Parteigenossen vollzogen: »Ich war nun nicht mehr mit ihnen, ich war gegen sie. Ich hatte mich geweigert, meine Unterschrift unter ein Dokument zu setzen, das ehrbare Männer der Verachtung und dem Zorn der Welt preisgeben sollte. Ein Jahr lang hatte ich mich geweigert, es war ein böser und ungleicher Kampf gewesen, und sie hatten mich mit Drohungen und Beschwörungen, mit Schmeicheleien und Verleumdungen umzustimmen versucht. Sie hatten an das Gefühl appelliert und an die Vernunft, und sie hatten durchblicken lassen, daß man meine Dienste, falls ich nachgeben sollte, gebührend belohnen würde. Im Grunde hatte ich nie zu ihnen gehört. Ich war immer eine Randfigur gewesen. Aber nun war auch das vorbei. Ich trat einen Schritt über den Rand hinaus und sah mich plötzlich außerhalb des magischen Kreises von Worten und Begriffen stehen, den sie um mich gezogen hatten. Ich dachte an Nathalie Asch und Ignazio Morton und Einsiedel, die lange vor mir diesen Schritt getan hatten, um den ich sie nicht beneidet hatte, und eine Ahnung von neuen Erkenntnissen und Entscheidungen stieg in mir auf, von den großen, geistigen Bewegungen, die aus der Not des Individuums geboren wurden, von dem Recht zu zweifeln, das am Anfang jeder Philosophie steht, und von dem Glück, allein zu sein in einer Zeit, in der es besser ist, wenn auch vielleicht gefährlicher, zu den wenigen zu gehören als zu den vielen...«

Hinter Nathalie Asch und Einsiedel verbergen sich Ruth Fischer und Benno Levy (laut Brief von Adolf Weingarten an Ruth Fischer vom 22.12.1959, Nettelbeck-Archiv), hinter Ignazio Morton vermutlich Sahls Freund Ignazio Silone. In Sahls Erzählung »Schuld« (1987 a, 78 ff) trägt die Figur Umberto Sander Züge von Silone.

Gegenüber Herbert Wehner entwickelt Sperber die Theorie, daß manche der Moskauer Angeklagten vielleicht ihren Ruf und sich selbst opferten, die persönlichen Tragödien aber einem höheren Zwecke dienten [14]. Selbst in einem öffentlichen Vortrag beim Exil-SDS in Paris soll er nicht die faktische ›Wahrheit‹ der Prozesse verteidigt, sondern die Prozesse als »Mittel« interpretiert haben, »mit deren Hilfe man dem Volk den in Wirklichkeit komplexeren Tatbestand verständlich machen wollte. Es sei darum gegangen, daß angesichts Hitlers jegliche Opposition einem Verrat gleichkäme. (...) Die Zuhörer fühlten sich durch Sperber in das Geheimnis eingeweiht und waren, sofern sie sich nicht zuvor ein eigenes Urteil gebildet hatten, beeindruckt« [15].

Dieser pädagogische Blick auf die Inszenierung der Prozesse, der ein erziehungsbedürftiges Volk und einen weisen Lehrmeister suggeriert, prägt auch den Reisebericht Lion Feuchtwangers (s. Kap. V.2).

Ein anderer Auftrag, mit dem Sperber durch die Komintern betraut wird, betrifft den Rußlandreisebericht André Gides. Sperber sollte den negativen Einfluß des Buches auf deutsche Exilanten tilgen und beruft dazu im Café Méphisto einen Gide-Abend ein, über dessen Erfolg die kommunistische »Deutsche Volkszeitung« berichtet: »Vom Referenten wurden in seinem Schlußwort die Störer als objektive Helfer Hitlers wirksam überführt, daß die überwältigende Mehrheit der Versammlung durch ihren Beifall ein Bekenntnis zur einheitlichen Kampffront gegen Hitler und zugleich eine Verurteilung aller Spaltungs- und Zersetzungsversuche zum Ausdruck brachte« [16]. In seiner Autobiographie beschränkt sich Sperber auf die Mitteilung, daß er »Gide alles glaubte, was er über seine Erlebnisse in der Sowjetunion berichtete – ich ahnte ja Ähnliches seit langem«, aber es zugleich bedauerte, »daß er mit der Veröffentlichung dieses Pamphlets nicht gewartet hatte« (1977/1982, 113 f).

Sperbers Schweigen über die eigenen Aktivitäten verbindet sich später mit einem Redefluß über jene, die gar nicht oder später als er ihre Irrtümer bekannten. An die Stelle der Selbstkritik tritt die scharfsichtige Verurteilung anderer.

Als Beispiel sei auf Sperbers Sartre-Kritik verwiesen: »Sartre und die seinen wußten, daß die Opfer der Moskauer, Sofioter, Budapester, Prager und so vieler anderer stalinscher Schauprozesse unschuldig, gedemütigt und, hohnvoll maskiert, gemordet worden waren. Mit hemmungsloser Lust an der Spiegelfechterei legte er unter Berufung ›auf das Gesetz der Geschichte‹ dar, daß die Mörder gemäß ihrer Logik berechtigt waren, schuldlos zu morden« (1980/1983, 43).

Wo Sperber angesichts der Schauprozesse von einer »schamlose⟨n⟩ Herausforderung des Verstandes« spricht [17] und einen inneren Monolog simuliert, will er sein eigenes Beispiel nicht einbeziehen: »»Was, ein Prozeß gegen die Mitglieder des Leninschen Politbüros, gegen den Gründer der Roten Armee, gegen die siegreichen Feldherren des Bürgerkriegs – eine Anklage gegen alle diese wegen Verrats an der Sowjetmacht, wegen einer Verschwörung, diese zu stürzen und den Sowjetstaat wehrlos den Feinden auszuliefern? Ja, wenn das nicht wahr wäre, wahrer als wahr und bis in die letzte Einzelheit beweisbar, dann würde nur ein Irrer es wagen, solch hirnrissige Verleumdungen zu verbreiten und zu erwarten, daß irgend jemand ihnen Glauben schenken würde.‹ So dachten nicht wenige, die zögerten, ehe sie sich ⟨...⟩ entschlossen, diese fortgesetzte Häufung alptraumhafter Absurditäten zuerst für nicht unmöglich, dann für wahrscheinlich zu halten« (1972, 45).

Ein großes Fragezeichen hinter Sperbers Wahrheitsliebe bezüglich der eigenen Rolle setzt Hans Dieter Heilmann in seiner Replik auf KD Wolffs Sperber-Nachruf [18]. Heilmann vermutet, daß Sperber Kominternfunktionär gewesen sei, der nicht der KPD oder KPÖ, sondern direkt dem EKKI unterstellt gewesen und nach Berlin mit dem Auftrag gekommen sei, die mächtige Alfred-Adler-Bewegung zu sabotieren. So unbeweisbar (und für den Fall des ›Auftrags‹: wenig stichhaltig) Heilmanns Behauptungen bleiben, so überzeugend ist doch seine Beobachtung, daß Sperber Sachverhalte mystifiziert und die eigene Verstrickung auch in der Zeit von Pakt und Prozessen im Dunkel beläßt.

Ähnliche Verdrängungsleistungen sind bei den Verteidigern der sowjetischen Außen- und Innenpolitik zu beobachten. Brechts späte Stalinkritik läßt keinen Spielraum für einen Rückblick auf seine früheren Rechtfertigungen des Stalinismus, und ebenso zensierend war Blochs späterer Umgang mit seiner damaligen Apologie der Schauprozesse: Er klammert die Verteidigungsreden in der »Gesamtausgabe« seiner Werke aus oder »bringt sie auf den Stand seines gegenwärtigen Bewußtseins« [19].

Eine anschaulichere Vokabel als »Verdrängung« taucht in den Erinnerungen von Zeitgenossen auf: das Verschlucken. Ruth von Mayenburg: »Wir mußten den Kampf bestehen gegen den Nationalsozialismus – das war das wichtigste. Und daher haben wir das geschluckt« (1984, 135). Und Lukács zitiert Wittfogel: »Ich will lieber Dreck fressen, als mich von der Bewegung losreissen lassen« (M. Greffrath 1979, 320).

Wer Dreck fraß, mag sich nicht mehr daran erinnern. Oskar Maria Graf beispielsweise, der sich 1937 von Stalin »wahrhaft ergriffen« fühlt und ihn »unzweifelhaft« als »eine ganz große überragende Erscheinung« versteht (1984, 107), vermag 1963 zu resumieren, daß er »Stalin von Anfang an ablehnte« (1984, 314).

Dennoch fungieren Schauprozesse und Pakt – das nackte Wort benutzt Heinrich Mann, und er wie andere Intellektuelle mögen an den Faustschen Teufelspakt gedacht haben, der einer Himmelfahrt voranging – in vielen Renegatenberichten als Tropfen, die ein volles Faß zum überlaufen brachten, als Wegscheide, Zäsur, Schock, als letzter Anlaß zum Absprung.

Vom letzten »Sprung in dieser Kristallvase« spricht Sperber (1984, 157), von ›aus der Balance geratenen Waagschalen‹ Louis Fischer (1941, 222); an anderer Stelle spürt dieser in Moskau »die hereinbrechende Nacht«, die ihn zur Flucht drängt und bezeichnet den Pakt als »Grabstein« (1949/1952, 200 u. 204). »Wie vom Donner gerührt« war Wolfgang Leonhard (1955, 57), Buber-Neumann wird von einem »Blitz aus heiterem Himmel« getroffen (1967, 484), Elizabeth Bentley spürt den ›Einschlag einer Bombe‹ (1951, 106), und Kantorowicz verzeichnet einen »Coup de foudre« (1971/1986, 24). Der Griff zur Metapher scheint gerade an diesen Bruchstellen auch Autoren selbstverständlich, die im übrigen in ihren Darstellungen keinen literarischen Ehrgeiz hegen. Ihr Einhaken in den literarischen Code ist Appell an die Gemeinverständlichkeit und will die eigene Reaktion zur normativen erheben; die private Entscheidung des einzelnen wird zum literarischen Text. Die Metapher bietet dem von der Partei Abgesprengten (und damit Isolierten) Artikulationshilfe angesichts des Schocks, und sie liefert das Pathos der Bedeutung.

Zweifel und Rückzug

»Die zerstörende Wirkung der russischen Ereignisse wird notwendig immer weiter um sich greifen. Und dabei ist das Schlimme nicht die schnellfertige Entrüstung der unentwegten Kämpfer für die ›Gedankenfreiheit‹; viel trauriger und viel notwendiger zugleich scheint mir das Verstummen der Denkenden, die sich, eben als Denkende, schwerlich für Wissende halten können. Das ist mein Fall, auch wohl der Deine.«
Walter Benjamin 1937 an den emigrierten Theologen Fritz Lieb (1966/1978, II 733)

Pakt und Schauprozesse hatten als Herausforderung an die Vernunft eine polarisierende Wirkung: Sie trieben vor allem die Intellektuellen zum Bekenntnis. Wer den Hitler-Stalin-Pakt verteidigte, mußte »Dialektik« [20] aufbieten. Doch wo das Unverständnis der Außenwelt wuchs, stieg auch die Bereitschaft, sich stärker auf die Innenwelt der Partei zu beziehen. Nur wer diesen sicherheitsstiftenden Rückzug nicht antreten wollte, weil die Außenwelt bereits wieder an Bedeutung gewonnen hatte, konnte sich von der Partei lösen.

»Ein Teil dieser Schockreaktion wurde von außen übertragen, von Freunden und Verbündeten, von der großen jüdischen Gemeinde in New York, von meinen Eltern«, schreibt der amerikanische Kommunist George Charney, der sich daraufhin stärker an die Partei band. Kominternfunktionär Giulio Ceretti: »Hier hatten wir einen der Wendepunkte, bei dem unser Glaube, ja unser blindes Vertrauen in den Sozialismus, in das erste sozialistische Land, zu einer entscheidenden Grundlage wurde« [21].

Heinz Brandt, der 1939 im Zuchthaus Brandenburg-Görden eingekerkert war (gemeinsam mit Erich Honecker), schildert anschaulich den Prozeß der Polarisierung unter den Häftlingen. Die »große Familie« der politischen Häftlinge, (»wenn auch mit internem Familienkrach«) fällt 1939 auseinander. Innerhalb der Zuchthausmauern wird »die stalinistische Isolierungsmauer gegen jegliche nicht genehme Information« aufgerichtet (1967, 135).

Noch deutlicher sind die Auswirkungen des Paktes im französischen Exil. Die sofortige Internierung der Deutschen in den berüchtigten Lagern, die Konzentrierung der Kommunisten im besonders schikanösen Pyrenäen-Camp Le Vernet schloß die Kommunisten wieder enger zusammen und schuf ein die möglichen inneren Konflikte entlastendes Feindbild: die französische Lagermannschaft als Repräsentanten eines imperialistischen Frankreich, das in der Folge auch die PCF und deren Presse verbot. »Mit diesen Maßnahmen«, so Sperber, »retteten Daladier und seine Minister die kommunistische Partei ⟨...⟩« [22]. Mit Gespür für die Dynamik nannte Feuchtwanger seinen Lagerbericht »Der Teufel in Frankreich« [23].

In der Regel lösten Schauprozesse und Pakt Glaubensanfechtungen und keine unmittelbar existenziellen Konflikte aus, wie es in den Internationalen Brigaden des Spanischen Krieges der Fall gewesen war. Zwar ging es um Nachrichten, die zu interpretieren waren, doch nicht um direkte politische Erfahrungen. Eine Ausnahme machten jene Emigranten, die im französischen Exil interniert wurden und insbesonders die, die von Stalin nach der Unterzeichnung des Vertrages an Hitler ausgeliefert wurden. Bekannt sind die Namen von Hans Bloch, Margarete Buber-Neumann, Hans Walter David, Hans Drach, Franz Koritschoner, Thomas Migsch, Waltraut Nicolas, Betty Olberg, Kurt Rittwagen [24] und Alex Weißberg-Cybulski. Buber-Neumann vermutet, es seien insgesamt über tausend Häftlinge gewesen, die an die Gestapo übergeben wurden [25]. Sie, deren Weg von den russischen Lagern ins Konzentrationslager Ravensbrück führte, spricht von einem Geschenk Stalins an Hitler: »sie behandelten uns, als seien wir aus Marzipan« [26].

Weißberg-Cybulski notiert, daß er trotz Pakt und daraus resultierender Auslieferung seinen Marxismus und den Glauben an ein sozialistisches Rußland vorerst nicht verloren habe: »Ich brauchte noch ein halbes Jahrzehnt, um meinen Irrtum einzusehen« (1951, 693). Bei Waltraut Nicolas, der Ehefrau Ernst Ottwalts, ging dagegen mit dem Glauben an die Partei auch das Feindbild vom Faschismus verloren. Am Ende ihrer Erinnerungen, die im nationalsozialistischen Deutschland erscheinen, schreibt sie von ihrer Auslieferung an die Gestapo: »Und jeder von uns weiß: Jenseits dieser Brücken ist Deutschland, ist die Freiheit« [27].

Ruth Fischer klagt in den USA ihren Bruder Gerhart Eisler an, für den Transfer deutscher Kommunistinnen aus russischen Arbeitslagern ins Lubliner Gefängnis und von da ins Konzentrationslager Ravensbrück persönlich mitverantwortlich zu sein. Der Vorwurf scheint darum absurd, weil Gerhart Eisler bis Anfang 1941 in Frankreich im Konzentrationslager Le Vernet interniert war und von dort aus in die USA ging [28].

Das Argument vom Zeitgewinn und die Hoffnung auf Krieg

Die Befürworter mußten den Pakt als einen außenpolitischen »Schachzug« interpretieren, durch den die Sowjetunion Zeit zur Verteidigungsvorbereitung gewann, und »als ein gelungenes Beispiel für die Ausbeutung der Widersprüche zwischen imperialistischen Mächten« [29]. Noch 1971 wertet Georg Lukács den Pakt in diesem Sinne als den »Beginn des eigentlichen Widerstands« gegen Hitler (1980/1981, 179 f). Die Anstrengung oder Einfühlung läßt sich am deutlichsten bei einem Nichtkommunisten beobachten: »Die Neuigkeit vom deutschrussischen Nichtangriffspakt war am schwersten zu fassen. Unvermeidliche Folge der westlichen Politik, die in ihrer Wirkung und wohl auch in ihrer Absicht immer Moskaufeindlich, immer profascistisch gewesen war? Die logische Konsequenz von ›appease‹ und ›München‹? Gewiß. Aber es erregte trotzdem Brechreiz und Schwindelgefühl ⟨...⟩« [30].

Die meisten der Befürworter unterstreichen rückblickend das Argument, daß Stalin die Atempause benötigte, um sich gegen den faschistischen Angriff zu sichern. Die geheimen Zusatzprotokolle, die den Nichtangriffspakt zu einem ›deutsch-sowjetischen Angriffspakt‹ gegen Polen machten, waren tatsächlich noch ›geheim‹.

Sie wurden erst nach dem Krieg in den Akten des deutschen Auswärtigen Amtes gefunden und im Verlauf der Nürnberger Prozesse publik. Die geheimen Protokolle (zum »Nichtangriffspakt« vom 28.9. 1939 und vom »deutschsowjetischen Grenz- und Freundschaftsvertrag« vom 28.9.1939) bilden die Grundlage für die heutige territoriale Ordnung Osteuropas und regelten den Einmarsch der sowjetischen Truppen am 17.9.1939 in Ostpolen. Stalin hatte seinen Außenminister Litwinow vermutlich deshalb durch Molotow ersetzen lassen, damit Ribbentrop nicht mit einem jüdischen Partner verhandeln mußte. Daß der Pakt Hitlers Kriegspläne begünstigte, scheint in der westlichen Literatur unwidersprochen [31].

Einer der zukünftigen Renegaten, Karl August Wittfogel, hat dem Pakt eine andere Plausibilität und Folgerichtigkeit abgewonnen. Er sieht in ihm nicht die taktische Maßnahme, mit der Stalin Zeit zur Verteidigung gewinnen wollte, sondern die Konsequenz einer Strategie, die vom Krieg zwischen den Westmächten und Deutschland profitieren wollte. Brecht zitiert Wittfogel in seinem »Arbeitsjournal«: »stalin hat hitler bewußt und planmäßig zur macht gebracht, die kommunistische partei in allen ihren organisationen zerstört, geopfert, beseitigt. dem W⟨ittfogel⟩ hat radek 32 gesagt: ›dann müssen eben die deutschen arbeiter das zwei jahre auf sich nehmen.‹ es war von anfang an die spekulation auf den großen krieg zwischen den westmächten und deutschland« (1973, 567).

Wittfogels Interpretation, obwohl gegen Stalin gewendet, trägt doch die Handschrift des Stalinismus; sie partizipiert an der Überschätzung Stalins und der Unterschätzung seines Gegenspielers – ein Glaube, der in kommunistischen Exilkreisen nach dem Pakt geteilt wurde.

Wittfogel führt später seinen Standpunkt in seiner »vergleichenden Untersuchung totaler Macht« (1957/ 1977) weiter aus. In Gesprächen mit Mathias Greffrath fällt die Kurzformel: »Stalin hat Hitler an die Macht gebracht« [32]. Krivitsky berichtet dagegen in seinem Kapitel »Stalin macht mit Hitler Frieden«, daß Stalin vor allem durch Hitlers Schlag gegen die SA von der Konsilidierung dessen Macht beeindruckt gewesen sei und seit 1934 die Verständigung mit Hitler gesucht habe. »Er hatte in Hitler einen echten Diktator erkannt. Der bis zu dem jüngsten deutsch-russischen Pakt vorherrschende Gedanke, dass Hitler und Stalin Todfeinde seien, war nichts als eine Mythe ⟨...⟩. Das wahre Bild zeigt einen Mann, der hartnäckig um Liebe warb und sich durch keinen Korb entmutigen liess. Stalin war dieser Mann. Feindschaft war auf Hitlers Seite. Auf der Stalins war Furcht« (1939/1940, 19).

Für die illegale KPD im nationalsozialistischen Deutschland änderten sich mit dem Pakt die Direktiven. Walter Ulbricht und sein Komintern-Vorgänger Philipp Dengel wachten darüber, »daß nicht durch ›primitiven Antifaschismus‹ die ›legalen Möglichkeiten‹ zur Propagierung des sowjetischen Systems innerhalb Deutschlands gestört würden« [33]. An die Stelle von Antifaschismus trat Propaganda für die Sowjetunion; der propagandistische Hauptstoß richtete sich nunmehr gegen den »französischen und englischen Imperialismus«. In einem Prawda-Interview vom 29. November 1939 erklärt Stalin: »Nicht Deutschland hat Frankreich und England angegriffen, sondern Frankreich und England haben Deutschland angegriffen und damit die Verantwortung für den gegenwärtigen Krieg auf sich genommen ⟨...⟩« [34].

Die Schauprozesse wurden im Rückblick von 1947 mit derselben Kausalität verteidigt: daß die oppositionellen Aktivitäten eine Schwächung der Sowjetunion in der Vorbereitung ihres Kampfes gegen den Nationalsozialismus bedeutet hätten. Merleau-Ponty, der auf Koestlers »Sonnenfinsternis« antwortet, benennt genau die »Maxime« der Moskauer Prozesse: »Opposition ⟨ist⟩ gleich Verrat« (1947/1966, 77); er sieht die ›Säuberungen‹ gerechtfertigt in dem (von ihm imaginierten) System der gegnerischen »Fünften Kolonne«. Durch diesen potentiellen Kriegszustand wird Opposition gegen die Einheit des Lagers zum objektiven Verrat. »Was immer sie ⟨die Opposition⟩ wollte, und sei es auch eine gesicherte Zukunft für die Revolution, so bleibt doch, daß sie die UdSSR faktisch schwächte« (1947/1966, 87). Legitim sei deren Verurteilung; nur der Prozeßführung gilt seine Kritik. Merleau-Ponty setzt voraus, daß alle Angeklagten tatsächlich ›Oppositionelle‹ waren und damit ›objektiv‹ Verräter. Er macht Koestlers Protagonisten Rubaschow zur historischen Figur, indem er dessen Ankläger und Richter wird [35]. Freilich ist Merleau-Ponty ein philosophischer Richter, der keine Todesurteile ausspricht; folgerichtig schreibt er im Zusammenhang der Schauprozesse nicht von Verhören, sondern von Moskauer »Debatten« (débats). Die realpolitischen Konstellationen, die Stalin zur Regierung, Trotzki zur Opposition machten, werden mit Merleau-Pontys geschichtsphilosophischem Begriff von »Opposition« zum Weltgeist erklärt.

Diese Verdrängung der Differenz von Verhören und Debatten läßt sich auch bei den anderen Sympathisanten beobachten. Am Rand von Kraftfeldern, in deren Zentren die Verdächtigungen und Beschuldigungen tödlich waren, wurden die Kritiker von Pakt und Schauprozessen des Trotzkismus, des Opportunismus oder des Verrats ›überführt‹.

Im Gegensatz zu Merleau-Ponty sieht Manès Sperber 1958 die Unschuld der Angeklagten: »Ihre falschen Geständnisse waren nur die allerletzte ihrer zahllosen Kapitulationen. Die wirklichen Oppositionellen aber, jene, die nie kapituliert hatten, ließ das Regime

ohne Prozeß im geheimen umbringen« (1972, 30). Bezeichnenderweise ist es eben der
Analyse von Sperber zu verdanken, daß die Differenz zwischen dem Terror Hitlers und
Stalins deutlich wird, während bei Merleau-Pontys Lager-Argumentation sich die Seiten
im Sinne der Totalitarismustheorien beliebig vertauschen lassen. Sperber: »Das sogenannte Volksgericht der Nazis verurteilte mit mörderischer Strenge wirkliche Gegner ⟨...⟩
die je nachdem ihre Absichten verhehlten oder umgekehrt eindeutig ihre Feindschaft
gegen Hitler bekannten, ohne aber je ihre Gefährten anzuklagen. In den Moskauer
Prozessen aber saßen auf den Anklagebänken erbarmungslose Selbstankläger, freneti-
sche Gehilfen des Staatsanwalts, die vorgeschriebene Rollen spielten, in denen sie sich zu
ungetanen Taten bekannten und andere wegen ihrer ebenso fiktiven Komplizität denun-
zierten« (1972, 30 f).

Jorge Sempráns Unterscheidung von nationalsozialistischen und stalinistischen La-
gern hängt mit Sperbers Hinweis auf die Unschuld der Angeklagten zusammen: Im
nationalsozialistischen Konzentrationslager waren (zumindest, was die »politischen
Häftlinge« betraf), in der Regel die »Schuldigen«, d. h. die Gegner des Systems inhaftiert
(»Die SS-Männer waren unsere Feinde, ⟨...⟩ wir wußten also genau, warum wir in
Buchenwald waren«), im Gulag dagegen setzte sich die »große Masse der politischen
Häftlingen aus Unschuldigen zusammen, aus Leuten, die nie die Absicht hatten, das
Sowjetregime zu stürzen oder auch nur im geringsten zu verändern« (1980/1981, 217 f).

Semprún fügt hinzu: »ich spreche natürlich in meinem Namen, im Namen derer, die immer noch am
Leben waren: nichts berechtigt mich je, im Namen der Toten zu sprechen«. Wanda Bronska-Pampuch: »Hier (im Gefängnis) und später im Arbeitslager befanden sich fast ausschließlich Kommunisten und der Sowjetmacht ergebene Menschen« (1962, 43). Alexander Weißberg-Cybulski weist auf
das erstaunliche Phänomen hin, daß viele den Terror bejahten, die selbst bereits in Lagern interniert
waren (1951 a, 588 ff).

Merleau-Pontys spätere Verteidigung der Prozesse von 1936-1938 hatte im Nachkriegs-
frankreich großes Gewicht [36]. Seine Argumentation basiert jedoch auf dem Wissen um
den deutschen Angriff auf die Sowjetunion von 1941. Und Victor Kravchenko hat darauf
hingewiesen, daß das Argument des Zeitgewinns für die russische Verteidigung nicht in der
Zeit des Pakts, sondern erst nach dem deutschen Einmarsch entwickelt wurde: »Es war eine
so durchsichtige Erfindung, daß während des deutsch-russischen Krieges in Rußland wenig
darüber verlautete; erst nachdem ich in die freie Welt hinaus kam, merkte ich, wie dort
dieser Erfindung ernsthaft Glauben geschenkt wurde. Es war eine Theorie, die den
wesentlichsten Aspekt des Stalin-Hitler-Pakts übersah: den riesigen Güteraustausch, welcher Rußland gerade jener notwendigen Produkte, Materialien und Produktionsleistungen
beraubte, die es für seine eigenen Verteidigungsvorbereitungen dringend benötigte. Die
einfache Wahrheit ist, daß das Sowjetregime die kostbare Zeitspanne zur eigenen Aufrüstung nicht ausnützte. Ich stand der Verteidigungsindustrie nahe genug, um zu wissen, daß
die militärischen Bemühungen nach dem Pakt nachließen« (1946, 441f).

Es liegt in der Logik des Nichtangriffspaktes, daß in der offiziellen Erklärung der KPD
vom 25. August 1939 keine Rede von Zeitargumenten sein konnte; stattdessen wurde der
Vertrag als »Friedenstat der Sowjetunion« begrüßt. Er sei in einer schwierigen Notlage
beschlossen worden, und nur das ganze deutsche Volk könne Garant seiner Einhaltung

sein [37]. Erst nach dem deutschen Angriff erklärte Stalin, daß die UdSSR mit der Unterzeichnung des Pakts Zeit für ihre Verteidigungsvorbereitung gewonnen habe und die sowjetischen Annektionen Aktivposten gewesen seien, die man vorbeugend für den Fall eines deutschen Angriffs genommen habe [38]. Roy Medwedew rückt in seinem Fazit über Stalins »Säuberungen« in der Roten Armee Ursache und Wirkung an ihren rechten Platz: »Die erschreckende Wahrheit kann schlicht so ausgedrückt werden: Keine Armee hat im Krieg so viele Offiziere verloren wie die Rote Armee in dieser Periode des Friedens 〈...〉. Die Vernichtung der besten Offiziere erfüllte die Deutschen mit Siegeszuversicht. Sie war ein Hauptfaktor in Hitlers Angriffsplänen gegen die UdSSR« (1971/1973, 238).

In seinem »Portrait de Staline« (1940) nennt Victor Serge Zahlen über die Dezimierung der Roten Armee durch die »Säuberungen«, die belegen, daß die Armee (im März 1939) unfähig zur Kriegsführung war (Serge 1975, 56). Krivitsky schätzt die Zahl der von Stalin 1937 liquidierten Offiziere auf 35.000 (n. B. Souvarine 1939, 1137). M. Buber-Neumann spricht davon, daß 57 % der Stabsoffiziere eingekerkert und, von wenigen Ausnahmen abgesehen, getötet wurden (1967, 479); vgl. H. Höhne 1985/1988, 303.

Stefan Szende berichtet in seinem beeindruckenden Buch »Der letzte Jude aus Polen« (1945), daß in dem von den Sowjets besetzten Teil Polens, der nachträglich zum »Schutzwall« gegen den faschistischen Angriff ernannt wurde, keinerlei militärischen Sicherungsvorkehrungen getroffen wurden. Daß Stalins Schlag gegen die Rote Armee durch das von nationalsozialistischen Geheimdiensten gefälschte Material gegen Marschall Tuchatschewski ausgelöst worden sei, behauptet W. Schellenberg (1979, 49 f); Höhne widerspricht dem überzeugend (1985/1988, 300 ff). Inzwischen wird auch in sowjetischen Organen gelegentlich die Auffassung geäußert, daß die UdSSR den Krieg *trotz* Stalins Politik gewonnen habe.

Wenn Renegaten wie Ernst Fischer, Ruth von Mayenburg oder Wilfred Scott sich daran erinnern, daß sie als Kommunisten den Pakt noch vor dem deutschen Angriff für sich selbst mit dem Zeitargument rechtfertigten, so scheint das plausibel. Andernfalls hätte man den Pakt als Annäherung ehemaliger Feinde, als Besiegelung einer Freundschaft interpretieren müssen. Daß es auch diese Interpretation des Paktes gegeben hat, bezeugt Wolfgang Leonhard. Erich Weinert habe angesichts des Pakts von einer »völlig veränderten Situation«, von einer »neuen Aufgabenstellung« und »neuen Perspektiven« gesprochen. »»Der Nicht-Angriffs- und Freundschaftspakt vom September 1939‹, meinte er, ›ist vielleicht nur der Anfang, und gewiß ist dann mit der Möglichkeit einer noch weitergehenden Zusammenarbeit mit Deutschland zu rechnen.‹« Leonhards Kommentar: »Das war eine Auffassung, die ich im ersten Halbjahr 1940 häufig hörte« (1955/1957, 81). Es ist möglich, daß diese Auffassung zur Überlebensstrategie im russischen Exil gehörte; für die westlichen Emigranten scheint sie schwer vorstellbar. Leonhard gibt in seinen Erinnerungen Bilder des Moskauer Alltags wieder: antifaschistische Filme und Bücher verschwinden aus Kinos und Bibliotheken; in Lesesälen liegen statt der Exilzeitschriften Nazi-Zeitungen aus, Berichte über NS-Konzentrationslager werden zu Propagandalügen der englischen und französischen Imperialisten erklärt und deutsche Kriegserfolge bejubelt (1955/1957, 65, 81 ff).

Nach dem Pakt war es nicht nur den Komintern-Parteien untersagt, das Wort
›Faschist‹ weiterhin als Schimpfwort zu benutzen, auch die Veröffentlichungspolitik
änderte sich. Der Vorabdruck von Anna Seghers' Roman »Das siebte Kreuz« in der
Zeitschrift »Internationale Literatur« wird nach drei Nummern gestoppt, und Theodor
Plievier veröffentlicht im Kiewer »Staatsverlag der nationalen Minderheiten der UdSSR«
eine Neufassung des ersten Teils seines Buches »Das große Abenteuer« (unter dem Titel
»Die Männer der Cap Finisterre«), in dem jeder Hinweis auf den deutschen Faschismus
getilgt ist [39].

So mußte nach dem Pakt jene paradoxe und heimliche Hoffnung wachsen, daß in
einem Krieg Rußland und Deutschland sich wieder als Feinde gegenüberstanden. »Die
Prozesse sind ein Akt der Kriegsvorbereitung«, schreibt Brecht – nicht zur Veröffentlichung (1936/1967, 115); gegen die Kritiker Stalins führt er das Argument zu Felde, daß
ein deutscher Krieg gegen die Sowjetunion sie samt ihrer Argumentation »in große
Schwierigkeiten« brächte (1967, XX 104 f) – dieser Krieg wurde zur heimlichen Hoffnung. Als Stalin in Ostpolen einmarschiert, bleibt die Hoffnung, daß »das alles nur
Manöver (waren), um bessere Ausgangspositionen für den unvermeidlichen Zusammenstoß zu gewinnen«, liest Kantorowicz in seinem Tagebuch nach (1971/1986, 35).
Hans-Albert Walter hat am Beispiel von Anna Seghers‹ Roman »Transit« nachgewiesen,
wie gründlich die Hoffnung auf diesen ›Heilungsweg‹ eines kommunistischen Philoktet,
der sich mit dem Gift des Pakt infiziert hatte, verborgen werden mußte. Auch in der
Sowjetunion scheint eine ähnliche Stimmung nachweisbar [40].

Die Argumente des Aufschubs durften nicht laut geäußert werden, aber sie waren die
letzte denkbare Rettung des Freund-Feind-Bildes, die Konsequenz eines ›Frontdenkens‹,
und Peter Weiss läßt selbst seine Trotzki-Figur daran festhalten [41]. Kravchenkos
Attacke gilt in erster Linie der Entlarvung einer falschen Legitimation und macht
deutlich, daß die Interpretation des Paktes angesichts der fehlenden Informationen eine
spekulative Glaubensangelegenheit war.

Spaltung

Die Reaktionen auf die Schauprozesse – und nicht erst der Hitler-Stalin-Pakt – leiteten
das Ende des Mythos von einer einheitlichen antifaschistischen Linken ein. Eine Polarisierung fand statt, die Züge eines Intellektuellen-Krieges zwischen den Kritikern und den
Befürwortern annahm. Das Komintern-Blatt »Rundschau« füllte seine Seiten mit den
Prozeßberichten aus Moskau und schob die Nachrichten über den Faschismus an den
Rand; in den Exilzeitschriften waren 1937 die thematischen Schwerpunkte nicht länger
die Geschehnisse in Deutschland und die Bedingungen des Exils, sondern im Zentrum
standen nunmehr die kritische Diskussion der Moskauer Geschehnisse auf der einen und
eine Apologie der Prozesse wie Angriffe gegen Kritik und Kritiker auf der anderen Seite.

Vor allem Schwarzschilds »Neues Tage-Buch« und Budzislawskis »Neue Weltbühne«
brachten zeitweise mehr (kritische bzw. apologetische) Kommentare über die Moskauer
Prozesse als zur nationalsozialistischen Justiz. Man bezichtigte sich gegenseitig des
mangelnden Verstandes, wenn nicht der Verrücktheit. Von einer »Psychose« der »Feucht-

wangers« sprach man im »Neuen Tage-Buch«, politischen Wahnsinn weist Bloch in seiner »Kritik einer Prozeßkritik« in der »Neuen Weltbühne« nach [42]. Die scharfzüngigen und vor Diffamierungen nicht zurückschreckenden Kommentare von Bloch und Schwarzschild förderten eine Desintegration der antifaschistischen Bewegung. Die späteren Exil-Diskussionen wurden von dieser Spaltung überschattet. Während sich im Verlauf der Debatte Hans Sahl, Kurt Hiller, Heinz Pol und andere von der Redaktion der »Neuen Weltbühne« trennten, verließen beispielsweise Ilja Ehrenburg, Louis Fischer, Lion Feuchtwanger und Egon Erwin Kisch das »Neue Tage-Buch« [43] – die Lager formierten sich.

Die Polarisierung durch die Prozesse, durch die heftige Kritik an Gide und durch das Vorgehen der Partei gegen Münzenberg, den Pionier des Volksfrontgedankens, wirkte zerstörerisch auf die Volksfrontpolitik, die gerade die Differenzen im antifaschistischen Lager überbrücken wollte. Einer der frühen Befürworter dieser Politik, der wegen der Prozesse zu einem ihrer schärfsten Kritiker wurde, war Ende 1936 Leopold Schwarzschild; zur selben Zeit begann die Isolierung von Willi Münzenberg durch die KPD.

Die heftigen Reaktionen auch auf vorsichtigere Kritik, als Schwarzschild sie äußerte, waren nicht nur als wütender Rettungsversuch der Volksfrontlinie zu verstehen; sie sprechen auch von der mühsamen Unterdrückung der eigenen Zweifel und davon, daß diese Selbstdisziplinierung konfrontiert wurde mit dem ›fahrlässigen öffentlichen Ausplaudern‹ dieser Zweifel durch ›schwatzhafte Kollegen‹, die nicht gründlich ›zu Ende‹ denken wollten. Aber was diese sagten, konnte ihren Kritikern keineswegs fremd sein – und ihre Fragen an die Prozesse und den Pakt rührten das schlechte Gewissen der Intellektuellen auf, die sich zum sacrificio intellectus durchgerungen hatten. Heinrich Mann berichtet, daß er sich nach der Nachricht vom Pakt zwei Tage und zwei schlaflose Nächte zurückzog, um mit sich wieder ins Reine zu kommen [44] – ein beliebtes Bild der Zeit.

Drei Jahre zuvor hat Oskar Loerke sich »nun durchgerungen«, nachdem er »mehrere Nächte schlecht geschlafen« hat, das Leben zu akzeptieren, sprich: die Nazi-»Herrschaften« zu ignorieren (Eintragung im Tagebuch vom 9.6.1933). Und Gottfried Benn hat gerungen, »Tag und Nacht« und (vorläufig) die Bewegung bejaht (»Antwort an die literarischen Emigranten«). Es ist die vorsorgliche Rechtfertigung gegenüber anderen Intellektuellen zum erwarteten Vorwurf des Opportunismus, möglicherweise auch eine Erinnerung an Christi Nachtwache auf dem Ölberg: Der Intellektuelle ringt mit sich, bevor er das moralische Selbstopfer auf sich nimmt.

Heinrich Mann stellt Schauprozesse und Pakt in den Zusammenhang der Kritik, den sie durch die Intellektuellen erfahren haben und sinniert, daß gerade der Umstand, daß es in den Schauprozessen um Intellektuelle ging, also um »ihresgleichen«, entscheidend war für diese Bereitschaft zur Kritik. Wenn die »Scharfsinnigen ⟨...⟩ noch etwas scharfsinniger« gewesen wären »oder etwas kindlicher« (1945/1947, 126), dann hätten auch sie begreifen können. Seltsam mutet Manns Wissen an, wo es um die Rechtfertigung des Paktes geht: »Die schweigsamen Sowjets hatten nach der Unterzeichnung des Pakts, am gleichen Tag hatten sie in Moskau mit dem Bau von Unterständen begonnen« (1947, 131). »Schweigsam« nennt er sie, weil sie nichts über den Pakt verlauten ließen. Joachim Fests Bild vom politisch Ahnungslosen scheint sich hier zu bestätigen [45].

Heinrich Mann hatte auch die Prozesse verteidigt: »Wenn aber – zum Schaden der Revolution – Verschwörer auftraten, mußten sie, zum Nutzen der Revolution, schnell und gründlich verschwinden« (NWB, 32. Jg., Nr. 39, 24. Sept. 1936, S. 1216); Becher, der Heinrich Mann noch 1932 in der »Linkskurve« als »Untertan« tituliert hatte (4. Jg., Nr. 4, S. 1 ff), beglückwünscht ihn für diesen Artikel, räumt dem Autor einen Platz »an der Spitze unserer antifaschistischen Literatur« ein und nennt die Kritiker der Prozesse Fälscher, die sich von den dortigen Anklagen »mittelbar oder unmittelbar getroffen« fühlten [46].

Heinrich Mann sieht sich auf der Seite der Vernunft, die Intellektuellen dagegen als befangen in der Selbstsucht, die nur den Blick auf ihresgleichen erlaube, nicht auf die Belange eines ganzen Volkes. Die Halbheiten der Intellektuellen – ihr Halbwissen weise sie auch als schlechte Intellektuelle aus – sei die Crux: Wären sie gescheiter oder gläubiger und hielten die Treue (wie das Parteivolk), so kämen sie zum gleichen Ergebnis wie er. Er fügt hinzu: »Der Pakt befriedigte sie bitter« [47], was heißt: Nicht erst der Pakt machte sie zweifelnd, sondern er lieferte ihnen nur den Beweggrund zur insgeheim geplanten Desertion.

Mann sieht sich auf der Seite der »Wahrheit«, und dort findet er auch Stalin, den er in seinen Erinnerungen am häufigsten einen »Realisten« und »Intellektuellen« nennt. »Der Intellektuelle (Stalin) hält es mit der Wahrheit: mit seiner Erfahrung, die für die Wahrheit einsteht« (1945/1947, 150).

Auch Intellektuelle wie Kurt Hiller, die der Politik der KPD in den Jahren der Weimarer Republik kritisch gegenüberstanden, konnten zu Verteidigern der Moskauer Gerichtsbarkeit werden [48], sogar Politiker, die der KP-Politik keine Sympathien entgegenbrachten, bezeugten ihren Glauben an die Rechtmäßigkeit der Prozesse.

Der amerikanische Botschafter in Moskau, Joseph E. Davies liefert 1943 mit seiner Laudatio der stalinistischen Gerichtsbarkeit wohl das einflußreichste Beispiel; Kantorowicz ernennt ihn 1950 in der »Täglichen Rundschau« zu seinem Gewährsmann in dem Artikel »Stalin – der Humanist« [49]. In den USA unterzeichneten 1938 150 prominente Intellektuelle, darunter Nelson Algren, Dorothy Parker, Irvin Shaw, Langston Hughes, Richard Wright und Dashiell Hammett eine Erklärung, in der sie ihre »Unterstützung für die Urteile in den kürzlichen Moskauer Prozessen gegen die trotzkistisch-bucharinistischen Verräter« bekunden. Robert Neumann schildert in seinem Roman »Die Puppen von Poshansk« den amerikanischen Präsidentschaftskandidaten Walter Mayflower, der durch Rußland reist, und an der Stelle von Straflagern Erholungsgebiete sieht [50].

Die Fronten des Intellektuellenkriegs verlaufen nicht an der Linie der Parteizugehörigkeit. Die wichtigsten Mitstreiter und Befürworter von Pakt und Schauprozessen – Ernst Bloch, Heinrich Mann, Bertolt Brecht, Lion Feuchtwanger – waren keine KPD-Mitglieder. Durch ihre Ungebundenheit hatten sie ungleich größeres Gewicht; ihr Urteil schien das von ›Unparteiischen‹, die als ›Übersetzer‹ der Parteisprache fungierten.

Raymond Aron unterscheidet in seiner Studie »Opium für Intellektuelle« zwischen den »Menschen der Kirche« und den »Menschen des Glaubens« (1983/1985, 243); mit letzteren meint er Sympathisanten wie Merleau-Ponty, die nicht genötigt waren, der Parteilinie Wort für Wort zu folgen. Die Bedeutung der letzteren ist offensichtlich: Sie schrieben noch in der Sprache der nichtkommunistischen Intellektuellen und waren daher die wichtigsten Vermittler, nicht nur in der Phase der Volksfrontpolitik.

Arons Klassifizierung ließe sich durch eine andere ergänzen, mit der die spezifische intellektuelle Doppelrolle von Täter und Opfer verdeutlicht würde: Zu unterscheiden wären die Idealtypen des gläubigen, des zynischen und des verängstigten Intellektuellen [51]. Letzterer fand sich vor allem im sowjetischen Exil als intellektuelle Geisel Stalins; er konnte versuchen, sein Leben durch propagandistische Mimikry zu retten.

Unter der akuten Bedrohung des Moskauer Exils sind nicht selten Symptome der Verdrängung und der Somatisierung des Konflikts auszumachen. Heinz Neumann habe sich hinter der Arbeit an entlegenen Themen verbarrikadiert, berichtet seine Frau (Buber-Neumann 1984, 31), und Ernst Fischer, der von sich als einem »Schlafwandler zwischen den Abgründen« spricht, erinnert sich: »Ich hatte begonnen, Versäumtes nachzuholen und fand im Studium vor allem der Physik, aber auch der Biologie und Ethnologie das Daheimsein in einer reineren und geordneteren Welt« [52]. Fischer beschreibt auch seine Flucht in die Krankheit: »Mein Nervensystem erhob sich gegen die Dialektik ⟨...⟩ mein Nervensystem produzierte eine Krankheit mit vierzig Grad Fieber. Der Schüttelfrost antwortete meinem Bewußtsein« (1969, 356). Manès Sperber hat diese Körpersprache später den »Organdialekt« genannt (1987, 15).

Karikaturen der Kritik (Brecht und Bloch)

»In schlecht funktionierenden Gemeinwesen scheinen die Kopfarbeiter beinahe am nützlichsten, wo sie absurde Prinzipien für die besten erklären.«
Bertolt Brecht, Meti (1967, XII 466)

Die zeitgenössischen Verteidiger der Schauprozesse, die im Namen der Ratio die Vorgänge in Moskau verteidigten und die Vorwürfe von Fälschungen als »groteske Annahme« (Kurt Hiller) abtaten, versuchten Karikaturen der Kritik zu entwerfen. Brecht schreibt, vermutlich an Walter Benjamin, daß die Prozesse »mit aller Deutlichkeit das Bestehen aktiver Verschwörungen gegen das Regime erwiesen« hätten, und macht sich Gedanken über das Bild von den Prozessen: »Die Leute reagieren so: Wenn ich höre, daß der Papst verhaftet wurde wegen Diebstahls einer Wurst und Albert Einstein wegen Ermordung seiner Schwiegermutter und Erfindung der Relativitätstheorie, dann erwarte ich, daß die beiden Herren das leugnen. Gestehen sie diese Vergehen, dann nehme ich an, sie wurden gefoltert. Ich meine keineswegs, daß die Anklage so oder ähnlich ist wie meine Karikatur, aber für hier wirkt sie so« [53].

Im »Buch der Wendungen« läßt Brecht Meti sagen: »Wenn man von mir verlangt, daß ich etwas beweisbares glaube (ohne den Beweis), so ist das, wie wenn man von mir verlangt, daß ich etwas Unbeweisbares glaube. Ich tue es nicht« (1967, XII 538). Die strengere Schlußfolgerung überdeckt nicht, daß das kritische Potential bereits in der oberen Fassung verborgen ruhte; allerdings waren beide Versionen nicht zur Veröffentlichung vorgesehen.

Und Bloch schreibt, für die »Neue Weltbühne«: »Das öde Kratzen, die Sucht zur ausgefallensten Verdächtigung, das Wühlen im Unsinn ⟨...⟩. Was sollen die beleidigenden Parallelen mit den Nazis (›Präparierung in einem GPU-Gefängnis‹ und dergleichen), wem hilft der völlig unwissende Vergleich mit Hexenprozessen ⟨...⟩« (1937/1972 b, 180). Bloch setzt kein Fragezeichen, wo ihm die Antwort offensichtlich scheint. Seine Antwort gilt einem Artikel des Exkommunisten Erich Andermann (i. e. Joseph Bornstein) im »Neuen Tage-Buch«, wo der Vergleich mit den Hexenprozessen gezogen wurde. Bloch mußte den Vergleich mit Hexenprozessen auch darum bekämpfen, weil er damit die nationalsozialistische Justiz gekennzeichnet hatte (1972, 23 ff).

Der Oppositionelle Fjodor Raskolnikow, »Held der Oktoberrevolution«, hatte am 17.8.1939 an Stalin geschrieben: »Mit Hilfe schmutziger Fälschungen haben Sie Schauprozesse inszeniert, deren Anklageschriften in ihrer Absurdität alles in den Schatten stellen, was Ihnen aus den Lehrbüchern der Priesterseminare über mittelalterliche Hexenprozesse bekannt ist« (in »Die Zukunft«, Beilage Nr. 4, 26.4.1940). Ein Jahr später starb Raskolnikow durch einen Fenstersturz. Vor allem mit Verweis auf die absurden Geständnisse zog auch Sigurd Hoel den Vergleich mit den Hexenprozessen [54].

Feuchtwanger sieht in seinem Reisebericht »Moskau 1937« die Szene »sonnenhell« von Vernunft beschienen: »dieser gescheite, überlegene Mann ⟨Stalin⟩ kann unmöglich die ungeheure Dummheit begangen haben, mit Hilfe zahlloser Mitwirkender eine so plumpe Komödie aufzuführen lediglich zu dem Zweck, ein Rachefest, die Demütigung der Gegner, bei bengalischer Beleuchtung zu feiern« (1937 b, 141).

Für Brecht und Bloch wie für Feuchtwanger gilt, daß sie in ihren Karikaturen des naiven (bei Brecht und Feuchtwanger) und des dumm-gerissenen Kritikers (bei Bloch) der Wahrheit am nächsten kommen; in ihren Übertreibungen schimmert die eigene Kritik − ›die Wahrheit‹ − durch. Die Absurdität der Anklagen und die bedrohlichen Parallelen zu Inquisition, Hexenprozessen und Inszenierungen der Macht lassen die Verteidiger der Aufklärung laut werden. In ihrem Schreiben ist eine Bewegung gegen das eigene Wissen auszumachen; *in ihren Apologien findet sich die Abspaltung der eigenen Zweifel.* Die Gedanken der Kritiker, die sie in ironischer Distanz nachvollziehen, sind ihnen kaum fremd. Aber alles steht auf dem Spiel; eine halbherzige Kritik ist nicht denkbar und ebensowenig eine Kritik ohne Konsequenzen. Bei Brecht ist recht genau zu beobachten, wie er sich vom Entwurf seines makabren Bildes, das die Unterschrift tragen könnte: ›Eben so kommen mir die Moskauer Prozesse vor‹, mit Anstrengung distanziert. Auch Bloch schlägt den Kritikern demonstrativ noch einige zusätzliche Varianten vor, wie die Geständnisse der Angeklagten zu verstehen seien: durch Hypnose, Mescalin, Seelenwanderung oder Teufelei; »heute dürfte das Nächste und Letzte die Inkarnation des Höllenfürsten selber im Moskauer Kollegium sein. Der Kreml ist der Blocksberg, und die betörten Hexen küssen Satans Hintern« (1937/1972 a, 182). Bornstein, gegen den Bloch polemisiert, hatte im »Neuen Tage-Buch« geschrieben, daß die Kommunisten in Trotzki den Teufel sähen − aber Bloch gibt ihm doch noch recht. Er bedient sich des Teufels nicht nur, um die Phantastereien der Gegner zu kennzeichnen, sondern läßt ihn im gleichen Aufsatz auch für die eigene Sache tanzen − eben dort, wo er über die Trotzkisten spricht: »Und wie damals der deutsche Teufel doch noch um seine Beute betrogen wurde, so mag, nach Trotzkis jetziger Konzeption, auch aus der erneuten Niederlage des ›Zarismus‹ die Revolution sich erheben, die Weltrevolution, versteht sich, und die Ukraine sich zurückholen, Deutschland, Frankreich, England, Amerika, Sonne, Mond und Sterne dazu ⟨...⟩ Es ist eine Naivität ohnegleichen, Trotzkis Pläne zu bezweifeln« (1937/1972 a, 179).

Der Teufel hält Einzug ins System der Aufklärung.

Julius Alpari schreibt im Komintern-Blatt »Rundschau«: »Aber damit noch nicht genug. Mit Entsetzen erfuhr die Zuhörerschaft am Prozeß, daß Trotzki bereits 1918 die Rolle des Mephisto spielte, als der verbrecherische Faust Bucharin Lenin verhaften und ermorden lassen wollte, ferner, daß Trotzki die Anweisung zur Ermordung Maxim Gorkis erteilte.«
(7. Jg, 1938, Nr. 16, S. 495)

Folter und Erpressung

Arthur Koestler ging es in seinem Roman »Sonnenfinsternis«, an dem er seit 1937 arbeitete, nicht um die Hintergründe der Anklagen, sondern um das Rätsel der Geständnisse, um die Frage, warum die Schlußreden von Radek oder Bucharin so wenig der Dantons ähnelten [55]. Er ging dabei von der Voraussetzung aus, daß die Moskauer Geständnisse zwar mit Hilfe von Erpressung und physischem Druck, aber ohne systematische Folter zustandegekommen seien. Manès Sperber, der das Manuskript Koestlers gelesen hatte, gesteht sich den Irrtum ein, daß sie beide »die Wirkung der psychischen Folter und der körperlichen Mißhandlung nicht in Rechnung stellten, die – das wußten wir damals noch nicht – viel dazu beitrugen, den Widerstand der Opfer dauerhaft zu brechen ⟨...⟩« (1977/1982, 171). Diese Annahme scheint auch für andere Kritiker der Linken schlechthin undenkbar gewesen zu sein. (In den Schriften von Exilrussen und in der Reihe der nationalsozialistischen »Anti-Komintern« wurde die Folter in Rußland dagegen als Faktum gehandelt und ausgiebig illustriert [56].) Einige der Angeklagten waren schließlich bereits in zaristischen Gefängnissen gefoltert worden, ohne daß sie gestanden oder etwas verraten hatten; daher mochte man nicht glauben, daß sie körperlich gebrochen werden konnten. Margarete Buber-Neumann erinnert sich, daß Heinz Neumann sich nach den ersten Geständnissen die Frage stellte: »Was mögen diese Hunde nur mit den Menschen anstellen?« und keine Antwort findet (1967, 452). Erich Andermann ⟨i. e. Joseph Bornstein⟩ diskutiert und verwirft in seinem Artikel, der Ernst Bloch dann zur Zielscheibe diente, die Möglichkeit der Folter [57]. Willi Schlamm glaubt nicht an »leibliche Folter«, sondern an die »systematisch, stetig, durch längere Zeiträume hindurch injizierte Todesangst« (1937, 81). Nur wenige Kritiker, beispielsweise Raoul Laszlo ⟨Pseud.: A. Rudolf⟩ hielten auch physische Folterungen für möglich (1936 a, 16 ff).

Der Ungar Raoul Laszlo, Mitglied der illegalen KP seines Landes, war über Paris und Basel 1933 nach Moskau gekommen und hatte dort als Pressekorrespondent und Funktionär des Zentralrats der Sowjetgewerkschaften gearbeitet, zuletzt als stellvertretender Chefredakteur der deutschsprachigen »Roten Zeitung« (Leningrad). 1936 floh er aus Rußland und veröffentlichte noch im selben Jahr seinen autobiographischen Roman »Abschied von Sowjetrußland« und den Bericht »Die Wiederentdeckung Europas«. Die GPU überwachte daraufhin seine Prager Wohnung und entwendete Unterlagen aus seinem Arbeitszimmer, mit deren Hilfe in der Schweiz eine Broschüre entstand, in der Theo Pinkus (dem ich diese Information verdanke) nachzuweisen versuchte, daß Laszlo, den Gide in seinem zweiten Rußlandbuch inzwischen zum Gewährsmann ernannt hatte, Kontakte zu »faschistischen Kreisen« (Trotzkisten!) gehabt habe (vgl. Pinkus 1937). Anfang der vierziger Jahre wurde er bei Cagnes tot aufgefunden.

Walter Krivitsky hat 1939 wahrscheinlich als erster ausführlich das System der Folter beschrieben (1939/1940, 210 ff). Aber erst mit Chruschtschows »Geheimrede« auf dem

XX. Parteitag der KPdSU (25.2.1956) und dem dort gelieferten Hinweis, daß »die Schuldgeständnisse vieler Personen ⟨...⟩ mit Hilfe grausamer und unmenschlicher Folterungen erpreßt worden« seien (1956/1977, 503), war die Stalinsche Folterpraxis auch für Kommunisten zum historischen Faktum geworden. Roy Medwedew führt später aus, daß man beispielsweise Bucharin damit gedroht habe, seine Frau und das neugeborene Kind zu töten und daß auch Krestinski sein »Untersuchungsprotokoll« erst unterschrieben habe, als man Ehefrau und Tochter mit dem Tod bedrohte (1971/1973, 210).

Daß im ›Bollwerk der Aufklärung‹ inmitten einer Welt der faschistischen Barbarei gefoltert wurde, blieb auch für die Kritiker der Sowjetunion, die einen Vergleich mit der Inquisition anstellten, schwer vorstellbar. Und noch ein weiteres Hindernis erschwerte die Erklärung der Geständnisse: die Magie der großen Zahl [58]. Konnte es sich bei so vielen Geständnissen stets um Erpressung, bei allen Verurteilungen um Fehlurteile handeln? Autoren, welche die Sowjetunion verteidigten, haben mit Vorliebe Hitlers Wort von der Lüge zitiert, die groß genug sein müsse, um zu überzeugen – ohne daß sie das kritische Potential des Satzes auf die Moskauer Prozesse angewandt hätten [59]; gleichwohl könnte der thrill, den die unausgesprochene Konsequenz des Satzes enthielt, auch für seine Beliebtheit verantwortlich sein.

NS- und Sowjet-Justiz. Stalin als Chirurg

»Der gefährlichste, der einzige wirkliche Feind des Faschismus ist, wie der Faschismus selber weiß, der Kommunismus«.
Bertolt Brecht (1967, XX 240)

Die Schauprozesse stellten jene Intellektuellen, für die Antifaschismus und Loyalität mit der Sowjetunion eins war, vor eine besonders heikle Aufgabe: Ihre Verteidigung der Moskauer Gerichtsbarkeit hatte einherzugehen mit der gleichzeitigen Verurteilung der faschistischen Terrorjustiz. Willi Schlamm fragt 1937 polemisch nach dem Unterschied zwischen sowjetischer Justiz und »der Konterjustiz in den fascistischen Staaten« (1937, 41), und der Trotzkist Walter Held, der 1940 beim Versuch, von Schweden aus über die Sowjetunion die USA zu erreichen, selbst Opfer des Terrors wurde [60], hatte sich 1938 öffentlich an Brecht und dessen Freunde gewandt: »Wenn Felix Halle, Ernst Ottwalt, Karola Neher, Rudolf Haus etc. in Hitlers Kerkern säßen und in Todesgefahr schwebten, wie würdet ihr schreien, schreiben, das arme ›Weltgewissen‹ malträtieren. Doch wenn Stalin die gleichen Leute umbringt, so rührt euch das nicht im geringsten« [61]. Mit dem Vorwurf des Schweigens ist zugleich die Warnung verbunden, daß der Schweigende die Glaubwürdigkeit seines antifaschistischen Protestes einbüßt.

Ignazio Silone hat das Dilemma der Antifaschisten bereits 1936 in einem Brief an die Redaktion der Moskauer Exilzeitschrift »Das Wort« – Held nennt sie die »verlogenste und verkommenste Zeitschrift, die jemals von deutschen Intellektuellen herausgegeben worden ist« (1938, 8) – zum Ausdruck gebracht: »Ganz besonders habe ich mich stets gegen die fascistischen Gerichte aufgelehnt, dieser Vernichtungsmaschinen im Dienst des Bürgerkriegs, mit denen man die politischen Gegner ausrottet dadurch, daß man sie öfters unter einer Last von falschen Beschuldigungen erdrückt, daß man ihnen das Recht auf Verteidigung nimmt und von ihnen durch raffinierte und barbarische Torturen, denen oft der Stärkste nicht widersteht, sogenannte ›Geständnisse‹ erpresst. Sie geben vor, mit dieser Haltung antifascistischen Widerstandes solidarisch zu sein, ja, Sie maßen sich in diesem Kampf sogar eine Führer- und Vorkämpferrolle an. Aber, da Sie heute mit dem, was in Rußland geschieht, solidarisch sind, da Sie einverstanden sind, daß Oppositionelle durch einfache administrative Verfügung deportiert werden, daß ihnen der Prozeß gemacht wird, ohne daß man sie in Kenntnis der Akten setzt ⟨...⟩ – welchen Wert haben da alle ihre Proteste gegen die fascistische Polizei und fascistische Gerichte? Welche Aufrichtigkeit Ihre Wortergüsse über die elementaren Rechte des Menschen, über die Würde des Menschen und über die Verteidigung der Kultur? ⟨...⟩ Nur mit Sophismen und verächtlichen Wortspielen können Sie leugnen, daß die Prozesse, die heute in Rußland durchgeführt werden, keinen Kollektivmord darstellen ⟨...⟩. Auf jeden Fall sollten Sie hier erfahren, daß kein einziger Mensch von gesundem Menschenverstand den sogenannten ›Geständnissen‹ der Angeklagten irgendwelchen Glauben schenkt« [62].

Ähnlich hatte Leopold Schwarzschild in seiner Zeitschrift argumentiert. Als Reaktion auf den ersten Schauprozeß warnte er, daß auf Fragen wie »Warum klagst Du hier an, warum schweigst Du dort?« und »Dort ist es ja auch so, warum gerade hier kämpfen?« keine Antwort möglich sei [63]. Ein Jahr darauf stellte er die Frage energischer. Wer zu den Moskauer Prozessen »Ja Ja« sage (das waren Feuchtwangers Schlußworte in seinem Buch »Moskau 1937«), billige auch die Geschehnisse in Deutschland. »Und es sollte ernstlich möglich sein, während über das eine ›Gewalt‹ gerufen wird, dem anderen ›Bravo! Bravo!‹ zu klatschen?« [64]

Bereits sechs Jahre zuvor hatte in Moskau ein Schauprozeß stattgefunden, in dem acht Wissenschaftler und Ingenieure wegen Sabotage und Verschwörung angeklagt waren, und dessen Beweislast einzig von den Geständnissen der Angeklagten getragen wurde. Der damalige Hauptangeklagte Ramsin mußte seine Verschwörung mit Poincaré gestehen und absurde Details über ein nie stattgehabtes Treffen bezeugen. Carl von Ossietzky hielt in seiner scharfsichtigen Kritik fest: »Solche Verfahren sind nicht gerechter als die gegen Kommunisten, die von bürgerlichen Gerichten aller nur ausdenkbaren Schandtaten bezichtigt werden, nur daß in Westeuropa der letale Ausgang für die Beklagten nicht so sicher ist wie in Moskau« [65].
    In der »Weltbühne« jener Wochen fand eine bemerkenswerte Kontroverse über die Moskauer Prozesse statt, in der Arnold Zweigs vorsichtige Prozeßkritik von Bruno Frei mit dem Fazit zurückgewiesen wurde, daß die Urteile als »ein sittliches Verdienst« zu werten seien und Zweig sich »auf die Seite der Saboteure des sozialistischen Aufbaus« gestellt habe, womit »die Basis jeder Diskussion geschwunden« sei [66].

Der Vergleich zwischen NS- und Sowjetjustiz war nicht nur rhetorisches Mittel der Provokation. Das »Bravo« zu den Prozessen konnte tatsächlich so klingen, als wollte man Schwarzschilds Gleichsetzung der beiden Diktaturen belegen; Julius Schaxel begrüßte in der »Deutschen Zentral-Zeitung« (Moskau) 1937 die »Ausrottung schädlicher Fremdkörper« durch die Moskauer Prozesse, und auch die Bezeichnung der Angeklagten als »Ungeziefer« ist keine Ausnahme [67].
    In Brechts »Buch der Wendungen« belobigt Meti das Bild vom Chirurgen, der »den Krebs vom gesunden Fleisch« löst, um das Prinzip der Stalinschen ›Säuberungen‹ zu

veranschaulichen (1967, XII 546). Dieses biologistische Erklärmuster – Brecht hat es nicht Meti, sondern dem Volk in den Mund gelegt, aber »Meti fand die Haltung des Volkes bewundernswert« – hat Brecht zum ersten Mal in seinem Lehrstück »Die Maßnahme« benutzt. Dort läßt er die vier Agitatoren beschließen, »jetzt / Abzuschneiden den eigenen Fuß vom Körper« – das heißt: den jungen Genossen zu töten. Erich Loest hat das Bild vom Chirurgen aber auch aus dem Munde von Brechts Gegner Alfred Kurella vernommen: »Wenn ein Arzt ein Krebsgeschwür herausschneide, wäre es nicht zu vermeiden, daß er auch gesunde Zellen ausschneide. Im gesunden Fleisch müsse er schneiden, denn wenn nur eine einzige befallene Zelle bliebe, wucherte das Geschwür nach« (1981, 272). Es ist das Phantasma des ›gesunden Volkskörpers‹ und das Bild eines Souveräns als Chirurgen, das für Brecht und Kurella aussprechbar wird, wo es um die Sowjetunion/die Partei geht. Das Bild impliziert das Recht des Arztes, genauer: die Notwendigkeit, die Diagnose für den ›ganzen Volkskörper‹ zu stellen und die Therapie zu bestimmen. Diskussionsprozesse und demokratische Mehrheitsbildungen sind in der Bildtradition des Volkskörpers und des Chirurgen schon darum nicht denkbar, da die beteiligten ›Glieder‹ bereits infiziert sein können. Der Arzt wird als Kopf des Körpers imaginiert, weshalb das Bild die Möglichkeit ausschließt, daß der Kopf selbst Infektionsherd ist.

Susan Sontag weist die Krebsmetapher bei Hitler und Stalin und von Trotzki bis zu Nixon nach und behauptet, »daß Krebsmetaphern als solche schon implizit genozidal sind«; »eine geeignete Metapher für Paranoiker, für diejenigen, die Kampagnen in Kreuzzüge verwandeln müssen (...) und für diejenigen, die von der Faszination eines ahistorischen revolutionären Optimismus (der Vorstellung, daß nur die radikalsten Veränderungen richtig seien) beherrscht werden (...), eine besonders ungeeignete Metapher für die Friedliebenden« [68]. Auch der Stalinkritiker Willi Schlamm behält die Metaphorik des Chirurgen bei; seine Kritik beschränkt sich darauf, daß der falsche Chirurg das Messer in die Hände bekommen habe (1937, 146 f).

Die Folgen des Dilemmas lassen sich in den Texten gerade jener ehemaliger Sympathisanten und Renegaten nachlesen, die durch den Antifaschismus geprägt waren: der Vergleich, die Konstatierung von Annäherung und partieller Übereinstimmung oder die Gleichsetzung von nationalsozialistischer und stalinistischer Diktatur.

Weil Pakt und Prozesse die Polarität von Hitlers und Stalins Systemen zu zerstören drohten, sprechen nicht nur Parteikommunisten, sondern auch andere Hitler-Gegner von Absurdität angesichts der Konsequenzen einer Kritik, die das Freund-Feind-Schema auflöste. »Es war für mich das schlechthin Unvorstellbare«, heißt es bei Ernst Fischer (1969, 377). Andererseits mußte gerade der Hitler-Stalin-Pakt bei jenen, die abschworen, die Gleichsetzung beider Systeme provozieren, eben weil sie als diametrale Pole gegolten hatten. Heinz Brandt erwähnt in seinen Zuchthauserinnerungen Kommentare wie die: »Gleiche Brüder, gleiche Kappen«, »Pack schlägt sich, Pack verträgt sich«. Sein eigener Standpunkt: »Der Hitler-Stalin-Pakt war nicht nur der Ausdruck einer vorübergehenden und begrenzten Interessengemeinschaft, sondern auch einer partiellen Übereinstimmung von Faschismus und Stalinismus – trotz ihrer unterschiedlichen sozialen, historischen und ideellen Wurzeln und ihrer Gesellschaftsstruktur« (1967, 137 f). Schlamm spricht angesichts des Pakts von »Adolf Judas Stalin« und versichert, daß er die Annäherung der Gegner vorausgesagt habe [69]; Ignazio Silone prägt 1937 in einem »Brief nach Moskau« den Begriff »rote Faschisten« [70], und Max Barth spricht von den »beiden Herzensbrüdern Hitler und Stalin« (1986, 203). Aber Karl August Wittfogel erinnert sich, daß auch Intellektuelle, die der Partei die Treue hielten, ähnlich reagierten. Hanns Eisler habe auf die Nachricht von der Unterzeichnung des Pakts gesagt, zwischen Stalin und Hitler gebe es keinen Unterschied [71].

Die Gleichsetzung der »Zwillingsbrüder« Hitler und Stalin ist zum einen als Reflex auf die Verleumdung der Kritiker durch die Partei zu verstehen: Schwarzschild sollte zum Handlanger von Goebbels gestempelt werden, und er reagiert auf diese Gleichsetzung mit einer anderen [72]. Sie ist zum anderen der Versuch, der Interpretationsfalle des Entweder-Oder, die jede dritte Position ausschloß, durch eine theoretische Simplifikation zu entgehen, deren klassifizierende Denkweise ihren Ursprung im Lagerdenken nicht verleugnen kann. Und schließlich ist die Betonung der Gemeinsamkeiten von Hitler und Stalin dem moralischen Imperativ eines Antifaschismus geschuldet, der sich seiner eigenen Glaubwürdigkeit versichern will.

Doch bei den meisten Parteigenossen und Sympathisanten lösten die Ereignisse in Moskau dennoch keine folgenreichen Konflikte aus. Heinz Brandt zitiert die Formel: »Ich glaube es, *weil* es paradox ist« [73].

Während bei Alfred Kantorowicz oder Gustav Regler die Bereitschaft, ihre eigene Doppelrolle als Opfer und Apologeten zu analysieren, wenig ausgeprägt ist, erinnert sich Ernst Fischer, der im zweiten Schauprozeß neben Lion Feuchtwanger auf der Beobachterbank saß, an zwei Broschüren, die er in Moskau veröffentlicht hat: »Der Arbeitermord von Kemerowo« und »Vernichtet den Trotzkismus« [74]. Er will auch die naheliegende Rechtfertigung mit dem Hinweis auf Angst und Druck nicht gelten lassen. »Wenn ich das ⟨die Anklageschriften⟩ heute lese, kann ich nicht verstehen, daß ich derlei Wahnsinn glaubte. (...) Ich unterlag der fürchterlichen Macht des Augenscheins, der Suggestion des gesprochenen Worts, das nicht zum gedruckten abgestorben ist, nicht sorgsam seziert werden kann« [75].

Eine grundsätzlichere Erklärung des Glaubensdrucks bietet Leszek Kolakowski an: »Das Bedürfnis nach Glauben an die Existenz einer Bewegung, die diesen Universalismus repräsentiert, war so außerordentlich stark, daß es selbst die klügsten Köpfe blind gegen Tatsachen machte, die – wie es heute scheint – selbst dem oberflächlichsten Beobachter hätten auffallen müssen. Aus der heutigen Perspektive scheint die Reaktion vieler westlicher Intellektueller auf die Moskauer Prozesse etwa unglaublich. Diese plumpen, ungeheuerlichen Schauspiele voller Widersprüche, in denen Dummheit, Grausamkeit und Verlogenheit gen Himmel schrien, erhielten Unterstützung oder Verständnis von Männern wie Romain Rolland, Barbusse, Brecht oder Feuchtwanger. (...) Dennoch, diese Blindheit, so unglaublich sie uns heute scheint, erwuchs aus dem Wunsch zu glauben, daß es auf Erden immer noch eine Macht gäbe, die die traditionelle Sehnsucht nach kulturellem Universalismus repräsentiert oder verkörpert, dessen Träger die Arbeiterklasse werden sollte« (1977/1980, 76 f.).

Ein besonderer Zug kennzeichnet diese religiöse Sehnsucht, und Kolakowski übergeht ihn: Mit den scharfsinnigsten Argumenten werden nicht Dogma und Autorität einer Kirche, sondern Wahrheit und Vernunft beschworen. Es sind pronocierte Vertreter der

Aufklärung, die Anwälte gegen den Irrationalismus (beispielsweise eines Gottfried Benn), die hier im Namen des Lichts den eigenen Wirklichkeitsverlust verteidigen.

V. 2. Lion Feuchtwanger, Bertolt Brecht und Ernst Bloch

»Wir glaubten Ihnen so, Genosse Stalin
Wie wir vielleicht uns selbst nicht glaubten.«
Michail Issakowitsch

Die gewichtigsten Stimmen zur Verteidigung der sowjetischen Politik kamen aus den westlichen Exilländern. Daß Feuchtwanger, Brecht, Bloch und Heinrich Mann ihr Exil im Westen wählten, muß nicht in jedem Fall Indiz einer politischen Gewitztheit sein, auch wenn die Eile, mit der Brecht 1941 die Sowjetunion durchquerte, seine todkranke Freundin dort zurücklassend, auf ein Gefühl der Bedrohung hinweisen mag. An Michail Apletin schrieb Brecht nach seiner Ankunft in Kalifornien: »Der Verlust Gretes trifft mich sehr schwer, aber wenn ich sie irgendwo lassen mußte, so ließ ich sie nirgends lieber als in Eurem großen Land« [76].

Sie alle konnten die Prozeßberichte verfolgen, Feuchtwanger vor Ort, Bloch, Mann und Brecht in den Organen der kommunistischen Presse; und ihre Haltungen lassen sich selten mit dem Hinweis auf mangelhafte Information begründen. »Fast erübrigt sich der Hinweis«, so kommentiert Oskar Negt die Verteidigungsreden Blochs, »daß derartig vereinfachte Einschätzungen der politischen Lage noch nicht einmal aus dem Faktenmaterial der stenographischen Prozeßberichte selber stichhaltig zu begründen waren ⟨...⟩« (1972, 432).

Lion Feuchtwanger

Am 1. Dezember 1936 trifft Lion Feuchtwanger in Moskau ein, »triumphal empfangen, daß es schwer hält ⟨sic!⟩, nicht größenwahnsinnig zu werden«; eine Woche später meldet er sich bei Arnold Zweig mit den Worten, er sei »glücklich«: »Es ist alles weit, großartig und ungeheuer jung. Ich bin überzeugt, daß hier die Zukunft liegt ⟨...⟩. Was ich bisher gesehen habe, zu dem kann ich, im ganzen, von Herzen ja sagen ⟨...⟩«. Am 5. Januar 1937 ergreift er im Polytechnischen Museum Moskaus das Wort und spricht vom »ewige⟨n⟩ historischen Kampf gegen die Dummheit. Ihr habt zum ersten Mal in der Geschichte der Welt einen Staat nur auf der Basis der Vernunft gegründet« [77].

Noch im selben Jahr erscheint sein Buch »Moskau 1937. Ein Reisebericht für meine Freunde«, mit dem Titel an Alfons Goldschmidts »Moskau 1920« anknüpfend, mit seiner Stoßkraft aber gegen den Rußlandbericht von Gide gerichtet. Es wirkt in seiner selbstauferlegten Blindheit heute so monströs, daß Dmitrij Schostakowitsch (nachträglich) urteilt: »Der berühmte Humanist hat ganz einfach gelogen« [78]. Heinrich Mann teilt seinem Neffen Klaus das Gerücht mit, Feuchtwanger habe sich von Stalin kaufen lassen. Die Witwe von Ignaz Reiß, Elsa Poretsky, deutet schließlich an, daß Feuchtwanger mit seiner

Apologie die Hoffnung verbunden habe, den angeklagten jüdischen Freunden das Leben zu retten [79].

Diese Vorwürfe und Erklärungen sind hilflose Versuche, die Provokation des Buches abzuschwächen; sie wollen sagen, daß nicht der fortschrittsgläubige, humanistische Schriftsteller Autor des Reiseberichts sein konnte, sondern nur ein Lügner, ein Bestochener oder ein Taktiker.

Feuchtwanger spricht in seinem Bericht gerne und wiederholt von der »Blindheit« der westlichen Intellektuellen, was ihren Blick auf die sowjetischen Zustände angeht, und liefert damit ein Stichwort für den eigenen Reisebericht. Allerdings suggeriert der Begriff »Blindheit« Passivität und macht nicht die Energie deutlich, mit der Feuchtwanger die Realitäten ignorieren mußte. Manès Sperber schlägt für diesen Kontext stattdessen den Alfred Adler entlehnten Begriff der »praktikablen Unwissenheit« vor. In seinem Essay von den »Stufen der praktikablen Unwissenheit« schreibt Sperber über Ernst Fischer und andere: »Sie wußten, was sie taten, anders gesagt: sie wußten ganz genau, was zu wissen sie entschieden ablehnten« (1981 b, 717).

In den Monaten von Feuchtwangers Rußlandreise (Dezember 1936/Januar 1937) spielt sich im Land »eine der größten Verhaftungskampagnen der Welt« ab [80], von der ein Zehntel der Gesamtbevölkerung direkt betroffen ist. Elinor Lipper, die zur Zeit von Feuchtwangers Reise verhaftet wird, resümiert, »daß es kaum eine Familie (in der Sowjetunion) gibt, die nicht einen näheren oder entfernteren Verwandten im Gefängnis oder Lager hat« [81]. David Caute schätzt die Zahl der Verhaftungen im Jahr 1937 auf sechs bis acht Millionen; zwischen einer halben und einer Million Menschen seien erschossen und weitere zwei Millionen in den Lagern ums Leben gebracht worden (1973, 107). Im Verlauf eines einzigen Tages der Jahre 1937/38 werden mehr Menschen hingerichtet oder kommen in den Lagern ums Leben, als die zaristischen Henker in einem Jahr getötet hatten [82].

Zwischen 1936 und 1950 seien in den Lagern zwölf Millionen Menschen umgekommen, schätzt David Caute (1973, 107). Antonow-Owssejenko nennt die Gesamtzahl der Insassen der Gefängnisse und Vernichtungslager im Jahr 1938: 16 Millionen – »16 Millionen gegen 160 Millionen. Jeder zehnte. Und wenn man Kinder und Greise abzieht?« In den sogenannten »blutigen« Jahren der Polizei-Reaktion, nach 1907, hätten sich in den zaristischen Gefängnissen 170 bis 180 Tausend Häftlinge befunden (1980/1986, 262). Auch Solschenizyn vergleicht die Quoten der Erschossenen unter dem Zaren und im Bolschewismus. 1939/1940 seien eine Million Menschen erschossen worden (1973/1974, 415). Er weist, ebenso wie M. Heller (1981, 291), darauf hin, daß unser Augenmerk meist auf die Jahre 1937/38 fixiert bleibe. 1929/30 seien bereits fünfzehn Millionen in die Lager deportiert worden. Medwedew hält diese Zahl zwar für übertrieben, setzt die Summe der Toten dieser Jahre jedoch höher an als Solschenizyn (1976 a, 28). Robert Conquest schätzt die Zahl der Häftlinge (in Lagern und Gefängnissen) im Jahr 1937 auf fünf Millionen; 1937/38 seien etwa sieben Millionen verhaftet und im Jahr 1938 etwa eine Million erschossen worden und zwei weitere Millionen Menschen in Haft umgekommen (1968/1970, 626 ff). Andrzej Kaminski spricht auch vom Schicksal sowjetischer Schriftsteller : »Von den 700 sowjetischen Schriftstellern, die 1934 am ersten Schriftstellerkongreß teilnahmen, haben nur noch fünfzig den zweiten Kongreß von 1954 erlebt. Mehr als 600 wurden in Gefängnissen und KZs inhaftiert, die meisten kamen um« (1982, 212). Die in Samisdat-Kreisen genannte Gesamtzahl der Stalin-Opfer: zwanzig Millionen.

Warum nimmt Feuchtwanger davon keine Kenntnis, da doch die Atmosphäre der Angst in Moskau allgegenwärtig war, und betont stattdessen, daß gerade die Intellektuellen heute »vom Staat geschätzt, gehegt und verwöhnt« werden [83]; warum schenkt er den Warnungen seiner Freunde kein Ohr? [84] Die Antworten von Schostakowitsch oder Poretsky sind schon darum unzureichend, weil sie die affektive Aufladung von Feuchtwangers Reiseprosa nicht erklären. Die potentielle Aufgabe seines Buches, bei den westlichen Intellektuellen Vertrauen für die Sowjetunion zu schaffen und das Reisebild Gides zu schwächen, wird vor allem durch einen spezifischen antiintellektuellen Affekt gestört. Feuchtwangers Schelte an den westlichen Kritikern der Schauprozesse weitet sich in dem Reisebericht zu einer von Rücksichten auf die Volksfrontpolitik kaum gedämpften Kritik an jenen Schriftstellern, welche die unumstößliche »Tatsache« der »geformten Vernunftmäßigkeit« der Sowjetunion nicht verstanden (1937 a, 86). Der Begriff »Schriftsteller« wird in der Gegenüberstellung des »Schriftstellers« Trotzki mit Stalin, dem »ins Genialische gesteigerte⟨n⟩ Typ des russischen Bauern und Arbeiters« (1937 b, 114), pejorativ gefärbt.

Das eigentliche Anliegen des Autors scheint sein Bekenntnis zur Sowjetunion als dem Land der Vernunft und des Fortschritts, das mit Pathos und religiöser Inbrunst [85] vorgetragen wird. Sein Vertrauen stützt sich auf den ›harten, kantigen‹ »Organisator« Stalin, der sich vom Nur-Revolutionär Trotzki abhebt (1937 b, 113). Mit Entschiedenheit legt Feuchtwanger das ›Gold des Intellektuellen‹ in die Waagschale: »Wenn das gelogen war oder arrangiert, dann weiß ich nicht, was Wahrheit ist« [86].

Feuchtwangers »praktikable Unwissenheit« wird deutlich, stellt man ihn sich für einen Moment als fremdländischen Besucher im Berlin des Jahres 1937 vor. Denn offensichtlich ist die Faszination des Autors durch eine gewaltige und gnadenlose Maschinerie, die sich in seiner Beschreibung Stalins als omnipotenten Führer und in seiner Beschwörung der »strengen Luft der Sowjet-Union«, in der man nach der »drückenden Atmosphäre« (1937 b, 152 f) der westlichen Demokratien aufatmet, manifestiert. Die Angeklagten der Schauprozesse sind für ihn »⟨...⟩ wie Ingenieure, die eine neuartige, komplizierte Maschine auszuprobieren hatten. Einige haben an der Maschine etwas verdorben, nicht aus Bosheit, sondern weil sie eigensinnig ihre Theorien über die Verbesserung der Maschine erproben wollten. Ihre Methoden haben sich als falsch erwiesen, aber die Maschine liegt ihnen nicht weniger als den andern am Herzen, und darum beraten sie jetzt gemeinsam mit den andern freimütig ihre Fehler« (1937 b, 135 f).

Feuchtwanger führt die Geständnisfreude der Angeklagten auf deren Hoffnung auf mildernde Umstände zurück, doch Gnade haben sie von einer Maschinerie nicht zu erwarten: »Am Ende nämlich, als die letzten der Angeklagten ihr Schlußwort sprachen, wartete man schon geradezu nervös auf diese Bitte, und als sie dann wirklich kam, und notwendig in der gleichen monotonen Form, konnten die Zuhörer das Lachen kaum mehr unterdrücken« (1937 b, 140). Er verbirgt nicht, daß auch er die Verbrechen für »todeswürdig« hält [87].

»Noch ist überall Schutt und schmutziges Gerüst, aber schon hebt sich rein und deutlich der Umriß des gewaltigen Baus. Es ist ein wahrer Turm von Babel ⟨...⟩. Und das Werk ist geglückt ⟨...⟩. Es tut wohl, nach all der Halbheit des Westens ein solches Werk zu sehen, zu dem man von Herzen Ja, Ja, Ja sagen kann. Und weil es mir unanständig schien, dieses Ja im Busen zu bewahren, darum schrieb ich dieses Buch« – so lauten die biblischen Schlußsätze [88]. Feuchtwanger will hier Politiker sein und ist ergriffen vom Prinzip einer

Diktatur der Vernunft, vom »heroischen Grundton«, von der »Faust«, vom genialen und
bescheidenen Führer, der »zu seinem Volk« spricht [89]; enttäuscht von den westlichen
Demokratien (1937 b, 69) besonders durch ihr Verhalten gegenüber der Spanischen
Republik, findet er die Herrschaft der Vernunft im aufgeklärten Despoten. Der diktatorische Stalin ist ihm Garant gegen die nationalsozialistische Drohung. Er rechtfertigt die
Diktatur mit dem bevorstehenden Krieg (1937 b, 142) und die Prozeßführung mit der
elitär-vernünftigen Rücksicht einer weisen Führung gegen ein eben erwachendes, darum
»naives« und »kindliches« Volk: »Detaillierte Indizien, Dokumente, Zeugenaussagen
mögen den Juristen, den Kriminalisten, den Historiker interessieren, unsere Sowjetbürger hätten wir durch die Aufrollung vielerlei Details nur verwirrt. Ihnen leuchten die
klaren Geständnisse besser ein als noch so viele scharfsinnig zusammengestellte Indizien«, so läßt er sich von Fachleuten das Prinzip der Prozeßführung erläutern und bejaht
es mit dem Hinweis auf »die eindrucksvolle Tatsache der Geständnisse« (1937 b, 125).
Bei Gide dagegen vermißt Feuchtwanger das Prinzip der Opportunität; in einem Artikel
für die »Prawda« (»Ein Ästhet über die Sowjetunion«) wirft er diesem vor: »Dadurch, daß
Gide sein schwächliches Büchlein gerade jetzt herausgegeben hat, hat er das Recht
verloren, sich einen sozialistischen Schriftsteller zu nennen« [90].

   Daß die Sowjetbürger durch Details und Indizien zu ›verwirren‹ wären, zeugt nicht
eben von einer sonderlichen Hochschätzung der ›aufgeklärten Massen‹. Feuchtwangers
Achtung gilt ganz und gar dem Souverän, Stalin. Auch Feuchtwanger scheint seine
westlichen Leser nicht ›mit Details verwirren‹ zu wollen. Gleich zweimal belegt er sein
Plädoyer gegen Trotzki mit einem Zitat aus Lenins Testament, verschweigend, daß
dessen Grundtenor eine Warnung vor Stalin war. Mit Empörung urteilt der Leser
Schwarzschild, daß Feuchtwanger hier von dem ›politisch-pädagogischen‹ Mittel der
Manipulation Gebrauch mache [91].

In Lenins Testaments heißt es: »Stalin ist zu grob, und dieser Fehler, der unter uns Kommunisten
durchaus erträglich ist, wird vollkommen untragbar im Büro des Generalsekretärs. Ich schlage daher
den Genossen vor, ein Mittel zu finden, um Stalin aus dieser Stellung zu entfernen und einen anderen
zu ernennen, der sich von Stalin in jeder Weise nur durch Überlegenheit unterscheidet – nämlich
geduldiger, loyaler, höflicher, aufmerksamer gegen die Genossen und weniger launisch ist ⟨...⟩« (T.
Pirker 1963, 51).

Auch dort, wo Feuchtwanger den Prozeß als eine »Diskussion« beschreibt, die in
beratendem Ton zwischen Richtern, Anklägern und Angeklagten geführt wurde [92],
genügt ein Blick in die veröffentlichten Prozeßprotokolle, um diese Beschreibung als ein
Wunschbild des Autors zu verstehen, das durch keine Zeugenschaft beeinflußt war. In
den Prozessen ging es weniger um eine juristische Aburteilung denn um Demütigung und
›Entlarvung‹. Die Demaskierung mußte ein abstoßendes Antlitz enthüllen. Ziel war die
Konstituierung des Bösewichts, ›eines stinkenden Teufels mit Schwanz‹ [93]. Das Mittel
war die moralische Bloßstellung des Angeklagten. Staatsanwalt Wyschinski charakteri-
sierte in der Sitzung vom 28.Januar 1937 die Angeklagten folgendermaßen: »Im buch-
stäblichen Sinne des Wortes eine Horde von Banditen, Räubern, Dokumentenfälschern,
Diversanten, Spitzeln, Mördern! Mit dieser Horde von Mördern, Brandstiftern und
Banditen kann sich nur die mittelalterliche Kamorra messen, die italienischen Würden-

träger, Landstreicher und gemeine Banditen vereinte. Das ist die moralische Physiognomie dieser moralisch zersetzten und verkommenen Herrschaften! Diese Leute haben jede
Scham verloren, auch die Scham vor ihren eigenen Komplicen und vor sich selbst« [94].

Im ersten Prozeß gegen Sinowjew, Kamenew u. a. hatte Wyschinski die Angeklagten
als »Lügner und Clowns, elende Pygmäen, Möpse und Kläffer« charakterisiert und mit
dem Satz geschlossen: »Ich fordere, daß diese tollwütigen Hunde allesamt erschossen
werden« (1951, 500 u. 543). Im dritten Prozeß wurde Bucharin von Wyschinski als
»verfluchte Mischung von Fuchs und Schwein« gekennzeichnet (1951, 653 – Wyschinski
zitiert Gorki).

Als Reglers Protagonist Albert einen Prozeßbericht der »Iswestija« zu hören bekommt,
glaubt er anfangs, daß der Übersetzer fluche, »dann begriff er, daß es der Text des Artikels
war« (1976, 175 f).

Feuchtwangers Vernunftkonzept, das er in Stalins System inthronisiert findet, ist das
der Vernunft der Minderheit und der Dummheit der Massen; seine eigene Position als
schreibender Beobachter liegt auf dem Feldherrnhügel: »ich kam, ich sah, ich werde
schreiben« [95].

Bei der Darstellung seines dreistündigen ›Gipfelgesprächs‹ mit dem obersten Feldherrn (am 8.1.1937) unterstreicht er, daß dieses keines »jener mehr oder minder
offiziellen, frisierten Gespräche« gewesen sei, »wie sie Stalin zwei oder dreimal mit
westlichen Schriftstellern geführt hatte« (1937 b, 111 f). Ludwig Marcuse, der im
Dezember 1937 mit Feuchtwanger nach Moskau gereist war und nachlesen mußte, wie
dieser sich »vor der Aufdringlichkeit des Faktums« geschützt hatte, urteilt: »Viele Schriftsteller können nicht leben, ohne ihre Sehnsucht in eine Großmacht investiert zu haben«
(1960/1975, 281).

Feuchtwanger fügt seinem Prozeßbericht ein Sokrates-Zitat hinzu, das er in Blochs
Apologien der Schauprozesse gefunden hatte: »Was ich verstanden habe, ist vortrefflich.
Daraus schließe ich, daß das andere, was ich nicht verstanden habe, auch vortrefflich ist«
(1937 b, 134). Während Sokrates mit diesem Satz seine Heraklit-Lektüre kommentierte,
wird das Zitat von Bloch und Feuchtwanger als Rechtfertigung eines flüchtigen Blickes
auf historische Ereignisse genommen. Geschichte wird damit zum Text, dessen Lesart
gewiß ist, auch wo dem Interpreten nur Bruchstücke zugänglich sind. »Unverständlich«
sind in diesem Sinne Bruchstücke, die der Lesart sich nicht fügen. Dabei ist Feuchtwangers skeptische Stimmung gegenüber Geschichte unübersehbar: »Ich habe Weltgeschichte nie anders ansehen können denn als einen großen, fortdauernden Kampf, den eine
vernünftige Minorität gegen die Majorität der Dummen führt« (1937 b, 8). Weit entfernt
von marxistischen Positionen findet er die Verheißung des Stalinschen Experiments im
Anblick der Stadt Moskau. Das »Mathematische, Vernünftige« im Aufbauplan der Stadt
(1937 b, 30) wird von ihm gegen die historische Gewachsenheit anderer Metropolen
gesetzt. Der Bauherr Stalin verkörpert letztlich kein historisches Prinzip, sondern erscheint eher als Inbegriff geschichtsloser »Vernünftigkeit«.

Feuchtwanger war ebensowenig Kommunist wie Heinrich Mann, Bernard Shaw, H.
G. Wells, Emil Ludwig und die anderen Stalinverehrer der Zeit. Weder sprach er russisch
noch verfügte er, Rußland betreffend, über besondere Kenntnisse – erleichternde, doch

nicht notwendige Voraussetzungen. Er war auch nicht »der extremste Fall«, urteilt Walter
Laqueur (1967, 22); »es gab in Paris, London und New York viele seinesgleichen, die
bereit waren, Stalin nicht nur den Vorteil des Grundsatzes ›in dubio pro reo‹ einzuräumen, sondern begeistert für ihn einzutreten« [96]. »Gab es Ausnahmen?«, fragt Albert
Plutnik 1988 in der sowjetischen Presse. Seine Antwort (»Ich wüßte keine«) ignoriert die
antistalinistische Literatur der Exkommunisten.

Zwei bemerkenswerte Reaktionen auf Feuchtwangers Bericht sind noch zu nennen.
In seiner Schlußrede vor Gericht vom 12. März 1938 übte Bucharin Kritik an »Moskau
1937« – das Buch war bereits in die Gefängnisbibliothek aufgenommen worden [97]: »Es
machte auf mich einen starken Eindruck. Aber ich muß sagen, daß Feuchtwanger nicht
bis zum Wesen der Sache drang, er blieb auf halbem Weg stehen, für ihn ist nicht alles
klar, in Wirklichkeit aber ist alles klar. Die Weltgeschichte ist das Weltgericht« [98].

Eine späte Antwort hat Feuchtwanger von Leonard Gendlin erhalten, der als Sohn
eines von Stalin liquidierten Offiziers in einem geschlossenen Kinderheim aufwuchs.
Feuchtwanger hat dieses Heim besucht, und alles wurde für seinen Besuch präpariert.
Vor den ausgehungerten Kindern wurden riesige Eßtische aufgebaut, und die Bewacher
maskierten sich mit Ärztekitteln. Ein Junge brach in der Gegenwart des Gastes das
Schweigen und berichtete diesem von den wahren Zuständen. Feuchtwanger hat dazu
geschwiegen; der aufbegehrende Junge verschwand aus dem Blickfeld Gendlins [99].

Gendlins Bericht ist auch darum bemerkenswert, weil Solschenizyn etwa dasselbe
schildert: Maxim Gorki besuchte am 20. Juni 1926 eine Kinderkolonie, die für den
Besuch präpariert worden war, und ein vierzehnjähriger Junge brach das Schweigen:
»Hör zu, Gorki! Was du da siehst, ist alles Lüge. Willst du die Wahrheit wissen? Soll ich sie
dir erzählen?« Gorki hörte dem Jungen zu, verließ tränenüberströmt die Baracke und
schwieg. Im Tagebuch notierte er enthusiastisches Lob über das Gesehene. Solschenizyn
schließt: »Am 23. Juni fuhr Gorki fort. Das Schiff war kaum außer Sicht, als der Junge
erschossen wurde« (1974, 59 f).

Die Ähnlichkeit beider Berichte legt anfangs den Verdacht nahe, daß sie auf einen
einzigen Bericht zurückgehen. Wahrscheinlicher aber ist, daß die Praxis der Bolschewisten, Kinderheime etc. für westliche Reisende zu präparieren, am sinnfälligsten der
Argumentation der Renegaten entsprach: Der Stalinismus ist das System der Lüge und
korrumpiert den ihm dienstbaren Dichter als Anwalt der Wahrheit. Solschenizyn: »Ach
Junge, Junge, warum störst du das eben erst sich etablierende Wohlbefinden des
literarischen Patriarchen!... Ein Palais in Moskau, ein Gut auf dem Lande ...« (1974, 59).
Auf die Rolle des Renegaten als eines »Anwalts der Wahrheit« werde ich am Ende der
Arbeit eingehen.

Am 3. August 1937 meldet sich Feuchtwanger in der Basler »Nationalzeitung« zu
Wort, um Gides Behauptung in den »Retouches« zu widerlegen, Erich Mühsams Witwe
sei verhaftet und in einem sowjetischen Gefängnis. Er stellt dagegen, daß ihn am 12.
Dezember 1936 »Cenzi Mühsam in meinem Hotel in Moskau aufgesucht ⟨hat⟩, um sich zu
beklagen. Sie beklagte sich darüber, daß sie vom Moskauer Staatsverlag für die Publikation des literarischen Nachlasses von Erich Mühsam, von dem sie sich sehr viel erhoffte,
nur zehntausend Rubel erhalten habe. Auf meine Intervention erklärte der Staatsverlag,
daß er leider aus dem Nachlaß Mühsams vorläufig lediglich einen Anthologieband

zusammenstellen und herausgeben könne, da der Nachlaß im wesentlichen innerdeutsche Angelegenheiten behandle und deshalb für die Publikation in der Sowjetunion nicht in Frage komme«.

Feuchtwanger antwortet auf Hermann Lepels Besprechung von Gides »Retouches«, die am 27. Juli 1937 in der Basler »Nationalzeitung« erschien (»André Gide retouchiert«); Lepel hob hervor, daß laut Gide die sowjetrussischen Gefängnisse »voll von Sozialisten und anderen Idealisten« seien, »die sich eine freie Gesellschaft anders vorgestellt haben, als sie heute unter Stalin aussieht«; auch Zensl Mühsam teile dieses Schicksal. Feuchtwangers Antwort erscheint am 3.8.1937 auf der Leserbriefseite unter der Überschrift »Lion Feuchtwanger berichtigt André Gide«. Der Brief, auf den Gide sich beziehe, sei vom 2. Dezember 1936 datiert, hebt Feuchtwanger hervor, doch am 12. Dezember habe er die Witwe Erich Mühsams getroffen.

Feuchtwanger schreibt hier nicht als Zeuge, sondern wiederum als politischer Stratege. Seine Stellungnahme – sie hat bislang in keiner Bibliographie Eingang gefunden – klingt diffamierend. Denn Ende April 1936 war Zensl Mühsam verhaftet und nach sechs Monaten, wahrscheinlich aufgrund westlicher Proteste, wieder freigelassen worden. Anfang 1937 wurde sie erneut festgenommen, unter derselben Anklage wie Carola Neher, als trotzkistischer Kurier von Erich Wollenberg gearbeitet zu haben, und zu acht Jahren Zwangsarbeit verurteilt [100]. Demnach hat sie Feuchtwanger in den Tagen nach ihrer ersten Haftentlassung aufgesucht. Sollte er von dieser Haft nicht gewußt haben? Wenn Zensl Mühsam dem westlichen Besucher gegenüber aus Angst vor Repressionen ihre Haft verschwiegen hätte, dann wäre auch kaum das Klagelied über ihre Lippen gekommen, das Feuchtwanger voller Entrüstung wiedergibt.

Ein weiterreichendes Urteil über Feuchtwangers Leserbrief bliebe spekulativ und geriete in Gefahr, selbst zur Diffamierung zu werden. Dieses für das Thema typische Dilemma soll im folgenden Abschnitt diskutiert werden.

Alfred und Heinrich Kurella. Die Frage der Denunziation.

Lion Feuchtwanger war nicht gezwungen, in Moskau zu bleiben. Nach seinem Bericht von 1937 und einigen Kommentaren über Moskau und die Prozesse [101] hat er zu seiner Rolle als Autor historischer Romane zurückgefunden. Alfred Kurella dagegen, Gides schärfster Kritiker in der Moskauer Presse, – er rückt ihn in die Nähe Trotzkis [102] – schreibt zehn Jahre später erneut über die Schauprozesse und »Säuberungen«.

Obwohl ich mich in diesem Kapitel auf Autoren beschränken will, die ihr Exil im Westen gewählt haben, weil schwerer zu urteilen ist über Texte, die unter der direkten tödlichen Bedrohung durch den Stalin-Terror entstanden sind, ist die Stimme Kurellas in diesem Kontext wichtig. Sie erlaubt, das Nebeneinander der rhetorischen Vorwürfe, wie sie in westlichen Exilzeitschriften und später in Erinnerungen zu lesen waren, und der Moskauer Anklagen, die Todesurteile nach sich zogen, zu gewichten. Es geht um die Differenzierung zwischen literarischer und politischer Denunziation.

Alfred Kurella nimmt 1947 Stellung zur Verhaftung von Emigranten und zur Sippenhaft. Er rechtfertigt den Terror als Vorsichtsmaßnahme eines bedrohten Staates: »Die Sicherheitsorgane der Sowjetunion hatten nach langjähriger schmerzhafter Erfahrung allen Grund, jeden Deutschen zumindest als potentiellen Feind zu betrachten und danach zu behandeln. Sie haben es nicht getan, sie haben jedoch jeden einzelnen Fall geprüft und gerecht entschieden. Anders könnte ich nicht hier sitzen und dieses Buch schreiben« [103].

Es ist die Stimme der Polizei, die hier spricht und die das eigene Überleben zum Beweis der Argumentation anführt. Kurellas Rede scheint auf die Vergeßlichkeit der Leser zu bauen: Sein Bruder Heinrich Kurella ist 1940 in einem Stalinschen Lager ums Leben gekommen. Oder ist die Lesart folgerichtiger, daß Alfred Kurella seinen Bruder für schuldig hält?

»Ich sprach einmal mit Alfred Kurella über das Schicksal seines Bruders; vorsichtig nach Worten suchend beteuerte der Ältere, auch er glaube nicht an Heinis Verrat; aber da sei in Moskau eine Freundin des Bruders gewesen, und bei ihr halte er es immerhin für möglich...« (H. Mayer 1984, 130). Mayer deutet diskret eine Geheimdienstaktivität Kurellas an, wenn er von »dessen besondere⟨n⟩ Funktionen« spricht (1984, 131).

Andreas Mytze schreibt in seiner Ottwalt-Biographie, daß Kurella »NKWD-Mitarbeiter war, der sogar seinen eigenen Bruder Heinrich den Russen ausgeliefert haben soll, wie glaubwürdige Stimmen in der DDR versichern« (1977, 97). Und David Pike, der in der Sowjetunion recherchieren konnte, sagt über Heinrich Kurella: »Lagerinsassen, die ihn dort ⟨im Lager⟩ kannten und überlebten, berichteten später, er habe seinem Bruder Alfred die Schuld an seiner Verhaftung gegeben« (1981, 482 vgl. 264 f). Mytze wie Pike berufen sich auf Zeugen, deren Namen sie aus Sicherheitsgründen nicht preisgeben dürfen. Wie vorsichtig aber mit jeder Form der Zeugenschaft umzugehen ist, zeigt sich am Beispiel von Gustav Reglers Kurella-Schelte. Regler schildert seine Begegnung mit einem der Herausgeber der »Internationalen Literatur«, Karl Schmückle, der, 1936 in den Verdacht der ideologischen Abweichung geraten, von seinen Freunden gemieden wird.

»Ich bin verloren«, sagte er. Ich packte seine Hand; er sah mich mit einem dankbaren Blick an: ›Es sind viele in der letzten Stunde hier vorbeigegangen. Keiner hat mich auch nur gegrüßt. Auch Alfred Kurella nicht!‹ Er schluchzte. Kurella war sein bester Freund gewesen« (1958, 336 f).

Ist es Zufall, daß der Katholik Regler sich hier des biblischen Bildes von Jesus bedient, der nach seiner Verhaftung von den Jüngern verleugnet wird? [104] Kurella wird von Regler in der Rolle des Petrus vorgeführt, sich selbst setzt er in die Rolle des Einzigen, der dem Verdächtigten die Treue hält. Dieses Detail, nicht Jesus, steht im Zentrum des Bildes; Kurella und die anderen, die er an Schmückle ›vorbeigehen‹ läßt, liefern den erwünschten Kontrast zum eigenen Verhalten. Verbindet man dieses Indiz mit den Irrtümern, die Regler im Kontext dieser Schilderung unterlaufen [105], so ist die Bewertung der Szenerie als einer Selbstdarstellung, die mehr am eigenen Bildentwurf als an Authentizität interessiert war, naheliegend. In welchem Maß der Autor seinem literarischen Bild zuliebe die Faktentreue geopfert hat (so kann man zweifeln, daß Kurella Schmückles bester Freund war), läßt sich freilich nur noch schwer rekonstruieren.

Darüberhinaus werden die Urteile gegen Kurella relativiert durch dessen gefährdete Position zur Zeit der Verdächtigungen gegen Schmückle. Der Literaturkritiker Kurella hatte André Gide vor der Veröffentlichung von »Retour de l'U.R.S.S.« gelobt, daher war die folgende Distanzierung weniger politische Strategie als eine möglicherweise lebensrettende Maßnahme. Kurella war darüber hinaus zur Vorsicht verdammt, da er im Fall eines anderen Manuskripts sich völlig exponiert und politisch mißliebig gemacht hatte [106]; als er von einer Auslandsreise ins Hotel Lux zurückkehrte, war sein Zimmer geräumt worden. Kurz: Kurella war vom hohen Roß gestürzt – ausführlicher schildert das Hans-Albert Walter (1984, 212 ff) –, und, das kennzeichnet die Atmosphäre des Moskauer Exils, sein Eintreten für Schmückle hätte diesen erst recht mitreißen können. Wer sich für einen ›Gefallenen‹ einsetzte, mußte in Gefahr laufen, alsbald als Mitverschwörer verhaftet zu werden. Im Fall Kurella und Schmückle waren es gleich zwei ›Gefallene‹; sie hätten sich allein ihrer menschlichen Solidarität versichern, aber wahrscheinlich nicht mehr gegenseitig helfen können. Die Erinnerungen von Ernst Fischer, Margarete Buber-Neumann, Ruth von Mayenburg, Susanne Leonhard, Ervin Sinko oder Herbert Wehner geben über die alltägliche Situation der Bedrohung und über die Annäherung von Opfern und Tätern facettenreich Auskunft. Der Bericht von Herbert Wehner belegt zudem, daß die nachträgliche Denunziation und Ächtung der Verhafteten zur Tagesroutine im Moskauer Exil gehörte (1982/1984, 241 ff).

Die Frage, ob Kurella sich in Moskau mit Hilfe von Denunziationen vor der eigenen Verhaftung geschützt hat, wie die Zeugen von Pike und Mytze es behaupten, ist heute (vor noch geschlossenen Archiven) schlechthin unbeantwortbar. Die Kritik des Stalinismus sollte darauf verzichten, die Denunziation des fügsamen Stalinisten mit einer ebenso beweislosen ›Denunziation‹ zu erwidern, auch wenn diese das Indiz der Wahrscheinlichkeit auf ihrer Seite hätte. Freilich ist der von Mytze oder Pike ausgesprochene Verdacht nicht mit der tödlichen Denunziation in Moskau zu gleizusetzen und freilich ist die Spekulation notwendiges Element einer Untersuchung, die auf Indizien angewiesen ist.

In diesem Abschnitt wird jedoch nicht das Verhalten Kurellas in Moskau analysiert, sondern sein Rechtfertigungstext von 1947, in dem der Autor die Existenz seines liquidierten Bruders nicht allein im Verschweigen, sondern in der nicht erzwungenen Wiederholung des Schuldspruchs gegenüber den Verhafteten auszulöschen sucht.

Nach seiner späten Rückkehr in die DDR ist Alfred Kurella Mitbegründer und Direktor des Leipziger Literaturinstituts »Johannes R. Becher« geworden. Zum ersten Lehrgang des Instituts zählten Erich Loest und Ralph Giordano. Ihre Kritik an Kurella ist im Kontext seiner Rechtfertigungen des Stalinterrors nach dem XX. Parteitag zu lesen; es ist das Entsetzen über das, was Ervin Sinko in seinem »Moskauer Tagebuch« »geistige Selbstverstümmelung« nannte.

»Kurella – das war wie ein aufgeschlagenes Buch, eine schreckliche Lektüre. Dieser Mann würde sich auch über die Leichen von Mutter, von Frau und Kindern nicht verändert haben, sein Prinzip, die Partei habe immer recht, würde durch kein Verbrechen, sei es auch an den engsten Angehörigen begangen, wankend werden. Hier hatte jemand sein Menschenantlitz selbst aufgegeben – der Preis, den er seiner Karriere zahlte, war bekannt geworden«, schreibt Ralph Giordano (1961, 226); Erich Loest nennt Kurella später den »Scharfrichter der Revolution« [107].

Bertolt Brecht und die Schublade des Schreibtisches

»Quod licet Bovi non licet Jovi.«
(H. Arendt 1971, 107)
Brecht und Feuchtwanger »schwärmten für Stalin und emigrierten zu Roosevelt ⟨...⟩ Beide liebten,
offene Hintertüren zu haben. Beide waren erbarmungslose Humanisten. Beide waren vertrackte
Spaßmacher ohne Selbstironie, beide ichbesessene Sozialisten, beide aggressive Menschenfreunde
ohne Rücksicht auf Individuen.«
(H. Kesten 1959, 173)

Bertolt Brecht, ein Autor, der stets den Wert des politischen Informationsflusses betonte
und auch den Kontakt zu antistalinistischen Marxisten wie Karl Korsch oder Fritz
Sternberg pflegte und mit Opfern des Stalin-Terrors wie Alexander Granach, Bernhard
Reich oder Hermann Greid gesprochen hatte, stößt uns, nicht nur für die Jahre des Exils,
auf das Phänomen der doppelten Rede.

Dem amerikanischen Marxisten Sidney Hook soll er Ende 1935 auf die Frage nach der
Schuld der Moskauer Angeklagten geantwortet haben: »Je unschuldiger sie sind, desto
mehr verdienen sie den Tod.« Hook berichtet, er habe Brecht daraufhin vor die Tür
seines Hauses gesetzt. Ein »Schocksatz«, mit dem Brecht eine ›produktive Provokation‹
auslösen wollte, wie Klaus Völker meint [108], eine »frivole Provokation ⟨...⟩, der keine
tiefere Bedeutung zukam«, so David Pike (1986, 238), oder ein Vorwurf an die Angeklagten, daß sie nicht mehr gegen Stalin unternommen hatten, wie Iring Fetscher urteilt
(1983, 7)? Brecht testete, so scheint es, auch seine Provokationen. Karl August Wittfogel
erinnert sich, daß dieser ihm (wahrscheinlich 1943) auf seine Kritik an der SU als Regime,
das die Arbeitenden ausbeute, geantwortet habe: »Der Fellache, der seinen Maulesel zum
Pflügen zwingt, scheint ihn auszubeuten. Tatsächlich aber ist es der Maulesel, der den
Fellachen für seine Zwecke ausbeutet«. Wittfogel: »Brecht war offenbar nicht besonders
stolz auf diesen lumpendialektischen Beitrag zur modernen politischen Dichtung. Am
nächsten Morgen bat er mich durch seinen Emissär, Karl Korsch, seine Argumente zu
vergessen« [109]. Nicht immer klingen Brechts Kommentare so doppelbödig und nicht
immer ist der zynische Unterton so deutlich zu vernehmen. 1936 zeigte er sich von der
Schuld der Angeklagten im Sinne der offiziellen Anklage Moskaus überzeugt: »Die
Prozesse haben auch nach der Meinung erbitterter Gegner der Sowjetunion und ihrer
Regierung mit aller Deutlichkeit das Bestehen aktiver Verschwörungen gegen das Regime
erwiesen und daß diese Verschwörernester sowohl Sabotageaktionen im Innern als auch
gewisse Verhandlungen mit faschistischen Diplomaten über die Einstellung ihrer Regie-
rungen bei einem eventuellen Regimewechsel in der Union durchgeführt haben. Ihre
Politik beruhte auf Defaitismus und hatte die Herbeiführung von Defaitismus zum Ziel«
[110].

Das ist die Stimme eines Politikers und der Stil einer öffentlichen Verlautbarung.
Doch gerade an eine Veröffentlichung scheint Brecht nicht gedacht zu haben.

Im konzipierten Begleitbrief für seinen Kommentar zu den Schauprozessen (der Brief
war wahrscheinlich an Walter Benjamin gerichtet, wurde aber nicht abgesandt) schreibt
er: »Dies ist meine Meinung, die Prozesse betreffend. Ich teile sie, in meinem isolierten
Svendborg sitzend, nur Ihnen mit und wäre Ihnen dankbar, wenn Sie mir mitteilen, ob

eine Argumentation dieser Art Ihnen nach Lage der Dinge politisch richtig erscheint oder nicht« (1936/1967, 111).

Brecht scheint nicht nur seine eigenen Thesen, sondern auch deren Wirkung vorerst nur testen zu wollen und hält sich bedeckt. Auch seine vielseitige Rechtfertigung und Kritik der Stalinschen Politik im kasuistischen Lehrbuch »Meti. Buch der Wendungen«, das in seinen Hauptteilen in Svendborg entstanden ist, kommt erst posthum zur Veröffentlichung.

Im »Meti« zeigt Brecht vor allem Verständnis für Stalins (»Niens«) diktatorische Mittel gegenüber einem rückständigen Volk und dessen Feinden; gelobt wird die »eiserne Zucht« (1967, XII 438). Ob die Verschlüsselung von Stalins Namen wirklich das »Nein« signalisiert, wie Klaus Völker nahelegt? Jene, »die in Su gegen ihn ⟨Nien⟩ kämpften, sahen sich umringt von Verbrechern und begingen selber Verbrechen gegen das Volk« (1967, XII 539 f). In dem Abschnitt »Niens Ruf« wird Stalin zum Gärtner seines Volkes: »Hungrigen Leuten, welche noch nie eine Saat hatten aufgehen sehen, wurde geheißen, zu säen. Sie mußten glauben, man wolle sie zwingen, das Korn mit vollen Händen wegzuwerfen und die Kartoffeln unter der Erde zu verstecken« (1967, XII 467). Der weise Gärtner Stalin, »des Sowjetvolkes großer Ernteleiter«, der die Rückständigen zum Glück zwingt, das Unkraut überlistet und eine neue Rasse züchtet, ist auch noch in Brechts spätem Lehrgedicht von der »Erziehung der Hirse« (von 1951) Gegenstand der Bewunderung [111]. In den suggestiven wie autoritären Bildern des Gärtners und des Chirurgen (s. Kap. III.1) übernimmt Brecht den Blick des Souveräns, der den Garten der Gesellschaft bestellt oder den Volkskörper behandelt. Züchtungserfolge des Gärtners sind verbunden mit der Ausrottung überholter Sorten; sie pflegen auf dem »Misthaufen der Geschichte« zu landen. Und selbstredend muß Pflanzen kein Mitspracherecht eingeräumt werden.

Brechts »Meti« kann als die literarische Erprobung von Verteidigungen und kritischen Wendungen gelesen werden, die sich, bisweilen ironisch, widersprechen. Das unterscheidet »Meti« von dem politischen Journalismus Feuchtwangers und Blochs und von der Erinnerungsschrift Kurellas. Hier wird das »Buch der Wendungen« indessen in den Kontext der anderen Schreibübungen Brechts gestellt.

Unter Pseudonym und in der Form eines satirischen Aufsatzes hat sich Brecht 1940 doch zu einer öffentlichen, wenn auch indirekten Verteidigung der Stalinschen Expansionspolitik entschlossen. Seine Satire »Der finnische Krieg«, von der Brecht-Forschung kaum zur Kenntnis genommen, lobt die finnische Armee, in deren Reihen »die berühmtesten Vorkämpfer der Zivilisation – zumindest im Geiste – ⟨...⟩ mitkämpfen: Mussolini, Franco und sogar der Papst«. Brecht legitimiert damit auf vermittelte Weise den sowjetischen Angriffskrieg gegen Finnland [112]. Lew Kopelew vermerkt, daß man Brechts Übersiedelung 1940 von Dänemark über Schweden nach Finnland in russischen Kreisen »fast als brüske Beleidigung« empfunden habe (1983, 163) – möglicherweise ist dieser Text sein Entschuldigungsschreiben. Eine Satire, unter Pseudonym und auf finnisch veröffentlicht: Diese drei Elemente der Distanz erklären vielleicht die Ausnahmestellung der Publikation.

Anläßlich des Erscheinens von Gides »Retour de l'U.R.S.S.« schreibt Brecht (wieder nicht zur Veröffentlichung vorgesehen), daß die Generallinie der Partei »jenseits der

Kritik« stehe. »Tatsächlich wird die Generallinie der Partei nicht in Zeitungsartikeln kritisiert und nicht von plaudernden Gruppen an Kaminen festgelegt oder umgeworfen. Es erscheint kein Buch gegen sie«, nur »das Leben selber« könne Kritik üben (1967, XIX 438). Es ist die freiwillige Selbstentmachtung des Intellektuellen, eine Variante des Brechtschen Kälbermarsches. Stattdessen stimmt ihn noch 1949 Feuchtwangers »taciteischer Bericht über seine Moskaureise« freudig; das Buch sei ihm »immer als ein kleines Wunder erschienen« [113].

Im August 1937 schreibt er an Feuchtwanger, »Moskau 1937« sei »das Beste, was von Seiten der europäischen Literatur bisher in dieser Sache erschienen ist.« Und erneut wird ein Demophoon und die ›Experimentalkammer der Geschichte‹ ins Blickfeld gerückt: »Es ist ein so entscheidender Schritt, die Vernunft als etwas so Praktisches, Menschliches zu sehen, etwas, was seine eigene Sittlichkeit und Unsittlichkeit hat; dabei kommt erst ihr experimenteller Charakter heraus, an dem die Menschheit doch interessiert ist und der verschwindet, wenn man eine starre Moralität über sie setzt, da ja das Experimentieren selber schon etwas von sittlich zweifelhafter Natur ist. Ich bin sehr froh, daß Sie das geschrieben haben« (1981, 334).

Diesen beflissenen Kommentaren stehen Eintragungen in Tagebüchern und Briefen entgegen, die belegen, wie genau Brecht über die politische Situation in der Sowjetunion Bescheid wußte und wie wenig Illusionen er sich über die Entwicklung machte. Brecht gehört offensichtlich zu jenen, die sich (im Gegensatz zu Heinrich Mann oder Feuchtwanger) über die sowjetischen Verhältnisse zu informieren wußten. Vor allem das 1973 publizierte »Arbeitsjournal« und Walter Benjamins Niederschrift seiner Gespräche mit Brecht machen das Phänomen der doppelten Rede deutlich.

Brechts Bemerkung am Ende einer Eintragung im »Arbeitsjournal« vom Januar 1939 über seine Haltung zur Sowjetunion lautet: »für die marxisten außerhalb ergibt sich ungefähr die stellung wie die marxens zur deutschen sozialdemokratie. positiv kritisch« [114]. Um zu erfahren, was das meint, muß man sich den Ton vergegenwärtigen, in dem Marx und Engels von den deutschen ›Social-Demokraten‹ sprachen. In deren Briefwechsel ist die Rede von »Lumpenpack«, »Scheißkerl⟨en⟩«, »Sau-Fortschrittler⟨n⟩«. Die Zeitung ›Der Social-Demokrat‹ wird ein »Saublatt« genannt [115].

Auch im Gespräch mit Benjamin überläßt Brecht 1938 die Schlußfolgerung seinem Zuhörer: »Der Staat soll verschwinden. Wer sagt das? Der Staat«. Benjamin fügt eingeklammert hinzu: »Hier kann er nur die Sowjet-Union meinen«, und kennzeichnet die Haltung Brechts: »Er läßt durchblicken«, »listig und verdrückt« [116]. 1934 scheint Brecht noch unvorsichtiger gewesen zu sein. Benjamin notiert Brechts Ansicht, daß Kafka »das Verfahren der GPU« vorhergesehen habe [117], und die Prognose: »Was aus der Tscheka werden kann, sieht man an der Gestapo« [118]. Benjamins Eintragung vom 1. Juli 1938: »Sehr skeptische Antworten erfolgen, sooft ich russische Verhältnisse berühre. Als ich mich neulich erkundigte, ob Ottwal⟨t⟩ noch sitzt, kam die Antwort: ›Wenn der noch sitzen kann, sitzt er.‹ Gestern meinte die Steffin, Tretjakoff sei wohl nicht mehr am Leben« [119].

Brecht hat aus seinem Wissen keine Anleitung zum öffentlichen Handeln gewonnen, wie er es sich von seinem Theaterpublikum gewünscht hatte. Nach den Nachrichten über die Verhaftung Carola Nehers hat er seinen Freund Feuchtwanger, der mit ihm zum

Redaktionskollektiv der Zeitschrift »Das Wort« gehörte, aufgefordert, sich bei Stalin für die verschollene Carola Neher zu verwenden: »Übrigens, könnten Sie etwas für die Neher tun, die in M⟨oskau⟩ sitzen soll, ich weiß allerdings nicht weswegen, aber ich halte sie nicht gerade für eine den Bestand der Union entscheidend gefährdende Person. Vielleicht ist sie durch irgendeine Frauenaffäre in was hineingeschlittert. Immerhin ist sie kein wertloser Mensch ⟨...⟩. Wenn Sie nach ihr fragen, würde das schon nützen« (1981, 326).

Und einen Monat später: »sehen Sie irgendeine Möglichkeit, sich beim Sekretariat Stalins nach der Neher zu erkundigen? Bei den sehr berechtigten Aktionen, die man den Goebbelsschen Organisationen in der UdSSR entgegensetzt, kann natürlich auch einmal ein Fehlgriff passieren. ⟨...⟩ Es wäre mir allerdings recht, wenn Sie diese meine Bitte ganz vertraulich behandelten, da ich weder ein Mißtrauen gegen die Praxis der Union säen noch irgendwelchen Leuten Gelegenheit geben will, solches zu behaupten« [120].

Eine knappe Bitte und eine lange Erklärung. Brecht scheint sich bei Feuchtwanger für seine Bitte zu entschuldigen; er betont die grundsätzliche Berechtigung der Aktionen und wiederholt die geläufigen Argumente, warum kein Wasser auf des Gegners Mühlen geleitet werden dürfe. Für völlig schuldlos hält er Carola Neher nicht (möglicherweise ein vorsorglicher Gedanke für den Fall des Mißlingens einer Rettung); er vermutet »irgendeine Frauengeschichte«. Vermutlich soll das heißen, daß sie an einen falschen (trotzkistischen?) Liebhaber geraten sein kann.

Brecht selbst aber hat, soweit ich sehe, in keinem einzigen Fall eine öffentliche Anstrengung unternommen, das Schicksal seiner Freunde zu beeinflussen, in einer Zeit, als »innerhalb weniger Jahre all die Freunde ⟨verschwanden⟩, mit denen er bisher Kontakt pflegte« [121]. Sein Name erscheint unter keiner Petition.

Der Trotzkist Walter Held griff öffentlich den schweigenden Brecht an; Held schreibt in der Pariser Zeitung »Unser Weg«: »Das traurigste und beschämendste Kapitel an dieser blutigen Tragödie ⟨der Ermordung Carola Nehers und anderer Emigranten⟩ ist die Haltung der offiziellen deutschen Emigration gegenüber dem Schicksal ihrer nach der Sowjetunion ausgewanderten Mitglieder. Die deutsche ›Volksfront‹: die Herren Heinrich und Thomas Mann, Bertold Brecht, Lion Feuchtwanger, Arnold Zweig, die ›Weltbühne‹, die ›Pariser Tageszeitung‹, die ›Volkszeitung‹ ⟨...⟩ sie alle, alle hüllen sich in Schweigen.

Sie, Herr Brecht, haben Karola Neher gekannt. Sie wissen, daß sie weder eine Terroristin, noch eine Spionin, sondern ein tapferer Mensch und eine große Künstlerin ist. Weshalb schweigen sie? Weil Stalin ihre Publikation ›Das Wort‹, die verlogenste und verkommenste Zeitschrift, die jemals von deutschen Intellektuellen herausgegeben worden ist, bezahlt? Woher nehmen sie noch den Mut, gegen Hitlers Mord an Liese Hermann, an Edgar André und Hans Litten zu protestieren? Glauben Sie wirklich, daß Sie mit Lüge, Knechtseligkeit und Niedrigkeit die Kerkerpforten des Dritten Reiches sprengen können?« (1938, 7 f)

Nach der Nachricht vom Tod Sergej Tretjakows [122] schreibt Brecht 1939 das Gedicht »Ist das Volk unfehlbar«, mit dem er die Unschuld seines Freundes erwägt:

»Was 5000 erbaut haben, kann einer zerstören.
Unter 50, die verurteilt werden

Kann einer unschuldig sein.
Gesetzt, er ist unschuldig?« [123]

Mittenzwei kommentiert, daß Brecht auch bei der Verhaftung von Tretjakow davon ausgegangen sei, diese sei wohl zu recht erfolgt (1986, I 619). Es scheint mir unwahrscheinlich, daß Brecht seinen Freund Tretjakow für einen japanischen Spion gehalten hat; das Gedicht bekundet offensichtlich die Not des Autors. Doch wie im Fall von Carola Neher oder Hermann Borchardt mag die Schuldklausel einer Abwehr der eigenen Zweifel dienen. Die mögliche Rechtfertigung einer Verhaftung liegt im bereits zitierten Bild vom Krebschirurgen, der ins gesunde Fleisch schneiden muß. Herbert Wehners Erinnerungen lesen sich als Kommentar der Brechtschen Strophe: »Als die Massenverhaftungen und Verschickungen Dimensionen angenommen hatten, die unübersehbar waren, erklärten die russischen Kommunisten, es könne vorkommen, daß Unschuldige getroffen würden, aber es sei besser, tausend Unschuldige müßten eine Zeitlang leiden, als daß ein Volksfeind unentdeckt bleibe« (1982/1984, 241).

Brechts Fingerübungen zur Verteidigung der Schauprozesse finden zur selben Zeit statt wie jene Eintragung in sein Arbeitsjournal: »auch kolzow verhaftet in moskau. meine letzte russische verbindung mit drüben. niemand weiß etwas von tretjakow, der ›japanischer spion‹ sein soll. niemand etwas von der neher, die in prag im auftrag ihres mannes trotzkistische geschäfte abgewickelt haben soll. reich und assja lacis schreiben mir nie mehr, grete bekommt keine antwort mehr von ihren bekannten im kaukasus und in leningrad. auch béla kun ist verhaftet ⟨...⟩ literatur und kunst scheinen beschissen, die politische theorie auf dem hund, es gibt so etwas wie einen beamtenmäßig propagierten blutlosen proletarischen humanismus« [124].

Seine Verteidigung der Prozesse muß vor dem Hintergrund dieser Informationen über seine Freunde um so schwerer wiegen.

Peter Bormans lobt Brecht, daß er trotz dieser Nachrichten einen »höheren Gesichtspunkt« eingenommen habe. Die Nichtveröffentlichung der Prozeßapologie wertet er als »ein Zeugnis von Brechts Besonnenheit« und verteidigt die Apologie damit, daß »außer einigen völlig unwichtigen Grüppchen« ⟨sic!⟩ damals »übrigens niemand« an der Rechtmäßigkeit der Prozesse gezweifelt habe (1975, 59 f). David Pike dagegen fragt an, ob Brecht »nie von der Anwendung der Folter durch den NKWD zur Erpressung von Geständnissen von unschuldigen Gefangenen gehört ⟨hat⟩? Berichte darüber waren im Westen weit verbreitet« (1986, 236 f). So sehr Bormans die Kritik an den Prozessen herunterspielt, so übertrieben ist da Pikes Einschätzung entsprechender »Berichte«, wo selbst Koestler und Sperber die Anwendung von systematischer Folter nicht für möglich hielten.

Arthur Koestler beklagt rückblickend, daß die im Westen lebenden Kommunisten stillschweigend über die Verhaftung ihrer Freunde in der Sowjetunion hinweggegangen seien [126]. Später, in den »Buckower Elegien« hat sich Brechts lyrisches Ich gegen gebrochene Finger zu verteidigen, die anklagend auf ihn deuten (1967, X 1010).

Nicht zuletzt der Verweis auf die Marxsche Haltung zur Sozialdemokratie macht deutlich, daß es nicht um eine doppelte Rede geht, bei der Brecht zwei völlig verschiedene Sprachen spricht. Doch er weiß seine Informationen und die Begründung seiner

Skepsis in seinen privaten Aufzeichnungen von seiner ›halböffentlichen‹ Zustimmung abzuspalten. Er unterwirft sich, trotz der Verhaftung seiner Freunde und trotz der Liquidierung seiner literaturpolitischen Bündnispartner (Tretjakow, Meyerhold) konsequent der Parteidisziplin, nach der Kritik am falschen Platz als Hilfeleistung für den Feind galt.

Der Jubel der anderen Seite sei »der fürchterlichste aller Vorwürfe«, sagt José Bergamin auf dem »Zweiten Schriftstellerkongreß zur Verteidigung der Kultur« als Ankläger von Gide. Doch der Vorwurf, der von Brecht und anderen gegen Gide erhoben wurde, den Nazis Material in die Hände gespielt zu haben, birgt sein Risiko. Die Auszüge von Bergamins Rede in »Das Wort« klammern denn auch dieses Detail aus [127]. Denn schließlich mußte Gide konsequenterweise zum Lügner gestempelt werden, wollte man nicht eingestehen, daß der Stalinsche Terror selbst dieses belastende Material geliefert hatte. In den Gide-Kritiken ist jedoch von Lüge nicht die Rede [128]. Man wich der Diskussion von Gides Beobachtungen aus; stattdessen lenkte man das Augenmerk auf die Psyche des Autors. Brecht charakterisiert Gide als einen »Odysseus«, den nicht das Land, sondern nur die eigene Person interessiere: »Er hatte wohl von Anfang an nicht vor, mitzuteilen, wie dieses Land ist, sondern wie er ist, und das konnte auch rasch geschehen, dieses Büchlein war rasch geschrieben« [129].

Während Werner Mittenzwei in seiner Biographie aus den unterschiedlichen Stalin-Bildern Brechts die Schlußfolgerung zieht, daß dieser zu Stalin »insgesamt keine feststehende Meinung hatte« (1986, I 629), setzt James Lyon für Brechts Wissen und Haltung eine Zäsur mit dessen Lektüre von Chruschtschows Enthüllungen in der sogenannten »Geheimrede« von 1956. Danach erst sei Brecht über Stalin verbittert gewesen und habe von ihm als »verdientem Mörder des Volkes« gesprochen (1983, 120). Das würde indessen voraussetzen, daß Brecht bis dahin alle Nachrichten ignoriert und seiner Lektüre über das stalinistische System keinen Glauben geschenkt hätte. Lyon selbst weist jedoch hin auf Brechts Lektüre von Boris Souvarines kritischer Stalin-Biographie – ein »niederdrückendes buch« nennt es Brecht im Juli 1943 (1973, 589). Louis Fischers »Soviets in World Affairs« hat Brecht 1942 ebenfalls studiert, und schon in Korschs Zeitschrift »Marxism Today«, deren aufmerksamer Leser Brecht war, hätte er die Stalinismus-Passagen ignorieren müssen. Seine Aufzeichnungen im »Arbeitsjournal« sprechen dagegen und weisen darauf hin, daß der »Politiker« Brecht eine öffentliche Kritik an Stalins System als schädlich ablehnte. Im übrigen waren seine vier späten Stalin-Gedichte, in denen Stalin zum ›Zaren‹, »Mörder« und ›madigen Gott‹ erklärt wird (1982, IV 437 f), ebenfalls nicht zur Veröffentlichung bestimmt [130] – immer noch wahrte der Politiker Brecht Disziplin.

Im April 1953 versammelt die Zeitschrift »Sinn und Form« Wortmeldungen der Intellektuellen zu Stalins Tod; Brechts Beitrag lautet: »Den Unterdrückten von fünf Erdteilen, denen, die sich schon befreit haben, und allen, die für den Weltfrieden kämpfen, muß der Herzschlag gestockt haben, als sie hörten, Stalin ist tot. Er war die Verkörperung ihrer Hoffnung. Aber die geistigen und materiellen Waffen, die er herstellte, sind da, und da ist die Lehre, neue herzustellen« (1967, XX 325).

Diese knappe öffentliche Wortmeldung scheint die obligate Münze für seine Theaterarbeit: »ein eigenes Theater war ihm offenbar der Preis wert«, schreibt sein früher Berater

Fritz Sternberg [131]. Auch für Brechts Schweigen in den Exiljahren wie für seine
Zurückhaltung bei Rettungsveruchen gilt es zu berücksichtigen, daß Brecht sich als
Theaterpolitiker in exponierter Lage befand. Seine literaturpolitischen Feinde in Moskau, Alfred Kurella, Fritz Erpenbeck, Georg Lukács, Andor Gabor stempelten ihn zum
Ketzer. Außer einer Inszenierung der »Dreigroschenoper« (1931) soll es bis 1958/59
keine weiteren russischen Brecht-Aufführungen gegeben haben [132]. In dieser Position
gleichen seine Loyalitätsübungen in der Tat politisch-taktischen Gesten zur Sicherung
der eigenen Produktionen.

Irritierend wirken zuletzt seine hilflos-mühseligen Kommentare nach dem XX. Parteitag über den Stalinismus; er macht »eine Verkümmerung der Dialektik« und »rückständi-
ge Massen« aus und fordert eine »Liquidierung ⟨sic!⟩ des Stalinismus ⟨...⟩ durch eine
gigantische Mobilisierung der Massen durch die Partei« [133]. Diese ›halböffentlichen‹
Notizen machen deutlich, wie selbst Brecht – und nicht nur in der Öffentlichkeit –
gefangen bleibt in den Zwängen parteilichen Denkens. Stalin wird entthront, damit desto
nachdrücklicher ›Masse‹ und ›Partei‹ auf dem Thron behauptet werden können. Dazu ist
die Fixierung des Systems auf die Person (Stalinismus) von Nutzen. Gerd Koenen notiert
zu recht, daß der Intellektuelle Brecht (wie andere) das dumme, anbetungswütige Volk
als Schuldigen des Personenkults ausmacht; »ihnen selbst«, den Intellektuellen und nicht
den Massen, »waren die eigentlichen Blüten des Kultes zu verdanken« (1987, 10).

Koenens implizite Schlußfolgerung (Stalinismus als Kult der Intellektuellen) sollte freilich überdacht
sein: Es liegt im Wesen der Sache, daß Lobeshymnen von Intellektuellen sich leichter zitieren lassen
als Ergebenheitsadressen oder Begeisterungsstürme der ›Werktätigen‹ [134]. Die Polemik hat m. E.
ihre Berechtigung dort, wo sie sich gegen die feierliche Selbstdarstellung des Intellektuellen als
Häretiker richtet, mit der alle Mitverantwortung verdrängt bleibt.
Im Kontext der intellektuellen Entlastungsrede dürfte der direkten Schuldzuweisung an Stalin
noch größeres Gewicht zukommen. Chruschtschow macht in seiner nicht so geheimen Rede von
1956 Stalins Verfolgungswahn für die ›Pervertierung‹ des Marxismus-Leninismus haftbar: das
System als Produkt eines krankhaften Verbrechers.

Brecht scheint immer wieder die Hoffnung gehegt zu haben, und sei es als Zweckglaube,
daß die Verbrechen des Stalinismus auf eine kurze Zeitphase beschränkt blieben [135].
Vielleicht war es auch die Hoffnung, daß diese Verbrechen nicht bekannt werden
würden; es könnte die besondere »Enttäuschung« Brechts nach dem XX. Parteitag
erklären, da nicht Brecht, sondern Chruschtschow die große Arbeit der Desillusionierung über den Stalinismus geleistet und die Anklagen der Renegatenliteratur aufgegriffen
hat. Chruschtschows sogenannte »Geheimrede« war für viele Intellektuelle nicht der
Schock der Aufklärung, sondern der Beginn des erlaubten Sprechens über den Stalinismus.

Klaus Theweleits These über Brechts politische Haltung in der Zeit des Stalinismus
reicht über Kolakowskis Einordnung und Erklärung hinaus. Brecht sei nicht durch den
Glauben ›blind‹ geworden, seine passive Haltung gegenüber dem Stalinismus sei nicht
Produkt der Verdrängung [136], sondern er habe durch seine Selbstberufung als
(Macht-)Politiker am Schweigen und an einer totalitären Propaganda partizipiert.

Brecht, so Theweleit, durchschaue das Spektakel der Moskauer Prozesse als »Mord-
politik, aber, ein Politiker vom Scheitel bis zur Sohle, ⟨hat er⟩ die ganze Zeit über
geschwiegen, um der Sowjetunion nicht öffentlich in den Rücken zu fallen; nein,

geschwiegen ist falsch, das könnte man noch akzeptieren: er hat wider besseres Wissen weiter eine Propaganda produziert, zu deren Grundlagen gehört, daß solche Vorgänge zu einem faschistischen System, wie dem deutschen, sehr wohl gehören können und müssen, zu einem System wie dem sowjetischen aber nicht gehören können (...) Brecht phantasiert sich einfach auf derselben Ebene als großer Staatsmann, Eingreifer in die Geschicke der Geschichte, wie Benn es 33 tut – zwei nur der Ideologie nach verschiedene Schritte in die freiwillige Staatsdienerschaft; strukturell politisch der gleiche Schritt: geil auf Oberbeamtenschaft. General der Literatur – in dies Feuer ist der eine so gut gerannt wie der andere (könnte man sich noch drüber streiten, wer sich die bessere Rückendeckkung vorher verschafft hat)« [137].

Allerdings übte Brecht, im Gegensatz zu Gottfried Benn 1933/34, Zurückhaltung – seine ›politischen Verlautbarungen‹ sind während vieler Jahre für die Schublade produziert, nicht zuende geschrieben oder nur probeweise an Gesprächspartner verschickt worden. Fraglich scheint mir zudem, ob Brecht »Politiker vom Scheitel bis zur Sohle« war. Das mag, wie zu zeigen sein wird, eher für Ernst Bloch zutreffen, gewiß für Alfred Kurella, kaum aber für den Schriftsteller Brecht. In seiner Bühnenproduktion jener Jahre, im »Leben des Galilei«, »Der gute Mensch von Sezuan«, »Der aufhaltsame Aufstieg des Arturo Ui« und in der »Mutter Courage« spielt der Stalinismus zwar keine explizite Rolle, aber diese Stücke würden sich einer Instrumentalisierung in der stalinistischen Politik verweigern. Karl Korsch bezieht beispielsweise Brechts »Galilei« auf die stalinistische Inquisition, und er kann sich nach der Lektüre »nicht denken, daß Brecht weiterhin so linientreu bleiben wird« [138]. Werner Mittenzwei hat darauf hingewiesen, daß Brechts Galilei Züge von Bucharin trägt. Die veröffentlichten Prozeßprotokolle waren in Brechts Besitz, und im Material des Bucharin-Prozesses finden sich viele Anstreichungen von seiner Hand. Mittenzwei (1986, I 652) zitiert aus den Aufzeichnungen einer Mitarbeiterin Brechts: »Nach Brechts Ansicht ist mit der Dastellung des Galilei gelöst die Darstellung z. B. der großen Sowjetprozesse. Es ist technisch gelöst«.

Das Doppelbild von einem privaten Antistalinisten Brecht und einem zurückhaltend öffentlichen Verteidiger der sowjetischen Politik kann etwas von Brechts organisierter Schizophrenie und seiner Strategie, das eigene Theater zu retten, vermitteln; doch es scheint zu grobkörnig. »Ist also schweigen das beste?« lautet eine Frage in Brechts Gedicht anläßlich Tretjakows Verhaftung – das kann als Rat für den Angeklagten wie für den Prozeßbeobachter gelesen werden (1967, IX 743). Das Bild von der doppelten Rede läßt sich mit Brechts Charakteristik der Finnen in den »Flüchtlingsgesprächen« verschärfen: die Finnen seien ein Volk, das in zwei Sprachen schweige.

Ernst Bloch. Stalin als Steuermann

»Für Philosophen sind Seefahrten riskant, nicht nur wegen der berufstypischen Schiffbrüche. Es gibt auch sonst immer Verlegenheiten, bei denen man von ihnen mehr erwartet als von anderen«.
Hans Blumenberg (Die Sorge geht über den Fluß. Frankfurt 1987, S. 10)
»Sei getreu bis an den Tod, so will ich dir die Krone des Lebens geben«.
Johannes, Apokalypse (2, 10)

Ernst Bloch setzt sich 1937 mit der Kritik an den Prozessen auseinander und versucht, die Fronten zurechtzurücken: Aufklärung, Licht, Ratio herrschen in Moskau; Krankheit, Irrationalismus und (folglich) Nähe zum Nationalsozialismus bei den westlichen Kritikern. Ironisch schlägt er den Kritikern neue Erklärungsmuster vor, darunter »Seelenwanderung«, und bedient sich der Klassiker: »Schnell fertig ist die Jugend mit dem Wort, doch dem gereiften Journalisten ziemt das Untersuchende; dieses ist die beste bürgerliche Tradition« [139]. In seiner Verurteilung der Angeklagten gebraucht er, unvorsichtiger als Brecht, den Jargon des Stalinterrors und spricht von Verbündeten des »fascistischen Teufel(s)«, von »politische(n) Verbrecher(n) und Schädlinge(n) großen Ausmaßes« (1938/1972, 358), ja er verdächtigt die Angeklagten sogar, daß sie »sich nur deshalb in Geständnisfreude« überböten, »weil sie wissen, wie problematisch das auf den bürgerlichen Westen wirkt, weil sie die Sowjetunion damit diskreditieren wollen« (1938/1972, 352). Selten läßt sich die Installierung eines Sündenbocks so deutlich beobachten.

Und doch haben in späteren Schauprozessen vielleicht manche Geständige auf die Absurdität ihrer Selbstbezichtigungen gesetzt. Koestler behauptet es im Fall von Otto Katz (1940/1979, 242), und Szász unterstellt das Motiv einigen der Angeklagten des ungarischen Schauprozesses von 1949.

Karola Bloch berichtet in ihren Erinnerungen, daß sie und Ernst in Prag 1938 mit deutschen Emigranten konfrontiert waren, die aus der Sowjetunion ausgewiesen wurden unter dem Vorwand, sie seien eine Gefahr für Rußland; deren Berichte von Terror und Angst, so scheint es, hatten auch für die Blochs Gewicht. »Die Moskauer Prozesse erfüllten uns mit Entsetzen, wir verstanden sie nicht« (1981, 125). Die Überzeugungskraft seiner Polemik, so interpretiert Karola Bloch ihren Mann, sollte »wohl eher ihm selbst Mut machen« (1981, 126).

Mit dieser Interpretation wäre Ernst Bloch im Exil kaum einverstanden gewesen. Ist es Zufall, wenn er als Wallenstein (s. Fußnote 139) in die Rolle des obersten Feldherrn schlüpft? Er fühlt sich als Stratege im politischen Kampf – davon geben seine Briefe, zum Beispiel an Walter Benjamin oder Joachim Schumacher, beredte Auskunft. Seinen Artikel gegen Schwarzschild nennt er einen »Torpedo«, dessen Wirkung er zutraut, daß Schwarzschild sich nicht »weiter mausig« machen werde (1985, 665). Als Joachim Schumacher schreibt, man sei »ja doch machtlos, wir stehen ja doch daneben, die Entscheidungen geschehen ohne uns, wir werden ja doch nicht gefragt«, da schreibt Bloch an den Rand: »Wer ist dann Generalstab« – wenn nicht Bloch? [140]

Obwohl in perfekter Synchronisation mit den Stellungnahmen der Komintern, sieht Bloch sich in seiner Funktion des aufklärerischen Propagandisten als revolutionsphilosophische Leitfigur mit den Zügen eines ›Rufers‹[141]. Wenn Bloch kritisiert, daß der marxistischen Propaganda jedes Gegenland zum Mythos fehle (1935/1973, 66), dann kann seine polemisch bilderreiche und affektgeladene Sprache auch als Versuch einer Korrektur gelesen werden. Unter dem Titel »Ironie des Schicksals« bekundet Bloch 1937 in der Zeitschrift »Das Wort« seine unverhohlene Freude darüber, daß ein russischer ›Antibolschewist‹, »der in weitesten literarischen Kreisen unbekannte Nobelpreisträger für Literatur« Iwan Bunin, von Nationalsozialisten malträtiert wurde und damit seine gerechte Strafe für seine Gegnerschaft zum »bolschewistischen Regime« erhalten habe:

»Schön ist, daß das Richtige stets den Richtigen trifft«[142] – ein Schlag ins Gesicht jener, die 1937 in deutschen Konzentrationslagern oder russischen Lagern und Gefängnissen saßen. Weder hier noch in den Blochschen Prozeßartikeln gewinnt der Leser den Eindruck, daß ein Literaturstratege politische Schachzüge ausführt; die affektgeladene Sprache des Autors macht die Texte zu persönlichen Botschaften und Bekenntnissen, die von Verunsicherung und Rettungswunsch geprägt sind.

Ernst Bloch im Alter; schweigsam nimmt er an einer Veranstaltung über die Marxsche Philosophie teil. Das einzige Wort richtet er an seinen Begleiter, der ihn zur Toilette bringt: »Ich habe den Sozialismus nie verraten!«

Angst vor der Umarmung des alten Feindes? Auf jeden Fall Angst davor, doch noch für einen Verräter, einen Renegaten gehalten zu werden; Angst, ein Satz zuviel könnte ihn verraten. Er, den Oskar Negt einen Ketzer nennt [143], hat einen lebenslangen Kampf gegen diesen Verdacht geführt. Und seine Waffe war der Kampf gegen andere ›Verräter‹ und Renegaten. Vermutlich wurde diese Abwehr verstärkt durch den Versuch, seine frühe Kritik an der Oktoberrevolution im Tenor des »Renegaten« Karl Kautskys zu kompensieren – Bloch hatte damals von einer »bolschewistischen Sozialdiktatur« gesprochen und Lenin als »Dschingis Khan« und »roten Zaren« charakterisiert [144]. Nun, in den dreißiger Jahren, werden Kritiker und Renegaten von ihm als enttäuschte Liebende geschildert. Das Liebesobjekt ist bei Bloch aber männlich. Die Sowjetunion ist »der zwanzigjährige bolschewistische Jüngling«, der seine Anbeterinnen verstört, weil er »sich so vieler Feinde zu entledigen hat und sich ihrer so hart entledigt« – in der Neuausgabe des Aufsatzes wird die Metaphorik zurückgenommen.

Im Original hatte Bloch geschrieben: »Manche sehen heute etwas betreten drein ⟨...⟩, daß der zwanzigjährige bolschewistische Jüngling sich so vieler Feinde zu entledigen hat und sich ihrer so hart entledigt. Sie sind verwirrt, aber sie prüfen nicht« [145].

In der Neuausgabe heißt es dagegen: »Manche Guten sehen heute etwas betreten drein ⟨...⟩ daß der zwanzigjährige bolschewistische Staat sich so vieler Feinde zu entledigen hat und sich ihrer oft gehetzt und schreckend blutig entledigt. Sie sind verwirrt, begreifen die traurigen Vorgänge nicht« (1970, 225 f).

Renegaten schließlich erinnern ihn »an die Rachsucht geschiedener oder in Scheidung begriffener Weiber, die Material sammeln«; ihr Haß sei »schwarz wie eine Kloake« (1942, 19). Warum dieser Geschlechterwechsel, wo für gewöhnlich von der Mutter und der Geliebten (Partei) gesprochen wurde? Bloch entscheidet sich für den bolschewistischen Jüngling und die (törichten Intellektuellen-)Jungfrauen, weil damit die Attribute ›Zukunftshoffnung‹ und ›Wankelmütigkeit‹ leicht (das heißt in tradierter Weise) zuzuordnen sind. »Treulosigkeit« wird zur zentralen Vokabel der Blochschen Renegatenschelte: »ein Schub treuloses Geschwätz ⟨folgte⟩ dem anderen ⟨...⟩ sie wurden so fanatisch im Abfall, wie sie es kaum in den besten Stunden ihrer Treue gewesen waren« (1942, 19). Dahinter verbirgt sich das positive Bild einer »fanatischen« Treue.

Während sein Freund und Schüler Joachim Schumacher nach einer Moskaureise den sowjetischen Terror beklagte, während kaum ein anderer seiner Freunde ›die Treue‹ wahrte – Schumacher war der einzige unter den Kritikern, zu dem Bloch den Kontakt aufrecht erhielt –, kam Feuchtwangers »kleine Schrift ⟨...⟩ rechtzeitig an« (1937/1972, 230). »Ein Dichter« habe ihm, Bloch, Stalin geschildert: »leibhaftig erscheint hier der

Mann, nüchtern, wirklich und groß« (1937/ 1972, 231). Bloch bemängelt zwar, daß Feuchtwanger mit den Kritikern der Sowjetunion »zu freundlich« umspringe, wird aber wieder versöhnt, weil der Autor in Rußland »das Schöne und Edle« notiert – »ein Stückchen Leuchtturm für die Irrenden«, zu dem man (er zitiert Feuchtwanger) »von Herzen Ja, Ja, Ja sagen kann« (1937/1972, 233 f).

Vermutlich hat Bloch in den Bildern vom Steuermann und dem Leuchtturm auch die eigene wachsende Unsicherheit verschlüsselt. Seine enthusiastische Aufnahme von Feuchtwangers Reisebericht legt nahe, daß Bloch sich als einer der »Irrenden« verstand, der die Richtzeichen des Leuchtturms empfangen hatte und einem drohenden Schiffbruch entging.

Gerade weil Bloch parteilos war, sind seine Urteile und Angriffe vernommen worden; insofern hat er recht, wenn er am 22.1.1957 in einem »Offenen Brief« an die Parteileitung der Leipziger Universität auf seine Apologie der Moskauer Prozesse hinweist: »Die mir selbstverständliche Treue zur Sowjetunion habe ich auch zur Zeit der Moskauer Prozesse gehalten, die ich dargestellt und zu interpretieren versucht habe in der ›Neuen Weltbühne‹, Prag, 1937 und 1938. Auf manche damals schwankende und mehr als schwankende deutsche wie andere Marxisten, in Frankreich und den USA, hat das einen Einfluß ausgeübt, der sie vorm drohenden Trotzkismus zurückhielt« (1957/1983, 24).

Günther Zehm illustriert später Blochs Aussage: »Im engsten Freundeskreis erzählte Bloch einmal von den Nöten Egon Erwin Kischs, der nach Bekanntwerden des Hitler-Stalin-Pakts angewidert aus der Partei austreten wollte; er, der bürgerliche Professor, habe Kisch damals von seinem Vorhaben abbringen müssen« [146].

Auf eine zynisch klingende Weise bringt Bloch damit auch seine Skepsis gegenüber der Entstalinisierung nach 1956 zum Ausdruck (im Februar 1956 hatte Chruschtschow bekanntlich die Schauprozesse als Terrorinstrument Stalins bezeichnet). In diesem »offenen Brief«, den Jürgen Rühle (1984) als (gescheiterten) Versuch Blochs wertet (und entschuldigt), seine Mitarbeiter an der Leipziger Philosophischen Fakultät zu retten, wählt er vergiftete Worte auch noch gegen Wolfgang Harich, der vor dem staatlichen Zugriff nicht mehr zu retten schien; Harich wird ein »kesser Ton« (1957/1982, 23) bescheinigt, und seine Vergehen werden mit keinem Wort in Frage gestellt. Vor allem aber werden jene kritisiert, die gegen die politische Entwicklung in Ungarn 1956 nicht so entschieden opponierten wie er: »Jetzt ist doch die allerhöchste Zeit, wann marschiert endlich die Rote Armee ein?« zitiert er sich und benennt Zeugen dafür, daß er sich dann »freute – in jedem Sinn freute« [147]. Hatte Alfred Kurella seinen Bruder Heinrich ›vergessen‹, so Bloch seinen Jugendfreund Georg Lukács, der nach der Niederschlagung der Volkserhebung in rumänischer Verbannung lebte. Bloch versucht damit nicht sein Leben, sondern seine Lehrerlaubnis zu retten.

Gewiß, der offene Brief war nicht an uns Zeitgenossen von 1988 adressiert, und Rühle mag mit seiner Vermutung recht haben, daß er seinen Mitarbeitern damit einen Dienst erweisen wollte. Doch sein Brief steht in der Tradition des Abwehrkampfes gegen die Zweifel skeptischer Intellektueller, den Bloch seit 1936 führte, und er spricht von einem Mangel an Verantwortung gegenüber dem Wort.

In seinem Aufsatz vom Mai 1956 »Über die Bedeutung des XX. Parteitages« gilt sein erstes Augenmerk den »Abtrünnigen«. Sein Anliegen ist nicht eine denkbare Auseinandersetzung mit eigenen früheren Positionen, sondern die Abwehr eines imaginierten Triumphes dieser »Abtrünnigen«. Er weiß: »Den Abtrünnigen ist der Parteitag besonders bitter und verschlägt ihnen den Atem, obwohl sie in einigen doch Recht bekommen zu haben scheinen. Aber sie, die ihr eh schon immer Gesagtes so unbeschwert, ja so gern und erfolgreich an ihre angeblichen Feinde ⟨...⟩ verkauft haben, merken zugleich, daß sie nicht einmal das Recht haben, recht gehabt zu haben. Sie blieben nicht im Schiff, um hier die Fahne hoch zu halten, sondern verrieten und hetzten; alles Falsche, gar Blutige kam ihnen zu paß. Sie haben auch gar keine Kritik ausgeschüttet, sondern Kübel voll Unrat, in Bausch und hohem Bogen, wenn er nur die Sowjetunion traf, ausnahmslos traf« (1970, 357 f). Wer das Schiff verläßt, wird von Bloch folgerichtig als »Ratte« bezeichnet. Nun, nach dem XX. Parteitag, kriechen sie wieder »aus ihren Löchern« (1970, 358).

Ratte ist die ›klassische‹ Denunziationsvokabel zur Kennzeichnung des Verräters; und sie dient zur Versinnbildlichung der eigenen Abscheu. In Blochs Bild entfaltet sich, vom Autor unbeabsichtigt, die Bedeutung: die Ratten verlassen bekanntlich ein sinkendes Schiff, sie sind Vorboten eines Untergangs und damit – Lebensretter. Die verräterische Ratte, die das Schiff verläßt, wird »zum Inbegriff des Kritikers, d. h. zu demjenigen, der in die Krise ruft. Fern jedes ideologischen Festlandes wirft der Verräter bedrängende Fragen auf« [148].

Jean-Paul Sartre – von Bloch als »Rattenfänger« tituliert [149] – gibt seinem Vorwort zu André Gorz' Buch »Der Verräter« den Titel ›Von Ratten und Menschen«. Dort heißt es: »Der Verfasser dieses Buches ist eine Ratte, wie man sich denken konnte. Und was mehr ist, eine besessene Ratte ⟨...⟩ wir laufen alle in den Gängen eines Experimentallabyrinths hinter einem Phantom her, mit Gorz an der Spitze. Wenn er diesen Parasiten fängt und ißt ⟨...⟩ ist unsere Spezies möglich; irgendwo zwischen Ratten und Engeln ist sie im Entstehen begriffen, wir werden aus dem Labyrinth herauskommen« [150].

In Bausch und hohem Bogen unifiziert Bloch alle »Abtrünnigen« und verweigert jede Differenzierung. Durch die Stürme des Stalinismus mit ›hochgehaltener Fahne‹ zu segeln, sei die einzig gültige Position, während die Abtrünnigen allesamt verrieten, hetzten und sich verkauften; eine dritte Möglichkeit wird negiert.

Blochs Vorliebe für die Schiffsmetaphorik knüpft keineswegs an deren revolutionäre Umdeutungen an [151], sondern erinnert eher an Goethes konservative Verwendung des Bildes vom Staatsschiff [152]. Bloch betont die autoritäre Struktur des Bildes; der Sturm signalisiert die Gefahr eines Umsturzes im Innern, der jeden Gedanken an demokratische Willensentscheidungen, Debatten oder Kritik verbietet. Der Blick ist auf den »Steuermann« Stalin (1972, 311) gerichtet. Alexander Demandt hebt denn auch die »antidemokratische Stoßrichtung« der Staatsschiffmetapher seit der Antike hervor (1978, 191).

Nur mit Kenntnis seiner früheren Aufsätze in der »Neuen Weltbühne« ist auszumachen, daß Blochs Stalinismusbild unauffällig revidiert wurde. Zwar sei es wohl (als »pädagogisches Mittel«) klug gewesen, so insistiert er, »statt der Zarenbilder Stalinbilder gesetzt zu haben«, doch die Moskauer Prozesse werden nunmehr auch von ihm mit »Inquisition« und »Ketzergericht« verglichen (1971, 360) – Bilder, die er 1937 heftig bekämpft hatte.

Blochs Abwehrkampf gegen »Verräter« diente immer wieder dem Versuch, sich selbst vor derartigen Vorwürfen zu erwehren und, indem er die Verräter verteufelte, wohl auch dem Ziel, eigene Zweifel zu bekämpfen. Der kommunistische Literaturkritiker Hans Günther hatte Blochs Werk »Erbschaft dieser Zeit« in der Zeitschrift »Internationale Literatur« (1936) eine schlechte Zensur erteilt. Er rügte einen Mangel an Dialektik und »unmarxistische Philosophie« [153]. Dieser Vorwurf habe Bloch ganz besonders getroffen, bemerkt sein Biograph Zudeick (1985, 148), was nicht verwundern mag, da es sich doch im Kreis von KP-Intellektuellen um den Hauptvorwurf handelte, der zumindest der Androhung eines Kirchenausschlusses gleichkam.

Ein Jahr später folgte Alfred Kurella, der in der Zeitschrift »Das Wort« Gottfried Benn attackierte, aber den Expressionismus meinte und diesen als Nährboden des Faschismus kennzeichnete [154]; und schließlich wurde Blochs Denken von Lukács »unmarxistisch« genannt [155] – 1957 zeigt ihm Bloch, wer der bessere Marxist ist.

Vermutlich haben die oppositionellen ästhetischen und philosophischen Positionen von Bloch und Brecht (etwa in der sogenannten Expressionismusdebatte) deren Neigung zur politischen Apologie verstärkt. Es war der Preis, den man nach 1945 für Lehrstuhl und Berliner Ensemble zu zahlen bereit war. Mit dem politischen Bekenntnis wollten sie den Beweis antreten, daß Kurellas Rechnung, der Expressionismus führe ins Lager des Klassenfeindes, nicht aufgehe.

Was Brecht meist als heimliche Gebetsübung vollzog, absolvierte Bloch lautstark in der Öffentlichkeit. Wenn er den Nazis den Führer-Begriff entreißen wollte, dann hießen seine »wirkliche(n) Führer ins Glück, Richtgestalten der Liebe« nicht mehr nur Lenin (wie bei Brecht), sondern auch Dimitroff und Stalin. Bloch wandte sich 1937 gegen den Demokraten Kautsky, seinen früheren Gewährsmann in der Kritik an der Oktoberrevolution, und verlangte den Führer: »Die revolutionäre Klasse und ganz sicher die revolutionär noch Unentschiedenen wünschen ein Gesicht an der Spitze, das sie hinreißt, einen Steuermann, dem sie vertrauen und dessen Kurs sie vertrauen – die Arbeit auf dem Schiff geht dann leichter« [156].

Zwanzig Jahre später floh Bloch aus der DDR; die so lange befürchtete ›Entlarvung‹ folgte. Der Akademische Senat der Leipziger Universität stellte, um einen beiläufigen Ton bemüht, fest, »daß damit der Prozeß der Selbstentlarvung Blochs sein Ende gefunden hat« und man zur Tagesordnung übergehe [157]. Die SED-Parteileitung der Universität nannte ihn einen »Deserteur, Renegat, Verräter, Betrüger, gefährliche(n) Verbrecher ⟨...⟩ Er ist zu Globke gegangen, er ist Jaspers und Schlamm vor die Füße gefallen. Pack schlägt sich, Pack verträgt sich ⟨...⟩ Der völlige geistige, moralische und menschliche Bankrott ist nun mal das Schicksal aller Renegaten. Mögen die Möpse Zwerenzscher und Zehmscher Art im westdeutschen Blätterwald bellen, die Karawane zieht ruhig, sicher und zielbewußt weiter« [158].

Die Partei konnte sich, ähnlich wie im Fall von Kantorowicz, der Sprache Blochs bedienen, mit der dieser in seinen ersten DDR-Jahren westliche Politik und bürgerliche Philosophie abgefertigt hatte.

»Ich habe eine verrottete Welt verlassen«, hatte Bloch über sein Exilland USA in »Neues Deutschland« gesagt und die US-Politik als »faschistische Aggression« gekennzeichnet: »Im Gegensatz zu der Sklavensprache, zu der ich in Amerika verurteilt war, besteht hier in Leipzig Redefreiheit« [159]. Doch bereits der Titel seiner Antrittsvorlesung: »Universität – Marxismus – Philosophie« signalisiert das Unheil. Hier will jemand offensichtlich nicht marxistische Philosophie erläutern, sondern sie mit politischen Richtlinien verbinden, das Theoriemonopol der Partei mißachten, auch wenn er häufig und leidenschaftlich Stalin preist. Seine Opposition im Namen Stalins ist Opposition gegen das Monopol, Anmeldung eines Thronanspruchs, ein Konkurrenzunternehmen zur SED; es ist die ketzerische Vermischung der Bereiche von Philosophie und Politik.

Seine Philosophie der Sozialutopien hätte ihn kaum gefährdet. Der Staat verlange, erzählt Zwerenz über die Leipziger Jahre, daß man sein Fach beherrsche und »keine darüber hinausgehenden Loyalitäten. Ihm genügt, daß die Menschen funktionieren« (1971, 120). Doch der Ketzer meldete einen Anspruch auf das Wahrheitsmonopol an. »Es gibt keine konkrete Praxis mehr ohne jedes Totum des Blicks, das Philosophie heißt«, betont Bloch 1949 in seiner Leipziger Antrittsvorlesung und hebt einen Satz besonders hervor: »Philosophie steht an der Front. Sie steht wissend aktiv an der Front des jetzigen Umwandlungsprozesses, der ein Teil des Weltprozesses selber ist« [160]. Ketzer werden mehr gehaßt als die Klassenfeinde, weil sie dieselbe Sprache sprechen und die Einheit der Kirche von innen bedrohen.

Die SED warf Bloch vor, daß Zweifelnde bei ihm eine philosophische Position fanden, die sich marxistisch nannte und damit ihren Bruch mit dem Marxismus verschleiern konnten. Tatsächlich war Bloch für die Oppositionellen im Umkreis der »Harich-Gruppe« [161] eine Projektionsfigur, der die Hoffnung nährte, daß mit seiner Hilfe das System von innen her verändert werden könne. »Solange Bloch nichts passiert, bin ich sicher«, hieß die Losung für Erich Loest (1981, 311). Auch Ralph Giordano nahm Bloch in der Rolle des ketzerischen Marxisten wahr, der gerade nach dem XX. Parteitag durch seine Beziehung zum Partei-Establishment die Hoffnung auf einen radikalen Kurswechsel der Partei nährte [162].

Schlußfolgerungen

Zwei zentrale Geschehnisse sind aus einer Kette von historischen und biographischen Ereignissen und Faktoren herausgelöst worden; und erst deren Zusammenspiel könnte das Verhältnis des einzelnen zur Partei bestimmen. Was hier gewonnen wird, ist kein neues Geschichtsbild, sondern sind korrigierende Gewichtungen für die Interpretation des Verhaltens der Intellektuellen. Verteidiger wie Kritiker der Prozesse und des Paktes beanspruchten in diesem intellektuellen Grabenkampf der späten dreißiger Jahre, im Namen der Vernunft zu sprechen. Ihre Positionen waren eng benachbart. Hauptfeind erscheint dabei der Nachbar, während der Nationalsozialismus nur noch Bezugspunkt der Argumente und Invektiven ist. Auch die Invektiven ähneln sich; es sind Varianten des Vorwurfs intellektueller Unredlichkeit.

Der Befund einer Fügsamkeit gegenüber dem Stalinismus (Manès Sperber spricht von einer »Verschwörung des Schweigens«) bleibt irritierend, und die letzte Antwort auf Fragen, was nichtkommunistische Intellektuelle wie Heinrich Mann und Feuchtwanger zu Stalin-Hymnen bewegte und Sympathisanten der Partei wie Brecht und Bloch zum Hohn- oder Haßgesang auf die Stalinkritiker, ist trotz zahlreicher Indizien und Vermu-

tungen noch nicht gegeben. George Orwell spricht von einem »Patriotismus der Entwur-
zelten«, während Heinz Abosch auf die Verführungskraft der gewichtigen politischen
Rolle verweist, die den Intellektuellen durch die KP zugewiesen wurde [163]. Vor allem in
der Phase der Volksfrontpolitik vermochten die KP-Intellektuellen den historischen
Bedeutungsverlust des Bildungsbürgertums zu kompensieren. Sie konnten sich, wie
Günther Schmigalle schreibt, »durch ein vielfach bloß verbales Engagement als geistige
Führer und Träger des historischen Fortschritts« fühlen (1985, 75). Der Verdacht, daß
einige der Autoren unter dem Vorzeichen von Revolution, Antifaschismus und Aufklärung zu Exegeten einer mörderischen Machtpolitik wurden, weil sie sich – auch oder
gerade angesichts ihrer realen Ohnmacht gegenüber dem Faschismus – selbst als politische Machthaber oder ideologische Feldherren imaginierten, die ›endlich Paraden von
der offiziellen Tribüne aus sehen‹ durften, ist nirgendwo schlüssig ausgeräumt. Das ist
nicht als implizite Forderung mißzuverstehen, daß Intellektuelle keinen Einfluß auf
Machtpositionen zu nehmen haben. Doch der Schriftsteller, der Stalin im Ton offizieller
Verlautbarungen verteidigt, interpretiert Richtsprüche und rechtfertigt, sei es stillschweigend oder explizit, Todesurteile. Er wird zum »Komplizen des Stärkeren«.

Victor Serge schildert die opportunistische Vorsicht von Henri Barbusse, der sich jeder direkten
Frage entzog, »um sich in Wirklichkeit zum Komplizen des Stärkeren zu machen! ⟨...⟩ Als ich von der
Unterdrückung sprach, tat er so, als erhebe er sich in wunderbare Höhen ⟨...⟩ mit einer Art Krampf in
den Kiefern stellte ich fest, daß ich der menschgewordenen Heuchelei gegenüberstand« (1951/
1967,267). Die Intellektuellen, die nach Rußland reisten, sieht Serge als »⟨...⟩ Politiker. ›Wie glücklich
sie sind‹, sagte Jacques Mesnil zu mir, ›daß sie endlich Paraden von der offiziellen Tribüne aus sehen
dürfen‹ (1951/1967, 167).
    Alfred Döblin über Lion Feuchtwanger: »Als ich ihm neulich sagte, daß ich jede Diktatur ablehne,
und die von links nicht weniger als die von rechts, da meinte er, ich brauche nichts zu fürchten, im
LinksDeutschland würden Heinr. Mann und er, L. F., bestimmen, was gedruckt würde und was
nicht« [164].

Wenn Heinrich Mann unentwegt von dem »Intellektuellen« Stalin spricht [165] und
ebenso wie Feuchtwanger, Brecht und Bloch in Stalin die Stimme der Vernunft hört,
wenn Mann das sowjetische System dadurch charakterisiert, daß »Regierung und Volk,
⟨...⟩ im Wesen eins, dem Haupt der Minerva entsprungen sind« (1946/1947, 106) –
Geburt der göttlichen Vernunft -, dann wird sinnfällig, daß die von den westlichen
Demokratien enttäuschten Intellektuellen angesichts der faschistischen Barbarei den
Sieg der Vernunft allein von einer »Diktatur der Vernunft« erwarteten. Bei Heinrich
Mann wird der Traum begünstigt durch einen verschleierten Blick auf tagespolitische
Details, der das Projektionsfeld freihält. Die Massen hatten sich in Deutschland als passiv
und verführbar erwiesen, sie hatten ihren Betrug ›geradezu herausgefordert‹ (1946/1947,
110), und, so schlußfolgert Mann, nur der strenge und gerechte Herrscher werde »über
revolutionäre Methoden zu demokratischen ⟨gelangen⟩. Zuerst die Prozesse machten es
augenfällig« (1946/1947, 108). Die Prozeßführung Stalins ist für Mann (und andere) der
Beweis, daß keine Verschwörung des Faschismus Stalins Minerva entthronen könne; es
ist die Manifestation der Wahrheit und der Stärke: »Zu wissen, daß es einen solchen Staat
gibt, macht glücklich. Die Hoffnung, daß ihr eigener Staat ihm dereinst nachfolgen
könnte, bewahrt unzählige Bewohner der Erde heute vor der Verzweiflung. Den Denkern

erspart das Dasein der Sowjetunion und ihr Beispiel, vor der Wirklichkeit abzudanken, wir bewegen uns nicht im Übersinnlichen; angewiesen sind wir auf die Beobachtung der Wirklichkeit und der menschlichen Tatsachen« [166].

Alfred Kantorowicz beruft sich bei seiner Stalinverehrung auf Heinrich Mann. Beide sprechen sie vom »Intellektuellen«, »Realisten«, »Humanisten« und meinen damit den Diktator, der durch die Insignien des Geistigen als Vollstrecker des Vernünftigen legitimiert ist. Die aggressiv-erotische Aufladung des Kantorowicz-Artikels »Stalin – Der Humanist« von 1950 zeigt, daß es sich um mehr als eine diplomatische Geste handelt: »Stalin... klar, direkt und genau, abhold jeder Phraseologie... packt den Gegenstand... ohne Umschweife an; er dringt tief in den Kern... unwiderleglich ... kräftig, unwidersteh-lich... überzeugend... unausweichlich... bezwingend« (1967, 125).

Die Wort- und Metaphernwahl von Feuchtwanger, Brecht und Bloch stützt die Polaritä-ten Freund-Feind, Ost-West, Bolschewist-Antibolschewist:

Feuchtwanger: ⟨+⟩ »strenge Luft«, »rein und deutlich«, »Ja Ja Ja«, »die große erhabene Planmäßigkeit des Ganzen«, »heroischer Grundton«, »sonnenhell«, »Debatte«; über Stalin: »großer Rechner und Psychologe«, »Fleisch vom Fleisch des Volkes«, »dieser gescheite, überlegene Mann«, »der Führer ⟨der zu⟩ seinem Volk« spricht, »das Volk ist Stalin dankbar für Brot und Fleisch«, »der ins Genialische gesteigerte Typ des russischen Bauern und Arbeiters«, »schlicht«, »zurückhaltend«, »Augustus«; ⟨-⟩ »Halbheiten des Westens«, »drückende Atmosphäre«, »Schriftsteller«, »Geschwätz«, »Dummheit, böser Wille und Herzensträgheit«, »läppisch«, »sie sind blind«, »Unken, Miesmachen und Meckern«; über Gide: »kurzsichtig und unwürdig«, »geschmäcklerisch, mäklerisch«, »gierig nach neuen Geschmacksreizen«, »Elfenbeinturm«, »übersättigter Ästhet, »schwächliches Büchlein«.

Brecht: ⟨+⟩ »eiserne Zucht«, »des Sowjetvolkes großer Ernteleiter«, »das Leben selber«, »die Lehre«, »im Auftrag der Vernunft«, »die Ausrottung der Opposition«, »Verkörperung unserer Hoffnung«; ⟨-⟩ »plaudernde Gruppe an Kaminen«, »starre Morali-tät«, »Gesindel«, »Verschwörernester«, »Defaitismus«, »Geschmeiß des In- und Auslan-des, alles Parasitentum, Berufsverbrechertum, Spitzeltum«, »bezahlte Agenten«, »Werk-zeuge, welche nur die Hand wechselten«.

Bloch: ⟨+⟩ »der zwanzigjährige bolschewistische Jüngling«, der sich seiner Feinde »so hart entledigt«, »Treue«, »leibhaftig, nüchtern, groß«, »das Schöne und Edle«, »Leucht-turm für die Irrenden«, »Redefreiheit«; ⟨-⟩ »die Rachsucht geschiedener oder in Scheidung begriffener Weiber«, »Haß, schwarz wie die Kloake«, »Treulosigkeit«, »das öde Kratzen«, »das Wühlen im Unsinn«, »völlig unwissend«, »schwankend«, »Kübel voll Unrat«, »sie blieben nicht im Schiff, um hier die Fahne hochzuhalten, sondern verrieten und hetzten«, »Ratten«, »eine verrottete Welt«, »Sklavensprache«.

Ihre affektive Färbung geht über die offizielle sowjetische Sprachregelung hinaus. Bei Feuchtwanger wird Stalin zu einer Inkarnation Christi; bei Brecht behauptet sich ›das Leben‹ gegen falsche Deutungen; bei Bloch wehrt sich der bolschewistische Jüngling gegen rachsüchtige Weiber, und der Steuermann des Schiffes sorgt für die lebensrettende Disziplin; bei Heinrich Mann ist Stalin Inbegriff des wahrheitsliebenden Intellektuellen. Das spricht gegen eine Deutung, nach der es sich bei der Verteidigung des Stalinismus nur um taktische Volten handelt. Die Bildersprache macht außerdem deutlich, daß Stalinismus für die Autoren keineswegs das Trugbild eines demokratischen Idealstaates war, sondern daß die terroristische Strenge und militärische Härte als Notwendigkeit gesehen wurde, um dem drohenden Untergang (der Welt/des Fortschrittsglaubens) durch den Nationalsozialismus zu trotzen.

Angesichts »lebensgefährlicher Verschwörungen« sei es müßig, so folgert Brecht, »den Forderungen des bürgerlichen Humanismus nachzukommen«; Lenin habe im übrigen nachgewiesen, daß dieser Humanismus »in factum konterrevolutionär« sei. Die Schlußfolgerungen sind Brecht wohl doch unheimlich, denn er fügt den Glaubenssatz hinzu: »Damit wird nicht der physischen Folterung das Wort geredet, eine solche kann unmöglich angenommen werden und braucht auch nicht angenommen zu werden« (1936/1967, 113).

Die autoritären Staatsbilder vom Garten und Volkskörper (Brecht) oder vom Schiff (Bloch) gipfeln im Blick auf den allein Rettung verheißenden Staatenlenker [167].

In der Renegatenliteratur dominiert dagegen die *Theatermetapher.* Heinz Brandt nennt die Schauprozesse eine »attische Tragödie«, bei der ein »Monomane« die »wahnwitzige Regie« führe und sich selbst der Souffleur im Delirium befinde (1967, 348). Koestler spricht in der »Sonnenfinsternis« von einem »Schauspiel, das wir nach dem Textbuch der Geschichte vorführen mußten« und im Zusammenhang mit Weissberg-Cybulski, der sich den ›Regieanweisungen‹ nicht unterwarf, von der »Aufführung eines politischen Melodramas«, in dem »die Regisseure sicher sein ⟨müssen⟩, daß der Schauspieler, wenn er erst an der Rampe steht, sich an seine Rolle hält und die Aufführung nicht sabotiert« (Weissberg-Cybulski 1951, II). Bei Julius Hay ist die Rede vom »blutigen Puppentheater« (1971/1977, 315), und Béla Szász nennt den ungarischen Schauprozeß eine »geistlose Komödie«, in der die Angeklagten zur »Mitautorschaft« gezwungen würden [168].

Diese Einschätzungen klingen wie eine nachdrückliche Antwort auf eine polemische Volte von Joseph Davies, der, als amerikanischer Botschafter, den zweiten Schauprozeß folgendermaßen kommentiert hatte: »Wollte man behaupten, der Vorgang sei erfunden und inszeniert worden, um ein hochdramatisches Schauspiel zu geben, so hieße dies, die schöpferische Genialität eines Shakespeare, verbunden mit der Regiekunst eines Belasco, anzunehmen« [169]. Während Brecht und Meyerhold in der Stalinschen Kulturpolitik bekämpft wurden, inszenierte Stalin auf der Prozeßbühne ein Welttheater, das die avantgardistischen Bühnentechniken in den Schatten stellte.

Die unterschiedliche Gewichtung von politischer Blindheit, religiöser Gläubigkeit und Zynismus bei Brecht, Bloch, Feuchtwanger und Heinrich Mann abzuwägen, ist ein verlockendes Thema, das hier ausgeklammert bleibt. Ihnen gemeinsam scheint mir aber *der politische Traum von einem ›deutschen Stalin‹,* nicht als ›Revolutionär‹, sondern als ›Führer‹, der den faschistischen Betrug an den Massen und eine gigantische Verschwörung aller imperialistischen und faschistischen Mächte zunichte machen könnte. Gerade der Spanische Krieg schien diesem Traum Nahrung zu geben: Eine legale, demokratisch gewählte Republik wurde trotz einer Volkserhebung durch Militärputsch und durch die Unterstützung faschistischer Mächte (Hitler, Mussolini) hinweggefegt. Stalins Terror gegen die ›Verschwörer‹ im eigenen Land, die der Kontakte mit faschistischen Geheimdiensten ›überführt‹ wurden, erschien nicht als Nebeneffekt bolschewistischer Diktatur, sondern als Garantie, daß mit Hilfe des Demiurgen in Spanien und Deutschland der Faschismus hätte verhindert werden können.

Zwischen den Intellektuellen und Parteisympathisanten Bloch, Brecht, Feuchtwanger und Richard Krebs, dem Mann des Apparats, scheint es kaum Berührungen zu geben. Und wenig verbindet den Krebsschen Bericht mit denen von Regler, Sperber oder Kantorowicz. Auch als Krebs den ›Untergrund‹ verließ und die Rolle des Schriftstellers wählte, auch als er mit seinem Bestseller »Out of the Night« die möglicherweise höchste Auflage der gesamten Exilliteratur erreichte, hat ihn die Forschung in jener Anonymität belassen, die er für seine Parteiarbeit gesucht hatte.

Dieses Kapitel steht hier zum einen, weil die Biographie von Krebs bislang nur rudimentär bekannt gewesen ist. Selbst im »Biographischen Handbuch der deutschsprachigen Emigration«, dem umfassendsten Nachschlagewerk zum Thema, sind seine Daten auch für die Zeit des Exils mit Lücken und Irrtümern referiert [1]. Völlig verschwiegen ist der Autor in der Literaturgeschichtsschreibung der DDR und nur am Rande erwähnt bei Joachim Radkau und Hans-Albert Walter [2]. Die anderen Gründe liegen in der Bedeutung von Krebs als einem frühen Renegaten, in der exzessiven Wirkungsgeschichte seine romanhaften Erinnerungen »Out of the Night«, 1940/41 in New York unter dem Pseudonym Jan Valtin erschienen, die die Rezeption von Renegatenliteratur exemplarisch zu beleuchten vermögen; sie liegen in der Singularität dieses Berichts als Dokument aus dem Untergrund der Komintern und schließlich in der Tatsache, daß »Out of the Night« vermutlich das auflagenstärkste Buch des Exils war [3].

Die Verdrängung des Autors und seines Werks mag daran liegen, daß Krebs als Exilautor den untypischen Weg der Amerikanisierung einschlug, daß sein Schreiben auf den Tag bezogen schien und man seinem Renegatentum mißtraute. Vermutlich trug auch die Brisanz seiner Erinnerungen zum Vergessen bei. Mit seiner politischen Biographie wurde auch seine schriftstellerische Arbeit verdrängt. Seine vier späteren Bücher wurden nicht mehr ins Deutsche übersetzt.

Wenn die Biographie von Krebs und die Rezeption seines ›Epos der Komintern‹ hier in exemplarischer Ausführlichkeit dargestellt wird, ist damit nicht die Absicht verbunden, ihn zum wichtigsten Renegaten zu ernennen. Zum einen haben hier die Recherchen ihre Eigendynamik entwickelt, zum anderen galt es, zumindest an einer Biographie detailliert die Mechanismen der politischen wie literarischen Öffentlichkeit zu untersuchen, insofern sie das Bild des Renegaten prägen.

VI. 1. Eine politische Karriere

Richard Julius Hermann Krebs legt die Geburt seiner autobiographischen Figur Jan ⟨Valtin⟩ auf das Jahr 1904 »in einem Flecken bei Mainz« [4]; laut Geburtsurkunde ist er am 17. Dezember 1905 in Darmstadt geboren. Seine Mutter, Pauline Krebs (geborene Schmitthenner) stammt aus Schweden [5]. Der Vater, Hugo Karl Julius, war Seemann und später Angestellter beim nautischen Inspektionsdienst des Norddeutschen Lloyd, wodurch Richard in den ersten zehn Jahren weit umherreist. In Buenos Aires und Singapur geht er zur Schule, den Beginn des dritten Kriegsjahres erlebt er mit der Mutter und fünf jüngeren Geschwistern in Bremen.

Über die Geschwister von Krebs ist wenig bekannt. Eine Schwester wurde in Hongkong geboren und war 1913 Säuglingskrankenschwester in Berlin, seine zweite Schwester Cilly arbeitete später als Photographin bei Leo Frobenius. Sein ältester Bruder, in Singapur geboren, wurde später Offizier der deutschen Luftwaffe und soll 1939 durch einen Sabotageakt ums Leben gekommen sein; ein zweiter Bruder, 1914 geboren, starb am 22.1.1919; sein jüngster Bruder, Hans, wurde wie Richard Krebs Seemann.

Durch die politischen Aktivitäten seines Vaters als Sozialdemokrat und Gewerkschaftler, der 1918 der USP beitritt und an den Flottenaufständen beteiligt ist [6], kommt Richard Krebs zur Spartakus-Jugend und nimmt 1919 am Widerstand gegen die Niederschlagung der Bremer Räteregierung teil. Er wird Matrose wie sein Vater und schlägt sich nach Südamerika durch. Dort arbeitet er in chilenischen Kupferminen und Kerzenfabriken, vagabundierte weiter nach Argentinien, lernt Spanisch und landet Ende 1921 zum ersten Mal in den USA. Im Frühjahr 1923 kehrt er nach Hamburg zurück, um Navigation zu erlernen und ein Offizierspatent zu erwerben. Er gerät jedoch in Auseinandersetzungen mit der Hafenpolizei, kommt ins Gefängnis, wo er die ersten Unterrichtsstunden in marxistischer Theorie erhält, und tritt im Mai 1923 in die Marine-Abteilung der KPD ein. Unter der Obhut von Albert Walter, dem Leiter des Internationalen Propaganda- und Aktionsausschusses der Transportarbeiter, arbeitet er in der Marine-Abteilung der Partei und schließt sich einer Aktivistenbrigade im Hamburger Hafen an. Seine Parteiarbeit umfaßt die Gründung von Zellen auf Schiffen und in Häfen; er unternimmt Schmuggel-fahrten und hilft bei der illegalen Bewaffnung der Partei. Eine Zeitlang arbeitet er als Kurier der damaligen kommunistischen Untergrundorganisation, der sogenannten »deutschen Tscheka«, entgeht aber durch glückliche Umstände seiner Verhaftung, als nach der Ermordung des ›Verräters‹ Rausch die ganze Gruppe von der Polizei festgenom-men und in Leipzig vor Gericht gestellt wird [7].

Als Hauptangeklagter steht dort der Sowjetgeneral Rose vor Gericht, bekannt unter den Namen Gorew, Helmut und Skoblewski. Er war Leiter der »Militärpolitischen Organisation« der KPD, die unabhängig vom »Apparat« der Partei geschaffen worden war als Kaderorganisation für die geplante deutsche Rote Armee. Krebs berichtet, daß nach dem Todesurteil gegen Rose-Skoblewski drei deutsche Studenten in der Sowjet-union als Spione verhaftet wurden, um die Freilassung von Rose-Skoblewski zu erzwin-gen. Die Erinnerungen von Karl Kindermann, einem der drei angeblichen Spione, decken sich im wesentlichen [8] mit den Angaben von Krebs in »Out of the Night«.

Der sogenannte »Apparat« der KPD entwickelte sich nach den Beschlüssen des 2. Weltkongresses der III. Kommunistischen Internationale (Komintern), mit denen die Kommunistischen Parteien 1920 angehalten waren, neben den legalen Massenorganisationen illegale Apparate für Sonderaktionen und zur Vorbereitung und Durchführung des bewaffneten Aufstandes zu bilden.

Erster Leiter des von der Komintern finanzierten und kontrollierten Apparats der KPD war Hugo Eberlein, Gründungsmitglied der Komintern. Der Apparat umfaßte Militär-, Nachrichten- und Zersetzungs-Abteilungen, (zumeist abgekürzt als M-, N- und Z-Apparat; der Militär-Apparat, dessen Leitung Hans Kippenberger innehatte, wurde später aus Tarnungsgründen auch »Antimilitärischer Apparat« ⟨AM⟩ genannt). Der deutsche »Apparat« war an die Direktiven der GPU und des Apparats der Roten Armee gebunden (Wollenberg 1952, 14 f). Ruth Fischer kommt für die späten zwanziger Jahre auf eine Personenstärke des Apparats von 4300 Angehörigen bei einer Mitgliederstärke der KPD von etwa 130 000 (1948/1950, 613). Das Westeuropäische Büro der Komintern verfügte außerdem über einen eigenen Stab von Geheimagenten [9]. Skoblewski, Leiter der Militärpolitischen Organisation, schuf den T- oder Terror-Apparat, der von den Gegnern auch »deutsche Tscheka« genannt wurde. Sein deutscher Helfer war Felix Neumann, der nach seiner Verhaftung vor Gericht ein umfassendes Geständnis ablegte. Nach Angaben von Erich Wollenberg (einem Angehörigen des M-Apparats) wurde Neumann später Gestapo-Agent [10].

Krebs beteiligt sich im Herbst 1923 am Hamburger Aufstand als Führer einer Hundertschaft. Nach dem blutigen Zusammenbruch des Aufstands setzt er sich nach Belgien und Holland ab, geht 1924 mit Parteiaufträgen in die USA und gleitet langsam in die Untergrundarbeit; er wird tätig als Kurier und Parteiagent. 1925 erhält er in Leningrad [11] eine Spezialausbildung als »politischer Instruktor«, wie die damalige offizielle Bezeichnung für Komintern-Agenten lautet [12]. Im Frühjahr 1926 wird er als Orientkurier eingesetzt. Im Spätjahr soll er dann im Auftrag der Komintern in San Francisco ›einen Verräter liquidieren‹. Der Anschlag mißlingt, und er wird wegen versuchten Totschlags zu einer zehnjährigen Haftstrafe verurteilt. Zwischen 1926 und 1929, bis zu seiner Begnadigung, sitzt er seine Strafe im Zuchthaus von San Quentin ab; die ersten dreizehn Monate arbeitet er in der Jutemühle von San Quentin, später in der Gefängnisbibliothek und als Sprachlehrer [13].

In einem Interview mit Robert van Gelder berichtet Krebs 1941: »Ich war 21 Jahre alt, hatte aber seit meinem vierzehnten Lebensjahr kein Buch mehr gelesen. San Quentin eröffnete mir eine neue Welt. ⟨...⟩ Das beste daran war die Entdeckung der Bücher. Das einzige Englisch, das ich kannte, war das des Hafens; aber die Bücher im Gefängnis waren englischsprachig, und so begann ich in dieser Sprache zu lesen. Zum Glück war mein erstes Buch Jack Londons »Call of the Wild«. Was für ein wundervolles Buch, dachte ich. Ich las alle Bücher von London, die sie hatten, eines nach dem anderen, fast ohne mir Zeit zum Essen zu nehmen. Dann ging ich zum Mann in der Bibliothek. ›Was kommt jetzt?‹, fragte ich ihn. Er lächelte und gab mir Conrads ›Victory‹. Ich verschlang den ganzen Conrad, verstand nicht alles, was er schrieb, aber ich bewunderte das, was ich verstand« [14].

In San Quentin beginnt er auch zu schreiben – keine Agitprop-Literatur, sondern Seefahrtsgeschichten im Stil seiner Vorbilder Jack London und Joseph Conrad [15]. Krebs belegt einen Fernkurs für Journalismus an der California University von San Francisco, der von Arthur L. Price geleitet wird [16]. Henry Louis Mencken [17] und der Herausgeber der Gefängniszeitschrift, L. Tasker (ein Drehbuchautor), ermutigen den Häftling zum Schreiben. Dreißig kleinere Erzählungen werden in (sieben Nummern) der

Gefängniszeitschrift »San Quentin Bulletin« veröffentlicht. Schon damals versucht Krebs, diese Erzählungen auf dem amerikanischen Buchmarkt zu veröffentlichen; er sendet sie an den renommierten Verlag Alfred A. Knopf. Das Leben danach sei, trotz der damaligen Absage von Knopf, nicht mehr dasselbe gewesen, erzählt Krebs; von nun an sei es sein Ziel gewesen, Schriftsteller zu werden.

Die Vermutung liegt nahe, daß Krebs aus der Sicht von 1942 dem Beginn seines Schreibens größeren Wert beimißt, als es für sein Leben zunächst hat. Tatsächlich beginnt nach seiner Rückkehr aus den USA die Karriere in der Komintern, die Schreibarbeiten während dieser Zeit sind eher Fluchtversuche, die von der Partei schnell gestoppt werden. Ganz deutlich gewinnt sein später Kommentar den Charakter einer Wunschbiographie, wenn er fortfährt, daß mit dem Schreiben sein Verhältnis zur politischen Arbeit ein anderes geworden und der erste Schritt zum Bruch mit der Partei vollzogen worden sei [18]. Wenn Krebs das Gefängnis von San Quentin als »freundlichen Platz« schildert, »an dem jeder zu mir nett war« [19], dann wohl zum einen wegen der Bedeutung, die die Schule des Schreibens in seinem biographischen Entwurf einnimmt, zum anderen durch den Vergleich mit den nationalsozialistischen Gefängnissen, die er in den folgenden Jahren kennenlernt.

Im Dezember 1929 kehrt er über Frankreich nach Deutschland zurück und trifft auf Ernst Wollweber, der von den Sowjets inzwischen mit der Leitung des Geheimapparats beauftragt war, und auf Georgi Dimitroff, den Leiter des »Westeuropäischen Büros« der Komintern. In Moskau nimmt er an der Marinekonferenz der Profintern (Gewerkschaftsinternationale) teil, wird später mit dem illegalen Waffenhandel von Belgien nach Deutschland betraut, reist nach Buenos Aires und Montevideo als Delegierter der »Marinesektion der Küstenfunktionäre Südamerikas« und zieht 1930 nach Bremen, wo er im Februar des nächsten Jahres die Prüfung zum »Steuermann auf großer Fahrt« ablegt [20].

Als Kapitän überführt er zwei sowjetrussische Schiffe nach Murmansk und wird im August 1931 in das politische Büro der ISH (Internationale der See- und Hafenarbeiter) berufen. Im März 1932 heiratet er in Hamburg Hermine Johanne Stöver, die in »Out of the Night« als Flämin auftritt und den Namen Firelei trägt.

Die beiden heiraten am 5.3.1932 in Hamburg; am 27. September 1932 wird ihr Sohn Jan Krebs geboren. 1932 war Richard Krebs im Hamburger Adressbuch als Arbeiter mit der Adresse »Neuer Steinweg 96« gemeldet. Hermine Stöver ist am 15.8.1905 in Bremen geboren; ihr Vater Johann Dietrich Stöver betrieb dort eine Agentur und Kommissionsgeschäft, ihre Mutter war Helene Stöver, geb. Wulfken. Auf der Einwohnermeldekarte von Hermine Stöver ist noch der handschriftliche Vermerk zu lesen: »Bei An- und Abmeldung Bericht an Gestapo«.

Im Sommer 1932 reist Krebs als »Generalinspekteur« der Komintern nach England und wird von der englischen Polizei zweimal des Landes verwiesen.

Als Krebs 1941 aus den USA ausgewiesen werden soll, werden auch von Scotland Yard Auskünfte über seine Vergangenheit als Kominternagent eingeholt. Die US-Ausländerbehörde erhält die Auskunft, daß Krebs als aktivem Kommunisten, auch bekannt unter den Pseudonymen Andersen und Petersen, der Aufenthalt in Großbritannien bereits seit 1922 untersagt gewesen sei. Am 11. Juli 1932 sei er in Grimsby an Land gegangen, am 3. September in London festgenommen und drei Tage später nach Hamburg abgeschoben worden. Am 7. November 1932 habe er ein zweites Mal versucht, England zu betreten. Aber er sei schon bei der Ankunft in Newcastle festgehalten und zurückgeschickt worden. Seine Personenbeschreibung: »Größe fünf Fuß und elfeinhalb Inches, athletischer Körperbau, dunkelbraunes gelocktes Haar, hohe Stirn, dunkelbraune Augen, durchdringender Blick, gerade Nase, hartes Kinn, düsterer Gesichtsausdruck, geht mit langen Schritten und leicht vornübergebeugt, spricht Englisch mit leichtem amerikanischen Akzent. Geboren am 17.12.1905« [21].

1932 gilt seine Hauptarbeit dem Widerstand gegen die Nationalsozialisten in Norddeutschland. Nach dem Januar 1933 organisiert er die heimliche Verlegung des Kominternbüros von Berlin nach Kopenhagen, wo er dann mit Ernst Wollweber als seinem direkten Vorgesetzten zusammenarbeitet. Dieser sendet ihn 1933 zur Untergrundarbeit nach Deutschland zurück, um zu verhindern – so die Erzählung von Krebs – daß Valtin die Führung der Marinesektion der Komintern übernimmt (das Zentralbüro der KI hatte Krebs Anfang 1934 als Generalsekretär der Sektion Marine vorgeschlagen), denn diese Position will Wollweber in der Hand eines Mannes sehen, über den er »nach Belieben verfügen konnte« [22].

Am 30. November 1933 wird Krebs in Hamburg bei einem konspirativen Treffen mit seinen Genossen verhaftet, wenig später fällt auch seine Frau in die Hände der Gestapo. Die Dänin Hilde Volkersen, die mit Krebs in Hamburg festgenommen wird (in »Out of the Night« heißt sie Cilly), kommt nach acht Monaten auf Intervention der dänischen Botschaft und aufgrund der entlastenden Krebsschen Aussagen frei [23], während er im sogenannten »Hamburger Roten Marine Prozeß« [24] zu fünf Jahren Zuchthaus verurteilt wird und ein Martyrium durch Gefängnisse, Folterkeller und Konzentrationslager antritt.

1937 erreicht ihn ein Auftrag der Komintern, er solle versuchen, sich als Gestapo-Agent anheuern zu lassen [25]. Nach Monaten gelingt es ihm, dem ›Verräter auf Befehl‹, die Gestapo von der Rolle des abtrünnigen Kommunisten, der sich zum Nationalsozialismus bekehrt hat, zu überzeugen. Die Gestapo schickt ihn von Hamburg aus zurück nach Kopenhagen. Von Mai bis November 1937 spielt er dann der Gestapo von der Komintern präpariertes Material zu. Ende Juni versucht er vergeblich, seine Frau, die den Nazis als Geisel dient, aus Deutschland herauszuholen, weil er weiß, daß sie durch seine Tätigkeit als Doppelagent immer mehr in Gefahr gerät. In Konflikt geraten durch die geforderte Parteidisziplin und die Gefährdung seiner Frau, bricht er die Kontakte zu Gestapo ab und wird daraufhin in Dänemark von der GPU gefangen genommen. Ihm gelingt die Flucht aus dem geheimen GPU-Gefängnis nach Frankreich, später in die USA. Seine Frau Hermine stirbt im November 1938 im Gefängnis Fuhlsbüttel [26].

Auch dieser biographische Abriß bis zur Flucht aus Dänemark stützt sich in einigen Teilen auf die Krebssche Erzählung; eher mosaikartig wurden durch mündliche und schriftliche Berichte von Zeitgenossen, Verwandten und Freunden, durch amtliche Dokumente und einige wenige Funde in der Sekundärliteratur Ergänzungen, Bestätigungen und Korrekturen aufgefunden.

VI. 2. Absprung von der Partei. Die Ankunft in den USA

Geht man davon aus, daß die Loslösung von der Partei umso schwerer fällt, je enger die Symbiose mit ihr war, dann wird die Trennung für Krebs besonders schwer gewesen sein, da er nicht nur ideologischer Vertreter der KPD war und nicht der Parteiintellektuelle, der sich von einem geschlossenen Weltbild zu lösen und auf das Heilsversprechen der Geschichte zu verzichten hatte, sondern weil er an ihren Apparat gebunden war. Krebs war im Grunde kein Mitglied der proletarischen Massenpartei KPD, sondern Angehöriger eines anderen Parteityps: der im Untergrund arbeitenden Verschwörerpartei. »Es war der Parteityp, den der zaristische Polzeistaat hervorgebracht hat und in dem Stalin groß geworden war« [27]. Und Krebs hatte sich bei der Parteiarbeit nicht nur ›die Hände schmutzig gemacht‹.

»›Von Kopf bis Fuß mit Schmutz besudelt und aus jeder Pore Blut vergießend‹, erhebt sich auf dieser Seite des Atlantiks ein seefahrender Mann, um eine grausige Geschichte von Intrigen und Verschwörung, von Spionage und Gegenspionage, von Verrat, Folter und Mord zu berichten. Es ist eine wahre Geschichte, ein glaubwürdiger Bericht über greifbare Tatsachen, obgleich von Tatsachen, die an die Rubrik ›Unwahrscheinliche Geschichten‹ erinnern «, so charakterisiert ihn Karl Korsch im Frühjahr 1941 zu Beginn seiner ausführlichen Besprechung des Buches (1941/1974, 349).

Die New Yorker Tageszeitung »PM« schreibt 1941, es sei unglaublich, daß ein Mann allein dies alles erlebt und durchgestanden habe – und es sei noch unglaublicher, daß dies alles Erfindung sein könne [28]. Die Glaubwürdigkeit seiner Erinnerungen, seine spätere Biographie, die Rezeptionsgeschichte von »Out of the Night«, die Frage nach Funktion und Bedeutung des Schreibens, der Versuch einer Analyse seiner Autobiographie sind Komplexe, die sich nicht völlig voneinander trennen lassen. Vor allem die Rezeptionsgeschichte von »Out of the Night« und die Biographie von Krebs in den USA gehen ineinander über, da statt einer Literaturkritik sich Angegriffene und Nutznießer zu Wort melden und die Angriffe sein weiteres Leben prägen. Die Rezeptionsgeschichte von »Out of the Night« geht nicht auf in Rezensionen. Die Reaktionen der Gegner entsprechen in vielen Zügen dem, was er in seinem Buch als parteikommunistische Taktik charakterisiert hat, und die Angriffe beginnen lange vor Erscheinen seines Buches; auch später gelten sie nicht nur der Autobiographie, sondern auch dem Autor.

Die ungewöhnlich heftigen Reaktionen, die in einem Attentat und der Forderung gipfelten, den Autor an die Nationalsozialisten auszuliefern, sind jedoch ohne die Provokationen von »Out of the Night« nicht zu verstehen, da Krebs hier seine Biographie entwirft und sein Überleben dokumentiert. Die Provokation des Buches liegt, neben dem Lebenszeugnis und aller Detaildestruktion kommunistischer Geschichtsschreibung, in der Schilderung des »Apparats«, der Untergrundorganisation der KPD und der Komintern als des eigentlich historisch wirksamen Faktors bolschewistischer Politik. Auf dem Weg seiner Parteikarriere erfährt Krebs, daß der Apparat, »die lebenswichtige, unterirdische Abteilung der Parteimaschine«, die Partei beherrschte und die GPU wiederum den Apparat der KPD kontrollierte (1957, 43).

Nicht nur die Einzelheiten brüskieren, die Schilderung von GPU-Gefängnissen in Hamburg oder Kopenhagen, die Verschleppung mißliebiger Genossen in die Sowjetunion, die einzelnen Liquidierungen, sondern die Menschenverachtung, welche die Funktionstüchtigkeit dieses »Apparats« kennzeichnet. So deutlich der Krebssche Bericht sich als Autobiographie zu verstehen gibt, so sehr ist er doch die Anatomie eines unterirdischen Systems, gerade in dem Maß, wie es Valtin als autobiographischer Figur nirgends gelingen will, Souveränität zu zeigen. Er ist getrieben, geschoben, beordert, auf der Flucht, und sein Bruch mit der Partei nicht das Resultat intellektueller oder moralischer Besinnung; »Out of the Night« verzichtet fast vollständig auf legitimierende Fiktion, kaum wird eine ›Wandlung‹ angedeutet. Täter und Opfer, Ereignis und Geschichte werden tendenziell eins, individuelles Leid und abstrakte Logik politischer Strategie verschmelzen.

Eine Lösung von der Partei kann von seiten Krebs-Valtins nicht stattfinden, obwohl er den Glauben »an die Weltrevolution« verloren hat (1957, 577), weil seine ganze Existenz im Zeichen seiner politischen Arbeit steht: »Niemand kann sich selbst die Haut abziehen« (1957, 587). Zwar unterstreicht Krebs in der Erzählung seine kurzfristigen Fluchtversuche als Matrose (und Schriftsteller) – hier erscheint Valtin nicht als Getriebener, sondern als überlebenstüchtiger Einzelgänger und Desperado -, doch sie werden von der Parteiführung gelenkt oder unterbrochen. Sein Versuch, nach der Entlassung aus der nationalsozialistischen Haft sowohl der Familie als auch der Partei die Treue zu halten, stürzt ihn in einen ungewollten Konflikt mit der Leitung; seine Angriffe gelten dem ›korrupten Führer‹ und nicht dem System. Valtins Kritik ist an dieser Stelle der Funktionärsschelte Kantorowicz' und Krivitskys Unterscheidung zwischen Revolutionären und GPU-Funktionären vergleichbar: »Es war 〈...〉 ein Krieg zwischen den gewissenhaften proletarischen Internationalisten und dem bürokratischen Klüngel Stalins. Dieser Klüngel gewann immer. Sein Glaubensbekenntnis war die GPU« (1957, 587). Die Konsequenzen werden von der Parteileitung gezogen und führen zuletzt zu seiner Festnahme durch die GPU. Erst in seiner Zelle, einem Zimmer in der Sommerhütte eines GPU-Residenten in der Nähe Kopenhagens, wird sein Blick auf die eigene Rolle als Verfolger und auf seine Opfer gelenkt. Er liest die Inschriften auf den Wänden seiner Zelle und stößt auf den Namen eines früheren Gefangenen, dessen Lebensgeschichte sich als Folie auf die eigene legt. Krebs deutet an, daß auch sein Protagonist Valtin am Schicksal seines Vorgängers nicht unschuldig ist: »Ich schämte mich heftig, wenn ich an Max Jahnke dachte. Meine Kominternangehörigkeit hatte mich einmal veranlaßt, in Jahnke eine Gefahr für die Einheit der Partei zu sehen. 〈...〉 Der Schatten Max Jahnkes verfolgte mich stunden- und tagelang. In der Enge dieses übelriechenden Zimmers schien er schweigend neben mir herzugehen, hin und her, auf und ab, immer neben mir gehend und in seiner bärenhaften Art brummend: ›Nun, mein Junge, was sagst du jetzt?‹ 〈...〉 Die Geister von Genossen, die von Genossen verraten worden waren, krochen überall herum« (1957, 587).

Erst mit der Verwandlung in ein Opfer setzt die Erkenntnis der eigenen Verantwortung ein. Auch in Koestlers Roman »Sonnenfinsternis« wird der verhaftete Rubaschow in seiner Zelle mit der eigenen Rolle als Verfolger konfrontiert: »Er hatte die Arlowa geopfert, weil seine eigene Existenz für die Revolution sachlich wertvoller war« [29].

Im Januar 1938 war Krebs die Flucht aus einem GPU-Gefängnis in Dänemark gelungen, zu einem Zeitpukt, als das sowjetische Schiff, das ihn in die Sowjetunion transportieren sollte, schon angelegt hatte. Mit dem Fahrrad, zu Fuß, und unterstützt von

Kommunisten, die von seiner Verfolgung noch nichts wußten, gelangt er bis nach Paris. Dort wird er jedoch von Agenten der GPU entdeckt und entkommt ihnen mit knapper Not nach Belgien – soweit die Erzählung Valtins.

In Antwerpen trifft der flüchtige Krebs auf Edo (Edu) Fimmen, einen seiner alten Freunde und politischen Gegner [30], der ihm nun hilft, mittels falscher Papiere als Matrose auf einem englischen Frachter, der von Antwerpen aus nach Amerika fuhr, anzuheuern. In der kommunistischen Presse war es, der Logik der Sache entsprechend, eine Bande von Trotzkisten und Gestapo-Agenten, die Krebs zur Flucht in die USA verhalf [31]. Bei Norfolk (Virginia) geht Krebs im März 1938 von Bord und schlägt sich nach New York durch [32], wo er sich mit Gelegenheitsarbeiten über Wasser hält. In einem Interview mit dem »New Yorker« zählt er später seine Arbeitsstellen als Innendekorateur im Delmonico-Hotel, als Maler in Far Rockaway und als Lastenträger im Yeshiva College auf. Schon bald nach seiner Ankunft, so Krebs, beginnt er zu schreiben. »Ich lebte in einer Baracke mit einem alten Ukrainer, der seine Schuhe nach mir warf. Er war ein netter Kerl, aber er wollte schlafen und ich tippte die ganze Nacht« [33].

Mit dem Geld, das er sich mit seinen verschiedenen Tätigkeiten verdient, kauft er Zelt und Herd, um ungestört arbeiten zu können. »Ich zog in die Ramapo Berge zwischen Bear Mountain und Suffern, stellte mein Zelt auf in den Wäldern und begann zu schreiben«, teilt er seinem Interview-Partner von der »New York Times« mit [34]. Doch er ist entkräftet durch die Strapazen der vorangegangenen Jahre und durch die unregelmäßige Ernährung während der ersten Monate in den USA. Er wendet sich an den Deutschamerikaner Robert Bek-gran, der sich in New York für Flüchtlinge und Verfolgte einsetzt (s. Kap. VII), mit der Bitte um Unterstützung. Bek-gran versorgt Krebs mit Essen und liefert ihn im Herbst 1939 mit einer schweren Pleuritis ins Krankenhaus ein. Nach der Genesung nimmt Bek-gran ihn mit nach Long Ridge (Connecticut), wo er bis 1940 bleibt und an einem Buch schreibt, das, so Bek-gran, mit »Out of the Night« noch wenig Ähnlichkeit hat; es sollte von seinen Abenteuern zur See handeln, ohne politische Intentionen – weder antifaschistische noch antikommunistische – zu verfolgen [35].

Diese Aussage ist nicht direkt von Bek-gran überliefert, sondern wird von dem »PM«-Reporter Kenneth Stewart referiert, der sich wiederum von dem KP-Journalisten Wellington Roe über Bek-gran informieren ließ. Wellington Roe berichtet Stewart auch, was Bek-gran über die Vergangenheit von Krebs weiß: daß dieser einer von sieben jugendlichen ›Hafenterroristen‹ (»waterfront terrorists«) in Hamburg gewesen sei, die sich immer neuen revolutionären Zirkeln angeschlossen hätten und zwischendurch zur See gefahren seien. Unter Hitler seien sie dann verhaftet worden und nach ihrer Flucht in die USA gekommen. In New York habe Krebs wieder Kontakt zu den alten Mitgliedern seiner Bande aufgenommen (»PM« 3.3.1941, S. 13).

Es ist unwahrscheinlich, daß Bek-gran Autor dieser offensichtlich falschen und leicht zu widerlegenden Erzählung ist; Wellington Roe wurde möglicherweise inspiriert durch eine Episode in »Out of the Night«, wo Krebs die Geschichte von drei Mitgliedern einer solchen Bande erzählt (1957, 42 f).

»American Mercury«

Doch Krebs publiziert dann unter dem Namen Jan Valtin zwei Artikel in der Zeitschrift »Ken«, und 1939 akzeptiert Eugene Lyons [36] einen Beitrag für die von ihm herausgegebene (und von Krebs' früherem Lehrer Mencken mitbegründete) Zeitschrift »American Mercury« mit dem Titel »Communist Agent«.

In diesem Artikel gibt Krebs (unter dem Pseudonym Jan Valtin) einen Abriß über Ausbildung und Einsatz von »politischen Instrukteuren«, und führt aus, daß diesen die größte Gefahr von der eigenen Organisation drohe [37], besonders seit Stalin an der Macht sei: »Hunderte seiner auswärtigen Agenten haben ihm abgeschworen als einem Verräter an der Sache. Viele von ihnen haben dafür, daß sie ihrem revolutionären Gewissen gefolgt sind, mit dem Leben bezahlt.« Er schildert die Methoden, mit denen sich das Westeuropäische Büro der Komintern unliebsamer Agenten entledigt. Man schicke sie zur Untergrundarbeit nach Deutschland und melde der Gestapo mit anonymen Briefen ihre Ankunft. Wenn jedoch einer dieser Agenten versuche, sich von der Komintern zu trennen, würde er in der kommunistischen Presse mit Steckbrief und Photographie als ›Nazispion‹ gebrandmarkt werden. Diese Photographien zeigten gerade jene, die die Stärke besessen hätten, mit Moskau zu brechen, nachdem sie ihr Leben Stalin geopfert hätten (1939, 271). Damit schildert Krebs seinen eigenen Fall, gibt sich selbst aber nur am Rand als ehemaliger Agent zu erkennen. Doch er spricht programmatisch von der Aufgabe jener, die überlebten: »Andere – die Schriftsteller unter ihnen – sind am Leben, um ihre Geschichte zu erzählen« (1939, 264).

Drei weitere Artikel von Krebs erscheinen später, nach der Veröffentlichung von »Out of the Night«, in dieser Zeitschrift:

»*ABC of Sabotage*« (April 1941). Krebs memoriert hier eine Handlungsanleitung des S(abotage)-Apparates der Komintern für die »politischen Instrukteure«, um die Bedrohung deutlich zu machen, die von »Stalins Agenten« ausgehe, die nach dem Abschluß des Hitler-Stalin-Pakts nun Hand in Hand mit der Gestapo arbeiteten.

In dem folgenden Artikel, »*Moscows Academy of Treason*« (Juli 1941) geht Krebs (wie zuvor schon in »Out of the Night«) auf die Internationale Abteilung der kommunistischen Universität in Leningrad ein, wo »Stalins Fünfte Kolonne« ausgebildet werde. Er nennt die Namen einiger »amerikanischer Agenten«, die er dort traf, die inzwischen wichtige Rollen in der amerikanischen KP oder in der Redaktion des »Daily Worker« spielen würden. Hitlers »Auslandsinstitut« in Berlin bezeichnet er als Imitation der Lenin-Universität. Die amerikanische KP sei eine Marionette Moskaus: »Agenten wie Gussew und Ewert sind die roten Diktatoren der amerikanischen KP« [38].

Arthur Ewert (1890-1959), seit 1930 in der Komintern tätig (nach Angaben von Krebs war Ewert bereits 1929 in den USA aktiv), war 1934 als Kominternvertreter nach Brasilien geschickt worden; dort organisierte er Ende 1935 den kommunistischen Aufstand, nach dessen Scheitern er und seine Frau verhaftet und schwer gefoltert wurden. Seine Frau wurde, zusammen mit Olga Benario, an die Nationalsozialisten ausgeliefert und kam im Konzentrationslager Ravensbrück ums Leben, Ewert selbst ist psychisch zerbrochen. Laut Hermann Weber (1969, II 114) wurde er später (1956) in SED-Publikationen als West-»Agent« denunziert [39].

Beide Artikel sind weniger autobiographische Ergänzungen denn Hinweise oder Appelle, die Gefahr »stalinistischer Agenten« in den USA ernstzunehmen, und damit natürlich eine Provokation für die amerikanische Linke und Wasser auf die Mühlen der Dies-Ausschüsse (s. u.). Zumindest die Gewichtung der Rollen von Gussew und Ewert (in den USA) scheint kaum den Tatsachen zu entsprechen.

Der dritte Artikel im »American Mercury«, »*We can stir Revolt in Europe*« ist wohl der interessanteste. Krebs führt dort aus, daß ein organisierter Widerstand in den besetzten Ländern gegen die Nazis sich der Revolutionsstrategie von Marx und Lenin zu bedienen habe: »Amerika und England können und müssen nun diese erprobten Revolutionsstrategien benutzen. Ein europäischer Widerstand gegen die Nazis wird nur siegreich sein, wenn wir uns zu den Organisatoren machen« [40]. Außerdem plädiert er für die Fortsetzung der Bombardierung deutscher Städte durch Briten und Amerikaner; diese Angriffe sollten verbunden werden mit der Drohung, daß diese erst mit der Niederlage Hitlers endeten – »das ist die Sprache, die die Deutschen zu respektieren gelernt haben« (1942 b, 230).

Mit dieser Vorstellung steht Krebs nicht allein; Klaus Mann notiert am 21. April 1942 in seinem Tagebuch: »Lübeck von der RAF bombardiert. *Gut so!* ... Ich schreibe dies hin und erschrecke ⟨...⟩ ist das ›gut‹? Nicht gut, aber unvermeidlich! Hitler muß fallen. Alles, was ihn schwächt und seine Niederlage näher bringt, hat meinen Beifall. Die Bombardements schwächen Hitler. Ich bin für die Bombardements« (1952, 465). Heute wissen wir, daß Krebs wie Klaus Mann sich irrten. Zwar war der Nationalsozialismus nur militärisch niederzuwerfen, die Bombardierung der Zivilbevölkerung aber förderte eher Gefolgschaftstreue und den Glauben an eine nationale Schicksalsverbundenheit.

Themenverschiebungen?

Daß Krebs anfangs nur über die Seefahrt schreiben wollte, steht dem Auftrag an die Überlebenden gegenüber, von dem er in seinem ersten Artikel gesprochen hatte. Wenn Bek-gran später betont, daß Krebs beim Abenteuerroman hätte bleiben sollen [41], dann dürfte sicher sein, daß 1939/40 Verschiebungen in der Diktion und in Themen stattfanden. Das hängt vermutlich mit dem Einfluß von Eugene Lyons und Isaac Don Levine zusammen, die Krebs 1939 kennengelernt hat. Sie werden ihm nicht zuletzt klargemacht haben, daß sein Aufenthalt in den USA durch seine politische Vergangenheit gefährdet sei.

Krebs lernt Don Levine bei Bek-gran kennen, und dieser holt ihn zu sich ins benachbarte Danberg (Connecticut), womit die Zäsur in der Schreibarbeit von Krebs lokalisiert sein könnte, denn Bek-gran und Don Levine waren keine Freunde. Bek-grans Kommentare über die Entwicklung von Krebs‹ literarischer Produktion drücken Enttäuschung und Distanz aus. Don Levine unterstützt Krebs während der Arbeit an seinem Buch mit 10 $ wöchentlich und ist auch an der Schlußredaktion von »Out of the Night« beteiligt. Krebs bestätigt später in einem Interview mit der »New York Times Book Review«, daß Don Levine sein Manuskript gekürzt habe. »Es war viel zu lang und er strich in der ersten Hälfte des Manuskripts ein paar tausend Worte, und viele Passagen wurden auf Levines Ratschlag hin gekürzt. Die zweite Hälfte ist dagegen so geblieben, wie ich sie schrieb« [42].

Isaac Don Levine war »a notable ghost«, wie Whittaker Chambers notierte (1952/1969, 457); ein Literaturagent, der nach eigener Auskunft den ehemaligen Sowjetgeneral Walter Krivitsky bei der Publikation seiner Erinnerungen unterstützt hatte (1970, 51). In Rußland geboren, war er 1911 in die USA gekommen und außenpolitischer Redakteur der »New York Herald Tribune« geworden,

1919 Auslandskorrespondent der »Chicago Daily News«. Ab 1922 arbeitete er in der Hearst-Presse und wurde 1951 europäischer Direktor des »amerikanischen Komitees für die Befreiung der Völker Rußlands«. Don Levine war jedoch kein politischer Reaktionär; die Stalinisten Sayers und Kahn bezeichnen ihn als »Trotzkisten« (1946/ 1949, 295), und sowohl in seinen frühen Rußlandstudien als auch in seiner späteren Arbeit über Trotzki und dessen Mörder Mercader sind nicht nur Sympathien für Trotzki sondern auch für die russische Revolution wahrnehmbar. Walter Laqueur wertet seine Stalin-Biographie als »die erste ernst zu nehmende Stalinbiographie in irgendeiner Sprache« [43].

In der von Alexander Abusch geleiteten Exilzeitschrift »Freies Deutschland« [44] wird dagegen die Feststellung getroffen: »Don Levine schrieb für ihn das Buch.« Anderen Gerüchten zur Folge halfen der Alliance-Autor und Pulitzer-Preisträger Oliver LaFarge bei der Redaktion des Buches [45], Adolf Berle vom Außenministerium [46] oder auch Eugene Lyons [47]. Ludwig Marx bezeichnet im New Yorker »Aufbau« [48] Isaac Don Levine als »Übersetzer und Bearbeiter« von »Out of the Night«; dieser sei verantwortlich für den »amerikanisch-stilistischen Touch« des Buches.

1942 taucht noch ein weiterer Name in diesem Autorenkarussel auf: Eleanor Jacob. Sie versucht gerichtlich 50.000 $ von Krebs einzuklagen und beruft sich auf eine mündliche Absprache mit ihm, nach der ihr zwanzig Prozent des Autorenhonorars zuständen, weil sie ihm beim Schreiben des Buches geholfen und ihn währenddessen auch finanziell unterstützt habe. Krebs gibt vor Gericht an, daß E. Jacob von ihm mit 1.700 $ abgefunden worden ist, läßt aber offen, wofür sie das Geld erhalten habe [49].

Mit dem fertiggestellten ersten Teil von »Out of the Night« findet sich, wohl durch Vermittlung von Don Levine oder Bek-gran, ein Verleger. Es ist der Deutsche Heinz Günther (Henry) Koppell, der Krebs einen Vorschuß bezahlt und ihm damit die konzentrierte Weiterarbeit ermöglicht.

Der Verleger *Heinz Günther Koppell*, am 20.10.1895 in Berlin geboren und dort Gründer der »Deutschen Buchgemeinschaft«, hatte 1938 in New York die Alliance Book Corporation gegründet (die angegebene Zweigstelle Toronto dürfte in einem Briefkasten bestanden haben), wo 1942 noch das zweite Buch von Krebs, »Bend in the River« erschien. Nach dem schnellen Niedergang des Verlags – vor allem schlug das Projekt eines Buchklubs fehl [50] – gründete er zunächst den Arco-Verlag und dann The Readers' Press. In seiner Alliance Book Corporation – sie zählt neben Wieland Herzfeldes Aurora-Verlag zum wichtigsten nordamerikanischen Verlag für die Exilliteratur – veröffentlichte Koppell Werke von Heinrich und Thomas Mann, Ödön von Horvath, Stefan Zweig und anderen Exilschriftstellern. Auch Hermann Rauschning gehörte zu seinen Autoren [51]. In Koppells späterem Verlag, The Readers' Press, erschien 1946 das dritte Buch von Krebs, »Children of Yesterday«.

Im November 1940 erscheint »Out of the Night« bei der New Yorker »Alliance Book Corporation« unter dem Pseudonym Jan Valtin in einer Vorausauflage von 300 Stück [52], im Januar 1941 folgt die eigentliche Auflage, begleitet von der englischen Ausgabe im Verlag William Heinemann (London).

Den Titel seines Romans entlehnt Krebs dem Gedicht »Invictus« von William Ernest Henley, das zum Repertoire damaliger Schullesebücher gehörte:

OUT OF THE NIGHT that covers me,
Black as the Pit from pole to pole,
I thank whatever gods may be
For my unconquerable soul.
⟨...⟩
It matters not how strait the gate,
How charged with punishments the scroll,
I am the master of my fate:
I am the captain of my soul.

VI. 3. Die Rezeption in den USA

Der Erfolg

Die Resonanz auf das Buch war von Anfang an außerordentlich stark, »vielleicht hat kein anderes Buch in den letzten Jahren so große Popularität gewonnen« [53]. Die »Time« nennt »Out of the Night« »the season's literary hot cake« (24.3. 1941) und für Ralph Ingersoll, den Herausgeber der Krebs durchaus nicht freundlich gesinnten Zeitung »PM«, war es immerhin »ein Ereignis des Winters 1941« [54]. Der »Book-of-the-Month Club« [55] veröffentlichte im Februar 1941 eine billige, redigierte und um knapp 100 Seiten gekürzte Ausgabe in hoher Auflage (165 000), »Life«, »Reader's Digest« und »Journal American« brachten Teilabdrucke [56], außerdem las Krebs Auszüge seines Buches im Rundfunk. Ende 1941 zählte die »Times« »Out of the Night« neben Koestlers »Darkness at Noon« (»Sonnenfinsternis«) zu den Büchern des Jahres [57].

Krebs spricht davon, daß »Out of the Night« in ein Dutzend Sprachen übersetzt wurde und sowohl eine hebräische als auch eine chinesische Ausgabe zustande kamen. Er erwähnt auch (die Selbstverständlichkeit), daß das Buch in Deutschland, Italien und Rußland verboten war; im Berliner Rundfunk sei »Goebbels gegen ›Out of the Night‹« zu Felde gezogen [58]. Eine Verfilmung des Buches war geplant [59], und 1942 unternahm Krebs eine ausgedehnte Lesetournee durch die Vereinigten Staaten. Bis zum März 1941 wird eine Auflage von 347 000 Exemplaren genannt, 1951 ist die Millionengrenze überschritten.

Karl Korsch führt den Erfolg von »Out of the Night« auf dessen Nützlichkeit als Kriegspropaganda zurück (1941/1974, 353), Michael Sayers und Albert Kahn (1946/ 1949, 352) weisen zudem auf eine »ungewöhnlich großzügige Reklame des Verlages« hin – beides wohl eher sekundäre Gründe. Entscheidender waren wohl drei Punkte:

Das Buch las sich als Thriller; es war spannend geschrieben und erzählte die abenteuerliche Geschichte von Flucht, Verfolgung und Entkommen. Die Biographie des Protagonisten gehorchte dem in den USA beliebten Muster vom ›rise and fall of a man‹, eine politische Al-Capone-Geschichte. Zum zweiten trat es mit dem Anspruch der Authentizität auf, was durch die zitierten Stimmen auf dem Umschlag des Bandes herausgestrichen wurde [60]. Und schließlich fügte es sich in die weitverbreitete Stimmung der Agentenhysterie, die das Land nach Beginn des II. Weltkriegs prägte und in die Komitees von Martin

Dies und Joseph McCarthy mündete [61]. Die Konversionsgeschichten von Exkommunisten besaßen noch keine literarische Tradition, ein neues Genre wurde vorgestellt, das sich hier mit Elementen des Abenteuerromans (der Seefahrer- und Fluchtgeschichte) verband.

Arthur Koestler hatte in »Darkness at Noon« eine fiktive Szenerie entworfen, Walter Krivitsky in seinen aufsehenerregenden Memoiren die eigene Rolle fast völlig ausgeklammert. Krivitskys Bericht liest sich seriös; der Autor berichtet nichts von eigenen Verstrikkungen in ›schmutzige Geschäfte‹, sondern bewahrt die Rolle des idealistischen Revolutionärs [62]. In »Out of the Night« dagegen wurde zum ersten Mal die abenteuerliche und unwahrscheinlich klingende Lebensgeschichte eines kommunistischen Terroristen, Saboteurs und Under-Cover-Agenten präsentiert, die zudem Sprengstoff für die politische Diskussion und Belastungsmaterial gegen den Autor barg. Die Bücher von Koestler und Krivitsky setzten einen sachverständigen Leser voraus, der die Verzerrungen der kommunistischen Politik ausmachen konnte. Krebs dagegen wandte sich nicht nur an Historiker und ehemalige Genossen, sondern übersetzte Parteigeschichte als Lebensgeschichte. Geschichtsreportage und persönliches Schicksal verschmolzen im Spannungsbogen eines Thrillers. In den durchweg positiven bis euphorischen Rezensionen der ›bürgerlichen Presse‹ (»sensationell«, »shocking«) wird auch hervorgehoben, daß der Autor »schreiben« könne, H. G. Wells (ebenfalls »Alliance«-Autor) und Pearl S. Buck loben das schriftstellerische Talent Valtins [63], Karl Korsch spricht von einer »wirklich epischen Qualität« jener Teile des Buches, »die mit Schiffen, Häfen und dem seefahrenden Volk zu tun haben« (1941/1974, 353), und noch in dem als Denunziation gemeinten Hinweis, nicht Krebs-Valtin, sondern ein versierter Autor habe »Out of the Night« geschrieben [64], versteckt sich dieses Lob. Ein früher Hinweis auch darauf, daß die Bedeutung des Buches sich nicht in seiner Funktionalisierung erschöpfte.

Der Autor und seine Glaubwürdigkeit

Im Zentrum des öffentlichen Interesses stehen allerdings andere Fragen: die nach der Glaubwürdigkeit des Berichteten und nach der Person des geheimnisvollen Autors.

Max Ascoli [65] befindet in der »Yale Review«, es sei ein wahres Bild, das Valtin liefere und unterstreicht wie andere die Nützlichkeit des Buches; »in der Hauptsache wahr« urteilt Vincent Sheean [66] und »völlig überzeugend« wird es von Pierre Lozareff genannt [67]; Lozareff fügt indessen hinzu, daß die meisten Leser diesen Bericht für einen reißerischen Kriminalroman nehmen werden (Lewis Gannett nennt den Autor dann auch »verdächtig wie jeder Agent, der Geschichten erzählt« [68]) und erst allmählich sich herausstellen werde, daß die Geschichte nicht aufgebauscht sei, und schließt: »Out of the Night‹ ist weder ermutigend noch liebenswert. Es ist ein nützliches Buch.«

Im »New Leader«, dem Organ der »Social Democratic Federation«, heißt es, das Buch wirke durch die atemberaubende Folge der Ereignisse als »nackter Bericht« und so überzeugend, daß er unmöglich als ›fiction‹ abgetan werden könne, denn der Bericht verletze alle Konventionen der Glaubwürdigkeit [69]. Auch im »Manchester Guardian« wird die Nützlichkeit des Buches unterstrichen [70], man hält es für das beste Anschauungsmaterial über den kommunistischen Untergrund und über nationalsozialistische Lager. »Öl für die Fackel der Freiheit«, schreibt die »New York Times« [71]. »Das wertvollste Werk seiner Art seit der Veröffentlichung der Erinnerungen des geflüchteten sowjetischen Geheimdienstoffiziers Krivitsky«, urteilt William Henry Chamberlin, ein ehemaliger ›fellowtraveller‹ [72], und in der »London Times Literary Supplement« heißt es: »Man wird durch die Lektüre klüger werden, aber nicht glücklicher« [73].

Die Glaubwürdigkeit ergab sich zumeist als atmosphärischer Eindruck, seltener aufgrund von Verifizierungen. Aber auch in den frühen Attacken auf das Buch findet sich vorerst kaum ein Vorwurf, der nicht pauschal wäre. In einigen wenigen Rezensionen wird jedoch darauf hingewiesen, daß einzelne Punkte nachgeprüft worden seien: »Wir werden nie in der Lage sein, all die Aussagen von Krebs zu überprüfen. Aber ich habe so viele seiner Geschichten, als es mir möglich war, mit eigenen Erfahrungen und Informationen konfrontiert, und ich mußte ihm recht geben, wo immer ich prüfen konnte, und das war nicht wenig«, schreibt der ehemalige Hamburger Priester R. A. Reinhold in der katholischen Wochenschrift »Commonweal« [74]. Zu einem ähnlichen Schluß kommt Ernst Johannsen in der in England erscheinenden »Zeitung« [75]: »Schildert das Dokument alles Entscheidende der Wahrheit entsprechend? Ich kann den ganzen intimen Hintergrund nicht prüfen. Es wird nur sehr wenige geben, die ihn so kennen, wie der Verfasser Jan Valtin. Aber ich habe das genau beobachtet, was prüfbar ist – zum Beispiel politische Ereignisse in Norddeutschland oder die tolle Fahrt mit dem Motorschiff nach Russland – Valtin als Kapitän – und ich habe keine einzige Übertreibung gefunden. Man hat daher alle Ursache, die Wahrhaftigkeit der ganzen Darstellung nicht zu bezweifeln« [76].

Die »Time« meint zur Glaubwürdigkeit von Krebs und seiner Autobiographie, »kein ernsthafter Beweis ist bislang am Wahrheitsgehalt des Buches aufgetaucht« [77], und zehn Jahre später schreibt die »New York Times«: »Nur wenige Einzelheiten aus dem Buch konnten überprüft werden, aber nachdem zusätzliche Informationen über Methoden von Kommunisten und Nazis verfügbar wurden, kamen viele Kritiker zu dem Schluß, daß das Buch insgesamt glaubwürdig war« [78]. »Ob alles darin wahr ist, weiß ich nicht, ich weiß nur, daß alles darin wahr ist«, lautet die eigenwillige Wendung Willi Schlamms, der sein Urteil am 28.2.1941 an seinen Briefpartner Friedrich Torberg absendet: »Lies ›Out of the Night‹, dessen Autor ich kenne. Das Buch, in seiner halbgenialischen Plumpheit, ist das erste Dokument, das die Verrottung zwar auch noch nicht erklärt, aber immerhin endlich greifbar macht«. Torbergs Antwort: »Ich habe mittlerweile ›Out of the Night‹ gelesen, und kann mich nur Deiner Meinung anschließen, dass alles, was drin steht, wahr ist, auch wenn nicht alles, was drinsteht, wahr ist« [79].

Glaubwürdig oder nicht, diese Frage zielte kaum auf die Unterscheidung von nonfiction und fiction, bezeugte kein literarisches, sondern politisches Interesse. Die New Yorker Tageszeitung »PM«, die später die schärfste Pressekampagne gegen Krebs und seine ›angebliche‹ Autobiographie entfaltete, macht die Konsequenzen für den Fall deutlich, wenn Krebs die Wahrheit berichtete: sollten seine Mitteilungen über die Aktivitäten kommunistischer Agenten in den USA stimmen, würde das umfassende staatliche Aktivitäten rechtfertigen. Für wahrscheinlicher hält »PM«, daß es sich um eine »bösartige Form von fiction« handele, die sich als wahrheitsgemäßer Bericht ausgebe. Wäre dem so, gelte es Konsequenzen gegen Autor, Verleger und Unterstützer zu treffen, und dann gelte es, Krebs-Valtin auszuweisen [80]. Der amerikanische Antisowjetismus bis zum deutschen Angriff auf die Sowjetunion war für die Aufnahme des Krebsschen Berichts förderlich, dem stand aber eine vor allem nach der Weltwirtschaftskrise steigende Anziehungskraft des Marxismus auf die amerikanischen Intellektuellen gegenüber. Rußland galt als das Bollwerk des Antifaschismus und die Volksfrontaktivitäten der Kommunisten als die adäquate Form des antifaschistischen Kampfs [81]. 1943 bis 1945, im Zeichen der amerikanischen Bestrebungen, mit der Sowjetunion zusammenzuarbeiten, verschwand »Out of the Night« dann auch vorübergehend aus den Schaufenstern [82].

1941 war das Buch auch für die Gegner von Krebs insoweit glaubwürdig, daß sie die Gründe, die für seine geforderte Ausweisung sprachen, mit seinen eigenen Angaben belegten. »War seine Autobiographie wahr oder ein Schwindel? Valtin-Krebs und seine Freunde erklären, sie sei wahr. ⟨...⟩ Und wenn dem so ist, kann Krebs-Valtin, auf Grund der geltenden Ausländergesetze nach Deutschland ausgewiesen werden, von wo aus er geflohen ist«, schreibt die »Time« am 24. März 1941 (S. 19).

Die nachfolgenden Pressereaktionen, die sich auf die Passagen über Komintern und KPD konzentrierten, verdecken, daß anfangs das Leseinteresse der Darstellung des Naziterrors galt. Die Emigranten Guy Stern und Egon Schwarz erinnern sich in Gesprächen, daß »Out of the Night« anfangs als KZ-Roman gelesen wurde. Dem entspricht die Tatsache, daß die Zeitschriften »Life« und »Reader's Digest« mit ihren Vorabdrucken und Illustrationen den Schwerpunkt auf diese Episoden des Buches legten. Auch die »New York Times« legt anfänglich noch Gewicht auf jene Passagen des Buches [83], bis dann in den folgenden Besprechungen die Erfahrungen des Kominternagenten ins Zentrum rücken. Der ehemalige Lagerhäftling Gerhart Seger berichtet in der sozialdemokratischen »Neuen Volkszeitung« (New York) von Leserreaktionen auf »Out of the Night«, die gerade die Erlebnisse des Autors in den nationalsozialistischen Konzentrationslagern und Gefängnissen betrafen: »In der Fülle der Fragen, die nach einem Vortrag gestellt werden, kehren zwei Fragen ausnahmslos immer wieder. Erstens: ist die Schilderung der Konzentrationslager in Jan Valtin's Buch ›Out of the Night‹ wirklich wahr? An der häufigen Wiederkehr dieser Frage kann man ermessen, dass vermutlich kein Buch der jüngsten Zeit eine so erstaunliche Verbreitung gefunden hat, wie dieses ⟨...⟩ Es wird einem sehr schwer, den Amerikanern begreiflich zu machen, dass in Nazi-Deutschland die sexuelle Perversion des Sadismus organisiert und politischen Zwecken dienstbar gemacht wird« [84].

Das größte Interesse aber gilt 1941 dem Autor bzw. der Person, die sich hinter dem Pseudonym Jan Valtin verbarg. Viele Rezensionen sind daher mit ausführlicher Schilderung seiner Person eingeleitet: die ausgeschlagenen Zähne, Taubheit auf dem rechten Ohr als Folge der Nazihaft, seine wilde Stimme, der kräftige Körper und die hohe Statur (»six feet, two inches«), das »teutonische« und gleichwohl »ungewöhnlich knabenhafte« Gesicht [85]. Die ersten Interviews gab Krebs-Valtin, ohne sein Inkognito zu lüften; die Photographien zeigen ihn mit abgewandtem oder geschwärztem Gesicht. Er wies darauf hin, daß Gestapo und vor allem GPU ihn verfolgten und daß die Preisgabe seines Namens ihn gefährde; doch anhand seiner Angaben in »Out of the Night« über sein Gefängnisaufenthalt in San Quentin 1926 bis 1929 nach dem Anschlag auf Maurice L. Goodstein gelingt es den Journalisten rasch, auf seinen richtigen Namen zu stoßen. Die »Time« vom 24.3.1941 meldet unter der Titelzeile »Radicals – Troubles of a Best-Seller«: »Der einzige, auf den Valtins Beschreibung zutrifft und der San Quentin zur angegebenen Zeit verlassen hat, ist der Häftling Krebs«. Auch sein damaliger literarischer Ratgeber in San Quentin (vermutlich Arthur L. Price) habe nach der Lektüre von »Out of the Night« sein Inkognito durchschaut, so erzählt Krebs in einem Gespräch mit der Zeitung »PM«.

Diese Enthüllungen hätte Krebs natürlich voraussehen können, eine falsche Ortsangabe oder Auslassungen wären naheliegend gewesen, wenn es ihm mit seinem Inkognito ernst gewesen wäre. Daß er es unterließ, spricht tatsächlich für einen Anspruch auf Authentizität; und die Untersuchung einiger Details des Attentats, das ihn nach San Quentin brachte, unterstreicht das.

Krebs berichtet in »Out of the Night«, daß Jan Valtin sein Opfer »am hellichten Tag in einer belebten Straße« angegriffen habe, »von vornherein wissend, daß der Angriff mit einem Mißerfolg enden würde. Ich schlug mit dem Revolverkolben einmal auf ihn ein, wobei ich gewaltig ausholte – eine Gebärde, die mehr dazu diente, meinem perversen Pflichtgefühl gerecht zu werden, als daß sie der Ausdruck meiner Absicht zu töten gewesen wäre. Mein erstauntes Opfer schrie um Hilfe ⟨...⟩ Barbiere tauchten aus dem in der Nähe liegenden Frisiersalon auf und schwangen ihre Scheren« (1957, 140).

Das klingt nach der Schilderung eines Alptraums, nicht nach politischem Attentat. Eine Recherche des Los Angeles-Korrespondenten von »PM«, Herbert Klein, stellt die ehemalige Aussage des überfallenen Händlers und die von Krebs gegenüber. Die Polizeiprotokolle halten fest, daß Krebs am frühen Nachmittag des 14. August 1926 Maurice L. Goodstein mit einer Pistole auf den Kopf schlug und der Friseur eines nahegelegenen Ladens, ein ehemaliger Polizist (A. Watkins), ihn mit der Schere bewaffnet verfolgte. Die Polizisten, die damals Krebs vernahmen, verneinen freilich, daß sie den Verhafteten geschlagen hätten, wie er es in »Out of the Night« schildert. Die Protokolle, die der »PM«-Korrespondent ausgräbt, ergeben auch, daß Krebs sich, wie in »Out of the Night« dargestellt [86], bei der Gerichtsverhandlung am 21. Oktober 1926 für schuldig erklärte.

Der Bericht in »PM« [87] versucht, Krebs der Lüge zu überführen, bestätigt aber insgeheim seinen Bericht bis ins Detail. Allerdings widersprechen sich die Darstellungen in einem zentralen Punkt: »PM« will nachweisen, unterstützt durch die Aussage Maurice L. Goodsteins, daß der Überfall unpolitischen Charakter hatte (zudem wird Krebs mit dem Hinweis, daß Goodstein Jude ist, zum Nazi abgestempelt [88]), während »Out of the Night« vom Liquidierungsauftrag gegen einen »Verräter« handelt. Die amerikanischen Justizbehörden ließen jedoch anläßlich der Festnahme von Krebs 1942 verlauten, daß dieser 1926 vor Gericht einen Meineid geleistet habe, als er die Zusammenhänge des Anschlags mit der Kommunistischen Partei verschwieg. Demnach war dies gerichtlicher Tatbestand [89].

Nachdem im März 1941 der »New Yorker« geschrieben hatte, man könne heutzutage sich erst dann Journalist nennen, wenn man Jan Valtin interviewt habe, taucht noch im gleichen Monat der richtige Name des Autors auf. Und als Krebs verhaftet wird, erscheint sein Photo ungeschwärzt in den Zeitungen [90].

»Counterattack«

Krebs hatte Ende 1940 ein zweites Mal geheiratet, seine Frau Abigail (»Abby«) Harris wohnte (wie Bek-gran) in Greenwich Village und war, was jede Zeitung wiederholte, erst 17 Jahre alt (»ein verwöhntes Ding, das immer ausgehen und neue Kleider haben wollte; sie hielt Richard vom Schreiben ab«, kommentiert Clara Medders 1984). Am 26.7. 1941 wird ihr Sohn Conrad Freeman geboren. Richard und Abigail leben anfangs auf dem Land bei Westchester, bewacht von drei bissigen Hunden; später ziehen sie zurück nach New York.

»Ich habe gerade ein wundervolles amerikanisches Mädchen geheiratet, ich habe einen angenehmen Wohnsitz auf dem Lande. Und es gibt so viele Pläne! Ich habe nie geglaubt, daß das einmal wahr werden würde«, sagt er er in einem Interview mit der »New York Times Book Review«, als könne er selbst nicht an sein Glück glauben [91]. Es ist das erste Mal in seinem Leben, daß er einen festen Wohnsitz hat, zugleich eine hoffnungs-kräftige neue Identität als Schriftsteller, und er ist in Erwartung der U.S.-amerikanischen Staatsbürgerschaft – Krebs wird zum Amerikaner und versucht, seinen Status als Flücht-ling und Emigrant abzustreifen. Vorerst gelingt ihm dies nicht.

Denn mit seinem wachsenden Erfolg auf dem Literaturmarkt beginnt das andere Kapitel der Rezeptionsgeschichte, das von »Newsweek« rückblickend (15.1.1951) als »counterattack« bezeichnet wurde, als Gegenangriff, der in der amerikanischen kommu-nistischen Presse seinen Ausgang nahm und sich von dort aus fortpflanzte. Obwohl man es besser wissen mußte, wird behauptet, daß Jan Valtin gar nicht existiere, sondern sein Buch das Produkt einer Gruppe phantasiebegabter antisowjetischer Propagandisten sei, »völliger Schwindel«, oder das Werk eines Mannes wie Isaac Don Levine [92]. Später stellt sich der komplementäre Vorwurf ein, das Buch sei von einem antisemitischen Nationalsozialisten geschrieben und Valtin habe das tückische Werk bereits aus Deutsch-land mitgebracht; darüber hinaus weise es »eine überraschende Ähnlichkeit mit einer in ganz Deutschland verbreiteten antisowjetischen Propagandaschrift auf« [93].

Noch der geringste Vorwurf gegen Krebs war der, daß sein Bestseller ihm Geld eingebracht oder er das Buch allein aus ›Habsucht‹ geschrieben habe: sein Honorar war der Judaslohn. Wenn Lion Feuchtwanger 1942 Arnold Zweig aufzählt, welchen deut-schen Schriftstellern es im amerikanischen Exil »wirklich gut« gehe, »nämlich Rauschning ⟨und⟩ dem unsäglichen Valtin«, dann scheint es mir kein Zufall, daß an der Spitze die Renegaten stehen [94].

Aber Krebs ist nicht nur Verräter, den der Haß einer mißachteten Kirche trifft, sondern auch ein Überlebender, der ihrer Gerichtsbarkeit entflohen ist, »Out of the Night« ist auch ein Bericht des Entkommens, die Geschichte einer gelungenen Flucht, die vom Autor in den Interviews von 1941 weitergesponnen wurde.

Sein Preis ist die Exaktheit des Berichts. Die Details, die er preisgibt, wenden sich gegen den Verfasser. »Das Buch von Krebs würde zum Hauptzeugen gegen Krebs werden«, schreibt »PM« in der Hoffnung, daß Krebs gezwungen werde, die Glaubwür-digkeit seines eigenen Buches zu widerlegen, um den eigenen Hals aus der Schlinge zu ziehen. »Wenn er das erfolgreich macht, muß er auch dem Anspruch widersprechen, mit dem er sein Buch versehen hat, daß seine Geschichte wahr sei« [95].

Zudem ist die Empfindlichkeit gegen die Anklage gewachsen. Im Frühjahr 1941, noch zur Zeit des Hitler-Stalin-Paktes, jener »von Goebbels lancierten Falschmeldung«, wie Sperber (1977/1982, 165) den Schock für die Exilierten beschreibt, den der Pakt auslöste, wurden in der CPUSA nicht mehr der Faschismus als Hauptfeind anvisiert, sondern die Gegner der Sowjetunion (s. Kap. VII). Krebs aber verlängert die Linie der Zusammenarbeit von Faschisten und Kommunisten bis hinein in die Weimarer Republik und weist den Kommunisten eine Schuld an der Machtergreifung Hitlers zu [96]. Krebs erklärt die GPU und ihre Machenschaften zu einem Spiegelbild der Gestapo, genauer: er versteht die Apparate von KPD, Komintern und GPU als Vorläufer des nazistischen und zerstört damit das große Entweder-Oder, den Mythos des alles legitimierenden Antifaschismus. Er weist auf die Fluktuation von KPD zu NSDAP hin, vor allem aber auf die Zusammenarbeit von Gestapo, GPU und Komintern, die mit tödlicher Effektivität funktionierte.

Diese Darstellung samt ihrer Argumentation ist jedoch keine Variante alter (und neuer) Rechts-Links-Gleichungen, die die nationalsozialistischen Verbrechen relativieren (›historisieren‹) wollen. Verglichen werden die Apparate, die Polizeien, die Geheimdienste; und Krebs zieht nicht die Schlußfolgerungen eines Historikers oder Ideologen, sondern er bezieht sich auf die eigenen Erfahrungen und die seiner Mitstreiter, wo Apparate der Geheimpolizei und Militärmaschinerien sich verzahnen, von der Macht ernähren und diese Macht um jeden Preis erhalten wollen [97].

Gegen Krebs werden auch prophylaktische Verdammungsurteile gesprochen, die alle zukünftigen Kritiker warnen sollen; das Augenmerk der amerikanischen Öffentlichkeit soll mit dem Hinweis auf Nazispione im eigenen Land von den Moskauer Schauprozessen und den Aktivitäten der Komintern abgelenkt werden.

Erst im Januar 1934 war die Sowjetunion, nicht zuletzt durch den Druck industrieller Interessen, von den Vereinigten Staaten offiziell anerkannt worden, unter der Bedingung eines völligen Verzichts der Sowjets auf jegliche kommunistische Propaganda in den USA. Nach dem VII. Weltkongreß der Komintern (1935) in Moskau hatte die amerikanische Regierung prompt gegen sowjetische Propaganda und Einmischung in innere Angelegenheiten protestiert.

William C. Bullitt, der erste amerikanische Botschafter in Moskau, empfand als Beobachter des VII. Weltkongresses die Unterstützung der amerikanischen KP durch die Komintern als Verstoß gegen Litwinows Nichteinmischungserklärung und hielt den Abbruch der diplomatischen Beziehungen für gerechtfertigt. Hitlers Kriegserklärung an die USA vom 11. Dezember 1941 stärkte schließlich die Koalition mit der Sowjetunion – erst nach diesem Zeitpunkt erfolgte die Verhaftung von Krebs in den USA [98].

Ein weiterer Rückblick ist notwendig: Die kommunistische Presse wurde nicht erst mit dem Erscheinen von »Out of the Night« aktiv. Sie war es, die als erste über das Auftauchen von Krebs in den USA berichtete und die Staatsanwaltschaft einschaltete. Auf den letzten Seiten seines Buches schreibt Krebs, daß nach Valtins Flucht aus dem GPU-Gefängnis bei Kopenhagen die kommunistische Parteipresse »von der Pazifikküste bis nach Skandinavien« auf der ersten Seite seinen Steckbrief veröffentlichte.

»Es war die Photographie auf meinem Gestapoausweis, den ich dem Genossen Jensen bei meiner Ankunft in Kopenhagen übergeben hatte, als ich aus den Gefängnissen Hitlers kam. Er trug die Unterschrift: ›Achtung! Gestapo!‹ ⟨...⟩ Die Veröffentlichung dieses Bildes war ein dreifacher Verrat: sie ging darauf aus, mich öffentlich in den Augen der Arbeiterführer der Welt zu diffamieren, sie war darauf berechnet, den Gestapochefs zu beweisen, daß ich sie getäuscht hatte, und sie verfolgte die Absicht, die Polizeibehörden aller Länder zu veranlassen, die Arbeit der GPU zu besorgen – mich aufzuspüren und mich nach Deutschland auszuliefern, der Gestapo und damit dem Tod. Die Artikel, die zu meinem Bild in der kommunistischen Presse erschienen, brandmarkten mich als ›einen der wichtigsten Spitzel der Gestapo‹. Kein Wort stand da über meine Lebensarbeit für die kommunistische Sache, kein Wort über die Jahre, die ich in den Folterkammern der Gestapo verbracht hatte« (1957, 596).

Tatsächlich erschien am 5. Mai 1938 im »Daily Worker«, dem Zentralorgan der amerikanischen KP, ein Artikel in Form eines Steckbriefs und mit der Auskunft, daß man das FBI über Richard Krebs informiert habe. Der Artikel, unterzeichnet von Lowell Wakefield und mit einem Photo von Krebs versehen, handelt von einem Nazispionagering in den USA; ihm wird Krebs eingegliedert.

»Richard Krebs, einer der Spitzenleute der Gestapo, des Deutschen Geheimdienstes, ist in der letzten Woche zweimal in St. George und New Brigthon, Staten Island, gesehen worden. Krebs, der in Paris als Nazispion entlarvt wurde, flüchtete nach Antwerpen und entkam auf einem englischen Frachter, auf dem er als Seemann anheuerte. Der ›Daily Worker‹ enthüllte, daß er bei Norfolk, Virginia das Schiff verließ und einige Zeit verschwunden war. Das Auftauchen von Krebs in Staten Island gibt dem Verdacht Gewicht, daß hier sich die Sammelstelle für einen Nazispionagering befindet. Die Justiz ist benachrichtigt worden. Krebs ist von mittlerer Größe, spricht fließend englisch und ist etwa dreißig Jahre alt« [99].

In der Zeitschrift »Freies Deutschland« (Mexiko) wird 1943 berichtet, daß vor vier Jahren »das Blatt der Internationalen Seeleute-Union ein Bild von Richard Krebs veröffentlicht ⟨hat⟩ mit der Unterschrift ›Achtung Gestapo!‹« [100]

Es ist nicht das erste Mal, daß die deutsche kommunistische Exilpresse Renegaten als »Spione« ›entlarvte‹ – Bek-grans Zeitschrift »Gegen den Strom« berichtet von einem früheren Fall [101] – es handelt sich um eine routinemäßige Antwort, die alle ›Verräter‹ zu gewärtigen hatten [102]. Damit ist frühzeitig ein Steckbrief erstellt für den Fall, daß die vom »Daily Worker« informierte Staatsanwaltschaft seiner nicht habhaft würde. Einen weiteren Grund für das frühe Interesse der GPU an Krebs vermutet Benjamin Gitlow [103] darin, daß man sich von ihm Nachrichten über seinen früheren Vorgesetzten Albert Walter versprach, der inzwischen für die Nationalsozialisten tätig geworden war. Walter war für die GPU damit eine der gefährlichsten Opponenten, da er sich wie kein anderer mit der Organisationsstruktur der kommunistischen Hafenarbeit und den Namen der Beteiligten auskannte.

»Die Order aller OGPU Agenten lautete, Walter und seine Agenten zu verfolgen und zu töten« (Gitlow 1948, 328). Albert Walter hatte bis 1928 die »Internationalen Hafenbüros« organisiert und wurde dann Generalsekretär der »Internationale der Seeleute und Hafenarbeiter (ISH); 1933 wurde er von der Gestapo verhaftet (die Leitung der ISH übernahm daraufhin Ernst Wollweber) und war bis 1934 im Konzentrationslager Fuhlsbüttel interniert, wo vier Jahre später die Frau von Krebs starb. Gitlow schreibt, Walter sei 1934 hoher Gestapo-Offizier geworden. Jedenfalls erschien 1939 eine von ihm verfaßte NS-Propagandaschrift mit dem Titel »Der englische Krieg und die deutschen Arbeiter«. Laut Gitlow war Walter später beim britischen Geheimdienst tätig (1948, 328). Nach dem Krieg schloß er sich der »Deutschen Partei« an, die er von 1949 bis 1953 im Bundestag vertrat (H. Weber 1969, II 36).

Krebs wechselt in der Zeit vor dem Erscheinen von »Out of the Night« häufig Namen und Adresse; wenn er seinen Aufenthaltsort entdeckt wähnt, zieht er wieder um. Zwei seiner letzten Pseudonyme waren R. Wolfe und E. Holmberg [104].

Er betont, »daß er weit oben steht auf der Mordliste der GPU« [105] und wiederholt in vielen Interviews, daß er sich mit einem riesigen Wachhund und Gewehr zu schützen wisse. Eines der Interviews verlegt er in ein deutsches Lokal, weil ihn dort Gestapo- und GPU-Agenten am wenigsten vermuten würden [106].

Es ist heute schwer zu beurteilen, ob Krebs überängstlich reagiert, ob es sich um pressewirksame Erzählungen handelt oder um eine realistische Einschätzung seiner Gefährdung. In einem Gespräch mit der »New York Times Book Review« berichtet er von einem Attentat auf seine Person [107]. Man habe versucht, ihn bei hoher Geschwindigkeit von der Straße abzudrängen. Er sei sicher, daß das nicht die Gestapo gewesen sei, sondern die Arbeit von GPU-Agenten. Sie sei aber »stümperhaft« gewesen, kommentiert er als Fachmann. Man ist leicht geneigt, Berichten wie diesen zu mißtrauen, für die keine Zeugen benennbar sind. Andererseits läge es dem Wesen eines Anschlags fern, Zeugen zu berufen. Zudem finden sich beim Vergleich mit dem Schicksal der Zeitgenossen von Krebs, etwa mit Ignaz Reiß, Krivitsky oder Kravchenko, deutliche Parallelen.

»Man setzte Himmel und Erde in Bewegung«, schreibt der ehemalige amerikanische KPler Benjamin Gitlow, »um das Buch zu verdammen und das Ansehen seines Autors anzuschwärzen. Die Kommunisten verfügten über einflußreiche Leute, um Druck auf das Außenministerium wie auf FBI und Einwanderungsbehörde auszuüben, um Valtin als Naziagenten und illegal Eingereisten verhaften zu lassen« (1948, 329).

Während die kommunistische Presse ihre Angriffe mit dem Ruf nach Auslieferung nach Deutschland verbindet, betont der Sozialdemokrat Friedrich Stampfer in der New Yorker »Neuen Volkszeitung«, daß er bei aller Kritik an Valtin und am »Valtin-Kult« nicht »⟨...⟩ das Asylrecht des Valtin-Krebs irgendwie in Zweifel ⟨...⟩« ziehen wolle. Er wiederholt, daß man »keineswegs« wünsche, »das Interesse der Behörden für sie ⟨Leute wie Valtin⟩ zu wecken.« Und betont ein drittes Mal, man solle Valtin »nicht an einen Staat ausliefern, der kein Rechtsstaat ist« [108]. Es ist spürbar, daß Stampfer mit dieser dreimaligen Verneinung dann doch den Staat herbeirufen will, dem auch ausdrücklich eingeräumt wird, daß er seine Rechte geltend machen könne. Stampfer will sich sowohl von Krebs-Valtin als auch von der Anti-Valtin-Kampagne in der kommunistischen Presse, wo dessen Kopf gefordert wird, abgrenzen.

»Freies Deutschland« und »PM«

Die Palette der Argumente in der kommunistischen Presse sind 1943 auf knappstem Raum in einer Kolumne von »Freies Deutschland«, der deutschsprachigen KP-Exilzeitschrift in Mexiko, versammelt. Ein Jahr zuvor hatte bereits Ernst Bloch in einem polemischen Artikel, der die Sprache der Schauprozesse mit dem ideologiekritischen Vokabular des Marxisten verband und gegen den »Lumpen« Gustav Regler gerichtet war, in der Zeitschrift das Buch von Krebs erwähnt. Der Liebhaber Karl Mays stempelte »Out of the Night« als einen »offene⟨n⟩ Schmutz- und Schundroman« (1942, 19). In ihrer Kolumne von 1943 stellt die Redaktion zuerst die Autorschaft von Krebs in Frage: »Das Subjekt ist Jan Valtin, alias Richard Krebs, den eine entfesselte Sowjet-Clique ›aus der Nacht‹ der Geheimagenten-Existenz ins Rampenlicht der Glorie als ›Enthüller der Sowjetverschwörung‹ gestellt hat. ⟨...⟩ Als Richard Krebs 1938 illegal in den Vereinigten Staaten landete, wurde er von beiden ⟨Isaac Don Levine und Eugene Lyons⟩ mit offenen Armen aufgenommen. ⟨...⟩ Isaac Don Levine schrieb für ihn das Buch ›Out of the Night‹, die Bibel der Sowjetfeinde ⟨...⟩«.

Dann wird gleichwohl Krebs als Urheber ernst genommen und als »Gestapo-Agent«, Verräter und Schwindler bezeichnet; der Hauptvorwurf lautet: »Er hat die Hetze gegen die Sowjetunion auch nach Hitlers Angriff fortgesetzt und noch verstärkt.«

Die Zeitschrift »Freies Deutschland« ist im November 1941 in Mexiko-City gegründet worden, das heißt fünf Monate nach Hitlers Angriff auf die Sowjetunion. Das hatte, schreibt Hans-Albert Walter, »für die politische Aktivität der exilierten Kommunisten in etwa wieder jene Voraussetzungen geschaffen, wie sie vor dem deutsch-sowjetischen Nichtangriffspakt bestanden hatten« [109].

Deutsche Kommunisten mußten in den dreißiger Jahren illegal in die USA einreisen [110] oder ihre Parteizugehörigkeit verleugnen – ein Tatbestand, mit dem die Redaktion von »Freies Deutschland« vertraut war, da auch deren Redaktionsmitglieder auf ihren Exilrouten davon betroffen worden waren, der aber im Fall Krebs als entlarvendes Indiz eingesetzt wird. Auch die Doppelstrategie der Zeitschrift, im gleichen Atemzug die Autorschaft von Krebs anzuzweifeln und ihn der notorischen Schwindelei zu bezichtigen, ist Bestandteil eines Antwortrituals, das nicht näher begründet wird; es findet sich wieder bei den Attacken gegen Alexander Barmine [111], Krivitsky und später gegen Kravchenko.

Dennoch hat das Ritual seinen Sinn. Der erste Vorwurf richtet sich an das eigene Lager; er soll verdeutlichen, daß nicht ein einfacher Kommunist schreibt, sondern der Klassenfeind seine Hände im Spiel hat. Der andere Vorwurf ist dagegen an die Öffentlichkeit gerichtet und will entpolitisieren: Es geht nicht um einen diskussionswürdigen Erfahrungsbericht, sondern um die Lügengeschichten eines unmoralischen ›Subjekts‹.

Seine Freunde und Helfer im ›reaktionären‹ und im ›liberalen‹ Lager werden mit Namen genannt, man weist hin auf seinen Verdienst von »hunderttausend Dollar« und schließt mit der Genugtuung, daß die »amerikanische öffentliche Meinung« inzwischen zu einem anderen Urteil gelangt sei: »Bis sich wieder die Möglichkeit der Deportation ergibt, ist der Gestapo-Agent *im Konzentrationslager* interniert« [112].

Das kann heißen, daß der Nazi in der eigenen Hölle schmoren soll, und mag unter der Voraussetzung, daß die Redaktion an ihren Nazi-Vorwurf geglaubt hätte, eine verständliche Phantasie sein. Dennoch stockt dem Leser der Atem, nicht weil Ellis Island, die Insel für mißliebige und unüberprüfte Emigranten im Rücken der Freiheitsstatue, diesen Namen bekommt, sondern weil das Konzentrationslager zum wünschenswerten Aufenthaltsort für Sowjetfeinde wird [113] – angepriesen von Antifaschisten, die dem Lager oft nur mit knapper Not entgangen waren.

Gustav Regler, Victor Serge, Julian Gorkin und Marceau Pivert schrieben ein Jahr zuvor in einer gemeinsamen Erklärung: »Vier Kämpfer gegen den totalen Staat, die nach langen Kämpfen in Europa in Mexiko Asyl gefunden haben, unterbreiten hier dem Leser eine seltsame Zusammenstellung ‹...›. Wir wurden und werden in der unglaublichsten Weise durch die stalinkommunistische Presse verleumdet; die kommunistische Partei fordert unsere Ausweisung aus diesem Zufluchtsland und regt – für uns! – die Schaffung von Konzentrationslagern an« [114].

Im Februar 1941 leitet die New Yorker Tageszeitung »PM« [115] eine folgenreiche Untersuchung gegen Krebs-Valtin ein. Man äußert Zweifel, daß ein Ausländer mit revolutionärer Vergangenheit und einem Vorstrafenregister, wie Krebs es hatte, unbehelligt bleiben und in den Mittelpunkt des öffentlichen Interesses rücken konnte, ohne daß das FBI oder das Außenministerium mitspiele. Immerhin sei der Vorwurf aufgetaucht, meint Ralph McAllister Ingersoll, Herausgeber von »PM«, daß das Justiz- und Außenministerium auf der Suche nach Unterstützung im staatlichen Kampf gegen ›subversive Elemente‹ das Buch zu dem gemacht hätten, was es inzwischen geworden sei. Wenn dem so sei, wie Valtin schreibe, daß kommunistische Agenten in den USA ihr Unwesen trieben, hätte das Buch seine Aufmerksamkeit zwar verdient, wenn nicht, und vieles spräche dafür, wären Schritte gegen Buch, Autor und Verleger einzuleiten, dann gälte es, Jan Valtin auszuweisen. Als Helfer wird in »PM« insbesonders Adolf E. Berle vom Außenministerium hervorgehoben, der das Manuskript von »Out of the Night« gelesen und abgesegnet habe, bevor der »Bookof-the-Month Club« den Band in sein Programm aufnahm. In jedem Fall, so »PM«, sei eine »unvoreingenommene Untersuchung« der Tatbestände erforderlich. Wie 1938 im »Daily Worker« erklingt auch hier von kommunistischer Seite ein scheinheiliger Ruf nach dem Staat.

Die große Reportage von Ken Stewart, die Ingersolls Einleitung folgt [116], widmet sich dem Buch jedoch nur am Rande und umkreist stattdessen die Figur des Autors. Vorarbeit hatte ein Mitarbeiter der parteikommunistischen New Yorker Zeitschrift »New Masses«, Wellington Roe, geleistet, der erklärt, Valtin und (den inzwischen verstorbenen) Krivitsky interviewt zu haben. Isaac Don Levine, Oliver LaFarge (erfolgreicher Verlagsautor der »Alliance Book Corporation«) und noch andere hätten am Buch von Valtin mitgeschrieben, Valtin genieße den Schutz des FBI und seine Geschichte sei gänzlich aus der Luft gegriffen. Außerdem charakterisiert Roe den Autor als Aufschneider und Sexualprotz, der damit angebe, wieviele Leserinnen ihm mehr als nur literarisches Interesse entgegen brächten. Um Valtin der Lüge zu überführen, weist er darauf hin, daß dieser zwar einerseits gesagt habe, er sei Krivitsky nie begegnet, andererseits in »Out of the Night« aber von mehreren Treffen mit Ginsburg erzähle, dessen Name jedoch das Pseudonym von Krivitsky sei.

Krivitsky hieß jedoch mit bürgerlichem Namen Samuel Ginsberg, während es sich in
»Out of the Night« um den Franzosen Roger Walter Ginsburg(er) handelt, Mitarbeiter
der Komintern und (unter dem Namen Pierre Villon) prominentes Mitglied der PCF
[117].

Krebs antwortet unter seinem Pseudonym Valtin und bestreitet entschieden, Wellington Roe je getroffen oder ihm ein Interview gegeben zu haben, außerdem widerspricht er
einzelnen Angaben von Roe [118]. Ken Stewart trifft Krebs-Valtin, Robert Bek-gran,
Heinz Günther Koppell und widerspricht sich mit Ironie selbst. Beim ersten Treffen sagt
er zu Krebs: »Zumindest haben wir vorgegeben, daß Sie gar nicht existieren und Sie zur
gleichen Zeit einen Lügner genannt« [119]. Stewart schließt seine recht spannende
Reportage, die mit ihren sich widersprechenden Zeugen den Anspruch auf Objektivität
erhebt, mit der Vermutung, daß ein ausländischer Revolutionär mit krimineller Vergangenheit nur mit Hilfe des FBI habe handeln können und bekennt programmatisch-populistisch: »Wie jeder Amerikaner wehre ich mich dagegen, daß Terroristen durch meine
Regierung und in meinem Namen unterstützt werden – zu welchem Zweck auch immer«
[120]. In derselben Ausgabe wehrt sich »PM« gegen die staatlichen Anstrengungen, den
australischen Kommunisten Harry Bridges auszuweisen, der in Kalifornien die Leitung
des Streikkomitees der ›International Longshoremen's Association‹ innehatte.

Zwei Tage später läßt der Washington-Korrespondent von »PM«, Kenneth G. Crawford, wissen, daß Krebs-Valtin nicht (länger) unter der Schirmherrschaft der Staatsanwaltschaft stehe und daß die Einwanderungsbehörden nun die Ausweisung Valtins
vorbereite, obwohl noch nicht geklärt sei, wohin man ihn ausweisen könne. Der Fall
verspreche, für Valtin eine ernste Wendung (»a grim turn«) zu nehmen, denn illegale
Einreise, kriminelle Vergangenheit, Eintreten für Gewalt und Mitgliedschaft in einer
kommunistischen Partei seien Gründe, von denen jeder allein schon ausreiche, die
Ausweisung zu rechtfertigen. Am Schluß stellt Crawford mit einer gewissen Suffisanz fest,
daß das Buch zum Kronzeugen gegen seinen Autor werde und dieser sein eigenes
literarisches Kind zu verleugnen habe.

Exkurs: Der Fall Kravchenko

Interessant sind die Parallelen in den Verleumdungskampagnen gegen Krebs und gegen
Victor Andrejewitsch Kravchenko. Sie verdeutlichen den vom jeweiligen Fall unabhängigen Mechanismus und die einzelnen Elemente der Denunziation. Kravchenko war im
August 1943 als Mitglied der sowjetischen Einkaufskommission in die USA gekommen.
Als Fachmann für Rüstungsproduktion zählte er zur Machtspitze seines Landes. Anfang
1944 stellt er sich unter den Schutz amerikanischer Behörden; nach Kriegsende erscheint
sein Bericht »I Chose Freedom«.

Die sowjetische Einkaufskommission erklärt anfangs, »ein Sowjetbürger dieses Namens ist uns unbekannt« [121]; später fordert man die Auslieferung des »Deserteurs«. Im
»Daily Worker« wird am 5.4.1944 eine Kampagne gegen Kravchenko gestartet, in der die
Rede ist von »ekelhaftem Verrat«, von einem »Wicht« und »kleinen Deserteur«; außerdem

folgt die Drohung, daß die »wachsame und rächende Hand« ihn schließlich vernichten werde [122].

Wie Krebs wird auch Kravchenko die Fähigkeit der Autorschaft abgesprochen; man entlarvt ihn als Hitler-Agenten und behauptet, daß sein Buch dem Muster einer antisowjetischen Propagandaschrift folge. Und man wirft ihm ebenfalls vor, daß er sich durch den Verrat bereichert und Privilegien durch die amerikanische Regierung erschlichen habe.

Als nach der Publikation der französischen Ausgabe von »I Chose Freedom« die PCF-Presse die Verleumdungen aufgreift, reagiert Kravchenko mit einer Klage gegen zwei Redakteure der KP-Zeitschrift »Les Lettres Françaises«, die wiederholt hatten, Kravchenko sei in den USA durch Trunksucht und Spielerei so verarmt, daß er vom amerikanischen Geheimdienst erpresst werden konnte, ein antisowjetisches Pamphlet zu verfassen. Andere hätten die Arbeit für ihn getan, da er zum schreiben selbst nicht in der Lage gewesen sei.

»Ein Propagandafachmann für Antikommunismus« aus der Hearst-Presse habe für Kravchenko das Buch geschrieben, war in »Les Lettres Françaises« zu lesen [123]; Konstantin Simonow schrieb in der Moskauer »Prawda«, daß »Agenten des amerikanischen Geheimdienstes« Kravchenkos Buch geschrieben hätten (V. Kravchenko 1950, 363). In der Ost-Berliner Zeitung »Sonntag« (s. Fn. 123) hieß es, daß Eugene Lyons der Autor gewesen sei. Der Autor des Artikels (B. D.) weist, wie bereits der Anwalt von »Les Lettres Françaises«, auf das Buch eines Namensvetters hin, das 1943 im »Dritten Reich« erschienen sei und stellt »eine verblüffende Ähnlichkeit« zwischen beiden Autoren fest, mit der eine Identität suggeriert werden soll (Victor Kravchenko erwähnt einen entsprechenden Angriff in der französischen KP-Zeitung »Ce Soir« ⟨1950, 346 f⟩). Die Ähnlichkeit zwischen Richard Krawtschenko (Ich war Stalins Gefangener, 1941) und Victor Kravchenko beschränkt sich jedoch auf Namen und Beruf der Autoren. Der Name Kravchenko bedeute auf Ukrainisch »Schneiderlein« und sei ungefähr so häufig wie in Deutschland der Name Schneider, bemerkt dazu Andrzej Kaminski (1982, 28 f).

Der Prozeß zieht sich über zwei Monate hin und erregt starkes Aufsehen, weil beide Seiten eine Vielzahl von Zeugen berufen. Aus der Sowjetunion reisen Marschälle und auch die geschiedene Frau des Autors an; für Kravchenko zeugen eine Reihe ehemaliger Kommunisten, darunter Margarete Buber-Neumann. Der Prozeß endet mit einem Schuldspruch gegen die Redakteure [124].

Karl Korsch

Korschs Rezension von »Out of the Night«, erschienen in der von Paul Mattick herausgegebenen Zeitschrift »Living Marxism« [125] nimmt nicht nur wegen ihrer Ausführlichkeit eine besondere Stellung in der Rezeptionsgeschichte ein – wahrscheinlich handelt es sich um die längste Besprechung des Buches wie um die ausführlichste Rezension Korschs -, sondern auch, weil hier die einzige detaillierte zeitgenössische Auseinandersetzung mit Krebs von seiten der Linken dokumentiert ist.

Nennen die deutschen Herausgeber Korschs in ihrer Vorbemerkung das Buch ohne weitere Begründung »fragwürdig« [126], so befindet Korsch über dessen Glaubwürdigkeit: »eine wahre Geschichte, ein glaubwürdiger Bericht über greifbare Tatsachen, obgleich von Tatsachen, die an die Rubrik ›Unwahrscheinliche Geschichten‹ erinnern.«

Die Qualität der Fakten, die die von Krebs beschriebene Welt ausmachen, charakterisiert Korsch gerade damit, daß sie auch dann unwahrscheinlich wirken, »wenn ihre Wahrheit bewiesen ist«. Es ist die Existenz einer »wirklichen Unterwelt«, von der Kenntnis zu nehmen schwerfällt – vor allem durch jene, die sich auf dem Überbau jener Unterwelt bewegt hatten, ohne von ihr wissen zu wollen. Nicht die Faktizität der Unterwelt und nicht die Details, die Krebs preisgibt, stehen für Korsch zur Frage, sondern die Krebsschen Kommentare, Einschätzungen und Schlußfolgerungen [127].

Sein Interesse gilt dem Autor insofern, als dessen verzerrter ›Blick‹ die richtige Sichtweise provozieren soll. Nachdem Korsch einleitend ausführt, daß faktisch alles seine Richtigkeit habe, destruiert er die innere Glaubwürdigkeit des Autors. Bei dem Referat des Inhalts von »Out of the Night« will er erst gar nicht den Eindruck erwecken, als bezweifle er die Darstellung von Krebs: Er liest stattdessen eine andere. Korsch schließt sich jener Verurteilung an, die Krebs durch die Exilpresse erfahren hatte, nennt es aber Lektüreergebnis: Valtin-Krebs sei »Gestapo-Spion« gewesen. Daß er es, zumindest in der Erzählung, im Auftrag der Komintern geworden ist, bleibt ausgespart.

Letzte Gewißheit über die Sachlage dürfte im »Document Center« zu finden sein, das die Tür (wegen »nachrichtendienstlicher Berührungen«) in diesem Fall verschlossen hält. Wäre Krebs tatsächlich Gestapo-Agent gewesen, hätte nach seiner Flucht in Dänemark wohl nichts der Rückkehr nach Deutschland und zu Firelei im Wege gestanden.

Stattdessen wird von seinem Hin- und Herwechseln gesprochen und daß er in den Konzentrationslagern eine »wohlüberlegte Abkehr vom Kommunismus« vollzog und das »Programm von MEIN KAMPF akzeptierte«. Korsch gibt diese Schilderung nicht als Mutmaßung über den Sachverhalt wieder, sondern als Referat des Inhalts von »Out of the Night«. Da gerade die Linke, die Korsch ansprach, sich mit der Besprechung begnügte, gerät das falsche Referat zum glaubwürdigen Surrogat. Dem ist zuallererst nicht eine andere Mutmaßung entgegenzusetzen, sondern die Krebssche Erzählung. Korsch zitiert dessen Bekenntnis über die entscheidende Unterredung mit dem Gestapo-Mann Kraus [128]: »Vieles, was ich sagte, war nicht gelogen«, womit Korsch unterstellt, daß Krebs von den nationalsozialistischen Parolen sich hat überzeugen lassen. Aber Korsch zitiert geflissentlich nicht weiter: »Ich machte jetzt davon Gebrauch, weil sie in meinen Plan zu passen schienen. Ich war mir absolut im klaren, daß ich mich auch nicht ein einziges Mal versprechen durfte und daß ein einziges falsches Wort oder eine falsche Bewegung angesichts der Erfahrung, die Inspektor Kraus in diesen Dingen besaß, zu meinem augenblicklichen Untergang führen mußte« (1957, 526).

Zu dem Vorwurf, daß Krebs Agent der Gestapo gewesen sei und damit politisch diskreditiert, gesellt sich ein zweiter, der den Autor mit dem Blick des Psychologen vernichten will: Krebs sei sein Leben lang der Faszination von Gewalt erlegen; er habe sich zu jener Partei hingezogen gefühlt, die die Gewalt am meisten zu verherrlichen schien [129], sei schon 1918 fasziniert gewesen vom Mord der aufständischen Matrosen an einem Offizier (Korsch fügt an dieser Stelle das ausführlichste Zitat von »Out of the Night« ein), um dann zu verallgemeinern: »Ähnliche Ereignisse traten während der

nächsten 15 Jahre immer wieder auf.« Daß der Krebssche Protagonist Valtin sich vor
Terroraufträgen schützte, wie alle anderen widersprechenden Einzelheiten fallen aus der
Darstellung Korschs weg. Es ist die Crux aller Deutungen, die von einem Punkt aus
verallgemeinern; mit ihrer ›Konsequenz‹ transportieren diese Deutungen die Eigenschaft, alles Widersprüchliche verschwinden zu lassen.

Auf der gleichen Linie liegt für Korsch dann auch das Krebssche Eingeständnis in »Out
of the Night«, daß Göring ihn »faszinierte«, und er schlußfolgert entsprechend, daß Krebs
im demokratischen Amerika keine Heimat finden konnte. Welche politische Heimat ihm
damit zustehe, bleibt zwar unausgesprochen, aber deutlich.

Korschs Interesse gilt der politischen Bedeutung des Buches: was trägt es bei »über die
Fehler, die zur Niederlage und Selbstzerstörung der revolutionären Bewegung während
der vergangenen zwei Jahrzehnte geführt haben?« Er schraubt die Erwartungen sogleich
herunter, indem er auf das begrenzte politische Urteilsvermögen von Krebs hinweist,
verursacht durch dessen »vollständige Abgeschlossenheit als politischer Spion und
Verschwörer« – er habe kaum Gelegenheit besessen, »an den tatsächlichen Kämpfen der
Arbeiterklasse teilzunehmen.«

Erst 1929, nach seiner Entlassung aus San Quentin und der Rückkehr nach Deutschland, sei Krebs mit solchen Aufgaben betraut gewesen, die ihm ein korrektes politisches
Urteil erlaubt hätten. Korsch hält jetzt den Blick von Krebs nicht länger für ungeschult,
abgelenkt, versperrt. Jetzt hatte er »die Möglichkeit, den Ablauf der Ereignisse von einem
Punkt aus zu beobachten, welche den Gesichtskreis eines Geheimagenten ⟨...⟩ überschritt«. Inzwischen aber – und hier setzt Korsch eine weitere historische Zäsur – hatte
»die internationale kommunistische Bewegung ihre frühere unabhängige Bedeutung
verloren«, was heißen soll, daß die KPD nun sowjetrussische Außenpolitik betrieb (»Die
nationalen Sektoren der Komintern waren ⟨...⟩ zu voneinander getrennten Abteilungen
des russischen Geheimdienstes geworden«).

Nach seinem eigenen Kriterium konnte Korsch selbst als inzwischen Außenstehender gar nicht mehr
beurteilen, was Krebs da alles erzählte. Der »eine Punkt« jedenfalls, der für Korsch die richtige
Sichtweise möglich macht, liegt hoch oben, weit weg von der Basis.

Weil Krebs von den normalen Erfahrungen des Klassenkampfes ausgeschlossen gewesen
sei, habe er diese Zäsur nicht begreifen können – ein »tragisches Mißverständnis« nennt
es Korsch, daß Krebs den »späteren konspirativen Charakter als das eigentliche Wesen
einer revolutionären Bewegung« verstand. Korsch will Krebs' Unvermögen ausführlich
belegen und führt an, daß Krebs romantische Geschichten über eingeschleuste russische
Generale in das Deutschland der frühen zwanziger Jahre aufgesessen sei. Daß es sie
tatsächlich gab, konzediert Korsch zwar sofort, doch Krebs berücksichtige in seinem
Buch nicht, daß die russische Regierung zur gleichen Zeit in Geheimverhandlungen mit
demselben General Seeckt stand, den ihre Geheimagenten eben zu ermorden planten.
Als Beweis für die Naivität von Krebs fällt der Hinweis auf den undurchsichtigen
Doppelcharakter des russischen Spiels allerdings dürftig aus, nicht zuletzt, weil auch
Korsch das zu dieser Zeit nicht wußte – und wollte er nicht etwas anderes beweisen,
nämlich, daß Krebs' Blick nicht auf die »tatsächlichen« Kämpfe der Arbeiterklasse
gefallen sei?

So bleibt die Begründung, warum Krebs mit seinen Schlußfolgerungen bis 1930 unrecht hatte, danach ihm aber beizupflichten sei, dürftig. Daß ein so unzuverlässiger Augenzeuge plötzlich »äußerst wertvoll« wird, weil nun der konspirative Charakter der politischen Bewegung zu einer »historischen Tatsache« geworden war, teilt die Krebssche Erzählung in einen brauchbaren und unbrauchbaren Teil auf. Ab 1930 »besteht kein Zweifel, daß Valtin diesen geschichtlichen Prozeß und sein schließliches Ergebnis realistisch beschrieben hat. Er hat die Tatsachen ohne Zurückhaltung aufgedeckt, ohne merkliche Rücksichtnahme auf andere Personen und mit nur sehr wenig Rücksichtnahme auf sich selbst« (1941/1974, 358).

Dennoch schätzt Korsch den Nutzen von »Out of the Night« am Ende gering ein. Aus zwei Gründen: erstens fehle die Betonung, daß die »Bolschewisierung der KPD« ein schleichender Prozeß gewesen sei, zweitens verzichte Krebs auf Erörterung beispielsweise des Stellenwerts von Lenins Konspirationsmodells.

Korsch hat als politischer Theoretiker das Buch von Krebs zum Anlaß genommen, um Sachverhalte zu klären, die sich nicht nur auf dieses Buch beziehen, und – er bedient sich des Buches zur eigenen Rechtfertigung. Denn die Krebssche Analyse gibt Korsch ab 1929 recht, der zu diesem Zeitpunkt die Politik der KPD bekämpfte, vor 1926 aber sich mit ihr identifizierte.

1923 steht Korsch im Kampf gegen den ›linken Flügel‹ der KPD auf der Seite Brandlers. Unter dem Eindruck des Scheiterns der Einheitsfronttaktik in Thüringen nähert er sich 1924 der Sozialfaschismustheorie, die in der Sozialdemokratie den Hauptfeind ausmacht, und gerät nach dem Rechtsruck der KPD seit dem V. Weltkongreß der kommunistischen Internationale als ›Ultralinker‹ unter Beschuß. Nach 1927 steht er der KAPD nahe.

Am 3.5.1926 war Korsch aus der KPD ausgeschlossen worden, wurde von Stalin ein »spießbürgerlicher Philosoph« genannt und erlebte in der Auseinandersetzung mit der KPD im kleinen das, was Krebs beinahe das Leben kostete: Die Partei verlangte von Korsch, auf sein Reichstagsmandat zu verzichten, was zur Konsequenz gehabt hätte – wie Hugo Urbahns auch darlegt – daß er wegen seiner Aktivitäten im Jahr 1923 als Justizminister in der Thüringer Regierung, wo er zum bewaffneten Kampf aufgerufen hatte, mit Sicherheit verhaftet worden wäre. Der Ausschluß aus der Partei erfolgte, als er dieses Ansinnen ablehnte [130].

Karl Korsch hat mit Paul Mattick einen Briefwechsel über »Out of the Night« geführt, der in Korschs Nachlaß erhalten ist. Leider wollte mir Michael Buckmiller als Nachlaßverwalter keinen Einblick in diese Briefe geben.

Korsch aber begründet seine Distanzierung von der KPD-Politik nicht mit einer eigenen Wandlung, einem ›Out of the Night‹, sondern mit dem Wandel der Verhältnisse der KPD: Korsch war demnach immer im Recht. Nicht er, sondern die Partei hatte sich gewandelt – eine Stereotype der Renegatenliteratur.

Die Kontinuität der kommunistischen Politik, von der Krebs spricht, ist für Korsch deshalb ein Irrtum. Um Krebs dennoch als Kronzeugen für die Phase nach 1929 in Dienst nehmen und gleichzeitig seine Einschätzung bis 1926 ignorieren zu können, mußte Korsch den Autor demontieren. Mit der Denunziation von Krebs als Nazispitzel und als pathologischen Gewaltapologeten wird die Glaubwürdigkeit des Autors zerstört, um sein Material besser zerteilen und benutzen zu können. Nach dieser Demontage wird das Lob Korschs dann zum Geschenk. Die vorangegangene Denunziation erlaubt, daß Glaubwürdigkeit erst wieder von außen verliehen werden kann.

VI. 4. Krebs in den USA. 1941-1951

Dreizehn Tage nach der Ankündigung in »PM«, am 28.3.1941, wird ein Haftbefehl gegen Richard Krebs erlassen. Man wirft ihm vor, in den Jahren 1924, 1926 und 1938 illegal in die Staaten eingereist zu sein und seine Ausweisung von 1929 (nach der Entlassung aus San Quentin) mißachtet zu haben. Krebs sagt daraufhin in einer Rundfunksendung, daß er ›die Gefängnisse und Folterinstrumente der Nazis kennengelernt habe und niemals wieder lebend sich in deren Hände begeben werde‹ [131]. Wenige Tage später wird er in Manhattan verhaftet und nach Ellis Island gebracht, wo er auf seine Deportation warten soll. Da sich im März 1941 die USA noch nicht im Krieg mit dem Deutschen Reich befinden, besteht zwar theoretisch die Möglichkeit der Ausweisung nach Deutschland, doch der amerikanische Justizminister Jackson erklärt zur Auslieferungspraxis (anläßlich des Falles Krebs), daß sie nicht länger »realistisch« sei: Krebs nach Deutschland zurückzuschicken, hieße, ein Todesurteil zu unterschreiben.

Schließlich wird er kurz darauf gegen eine Kaution von fünftausend Dollar auf freien Fuß gesetzt; die Verhandlung über seine Auslieferung zieht sich jedoch über die folgenden Monate hin und endet erst im August mit einer vorläufigen Aufenthaltserlaubnis für Krebs.

Die Aussage vor dem »Dies-Committee«

Im Mai wird er vom Dies-Comittee [132], einem Vorläufer der McCarthy-Ausschüsse gegen »antiamerikanischen Umtriebe«, als Zeuge vorgeladen.

Der Südstaatler Martin Dies gehörte zum rechten Flügel der Demokratischen Partei und war Vorsitzender des vom Repräsentantenhauses geschaffenen »Special Committee on Un-American Activities«. Als Zeugen des »Comittees«, das seine Arbeit im August 1938 aufnahm, traten u. a. Ruth Fischer, Krivitsky, Gitlow und Wittfogel auf. Im Januar 1939 legte der Ausschuß seinen ersten Tätigkeitsbericht vor (Dies 1940) – gepriesen von Boris Souvarine, der im Auftritt von Krivitsky den »schwersten Schlag« gegen den Stalinismus sieht (1939, 1137) und die Aktivitäten des Ausschusses gegen »Kommunazis« gerichtet glaubt.

Ein Irrtum, denn Dies scherte sich um die Nazis wenig (vgl. H. A. Walter 1984, 454) und benutzte den Ausschuß als Instrument gegen die Regierung Roosevelt (vgl. H. Keil 1979, 13). Anthony Heilbut stuft Dies als »antisemitischen Demagogen« ein (1983/1987, 49), David Caute bezeichnet ihn als »Rassisten« (1978, 166).

Krebs zieht sich noch einmal besonderen Unwillen (nicht nur der Kommunisten) zu, als er am 26. Mai 1941 dort aussagt, daß es unmöglich gewesen sei, aus einem nationalsozialistischen Konzentrationslager entlassen zu werden, ohne der Gestapo zu bestätigen, daß man sie unterstützen werde [133]. Nun entsprach dies bei politischen Häftlingen zwar durchaus der Praxis der Gestapo. Die Aussage wird jedoch durch die Suggestion, daß jeder aus dem Konzentrationslager Entlassene ein potentieller Gestapo-Spitzel sei, zur Provokation für alle Exilierten und förderte die Agentenhysterie, die nicht zuletzt durch die Dies-Ausschüsse verstärkt wurde: die Angst vor der Fünften Kolonne (der Nazis) grassierte besonders stark in den Vereinigten Staaten.

Vom 1. Juli 1937 bis 1. Juli 1938 wurden der US-Bundespolizei 250 Fälle angeblicher Spionage gemeldet. Für die Zeit vom 1. Juli 1938 bis 1. Juli 1939 stieg die Zahl auf 1.651, und 1940 waren es an einem einzigen Tag rund 2.900 [134]. Die Angst vor einer »Fünften Kolonne« richtete sich natürlich besonders stark gegen die deutschen Emigranten; die Verhaftung von Krebs – so untypisch sie für das Schicksal anderer deutscher Exilanten ist – dürfte Teil dieser Agentenhysterie gewesen sein, die hier paradoxerweise von ihm selbst geschürt wird. Auch von kommunistischen Emigranten wurde diese Hysterie getragen [135].

Verständlich wird seine Aussage als Reaktion gegen den zentralen Vorwurf seiner Feinde, er sei Gestapo-Agent. Auch war die Provokation keine Erfindung von Krebs, sondern parteikommunistische Praxis. Kurt Hiller, der bereits 1934 in Prag mit dem Vorwurf konfrontiert wurde, er habe den Nazis Zugeständnisse gemacht, um aus dem Konzentrationslager entlassen zu werden, schreibt: »Dieser Kotwurf war ⟨...⟩ ein von den Kommunisten wieder und wieder verübtes Manöver; später besonders gegen mißliebig gewordene Parteigenossen, beim Ausschlußverfahren gegen sie. Der Gemeinheit lag das Faktum zugrunde, daß von den Nazis aus dem Konzentrationslager niemand herausgelassen wurde, der nicht zuvor einen Revers unterschrieben hatte, worin er sich verpflichtete, jede ›staatsfeindliche Handlung‹ fortan zu unterlassen und nicht nur das, sondern auch jede, die ein anderer beging und von der er erfuhr, zur Anzeige zu bringen. Jenes Gesindel von Regierung preßte unsereinem also die Erklärung der Bereitschaft ab, im gegebenen Falle zu Verrätern unserer Gesinnungsgenossen zu werden. Wer den Revers nicht unterzeichnete, wurde nicht entlassen. Natürlich unterzeichnete jeder, und natürlich fühlte sich keiner gebunden. ⟨...⟩ So dachten alle (oder nahezu alle) Betroffenen; und alle (oder nahezu alle) unterschrieben. Natürlich war das den Kommunisten draußen bekannt; sie selber hatten ja in unzähligen Fällen den gleichen Revers unterschrieben. Das hinderte sie nicht, bei jeder sich ihnen geeignet erscheinenden Gelegenheit, unbequemen Antinazis diese abgepreßte Unterschrift lügnerisch unter die Nase zu reiben, nach dem Schema: ›Du bis ein Gestapo-Agent; Du hast Dich ja selber schriftlich verpflichtet, als solcher zu arbeiten‹« [136].

Krebs vertauscht demnach in einer Situation existentieller Bedrängnis, in die er durch die jüngsten Attacken der Kommunisten gerät, die Rollen von Angeklagtem und Ankläger; er wird zum – selbsternannten? – Verfolger. Dennoch bleibt der Protest gegen seine pauschale Aussage, die sich auch auf jüdische Mithäftlinge zu beziehen scheint, begründet. Die Krebssche Polemik, eigentlich gegen die kommunistische Rezeption von »Out of the Night« gerichtet, denunziert viele Flüchtlinge, und dem Dies-Comittee war es weniger um Nationalsozialisten zu tun, als um die jüdischen Einwanderer und die kommunistischen Emigranten [137]. Gegenüber den jüdischen KZ-Häftlingen waren die Beschuldigungen ebenso absurd wie gegenüber denen, die aus den französischen Konzentrationslagern kamen. Krebs-Valtin hat sich offensichtlich benutzen lassen, sei es in Unkenntnis der Motive des Dies-Comittees oder sei es mit dem Ziel, sich blindlings zu rächen. Werner Guttmann schreibt im »Aufbau«, diese Äußerung von Krebs sei eine der verantwortungslosesten Aussagen, die je gemacht wurden [138], außerdem protestieren der »German American Congress for Democracy« und Frank Kingdon vom »Emergency Rescue Comittee« [139]. Die sozialdemokratische »Neue Volkszeitung« (New York) meint sogar, Valtin habe das im Grunde nur als Kommunist aussagen können, um die wahren Gegner der Diktaturen zu denunzieren [140].

Die Zeitung nimmt Krebs-Valtins Aussage, die sie als »politisch einfach infam«
bezeichnete, zum Anlaß, ihre Einschätzung des Autors zu revidieren. Am 14.6.1941
wendet sich ihr Herausgeber Friedrich Stampfer, der frühere Chefredakteur des »Vorwärts«, gegen den »Valtin-Kult« und rät gegenüber dem Autor zur Vorsicht. Stampfers
Mißtrauen gilt der »heftigen« politischen Bekehrung von Krebs-Valtin. Zwar seien »nicht
alle Bekehrte bloße Gesinnungslumpen und Überläufer«, aber Krebs-Valtin zählt für ihn
offensichtlich nicht zu diesen Ausnahmen. Die Aussage vor dem Dies-Comittee wertet er
als antidemokratischen Akt, der ganz in die Richtung der früheren Aktivitäten von
Krebs-Valtin paße; »sein neuester Streich beweist uns, dass die Katze das Mausen nicht
lässt.« Gleichwohl sei »Out of the Night« ein »nützliches« Buch, »man mag dieses Buch
lesen, weiterempfehlen und den Verfasser in dem Masse honorieren, wie das üblich ist.
Dagegen ist gar nichts einzuwenden.« Nützlich sei das Buch im Kampf gegen den
Kommunismus: »Nichts ist selbstverständlicher, als dass man sich in diesem Kampf des
Krebs-Valtin bedient. Man kann seine Geständnisse zur Kenntnis nehmen, man braucht
ihm aber deswegen noch keine Lorbeerkränze zu flechten. (...) Krebs-Valtin kommt
geradewegs aus diesem Dschungel (des Totalitären) heraus. Wir wollen ihn mit Interesse
betrachten, aber auch mit Vorsicht« [141].

Einige Tage später schreibt Götz Mayer in einem Artikel anläßlich Koestlers Roman
»Darkness at Noon« selbstkritisch: »Aber uns war es vorbehalten, den Renegaten zum
Helden zu stempeln! Es fehlte nicht viel, und wir hätten die gleiche Eselei (wie bei
Rauschning) mit Valtin begangen, der nach erfolgreicher Verleumdung der Emigration
glücklich in der Hearst-Presse schreibt. Als ob die Tatsache, dass einer brauchbares
Material liefert, ihn zu unserem Bundesgenossen machte; noch lange nicht! (...) Mit den
Rauschning, den Valtin und Strasser jedoch haben wir kaum mehr zu tun als mit Hess«
[142]. Mit der Benennung seiner Nachbarschaft ist Krebs im Lager ehemaliger Nationalsozialisten lokalisiert worden.

Wo der Ärger über die Aussage von Krebs sich mit der Ablehnung von »Out of the
Night« verbindet, wird noch einmal deutlich, daß Krebs auch als Übermittler unerfreuli-
cher Nachrichten angefeindet wird. Seine Schilderungen in »Out of the Night« fördern
die Wachsamkeit der amerikanischen Ausländerbehörden und konnten damit Auswirkungen auch auf die Situation des normalen Emigranten haben. An Stelle der Komintern
trifft die Kritik Jan Valtin.

Im Sommer 1941 zieht Krebs mit Abigail nach Montville (Connecticut), wo er sich
eine große Farm, die »Kitemaug Orchards« kauft. Er wird immer wieder von amerikanischen Dienststellen verhört, und, auf dem Höhepunkt der Agentenhysterie in den USA,
von seinen Nachbarn der Kriegsspionage verdächtigt [143]. Im Juni 1942 verkauft er die
Farm und zieht nach Chestnut Ridge in Bethel (Connecticut) um; im November werden
Urteil und Haftverschonung gegen ihn aufgehoben. Die amerikanischen Justizbehörden
beschließen, ihn nach Kriegsende nach Deutschland zurückzuschicken. Er wird am
23.11.1942 erneut festgenommen und wieder ins Lager von Ellis Island eingeliefert
[144]. Das Justizministerium erklärt, daß es sich bei ihm um einen »unglaubwürdigen und
amoralischen Menschen« handle, dessen Leben schon immer unter dem Zeichen von
Gewalt gestanden habe [145]. Erst sechs Monate später wird er nach dem Appell von
prominenten Liberalen und nach den Interventionen des kalifornischen Gouverneurs

Cuthbert R. Olson begnadigt [146]; »⟨...⟩ und damit auch der Liberalismus vertreten sei, setzte sich Freda Kirchwey, Herausgeberin der ›Nation‹, beim Gouverneur von Kalifornien dafür ein, daß er Krebs begnadige«, schreibt »Freies Deutschland« [147] mit offensichtlichem Ärger. Krebs selbst kommentiert seine zweite Verhaftung: »Amerikanische Kommunisten setzten eine Kampagne in Gang, um mich aus den USA auszuweisen und nach Deutschland, in den sicheren Tod zu schicken. ⟨...⟩ Im November 1942 wurde ich, durch einen kommunistischen Schachzug, verhaftet und auf Ellis Island interniert, zusammen mit Nazihäftlingen und Japanern, und es kostete mich sechs Monate, die Sache vor den Generalstaatsanwalt zu bringen, der dann meine Freilassung anordnete« [148].

Im Juni 1943, knapp drei Wochen nach seiner Haftentlassung auf Bewährung [149], wird Krebs amerikanischer Soldat. Seine Meldung zu den amerikanischen Streitkräften, außergewöhnlich auch, weil er keine amerikanische Staatsbürgerschaft besaß, scheint die Bedingung seiner Freilassung gewesen zu sein. Bis Kriegsende kämpft er auf Neu Guinea und den Philipinnen bei der 24. Infanteriedivision, zuletzt als Kriegsberichterstatter im Dienstgrad eines Korporals. Am 30. September 1945 wird Krebs, mehrfach verwundet, abgemustert. Er erhält verschiedene Auszeichnungen, darunter den »Bronze Star«, »for heroism in action« [150].

Nachkrieg

Nach der Rückkehr von den Philipinen läßt er sich von seiner Frau Abigail, die sich während des Krieges von ihm getrennt hatte, scheiden und zieht mit seinen beiden Söhnen Conrad Freeman und Eric Allan (1941 und 1943 geboren) nach Betterton in Maryland. Anfangs hatte er geplant, nach Florida umzusiedeln und dort als Schriftsteller zu leben; er bleibt dann aber am Chesapeake Bay in Maryland, sei es auf Wunsch der Kinder oder weil ihn dort der Blick auf die See an den Hamburger Hafen erinnert [151].

Seinen Sohn Jan aus erster Ehe, der, wie in »Out of the Night« geschildert, verschollen war, nach dem Krieg aber bei den Eltern von Hermine Stöver (Firelei) lebte, holt er im Sommer 1946 zu sich – »ich brachte ihn in die Staaten für eine sehr persönliche Umerziehung« [152].

Im Frühjahr 1947 erhält er die amerikanische Staatsbürgerschaft aufgrund seines Kriegsdienstes. Besondere Unterstützung erfährt er dabei von Roger Baldwin, dem Vorsitzenden der »American Civil Liberties Union« [153]. Neben der schriftstellerischen Tätigkeit verdient Krebs seinen Lebensunterhalt als Leiter von Pfadfindergruppen, als Bootsverleiher und Fremdenführer; daneben hält er öfter Vorträge für die U.S. Navy und ist freier Mitarbeiter der »Saturday Evening Post«. In Betterton heiratet er im April 1948 ein weiteresmal; Clara Medders aus Chestertown (der Hauptstadt des County) wird seine dritte Ehefrau. Sie kaufen sich vom Erlös des Bestsellers eine Farm mit Strand und Bootshaus.

Im August 1984 besuchte ich seine Witwe, Mary Clara Medders, die nach dem Tod ihres Mannes in der Nähe von Chestertown geblieben war und dort von der Sozialfürsorge lebt. Einige Punkte aus ihren Erzählungen: »Anfangs wollte der Pfarrer uns nicht trauen, weil Richard als Kommmunist galt; wir mußten uns schließlich einen anderen Pfarrer suchen und heirateten in der Aberdeen Chappell. Auch später hieß er im Dorf stets ›der Kommunist‹. Besonders rosig ging es uns finanziell nicht, aber ansonsten war es eine großartige Zeit mit ihm; Richard ist gerne gereist, einmal sind wir auch gemeinsam nach Europa gefahren und in Luzern gewesen; bis nach Deutschland, wo er seine Angehörigen besuchen wollte, sind wir nicht gekommen. Richard liebte seinen Garten, seine Hunde, seine beiden Boote. Das zweite war ein kleines Segelboot. Vom Vorschuß auf ›Wintertime‹ hat er sich zuletzt noch einen blauen Ford Sedan gekauft.

Seine besten Freunde waren Roger N. Baldwin, der für seine Einbürgerung sorgte; der andere enge Freund war sein Literaturagent John Schaffner, der in New York lebte. Richard besaß die Fähigkeit, die schrecklichen Erfahrungen zu vergessen und die guten Dinge zu lieben, aber er vergaß die schlimmen Dinge nicht wirklich. Er war ein richtiger Amerikaner geworden. Das amerikanische System fand er zwar nicht perfekt, aber hielt es für das beste, das er kannte.

Das erste Mal war er nach dem Krieg (den er oft ›the big fire‹ nannte) im Auftrag der Army Intelligence in Europa gewesen. Er hatte mit FBI und der Intelligence Agency Kontakt und hatte von ihnen auch einen Pass für Südamerika bekommen, falls er vor Nazis oder Kommunisten hätte fliehen müssen.

Stets schrieb er mit Schreibmaschine; an verschiedenen Plätzen im Haus stand eine. Immer wieder hat er betont, er könne nur über das schreiben, was er erlebt oder erfahren hatte. Er war niedergedrückt, wenn er nicht schreiben konnte; öfter hat er deshalb einen Psychiater aufgesucht.

Über seine Familie sprach er nicht viel – ich erinnere mich nur, daß ein Bruder von ihm Hans hieß. Auf seiner letzten Reise hatte er auch Familienangehörige getroffen. Eric ist sein Lieblingssohn gewesen, ihm in Verhalten und Aussehen am ähnlichsten.

Er litt unter Schuldgefühlen gegenüber Firelei und seiner Mutter, die war Lutheranerin und über seine Wandlung zum Kommunismus enttäuscht.«

Mit »Out of the Night« habe er das Kapitel der Politik abgeschlossen, versichert Richard Krebs 1941 seinem Interviewpartner van Gelder (1946, 161). 1942 erscheint in den USA sein zweites Buch, »Bend in the River and other Stories«, eine Sammlung jener Geschichten, die er während seiner Gefängniszeit in San Quentin geschrieben und zum Teil in der Gefängniszeitschrift »San Quentin Bulletin« veröffentlicht hatte [154]. Jeder der zwei Dutzend Erzählungen, zumeist Seefahrergeschichten, schickt Krebs eine Einleitung voraus, in der er seine Vorbilder (vor allem Jack London, Joseph Conrad und Herman Melville) benennt und die spezifischen Anlässe und Hintergründe der Texte erklärt. Der Grund für diesen biographischen Selbstkommentar eines Schriftstellers dürfte in den Angriffen gegen »Out of the Night« zu suchen sein. Krebs will nachträglich die Zweifel ausräumen, die gegen sein erstes Buch laut geworden waren: daß ein deutscher Flüchtling dieses Buch ohne Hilfe auf englisch geschrieben haben konnte [155].

Nach dem Krieg veröffentlicht er ein Kriegstagebuch, »Children of Yesterday« (1946), in dem seine Arbeit als Kriegsberichterstatter Eingang findet, und 1947 seinen ersten Roman, »Castle in the Sand« [156]. »Wintertime«, sein zweiter und letzter Roman, erscheint 1950 und weist Parallelen mit »Out of the Night« auf. Auch hier gerät sein

Protagonist zwischen alle Fronten, wird von GPU und Gestapo gejagt, aber der neuer Held ist kein politischer Überzeugungstäter, kein Funktionär und Ideologe, sondern nur Seemann und Abenteurer. »Wintertime‹ hält sich sehr, sehr eng an die Wahrheit«, hatte er an seine Frau Clara geschrieben [157].

Kurz nachdem Krebs von einem Deutschlandaufenthalt im Spätjahr 1950 nach Maryland zurückgekehrt war (zuvor hatte er bereits zweimal Deutschland, Frankreich und die Schweiz besucht, zuletzt im Frühjahr 1950), stirbt er am Neujahrsmorgen des Jahres 1951 in Chestertown, Maryland, im Alter von 45 Jahren. Die Diagnose heißt Lungenentzündung. Im Delirium soll er geschrieen haben, daß die Nationalsozialisten ihn wieder verfolgten. Seine Leiche wird verbrannt und die Asche dem Wind übergeben.

In Deutschland wollte er 1950 Material für ein neues Buch über die jüngsten Untergrundaktivitäten der Kommunisten in deutschen Häfen sammeln – sein Thema hieß erneut Ernst Wollweber. Krebs besuchte verschiedene Journalisten, ehemalige Konzentrationslagerinsassen, Exkommunisten; er interviewte Flüchtlinge in Lagern an der innerdeutschen Grenze und besuchte die eigene Familie. Für das französische Blatt »Le Figaro«, dem er im November 1950 sein letztes Interview gab, schrieb er eine lange Reportage über »die Grenze der Angst« zwischen Ost- und Westdeutschland, die im Januar 1951 – nach seinem Tod – in neun Folgen erschien [158].

Am 21.10.1950 war er mit der schwedischen Linie, dem Schiff »Gripsholm«, nach Europa gefahren, am 18. November mit der »Liberté« (dem ehemaligen deutschen Dampfer »Europa«) zurückgekehrt und am 27.11. in New York angekommen. Während seiner Reise nach Frankreich und Deutschland – unter anderem war er in Lauenburg a. d. Elbe, in Bremen, Oberndorf am Neckar, in Würzburg und Paris – schrieb er seiner Frau mehrere Briefe, aus denen ich hier zitiere: »I talked to fugitives, smugglers and even to Vopomen and secret communist police. Europe, under the quaint surface, still has a tendet ugly face. Very Busy. Move Later, R.« [159]

»I'd like to stay in Europe a long time and do my writing there. But circumstances are against it. So I wont stay longer than I must to gather up material. Probably not longer than two months. Then I'll come home, hole up und do my best to get to work. It will be a long, frugal, lonely pull uphill, but it is the only way I can see.« (Brief)

Paris, 15.11.50, an »Clarita«: »Ah, there goes Valtin, the sadfaced wanderer, and he's munching chestnuts.«

Am 5.11. schreibt er ihr: »Then, in a frontier village, I spent a night in a tavern in the company of a true bunch of german hicks and talked and argued with them. Their energy and their ignorance and their »hurt pride« and their hatred of America is astounding. It ended in a fight. (...) Out in the Country districts some of them even still wear the old Nazi stormtroopers boots.«

Im gleichen Brief heißt es weiter: »There, in the Tavern room a blonde giant gets up (after years of war and imprisonment) and shakes his big, hairy fists into the murky night and roars: »Yah, it s best for the Fatherland to DIE!« I asked him: »Hey fool, dont you think its better to live for the Fatherland?« – »No you AMERICAN COWARD, its best to DIE!« What a bleak, Gothic, insane, heroic, gloomy and strange place this land will forever remain to me. I saw and heard what I came to find out – and it was somehow weird and frightening – and that's enough. Home is on a Chesapeake –

I spent a day in a fugitives camp near the frontier and ate their food. There were, among other charakters, a woman who had crossed the border – It is a dangerous frontier, and the strangest in the world, I think. There is a great loneliness and a great tension about it«.

Sein Tod am 1. Januar 1951 kommt für alle so überraschend, daß es nicht an Gerüchten fehlt, daß er diesen Tod aus Deutschland mitgebracht hat. »Er hat der Gestapo und dem Kreml ein Schnippchen geschlagen, sich abgesetzt und damit Geld verdient. Aber wie er wirklich gestorben ist, das stellen Sie mal fest«, schreibt 1968 einer der ehemaligen Leiter des Rotfrontkämpferbundes, Karl Bargstedt in einem Brief [160]. Jacques Baynac vermutet gar, daß er auf Grund seiner Kenntnisse möglicherweise im Auftrag amerikanischer Geheimdienste auch die Grenze nach Ostdeutschland über-schritten habe. »Wenn dem so gewesen ist, würde das seinen Tod in ein anderes Licht stellen« (1975, 711). Daß er den Tod ›aus Deutschland mitbrachte‹, mag stimmen: seine Briefe, die er im Spätjahr 1950 von Frankreich und Deutschland aus an seine Frau Clara nach Betterton schickte, atmen tiefe Enttäuschung und auch Entsetzen über das, was ihm 1950 hier begegnete: Neonazismus, politische Flüchtlinge, Aktivitäten ehemaliger Nazis und Stalinisten, Terror und Sabotage. Der Glaube an eine ›Stunde Null‹ und die Hoffnung auf einen Neuanfang, möglicherweise auch auf eine Rückkehr nach Deutsch-land, wurden zerbrochen.

Krebs war in den USA Amerikaner geworden [161]. Er hatte sich nach dem Krieg in die Anonymität der Provinz zurückgezogen, hatte keine deutschen Freunde und schrieb seine Bücher auf englisch. Seine noch lebenden Freunde erinnern sich an einen integren, aufrichtigen, lebensfrohen Mann, der über Bärenkräfte verfügte und wenig über seine Vergangenheit sprach. Sein Sohn Eric hat 1983 an einer amerikanischen Universität (Rutgers University New Jersey) eine szenische Fassung von »Out of the Night« aufge-führt. Die Inszenierung stieß auf kein Interesse; das Buch ist im amerikanischen Sprach-raum seit 1960 nicht mehr im Handel.

VI. 5. *Rezeption nach 1945 in Deutschland, Frankreich und Dänemark*

Im Herbst 1957 erscheint im Verlag Kiepenheuer & Witsch die erste deutsche Ausgabe [162] von »Out of the Night« unter dem Titel »Tagebuch der Hölle« und unter Beibehal-tung des Pseudonyms Jan Valtin. Die Auflage betrug nach Angaben des Verlags 43.972 Stück; davon werden 30.000 für das damalige Gesamtdeutsche Ministerium als Taschen-buchausgabe gebunden [163]. Im anonymen Nachwort, das wahrscheinlich der Verleger Joseph Caspar Witsch verfaßt hat [164], wird das Pseudonym entschlüsselt; über Richard Krebs wird mitgeteilt, daß er Frau und Sohn verloren habe, amerikanischer Soldat geworden und einige Jahre nach dem Krieg gestorben sei. In Vor- wie Nachwort wird die Nützlichkeit des Buches als Anschauungsmaterial über das Wesen des Kommunismus gepriesen; schlußfolgernd heißt es: »Bücher dieser Art vermitteln eine wichtige Einsicht, eine Mitteilung, die in unsere widerspenstigen Ohren geradezu hineingebrüllt wird: Die Demokratie ist bei aller Unvollkommenheit die einzig menschenwürdige Weise, zu regieren und regiert zu werden, die Demokratie, deren Voraussetzung die Rechtsstaatlichkeit ist« (1957, 6).

Auch wenn Krebs dem kaum widersprochen hätte, wird diese Schlußfolgerung in »Out of the Night« nicht gezogen. Daß der Absage ans alte Lager die Zusage zu einem anderen entspricht, ist Kennzeichen der spezifischen Rezeption von Renegatenliteratur.

Die deutsche Rezeption unterscheidet sich, 17 Jahre nach der amerikanischen, zuallererst durch ihren Umfang. Die geringe Resonanz verweist darauf, daß die Erinnerungen nicht mehr als politische Sensation gehandelt werden; dazu fügen sie sich scheinbar zu genau in das Schema des Kalten Krieges ein. Zudem war zwischen 1941 und 1957 eine Fülle von Erinnerungsliteratur ehemaliger Kommunisten erschienen, mit der die Aufmerksamkeit für die Krebssche Erzählung verloren geht. Die Schilderungen von Krebs bergen 1957 auch weniger Aktualität als 1941, wo die Rede war von einem intakten Agentennetz in den USA und ein frühes Zeugnis des nationalsozialistischen Terrors geliefert wurde.

Dennoch weisen die Rezensionen in der westdeutschen Tagespresse einen gemeinsamen Zug mit der amerikanischen Rezeption auf: fast überall wird, neben dem Hinweis auf literarische Qualitäten, die politische Verwertbarkeit des Buches unterstrichen. Etwas jedoch scheint mit dieser Verwertbarkeit nicht zu stimmen. Weder dort, wo der Kalte Krieg journalistisch kommentiert wird, wo Exkommunisten sich als Journalisten oder Literaten zu Wort melden, in den Zeitschriften »Der Monat«, den »Frankfurter Heften«, dem Wiener »Forum«, noch im »Spiegel« oder in der »Zeit« wird das Buch von Krebs diskutiert oder auch nur erwähnt. Auch in den Organen linker Gruppierungen findet sich kaum eine Erwähnung.

Richard Jensens Antwort an Krebs

Anders war es in Dänemark und Frankreich gewesen, wo das Buch kurz nach dem Krieg erschienen war. Richard Jensen, der dänische Kominternbeauftragte, der in »Out of the Night« bei der Verfolgung Valtins durch die Komintern eine entscheidende Rolle spielt, antwortete auf die dänische Übersetzung von Krebs-Valtins Buch 1946 mit einer 80 Seiten starken Broschüre: »Frem I Lyset. Jan Valtin, Gestapo Agent Nr. 51«.

»Ud af Morket« (»Heraus aus dem Dunkel«) heißt die 1946 erscheinende dänische Ausgabe von »Out of the Night« [165], deren Titel ebenso an die Lichtmetaphorik des amerikanischen Titels anknüpft wie die Broschüre von Jensen, die die Wahrheit »Ans Licht« bringen will.

In die Vorliebe für die Metaphorik von Licht und Dunkelheit teilen sich Kommunisten und Exkommunisten. Weder von Stalinisten noch von der Gegenseite wird dabei der religiöse Kontext verleugnet: die Welt ist aufgeteilt in Erlöste und Verdammte, in ein Reich der Finsternis und in die Mächte des Lichts. »Die Zeit wäre nicht dunkel, wenn nicht gleichzeitig das Licht in ihr wäre, gegen das die Nacht sich sammelt«, schreibt 1932 Ernst Bloch im Blick auf die Dämmerung »im Osten« (1970, 88) und verweist Weihnachten 1935 explizit auf das Licht über dem Stall zu Bethlehem, das die deutsche Nacht vertreiben werde (1972, 119 ff).

»Die aus Finsternis Licht und aus Licht Finsternis machen«, heißt das Buch eines protestanti-
schen Priesters über seine »Erfahrungen mit dem Kommunismus« in sowjetischen Kriegsgefangenenlagern, das »das wahre Entweder-Oder in Erinnerung rufen« [166] will und gegen die Säkularisie-
rung von Licht und Finsternis polemisiert.

Jensen bezeichnet das Buch als eine »moderne Münchausiade« (S. 9) und entlarvt die
vermuteten Vorbilder des Autors: Münchhausen und Goebbels; beide übertrumpfe
Krebs mit seinen Lügenkonstruktionen aber noch deutlich (S. 11). Jensen erzählt über die
letzten Wochen in Dänemark (1937/38) eine andere Geschichte als Krebs, die darum
nirgends schlüssig wirkt, weil er die Belastungsrede gegen Krebs mit einem Entlastungs-
versuch für die eigene Person verbindet: während er Krebs zu einem wichtigen Gestapo-
Agenten erhebt, dem es darum geht, Jensen und seinem Kreis wichtige Geheimnisse zu
entlocken, will er sich selbst zur politisch unbedeutenden Nebenfigur machen.

Jensen hat in seiner Broschüre zwei Gegner: Richard Krebs und Axel Larsen, den
dänischen KP-Vorsitzenden, der in einem Prozeß im Juni 1941 aussagte, daß Jensen nicht
nur, wie bekannt, leitende Funktionen in der dänischen KP und in der von der Komintern
dominierten ISH (Internationale Gewerkschaftsorganisation der See- und Hafenarbeiter) innehatte (er war Mitglied des Exekutivkomitees der KP Dänemark und Generalsekretär der ISH), sondern auch der Anführer einer Sabotageorganisation gewesen sei, die
den Kampf gegen die ›faschistische Seefahrt‹ betrieben habe. In einem unveröffentlichten
Text über »Out of the Night« geht Hilde (»Cilly«) Volkersen auf den Konflikt zwischen
Larsen und Jensen ein.

Nebenbei und wohl unfreiwillig bestätigt er dabei Details der Krebsschen Erzählung,
etwa die Existenz seines Sommerhauses in Jaegerkroen (Jägerkron im »Tagebuch der
Hölle«), wo Krebs am Ende in Haft gehalten wird.

Jensens Erzählung ist vor allem durch ihre denunziatorische Intention geprägt. Ohne
Rücksicht darauf, daß seine Behauptungen widerlegt werden können, schreibt er, daß
Firelei, Valtins Frau, gar nicht im Gefängnis Fuhlsbüttel ums Leben gekommen sei,
sondern »auf freiem Fuß« lebe und »mit einen SA-Mann verheiratet« sei (S. 66) – das lag
auf der Linie der Argumentation, daß das Krebssche Buch ein Produkt nationalsozialistischer Propaganda sei. Die beigefügte Photographie von Krebs kommentiert Jensen
folgendermaßen: »Dieses Bild stellt nicht den berüchtigten Leiter des (Bergen-) Belsen-
Lagers Joseph Cramer (sic!) vor, sondern den Autor des ›Heraus aus dem Dunkeln‹,
Richard Krebs. Sie ähneln sich zum Verwechseln. Das Bild ist 1941 in Amerika aufgenommen, kurz bevor ihn die amerikanische Polizei wegen Spionage für Deutschland fest-
nahm« (S. 16).

Krebs wurde in den USA nicht wegen Spionage festgenommen; so überrascht es auch
nicht, daß das Bild keine Ähnlichkeit mit Josef Kramer aufweist. Bemerkenswert bleibt,
wie hier Falschmeldung und Spekulation verbunden werden; Jensen scheint um jeden
Preis den Nachweis führen zu wollen, daß Richard Krebs Nazi gewesen sei.

Er berichtet, daß Krebs den Nationalsozialisten alle Namen und Adressen, die er
wußte, bereitwillig gestanden habe, um seine eigene Haut zu retten, also eine Vielzahl von
Festnahmen verschulde; im Konzentrationslager Fuhlsbüttel sei er der wichtigste Spitzel
der Gestapo gewesen – indirekt wird damit die frühere Bedeutung von Krebs in der Partei

bestätigt –, und das habe man ab 1934 gewußt (S. 18). Auch hier weiß Jensen zuviel. Wenn er bereits 1934 darüber informiert war, dann stellt sich die Frage, ähnlich wie im Falle Reglers, den man nachträglich als Spitzel von Le Vernet denunzierte, warum erst so spät Konsequenzen aus diesen Erkenntnissen gezogen wurden. Obwohl Jensen über alles informiert gewesen sein will, sei er Krebs »mit einem frohen Lächeln im Gesicht« entgegengetreten und habe ihn umarmt, als dieser aus Deutschland nach Kopenhagen zurückkehrte (S. 20) – vielleicht findet sich die Lösung des Rätsels in der literarischen Figur des Judaskusses [167].

Jensen liefert auch eine Entstehungsgeschichte von »Out of the Night« nach. Krebs habe bereits von Kopenhagen aus seinen Gestapo-Vorgesetzten vorgeschlagen, ein Buch über GPU und Komintern zu schreiben, »da ein solches Buch dem Nationalsozialismus nützen würde, wenn es richtig geschrieben werden würde ⟨...⟩. Er würde dem Führer viel besser dienen können mit einem solchen Buch, als hier in Dänemark herumzugehen, ohne für die Sache etwas auszurichten ⟨...⟩. Zuletzt schrieb er ⟨Inspektor Kraus⟩ doch, daß er Krebs etwas Material von der Gestapo schicken würde als Hilfe für die Ausarbeitung seines Buches gegen die Sowjetunion ⟨...⟩. Kraus hatte seinen Vorgesetzten die Sache und das von Richard Krebs geplante Buch vorgelegt, sie waren aber der Meinung gewesen, daß es besser war, ein solches Buch in Amerika erscheinen zu lassen als im kleinen Dänemark.« (S. 44)

Warum Jensen auch dann nicht eingegriffen hat, als diese Gestapomaterialien in Kopenhagen eintrafen, beantwortet er mit dem Hinweis, daß die dänische Polizei nicht zuverlässig gewesen sei [168].

An einer Stelle indessen verrät sich Jensen als dem Denken der Komintern verhaftet, dort nämlich, wo er erklärt, daß die Weigerung der Komintern, Firelei aus Deutschland herauszuholen, die eigentliche »*Entschuldigung*« des Autors gewesen sei, mit den Kommunisten zu brechen (S. 66). Denn nicht anders schildert Krebs seinen inneren Konflikt mit der Leitung nach der Rückkehr aus Deutschland, und nicht anders charakterisiert er die Haltung der Komintern: »Die Partei kommt zuerst! Ganze Berge vernichteter Menschenleben liegen unter diesem Epitaph begraben« [169].

Die französische Ausgabe erscheint Ende 1947 in dem Pariser Verlag Dominique Wapler unter dem Autorennamen Jan Valtin und dem Titel »Sans Patrie ni Frontières« (Übersetzung von Jean-Claude Henriot), die Auflage beträgt mehrere Zehntausend, und die Diskussion um das Buch zieht weitere Kreise als zehn Jahre später in Westdeutschland [170]. Eine Neuauflage 1975 (Paris: Editions Jean-Claudes Lattes, mit einem ausführlichen Nachwort von Jacques Baynac) führt zu einem Gerichtsverfahren, weil Verwandte des französischen Kommunisten René Cance gegen Passagen des Buches, in denen dieser als Verbindungsmann der Komintern (»ein Wunder an Tüchtigkeit«) agiert (1957, 152 ff), eine Privatklage wegen Verleumdung anstrengten: Daraufhin mußten die betreffenden Teile des Buches gestrichen werden [171].

Die Westdeutsche Rezeption

In den Rezensionen der deutschsprachigen Presse von 1957 wird der mahnende Charakter oder die belehrende Wirkung von »Out of the Night« hervorgehoben; allerdings wird die Lehre unterschiedlich entziffert. Der österreichische Landtagsabgeordnete Alfred Rainer etwa sieht sich durch das Buch darin bestätigt, daß der Nationalsozialismus »die einzige Funktion (hatte), die bolschewistische Weltrevolution so lange hintanzuhalten, bis andere Wächter aufträten« [172]. Die Brandlersche »Arbeiterpolitik« sieht dagegen »die Lehre, daß die Verbürokratisierung des Apparats auf Kosten des politischen Gehalts unweigerlich zum Zusammenbruch führt« (s. u.). Der Historiker unter den Rezensenten stellt schließlich fest, daß der Verfasser »dem Problem der Gestapo und der KZ ⟨...⟩ kaum Neues hinzu⟨fügt⟩. Interessanter ist der Versuch ⟨des Autors⟩, die Unterschiede zwischen GPU und Gestapo herauszuarbeiten und der Hinweis, wie erfolgreich letztere gegen den Kommunismus gearbeitet hat« [173].

Die Rede von »Dokument«, »Warnung«, »Fundgrube«, »Beispiel« will auf die Nützlichkeit des Buches verweisen, und zu diesem Zweck wird auch die Bedeutung von Krebs unterstrichen: »einer der begabtesten, kaltblütigsten und raffiniertesten kommunistischen Aktivisten und Kominternagenten, die Deutschland hervorgebracht hat« [174].

Nur wenige Fragen fallen aus diesem Kanon der Indienstnahme heraus. Friedrich Sieburg bezweifelt, daß Krebs tatsächlich ein »Bekehrter« sei, denn seine Bewunderung gelte offensichtlich nach wie vor dem »Apparat«, dessen Leistung und Härte. Sieburgs Besprechung trägt den Titel »Das Heimweh nach der Finsternis« und endet mit dem Fazit, die Erzählung von Valtin »kündet von der Unwiderstehlichkeit einer Sache, die der Erzähler gleichwohl im Stich gelassen hat« [175]. Ähnlich hatte Friedrich Torberg seinem Freund Willi Schlamm geantwortet, nachdem der ihn auf »Out of the Night« aufmerksam gemacht hatte. Auf Torberg machte das Buch »keinen guten Eindruck«, da er »absolut keinen Beweis und keine Nötigung dafür, daß und warum der Mann kein Kommunist mehr ist«, sieht [176]. Auch für Rudolf Krämer-Badoni ist Krebs kein »Überläufer«, sondern »ein glänzender Streiter für Gerechtigkeit, Befreiung aller Unterdrückten, Solidarität aller Verfolgten«, der sich im Grunde nicht gegen die Ziele der Partei, sondern gegen Wollweber aufgelehnt habe. Ihn bekümmert, daß das Buch von jenen, »die es angeht, sicherlich nicht« gelesen werde, denn die »Gedankenkontrolle«, so argumentiert er mit Howard Fast, werde »freiwillig‹ geübt«, auch außerhalb der Partei [177].

Nicht zufällig legen die Besprechungen großes Gewicht auf die Figur von Ernst Wollweber, den »König der Saboteure« [178], dessen aktuelle Rolle in der DDR-Politik bereits in der Hauszeitschrift des Verlags Kiepenheuer & Witsch unterstrichen worden war [179]. Am 1. November 1957 nämlich war Wollweber, seit Juli 1953 Chef des Ministeriums für Staatssicherheit in der DDR, aus »Gesundheitsgründen« (i. e. Fraktionstätigkeit gegen Walter Ulbricht) zusammen mit Karl Schirdewan aus dem ZK der SED ausgeschlossen und seiner Funktionen entbunden worden. Längere Passagen aus dem »Tagebuch der Hölle« werden auch in einer westdeutschen Propagandabroschüre gegen Wollweber verwendet [180]. Wollweber setzt sich in seinen (unveröffentlichen) Erinnerungen mit Krebs-Valtins Buch auseinander.

Doch woher rührt das Schweigen dort, wo eine Diskussion von Exkommunisten stattfindet, wo Arthur Koestler, Manès Sperber, Franz Borkenau, Ruth Fischer oder Iganzio Silone sich zu Wort melden; warum wird Krebs in den »Frankfurter Heften«, dem »Monat« und dem »Forum« ignoriert? Eine erste Antwort erhielt ich von früheren Lesern des »Tagebuchs der Hölle«: Zwar wurde das Buch allgemein zur Kenntnis genommen; einer Diskussion ging man jedoch aus dem Weg, weil die Beschreibungen von Krebs auf einen Ausschnitt der Realität zielten, der immer noch bedrohlich und nicht überprüfbar schien. Carola Stern: »Es gab damals kaum einen Menschen, der das Buch beurteilen konnte« (Brief vom 13.12.1985). Hermann Weber schreibt, daß das Buch »nur individuell zur Kenntnis genommen wurde ⟨...⟩, dies ist geschehen, denn ich habe damals mit vielen Leuten darüber gesprochen« (Brief vom 31.1.84). Ralph Giordano: »Natürlich kann es sein, daß das TAGEBUCH DER HÖLLE in linken Kreisen totgeschwiegen wurde. Wundert Sie das bei Ideologen, die in einem Teil der Welt bekämpfen, was sie im andern zu rechtfertigen suchen?« (Brief vom 22.2.1984) Gerhard Zwerenz: »Jan Valtins ungeheures Buch ist mir natürlich bekannt ⟨...⟩. Doch unsere literaturhistorischen Troglodyten wissen nichts, wagen nichts, sind nichts und haben von Krebs-Valtin nie gehört« (Brief vom 13.4.1988).

Möglicherweise wird Krebs auch nicht als wirklich Gleichgesinnter gesehen, denn einiges trennt ihn von jener (wenn auch in sich inkohärenten) Gruppe von Autoren, die in dem Band »Ein Gott der keiner war« versammelt war. Krebs rettete nicht seinen Idealismus vor einer »schmutzigen Wirklichkeit«, sondern sein bloßes Leben. Er hatte sich die Hände längst schmutzig gemacht, Terroranschläge geplant und ausgeführt (und, so kann der Leser vermuten, einige Details noch verschwiegen). Krebs war in Feindberührung mit den Nationalsozialisten gekommen und war mit dem Gegner ein kaum überprüfbares Arrangement eingegangen. Außerdem entwarf er keine Legitimationsrede; er rekonstruierte keine intellektuellen oder moralischen Kausalitäten, um seinen Absprung zu begründen (der Verlust des Glaubens wird von ihm früh konstatiert und bleibt ohne Konsequenzen). Damit widersprach er implizit jenen Renegaten, die in ihren autobiographischen Rekonstruktionen einen Mythos der intellektuellen oder moralischen Einsicht als Beweggrund der Loslösung errichteten. Das »Tagebuch der Hölle« war kein Bekenntnisbuch, kein Weg »ins Freie«, keine Bekehrung zum wahren Glauben, sondern die Geschichte einer Flucht, die von außen aufgezwungen worden war. Selbst auf dieser Flucht hatte Krebs-Valtin noch versucht, Loyalität zu seiner Partei zu wahren, und auch in der Niederschrift neigt er zum Ausweg, die Schuld an der Entwicklung zu personalisieren: Ernst Wollweber war für ihn Inbegriff des menschenverachtenden, tödlichen Apparats; die wahren Revolutionäre wurden dessen Opfer. Krebs-Valtins aktiver Anteil an der Loslösung von der Partei bleibt auch in der eigenen Darstellung gering.

Vor allem aber sprach er von jenem Aspekt des Kommunismus, den auch die nicht immer wahrhaben wollten, die sich bereits von der Parteipolitik distanziert hatten: vom kommunistischen Untergrund. Der Terror war für Krebs eine (unsichtbare) Konstante kommunistischer Politik. *Die Terrorpolitik der Komintern und ihres Apparates wurde auch von den meisten Exkommunisten nicht als Teil ihrer früheren Heimat gewertet.* Der Stalinismus erhielt bei Krebs eine lange Vorgeschichte und ging nicht auf im beliebten Bild von der ›Pervertierung eines Systems‹. Und schließlich war die Bedrohung, von der Krebs sprach, 1957 im geteilten Deutschland durchaus noch gegenwärtig und gehörte nicht zur »Vergangenheit«, wie es die Stuttgarter »Arbeiterpolitik« fast beschwörend postulierte [181].

Die Besprechung in Heinrich Brandlers Zeitschrift »Arbeiterpolitik« bildet in der funktionalisierenden Literaturkritik eine seltene Ausnahme. Die Redaktion nennt das »Tagebuch der Hölle« einen »fesselnden Beitrag zur Kultur- und Sittengeschichte der kommunistischen Bewegung der zwanziger und des Anfangs der dreißiger Jahre«, den es weder zu verdammen noch für den Kalten Krieg aufzufrischen gelte. Krebs habe aus der »Froschperspektive des Apparats« geschrieben, doch seinen Erinnerungen käme gleichwohl »bleibender Wert« zu; die Besprechung selbst besteht aus den Erinnerungen eines »Genossen aus dem Lande Bremen, der Richard Krebs persönlich gekannt hat«. Die Erinnerungen dieses Genossen beschwören die Zeit nach der Novemberrevolution herauf, die mit den Worten charakterisiert wird: »Lieber im Feuer der Revolution verbrennen, als auf dem Misthaufen dieser Republik verfaulen!« Unter diesem Stichwort sieht er das Leben von Krebs und Firelei, an die er sich ganz besonders erinnert. Was auf den ersten Blick wie eine Ablenkung vom Inhalt und der Brisanz vom »Tagebuch der Hölle« anmutet, ist doch der einzige zeitgenössische Versuch, in einen Dialog mit dem Buch zu treten und das Lagerbewußtsein des Kalten Krieges zu überwinden.

Über Firelei schreibt der Bremer Genosse: »In ihr lebte eine gewisse Reinheit, wie sie damals und heute vielen Mädchen gegeben ist. Beim alljährlichen Treffen der Roten Hilfe im Künstlerdorf Worpswede bei Bremen im Kinderheim badete eine Reihe ganz Resoluter ›ohne was‹ vor tausend Besuchern in dem dortigen kleinen Teich. Viele waren entsetzt, am meisten die zartbesaitete Firelei: ›Komm mir doch nicht mit dem Argument, daß ihr die letzten bürgerlichen Hüllen abgestreift habt. Euer Verhalten paßt überhaupt nicht in die Landschaft. Ich finde es unerhört!‹«
Der andere Schwerpunkt der Erinnerungen gilt dem Naziterror, wie Krebs und seine Bremer Bekannten ihn erlebt haben. Der Altgenosse verbindet das mit dem Vorwurf: »Wer vergißt es, wie wir geholt wurden ins KZ Sachsenhausen, um uns vor der gefürchteten ›Politischen Abteilung‹ mit den seelisch und körperlich erpreßten Aussagen von Richard Krebs auseinanderzusetzen.« Der Rezensent schließt mit Brechts Gedicht »An die Nachgeborenen«, das er Krebs-Valtin und Stöver-Firelei in den Mund legt:
»Ihr, die ihr auftauchen werdet aus der Flut
In der wir untergegangen sind
Gedenket
Wenn Ihr von unseren Schwächen sprecht
Auch der finsteren Zeit
Der ihr entronnen seid« [182].

In Deutschland bleiben, soweit ich sehe, Attacken in kommunistischen und linken Organen aus. Im Nachlaß von Erich Wollenberg findet sich ein längerer Aufsatz über »Out of the Night«, aus dem die »tageszeitung« am 18.3.1986 Auszüge veröffentlichte. Dort sind einige Angaben von Krebs in Zweifel gezogen, allerdings verknüpft mit ihrerseits zweifelhaften Behauptungen (Ernst Wollweber spielte eine »ziemlich unbedeutende Rolle« und »war einfaches Mitglied des ZKs der KPD« ⟨sic!⟩) [183]. Wollenberg gehörte der militärisch-politischen Abteilung der KI an, Krebs (und Wollweber) der Sabotage-Terror-Abteilung, zwei Abteilungen mithin, die nicht nur streng voneinander geschieden waren, sondern die oft gegeneinander arbeiteten, wie im Falle der Deutschen Reichwehr: Während Wollenbergs M-Abteilung Kontakte zu General Seeckt pflegte, bereitete die S-Abteilung ein Attentat auf Seeckt vor.

Dagegen stößt man auf eine nationalistische Kritik. Erich Kern weist in seiner Dolchstoßlegende »Verrat an Deutschland. Spione und Saboteure gegen das eigene Vaterland« auf das Sündenregister des ehemaligen Kommunisten Krebs. Kern mißachtet bei seinem Vorwurf jedoch schlichteste Voraussetzungen einer Anklageerhebung, wenn er zum Beispiel einen Bombenanschlag auf den deutschen Truppentransporter »Marion«, der am 8. Mai 1940 versank, noch auf das Schuldkonto von Krebs verbucht und behauptet, Krebs habe die Bombe auf Befehl von Wollweber auf das Schiff geschmuggelt – zu dieser Zeit schrieb Richard Krebs in den USA an »Out of the Night« [184].

1986 erscheint im Verlag Franz Greno ein Reprint der Ausgabe von 1957, für die als Herausgeber Uwe Nettelbeck zeichnet. Nettelbeck behält zwar die Kürzung und die Fülle der Druckfehler der ersten deutschen Ausgabe bei, auf dem Titelblatt nimmt er jedoch eine bemerkenswerte Korrektur vor: Das »Tagebuch der Hölle« wird nun zum »Roman« ernannt. Damit ist zwar ein Schritt gegen die Funktionalisierung des Buches getan, gleichwohl kommt diese folgenreiche Benennung einer Willkür gleich, die weder durch die Intentionen von Krebs noch durch eine Analyse des Buches gerechtfertigt ist [185].

VI. 6. *Analyse*

Die Glaubwürdigkeit der Erinnerungen

»Jan Valtin? Ein Bestseller? Wenn ich wollte, könnte ich ein noch stärkeres Buch gegen die GPU schreiben – begreifst du? –, nach so vielen Jahren der Freundschaft mit Reiss und allem, was ich in Moskau gesehen und erlebt habe.«
Egon Erwin Kisch, nach Gustav Regler [186]

Die Frage nach der Glaubwürdigkeit von Krebs' Erinnerungen in »Out of the Night« ist auch eine nach der Glaubwürdigkeit von Renegatenliteratur und nach der von autobiographischer Literatur überhaupt. Weil die Renegatenliteratur unter besonderem Legitimationsdruck entsteht, gewinnen Widersprüchlichkeiten hier noch deutlicheres Gewicht. Schneller als in der übrigen autobiographischen Literatur wird der Nachweis der Unrichtigkeit als Widerlegung des Autors gewertet: Nicht der Schriftsteller, sondern der Politiker steht mit seiner Zeugenaussage auf einem Prüfstand. Dabei wäre es sinnvoll, auch der autobiographischen Renegatenliteratur jene Gerechtigkeit widerfahren zu lassen, die der Autobiographik zusteht: als den literarischen Entwürfen der eigenen Biographie. Wo die jeweiligen Erinnerungen von Renegaten kollidieren, widersprechen sich nicht Zeugenaussagen, sondern literarische Bilder.

Die deutsche Ausgabe von 1957 verzichtete neben einem dreiseitigen »Who's Who«, das dem amerikanischen Original zur »Orientierung der Leser« beigegeben war, auch auf die folgende Passage: »She ⟨Luise⟩ related that Ruth Fischer, a Party Leader, had approached her with the request that a T-unit should give her colleague and rival, the ›fat Brandler‹, a terrific beating. Ruth Fischer had even supplied Lu with the addresses of Brandlers secret meeting places. For me this was the first intimation of the existence of fierce and jealousy and rivalry among leaders whose world was law for the rank and file« (1941, 58).

Vermutlich ist die Streichung der Passage dem Einfluß Ruth Fischers oder ihrer Freunde beim Verlag Kiepenheuer & Witsch geschuldet. In ihrer 1950 im Deutschen erschienenen Studie »Stalin und der deutsche Kommunismus« setzt sie sich gegen die Schilderung von Krebs zur Wehr: »Jan Valtin berichtet in seinem autobiographischen Bestseller OUT OF THE NIGHT ⟨...⟩ in dem er seine Erlebnisse mit der GPU und der Gestapo schildert, daß Ruth Fischer sich an eine T⟨error⟩-Gruppe mit dem Ansuchen gewandt habe, sich Brandler vorzunehmen. Die Geschichte ist, soweit sie mich betrifft, unrichtig. Die beiden erwähnten Mädchen, Luise und Eva Schneller, waren Mitglieder der Brandler-Fraktion, und sie würden im Herbst 1923, als ich ausschließlich die Berliner Bezirksorganisation vertrat, bei einem solchen Vorschlag nicht einmal hingehört haben. Die Anekdote ist dagegen typisch für die T-Einheiten, die im ganzen Reich ähnliche Streiche ausheckten« (1950, 427).

Nach diesem Einspruch, der den Namen, nicht den Charakter der Begebenheit berührt, kommt Fischer auf derselben Seite ihres Buches zu Walter Zeutschel (Adolf Burmeister) und zitiert zustimmend aus dessen Buch »Tscheka-Arbeit in Deutschland« eine Passage, die sich auf Heinrich Brandler bezieht. Bei Zeutschel wie bei Krebs-Valtin geht es um die Zeit nach dem Hamburger Aufstand 1923: »Mecklenburg, der Landbezirk, forderte die Berliner auf, Brandler am nächsten Baum aufzuknüpfen. Die Ostpreußen drohten ihm das gleiche Schicksal an, wenn er sich bei ihnen sehen ließe« (1931, 25). Zeutschel-Burmeister, der nach 1923 eine der »T⟨error⟩-Einheiten« der KPD aufgebaut hatte, berichtet ein paar Seiten weiter von einem Auftrag Ruth Fischers: »Ruth trat pathetisch auf Burmeister zu ⟨...⟩ ›Kurz und gut, ich habe einen Auftrag für dich. Es ist da ein Mann in der Zentrale bei uns, der erledigt werden muß.‹ ›In der Zentrale?‹ ›Ja, du wunderst dich. Es ist ein Spitzel, hat sich soweit hochgeschoben, doch wir sind ihm auf die Sprünge gekommen. Es ist M...‹. ›Was sagst du? Der und Spitzel?‹ ›Ja, wir haben einwandfreie Beweise, wirst es mir schon glauben.‹ ›Und nachdem wir eben diese Auseinandersetzung hatten ⟨in der die Parteileitung sich von ihren Terroristen öffentlich distanzierte⟩, kommst du mit einem solchen Ansinnen?‹ ›Reg dich nicht auf, Politik ist eben etwas anderes, als du denkst. Da heißt es lavieren. Wirst es auch noch lernen.‹ ›Und Teddy und Maxe, was sagen die dazu?‹ ›Sind einverstanden. Aber du mußt es diesmal wirklich unauffällig machen. Ein Spitzel in der Umgebung der Zentrale, das würde zu großes Aufsehen erregen. Die Leiche muß verschwinden‹« (1931, 82).

Gegen diesen ungleich massiveren Vorwurf setzt Ruth Fischer sich nicht zur Wehr, möglicherweise, weil das Buch von Zeutschel nicht mehr im Handel und vergessen war, möglicherweise, weil sie nur mit ihrem Vornamen benannt wird. (Bei Zeutschel ist die Rede vom Triumvirat »Teddy, Maxe und Ruth«, unschwer zu entziffern als Ernst Thälmann, Arkadij Maslow und Ruth Fischer.)

Walter Zeutschel, war das Pseudonym Adolf Burmeisters [187], 1901 geboren, Bauarbeiter und Mitglied des illegalen Apparats der KPD. Als Befehlshaber eines Zugs der Hundertschaft von Hans Botzenhardt hatte er wie Krebs am Hamburger Aufstand teilgenommen und danach eine neue T(error)-Einheit der Partei aufgebaut; 1924 war er unter Mordverdacht verhaftet und im sogenannten »Kleinen Tscheka-Prozeß« verurteilt worden. Nach vier Jahren auf Grund einer Amnestie entlassen, trat er ein Jahr darauf aus der KPD aus. Sein Buch von 1931, in dem er die eigenen Erfahrungen in der dritten Person schildert, ist im engeren Sinn kein Renegatenbericht, sondern ein ›Ketzertext‹, der die Parteileitung angreift. Zeutschel-Burmeister tritt an die Öffentlichkeit, um die »jungen Elemente in der Partei« anzusprechen (1931, 158). Er entschließt sich zu dem ungewöhnlichen Schritt, als Kommunist im sozialdemokratischen Dietz-Verlag zu publizieren, damit »meine Schrift in breiteste Teile der Arbeiterschaft dringen wird. Sozialdemokrat bin ich nicht« (1931, 159). Er berichtet von Drohungen seiner Parteifreunde, als sie von seinen Publikationsplänen erfahren. »›Du spielst mit deinem Leben‹, sagten sie. Ich glaube nicht daran. Aber auch die Möglichkeit, die Terror-Organisation der KPD gegen mich mobil zu machen, schreckt mich nicht. Ich bin gerüstet für diesen Fall« (1931, 159).

Nicht gerüstet war er gegen die weitere Rezeption seines Buches. Die Sozialdemokratie konnte noch mit einigem Recht die Veröffentlichung des Berichts von Zeutschel im »notwendigen Vorwort« des Verlags als geeigneten »Anschauungsunterricht« über die ›Terror-Methoden der KPD‹ (1931, 3) verbuchen – auf dem Umschlag des Buches zielt ein Terrorist mit der Pistole auf den Leser. Nach 1933 entfernten die Nationalsozialisten bei der beschlagnahmten Restauflage Titelblatt und Vorwort und vertrieben den Text als Enthüllungsbericht über die »terroristischen Machenschaften der KPD« [188]. Es ist eines der frühesten Beispiele der Funktionalisierung ketzerischer Texte.

Ein drittes Mal taucht Ruth Fischer als Auftraggeberin auf in einer Gerichtsreportage über den Tscheka-Prozeß 1925 in Leipzig; dort wird eine Aussage von Felix Neumann, einem der Leiter der deutschen Tscheka, zitiert: »›Wir erfuhren, daß Brandler ein Privatauto benutzte, um zu den Sitzungen des Fünferkopfes zu fahren. Wir beschlossen, dieses Auto in einem unbewachten Moment zu entwenden. Zu diesem Zweck verriet Ruth Fischer dem Mitglied der Gruppe Heinz Neumann das Lokal der Fünferkopf-Sitzung.‹ Nach Neumanns Angaben hat sie auch gesagt: ›Wenn ihr bei der Gelegenheit dem dicken Brandler die Jacke vollhaut, so kann ihm das nicht schaden‹« [189].

Krebs steht demnach mit seiner von Ruth Fischer zurückgewiesenen Erzählung nicht alleine. Auch wenn man annehmen mag, daß sich bei Krebs, Zeutschel und in der Aussage von Felix Neumann lediglich dasselbe Gerücht niederschlägt, würde das zumindest deutlich machen, daß Krebs seine Erzählung nicht frei erfunden hat. Ein Einspruch Fischers gegen die Erzählung von Krebs hätte wohl in jedem Fall stattgefunden. Das Detail ist darum von Bedeutung, weil es eine der ersten Wortmeldungen zu Krebs in Deutschland ist [190] und zugleich eine der wenigen detaillierten Einwände gegen seine Erzählung.

Ein späterer Einwand gegen die Glaubwürdigkeit der Krebsschen Erzählung wurde zwar nicht öffentlich erhoben, scheint mir aber gewichtiger, nicht zuletzt, weil er stellvertretend für ähnliche Reaktionen anderer Zeitgenossen von Krebs stehen kann. Otto Mahncke, ein ehemaliger Hamburger Rotfrontkämpfer, dessen Erinnerungen Karl-Heinz Janßen im ZEIT-Magazin zusammengefaßt hat (Janßen 1981), meldet sich brieflich zum »Lügenbuch« von Krebs. Sein pauschaler Vorwurf bezieht sich bei Nachfrage auf eine Passage, bei der sich in der Tat der Verdacht der Übertreibung einstellt.

Krebs erzählt in »Out of the Night« vom linken Terror gegen die SA; da er sich vor dem Auftrag schützen kann, beauftragt Heinz Neumann im Frühjahr 1932 Johnny Dettmer

mit der Arbeit, »Nazileichen im Hamburger Hafengebiet zu produzieren« (1957, 287).
Krebs berichtet, daß man den Nationalsozialisten »die Geschlechtsteile ab(schnitt)« und
daß der SA-Mann Heinzelmann mit 11 Messerstichen niedergestreckt wurde. »Ich und
andere meiner Mitgenossen waren starr vor Entsetzen, als wir die Einzelheiten dieser
Heldentaten vernahmen« (1957, 287). Zwar bleibt unbestritten , daß die KPD 1933
versucht hat, die SA auch mit Terror zu bekämpfen [191]; die Einzelheiten des Terrors,
die Krebs mitteilt, klingen jedoch nach Greuelpropaganda der Rechten, zumal sie in der
damaligen Tagespresse nicht erwähnt werden. Otto Mahncke korrigiert brieflich die
Krebssche Erzählung:

»Das war wohl in Jan Valtins Buch der größte Hammer ⟨...⟩ Das wäre für die
Hamburger Presse und auch die übrigen in Deutschland die größte Schlagzeile für die
damalige Zeit (gewesen). ⟨...⟩ Die Wirklichkeit: Mit Walter Brust unserem Sturmführer
und Osna-Mann gingen wir in das Rote Marine-Lokal Venusberg. Wir wollten ein
kräftiges Seil holen für die Aktion-Kerstenmilesbrücke beim Bismarckdenkmal, um den
Bogen mit der Parole zu bemalen: Rot Front lebt – trotz Verbot. Brust und ich, wir gingen
zum Roten Marine-Verbandsleiter 5/Herbert Baumann. Der verwies uns an Fred Wehrenberg, der gerade mit Philipps, Stockfleth und anderen am Tisch Skat spielte. Fred
Wehrenberg ging aus dem Lokal und kam nach wenigen Minuten mit einem starken
langen Seil zurück. Er gab es mir in die Hand und sagte: ›An dat kannst n‹ Elefant
baumeln, dat rit nich.‹ Wir klönten noch einige Zeit, als ein Kurier der Roten Marine ins
Lokal stürzte und Alarm für die Rote Marine ausrief. Plötzlich war Leben in der Bude.
Alarm – die SA-Marine zogen zu ihrem neuen Lokal. Es gab auf dem Schaarmarkt und den
umliegenden Straßen eine wüste Schießerei und Schlägerei. Claus Stockfleth hatte dem
SA-Mariner Heinzelmann sein Messer in den Unterleib gestoßen. Wochen später starb
Heinzelmann. Claus Stockfleth wurde Tage später verhaftet. Durch den Osna kam er
wieder auf freien Fuß. Der Osna hatte wie üblich der Polizei falsche Täterbeschreibungen
gemacht etc.-etc. Das war im Mai 1932.⟨...⟩ 1935 im Zuchthaus Fuhlsbüttel lag ich mit
Stockfleth und den RFB-Genossen aus dem RFB-Verband/ Barmbeck »Hans« Wochen
in einer Einmannzelle zusammen. Hier zeigte sich der Abgrund von Claus Stockfleth, ein
Ekel tut sich auf, als er uns erzählte, wie er in der Strasse Herrengraben den SA-Marine-
Mann Heinzelmann mit seinem Messer erstochen hatte. Claus Stockfleth schmeckte das
Abendessen besser als an anderen Tagen. Er nahm kein anderes als das Mordmesser, um
sich damit seine Brote zuzubereiten. Mit Behagen vertilgte er sein Mahl. Diese ausführlichen Schilderungen hatten im August 1932 Jan Valtin, alias Krebs, damals so empört, daß
er Stockfleth die Faust ins Gesicht schlug, im Hauptquartier der Roten Marine in der
alten Gasse unten am Hafen ›Herrlichkeit‹. Es gab zwischen Baumann, Krebs, Dettmer
und Wehrberg, gleichfalls über diese blöde Odyssee, die Claus Stockfleth da zum besten
unter Genossen gab, harte Auseinandersetzungen« [192].

Durch Mahnckes Korrektur wird Krebs' Übertreibung als wütende Reaktion ver-
ständlich. Es scheint naheliegend, daß er in »Out of the Night« die Prahlerei Claus
Stockfleths wiedergibt. Krebs reagiert 1932 mit einem Faustschlag und 1940 mit einer
Verallgemeinerung.

Eine dritte Überprüfung der Krebsschen Erzählung bietet die Figur der Kominternagentin »Cilly«, hinter der sich die Dänin Hilde Volkersen verbirgt, die 1933 zusammen

mit Krebs in Hamburg festgenommen worden ist. Die Angaben von Krebs decken sich zwar weitgehend mit den Auskünften, die mir ihr Sohn Carsten Conrad 1984 gab. Allerdings stößt man auch auf erstaunliche Abweichungen. So handelt es sich, nach Auskunft Conrads, bei Cilly-Volkersens Freund nicht um Ernst Wollweber, sondern um den polnischen Kominternagenten Adolf Schelley, der Anfang 1936 in Moskau hingerichtet wurde [193]. Bemerkenswert ist, daß Krebs zwar die Namen vertauscht, sich aber ansonsten recht genau an die Details des Geschehens hält. Conrad vermutet schließlich, daß Krebs bei seiner Cilly-Figur drei Frauen zu einer fiktiven Figur zusammengefaßt habe, weil nach Conrads Wissen Hilde Volkersen beispielsweise nicht am Mordanschlag auf Ilja Raikoff, dem Chef der Gestapospionage in Flandern, beteiligt war [194].

In seinen Briefen nennt Krebs Hilde Volkersen »Cilly«, und auch in ihren Aufzeichnungen aus der Gestapo-Haft findet sich dieser Name für ihre Person. Hildegard Anneliese Elisabeth Volkersen, am 15.10. 1907 in Hamburg geboren, war während des I. Weltkriegs nach Dänemark gezogen. 1928/29 hat sie im dänischen Generalkonsulat in Hamburg gearbeitet; der Generalkonsul Yde half später bei ihrer Freilassung aus der Gestapo-Haft. Sie arbeitete vor allem als Kurier für die Komintern. In einem Lager der Roten Hilfe lernte sie 1937 den nach Dänemark geflüchteten deutschen Sozialdemokraten Gerhard Conrad kennen, unter dessen Einfluß sie sich von der Komintern trennte. 1974 ist sie in Kopenhagen gestorben.

Die spannenden Erzählungen von Conrad müssen hier ausgespart bleiben; sie würden ein anderes Kapitel füllen. Im Hamburger Gefängnis hat Hilde Volkersen ein stenographisches Tagebuch geführt, das sich im Besitz ihres Sohnes befindet und das zu entschlüsseln mir bislang nur zum Teil gelungen ist. 1945/46 schrieb sie außerdem zwei kürzere unveröffentlichte Kommentare zu »Out of the Night«. Für Leser, die des Dänischen kundig sind, liefert Erik Norgaard (1985) weitere Hinweise zu Volkersen, Schelley und Wollweber.

Auch an anderen Stellen des Buches stößt man auf einen freien Umgang mit dem historischen Material, wobei Krebs nicht verfälscht, sondern verdichtet. *Nicht selten macht er sich zum Augenzeugen, wo er tatsächlich Geschehnisse nur vom Hörensagen kannte, oder er verbindet das Schicksal mehrerer Figuren zu einer einzigen.* Krebs läßt beispielsweise seinen Protagonisten Valtin in dem Autobus von Kirchwerder nach Bergedorf sitzen, auf den die Nationalsozialisten 1931 einen Anschlag verüben, dem der Kommunist Ernst Robert Hennig zum Opfer fällt, obwohl Krebs nicht auf der ›Konferenz von Fünfhausen‹ war [195].

Besonders beim Vergleich mit Zeutschels Erinnerungen wird deutlich, daß Krebs sich dieser Quelle bedient hat. Zeutschel und Krebs teilen sich in dieselbe spezifische Variante der Vorgeschichte des Hamburger Aufstandes und stimmen ebenso überein in den Details über die Untergrundarbeit der »deutschen Tscheka« (s. Kap. VI.1).

Krebs läßt Valtin von seiner Haft in der Hamburger Gestapo-Zentrale berichten, daß der Mitgefangene Karl Burmeister sich den Verhören durch einen Sprung aus dem Fenster des fünften Stockes entzog. Carl Burmester (so sein richtiger Name) wurde jedoch am 17. September 1934 im Hamburger Stadthaus (dem Gestapo-Hauptquartier) im Treppenhaus getötet. Krebs verbindet hier das Schicksal Burmesters vermutlich mit dem Gustav Schönherrs, der am 17. April 1933 nach Folterungen aus dem Fenster des fünften Stockes (des Stadthauses) sprang.

Carl Burmester, geb. 12.3.1901, verheiratet mit Charlotte Wehner, KPDler und Schiffszimmermann, im Sommer 1934 von der Gestapo verhaftet, starb am 17. September 1934 im Hamburger Hafenkrankenhaus, nachdem die Gestapo ihn die Treppe hinuntergestürzt hatte. Seine Tochter schreibt: »Es gab oder gibt auch irgendwo ein Buch, ich las es in der Zeit der Emigration in Schweden, vermutlich Ende der dreißiger Jahre, in dem mein Vater erwähnt wird. Allerdings wurde dort sein Name falsch geschrieben, Burmeister statt richtig Burmester. Aber eindeutig ging es um seine Person« [196].

In dem 750 Seiten starken »Out of the Night« lassen sich eine ganze Reihe von Ungenauigkeiten und Irrtümer finden.

So war die »Rote Hilfe« 1923 noch nicht gegründet (1957, 28 f), ebensowenig existierte die »Rote Marine« zur Zeit des Hamburger Aufstandes, und die Schilderung von Hermann Knüfkens Kaperaktion ist reichlich ungenau, nicht zuletzt, weil Krebs sich hier wieder auf die Erzählungen dritter bezieht [197]. Edgar André wurde nicht, wie Krebs berichtet, in Berlin-Plötzensee, sondern 1936 in Hamburg hingerichtet. Einige Namen sind in der Originalausgabe falsch geschrieben und andere sind verwechselt. Diese Fehler lassen sich darauf zurückführen, daß Krebs während seines Schreibens in den USA nicht die Unterlagen zur Verfügung standen, um Daten und Namen zu verifizieren und daß ihm bei der Rekonstruktion Irrtümer unterliefen. Wenn er den Vornamen Karl Kindermanns als Carl erinnert, scheint mir das, will man es nicht dem amerikanischen Setzer zuschreiben, ein Beleg dafür zu sein, daß er Kindermanns Buch bei der Niederschrift nicht zur Hand hatte. Die Ungenauigkeiten verstärken eher den Authentizitätsanspruch der Krebsschen Erinnerungen; bei einer synthetischen Produktion wäre die Genauigkeit der Namen und Daten kein Problem gewesen.

So oft auch im Verlauf der Recherchen Details der Krebsschen Erzählung verifiziert oder korrigiert werden konnten, bleibt doch deutlich, daß es sich dabei eher um punktuelle denn um systematische Belege handelt. Dennoch vermute ich, daß Krebs zwar literarische Bearbeitungen vorgenommen (Verschiebung von Figuren) und sich auf die Zeugenschaft anderer verlassen, aber keine Einzelheiten ›erdichtet‹ hat. Nach dem Erscheinen von »Out of the Night« hatte Krebs in Interviews mehrmals erklärt, daß er in seine Erinnerungen Elemente aus Erzählungen Dritter eingeflochten habe, »not in order to make them appear my life, but as typical of the totalitarian way« [198].

Die wissenschaftlich-historische Literatur wie die Erinnerungen anderer Zeitgenossen liefern insgesamt wenig direkte Hilfe zur Diskussion der Exaktheit des Krebsschen Berichts.

Herbert Wehner verdammt Krebs-Valtin als bereits ›überführten‹ Gestapo-Agenten und Lügner, der darum auch keiner weiteren Widerlegung bedürfe. Aus dem Kontext seiner Abgrenzung wird jedoch deutlich, daß Wehner sich gegen Versuche zur Wehr setzen muß, ihn mit Wollweber und Krebs gleichzustellen: Die Kritik an Krebs ist Teil seiner Verteidigungsstrategie [199].

Besonders bizarr nehmen sich die Erinnerungen des ehemaligen NS-Diplomaten *Wolfgang Gans Edler Herr zu Putlitz* aus, der auf seiner Exilstation USA bei Isaac Don Levine mit Krebs zusammentrifft und von dieser Begegnung Rapport gibt. Er stellt »einwandfrei« fest, daß Krebs »kein Deutscher war«: eine Unterhaltung in der Muttersprache scheitert und »von Hamburg und den anderen deutschen Städten 〈...〉 besaß er kaum eine vage Vorstellung. Ich erfuhr, daß er als Sohn eines deutschen Matrosen und einer englischen Mutter irgendwo in Ceylon geboren und aufgewachsen war« (1957, 303 f).

Weniger rätselhaft ist Putlitz‹ Umgang mit dem literarischen Erfolg von »Out of the Night«. Er nennt das Buch »die größte literarische Sensation der letzten Jahre« und würdigt den Erfolg ausführlich, um schließlich Don Levine, Valtins Agenten verkünden zu lassen, daß er mit den Aufzeichnungen von Putlitz einen »noch größeren« Bucherfolg zu erreichen gedenke (1957, 301).

In den historischen Studien zur Geschichte des deutschen Kommunismus werden gegen Krebs keine detaillierten Vorwürfe gerichtet, sondern nur allgemeine Warnungen erhoben: »Obwohl Valtins Autobiographie aufschlußreiches Material über die kommunistische Politik enthält, leidet sie gelegentlich an unverifizierbaren Darstellungen aus zweiter Hand und auch an Irrtümern. Schwarz und Valtin können nur mit Vorsicht als Quellen benutzt werden«, schreibt beispielsweise Horst Duhnke in seiner Geschichte der KPD von 1933 bis 1945 (1974, 22) – was auch heißt: da der Historiker nicht nachprüfen kann, was Krebs-Valtin ihm erzählt, scheint ihm Mißtrauen geboten.

Im ähnlichen Tenor heißt es bei Angress: »Memoiren, die mit besonderer Vorsicht ausgewertet werden müssen, sind solche, die sich auf sensationelle Enthüllungen spezialisieren. Ihre Verfasser, häufig vormalige Kommunisten, schreiben diese Bücher zumeist in der Hoffnung, Geld mit ihnen zu verdienen; und da sich ein spannendes Buch besser absetzen läßt als ein langweiliges, erlagen ihre Verfasser gelegentlich der Versuchung, zu übertreiben, wenn nicht gar zu verfälschen. Andererseits können nicht alle Erfahrungen, über die sie berichten, einfach unberücksichtigt bleiben, weil wir sie entweder nicht überprüfen können, sie aber vielleicht doch einen Wahrheitsgehalt haben, oder weil wir sie überprüfen können und dann feststellen, daß sie wenigstens teilweise auf Wahrheit beruhen. Ein typisches Beispiel für dieses Genre ist: Jan Valtin ⟨...⟩« [200].

Angress' Spekulation über die Schreibmotivation läßt ebenfalls keine Überprüfung zu, sie weist aber auf einen Umgang mit der Renegatenliteratur hin, der auch in anderen Punkten der Anklage wiederholt wird: Vorbehalte werden laut, die keineswegs spezifisch für dieses Genre sind, die vielmehr weite Teile literarischer (oder wissenschaftlicher) Produktion treffen können; die Vermutung, daß einer um der Wirksamkeit und der Auflage willen Sensationen schafft, übertreibt, Wahrheit mit erfundenen Pointen versieht, daß alte Rechnungen beglichen werden – der Renegatenliteratur allein ist das nicht zuzuordnen. Ähnliches gilt für die Kritik der Autobiographik, die sich gegen die Renegaten richtet. Daß in den Renegaten-Autobiographien Legitimationen, Rechtfertigungen, Rekonstruktionen einer Identität ausgemacht werden, liefert noch nicht den Beweis für renegatenspezifische Befunde.

Man hat den Eindruck, daß, wie bei Korsch, passende Informationen, die die eigene Argumentation stützten, bereitwillig akzeptiert, andere dagegen »mit Vorbehalt« zur Kenntnis genommen oder als unglaubwürdig abgewiesen werden. Positiv rezipiert wird Krebs-Valtin beispielsweise bei Hans Langemann, der in seiner »kriminalwissenschaftlichen Studie zum politischen Kapitalverbrechen« zwar auch die Gefahren der Memoirenliteratur benennt, Valtins »Out of the Night« (und Vera Figners »Nacht über Rußland«) aber als »hervorragende Ausnahmen« behandelt (1956, 15). Langemann, der spätere bayrische Verfassungsschützer, bezeichnet »Out of the Night« als »durchweg zuverlässig« (gibt aber den wirklichen Namen des Autors unzuverlässig mit Robert Knecht wieder), und verweist auf eigene Recherchen: »Die verwerteten Einzelheiten konnten zum großen Teil mit persönlichen Berichten politisch-polizeilicher Sachverständiger verglichen und hinsichtlich ihrer Brauchbarkeit somit überprüft werden«.

»Daneben tritt die Verwertbarkeit des Buches von Ruth Fischer (...) sehr zurück«, schreibt Hans Langemann (1956, 64). Er nennt in einem Brief seine Quellen: »Ich konnte während meiner Arbeit z. B. mit Hans Lobbes, ehemaligem Oberregierungsrat im Reichspolizeiamt sprechen. Er hat wohl Herrn Kopkow vom Staatspolizeiamt befragt, wie er mir mitteilte. Beide hielten Valtin/Krebs zwar für einen ›begabten‹ Schreiber, keineswegs aber für einen ›Phantasten‹. Seine Darstellungen seien grundsätzlich wahr« (Brief an P. Ober vom 31.12.1983).

Aber auch Margarete Buber-Neumann fragte bei den Freunden von der Polizei nach. Sie kam zu einem anderen Ergebnis: »Jene Geheimapparat-Sachverständigen, mit denen ich über dieses Buch sprach, lobten vor allem die blühende Phantasie des Schreibers« (Brief vom 27.8.1981). Buber-Neumann ist wohl darum auf Krebs schlecht zu sprechen, weil er Heinz Neumann nicht in jenem strahlenden Licht läßt, das ihn in ihren eigenen Darstellungen zur Ausnahmefigur unter den deutschen Kommunisten macht.

Abenteuerroman, Kriminalroman, Thriller

Nicht allein die Gegner von Krebs weisen darauf hin, daß sein Buch ›unwahrscheinlich wie ein Kriminalroman‹ sei und seine Biographie an eine Abenteuergeschichte erinnere. »Ein politischer Wildwestroman«, der die Figuren von Käpt'n Morgan, Buffalo Bill, Asew und Al Capone verbinde, lautet der nicht untypische Eindruck eines Rezensenten [201]. Nun haben die Amerikanisierungen, die durch Lektoren und literarische Berater vorgenommen wurden oder auch durch einen zur kulturellen Assimilation bereiten Krebs, diesen Eindruck wohl verstärkt – aber das allein wird zur Erklärung nicht ausreichen. Das Leben von Krebs war das eines Abenteurers und Desperados, eines Überlebenskünstlers; für seine Vita gilt, was Ilja Ehrenburg über den spanischen Anarchisten Durruti sagt: »Kein Schriftsteller hätte sich entschlossen, ihn zu beschreiben; sein Leben glich allzusehr einem Abenteuerroman« (1965, II 435).

Wichtiger scheint mir der Gedanke, daß die Form des Kriminalromans nicht nur dem amerikanischen Literaturmarkt oder dem abenteuerlichen Leben von Krebs entspricht, sondern Ausdruck jener politischen Welt ist, von der Krebs erzählt. Das parteipolitische Kraftfeld, in dem Krebs sich fast zeitlebens befand, war geprägt von den Prinzipien der Konspirativität, Tarnung und Illegalität. Die Politik des Untergrunds war die Politik von Verschwörern, die sich mit der Verschwörung ihrer Feinde rechtfertigte: Das ergab ein sicheres paranoisches Grundmuster. »Die große Verschwörung« (gegen die Sowjetunion) heißt das Stichwort von Sayers und Kahn, unter dem ›ermittelt‹, ›entlarvt‹ und ›demaskiert‹ wird. Die Täter »tarnten sich gut. Es war ihnen schwer etwas zu beweisen«, erinnert sich Erich Weinert seiner Rolle als Detektiv [202]. In den Schauprozessen wurden, mit der erzwungenen Hilfe der Angeklagten, die Geschichte von kunstvoll getarnten Tätern und ihrer raffinierten Verbrechen ›konstruiert‹ und auf der Prozeßbühne in Szene gesetzt. Wenn die Krebssche Erzählung an einen Kriminalroman erinnert, dann war Krebs nicht der Erfinder des Plots.

Ein skurilles Detail vermittelt Béla Szász, der als Häftling für den stalinistischen Geheimdienst Ungarns (AVH) Übersetzungen anfertigen muß: »neben Winston Churchills Memoiren beispielsweise Verbrecher- und Spionagegeschichten von Peter Cheyney und anderen. Damit verfolgte man ein doppeltes Ziel. Einmal konnten die jungen AVH-Männer die verfaulende Kultur unfehlbar kennenlernen, ohne kostspielige Reisen unternehmen zu müssen; und dann befruchteten die Spionagegeschichten die Phantasie der Sachbearbeiter von Schauprozessen. So ergab sich die nicht alltägliche Situation, daß Variationen der erdichteten Fälle in den Zeugenaussagen und Gerichtsverhandlungen Wirklichkeit wurden« [203].

Selbst die parteikommunistische Rezeption der Renegatenliteratur gehorchte kriminalistischen Spielregeln. »Jeder gute Kriminalist, wenn mit der Aufklärung eines Verbrechens beauftragt, stellt sich zuerst die Frage: Cui bono – wem nützt es?«, ruft Alfred Kantorowicz seinen Lesern in Erinnerung; es ist die Frage, die in keiner Polemik gegen Krebs, Koestler oder Krivitsky fehlt, und ihre Beantwortung führt so leicht in die Irre wie bei Kantorowicz [204].

Pseudonym und Wiedergeburt

»Out of the Night« berichtet von keiner Konversion. Ein Lernprozeß findet nicht statt; stattdessen werden vom Protagonisten Warnsignale mißachtet, Risse ignoriert und Konflikte personalisiert. Dennoch hat die Konversion einen Namen: Jan Valtin. Er steht für den Autor, der in der ersten Person die Lebensgeschichte des Matrosen und Kominternagenten erzählt. Das Bindeglied zwischen dem neuen Namen des Autors und dem des Kominternagenten ist der Vorname des Sohnes von Richard Krebs und Hermine Stöver: er heißt (nicht nur in »Out of the Night«) Jan.

Krebs unterstützt die Legende, das Pseudonym habe der Funktion des Schutzes vor den Verfolgern gedient. Er berichtet, daß die Internationalität des Namens Valtin für seine Wahl ausschlaggebend gewesen sei.

»Ich kam auf den Namen ›Valentine‹, weil er mit nur geringen Abweichungen international gebräuchlich war und damit in allen Ländern benutzbar. Eine Nationalität lag nicht in dem Namen verborgen. In Frankreich könnte ich ›Monsieur Valtin‹ sein; und ›Herr Valtin‹, wenn ich verrückt genug wäre, in Deutschland zu bleiben. ›Mister Valtin‹? Ich schrieb meiner Schwester und bat sie, in einem Londoner Telephonbuch nachzusehen, ob sie einen Valtin finden konnte. Es gab keinen, aber zwei Valtins waren im Kopenhagener Telephonbuch verzeichnet. So kam ich zu meinem internationalen Namen« [205].

Krebs' Kalkulation läßt sich auch als Reaktion auf den verratenen proletarischen Internationalismus der Komintern entziffern: der Internationalismus reduziert sich damit auf den Namen, mit dem Krebs allein gegen eine feindliche Welt bestehen mag. Doch der Name ist weniger Schutz denn Symbol eines Neubeginns. Ort seiner Namensspekulationen sei das nationalsozialistische Konzentrationslager gewesen, erläutert Krebs im Interview mit van Gelder (1946, 160). Dort habe er sich den Namen Valtin ausgedacht, zu einer Zeit, als er nachts Schüsse hörte und des morgens erfuhr, wer herausgeholt und erschossen worden sei. »Wir waren froh, daß nicht wir es waren, froh, daß wir noch am Leben waren. Es war die einzige Freude, die man hatte«.

In »Out of the Night« ist der Beginn des neuen Lebens auf die Befreiung aus der GPU-Gefängniszelle in Dänemark verlegt. Der Protagonist legt Feuer in seiner Zelle – eine symbolische Auslöschung des alten Ichs [206] – und entkommt in ein neues Leben, für das ein anderer Name steht.

Jan Valtin war das erste Pseudonym, das Krebs sich selbst gab. Seine Auftraggeber hatten ihm zuvor viele Namen verliehen; die bekannt gewordenen waren Richard Anderson, Emil Berg, Rolf Gutmund, Adolf Heller, Rudolf Heller, Otto Melchior [207], Kurt Peter, Alfons Petersen, Richard Peterson, Gerhart Smett, Richard Williams.

Sehr wahrscheinlich ist der Schriftstellername Valtin nicht das Ergebnis einer systematischen Suche sondern Resultat eines literarischen Vexierspiels. In Vicki Baums erfolgreichem Unterhaltungsroman »Stud. chem. Helene Wilfuer« von 1928 heißen die Geliebten der Protagonistin Firilei und Val⟨en⟩tin. Krebs findet seinen ›nom de plume‹ in der Literatur.

Daß die Wahl des Pseudonyms programmatisch sein kann, hatte nicht erst Karl Retzlaw bewiesen, der sich »Spartacus« nannte und damit zu den unverfälschten Ursprüngen von 1918 zurückging. Paul Massing schrieb unter dem Pseudonym Karl Billinger, den er sich zusammengesetzt hatte aus den Namen John Dillinger, einem amerikanischen Gangster und Richard Billinger, einem deutschen Schriftsteller, den die Nationalsozialisten eingesperrt hatten [208]. Jorge Semprún wiederum wählt sein politisches Pseudonym als Titel seines Renegatenberichts: Frederico Sanchez [209].

Das Geständnis

Zwischen der Darstellung von »Out of the Night« und der Krebsschen Biographie gibt es zwar, soweit ich sehe, nur marginale Widersprüche, dennoch kann das Buch nur als literarischer Entwurf einer Biographie gelesen werden.

Interessant scheint mir dabei die Äußerung von Robert Bek-gran, dem Herausgeber der Exilzeitschrift »Gegen den Strom«, die von einem Reporter der New Yorker Tageszeitung »PM« wiedergegeben wird: Krebs habe ursprünglich ein Buch über seine Abenteuer zur See schreiben wollen und zwar ohne antifaschistische oder antikommunistische Absichten [210]. Gewiß paßt diese Aussage von Bek-gran ausgezeichnet in das Bild, das »PM« von Krebs entwerfen möchte. Die Zeitung, deren Sympathien für die amerikanische KP deutlich sind, will Krebs als willfähriges Opfer einer antikommunistischen Verschwörung verstanden wissen. ›Rußlandfeindliche Intellektuelle‹, nämlich Eugene Lyons und Isaac Don Levine, hätten Krebs unter Druck gesetzt, statt einem Abenteuerroman eine Anklageschrift gegen die Komintern und gegen eine angebliche Gefahr kommunistischer Infiltrierung zu verfassen. Dennoch gibt es Grund, Bek-grans Worte für authentisch und seine Aussage für glaubwürdig zu halten. Für Krebs war der Traum, Schriftsteller zu werden – ein Traum, der ihn seit seiner Gefängniszeit in San Quentin verfolgt –, ein Gegenentwurf des eigenen Lebens zu seiner Karriere als Kominternagent, und die Wahl eines literarischen Pseudonyms war weniger der Versuch, sich mit Anonymität zu schützen, als Ausdruck einer neuen Lebensidentität.

Darum scheint es mir durchaus wahrscheinlich, daß er an Stil und Thematik seiner Veröffentlichungen im »San Quentin Bulletin« von 1929 und in der Bremer »Lloyd Zeitung« von 1930 [211] anknüpfen wollte. Und schließlich erinnert Bek-grans Aussage an den letzten Roman von Krebs, »Wintertime«, der 1950 in den USA und Kanada erschienen ist; mit diesem Buch scheint die frühe Absicht von Krebs, einen Abenteuerroman zu schreiben, verwirklicht. Der Protagonist von »Wintertime«, Martin Helm, trägt wiederum Züge des Autors, ist aber Seemann ohne Parteibindung, während die Handlung des Romans samt seiner Tendenz, eine heimliche Bruderschaft von GPU und Gestapo aufzuzeigen, der von »Out of the Night« verwandt ist [212].

Aber auch »Out of the Night« geht nicht auf in der Darstellung des kommunistischen Apparats, wie es die Rezeption des Buches in der kommunistischen Presse nahelegt. »Wer war Krebs? Ein fanatischer Antikommunist? Nein, er war ein deutscher Seemann«, antworten 1975 zwei französische Leser [213]. In »Out of the Night« finden sich lange Passagen, die dem Abenteuer zur See offengehalten sind. Das Buch ist eingeleitet mit der Reiseroute, die Jan Valtin zusammen mit seinem Vater zurücklegte; dieser wird mit dem Satz vorgestellt: »Mein Vater war sein Leben lang zur See gefahren« (1957, 9). Und der erste Abschnitt über die eigene Person steckt die Bedeutung der See für den Erzähler ab: »Das Leben in den Häfen und auf den Schiffen hielt die Sehnsucht nach der Ferne in mir lebendig. An heißen Nachmittagen zog ich in den Häfen auf Entdeckungen aus ⟨...⟩ Und ich liebte es, Bücher über Entdeckungsreisen und kühne Seefahrten zu lesen. Ich spielte nicht Soldat, vielmehr war ich Kapitän oder der Boß einer Gruppe von Werftarbeitern, oder ich war Seeräuber. Als Zwölfjähriger lockte mich stürmisches Wetter, mit meinem kleinen Boot in die Elbe- oder Wesermündung hinauszusegeln, und es war mein stolzester Augenblick, als der Zimmermeister einer Bootswerft auf mich zeigte und seinen Kollegen zurief: ›Dieser Wuschelkopf da segelt wie der Teufel‹« (1957, 9).

Wenn Krebs von Isaac Don Levine sagt, dieser habe den ersten Teil seines Buches um die Hälfte gekürzt [214], dann wird der Abenteurer Valtin ursprünglich noch weiteren Raum eingenommen haben.

Wenn zu Anfang des Kapitels die Rede davon war, daß Valtin geschoben, beordert, auf der Flucht war, dann betraf das den Kominternagenten und weniger den Seemann Krebs. Wo Krebs zum Schriftsteller wird, ist er der schreibende Seemann und bezieht sich anfänglich auf seine Erfahrungen als Matrose. Auf den Schiffen und in den Häfen entdeckt er die wirkliche Internationale der Brüderlichkeit und Freiheit. Seine politische Niederlage läßt sich auch mit einem Stichwort Carl Schmitts lesen als die Niederlage der Seefahrt gegen die Intrige der Landsknechte: la mer contre la terre.

Als Seemann gehört er zu jenem Berufsstand, der sich auf dem Panzerkreuzer Potemkin und Aurora erhob, zu den Matrosen von Kronstadt, die gegen die bolschewistische Diktatur rebellierten und den deutschen Matrosen der Flottenaufständen von 1918. Er war, bis zur Meuterei, auch ein gehorsamer Matrose auf dem von Bloch besungenen Staatsschiff der Revolution. Und zum Seemann, warf Hans-Albert Walter ein, gehört auch das Seemannsgarn.

Wo er Abenteurer ist, hält er sich in Freiräumen auf, die die Partei noch nicht besetzt hält. Sie werden immer enger und verschwinden nach 1933 ganz. Der Kommunist Krebs hat immer wieder die Flucht zur See versucht; zuletzt führt sie ihn in die USA. Ein Rezensent von »Out of the Night« vermutet, daß der Autor in Zukunft wieder zur See fahren werde [215].

Doch statt Bek-gran kamen Don Levine und Eugene Lyons mit ihren Vorschlägen zum Zuge. Krebs solle die Flucht nach vorne antreten mit einem schonungslosen Bericht über seine Aktivitäten als Kominternagent.

Als solcher Bericht kann »Out of the Night« gelesen werden. Krebs unternimmt darin kaum Anstrengungen, seine Rolle in der Komintern herunterzuspielen oder sich zu rechtfertigen. Er liefert seinen Gegnern in den USA bereitwillig die Argumente, die sie anführen werden, um seine Ausweisung zu fordern. Während seine 1939 und 1940 in den Zeitschriften »Ken« und »American Mercury« erschienenen Artikel die eigene Rolle noch fast ganz ausklammerten, ist »Out of the Night« ein Selbstbezichtigungstext. Krebs entwirft auch nicht das Gegenbild eines gläubigen und doch souveränen Einzelkämpfers, der sich im guten Glauben an seine gerechte Sache der falschen Mittel bediente und in jenem Augenblick absprang, als er die Wahrheit erkannte, wie es spätere Renegatentexte suggerieren. Stattdessen kommt er immer zurück auf den Bruch zwischen Wissen und Handeln; eine freie Wahl scheint ihm nie gegeben. Krebs läßt Valtin bekennen: »Wenn einer der Partei angehörte, so gehörte er ihr ganz, mit Leib und Seele. Trotz des Zynismus, der mehr und mehr die Herzen der Männer erfüllte, die ihr Leben der Sache geweiht hatten – liebten wir unsere Partei, und wir waren stolz auf ihre Macht und stolz auf unsere Leibeigenschaft, weil wir ihr unsere ganze Jugend, alle unsere Hoffnungen, unsere Begeisterung und die Selbstlosigkeit, die wir einst besaßen, geopfert hatten« (1957, 560 f). Und: »Die Komintern war immer noch Mutter, Vaterland und Heimat für mich. Ich war zu weit gereist, um umkehren zu können und ein Leben außerhalb der Partei zu leben.« Schließlich schildert Krebs ein Gespräch mit dem Genossen Karl Saar, den er (1937) vor der GPU warnt, die ihn liquidieren will: »›Glaubst du immer noch an die Weltrevolution?‹ ›Nein‹, sagte ich. ›Ich auch nicht‹, wiederholte er. ›Warum also...‹ ›Wir haben unsere Wahl getroffen. Die Partei muß leben‹« (1957, 577). Und wenn Krebs seine Unfähigkeit zur Trennung von der Partei bis zu jenem Punkt zuspitzt, wo er mit dem Absprung seine Familie hätte retten können (1957, 565), wird offensichtlich, daß es ihm nicht um heimliche Glorifizierung des revolutionären Abenteurers geht, sondern um eine Selbstbezichtigung.

Sein Bruch mit der Partei schließlich ist das Gegenteil eines Entschlusses; er vermag einzig seine nackte Haut zu retten. Intellektuelle Besinnung, moralische Einsicht: das hat alles schon früher stattgefunden und keine Konsequenzen provoziert.

Dennoch geht »Out of the Night« nicht auf im Kalkül, sich die Aufenthaltserlaubnis in den USA mit einem ›antikommunistischen Enthüllungsbericht‹ zu erkaufen, da ein anonymes Untertauchen in den USA für ihn, der wie kein anderer das Leben in der Illegalität kannte und praktiziert hatte, durchaus im Bereich des Möglichen lag. Und auch der Wunsch, zur neuen Identität als Schriftsteller zu finden, wird nicht den spezifischen Charakter seines ersten Buches erklären.

Was also war es, was Krebs zu dieser Mischung von Lebensgeschichte, Abrechnung und Reportage bewegte? Ein wiederkehrender Lektüreeindruck liefert das Stichwort: weite Passagen des Buches dienen der Aufzählung von Namen und Adressen, Details von Organisationsstrukturen und Aufgabenverteilungen, die keine direkte Rolle in der Erzählökonomie des Textes spielen. Diese Passagen lesen sich als Geständnis. Freilich ist das vage, denn wer ist Adressat dieses Geständnisses und wodurch wird es erzwungen? Ist es das Verhörprotokoll einer imaginierten amerikanischen Einwanderungsbehörde oder eine Selbsterforschung im Rhythmus der Beichte?

»Out of the Night« selbst gibt hier hilfreiche Hinweise. Krebs schildert im dritten und letzten Teil des Buches nicht nur seine Abkehr von der kommunistischen Bewegung, sondern auch eine ›gespielte‹ Abkehr, eine »schmutzige Komödie«, wie er das Spiel nennt (1957, 525), das er vor der Gestapo im Konzentrationslager inszeniert. Er schlüpft dort in die Rolle, die die Komintern ihm abforderte und hat Schwierigkeiten, Rolle und Identität getrennt zu halten.

Es ist aufschlußreich, diese beiden Varianten der Abkehr und Bekehrung zu vergleichen.

Obwohl Krebs-Valtin längst nicht mehr gläubig ist und die Schurkereien seiner Vorgesetzten erfahren, die Atmosphäre des totalen Mißtrauens und der gegenseitigen Bespitzelungen, das System der Verschleppungen und Liquidierungen kennengelernt hat, kommt für ihn eine Trennung von der Partei nicht in Frage, selbst dann nicht, als er damit seine Familie retten könnte. Erst als sein Versuch, seine Frau nicht in den sicheren Tod zu schicken, dazu geführt hat, daß die GPU ihn selbst verfolgt, vollzieht sich der Bruch – von seiten der Partei. Und selbst dann noch, gejagt von seinen alten Genossen, bietet er der Komintern das Schweigen an. Soweit die Erzählung von »Out of the Night«.

In der gespielten Abkehr vor den Augen der Gestapo dagegen argumentiert Valtin mit all jenen Zweifeln, die ihm tatsächlich gewachsen waren. Es sind auch jene Argumente, die in anderen Renegatenberichten vorgetragen werden. Krebs spielt die Rolle, die die Komintern von ihm verlangte: die typische Konversion. Und die Gestapo schenkt ihm bereitwillig Glauben, weil er die typischen Enttäuschungen memoriert und damit die Konversionspotenz des nationalsozialistischen Systems belegt.

Krebs erteilt dem Leser jedoch auch eine implizite Warnung: »In einem Fall legte Inspektor Kraus (beim Verhör) wie zufällig eine der maschinengeschriebenen Seiten an eine Stelle, die direkt unter meinen Augen lag. Ich konnte beinahe der Versuchung nicht widerstehen, einen heimlichen Blick darauf zu werfen. Aber ich hielt mich unter Kontrolle; der Teil meines Berichts, den man so nahe vor mich hinlegte, sah zu sehr nach einer Falle aus« (1957, 529).

Es ist nicht auszuschließen, daß auch Krebs-Valtin seinem Leser Fallen stellt, vordergründige, ›präparierte‹ Erklärungen liefert, die jener Gestapo-Falle vergleichbar sind, auch wenn es Krebs nicht um eine Irreführung seiner Leser geht, sondern um den Versuch, verschiedene Schreibintentionen zu verbinden: die Enthüllungsgeschichte der Komintern mit den Schilderungen seiner Abenteuer zur See und schließlich mit der Beweisführung, nicht bloß Chronist, sondern Schriftsteller zu sein.

Die beiden Varianten der Abkehr-Erzählung, die an die Leser von »Out of the Night« und die an die Gestapo gerichtete, die im Buch eingebettet ist, berühren sich nicht zufällig; ihre Nähe ist evident, und Krebs selbst weist darauf hin. Vieles von dem, was er der Gestapo (Inspektor Kraus) berichtet habe, sei wahr gewesen. Als er vor Kraus sein Geständnis improvisiert, heißt sein Kommentar: »So seltsam das unter den vorliegenden Umständen auch scheinen mag – ich hatte die Wahrheit gesprochen« (1957, 529).

Dennoch wäre es unzulässig, beide Erzählungen gleichzusetzen. Wenn Karl Korsch in seiner Besprechung so verfährt und die Argumentation von Krebs-Valtin gegenüber der Gestapo verwendet, um ihn zum Nazi-Agenten zu erklären, dann handelt es sich gleichwohl nicht um einen literaturtheoretischen Fauxpas, sondern um ein anderes Spiel, in dem der manipulative Umgang mit der Krebsschen Erzählung die Regel ist. Korsch spricht von einer »wohlüberlegten Abkehr (Valtins) vom Kommunismus« und davon, daß Valtin »das Programm von ›Mein Kampf‹ akzeptierte. Er setzt einen Protagonisten der Krebsschen »Komödie« mit dem Autor in eins, um ihn nicht für sich selbst sprechen zu lassen.

Das Geständnis vor Inspektor Kraus steht am Ende einer mehr als dreijährigen Zeit, die Krebs in Gefängnissen, Konzentrationslagern und Folterkellern zugebracht hat, wo man ihn mit allen Mitteln zum Sprechen zwingen wollte. Namen und Adressen werden von ihm verlangt, Berichte über den Aufbau kommunistischer Organisationen und deren Arbeitsmethoden. »Du könntest uns Bände erzählen« (1957, 418), fordert Inspektor Kraus ihn auf.

In »Out of the Night« scheint Krebs all das, was er der Gestapo nicht berichtet hat, mit größter Ausführlichkeit nachzuliefern [216]; gerade im zweiten Teil des Buches finden sich akribisch zusammengetragene Details, die ohne Beziehung zur Lebensgeschichte des Autors bleiben und auch für die Erzählung funktionslos erscheinen; allenfalls wollen sie das Authentizitätsanspruch des Textes belegen. Geradezu irritierend wirkt auf die Leser das gute Gedächtnis von Krebs [217], der – davon zeugen wiederum die Irrtümer und Verwechslungen – weitgehend ohne Unterlagen auskommen mußte. Gewiß hat »Out of the Night« auch bei der Gestapo aufmerksame Leser gefunden.

Aber es scheint mir wiederum zu einfach, den Text nur als nachgeholtes Geständnis zu verstehen, das nun durch die Trennung von der Partei möglich geworden wäre. Ich will darum auf einige weiteren Möglichkeiten hinweisen, wo Schreibmotivationen für Krebs zu suchen sind. Es geht mir dabei weniger um eine Hierarchisierung dieser Motivationen, als um die Komplexität des Geflechts – vor dessen Hintergrund sich die Simplifizierung der Rezeption abhebt. So erinnert sein Bericht an jene Rapporte, wie sie seine Vorgesetzten im Parteiapparat und der Komintern immer wieder von ihm verlangten. Diese Rapporte gehörten zu seinem Alltag als Parteifunktionär, der letzte wird von ihm gefordert, als er aus den Nazigefängnissen nach Kopenhagen zurückkehrt. Wollweber befiehlt Krebs-Valtin: »Setz eine Woche aus und schreibe einen Bericht, einen detaillierten Bericht. Vergiß nichts, was von Bedeutung sein könnte« (1957, 554).

Und wir stoßen in »Out of the Night« gegen Ende auf die Aufforderung des GPU-Funktionärs Leo Haikiss, einer der Gründer der Leningrader Tscheka, ihm einen Bericht über den Genossen Wollweber abzufassen: »Ich möchte keinen diplomatischen Bericht. Ich möchte einen Bericht, der aus dem Herzen kommt. Die Genossen in Moskau unterscheiden zwischen diplomatischen und ehrlichen Berichten. Denk daran, daß Wollweber ein Bandit ist ⟨...⟩ Schreib alles ganz genau auf und unterschreib mit deinem Namen. Behalte keine Kopie zurück. Ich werde das Original mit nach Moskau nehmen« (1957, 569).

Krebs kommentiert diese Aufforderung: »Wie alle seine Kollegen sammelte Haikiss Material gegen alle nur möglichen Rivalen. Ich merkte, daß er irgend einen geheimen

Grund hatte, Wollweber zur Strecke zu bringen. Auch ich hatte einen« (1957, 568). Das zeigt nebenbei, wie weit die Komintern zu diesem Zeitpunkt dem sowjetischen Staatssicherheitsdienst untergeordnet war. Da Haikiss aber in Moskau dann den ›Säuberungen‹ zum Opfer fällt (wie die meisten jener Russen, die wie er am Spanischen Krieg beteiligt waren), gerät das Krebssche Dossier in die falschen Hände – in die von Wollweber. Daß »Out of the Night« Züge dieses Rapports trägt, legt die Gewichtung der Figur Wollwebers in der Krebsschen Erzählung nahe. Wollweber taucht bei Krebs bereits mit den Flottenaufständen von 1918 auf als »der untersetzte Anführer der aufrührerischen Matrosen«, der »seine Worte wie Felsbrocken in die Masse« schleuderte [218]. »Die Massen antworteten. Sie brüllten, bis die Gesichter zu bersten schienen. Der Zwang war unwiderstehlich. Ich brüllte mit« (1957, 15), so kommentiert Krebs die Wirkung von Wollwebers Rede. Und spätestens dort, wo er die Freundschaft der Kominternagentin Cilly zu Wollweber schildert, kommt nachweisbar ein fiktives Element ins Spiel, das Krebs wohl nicht zuletzt darum einführt, um den Hauptgegner stärker in seine Erzählung einzubinden.

Auch als die Komintern Valtin isoliert, ergeben sich weitere Situationen, die über ihre Gebundenheit in der Erzählung hinaus auf die Schreibmotivation von Krebs hinweisen. Eine Situation ist es vor allem, nämlich die Verteidigungsrede von Valtin vor der Kontrollkommission der Komintern, sein Zweikampf gegen Wollweber, als er sich den Befehlen des Apparats widersetzt hat, um seine Frau nicht weiter zu gefährden. Valtin greift in seiner »Verteidigung« weit zurück, so daß »Out of the Night« als die noch ausführlichere, vor allem aber als revidierte Verteidigungsrede von Krebs gelesen werden kann. Revidiert wäre besonders jener Fehler, den sich Valtin nachträglich vorhält: »Bevor ich noch die Hälfte von dem gesagt hatte, was ich sagen wollte, war meine Zeit verstrichen. Selbst in dieser Situation war ich zu diszipliniert, um die Regeln zu durchbrechen, die jene aufstellten, die meine Vorgesetzten gewesen waren. ⟨...⟩ Dann erkannte ich meinen Fehler: Ich hätte mich nicht verteidigen sollen – ich hätte angreifen sollen...« (1957, 582).

Alle diese Anstöße fließen in »Out of the Night« zusammen: ein Geständnis über Arbeitstechniken, Namen und Adressen der Komintern, ein Rechenschaftsbericht, eine Anklagerede gegen Wollweber und eine Verteidigung seines Verhaltens gegenüber seinen Genossen. Wie das Buch zumeist mit Absicht mißverstanden wurde, zeigt seine Rezeption, in der beispielsweise die Schilderung des nationalsozialistischen Terrors kaum eine Rolle spielt. Dieser denunziatorischen oder funktionalisierenden Rezeption kann (nicht nur im Falle Krebs) durch eine genaue Textanalyse geantwortet werden.

Robert Bek-gran, der Richard Krebs in den USA unterstützt hatte, war nicht nur wie dieser durch die Maschen der Exilforschung gefallen, sein Name wurde gar als Pseudonym mißdeutet. Rolf Recknagel rubriziert dessen 1920 in Nürnberg veröffentlichte Broschüre »Vom Wesen der Anarchie« unter das Werk von B. Traven und findet mit diesem Postulat seine Nachfolger [1]. Ähnliche Fehleinschätzungen treffen Bek-grans Zeitschrift »Gegen den Strom«, die einmal als »antikommunistisches Pamphletblatt«, dann als »offenbar den Trotzkisten nahestehende Zeitschrift« gekennzeichnet wurde [2]. Bek-gran hat nicht nur der notwendigen Korrektur wegen Aufmerksamkeit verdient, sondern auch, weil seine Zeitschrift »Gegen den Strom« zu einem frühen Sammelbecken für Renegaten-Autoren wurde; zudem ist sein Weg als Renegat gerade wegen seiner untypischen Ausprägung bemerkenswert. Er ist zu jenen Kritikern der Kommunistischen Partei zu rechnen, die zu bestimmten Zeiten aus taktischen Gründen Mitglieder geworden waren, ohne doch in der Partei eine umfassende neue Heimat zu suchen und ohne die alten Überzeugungen gänzlich aufzugeben.

Bek-Grans politische Sozialisation

Am 7. 12. 1894 in München geboren und in Nürnberg aufgewachsen, wurde er über die Wandervogelbewegung [3] und das Kriegserlebnis zum Sympathisanten der Münchner Revolution von 1918. Im November/Dezember wurde der ehemalige Pionier als Vertreter der Inspektion des Ingenieur-Korps in den Soldatenrat gewählt. Seine Schrift »Vom Wesen der Anarchie« (1920) steht im geistigen Horizont von Gustav Landauer (dem sie gewidmet ist) und Gustav Wyneken, im zeitlichen der gewaltsam niedergeschlagenen bayerischen Revolution. Die zentrale Definition des Sozialismus ist Landauers »Aufruf zum Sozialismus« entnommen: »Sozialismus ist die Willenstendenz geeinter Menschen, um eines Ideals willen, Neues zu schaffen«. Revolution meint den Weg zum »neuen«, der über die »revolutionierung des einzelnen, das erwachen der liebe, überwindung der gewalt, und entfesselung der seele, das erwachen der gemeinschaft, das werden der kirche, das endliche wissen um die individualität« verläuft. Der Sozialismus ist für Bek-gran nicht die letzte Entwicklungsstufe, ihr folgt die »anarchie«, in welcher nur noch ein Gesetz herrscht, »das des guten«. Der Kommunismus ist für Bek-gran 1920 ganz mit dem Staatsgedanken verhaftet; eine Trennung von Staat (als überflüssiger Einrichtung) und Wirtschaft (als menschlicher Notwendigkeit) werde im Kommunismus nie stattfinden. Deshalb bleibe auch noch der Marxismus der Stufe der »zivilisation« verhaftet, mithin den Mächten des Untergangs.

Bek-grans Schrift »Vom Wesen der Anarchie« zeigt seine große innere Distanz zur parteipolitischen Vorstellungen; deshalb verwundert es nicht, daß er 1919 nicht den Weg zu Spartakus/KPD oder USPD einschlägt, sondern sich der linksbürgerlichen »Entschiedenen Jugend« mit ihrer Mischung aus sozialistischen Vorstellungen und geistrevolutionären Idealen anschließt. Die »Entschiedene Jugend« nimmt im Spektrum der bürgerlichen Jugendbewegung eine linke, parteiunabhängige Position ein [4]. Bek-gran wird der verantwortliche Redakteur der »Rundbriefe eines Kreises von Wandervögeln«, mit dem die »Entschiedene Jugend« und der »Jungdeutsche Bund« zusammengeführt werden sollen. Nachdem sich die »Entschiedene Jugend« auflöst, bzw. in die KPD integriert wird, schließt sich Bek-gran der im Herbst 1920 gegründeten »Freien Proletarischen Jugend« in Nürnberg an, später dem »Bund freier sozialistischer Jugend« (in der auch Wolfgang Abendroth organisiert war). 1922 bricht Bek-gran nach den Vereinigten Staaten auf. Später wird kolportiert [5], er sei in die USA gekommen, nachdem er als deutscher Staatsfeind zwei Jahre im Gefängnis eingesessen habe. Die Wahrheit scheint prosaischer: Um 1920 reist er als Führer einer amerikanischen Studentengruppe durch Deutschland. Durch einen Mäzen, den er bei dieser Gelegenheit kennenlernt, werden ihm und seiner Frau die Überfahrt in die Staaten bezahlt. Der Grund für die Auswanderung dürfte vor allem wirtschaftlicher Natur gewesen sein; denn schriftstellerische Pläne, die Veröffentlichung einer Dichtung »Lil(l)iom« beim S. Fischer Verlag (er war mit Fritz Landshoff, dem Neffen Samuel Fischers und späteren Leiter des Querido-Verlags in Amsterdam, befreundet), sind ebenso gescheitert wie andere berufliche Projekte. Jedenfalls wird man ihn wohl als Flüchtling vor den Folgen der deutschen Nachkriegsinflation betrachten dürfen. Enttäuschung über die politischen Zustände im gegenrevolutionären Nachkriegsdeutschland wird hinzugekommen sein.

Im Dienst der Kommunistischen Partei der USA

Bek-gran gerät äußerlich und innerlich in den Sog des amerikanischen Lebens; anfangs arbeitet er in der deutschamerikanischen Buchhandlung von W. Beyer. Dieser gehört wie Herman Kormis zur »Gewerkschaft der Deutschen Buchhändler in New York«. Kormis schreibt, daß Bek-gran später »in einer jener fortschrittlichen Schulen in Peekskill, New York« als »Junglehrer gearbeitet habe [6]. In der Nähe von Peekskill, einem kleinen Städtchen am Hudson River, lag damals auch die anarchistische Siedlung »Mohigen Colony« in Crompond, in der sich nach 1937 der Anarchist Rudolf Rocker niederläßt. Die Lehrtätigkeit war offenbar aber eine Ausnahme, denn Bek-grans erste Frau Marie [7] erinnert sich lediglich daran, daß ihr Mann sich seinen Unterhalt als Verkäufer in Buchläden verdient habe.

Bek-gran setzt sich in einigen Artikeln in der »Freien Sozialistischen Jugend« und der »Freien Proletarischen Jugend« mit seinen Emigrationserfahrungen auseinander. Er geht auch ein auf die amerikanische Kommunistische Partei (CPUSA), die nur schreie, politische Schreihälse erziehe und im übrigen nichts tue. Er polemisiert gegen die

proletarischen »Hundertprozenter« und »Puritaner«: »Sorgen wir ⟨...⟩ dafür, daß der
Aufstand nicht nicht neue Herren gebiert. Es dreht sich mir immer um dasselbe: ich
fürchte die Ketzerverbrennungen der kommunistischen Kirche«. Nicht das Programm
zähle für ihn, sondern nur das »eigene Gesetz« – und dann fällt wie selbstverständlich der
Hinweis: »lest Stirner!« [8] Bek-gran, der in Deutschland elitären »Bünden« aristokrati-
scher Geist-Menschen, nicht Parteien anhing, hatte sich auch in Amerika seine ›europä-
isch‹-anarchistischen Zweifel bewahrt, gerade auch gegenüber dem Totalitätsanspruch
der kommunistischen Partei.

Was konnte ihn, der 1925 über den »proletarischen Puritanismus« der Kommunisten
gespottet hatte, fünf Jahre später dazu bewegen, Mitglied der kommunistischen Partei
der USA zu werden? Die Fronten zwischen Anarchismus und Kommunismus schienen in
Theorie und Geschichte eindeutig und geschieden zu sein. Allenfalls ließe sich an Erich
Mühsam denken, der 1919 zur Zeit der Münchner Räterepublik zur Mitgliedschaft und
zur Kooperation mit der KPD bereit gewesen war [9], oder an Fritz Brupbacher, der sich
als Anarchist im Jahr der Oktoberrevolution der Schweizer KP anschloß.

Brupbacher sah in der Schweizer KP seine »Verbündete«; er sei zwölf Jahre Mitglied gewesen, »ohne
Kommunist zu sein« (1946, 7). An anderer Stelle spricht er davon, er sei zwar zu drei Vierteln mit der
Partei gewesen, doch das eine Viertel habe sich ›im Innersten getummelt, Gewehr bei Fuß und
jederzeit bereit, zu revoluzzen‹ (1935/1973, 311). Im Januar 1933 wurde Brupbacher nach einer
parteiinternen Revolte aus der KP ausgeschlossen [10].

Bek-gran war jedoch 1931 nach Rußland gereist, und sein späterer Kommentar, anläßlich
des Rußlandberichts von Victor Serge, lautet: »Mein Verhältnis zu Russland war immer
ein wohlwollend kritisches, selbst nach den Erfahrungen eines Besuchs im Jahre 1931.
Ich versuchte wie viele andere immer zu verzeihen, zu verstehen. Der Wunscherfüllungsdrang war so groß, daß eine gewisse Unehrlichkeit gegen mich selbst in mir Platz griff«
[11].

Dieses Geständnis spricht recht präzis von seinen früheren Widerständen gegen einen
›rücksichtslosen Blick‹, wie er ihn bei Victor Serge wahrnimmt. Bek-gran macht einen
»Wunscherfüllungsdrang« dafür verantwortlich, also sein utopisches Denken: die Hoffnung, daß die revolutionären und freiheitlichen Kräfte in Rußland stark genug wären,
dem aufsteigenden Faschismus erfolgreich Widerstand zu leisten.

Im Juni 1939 versucht Bek-gran die Anziehungskraft der KP auf andere Emigranten als
Kompensation eines mehr oder weniger unglücklichen Lebens zu entschlüsseln. »Das ist
umsomehr der Fall, wenn es sich um Leute handelt, die in das neue Milieu Amerika gegen
ihren Willen vom blinden Schicksal geworfen wurden« [12]. Auch wenn Bek-gran
planvoll ausgewandert war, mag angesichts des Mangels an syndikalistischen Organisationen die linksradikale amerikanische KP ihm eine Spur Sicherheit, Orientierung und
Hoffnung versprochen haben.

Nicht allein der Blick auf Rußland und den Faschismus werden bei seiner Entscheidung eine Rolle gespielt haben. Hinzu kommt, daß sich die CPUSA 1930 von anderen
kommunistischen Parteien deutlich unterschied. Gegenüber den Gewerkschaften und
den Selbsthilfeorganisationen in den USA war sie ein Winzling, die nie einen einzigen
Abgeordneten in den Kongress entsandte, allerdings auch nicht domestiziert war wie die

europäischen Parteien. Die »Communist Party of USA« hatte erst 1930 ihren Namen erhalten, nachdem die amerikanischen Kommunisten im April 1923 ins Licht der Legalität getreten waren. In der CPUSA waren auch 1930 mehr Gruppierungen und Strömungen vertreten als in einer zentralistisch strukturierten Partei wie der KPD; so sammelten sich dort beispielsweise auch die Reste der zerschlagenen IWW (Industrial Workers of the World), einer revolutionär-syndikalistischen Kampforganisation [13]. Wenn KP-Chef Foster 1924 im »Daily Worker« schreibt, daß die Kommunistische Partei auch von ihren Gegnern »als zentrale Kraft des amerikanischen Radikalismus« anerkannt werde [14], so weist das hin auf den Charakter der Partei als Sammelbecken radikaler, auch anarchosyndikalistischer Kräfte.

Als Beispiel für die fehlende Domestizierung der CPUSA nennt Margret Boveri (1976, 489 u. 491) die Beliebtheit Trotzkis, der Anfang der zwanziger Jahre bei den amerikanischen Kommunisten bekannter als Lenin war, und allen Parteiausschlüssen zum Trotz in den USA angesehen blieb. Boveri schreibt weiter, daß die frühen amerikanischen Kommunisten sich nicht der Kominternkontrolle unterwarfen, daß aber die Partei, die sie gründeten, sich schließlich zum Instrument der KI entwickelte.

Als Bek-gran 1930 in die CPUSA eintritt, umfaßt diese landesweit gerade 7000 Mitglieder (1933 waren es 19.000), und die Auflage ihres Zentralorgans, des »Daily Workers«, beträgt 18.000 (1934 45.000) [15]. Trotz dieser niedrigen Zahlen und obwohl 60 % der Parteimitglieder 1930 arbeitslos waren, hat die CPUSA in diesen Jahren einen starken Einfluß auf die nationale Arbeiterbewegung, nicht zuletzt weil die Kommunisten die korrupten Gewerkschaftsleitungen angreifen und den Austritt der Arbeiter aus den reaktionären Gewerkschaften predigen. Aber gerade als die Desillusionierung gegenüber den Gewerkschaften zunimmt, beginnt die CPUSA die Gewerkschaften zu unterstützen, vor allem den 1935 gegründeten Dachverband der Industriegewerkschaften (CIO). Die Direktiven des VII. Weltkongresses der Komintern (1935) verlangen (auch) von der CPUSA eine nationale Orientierung. Statt Kampf gegen den Imperialismus sind nun Schutz der bürgerlichen Demokratie und der Sowjetunion angesagt. Der Aufbau einer kommunistischen Gewerkschaftsorganisation wird ebenso eingestellt wie die gewerkschaftsfeindlichen Betriebszeitungen. Unter der Parole »Communism is 20th Century Americanism« wird bei den Versammlungen im Madison Square Garden nicht mehr die »Internationale«, sondern der »Star Spangled Banner« gesungen. Erst während des Hitler-Stalin-Paktes schwenkt die CPUSA von der Volksfrontstrategie der Kooperation mit dem CIO wieder um und bekämpft die Gewerkschaft nun wegen »Kollaboration«. Ein erneuter Schwenk findet nach dem deutschen Angriff auf die UdSSR statt; nun unterstützt die CPUSA bedingungslos den Krieg, bekämpft jeden Streik als Landesverrat und gewinnt in der amerikanischen Öffentlichkeit kurzfristig an Sympathie [16].

Bek-gran arbeitet nach 1930 [17] im »German Bureau« der Partei – die amerikanische KP faßte fremdsprachige Mitglieder in eigenen Sektionen zusammen; die Deutschen hatten ein »National Bureau« und mehrere »District Bureaus«. In New York umfaßt die deutsche Sektion nach eigenen Angaben 1938 etwa 600 Mitglieder [18]. Im Auftrag seines Bureaus unternimmt er mehrfach Reisen durch die Staaten mit dem Ziel, die sogenannten »Arbeiter-Klubs« zu organisieren, die Anfang der 30er Jahre zwar offiziell als parteiunabhängige antifaschistische Organisationen entstanden, in Wirklichkeit aber fest

in Händen der CPUSA sind. Die Partei habe gegenüber den Klubs ihr »Eigentumsrecht«
reklamiert [19].

Bek-grans damaliger Parteigenosse (und späterer Mitarbeiter in »Gegen den Strom«),
Ernst W. Mareg schreibt: "R. Bek-gran wurde im Herbst 1933 vom ›Deutschen National-
Büro‹ auf eine ›Arbeiter‹-Kampagne-Tour durch die Industriezentren des Ostens und des
Mittelwestens gesandt, um einerseits Leser und Abonnenten für den ›Arbeiter‹ zu
gewinnen und andererseits entweder die Gründung von Deutschen Arbeiter-Klubs zu
bewerkstelligen oder zum Mindesten für eine solche Gründung ein Teil der Vorarbeiten
zu leisten« [20]. Am 24./25. März 1934 findet in New York die erste »National-Konferenz
der Deutschen Arbeiter-Klubs« statt, auf der Ernst W. Mareg als Generalsekretär,
Bek-gran als Organisationssekretär ins Exekutiv-Komitee gewählt werden [21]. Mareg
berichtet in »Gegen den Strom« weiter, wie jeder Versuch Bek-grans, in diesen »Arbeiter-
Klubs« ein Stück Unabhängigkeit vor der CPUSA zu wahren, vom ZK der Partei im Keim
erstickt worden sei. 1936 haben die »Arbeiter-Klubs« ihre Unabhängigkeit gegenüber der
Partei gänzlich eingebüßt [22].

Um das Jahr 1937, so Herman Kormis, habe Bek-gran sich dann von der Partei
getrennt – von »den Zitzen der Muttersau«, schreibt drastischer Peter Michael Gross [23].
In Bek-grans Zeitschrift »Gegen den Strom« finden sich nicht nur Hinweise auf seine
Tätigkeit in der CPUSA, sondern indirekt liefert die Zeitschrift die Beweggründe für
seine Trennung von der Partei. Neben dem Verhalten der CPUSA gegenüber anderen
Organisationen, die im Rahmen der Volksfront gegründet, tatsächlich aber rigide den
Interessen der Partei unterworfen wurden, wird auch eine weltpolitische Desillusionie-
rung mitgewirkt haben – nicht zuletzt die Nachrichten vom stalinistischen Terror in
Spanien und Rußland, von dem in »Gegen den Strom« noch öfters die Rede ist.

»Gegen den Strom«

1938 waren in New York, dem Zentrum der deutschsprachigen Emigranten [24],
politische Konflikte innerhalb der Emigrantenszenen zu beobachten, insbesondere
zwischen Parteikommunisten und den übrigen Linken (Sozialisten, Anarchisten, Trotzkisten, ›Abtrünnigen‹, ›Unpolitischen‹ etc.), aber auch Gegensätze zwischen Emigranten
und Deutschamerikanern, nicht nur, weil unter letzteren die nationalsozialistische Ideologie viele Anhänger fand. Beides spiegelt sich wieder in der 1938 von Bek-gran
gegründeten Zeitschrift »Gegen den Strom«, in der sowohl Exilanten wie linke Deutschamerikaner mitarbeiteten, wobei letzteren der größere Einfluß zukam. Bek-gran identifiziert sich in seiner Zeitschrift mit der ›Sicht der Amerikaner‹ [25] und kritisiert den
Eurozentrismus der Emigranten:

»Sie höhnen im geheimen über die ›kindische Art der Amerikaner ohne Weltanschauung die Welt zu verbessern‹. Sie nehmen sich aber beileibe nie die Mühe, ihre neue
Umgebung zu studieren und ihre Methoden anzupassen. Daher kommen ihre Konflikte
und ihre vollkommene Wirkungslosigkeit. Daher dies Speckmäusetum, das uns alle
abschreckt und anwidert« [26].

Bek-gran wohnt weder im deutschamerikanischen Viertel noch in einem der Exilzentren New Yorks, sondern in Greenwich Village, nahe dem Washington Square. Seine Adresse war in jedem Heft der Zeitschrift angegeben: 120 East 10th Street. Die Wohnlage im Exil signalisiert Zugehörigkeiten; Bek-grans Adresse weist auf eine zumindest räumliche Distanz zur Emigrantenszene hin.

Mit dem Namen seiner Zeitschrift, der vom Weg zurück zu den unverdorbenen Quellen, den unverfälschten Ursprüngen kündet, knüpft Bek-gran an den des Organs der KPD-Opposition an, die gegen die Sozialfaschismustheorie, die Bolschewisierung der KPD wie die Mißachtung der faschistischen Gefahr opponierte, und an den Titel, den Lenin und Sinowjew ihren Aufsätzen gaben, in denen sie 1914-1916 die sozialdemokratische Kriegspolitik bekämpften [27]. Die biblische Metapher [28] spricht davon, daß Bek-gran sich mit der Zeitschrift in die Tradition der Arbeiterbewegung stellt. Er bleibt im Hauptstrom, sucht nicht den Untergrund, einen Seitenarm des Stroms oder die Ufersümpfe. Und nur das Lebendige schwimmt gegen den Strom, mit ihm dagegen Totes und Treibgut.

»Ich sympathisiere mit allen, die gegen den Strom schwimmen«, schreibt Victor Serge in seiner Autobiographie (1967, 455). André Gide: »In unserer Gesellschaftsform ist ein großer Schriftsteller, ein großer Künstler wesentlich antikonformistisch; seine Richtung ist gegen den Strom« (1960, 10). Heinz Brandt: »Meine Mutter lenkt mich unmerklich in ein Fahrwasser, das meiner Wesensart entspricht: gegen den Strom zu schwimmen« (1967, 46). Es ist kaum ein Zufall, daß auch politische Grenzgänger wie Ernst Niekisch oder Hendrik de Man ihren Autobiographien den Titel »Gegen den Strom« geben.

Neben einem längeren Artikel, einer Buchbesprechung und Übersetzungen verfaßt Bek-gran für seine Zeitschrift in der Regel die »Bemerkungen« [29], mit der die meisten Nummern eingeleitet wurden. Dort heißt es in der ersten Nummer zum Selbstverständnis der Zeitschrift:

»Die Notwendigkeit, all den Sozialisten, die sich nicht durch politische Apparate und Linien in ihrer persönlichen Überzeugung erschüttern lassen und die den Willen besitzen, das öffentlich zu sagen, ein Sprachrohr zu verschaffen, ist der Anlaß für das Erscheinen der Monatsschrift GEGEN DEN STROM. Der Sozialismus der Zukunft kann nur werden und gedeihen, wenn der Einzelne, das Individuum, gegen den Katholizismus der Internationalen rebelliert, und immer wieder von neuem das übernommene und überlieferte Gedankengut überprüft. Es ist die Überzeugung des Herausgebers, daß das Diktat einzelner Individuen die gedankliche Unabhängigkeit der Menschen im Namen der großen Revolutionäre zu ersticken versucht. Zwei tausend Jahre lang wurde im Namen Christi geplündert, gemordet und jede Form der Unterdrückung gerechtfertigt. ⟨...⟩ Die Renaissance, die französische Revolution und die russische Revolution waren leere Gesten einer hoffenden Menschheit, wenn es Menschen nicht möglich sein wird, durch das Zeitalter der Diktaturen die Freiheit des Denkens zu erhalten. Wir wollen in unserem kleinen Rahmen in unserer kleinen Welt dazu beitragen, daß diese Befürchtungen unserer trübsten Stunden nicht wahr werden. Der Herausgeber ⟨...⟩ sieht seine Rolle als die eines unparteiischen Vorsitzenden in einer Debatte an. Er ersucht die Leser zu Mitarbeitern zu werden« [30].

In der zweiten Nummer schreibt Bek-gran: »GEGEN DEN STROM dient keiner Partei, es huldigt nicht einer Überzeugung. Die Zeitschrift will alle zu Wort kommen lassen. Sie will die Zeitschrift der Leser werden. Daß Viele in den nächsten Nummern ihrem seit Jahren unterdrückten Zorn Ausdruck geben werden, ist nur zu menschlich. Viele werden mit Patentlösungen und kuriosen Ideen die Welt beglücken. Sie sollen es tun. Zu lange hat die sozialistische Welt den Autoritäten zugehört, die wie Katecheten und Kaplane den heiligen Marx interpretierten. Andere sagten: Kropotkin und nicht weiter. Wir müssen anfangen selbst zu denken, denn die Internationalen sind im Sterben« [31].

Kein theoretisches (Zentral-)Organ wird angekündigt, sondern die Stimmen von einzelnen. Bek-gran hat seine Zeitschrift tatsächlich zum Sprachrohr unterschiedlicher oppositioneller Stimmen gemacht, auch wenn die Losung ›Leser sind potentielle Mitarbeiter‹ kaum Resonanz zeigte. In ihren Grundzügen werden hier wieder die politischen Überzeugungen Bek-grans deutlich, die sich nicht mit der Summe der Artikel seiner Zeitschrift gleichsetzen lassen, wohl aber mit seinem Anspruch, andere Meinungen zu Wort kommen zu lassen. Zum Teil tritt er den dort verbreiteten Meinungen und Analysen entgegen [32], an manchen Punkten erteilt er Trotzkisten [33] oder Sozialdemokraten gute Noten, am stärksten scheint trotz der oben zitierten Distanz aber die Verbundenheit mit anarchistischen Stimmen; dafür spricht nicht nur die Herausgebertätigkeit von Rudolf Rocker, der Bek-gran vertritt, als dieser im Sommer 1938 eine Reise unternimmt [34], sondern auch Bek-grans Berufung auf Gustav Landauer [35], seine antiautoritäre Grundhaltung, alle Stimmen jenseits der Parteiapparate zu Wort kommen zu lassen, sein Plädoyer für das Individuum und gegen die Parteipolitik der Internationalen. Bek-gran veröffentlicht in seiner Zeitschrift neben diesen Stimmen Beiträge aus Büchern von Wilhelm Reich, Jef Last, Alexander Barmine und Louis-Ferdinand Céline; schließlich übernimmt er Artikel aus der in Antwerpen erscheinenden Exilzeitschrift »Freies Deutschland«, dem »Neuen Tage-Buch« und den »Europäischen Heften«, unter anderem von Gide, Schlamm und Tucholsky. Bek-gran veröffentlicht, vermutlich als erster, vollständig den letzten Brief Kurt Tucholskys an Arnold Zweig [36]. Und einer wenigstens wird hier aufmerksam auf die Zeitschrift: Kurt Hiller notiert 1950 zur Neuherausgabe seines Essays »Tucholsky und der Selbsthaß« von 1936, daß die erste Publikation des Briefes in der »Neuen Weltbühne« eine Fälschung war: »Es war eine Fälschung durch Fortlassungen – besonders einer sehr unfreundlichen Stelle über Stalin. Der Originaltext des Briefes ist 1939 in Nr. 8-9 der inzwischen sicher dahingegangenen Außenseiterzeitschrift ›Gegen den Strom‹ (Herausgeber: R. Bek-Gran) zu New York erschienen, leider entstellt durch ein Gestöber von Druckfehlern« (1950, 290).

Einige der Briefpassagen von Tucholsky, die in »Gegen den Strom«, nicht in der »Neuen Weltbühne« erschienen sind: »Nun ⟨nach der Niederlage der Juden und der ›deutschen Linken‹⟩ muss auf die lächerliche Gefahr hin, dass das ausgebeutet wird, eine Selbstkritik vorgenommen werden, gegen die Schwefellauge – Seifenwasser ist. Nun muss – ich auch! ich auch – gesagt werden: Das haben wir falsch gemacht und das und das – und hier haben wir versagt.

Und nicht nur: Die Andern haben... sondern wir alle haben. ⟨...⟩ Statt einer Selbstkritik und einer Selbsteinkehr sehe ich da etwas von ›wir sind das bessere Deutschland‹ und ›das da ist gar nicht Deutschland‹ und solchen Unsinn. ⟨...⟩ Man muß von vorn anfangen – nicht auf diesen lächerlichen

Stalin hören, der seine Leute verrät, so schön, wie es sonst nur der Papst vermag. (...) Und hier ist das, was mich an der deutschen Emigration so abstösst: es geht alles weiter, wie wenn gar nichts geschehen wäre. Immer weiter, immer weiter – sie schreiben dieselben Bücher, sie halten dieselben Reden, sie machen dieselben Gesten. (...) Entmutige ich? Das ist schon viel, wenn man falsche und trügerische Hoffnungen abbaut. Ich glaube übrigens an die Stabilität des deutschen Regimes. – Es wird von der ganzen Welt unterstützt, denn es geht gegen die Arbeiter. Aber stürzte das selbst zusammen: die deutsche Emigration ist daran unschuldig« (GDS, H. 8/9, S. 4 f).

Im Großen laufen Bek-grans Attacken gegen die stalinistische Diktatur, die er der Hitlerschen gleichsetzt, im Kleinen gegen die Strategie der CPUSA, den »Deutschamerikanischen Kulturverband« (DAKV) im Namen der Volksfront für ihre Zwecke zu funktionalisieren und vor ihren Karren zu spannen. Am 23.9.1935 war der DAKV als Dachverband deutschsprachiger antifaschistischer Organisationen in New York gegründet worden, Herman Kormis gehörte dem ersten Vorstand an, Thomas Mann war einer der Ehrenpräsidenten. Man war bestrebt, daß keine der politischen Parteien den Verband dirigieren sollte. Der Sozialdemokrat Gerhart Seger, 1936 gewählter Präsident des Verbandes, tritt aus Protest zurück, als ihm ein internes Papier der CPUSA zugespielt wird, das die Dominierungsstrategie der KP für den DAKV belegt. »Gegen den Strom« wird dann zum Sprachrohr derjenigen, die dieser Entwicklung Widerstand leisten wollen. Nachträglich gesehen scheint dies ein Hauptanliegen der Zeitschrift gewesen zu sein. Bek-gran schreibt im Juni 1938: »Was die Zeitschrift will ist ein DAKV in dem man ohne Visier, ohne Mäzchen, ohne Schiebungen politischer Art das gemeinsame Ziel zu erreichen sucht« [37].

1939 nennt er seine Artikel über den Kampf um die Unabhängigkeit des DAKV »Sturm im Wasserglas« und »Viel Lärm...«, doch diese Titel täuschen. Es war für ihn kein Schattengefecht um ein »Nichts«. Er hält die Auseinandersetzung für exemplarisch und bedeutungsvoll, weil in ihr der ganze antidemokratische Charakter der KP aufscheine. Hinter der Aufgabe, die KP-Hegemonie im DAKV zu verhindern, steht »das gemeinsame Ziel« einer ›echten‹ Volksfront, in der die Unterdrückung des einzelnen durch den »Katholizismus der Internationalen« keine Fortsetzung fände. »Eine antifaschistische Massenbewegung kann nur leben und stärker werden wenn sie sich nicht den politischen Axiomen einer Partei verschreibt« [38]. Bek-grans Analyse der KP-Volksfrontstrategie und seine Kritik [39] an diesem Antifaschismus wird in den späteren Jahren bestätigt werden, in der Zeit der Anbahnung des Zweiten Weltkriegs hatte seine Abgrenzung gegen rechts und links jedoch wenig Chancen, auf größere Resonanz zu stoßen. Denn so groß die Zahlen der Deutschamerikaner und Emigranten waren, so gering war letztlich deren politisches Interesse. Gerhart Seger schätzt 1940 90% der Deutschamerikaner als »politisch indifferent« ein (auch das war wohl noch eine taktische Äußerung [40]); nur ein kleiner Teil der Emigranten wurde im Exil politisch aktiv [41].

Organisatorisch stand »Gegen den Strom« dem »Club Deutscher Antifaschisten« nahe, der sich 1938 aus ehemaligen CPUSA-Mitgliedern gebildet hatte. Dessen Vorsitzender war Ernst W. Mareg. Der Club gab die Zeitschrift »Der Antifaschist« heraus; sie erschien vom Januar 1938 bis November 1939 monatlich in New York [42] und kann eher als eine Ergänzung denn als Konkurrenz zu Bek-grans Zeitschrift gelten. »Gegen den Strom« hatte eine antistalinistische Stoßrichtung, der »Antifaschist« war dagegen in seinem Schwerpunkt antifaschistisch. Personell und in seiner Zielrichtung war der Club mit Bek-grans Zeitschrift eng verknüpft. Beide bekämpften die Okkupationsversuche der CPUSA gegenüber dem DAKV, der Club inserierte in »Gegen den Strom« und unterstützte die Zeitschrift finanziell, und »Gegen den Strom« veröffentlichte im Februar 1939 ein Flugblatt, das die Austrittserklärung des »Clubs Deutscher Antifaschisten« aus dem DAKV enthielt, unterzeichnet von Paul Gaedke, Sekretär des Clubs und Mitarbeiter von »Gegen den Strom«.

Nachdem der Kampf im DAKV um dessen Unabhängigkeit verloren war (kurz darauf stellte er seine Aktivitäten ein), wurde auch »Gegen den Strom« ohne Nennung von Todesursachen beerdigt.

Der unbekannte Helfer

Die wichtigsten Mitarbeiter seiner Zeitschrift, Fritz Gross, Ernst W. Mareg und Rudolf Rocker waren mit Bek-gran befreundet und unterstützten ihn. Es ist wohl kein Zufall, daß einige ehemalige Münchner Räterevolutionäre zu seinem Freundeskreis gehörten: Otto Sattler, der wie Bek-gran nach der Münchner Niederlage in die USA gekommen war (er hatte 1935, vor G. Seger, den Vorsitz im DAKV inne) und Erich Wollenberg, 1919 Kommandeur der Infanterie der Münchner Roten Armee. Wollenberg und Rocker wiederum waren Freunde von Ret Marut-Traven, was die Schlußfolgerung nahelegt, daß auch die Räterevolutionäre Marut-Traven und Bek-gran sich in New York kannten.

Bek-gran publiziert in »Gegen den Strom« den Auszug aus der (verschollenen) Autobiographie des unbekannten Flüchtlings Wolf Weiss; Bek-gran nennt ihn »Emigrant zweier Länder, derzeit in Prag lebend, und wirbt (ergebnislos) für die Publikation des Buches. »Das Werk sowohl wie sein mittelloser Schöpfer verdienen Unterstuetzung« [43].

Wolf Weiss schildert in dem Abschnitt ein Verhör durch die GPU in Russland. Weiss, 1911 in Deutschland geboren und KPD-Mitglied, ging 1931 in die UdSSR, wo er als Traktorist, später als Journalist und Sprecher von »Radio Moskau« arbeitete. Zeitweilig war er auch als politischer Instrukteur bei den Wolgadeutschen tätig. Am 17. Mai 1934 wurde er verhaftet und der Spionage wie der Verbindung mit Trotzkisten bezichtigt. Am 21. Oktober erfolgte seine Ausweisung. In der Tschechoslowakei, wo er Kontakte zur IV. Internationale aufnahm, schrieb er über seine Erfahrungen mit der GPU. Auch Leo Trotzki, dem Weiss das Manuskript seiner Autobiographie sandte, suchte vergeblich einen Verleger, obwohl Diego Rivera sich als Illustrator des Buches angeboten hatte [44].

Immer wieder weist die Zeitschrift Spuren dieser Hilfsbereitschaft seines Herausgebers auf. Es erscheint demnach kein Zufall mehr, daß Richard Krebs in diesem Kreis Zuflucht suchte und fand. Möglicherweise hat auch Bek-gran den Kontakt zu dem deutschen Verleger Heinz Günther Koppell und der Alliance Book Corporation hergestellt. Bek-grans Hilfsaktion für Krebs – sie fällt in die Schlußphase der Zeitschrift »Gegen den Strom« – zieht 1941 das Interesse der amerikanischen Presse auf die Person Bek-grans.

Bek-gran wird als »Beschützer« und »Freund« von Krebs-Valtin vorgestellt und interviewt. Bek-gran bedauert (laut »PM«), daß Krebs unter den Einfluß der Hearst-Presse
geraten sei. Bei dieser Gelegenheit wird Bek-gran, den der »PM«-Reporter Kenneth
Stewart in seinem abgelegenen Druckerladen in der East 72d street besucht, als »ein
desillusionierter alter Bolschewik« vorgestellt und ein paar Zeilen zuvor als »ehemaliger
Sozialdemokrat«. Kenneth Stewart weist außerdem darauf hin, daß Krebs nicht der erste
deutsche Flüchtling war, dem Bek-gran geholfen hatte [45]. Wenig genug ist von
Bek-grans Leben nach dem Zweiten Weltkrieg bekannt [46]. 1964 jedenfalls lebte der
inzwischen Siebzigjährige noch in New York, Greenwich Village, mit seiner zweiten Frau
und zwei Töchtern, die aus dieser Ehe stammen. Irgendwann später ist er dann in
Oberbayern gestorben, als er der alten Heimat einen letzten Besuch abstattete [47].

Die befragten ehemaligen Exilanten (und selbst Literaturwissenschaftler, die über die
Exilsituation in New York publizierten), wußten nichts von Robert Bek-gran. Lediglich
Stefan Heym, damaliger Chefredakteur der »Deutschen Volkszeitung«, erinnerte sich
noch undeutlich an seinen Namen [48]. Diese Anonymität scheint nicht zuletzt der Reflex
darauf, daß Bek-gran sich weder den New Yorker Exilzentren und deren Vereinsleben
anschloß, noch auf dem literarischen Markt sich selbst inszenierte.

Wer nicht zu einem der Exilzentren gehörte, taucht auch nicht auf im Geflecht der
gegenseitigen Erinnerungen und Beurteilungen, er ist nicht Briefpartner und nicht
Gegenstand des Erzählens oder namedroppings. Noch außerhalb aller literarischer
Wertungen fällt der Außenseiter dem Vergessen anheim. Richard Krebs, Robert Bek-
gran, aber auch Georg K. Glaser stehen jenseits der Interpretationssysteme. Ihre Arbeiten
werden weder verworfen noch gelobt – sie werden nicht wahrgenommen. Auch die
Exilliteraturforschung ist (vor allem in ihren Anfängen) auf diese Exilzentren fixiert, weil
alle Hinweise immer wieder zum Zentrum zurückführen: zu den Mietern in Sanary, den
Gästen im Pariser Hotel Helvetia, den Mietern des Central Park West und Washington
Heigths in New York [49], zu den organisatorischen Zentren der Parteien und Verbände.

Georg Glaser, 1910 im rheinhessischen Guntersblum geboren als Sohn eines zum Postbeamten aufgestiegenen Schusters, aufgewachsen im benachbarten Dolgesheim und in Worms, hat sich während seines frühen Vagabundenlebens und seiner Jahre in Erziehungsheimen anarchistischen wie kommunistischen Jugendverbänden angeschlossen. Als Arbeiter verdient er sich seinen Lebensunterhalt in verschiedenen Industriezweigen im Rhein-Main- und Ruhrgebiet. Ende der zwanziger Jahre organisiert er sich in der KPD; 1932 veröffentlicht er im kommunistischen Agis-Verlag sein erstes Buch, die Erzählung »Schluckebier«, flieht vor der Gestapo nach Paris, nimmt teil am Saarkampf und geht danach erneut ins französische Exil, wo er sich von der KPD abwendet. Seine Entfremdung von der »Partei« – so das Glasersche Kürzel – beschreibt er in seinem Hauptwerk »Geheimnis und Gewalt« und in seinem jüngsten Buch »Jenseits der Grenzen«.

Glaser sagt über sich selbst, er habe keine Autobiographie geschrieben, und dennoch sind seine vier Bücher – neben den drei oben genannten erschien 1968 die Erzählung »Die Geschichte des Weh« – Lebensberichte, denen die eigene Biographie zugrundeliegt [1]. Am Ende dieses Kapitels werde ich auf Glasers vehementen Einspruch gegen die Lektüre seiner Bücher als ›Autobiographie‹ eingehen, mich hier aber dennoch bestimmter Zitate als Belege einer dichterischen Selbstdarstellung des Autors bedienen, vorerst gerechtfertigt mit dem Hinweis auf zusätzliche briefliche und ausführliche mündliche Mitteilungen des Autors (Mitteilungen aus Gesprächen mit dem Autor sind hier mit *G* gekennzeichnet).

Die Kritik einer Erzähung

Glaser reflektiert in seinen drei späten Büchern (1953, 1968, 1985 b) die eigene Schreibarbeit; er spricht von einer Macht der Sprache, die den Zugang zur Welt zu verstellen oder zu öffnen vermag. In der für seinen Stil konstitutiven Suche nach eindringlichen Bildern und den richtigen Worten entwirft er eine dreistufige Hierarchie und Aufeinanderfolge für die Motivationen des eigenen Schreibens: Schreiben als Schrei um Hilfe und als Warnung (»Damals, in der Weimarer Zeit, nannte man es ›Flucht in die Öffentlichkeit‹«), als Bericht und Zeugnis (»wie ein überlebender Zeuge eines Vulkanausbruchs«) und schließlich Schreiben als »Schlußstrich unter die Lebensrechnung ⟨...⟩, was gelehrte Leute ›Synthese‹ nennen« [2]. In der Folge seiner Erzählungen verborgen bleibt eine andere Linie der Selbstdarstellung: *das Schreiben als Gegenbewegung zu den Forderungen der Partei.* Diese Linie soll hier nachgezeichnet werden.

In »Geheimnis und Gewalt« rekonstruiert Glaser die Schlüsselszene des Konflikts zwischen Partei und Literatur bereits in den frühesten Anfängen des Schreibens; sein Protagonist Haueisen wird eben aus dem Gefängnis von Preungesheim entlassen, in dem er wegen Landfriedensbruch einsaß und wo er begonnen hat, eine Erzählung zu schreiben (in der Biographie Glasers läßt sich dieser Zeitpunkt auf 1930 datieren; die ersten Schreibversuche flossen ein in seine Erzählungen »Der junge Arbeiter erzählt«, »Zug ohne Bremse« und »Schluckebier« [3]). Draußen wird Haueisen von seinen Parteifreunden erwartet und sieht sich vor die Entscheidung gestellt, zwischen der Berufung zum Schriftsteller oder zum Parteisoldaten zu wählen. Er spürt »⟨...⟩ fast körperlich, wie die Partei mich in die Hand nahm, in ihre Hände, die gleichzeitig die tiefste Geborgenheit eines Hafens nach einer Irrfahrt, eine von mächtiger Kraft gesicherte Ordnung und die Teilnahme an dem gewaltigsten Abenteuer aller Zeiten enthielten« (1953, 101).

»Die paar Silbermünzen«, die Haueisen von der »Roten Hilfe« erhält, »so wenig sie galten, wurden zu einem Gewicht in einer Waage, in deren anderer Schale die Niederschriften lagen, die ich aus dem Gefängnis mitgebracht hatte« (1953, 102).

Die Entscheidung zwischen dem Kollektiv und dem Individuum, zwischen Heilsgeschichte und schriftstellerischer Odyssee, fällt zugunsten der Parteiarbeit. Doch erstmals rettet eine Frau, die Kommunistin Lysiane, den Schriftsteller Haueisen. Ihr liest er am Abend nach der Entlassung seine Schreibversuche vor, weil sie davon spricht, daß Lenin Gorki »nicht entbehren konnte« und sich nie von dessen Werken getrennt habe. Haueisen gewinnt die Hoffnung zurück, daß Schreiben und Parteiarbeit sich vereinen lassen, und Lysiane bestärkt ihn darin: »⟨...⟩ schreibe, schreibe, wenn du fleißig bist, so kannst du unser Gorki werden« (1953, 105).

In dem Bild verborgen ist bereits der Hinweis auf kommende Konflikte. Denn Lenin und Gorki waren seit Anfang der zwanziger Jahre nicht mehr das traute Paar, von dem Lysiane spricht. Und 1929 hält bereits ein anderer Parteiführer Gorki in Händen: Stalin. Dieser ist es auch, der die Legende vom unzertrennlichen Lenin und Gorki aufbaut, als Sinnbild von der personifizierten Einheit von ›Geist und Macht‹.

Lenin hatte Gorki 1921 nahegelegt, ins Exil zu gehen, nachdem dieser fortgesetzt und hartnäckig gegen das »Terrorregime« der Bolschewiki protestiert hatte. Jewgenij Samjatin schreibt 1936 in seinem Nachruf auf Gorki, daß viele ihr »Leben und die Freiheit« dessen Interventionen verdankten. »Als die Revolution in Terror überging, wurde Gorkij zur letzten Instanz, die man anrufen konnte, zur letzten Hoffnung ⟨...⟩; in den ernstesten Fällen fuhr er selbst nach Moskau, zu Lenin.« Für jene Jahre, so urteilt Samjatin, habe Gorki seine Schriftstellerei der politischen Aufgabe zum Opfer gebracht. Samjatin fährt fort: »Nach meinen Eindrücken war die damalige Politik des Terrors einer der wichtigsten Gründe für Gorkijs zeitweise Entfremdung von den Bolschewisten und die Übersiedlung ins Ausland« (1967, 202). Erst sieben Jahre später kehrt er, auf Grund von Stalins Bemühungen (Hauptstraßen großer Städte, Theater, Institute und Fabriken, sogar seine Heimatstadt wurden nach GORKI benannt), aus dem italienischen Exil nach Rußland zurück.

Die ersten Konflikte für den Schriftsteller Haueisen brechen auf, als er in seiner Rolle als Gerichtsreporter der KPD sein Verständnis für die Angeklagten im Interesse der Partei unterdrücken muß. Weil die des Mordes angeklagten Jugendlichen »Braunhemden« waren, darf er – und hier erzählt Glaser im Gespräch auch von sich selbst – »auf das menschliche Problem gar nicht mehr eingehen 〈...〉. Man mußte schreiben von drei sadistischen, hitlerischen Mordbuben 〈...〉, aber so vor Gericht gestellt, waren sie arme Kerle« (1981, 26). Glaser steht als Gerichtsreporter der Partei nicht mehr auf der Seite der Opfer; in »Geheimnis und Gewalt« schildert er den Konflikt Haueisens und charakterisiert dabei die Sprache des Autors: »〈...〉 ich mußte wahrnehmen, daß ich unfähig war, in einer anderen Sprache als der meinen zu schreiben, meiner Sprache der Bilder, der Gesichte, die aus hundert Einzelheiten, unlöslich miteinander verbunden, bestanden. Und unsere Zeitung hatte weder Platz dafür, noch erlaubte die Bedeutung der Stunde ein Verweilen am Platze. 〈...〉 Traurig, aber auch wie ein Soldat, der nach beendeter Ausbildung zum ersten Male den Donner wirklicher Geschütze vernimmt, setzte ich unter der Aufsicht unseres Schriftleiters auf: ›Drei viehische braune Mordbuben, Abschaum des Lumpenproletariats –‹« [4].

Glaser unterstreicht die eigene Niederlage, indem er von seinem Protagonisten als einem gehorsamen Soldaten der Partei spricht, der »wie in ihrem Auftrage« (1953, 113) geschrieben habe. Die Niederlage trägt Züge eines Verrats, für den er zuvor die Silberlinge der Roten Hilfe erhalten hat – kein Verrat an einem Gott, sondern an sich selbst. Darin liegt nicht die Vorwegnahme späteren Wissens und künftiger Erfahrungen im Umkreis der Partei, sondern der Verweis auf die Verantwortung des Schriftstellers gegenüber dem Wort.

Auch bei der späteren Arbeit an einer Erzählung – so berichtet er von Haueisen – habe der sich aller Kritik an der Partei enthalten (gemeint ist »Die Nummer Eins der Rotfabrik«); »ich wollte meine Fragen nicht verstecken und verstricken, und ich wollte nicht wie ein Gegner auftreten, sondern wie ein Schüler zu Lehrern« (1953, 201); und rückblickend notiert Glaser im Gespräch eine Annäherung seines Schreibens an die Normen der proletarisch-revolutionären Literatur [5].

Dennoch geriet Glaser mit seiner Erzählung, der er besondere Bedeutung beimißt – »ich wußte, daß es die beste Arbeit war, die ich je hatte schaffen können, und über der Anstrengung wurde ich meiner Kraft bewußt« (1953, 201) – ins Kreuzfeuer der Parteikritik. Egon Erwin Kisch, (in »Geheimnis und Gewalt« »Kirsch« genannt) kritisiert ihn, weil er in seiner Erzählung eine Zelle schildert, die ohne Leitung zur Parteizentrale handelt. Sowohl in seiner literarischen Bearbeitung als auch im Gespräch wertet Glaser diese Kritik als entscheidende Zäsur in seinem Verhältnis zur Partei. In »Geheimnis und Gewalt« schildert er eine Trennung: »Ich verließ die Versammlung, noch bevor sie aufgehoben worden war. Aber auf dem Platz vor dem Kaffeehaus mußte ich stehenbleiben, denn das heulende Elend packte mich. Ich ermaß, was ich verlassen hatte: eine Vergangenheit und eine Zukunft, und ich konnte nicht mehr dahin zurück, von wo ich gekommen war, bevor ich meinen Traum begonnen hatte 〈...〉. Ich blieb tagelang auf meinem Lager über den Stallungen liegen, unfähig aufzustehen, um nach Nahrung zu fahnden« (1953, 224 f).

Die Kritik an seiner Erzählung sei der Punkt gewesen, »wo es endgültig aus war«, bestätigt Glaser im Gespräch dem Filmemacher Harun Farocki (1982, 295). Zwar habe Arthur Koestler in Paris noch einmal versucht, ihn für die Partei zu gewinnen (»eines Abends, als ich in Paris im Zelt wohnte, kam er und bekniete mich«), doch der Faden sei zerrissen gewesen, ergänzt Glaser (G).

Koestler, der in »Geheimnis und Gewalt« nicht beim Namen genannt wird, erinnert sich in seiner Autobiographie vor allem an die Hilfsbereitschaft Glasers, »der ebenso auf den Hund gekommen war wie ich. Georg war ein sehr begabter und liebenswerter Junge von echter blaublütiger proletarischer Abstammung; nicht ein bürgerlicher Bohémien, sondern ein wirklicher Landstreicher, mit der Gabe, sich unter den unwahrscheinlichsten Umständen über Wasser zu halten. Er wohnte in einem Zelt, das er sich von irgendeiner Wohltätigkeitsorganisation hatte geben lassen und das in einer verwilderten Ecke des Parks stand; die paar Franken, die er brauchte, verdiente er sich mit Gelegenheitsarbeiten für die Siedler. Als er von meiner Not hörte, überredete er Paul, mich auf dem Heuboden eines der Sommerhäuser schlafen zu lassen« (1970, 495). Soweit ich sehe, handelt es sich hier um die einzige Erwähnung Glasers in dem Konvolut der Exil-Autobiographien und Erinnerungen.

Die Fahrt nach Paris wird von Glaser geschildert als eine Reise der Hoffnungen und Erwartungen. Paris war ihm die Stadt Heines und Dantons, »die Stadt der ewigen Barrikaden und der Kommune, die Stadt der Liebe und des Lichts« (1953, 205), vor allem aber war es der Wohnort seiner Idole, der Parteidichter.

»Ich hörte schon ihre überraschten Ausrufe, wenn sie mir die Tür öffnen und mich sehen würden ⟨...⟩ Ich vernahm schon ihre Aufforderung ›Nun erzähle‹ ⟨...⟩ und ich sah auch, wie unter meinen Worten ihre Gesichter ernster werden, wie sie an meiner Unruhe teilnehmen würden« (1953, 206).

Haueisens (und Glasers) Erwartung ist keineswegs unberechtigt oder naiv. Er kommt als einer der ersten Informanten aus dem nationalsozialistischen Deutschland, der den Alltag, die Arbeitswelt und Möglichkeiten wie Bedingungen von Widerstand kennengelernt hat.

Doch die Schilderung der Hoffnung kündigt bereits die folgende Enttäuschung an: seine Parteidichter, »⟨...⟩ die im Gegensatz zu den Leuten des Apparates gewohnt waren, die Menschen immer ganz zu sehen« [6], eben weil sie »Dichter« waren, stellen sich stumm, sie weisen seine Berichte ab und machen sich blind für seine Botschaft. Sie unterscheiden sich nicht von den Funktionären der Partei und klammern sich wie diese [7] an die Blindheit, die ihren Gehorsam ermöglicht. (Einer unter ihnen erweist sich im nachhinein als genauer Zuhörer. Nachdem Arthur Koestler sich von der Partei gelöst hat, läßt er in seinem Roman »Sonnenfinsternis« einen deutschen Genossen Rapport geben von der Untergrundarbeit in Deutschland: von sinnlosen Parolen, weggeschobenen Flugblättern und dem Terror der Nationalsozialisten. Koestler, so ist zu vermuten, gibt dort den Glaserschen Bericht wieder [8].)

Haueisen/Glaser hoffte auf eine mündliche Berichterstattung vor seinen großen Vorbildern, doch seine Botschaft ist zugleich literarischer Text und trägt den Titel »Die Nummer Eins der Rotfabrik«. Es ist die Erzählung, die er (so die Lesart von »Geheimnis und Gewalt«) unter dem Mantel nach Paris getragen hat.

Glasers Gewichtung legt es nahe, einen genaueren Blick auf Kritik und Erzählung zu werfen. Über Kisch und dessen Einwände gegen die Erzählung heißt es in »Geheimnis und Gewalt«: »⟨...⟩ er allein war die Stimme des Gerichtes. Er allein konnte sagen, warum ich verurteilt worden war. Er fegte den Unrat, den die Kleinen angehäuft hatten, weg, und erklärte in zwei klaren Sätzen: ›Es ist einfach nicht duldbar, eine Gruppe von Menschen zu zeigen, die ohne Verbindung mit der Führung kämpft, besser eine Zelle, die Verbindung hat und untätig bleibt‹« (1953, 224).

Die politische Diskussion um die richtige Form des Widerstands findet statt in den Positionen von Erzählung (Glaser/Haueisen) und Literaturkritik (Kisch/Kirsch).

Die Erzählung »Die Nummer Eins der Rotfabrik«, einer der frühesten Erfahrungsberichte über das Leben im Nationalsozialismus und vielleicht die erste literarische Reaktion auf den Widerstand im nationalsozialistischen Deutschland, ist zuerst im Mai 1934 in der in Prag erscheinenden kommunistischen Exilzeitschrift »Neue Deutschen Blätter« [9] erschienen.

Die »Neuen Deutschen Blätter« wurden 1933 auf Initiative Wieland Herzfeldes und unter der Aufsicht von Johannes R. Becher in Prag als Gegengewicht zu Klaus Manns Zeitschrift »Die Sammlung« gegründet. Zur Redaktion der Zeitschrift gehörten neben Herzfelde Anna Seghers, Oskar Maria Graf und Jan Petersen. *Becher und Seghers* waren in den letzten Weimarer Jahren die beiden wichtigsten literarischen Förderer Glasers. Anna Seghers sorgte für die Veröffentlichung des »Schluckebier« in dem von Kurt Kläber geleiteten Agis-Verlag; und auch später noch schien sie den Autor Glaser zu schätzen. »Einmal hat man sie später gefragt, was sie von mir hält, ob sie sich noch an mich erinnert, und sie sagte – es kann sein, daß es sogar ein bißchen liebevoll war – ›Der Schuft kann schreiben‹« (G). Als Einzelgänger hat Anna Seghers den Autor in ihrer Erzählung vom »*Räuber Woynok*« porträtiert [10]; darauf hat die DDR-Germanistin Sigrid Bock Glaser hingewiesen. Sein Kommentar: »Ich finde, daß sie (Seghers) mit schweren genagelten Stiefeln einherkommt in ihrem Gleichnis« (G). Becher hatte in den letzten Berliner Tagen den Proletarier Glaser als Leibwächter bei sich in Zehlendorf einquartiert; zuvor hatte sich Jan Petersen in dieser Rolle bewährt. »Der Generalstäbler Becher dachte gern militärisch; er hat eine Geschichte mit belagerter Festung daraus gemacht, weil ein paar Nazi-Motorradleute einmal auf sein Haus geschossen haben. Aber er hat mich sehr gern gehabt« (G).

Die Erzählung wurde mit der Vorbemerkung veröffentlicht: »Der vorliegenden Erzählung liegen persönliche Erlebnisse aus dem Frühherbst 1933 zugrunde; erst vor kurzem hat der Verfasser Deutschland verlassen.« Sie handelt von der Herstellung und Verteilung einer kommunistischen Untergrundzeitung in einem chemischen Betrieb im nationalsozialistischen Deutschland.

Glaser hatte vorübergehend Arbeit in den »Farbwerken Höchst« angenommen, die allgemein »Rotfabrik« genannt wurde – wegen der rotgefärbten Hände der Arbeiter. »Es gibt mehrere Versionen der Geschichte von der ›Nummer Eins‹, weil diese Sache mir sehr nachgegangen ist. Ich habe Ihnen Malraux zitiert: ›Meine Erfahrungen sind ein Rohstoff, aus dem ich ein Endprodukt gewinne, nämlich die Erkenntnis und die Einsicht, das Bewußtsein‹. Ich habe über den Rohstoff frei verfügt. Das erste Erlebnis war meine Arbeit in den Höchster Farbwerken, dann kamen meine Erfahrungen nach 1933 hinzu. Ich habe die verschiedenen Anlässe nicht auseinandergehalten. In Höchst war die Arbeit so schlimm, daß man während der großen Arbeitslosigkeit dort immer Arbeit finden konnte. So sehr sind die Leute davor geflohen« (G).

Die 1941 verschollene Maria Leitner veröffentlicht 1937 drei Reportagen über die Farbwerke [11] mit starker thematischer Nähe zu Glasers Erzählung. *Maria Leitner,* deren Lebensspuren in Marseille enden, war eine Freundin Glasers, dessen Informationen ihr vermutlich die Grundlage für ihre Reportagen lieferten. (Die DDR-Exilforscherin Helga W. Schwarz arbeitet z. Zt. an einer Biographie Maria Leitners, die 1991 erscheinen soll).

Doch das ketzerische Potential der Erzählung liegt nicht, wie es die Bemerkungen Glasers oder die Darstellung in »Geheimnis und Gewalt« vermuten lassen, in der Darstellung der Aktivitäten einer Parteizelle, die trotz fehlender Verbindung zur »Führung« handelt, sondern in der detailreichen Gegenüberstellung der Rebellion eines Vorarbeiters im chemischen Betrieb mit der Arbeit der Parteizelle. Der Vorarbeiter Teil verweigert sich dem Befehl, eine neue Gruppe von Arbeiterinnen in der »Giftküche« des Betriebs einzusetzen, weil tödliche Berührungen mit den Kampfstoffen dort fast unvermeidbar sind. Seine Rebellion hat ›private‹ Gründe, weil seine Braut zur Gruppe der neuen Arbeiterinnen gehört, und seine Stellung im Betrieb ist die eines Privilegierten. Aber die Erzählung zollt dem Vorarbeiter Teil eine kaum verborgene, wenn auch unausgesprochene Sympathie – dem Widerstand des Einzelnen. »Aber Teil war Vorarbeiter gewesen. Keiner hatte ihn recht ausstehen können« (1985 a, 140), heißt in der Erzählung die knappe und oberflächliche Distanzierung vom Opfer, das von den Nationalsozialisten abgeführt wird.

Ähnlich ambivalent nimmt sich Glasers Einschätzung der Arbeit seiner Parteizelle aus. In aller Kürze wird der Sprache der Partei Genüge getan: »Die erste ROTFABRIK ist der erste Schritt. Diese Gedanken ziehen in uns ein und erfüllen uns wie frische Luft. Die Brust weitet sich« (1985 a, 137). Dagegen nehmen die Zweifel am Tun der Gruppe mehr Platz ein und wiegen gewichtiger: »Unsere Unruhe schlug in Angst um. Unser Vorhaben wurde uns selbst lächerlich. Wir waren jetzt schon müde. Unsere kühnen Gedanken blies der kühle Wind fort. Es blieb nur noch, daß wir seit einem halben Jahr ohne jegliche Verbindung waren. Die ROTFABRIK hatten wir beinahe nur uns selbst zum Trost gemacht. Unsere Fabrik hatte Fünftausend Belegschaft, die Zeitung hundert Auflage. Vielleicht mußten wir für diese jämmerliche ROTFABRIK alle sang- und klanglos daran glauben. Wir warteten nur auf ein Wort, um alle erlöst die Blätter in die Nidda zu werfen. Einer hoffte auf den anderen. Keiner sprach das Wort aus« (1985 a, 127).

Der Erzähler, der das Ich vermeidet und stets vom Wir der Zelle spricht, bestimmt durch seine Beteiligung an den Aktivitäten der Gruppe die Perspektive der Erzählung. Weil die Parteizelle die Verteilung der Zeitung vorbereitet, bleibt die Revolte des Vorarbeiters Teil auch außerhalb des Blickfeldes der Leser. Durch diese Aussparung wird eine Vieldeutigkeit geschaffen, die, als die Nationalsozialisten in den Betrieb kommen, die Genossen anfangs glauben macht, der Grund für das Auftauchen des Feindes sei ihre Zeitung. »Im Innern spürten wir durch alle Mattigkeit und Angst hindurch Freude darüber, daß die ›Rotfabrik‹ ihre Schuldigkeit getan hatte« (1985 a, 138). Doch der Verlauf der Erzählung zeigt, daß das Auftauchen der Nationalsozialisten nicht ihnen gilt, sondern dem Vorarbeiter. Damit wird indirekt die Bedeutung der Zeitung geschmälert. Als der Vorarbeiter verhaftet wird, schiebt ein alter Arbeiter die zerknäuelte Betriebszeitung mit seinem Fuß beiseite. »Sie lag vor seinen Schuhen, und er schob sie leise von sich weg« (1985 a, 139). Natürlich will er sie vor den Nationalsozialisten verbergen, doch seine sprechende Geste wird von Glaser mit keinem Wort mehr entkräftet. Der Leser weiß sowenig wie die Genossen, warum Teil verhaftet wurde, aber die Schlußfolgerung liegt nahe, daß niemand sich um »Die Nummer Eins« gekümmert hat. Glasers Erzählung verweigert sich einer Schlußfolgerung, nach der die Betriebszeitschrift der KPD die Stimme »der Vernunft« verkörpert [12].

Von einer Ambivalenz der Erzählung kann im Rückblick auf den ganzen Text kaum noch gesprochen werden. Hinter dem Erfolg des Erscheinens der Betriebszeitung, der nur von der Parteigruppe gefeiert werden kann, steht die unüberhörbare Irritation, daß diese Aktion der sinnlosen weil falschen Worte und des damit verbundenen tödlichen

Risikos keine Wirkung und keine Folgen haben wird außer der Todesgefahr für ihre Verteiler. Die Rebellion des Vorarbeiters dagegen (»es war uns, als hätten wir etwas an ihm vergessen«) hat der Rettung eines Menschenlebens gegolten. Dem Leser Egon Erwin Kisch wird diese Gewichtung kaum entgangen sein.

Wenn Glaser in »Geheimnis und Gewalt« von einer Botschaft für die Parteidichter im Exil erzählt, so konnte die heißen: die Nationalsozialisten haben tatsächlich gesiegt und sind keineswegs ein Gespenst, das bald verschwinden wird, wie die Parteitheorie es suggeriert; die Menschen in Deutschland glauben dem Zauber einer pervertierten Revolution, nicht zuletzt, weil die Arbeitslosen wieder arbeiten; unsere Parolen sind wirklichkeitsfremd und unsere Widerstandsarbeit verlangt sinnlose Opfer.

Ungeachtet der Tatsache, daß die Erzählung in den »Neuen Deutschen Blättern« erscheinen konnte – die Erzählung war Schmuggelware für die kommunistische Zeitschrift [13], wie es die Flugblattzeitung, von der die Erzählung handelt, für die nationalsozialistische Fabrik war –, ist sie Indiz dafür, daß Glaser am Ende seiner Hoffnung angelangt ist. Es ist genaugenommen nicht die Trennung von der Partei, die Glaser in »Geheimnis und Gewalt« schildert, sondern das Ende vom Glauben in die Möglichkeit einer Parteiliteratur. Glaser läßt Haueisen erkennen, daß sein Versuch, Parteiliteratur zu schreiben, mißlungen war. Was Kisch als Leser dem Autor Glaser in Paris eröffnet haben mag, ist nicht mehr oder weniger als eine Erläuterung dessen, was »Die Nummer Eins der Rotfabrik« impliziert. Kisch zerstört (endgültig) Glasers Illusion, Schriftsteller der Partei zu sein. Die Verbindung von Partei und Schreiben ist zerbrochen.

Das verdeutlicht Glaser noch dadurch, daß er seinen Protagonisten Haueisen sich mühen läßt, im Auftrag der Partei eine neue, akzeptablere Erzählung zu schreiben.

»Eines Tages kamen sie zusammen und baten mich, ihnen vorzulesen. Ich hatte aber nur Stichworte, Fragen und einzelne Sätze. Ich versuchte zu erklären und konnte plötzlich nicht mehr weiter, weil Tränen meine Stimme erstickten. Sie sahen sich betreten an. Ich wurde langsam wieder zu einem Landstreicher. Und es gab keine Hauptstadt mehr, kein Berlin und kein Paris, nach der meine Hoffnung sich noch einmal hätte wenden können« [14].

Die Symbiose von Partei und Literatur hat sich zuletzt als Illusion erwiesen. Glaser setzt an das Ende seines Paris-Kapitels in »Geheimnis und Gewalt« das Bild der Niederlage: »Und ich verließ die Stadt, wie aus einer Schlacht flüchtend, aus vielen Schrammen und Wunden blutend, beschmutzt und müde, nachdem ich alles verloren, was ich mitgebracht hatte« (1953, 228).

In »Geheimnis und Gewalt« greift Glaser in dem Kapitel mit dem Titel »Leben und Tod für sinnlose Worte« noch einmal die Geschehnisse auf, die seiner Erzählung zugrunde lagen: »Es wurde uns aufgetragen, die jungen Menschen, denen es Auszeichnung und Heldentat war, für das Neue Reich zu bluten, schaffen und hungern zu dürfen ⟨...⟩ mit der Losung ›Butter an Stelle der Kanonen‹ zum Widerstand aufzurufen. Es wurde uns befohlen, von denselben Arbeitern, die seit vielen Jahren endlich wieder ein Werkzeug in die Hand nehmen durften, den ›Streik gegen die Handlanger der Ausbeuter‹ zu fordern. Gleichzeitig jedoch wurde uns gesagt, die Ängstlichen und Eingeschüchterten mit Abwartelosungen zu trösten: ›Wir sind die Erben des kommenden Zerfalls der Hitlerbewegung.‹ ⟨...⟩ Die Stahlwerke hatten fünftausend Arbeiter, die Zeitung war in einer Auflage von hundert Abzügen hergestellt worden. Ihr Inhalt war hahnebüchener Unsinn. Und dafür konnten wir alle umkommen. Wir erwarteten ein einziges Wort, um alle erleichtert die Wische in die Nidda zu werfen. Jeder hoffte auf den anderen, keiner sprach das Wort aus« (1953, 152 f).

Die Akzente sind hier noch eindeutiger gesetzt, aber sie sind keineswegs neu – in nuce war diese Kritik bereits in der Erzählung »Die Nummer Eins der Rotfabrik« enthalten.

In »Geheimnis und Gewalt« hat die Verteilung der Zeitung für den Ich-Erzähler weitreichende Folgen; die Episode nimmt im Buch eine Schlüsselstellung ein. Haueisen wird beim Verteilen der Zeitung von einem Nationalsozialisten aus der »Vorstadt« erkannt und gestellt; Haueisen greift zur Pistole und erschießt seinen Verfolger. (Dieses Detail der Erzählung ist als autobiographische Mitteilung mißverstanden worden. Ich werde später darauf zurückkommen.) Haueisen muß fliehen, kommt nach Paris und wird Franzose, als französischer Soldat gerät er in die deutsche Kriegsgefangenschaft und schlägt die Möglichkeit zur Flucht aus, um in Deutschland »das Geheimnis des Gewaltschleichers Hitler« zu ergründen: Haueisen will, nun ungebunden von der Partei und nicht mehr an deren Adresse gerichtet, einen ausführlicheren Bericht über das nationalsozialistische Deutschland geben als in der von Kisch kritisierten Erzählung. Dieser Bericht trägt den Titel »Geheimnis und Gewalt«.

Kisch hat Glaser als Exeget des eigenen Textes gedient; der Autor hat seinen Kritiker zum Vollzugsgehilfen gemacht, der statt seiner die parteipolitischen Konsequenzen zog. Kischs Kritik machte die Implikationen sichtbar, die in der Erzählung »Die Nummer Eins der Rotfabrik« unter der dünnen und brüchigen Oberfläche einer Widerstandsgeschichte verborgen waren. Die Gegenüberstellung der Erzählung und der Variante in »Geheimnis und Gewalt« macht das offensichtlich.

Glasers Strategie läßt sich vergleichen mit der von Gustav Regler, Alfred Kantorowicz oder Ralph Giordano, die durch Veröffentlichung von Presseartikeln ihre Parteikritiker auf den Plan riefen, die den Autoren dann die Schlußfolgerungen ihres Schreibens verdeutlichten und den Parteiaustritt in die Wege leiteten. Wo die Bindung an die Partei so stark war, daß kein direkter Bruch möglich schien, wurde dieser Bruch durch die Konfrontation des Autors, der ›die Wahrheit‹ schrieb, mit dem Wahrheitsdiktat der Partei herbeigerufen. Glasers Text unterscheidet sich jedoch von den journalistischen Arbeiten, mit denen Kantorowicz, Giordano [15] und Regler die Partei herausforderten, durch seinen *literarischen Wahrheitsanspruch*.

Noch ist undeutlich geblieben, warum Kischs Kritik an der Erzählung so wenig deren Kern traf. Daß die Widerstandsgruppe ohne Weisung der Leitung handelte, scheint eher von marginaler Bedeutung angesichts der parteifeindlichen Dynamik der Erzählung, in der die geschilderte Form des Widerstands durch die Konfrontation mit der Rebellion des Einzelnen als sinnlos entlarvt wird. Die Lösung scheint mir in einem Zwischenakt zu liegen, der, datiert zwischen Haueisens Flucht und seiner Ankunft in Paris, vom Reichstagsbrand und dem Brandstifter Van der Lubbe handelt, der in Leipzig vor Gericht steht und dem in London ein Gegenprozeß gilt. Van der Lubbe wird von den Nationalsozialisten und den Kommunisten der Prozeß gemacht unter der Anklage, Werkzeug der je anderen zu sein [16].

In »Geheimnis und Gewalt« läßt Glaser seine Figur Haueisen eine Verwandtschaft zu dem Einzelgänger Van der Lubbe entdecken: »Vielleicht litt ich allein unter der Ähnlichkeit mit der verdammten Gestalt des unsteten, suchenden, zweifelnden Rebellen. Tausend Millionen, eine Welt von Unmündigen, wollte seinen Tod. Es galt nicht, einen Schuldigen, sondern die Haltung des Aufständischen, der für die Sache von sich aus tut, was er von sich aus beschlossen hat, zu verurteilen, um nur noch Gehorsame zu dulden; die Augen der verantwortlichen Genossen erläuterten es mir deutlich. Sie trieben mich in die Einsamkeit des Elends, des körperlichen Hungers und der Ratlosigkeit, der Entmutigung und Verbitterung. Wie den Gefangenen in Leipzig, der entgegen aller fadenscheinigen Beschuldigungen die Sache nie verlassen hatte, hatte die Sache mich verlassen« (1953, 174 f).

Die Verzweiflung Haueisens nach dem Pariser Literatur-Urteil ist hier ein Stück weit vorweggenommen, vor allem aber scheint Kischs Kritik sich gegen die Tat Van der Lubbes zu richten.

»Denn außer uns ist jede Tat verdammt zu schaden. Nur wir werden den Kindern, die in Elendsgassen im Rinnstein spielen, das Meeresufer geben können. Wer handelt ohne uns, schlägt diese ärmsten – «, läßt Glaser später in seinem Drama über van der Lubbe den kommunistischen Sprecher sagen (1985 a, 84). Indem Glaser sich mit dem Brandstifter verbrüdert, nimmt er in der Gestalt seines Protagonisten Haueisen die Kritik der Partei an Van der Lubbes einsamer Tat auf sich.

Glaser stand 1953 mit seiner These von der Alleintäterschaft van der Lubbes gegen die landläufige Meinung der Geschichtswissenschaft; inzwischen gilt seine Sichtweise als historisch gesichert ⟨[17]⟩. Im Juli 1954 veröffentlichte Glaser »Szenen aus einem unveröffentlichten Drama« in der Schweizerischen Monatsschrift »Du« (Nr. 7, S. 44-49), 1956 zwei Akte in Alfred Anderschs Zeitschrift »texte und zeichen« (H. 1, S. 9-30). »Der einzige Verleger, dem ich sie angeboten, hatte sie erschreckt zurückgeschickt, da ›es Verwirrung stiften könnte‹« (1980, 218). Die bislang ausführlichste Fassung findet sich (mit einer neuen Einleitung) in der Sammlung »Chronik der Rosengasse« (1985 a, 49-100); in der Einleitung bezeichnet er den von Otto Katz und Willi Münzenberg organisierten Londoner Gegenprozeß als den ersten »Moskauer Prozeß«. Im Drama heißt es, an die Adresse des kommunistischen Akteurs: »Ihr Gegengericht war das Muster für tausend kommende, von denen Sie und Ihresgleichen genau so teuflischer Anschläge und böser Triebe ›überführt‹, körperlich und seelisch vernichtet werden, wie Sie unsern Ausländer verunstaltet haben« (1985 a, 96 f). Otto Katz, Mitangeklagter im Slansky-Prozeß, war 1952 in Prag hingerichtet worden. Egon Erwin Kisch dagegen schreibt linientreu, daß »van der Lubbe und Goebbels Parlament und Literatur auftragsgemäß gebrandstiftet haben« (»Zur Gründung des Verlages ›Das Freie Buch‹«, Nachlaß ⟨1985, 174⟩).

Die Verbrüderung mit Van der Lubbe läßt sich auch an der mythologischen Tiefenstruktur von »Geheimnis und Gewalt« ablesen: Glasers Bericht trägt Züge einer Passionsgeschichte, wie sie sein Drama prägen, das er eine »Passion des Menschen« genannt hat: »Hier ist ein Mensch ⟨ecce homo⟩, der aus einem flammenden Glauben an den Messias unserer Zeit, das welterlösende Proletariat, eine Tat allein erdacht und allein ausgeführt hatte« [18]. Seine Passionsgeschichte schildert die Konfrontation des verleumdeten einzelgängerischen Rebellen, der seinem Gewissen gehorcht, mit dem Typus des Parteisoldaten [19]. Haueisens frühe Fluchtversuche in »Geheimnis und Gewalt« führen immer wieder in den Schatten der Dome und vor die Stufen von Pfarrhäusern; er erduldet die Schläge des Alten, den er im Gasthaus zu den »Zwölf Aposteln« in der Uniform des

Nationalsozialisten entdeckt, und rebelliert doch gegen das Gesetz des Vaters, der ihn ans Kreuz schlagen will. Der Autor läßt seinen Haueisen auf die Suche nach den Spuren von Menschlichkeit gehen; leitmotivisch kehrt das Bekenntnis wieder, daß der Mensch gut sei. Auf der Flucht nach Frankreich läßt Glaser seinen Protagonisten im Stall übernachten, »auf einer Lage Stroh, so wie neunzehnhundertdreiunddreißig Jahre zuvor die kleine Familie, die der Pfarrer heute als Heilige verehrte« (1953, 204); auf seinem Passionsweg wird Haueisen von Mitleidigen getröstet.

Offensichtlich sind in der Erzählung auch die Spuren einer Odyssee. Unter falschem Namen geht Haueisen in ›die Höhle des Löwen‹, »keinerweißwoher« nennen ihn seine französischen Kameraden, und ihm ist »zumute wie einem Menschen, den eine namenlose Gewalt beharrlich und unwiderstehlich in einen gespenstischen See drängt« (1953, 362). Als er nach seinen Irrfahrten nach Paris zurückkehrt, tritt er als Bettler auf und muß die Freier (der Partei) aus der Wohnung seiner Frau verjagen [20].

Geburtshelferinnen

Ein weiteres Detail kennzeichnet Glasers Selbstdarstellung im Widerspruch von Partei und Literatur. Dort, wo er in »Geheimnis und Gewalt« Situationen des Schreibens schildert, sind stets Frauen, und meist liebende, als Förderinnen des schreibenden Protagonisten beteiligt. Auch die Erzählung »Die Nummer Eins der Rotfabrik« schreibt Glaser/ Haueisen in den Nächten bei seiner Geliebten. Als er von ihr Abschied nimmt, trägt er unter dem Mantel »die engbeschriebenen Seiten meiner Erzählung« (1953, 202) – so, als wären sie aus dieser Liebesbeziehung gewachsen.

Glaser gibt hier Fingerzeige, die auf eine Parallele zwischen der Herstellung der Betriebszeitung und der davon handelnden Erzählung hinweisen: beide Texte sind nächtens entstanden, beide Texte werden geschmuggelt. Und wie es der Zelle gelang, ihre Zeitung zu verteilen, so ist es dann auch Georg Glaser gelungen, seine Konterbande in den »Neuen Deutschen Blättern« zu veröffentlichen.

»Seit meine Mutter mich geboren hatte, waren es die Frauen, die mir das Leben immer wieder von neuem geschenkt hatten. Aber nie war ich so weit in den Anfang des Daseins zurückgekehrt, in den ersten Tag, in den Ursprung der Dinge, so nahe an das Geheimnis ⟨...⟩. Ich schrieb eine Erzählung, ich spürte, ich wußte, daß es die beste Arbeit war, die ich je hatte schaffen können, und über der Anstrengung war ich meiner Kraft bewußt« [21].

Glaser selbst verweist später auf die Mutter, deren Wort ihn erlöst habe; hier verbindet er Frauen mit Leben und Leben mit dem Geheimnis, das durch Gewalt nicht zu erobern ist. Dem Geheimnis sich zu nähern, wird gleichbedeutend mit der Kraft zum Schreiben. (Die Sprache der Fremde zu erlernen, das hieß für Glaser nicht nur, das richtige, lebensrettende Wort auf der préfecture zu finden, sondern auch das Wort an »die Frau des Lebens, die plötzlich erscheinen konnte«, richten zu können ⟨G⟩.)

»Geheimnis und Gewalt« heißt ein Kapitel im ersten Teil des gleichnamigen Buches (dessen geplanter Titel »In der Erwartung« war). Das Kapitel schließt mit der knappen Erzählung von vier halbwüchsige Soldaten eines Freikorps, die in die Wohnung einer Frau eindringen, die als Prostituierte galt, sie vergewaltigen und töten. Die Soldaten wollen mit Gewalt, dem »einzige⟨n⟩ Gesetz ihrer Welt«, das ›Geheimnis der Frau‹, für sie gleichbedeutend mit dem ›Geheimnis des Lebens‹, erzwingen. Der Autor beschreibt hilflose Redeformeln und lastendes Schweigen, und wie an die Stelle von Berührung und Erkennen Vergewaltigung und Zerstörung tritt: »sie legten Hand an den Leib, der sie geäfft hatte; in dem etwas sich ihnen entzogen hatte, um nie mehr erreichbar zu sein; der nur auf Geheimworte antwortete, die ihnen vorenthalten waren, und wollten ihn wie eine Truhe zerschlagen, um vollends in den Besitz des Geheimnisses zu gelangen« (1953, 100).

Glaser macht seinen Protagonisten zum kindlichen Beobachter aus dem Blickwinkel des Treppenhauses und nimmt (im Kontrast zur Gerichtsreportage, in der die jugendlichen Mörder als »viehische braune Mordbuben« verdammt werden ⟨s. o.⟩) eine Nähe zu den Tätern wahr: »⟨...⟩ waren uns die vier Jungen näher, denn sie waren von etwas gequält, was auch uns wehe tat« (1953, 99). Bereits zu Beginn des Berichts heißt es: »Ich hatte die Frau nicht vergessen, die in einer der Stuben unter dem Dache umgebracht worden war« (S. 22). Deren Sohn, Weidner, »ein ungeschlachter, haßgieriger Bursche, der die Geschichte seiner Mutter wie einen unheimlichen Orden trug« (S. 23), wird in Glasers Erzählung »Die Geschichte des Weh« zu einem Mörder, der in Paris im Auftrag der Nationalsozialisten mehrere Exilanten tötet [22].

»*Geheimnis*« *und* »*Gewalt*« heißen die begrifflichen Pole, die in verschiedener Konfiguration den Glaserschen Bericht bestimmen. »Geheimnis« kann heißen: ›erlösendes Wort‹; Verdichtung; literarische Wahrheit; das Mißtrauen gegen syntagmatische Vorgaben in der Sprache; Farben ohne Namen und Begriffe; Sprachnot; Zauberworte; Geduld; das Schweigen Van der Lubbes; die Ungeheuer, die nur er wahrnehmen kann; Geheimnis des Lebens; Geheimnis der Stadt; Geheimnis der Frau; zuletzt: *die Mutter* [23]. Ihren Namen Katharina hat er mit »Geheimnis und Gewalt« zu dem des Autors gemacht.

»Gewalt« kann heißen: die Knüppel der ›Grünen‹; der Terror der Erziehungsanstalt; der Gewaltschleicher; genagelte Stiefel; Funktionstüchtigkeit und Monopolanspruch der Partei; die Befehle der fernen Parteizentrale; ›Gewalt, geadelt durch die Lehre‹; Verführung durch Sprache; das Schweigen von ›Weh‹; Menschenhaß; Lüge; Bevormundung; mit Gewalt das Geheimnis der Frau erzwingen wollen; zuletzt: *der Vater*. Dessen Name bleibt ungenannt.

Partei oder Literatur (eine der Konfigurationen von ›Gewalt‹ und ›Geheimnis‹): so heißt die Rekonstruktion einer Entscheidung, wie sie schon bei Richard Krebs/Jan Valtin zu finden war, der rückblickend die Versuche der Ablösung von der Partei mit seinen Schreibversuchen in eins setzte. Und auch bei Krebs war es die geliebte Frau, die den Schriftsteller zur Arbeit aufforderte, in der Hoffnung, er werde dadurch die Lösung von der Partei erreichen.

Glasers Protagonist in »Geheimnis und Gewalt«, Valentin Haueisen, wird häufig auch »Valtin« genannt. Glaser äußert sich über die Namensgleichheit in einem Brief: »Ich kenne das Buch des Valtin Krebs. Gewisse parallele Erlebnisse sind nicht verwunderlich; wir haben das selbe Drama durchlitten. Wenn ich meinen Helden ›Valtin‹ genannt hatte, so weil mein Onkel (meiner Mutter Bruder) so geheißen hatte. Wenn ich um das Buch des V. K. gewußt hätte (1945-47), wäre mir wohl ein anderer Vorname lieber gewesen.« [24]

Muttersprache

Es sind die zum Klischee geronnenen Bilder von der Literatur als Ketzerei und von der Dichotomie von Geist und Macht, die sich mit der Selbstdarstellung Glasers verbinden. Stärker als bei Krebs wird bei Glaser der Anspruch der eigenen Selbstdarstellung jedoch durch sein Schreiben eingelöst.

Glasers gläubiges Vertrauen in Wort und Verständigungskraft der Sprache ist verknüpft mit einem wachen Mißtrauen gegen eine abgeschliffene Gegenwartssprache und gegen ›Verführung durch Sprache‹. »Ein durchgehecheltes Kunstwort verliert meist seine Zauberwirkung. Es geht uns wie jenem Frommen, der, nachdem er die heilige Messe zum ersten Male in seiner Muttersprache gehört hat, enttäuscht fragt, ob dies alles sei« (1980, 227).

Wenn Peter Härtling von Glasers »rüde⟨r⟩ Diktion« spricht [25], so läßt sich das, will man nicht auf einen oberflächlichen Leser schließen, nur auf den Ungehorsam gegenüber syntaktischen Regeln und gegenüber dem Inventar des Wörterbuchs beziehen. Im Zentrum seiner Darstellungen greift Glaser zu neuen Wortschöpfungen und -fügungen, deren Sinn nicht selten ein onomatopoetischer ist. Er versucht Worte »mit der Wurzel auszugraben« [26], bricht mit Neologismen und verfremdeten Wendungen Sprachschablonen auf und bedient sich immer wieder der Magie der Alliteration. Er spricht von einer ›Angst‹, die, statt aufzusteigen, sich »in uns senkte«, von »Aufreden« statt dem gewohnten »Überreden«, vom »Gewaltschleicher« Hitler, der »Spinne« der Hitlerbewegung (dem Hakenkreuz) oder davon, daß die besiegten aufständischen Linken Barcelonas zu Faschisten »umgestaucht« wurden [27]. Erich Kuby, ein früher Förderer Glasers, hat dessen Stil (von »Geheimnis und Gewalt«) mit dem der Luther-Bibel verglichen; sein Urteil, Glaser habe »die deutsche Sprache neu gebildet« [28], steht dazu nur im vordergründigen Widerspruch. Im Gespräch findet Glaser selbst ein sinnfälliges Bild für seine literarische ›Tradition‹: »Ich kann nicht sagen, wo es bei mir expressionistische oder impressionistische Einflüsse gibt. Ich kann aber sagen: ich bin aufgewachsen neben einem alten romanischen Dom ⟨von Worms⟩, und das hat mich beeinflußt; ich hätte nicht sagen können, daß das romanisch ist. Aber das ist mir ins Blut übergegangen. Es gab einmal ein Maikäfer-Jahr bei uns, da hat man den Hühnern eben Maikäfer vorgeschüttet. Und wenn Hühner Maikäfer fressen, dann schmecken die Eier nach Maikäfern« (G).

Glasers Bemühen ist auf ein ›Wesentliches‹ gerichtet; er bezeichnet seine Schreib- und Lebensarbeit als »Verdichtung«, mit der das Überflüssige fortgenommen wird: »Wir verdichten Denken und Sprache. Die strengste Mühe allen Schaffens ist, zu vereinfachen« [29]. Seine Kapitel tragen Überschriften, die auf das Spezifische der geschilderten Erfahrung zielen; die Kapitel wiederum sind in knappe Einheiten unterteilt – ihre durchschnittliche Länge beträgt zwei Seiten -, die einer Erfahrung oder einer Erkenntnis gelten; seine Darstellung strebt, zwischen erzählenden und reflexiven Passagen gelagert, auf ›wesentliche‹ Worte, erkennende Namen oder umschreibende Bilder zu.

»›Das Wort‹ hatte sich mir offenbart schon am Anfang, in der Verschwommenheit der ersten Lebensjahre, noch vor der Sprache, während eine Nacht mir die Brust umschnürt, mittenheraus eine Stimme mich einer freundlichen Gegenwart versichert und mit der ersten Silbe schon das erstickende Drohende vernichtet hatte« [30].

In dieser Erinnerung an die Muttersprache, die Sprache der Mutter [31], deren Namen Katharina Glaser mit »Geheimnis und Gewalt« seinem Autorennamen einfügt [32], klingt etwas von jenem Erlösungsglauben an das Wort an, von dem Walter Benjamin in seinen frühen sprachphilosophischen Schriften gesprochen hat [33]. In Glasers Namensgebung und seiner Verweigerung der Benennung ist das am ersten zu beobachten: »Van der Leiden« heißt seine dramatische Figur des Van der Lubbe, »Weh« sein Einzelgänger in der Erzählung von 1968, während der autoritär-schlagwütige Vater in »Geheimnis und Gewalt« nur »der Alte« und »der Verfolger« genannt wird und namenlos bleibt [34].

Der Autodidakt Glaser beschreibt seinen Kampf um die Sprache. Die ursprüngliche Situation ist bestimmt durch die Vereinsamung in einer feindseligen Umwelt (des Vaters, der Fürsorgeheime, der Gefängnisse), die trotzige Selbstbehauptung und die Sehnsucht, andere zu erreichen: »Um mich ihnen unvermindert anzubieten, hatte ich unternommen, mich zu erzählen. Meine Mühe war, jener Absicht gemäß, seit der ersten Silbe von der Sorge bestimmt, meine Wahrheit glaubhaft zu berichten« (1985 b, 18). Mühe und Verantwortlichkeit werden eindringlich gefaßt: »Um jeden Satz hatte ich mich schinden müssen. Zuweilen hatte mich dann ein Alptraum heimgesucht: Ich hatte Leute um mich her vor nur von mir gesehenem Ungeheurem warnen wollen, und meine Lippen hatten vergeblich Laute zu bilden versucht« (1980, 219). Wo das ›erlösende Wort‹ sich nicht findet, vergleicht er seine Suche mit der Arbeit an dem Metall in seiner Schmiedewerkstatt, die er im Pariser Stadtteil Marais betreibt. Er schaffe »in Volumen«, kreise mit Bildern und Vergleichen das Bedeutete ein: »‹...› das nicht ›einbegriffene‹ Besondere, Einzige, das Genaueste, läßt sich nur mittelbar orten, über Vergleiche, Bilder oder eingegrenzt zwischen mit wachem Ohr gewählten Wörtern, die einander ihrer ›wörtlichen‹ Bedeutung entfremden; nur im Widerlicht der von ihnen ausgehenden Stimmungen und Anspielungen ersteht zwischen ihnen das angesuchte Wahre« [35].

Schmiedehandwerk und Schreibarbeit sind nicht nur dort vergleichbar, wo von der Arbeit »in Volumen«, dem Umschreiben und Einkreisen des Bedeuteten die Rede ist; der Vergleich umfaßt auch den Rhythmus der Sprache und des Hämmerns. In den Manuskripten von »Geheimnis und Gewalt«, »Die Geschichte des Weh« und »Jenseits der Grenzen« ist die Satzfolge durch Zäsuren unterbrochen, die mit der Interpunktion nicht übereinstimmen müssen (in den Druckfassungen wurde diese Eigenheit des Schreibens fast gänzlich geglättet). Glaser spricht von Satzbrüchen und vergleicht sie mit dem Rhythmus des Hammerschlags auf einen widerstrebenden Werkstoff: »Ich hämmere in einem bestimmten Rhythmus, muß aber manchmal absetzen, vielleicht glätten, eine Stelle verbessern, eine neue Linie ansetzen. Es ist nicht der Rhythmus einer Uhr, sondern jeder Schlag ist trotz der Serie von neuem berechnet. Manchmal muß man zurückkehren, oder eine Spur des Hammers muß getilgt werden. Wenn ich die Arbeit an einem Krug beginne, dann sehe ich ihn vor mir und arbeite langsam darauf zu. Wenn ich einhalte, kann ich vergleichen und sehen, ob ich hinkomme oder nicht, und kann berichtigen. Es gibt manchmal Abschnitte, wo man auf den Satz zuarbeitet, wo aber der Weg schwierig und nicht geradlinig ist. Man sagte, ich geriete in Verwirrung mit der Syntax, doch in Wirklichkeit will ich die Satzbrüche zeigen, weil sie ein Zeichen der Lebendigkeit sind« (G).

Sprachkritik

Die Lösung von der Partei ist folglich auch eine Lösung von deren Sprache als dem Medium der totalen Macht und seine Kritik an der Partei ist Sprachkritik.

Glaser charakterisiert in »Geheimnis und Gewalt« die Bedeutung der Partei (für den jungen Haueisen) als eine Instanz des Benennens: »Die Partei ging vor in einer Welt der Gedanken, Überlegungen und in Worte faßbare Begriffe. Ich aber irrte in einem unbekannten Gelände der Farben und Schatten und Erscheinungen ohne Halt noch Hilfe« (1953, 89). Das Mißtrauen gegen die Partei wächst in dem Maß, in dem diese Gedanken, Überlegungen und Begriffe scheitern, aber auch mit dem Bewußtsein, daß seine Vorbehalte gegen die verordnete Sprache nicht Mangel sondern Stärke sind. Er beschreibt die eigene Wahrnehmungsfähigkeit mit dem Wissen, daß sie jenseits der Parteisprache bleiben wird, und er kennzeichnet sie als warnende Instanz: »Ich besaß eine seltsame Fähigkeit, ich empfing den Tonfall der Worte, den Geruch und die Gebärden eines Fremden wie auf einer Wand, die alle Erscheinungen in eine einzige Tönung zwischen Licht und Nacht umsetzte. Es waren genau gesagt keine Farben, sondern Leeren, und ihre Tiefe und Abstufung von Hell zu Dunkel gaben mir genau an, was ich zu fürchten hatte, obwohl es ohne Namen und Begriff blieb. Gegen die leiseste Regung der verhaßtesten aller Gewalten ⟨...⟩ war ich empfindlich wie ein Mädchen, das als Kind vergewaltigt worden ist, gegen die bloße Nähe eines Mannes. Deshalb gewahrte ich in derselben Sekunde schon den Einbruch des widerlichen Geistes in die Seelen der Genossen; in meine werdende Welt der unantastbaren Persönlichkeiten. Ich sah die bekannten Spuren der unbekannten Kraft, die genagelten Stiefel, die Angst zu erzeugen hatten, um andere Angst zu verscheuchen, die Wollust der Hörigkeit, die Verminderung durch den Gehorsam und die Unterwerfung in der Anbetung« (1953, 90 f).

Glaser macht hier zudem deutlich, daß seine Wahrnehmung einer vergewaltigenden Partei am Widerstand gegen seinen Vater geschult ist. Er gewahrt »den Einbruch des widerlichen Geistes in die Seelen der Genossen« und konstatiert später: »wie sehr schmolzen Freunde und Feinde in eine einzige Form, die der Gestalt des alten Verfolgers immer ähnlicher wurde« [36].

Es ist die Sehnsucht nach dem »erlösenden Wort«, dem »Zauberspruch«, die Glaser zur Partei treibt, und es ist die Enttäuschung über ihr Surrogat (»betörende Worte« ⟨1953, 149⟩) oder ihr Schweigen, was ihn von der Partei wegtreibt.

Glasers Kritik an der Sprache der Partei kennt wenigstens vier Elemente:

1. Die Sprache der Partei ist geronnen in die Sätze der »Lehre«, die keinen konkreten Situationen genüge tun; Worte werden zu Verstecken und zu »sinnlosen Worte⟨n⟩« [37]. Sie erhebt den Anspruch, Glaube und Wissenschaft zu verschmelzen, die Wahrheit zu verwalten; aber als Mitglied der Partei war man »einer Sprache mächtig geworden, die das Denken verhaftet und abgerichtet hatte« (1985 b, 21). In »Jenseits der Grenzen« verschärft Glaser seine Kritik an der abstrakten Sprache der Partei zu einer Kritik an ihrem totalitären Charakter: »Die Gefangennahme der Sprache befähigt sie ⟨die Parteiideologen⟩, schon in den Hirnen aufsässige Gedanken zu wehren. Gedanken gestalten sich in ihnen eigener Sprache« [38].

2. Die Partei verweigert (nach Hitlers Machtergreifung) das erlösende Wort vom Widerstand: »Wir warteten noch. Die letzten Wahlen, Anfang März, ergaben noch vierzehn Millionen Stimmen für die Arbeiterbewegung, Stimmen, die Nachrufe waren, letzte klagende Rufe in einer angebrochenen Nacht. Niemand antwortete. Wir, wir warteten noch. ⟨...⟩ Während über uns das blutige Schwert hing, und an jedem Morgen von dem Entsetzen eines nächtlichen Einbruchs erfüllt war, von dem Rauch eines Brandes, warteten wir auf ein Wort« [39].

3. Die Partei reagiert auf die veränderte Situation nach der Machtergreifung der Nationalsozialisten mit den alten Sätzen. Durch die Sprachregelung werden sperrige Tatsachen eliminiert; die Vorschrift tritt an die Stelle des Glaubens [40]. Die verbalen Stereotypen verfestigen einzig die Lager, und die Partei versucht ihre wirklichkeitsfremden ›Einschätzungen‹ mit Menschenopfern zu beweisen: »Dreiunddreißig, noch Monate, nachdem der große Redner zum Kanzler des Deutschen Reiches bestellt, die Wirklichkeit durch blutige Eingriffe verändert, hatte die Parteisprache weitergewirkt, gespenstig, eine Stimme ohne Leib. Aus welcher Erdenferne hatte sie es, um ›die richtige Einschätzung der Lage‹ zu bestätigen, auf den Martertod ankommen lassen?« (1985 b, 22 f)

4. Ihre Worte werden entwertet mit dem Mißbrauch durch die Nationalsozialisten und mit der Annäherung von Freund und Feind. »⟨...⟩ altbekannte, teure Worte ⟨waren⟩ zu billigem Blendwerk geworden, mit dem seine Todfeinde üppig und schreiend ihre Feste ausssschmückten« (1953, 427).

Und schließlich tritt die (französischen) KP mit ihrer Parole »Tuez les boches« das Erbe der Nationalsozialisten an: »Das ›Erschlagt die Boches‹ – vielleicht wohlberechnet wie eine Brandfackel vorausgeworfen – hatte gesiegt über das ›freie Europa gegen das braune Europa‹, noch ehe es einer ausgesprochen. So wie das ›Juda verrecke‹ gesiegt hatte über einen mächtigen Traum, den keiner noch in Worte gefaßt« (1953, 488).

Die Lösung von der Partei heißt Einsamkeit und schließlich Aufbruch in ein neues Experiment. Haueisens Monolog schließt sich an Ki⟨r⟩schs Verurteilung seiner Erzählung an: »Wenn ich meines Zustandes gewahr wurde, stürzte ich in meine Einsamkeit; ich erfuhr, daß es, so wie es Ängste und eine Angst gab, viele Möglichkeiten des Einsamseins, aber nur eine Einsamkeit gab; ⟨...⟩ Allein inmitten aller Menschen, allein, wie die Menschen in der Wüste mit Gott, aber die letzte Einsamkeit war ohne Gott, verlassen selbst vom Sinn des Lebens, von allen Wahrheiten, allen Wegen, allen Freunden, allen Gestalten, allen Gesichten. Ich bäumte mich verzweifelt auf, entweder ganz vom Traum besessen, oder jäh endgültig ergeben. Mit fliegenden Pulsen fragte ich mich: warum nicht noch einmal wagen? Meinen arbeitslosen Mut, ziellosen Glauben, Willen und Bereitschaft zu leiden, zusammennehmen und von neuem einen Weg einschlagen; keinen Ausweg, einen Weg, von dem noch keiner zurückgekommen ist. Vielleicht mußte ihn von Zeit zu Zeit einer gehen, von dem man lange nachher eine Botschaft wie eine Flaschenpost fand; alle Bezeichnungen hatten ihren Inhalt verändert. Unser Dasein war von ganz neuen Erscheinungen geprägt, für die es noch keine Worte gab, und alle nennbaren Werte waren unter der Einwirkung des Neuen abgegriffen und salzlos geworden. Warum nicht Worte wie Breschen schaffen, Geburtsurkunden neuer Tugenden, Steckbriefe gegen die ungenannten, im Gewande alter Tugenden anschleichenden, feindlichen Gewalten?« [41]

Die »Flaschenpost«, von der Glaser seinen Protagonisten sprechen läßt, trägt 1985 den Titel »Jenseits der Grenzen«. In diesem, seinem bislang letzten Buch, ist das »Abenteuer« seiner Suche nach dem Wesen der Arbeit protokolliert, das Experiment seiner Werkstatt und die Entwicklung seines Handwerks. Glaser unternahm Fahrten nach Deutschland, hatte Kontakte zu Anarchisten wie zu religiösen Gruppen, die in den frühen Jahren eine deutsch-französische Verständigung praktizierten. Er hatte Begegnungen mit der »Gruppe 47«, mit Carlo Schmid und Simone Weil; mit Albert Camus und Paul Celan war er befreundet. Doch er wurde nicht Mitglied einer Gruppe oder Schule, und er suchte keine Schüler.

Die Ablehnung von »Geheimnis und Gewalt«

1950 wird erneut »der Stab« über den Schriftsteller Glaser gebrochen. An der Stelle von Kisch sitzen in Hamburg C. W. Ceram [42] und Ernst von Salomon über einen Text von Glaser zu Gericht. Glaser sei, so berichtet er in »Jenseits der Grenzen«, zum Hamburger ⟨Rowohlt⟩ Verlag gefahren, um den bereits verabredeten Vertrag für das Manuskript von »Geheimnis und Gewalt« zu unterzeichnen. Doch »Der schwergewichtigste der beiden Sänger hatte mir mit der Stimme eines Richters eröffnet, daß sie sich inzwischen anders besonnen hatten. Was auch abgesprochen war, hatte nichts mehr gegolten. Und er hatte den Stab über mich gebrochen. Ihr Haus allein im ganzen Land hatte mein Buch drucken können. Sie waren nicht gewillt, es zu veröffentlichen. Es war eine Ausbürgerung aus der deutschen Sprache gleichgekommen« (1985 b, 181).

Tatsächlich waren Glasers Bemühungen und die seiner Freunde über lange Jahre hin vergeblich, für seinen sperrigen Bericht, der sich den obligaten Einordnungen in der Ära des Kalten Krieges widersetzte, einen deutschen Verleger zu finden.

Glaser hat das Manuskript 1948 abgeschlossen, aber keinen deutschen Verlag gefunden. Für den Rowohlt Verlag lehnten die beiden Lektoren C. W. Ceram und Ernst von Salomon ab. Walter Dirks versuchte 1948 vergeblich, das Manuskript beim Verlag der Frankfurter Hefte, bei der Büchergilde Gutenberg, bei Desch und Drexel (Nürnberg) unterzubringen [43]. Erst nach der Veröffentlichung einer französischen Übersetzung [44], nach den Ehrungen in der französischen Literaturkritik, die »Secret et Violence« zum »Buch des Jahres« und zur »bedeutendsten epischen Leistung der Nachkriegszeit« erklärte [45], und einem Teilabdruck in der Zeitschrift »Der Monat« (4. Jg., Nr. 37-40), findet sich Ende 1951 ein schweizer Verleger (Vineta) und nach dessen Bankrott 1953 ein deutscher Verleger (Scherz & Goverts). Das handschriftliche Manuskript von »Geheimnis und Gewalt« befindet sich im Besitz von Erich Kuby.

Die Ausgaben von »Geheimnis und Gewalt« unterscheiden sich wesentlich. Nach langen Auseinandersetzungen mit seinen französischen Verlegern habe er eine ungekürzte Ausgabe durchsetzen können, berichtet Glaser – »es gehört zu den Dingen, um die man kämpfen muß« (G). Die erste deutsche Ausgabe des Vineta-Verlags (1951) entspricht dem (ungekürzten) Manuskript, das auch der französischen Ausgabe zugrunde gelegen hat. Allerdings ist die zweibändige Vineta Ausgabe »verhagelt von Druckfehlern« (G). Glaser hat sein Manuskript für die Ausgabe von 1953 (Scherz & Goverts) korrigiert und Kapitelüberschriften hinzugefügt; das Lektorat schob Absätze ineinander und nahm geringfügige Kürzungen vor. 1955 übernahm die Büchergilde Gutenberg diese Ausgabe in ihr Programm (die Paginierung dieser Ausgabe ist um zwei Seiten verschoben). 1956 veröffentlichte der Ullstein-Taschenbuchverlag einen Auszug des Buches unter dem Titel »Geheim-

nis und Gewalt«, ohne, wie mit dem Autor verabredet, die Kürzung zu vermerken. Der Text des
Taschenbuchs (auf dem Titelblatt mit der Kennzeichnung »Schonungslose Rechenschaft über
Leben und Zeit« versehen) entspricht dem Teilabdruck in der Zeitschrift »Der Monat« (1951/1952).
1969 veröffentlicht der Claassen Verlag in seiner von Peter Härtling initiierten Reihe der »vergessenen Bücher« eine Ausgabe, die, wieder ohne entsprechende Kennzeichnung, um etwa ein Fünftel
des Textes gekürzt ist. Die Rowohlt-Taschenbuchausgabe von 1983 (Untertitel: »Der autobiographische Bericht eines Einzelkämpfers«) orientiert sich an der Claassen-Ausgabe von 1969. Für die
Neuausgabe 1989 im Verlag Stroemfeld/Roter Stern habe ich die Abweichungen zwischen den
beiden ersten deutschsprachigen Ausgaben verzeichnet.

Glaser gibt hier indirekt einen Hinweis auf den Grund für diese Schwierigkeiten, indem
er Ernst von Salomon als den Autor des autobiographischen Buches »Der Fragebogen«
vorstellt: ⟨...⟩ Ernst von Salomon, gemütlich rund mit roten Backen, hatte keiner angesehen, daß er an Morden der frühen Weimarer Jahre mitschuldig geworden war. Er hatte
sich erleichtert durch ein Buch, und alle anderen mit ihm, denen es schlecht ergangen war
über den Fragebögen der Besatzer, die nach den Spießgesellen der nichtverjährten
Morde gefahndet hatten« (1985 b, 181).

Diese Charakteristik Salomons ist kaum mißzuverstehen als politische Aufrechnung;
sondern Glaser vergleicht dessen »Fragebogen« mit »Geheimnis und Gewalt« als zwei
verschiedene Formen dessen, was gemeinhin »Vergangenheitsbewältigung« genannt
wird; die Salomonsche Variante, so Glaser, »erleichtert« Autor und Leser [46]. Damit
macht Glaser vermittelt deutlich, daß »Geheimnis und Gewalt« keinen schnellen Zuordnungen gehorchen will und keiner Absicht nach Rechtfertigung entspricht.

Es gilt, zwei »Irrtümer« zu korrigieren. Ernst von Salomons Buch »Der Fragebogen«, in
dem der Autor die Unterdrückung durch die Amerikaner gegen den Terror der Nationalsozialisten aufrechnet – einer der frühen Bestseller der Republik -, erschien im März 1951
bei Rowohlt. Glasers Fahrt nach Hamburg läßt sich nicht genauer datieren, doch da sie,
in der Chronologie von »Jenseits der Grenzen«, längere Zeit vor dem Erscheinen der
französischen Ausgabe von »Geheimnis und Gewalt« stattfand (1951), kann es als sehr
wahrscheinlich gelten, daß Salomons Buch zum Zeitpunkt des hier geschilderten Zusam-
mentreffens noch nicht erschienen war. Glaser kam es hier, in »Jenseits der Grenzen«,
jedoch weniger auf biographische Detailtreue, als auf die aussagekräftige Kontrastierung
zweier Texte an.

Zu meiner Überraschung teilte mir Glaser in einem späteren Gespräch mit, daß nicht
Salomon, sondern Marek-Ceram der »schwergewichtigere« der beiden Lektoren gewesen sei; Salomon habe damals in Hamburg sogar noch zu vermitteln versucht. Ein
Präzedenzfall des Interpreten: der Autor korrigiert eine Lesart, die sein Text durchaus
ermöglicht, wenn nicht sogar nahegelegt hat. Glaser hat, so scheint mir, mit Absicht den
Namen des Richters nicht genannt, wohl um die Gegenüberstellung der Texte »Geheimnis und Gewalt« und »Der Fragebogen« zu betonen.

Die Frage der »Authentizität« leitet über zum letzten Punkt des Kapitels, zum Problem
der Autobiographie.

Autobiographie

In den (bislang) spärlichen biographischen Hinweisen zu Glaser in Lexika und Nachworten sind auch darum viele Fehler zu finden, weil seine Bücher, vor allem aber »Geheimnis
und Gewalt«, als biographische Mitteilungen des Autors verstanden wurden [47]. So teilt
fast jeder Kommentar zu Glasers Biographie mit – weil Valentin Haueisen in »Geheimnis
und Gewalt« die Pistole gegen einen Verfolger hebt – daß Glaser in seiner Widerstandsarbeit gegen die Nationalsozialisten (und zwar bei der Verteilung der »Rotfabrik«) einen
Faschisten erschossen habe [48].

Aber die geometrischen Figuren seines ›Romans‹ [49] machen deutlich, daß es Glaser
nicht um biographische Treue geht. Valentin Haueisen zieht Kreise um seine »Vorstadt«
[50], als Jugendlicher kehrt er von seinen Ausbrüchen dahin zurück, als Kriegsgefangener
muß er in einem Lager nahe der »Vorstadt« arbeiten und als Flüchtender bringt ihn der
Zug erneut in die »Vorstadt« zurück.

Ein letztes Mal schließt sich der Kreis, wenn der Erzähler von »Jenseits der Grenzen«
heimkehrt in die Vorstadt der Kindheit. Dort wird er an den Vater erinnert, der im
berühmten ersten Satz von »Geheimnis und Gewalt« als derjenige auftaucht, der »acht
Kinder in die Welt gesetzt und alles getan ⟨hat⟩, um sie wieder abflatschen zu sehen«. Der
»Alte«, so versichert man nun dem Erzähler im letzten Satz, »der hot soo schee Drumbeed
geschbield, jeden Owend, soo schee« (1985 b, 368).

Das ist als Korrektur des Vaterbildes und nicht als ›Versöhnung‹ mit dem Vater zu
lesen. Die Unversöhnlichkeit und die verweigerte Anpassung Glasers dürften wesentlich
zur Erfolglosigkeit von »Geheimnis und Gewalt« beigetragen haben.

Bereits in »Schluckebier« hatte Glaser seinen autobiographischen Helden am Ende durch
Polizeikugeln sterben lassen und damit ein schwerlich übersehbares Zeichen gesetzt, daß
sein Protagonist ein eigenes Schicksal trägt.

»Es geht nicht um Fieberkurven, Lebensdaten, die ich aufzeichne, ich habe in
›Schluckebier‹ und ›Geheimnis und Gewalt‹ nicht die Geschichte eines Trampeltiers
geschrieben, sondern die der Graugans Martina. Man kann Autobiographie dazu sagen,
muß dann aber bedeuten, was es ist: der sich selbst Beobachtende, aus dem einzigen
Grund, weil es der Menschenleib, die Menschengestalt ist, weil man das an sich selbst am
besten beobachten kann. Also mit Abstand zu sich selbst, unter Einbeziehung typischer
Schicksale. Das ist doch das Wesentliche. Es gibt Millionen Menschen, die hämmern,
aber wieviele von denen beginnen plötzlich zu sagen: Ja was ist eigentlich los, was begibt
sich hier, was wird gespielt? Ich weiß nicht, ob das eine krankhafte Ausnahme ist, oder ob
jedem Menschen zu eigen, ich kann es nicht sagen. Vielleicht sind die Leute, die sich in
irgendeiner Leidenschaft dann doch hinreißen lassen zu Gewalttaten und Verbrechen,
vielleicht sind es Leute, die eben das nicht haben« [51].

In einem Brief vom September 1987, der eingeht auf meine Fragen nach seiner
Biographie (und auf den in »Geheimnis und Gewalt« erwähnten Schuß auf einen
Nationalsozialisten) hat Glaser sich noch einmal grundsätzlich zum Thema Schreiben
und Autobiographie geäußert: »Möge mir noch Lebenszeit gegönnt sein, um ein letztes
Mal, gründlicher als zuvor, und sei es auch wiederum vergeblich, gegen das verdammte

›Autobiographie‹ anzugehen. Hier in aller Eile nur soviel: Alle Umstände der Begeben-
heit, um deren Klärung Sie mich bitten – am eigenen Leibe erfahren oder hautnahe mit
Sinnen und Geist erfasst – sind so wahr wie wir die Wirklichkeit überhaupt wahrzunehmen vermögen. Aber nicht nur hatte ich sie – jeden einen – unter vielen ähnlichen
ausgelesen, sondern auch je in einer von mehreren Betrachtungsweisen beschrieben.
Eine doppelte Auswahl, denn ich war allein darauf bedacht, die aus dem ganzen
Geschehen gewonnene Erkenntnis mitzuteilen, daß die Folgen einer Entscheidung oder
Tat ihre eigenen Wege gehen, von keiner gesetzmäßigen Entwicklung gelenkt, und wir sie
nicht wieder einholen können, mündeten sie auch in die Tragödie. Sehen Sie selbst:

Zur Tat: Während der ersten Wochen nach Hitlers Kanzlerschaft, angesichts immer
stärkeren Terrors, wurde im Verlaufe eines nächtlichen Scharmützels ein S.A. Mann
erschossen. Dieser Vorfall war einer der Tausend Beweise dafür, daß mehr als nur ein
Van der Lubbe verzweifelt versucht hatte, Widerstand zu wagen; blind, denn jene
Tausend, die auf Das Wort gebaut hatten, waren vom Wort verlassen worden. Der Täter
hatte mir nahe gestanden. Ich habe seinen Namen nicht vergessen. Ich hatte ihn später in
Paris bei allen kläglichen kleinen Exilblättchen vorsprechen und seine Täterschaft
beteuern sehen. Hatte ihn Spanien erlöst?

Auch Ort und Verlauf der Tat hatte ich aus erwogenen Gründen geändert. Zum einen
hatte ich selber eine Weile in der »Rotfabrik« (Höchster Farbwerke) gearbeitet und war
der Betriebszelle der Partei zur Hand gegangen, zum anderen hatte ich von allen
Versuchen, die hirnverbrannten, fern der Wirklichkeit jener Tage ersonnenen Parteilo-
sungen unter das Volk zu bringen, die harmloseste gewählt. So wie ich schon vermieden
hatte, die ›Van der Lubbe‹ Seite spontanen Widerstands hervorzuheben, hatte ich auch
auch nicht zu gewichtig, die Erzählung verzerrend, auf dem Irrsinn jener Losungen der
fernen »Führung« bestehen wollen; (obwohl ich die Wahl unter schrecklichen Beispielen
hatte: von sechs Mitstreitern einer Zelle im Pfalz-Saargebiet waren fünf hingerichtet oder
in der Haft »gestorben« worden, um das von ihnen – nach den Morden an Röhm und
Genossen – gehorsam verteilte Flugblatt zu vergelten, des hanebüchenen Inhalts: ›S.A.,
behaltet eure Waffen.‹ !!) ⟨...⟩

Ich werde es leid, das von mir mit Haut und Haaren Erlebte zu scheiden, von dem, was
nur unter meinen Augen geschehen war. Ich habe vier oder fünf Arbeiterstädte, in denen
ich längere Zeit gelebt, zu einer zusammengerückt, denn ich hatte keinen Reiseführer
durch Armeleutesiedlungen schreiben, ich habe sieben, acht Betriebe, in denen ich
gearbeitet, zu einem verdichtet, denn ich hatte nicht das Arbeitsbuch eines Wandergesel-
len ausfüllen wollen: um klar zu sagen, was ich zu sagen hatte, ›dichten‹ heißt, ein Zuviel
wegnehmen.

So war ich auch bei vielen Bünden und Gruppen eingekehrt, Soz.arbeiter – Gewerk-
schafts- und Komm. Jugend und hatte Freunde bei Anars und Trotzkysten. Aber ich habe
den ›Haueisen‹ bei den Kommunisten und ihrer Umgebung eingeschrieben. Sie hatten
jene Zeit tiefer mitgeprägt. Sie waren fähiger, das meiste von allem gebieterischer zu
verlangen, was eine Jugend begierig war, zu geben. Und sie allein hatten eine schon
begonnene Verwirklichung der Verheißung vorspiegeln können. Aber einen stets glim-
menden Zweifel habe ich den Haueisen von seinen andersdenkenden Freunden mitneh-
men heißen.«

Glaser benennt in seiner Beweisführung, daß es sich besonders bei »Geheimnis und Gewalt« um keine Autobiographie handle, eine charakteristische Eigenschaft der Autobiographie: Er selektiere zweifach, aus einer Vielzahl von Begebenheiten wähle er die wesentlichen aus, und jene schildere er in einer von den vielen möglichen Betrachtungsweisen.

Zwar gibt es den Autobiographen, der im naturalistisch-naiven Anspruch, ›alles zu schildern wie es gewesen ist‹ auftritt. In der Renegatenliteratur ist es beispielsweise Leopold Trepper, Chef der ›Roten Kapelle‹, der in der Einleitung zu seinen Erinnerungen mit stark rechtfertigendem Charakter (denen er im Deutschen den Titel »Die Wahrheit« gibt), verspricht: »Heute – endlich – habe ich nichts mehr zu verbergen; heute will ich nur noch das eine: über die fünfzig Jahre meines politischen Kampfes die Wahrheit sagen. Hier ist sie, die Wahrheit...« (1975, 9). Aber jeder Autor wird, ob bewußt oder unfreiwillig, nach einem Auswahlprinzip verfahren müssen. Koestler spricht von dem »verzwickte⟨n⟩ Problem der Auswahl des relevanten Materials« (1985, 10). Die Kriterien der Auswahl findet er in der Gewichtung der Schreibmotivation [52]. Die Kriterien der Selektion sind Glaser nicht zuletzt darum so deutlich vor Augen, weil »Geheimnis und Gewalt« geprägt ist von dem Anspruch, Erfahrung und Einsicht mitzuteilen; Glaser benutzt im Gespräch das Bild der »Flaschenpost«. Seine Bilder und Beispiele wollen nicht agitieren und überzeugen, sondern Argumentationshilfe leisten, Schlußfolgerungen sinnfällig machen, beunruhigen [53]. Selbst sein Hinweis, daß die Figur des Haueisen zu einem gewissen Teil synthetisch sei [54], entfernt sich nicht vom Wesen der Autobiographie.

Das läßt sich mit einem Blick auf das psychoanalytische ›Setting‹ verdeutlichen. Das Ergebnis einer psychoanalytischen Behandlung entspricht dem Resultat der Interaktion zwischen Analysand und Analytiker; beide Seiten einigen sich im Verlauf der Gespräche auf einen Entwurf des eigenen Selbst (des Analysanden); Johannes Cremerius hat in diesem Zusammenhang vom »Mythos der Biographie« gesprochen [55]. Es wäre eine Illusion, wollte man diesen »Mythos« unabhängig von der Person des Analytikers machen. Jeder Analytiker produziert eine andere kommunikative Konstellation und wird, zusammen mit dem Analysanden, ein anderes Resultat erbringen.

In der Entsprechung der literarischen Autobiographie wäre ebenso eine Fülle an Varianten aus der Feder eines einzigen Autors vorstellbar. Die Autobiographen arbeiten an einem unendlichen Text: weil stets eine neue Auswahl und Bearbeitung möglich ist, weil stets eine andere Interaktion mit dem imaginierten Leser denkbar ist, weil stets Unzufriedenheit zurückbleibt, wenn man der Chimäre »Wahrhaftigkeit« im Sinne einer Vollständigkeit des Selbstbilds oder der ›historischen Wahrheit‹ nachjagt. Für den Renegaten ist der Anspruch der ›Wahrhaftigkeit‹ im Sinne einer Rechtfertigung noch deutlicher, da er sich von vornherein der Angriffe seiner ehemaligen Genossen gewiß ist und ebenso des Mißtrauens der neuen Öffentlichkeit: Seine Autobiographie gehorcht neben dem Ziel der Selbsterforschung auch den Aufgaben, andere zu belehren und das eigene Verhalten den anderen zu erklären. Roy Pascal moniert beispielsweise an Koestlers Autobiographie , daß er sie geschrieben habe »um andere zu informieren und aufzuklären, nicht für sich selbst« (1960/1965, 211).

Glasers Beschränkung scheint gerade darum erfolgreich zu sein, weil er den biographischen Wahrhaftigkeitsanspruch nicht erhebt: Seine Abwehr, Valentin Haueisen mit Georg K. Glaser gleichgesetzt zu sehen, entspricht der Rettung vor jener Zwanghaftigkeit, auf die man bei Regler oder Kantorowicz stößt, stets eine vollkommenere und umfassendere Darstellung des Selbstbilds zu versuchen. Glaser weiß, daß das Erzählen von der eigenen Person immer schon fiktionalen Charakter hat. Seine biographischen Entwürfe zielen nicht auf Idealisierung und Rechtfertigung des Autors, sondern mehr auf die Gestaltung ›tragender geschichtlicher Kräfte‹. Diese werden nicht in Klassenbewegungen ausgemacht, sondern in der paradigmatischen Bedeutung von Einzelgängern namens Schluckebier, Haueisen, van der Leiden und Weh, in denen Glaser den Prozeß betont, nach dem das Besondere das Allgemeine zu bestimmen vermag.

Ontologisierung und Typologie

»Wir Ex-E müssen jeder den eigenen Weg finden. Manche enden katholisch, andere paranoisch, andre stockkonservativ – wenige richtig normal. Eine Gegengemeinschaft gibt es nicht.«
Arthur Koestler an Alfred Kantorowicz [1].

Der Renegat ist im Zuge von Idealisierung, Funktionalisierung oder Denunziation zu einer Denkfigur geworden, die typologisiert und damit eindeutig gemacht wurde. Im Blickwinkel der kommunistischen Partei war Renegatentum als Entwicklung oder Wandlung nicht denkbar; es konnte keinen Akt des Austritts aus der Partei als freie Willensentscheidung geben. Der Renegat war nie etwas anderes als ein Polizeispitzel, ein Verräter gewesen, der sich demaskiert hatte oder dem die Maske vom Gesicht gerissen wurde: Hinter der Maske verbirgt sich kein Individuum, sondern der Typus.

»Während Jahren ⟨haben die Renegaten⟩ zum Schein der Sowjetmacht gedient, um sie besser verraten zu können«, schreibt Jules Humbert-Droz 1937 in der Einleitung zu einer Anti-Gide-Broschüre (T. Pinkus 1937, 5) und fordert folgerichtig: »Keine falsche Moral gegenüber diesen vom Faschismus ausgehaltenen Agenten in den Reihen der Arbeiterschaft. Man muß sie demaskieren!« Hinter der Maske verbirgt sich die Marionette, an deren Fäden Trotzki und Hitler (wiederum Marionetten ›des Kapitals‹) ziehen [2].

Die nachträgliche Auslöschung des Parteifeindes aus der Geschichtsschreibung, wie Orwell sie in »1984« beschreibt und wie sie am Schnittpult von Eisensteins Revolutionsfilmen stattfand, ist weniger Ausdruck von Propaganda als Konsequenz einer Ontologisierung, die eine Entwicklung des Individuums leugnet. »André Marty ist nie etwas anderes gewesen als ein Polizeispitzel ⟨...⟩. Rajk wurde nie in Spanien verwundet«, mit diesen Beispielen beschreibt der Philosoph und Psychiater Joseph Gabel »eine tiefgreifende Umwandlung der logischen und raumzeitlichen Struktur des Denkens: ⟨...⟩ einen Fall von falschem Bewußtsein« (1964, 100 f). Vereinzelt findet sich selbst in der Renegatenliteratur die Variante, daß keine Wandlung stattgefunden hat: man sei nie Kommunist gewesen.

Boris Bajanow, zwischen 1923 und 1926 einer der engsten Mitarbeiter Stalins, behauptet in seinen Erinnerungen (1931), sein Parteieintritt und seine Karriere seien in der einzigen Absicht erfolgt, die verhaßte Bewegung von innen heraus zu zersetzen. In einem späteren Gespräch (1984) kommt er darauf nicht mehr zu sprechen. Doch auch bei Sperber, Kantorowicz oder Schenk [3] finden sich Züge einer Rechtfertigung, nach der die Autoren vom Tag ihres Eintritts an in Opposition zur Partei gestanden haben.

Auch eine klassifizierende Typologisierung, wie sie in den Selbstdarstellungen der Renegaten und in der Rezeption der Renegatenliteratur durchscheint, baut auf problematischen Reduktionen und Vereinfachungen. Die idealisierenden Bildentwürfe der Renegaten unterstreichen nicht selten die eigene Handlungspotenz und postulieren eine eindeutige Wandlung. Die unterschiedlichen Ausgangspunkte von Opposition und die Entwicklungsprozesse nach der Loslösung bleiben auch in der Rezeption regelmäßig unberücksichtigt. Vor allem der Aspekt, daß viele Exkommunisten nicht nach eigenem Entschluß, sondern durch Verfolgung von seiten der Partei politisch heimatlos, zu Renegaten gemacht worden waren, bleibt meist unterbelichtet oder völlig ausgespart. Die Renegaten durchschreiten bei ihrem Ablösungsprozeß verschiedene Stadien; ihr Selbstverständnis ändert sich durch und mit ihrem Schreiben, im Umgang mit neuen Adressaten und im Kraftfeld neuer politischer Koordinaten.

Dabei steht das sozialistische Bekenntnis anfangs im Vordergrund. Margarete Buber-Neumann nennt sich 1951 noch eine »heimatlose Linke«; sie sei »heute keine Marxistin mehr, aber ich weiß, daß es notwendig ist, ein besserer Sozialist zu werden, als uns die doktrinäre Schule des Marxismus jemals ermöglichte« [4]. Der Prozeß läßt sich auch als Korrektur der eigenen Texte verfolgen. Im Schlußsatz der englischen Originalausgabe seines Buches verwahrt sich Béla Szász im Namen seiner Weggefährten, der enttäuschten Kommunisten, gegen den philiströsen Vorbehalt, sie wären besser im elterlichen Hafen geblieben: »For if we landed on deceptive shores, it was not because on the coast we had left everything was as it should have been«. Sinngemäß steht es so auch in der deutschen Übersetzung von 1963. In der Ausgabe von 1986 ist der Satz gestrichen [5]. Nach den Statistiken von Almond waren die wenigsten Renegaten von Anfang an militante Antikommunisten (1954/1965, 353).

Gabriel Almond stützt sich auf 221 Interviews, die er in den fünfziger Jahren mit amerikanischen und europäischen Exkommunisten durchführte. Zum Zeitpunkt des Absprungs definierte sich der Exkommunist in der Regel stärker und häufiger als Sozialist als zum Zeitpunkt des Interviews.

Wer von dem Renegaten spricht, gibt vor zu wissen, was ihn kennzeichnet. Er glaubt, die Regel von den Ausnahmen trennen zu können. Doch der idealtypische Renegat entpuppt sich als Trugbild. Die ›Legion‹ der Exkommunisten marschiere nicht in geschlossener Formation, meint Isaac Deutscher, sondern sei weit verstreut. »Alle haben sie eine Armee und ein Lager verlassen – die einen als Kriegsdienstverweigerer, die anderen als Deserteure und wieder andere als Marodeure ⟨...⟩. Alle tragen sie alte Stücke ihrer Uniform, ergänzt durch verschiedene neue Flicken« (1955, 10).

Je genauer der Blick dem einzelnen Renegaten gilt, desto folgerichtiger entpuppt sich dieser als casus sui generis [6]. Das liegt nicht zuletzt an der Vielzahl von Parameter, die eine Typologie zu berücksichtigen hätte. Ich habe versucht, die wichtigsten Unterscheidungskriterien zusammenzufassen:

– *Das Kriterium der Organisiertheit.* Für die Loslösung spielt eine entscheidende Rolle, wie tief der Renegat in der kommunistischen Organisation verwurzelt war: ob im Untergrund-Apparat der Partei (Walter Krivitsky, Richard Krebs, Hede Massing, Walter Zeutschel), als Funktionär in höheren Positionen (Milovan Djilas, Ernst Fischer, Ruth

Fischer, Victor Kravchenko, Herbert Wehner), als Parteiintellektueller (André Gide, Alfred Kantorowicz, Arthur Koestler, Manès Sperber), als einfaches Mitglied (Walter Kolbenhoff, Kurt Langmaack, Hans Werner Richter) oder als ›fellowtraveller‹ (Louis Fischer, Panaït Istrati, Hans Sahl) [7]. Außerdem ist die Zeitdauer der Mitgliedschaft von Bedeutung. Für Gide oder Richter ist die Loslösung auch darum leichter, weil sie nicht wie Krebs oder Kravchenko in der Kommunistischen Partei groß geworden sind; sie haben ehemalige Freunde und sind nach der Trennung nicht ins Niemandsland gestoßen.

»Es ist vielleicht gut, daß ich nie zu den ›Gläubigen‹ gehörte«, schreibt Czeslaw Milosz, der von 1946-1950 im diplomatischen Dienst der Warschauer Regierung stand, ohne der Kommunistischen Partei anzugehören. »So hat mein ›Abfall‹ in mir nicht jenen Haß hinterlassen, der oft dem Gefühl der Abtrünnigkeit und der Sektiererei entspringt« (1959, 14).

– *Die Generation des Renegaten und der Zeitpunkt des Absprungs*. Zwerenz unterscheidet den traditionellen Exkommunisten (Arthur Koestler, Manès Sperber) und den ›illusionslosen‹ Renegaten neuen Typs (Gerhard Zwerenz) [8]. Die Generation verweist auf den Grad des potentiell verfügbaren Wissens und auf den historischen Charakter der Organisation. Eine Trennung von der Weimarer KPD, wie sie Franz Borkenau vollzieht, trägt andere Prämissen als eine Loslösung von der Stalinschen Partei der späten dreißiger Jahre oder eine Abwendung von der SED.

– *Die Nationalität des Renegaten*. Nicht nur wären die Renegaten der kommunistischen Staaten, die mit ihrer Loslösung zu Staatsfeinden werden, zu scheiden von jenen Renegaten, die sich in westlichen Ländern von einer kommunistischen Partei lösen; auch zwischen amerikanischen, französischen oder deutschen Exkommunisten lassen sich deutliche Unterschiede erkennen, die auch in den jeweiligen staatlichen Institutionen (McCarthy-Ausschüsse) und dem Charakter der öffentlichen Diskussion auszumachen sind. Roloff spricht von dem »Typus des französischen Apostaten« (1969, 296); A. P. Wadsworth, Herausgeber des »Manchester Guardian«, fragt Koestler: »Warum ist der amerikanische kommunistische Renegat so anders als der europäische Typus?« [9]

– *Herkunft, Klasse, Religion, Geschlecht*. Handelt es sich um einen ›geborenen Kommunisten‹ proletarischer Herkunft [10], dessen Eltern bereits Kommunisten waren (Wanda Bronska-Pampuch, Nikolaj Chochlow, Victor Kravchenko, Richard Krebs, Hermann Weber), um einen ›proletarischen Selbsthelfer‹ (Georg Glaser, Panaït Istrati), um einen bürgerlichen Überläufer und Intellektuellen (André Gide, Arthur Koestler, Manès Sperber), einen ehemals gläubigen Christen (Douglas Hyde, Gustav Regler), um einen Juden, den der nationalsozialistische Antisemitismus zum Außenseiter gemacht hatte (Heinz Brandt, Ralph Giordano, Alfred Kantorowicz, Manès Sperber, Leopold Trepper, Alexander Weißberg-Cybulski)? Gab es geschlechtsspezifische Unterschiede in der kommunistischen Sozialisation und in der Loslösung von der Partei? Hede Massing beispielsweise schildert in ihren Erinnerungen den Weg in die Partei als Folge ihrer Liebe zu Gerhart Eisler [11].

– *Beweggründe für den Parteieintritt*. Manès Sperber weist 1958 seinen Verleger Witsch, der von dem Exkommunisten sprach, darauf hin, »daß der Kommunismus mehrere voneinander charakterologisch grundverschiedene Typen angezogen hat« und führt als

Beispiele den Typus des zynischen Karrieristen und den des reinen Gläubigen an [12]. Ob es die Suche nach Geborgenheit und sozialer Integration, das schlechte Gewissen des Privilegierten und/oder eine der historischen Anstöße (die häufigsten: russische Revolution, Weltwirtschaftskrise, Faschismus und Nationalsozialsmus) waren, was den einzelnen zur Partei führte, mochte seine Bedeutung für die Loslösung haben. War es die Faszination des geschlossenen Systems der marxistischen Weltanschauung [13], die Verheißung, auf der richtigen Seite der Geschichte zu stehen (die Opferrolle zu überwinden, die der Nationalsozialismus den Exilierten zumaß), die Verheißung einer Befreiung [14], oder war es die (kaum irgendwo genannte) Anziehungskraft der Macht? Harry Pollitt, der englische KP-Vorsitzende, weist schließlich auf ein Unterscheidungsmerkmal zwischen Proletariern und Intellektuellen bei der Annäherung zur Partei hin. Pollitt glaubte, so Stephen Spender, »daß der Haß auf den Kapitalismus die gefühlsmäßige Triebkraft der Bewegung der Arbeiterklasse sei«, während sie den Intellektuellen fehle. Pollitt zu Spender: »Ihre Art ⟨der Annäherung an die KP⟩ ist eine reine intellektuelle. Ich wurde Kommunist, weil ich in meinem eigenen Heim mit eigenen Augen die Verbrechen des Kapitalismus erlebte« [15]; damit ist in Pollitts Augen dem Intellektuellen die Rolle des Verräters zugeordnet.

– *Beweggründe für die Loslösung.* War es die Enttäuschung über das Auseinanderklaffen von Anspruch und Wirklichkeit, die Erfahrung politischer und/oder existentieller Unterdrückung, war es der Zweifel am theoretischen System, der den Bruch mit der Partei motivierte? Welche historische Situation wurde zum »Kronstadt« des Renegaten?

Aus der Apostelgeschichte stammt die Redewendung, daß Saulus »sein *Damaskus* erlebte« und sich zum Paulus wandelte. Der Renegat erlebt »sein Kronstadt«. Louis Fischer schreibt: »Für mich bedeutete der Pakt ›Kronstadt‹« (1949/1952, 205).

Walter Laqueur unterscheidet *drei Perioden der Enttäuschung* über die kommunistische Bewegung: Die erste ist datiert mit Lenins Tod und dem Kampf um seine Nachfolge (Boris Souvarine, Max Eastman, Victor Serge), die zweite und größte Oppositionswelle ist gekennzeichnet durch die Schauprozesse, die »Säuberungen« und den Hitler-Stalin-Pakt, die dritte Periode reicht von 1947 bis zu Stalins Tod (1967, 192 f).

Wurde man ausgestoßen (Ernst Fischer, Ruth Fischer, Jules Humbert-Droz, Henry Jacoby, Hans Werner Richter, Willi Schlamm, Erich Wollenberg), zum Opfer des Stalinismus (Leo Bauer, Richard Krebs, Elinor Lipper, Erich Müller, Waltraut Nicolas, Joseph Scholmer, Karlo Stajner, Leopold Trepper, Alexander Weißberg-Cybulski, Günther Zehm) oder war der Austritt die freiwillige Entscheidung des Parteimitglieds? Statistisch gesehen liegt das Übergewicht bei den ›unfreiwilligen‹ Renegaten [16], doch in den Fällen von Koestler, Regler, Kantorowicz oder Giordano ist zu beobachten, wie der Ausschluß von seiten der Partei aus eigener Kraft herbeigeführt oder beschleunigt worden war.

– *Verhalten nach der Loslösung.* Welche politischen Hoffnungen auf Reformierbarkeit etc. behielt oder entwickelte der Renegat, in welchem Maß grenzte er sich ab vom früheren Gegner und widersetzte sich Funktionalisierungen? Veränderte sich seine Position in den folgenden Jahren [17], wurde er zum politischen (James Burnham, Jacques Doriot, Willi Schlamm) oder religiösen Konvertiten (Elizabeth Bentley, Louis

Budenz, Whittaker Chambers, Björn Hallstrom, Douglas Hyde, Ignace Lepp, Hede Massing, Herbert Prauß, Gustav Regler)? Wurden neue Kirchen oder Karrieren gewählt, oder definierte sich der Renegat als Marxist, der die Hoffnung auf einen ›entstalinisierten Sozialismus‹ bewahrte (Wolfgang Leonhard, Hermann Weber)? Hatte er sich von der stalinistischen Partei, vom leninistischen Parteimodell, vom Marxismus oder von der Hoffnung auf politische Veränderbarkeit getrennt? Hans Sahl unterscheidet in seiner Erzählung »Die Schuld« drei Phasen »(...) der Entwicklung eines Marxisten zum Antimarxisten. In der ersten macht man Stalin, in der zweiten Lenin, in der dritten Marx selber für die Irrtümer des Marxismus verantwortlich« [18].

Auch ohne die zusätzliche Unterscheidung der schreibenden Renegaten nach ihren literarischen Wegen und ohne weitere Differenzierung ihrer Motive nach angegebenen und tatsächlichen, reichen allein diese sieben Parameter aus, jedem Renegaten einen spezifischen Platz zu bestimmen, zumal deutlich wird, daß keiner dieser Parameter problemlos von den anderen getrennt werden kann. Wählte man beispielsweise jene Renegaten aus, die in die Kommunistische Partei eingetreten sind im Sinne eines Bündnisses mit der historischen Kraft, der man entscheidende Bedeutung im Kampf gegen eine politische Reaktion zumaß, stünden so disparate Namen wie Robert Bekgran, Fritz Brupbacher, Alfred Kantorowicz und Erich Mühsam nebeneinander. Jeder Renegat wird damit letztlich untypisch und zum Repräsentanten seines eigenen ›Falls‹.

Die zusätzliche Unterscheidung zwischen schreibenden und ›stummen‹ Renegaten hätte im übrigen die Motivationen des Schweigens zu berücksichtigen. »Sein Tod kam rechtzeitig«, heißt die Formel, die Kantorowicz auf Egon Erwin Kisch, Heiner Müller auf Brecht bezieht [19]. Sie will sagen: Länger hätten die Betreffenden die Widersprüche nicht ertragen und das Schweigen gebrochen. Neben dem Heer der nichtschreibenden Renegaten gibt es jene, die ihre Erinnerungen aufzeichneten, aber nicht veröffentlichten (Hubert von Ranke, Erich Wollenberg, Ruth Fischer); andere Autoren wie Kurt Kläber [20] oder Ruth von Mayenburg haben ihren Bruch mit der Partei nicht oder nur am Rande zum Sujet ihres Schreibens gewählt. Eine dritte Gruppe von Autoren wäre zu den ›heimlichen Renegaten‹ zu zählen, die ihren Bruch mit der Partei niemals öffentlich machten, beispielsweise, weil sie von der Hitlerbewegung zur Kommunistischen Partei gestoßen waren oder weil sie hohe öffentliche Positionen innehatten [21].

Ignazio Silone versuchte eine Zeitlang erfolgreich, den Weg einer passiven Mitgliedschaft zu gehen, der dann an seiner Weigerung scheiterte, Resolutionen gegen Parteifeinde zu unterzeichnen. »Eine passive Mitgliedschaft, ohne Widerruf, ohne Verurteilung des ausgestoßenen ›Verräters‹, war in der Kommunistischen Internationale nicht Sitte« (1950, 105).

Der Renegat als »Nihilist« oder als »Wahrer Sozialist«

Ein Beispiel der problematischen Typologisierung liegt in der Gegenüberstellung von Nihilismus und Gläubigkeit. Diese Opposition klingt in Manès Sperbers »Legende vom verbrannten Dornbusch« an. Nach dem Erlöschen der »Flamme« der Partei macht sich bei Sperber der eine auf die Suche nach einem neuerlich leuchtenden und wärmenden

Dornbusch, während die Zurückbleibenden »müde des ewigen Anfangs« sind. Als »Besiegter« kennzeichnet sich Panaït Istrati im Bericht seiner Rußlandreise und gibt seiner Trilogie gleichwohl den Titel »Vers l'autre flamme« – Hin zur anderen Flamme [22]. Gustav Reglers Gedicht »Der große Bär« (1951, 76) ist Sperbers Dornbusch-Gleichnis verwandt:

»⟨...⟩ Prometheus sah zu spät, dass er sein Licht
den Blinden hielt ins stumpfe Angesicht.
Lasst uns zum Zweifel Demut fügen.
Der Glaube ist gewebt aus Lügen.
Altbacken ist der Hoffnung Brot.
Kein Lied erhebt sich aus der Asche Not ⟨...⟩.«

»Nihilismus« heißt eine der Antworten auf die Frage nach dem Wohin des Renegaten, die das Faktum der Enttäuschung, der Leere, der Verzweiflung oder des Glaubensverlusts betont. Von seinem »Absprung ins Nichts« spricht Alfred Kantorowicz (1961, 33). Für die Renegaten des Exils lag die Schwelle des Absprungs durch den Terror des Nationalsozialismus, vor allem aber durch den Schein seiner Stabilität und durch die von der KPD geleugnete Massenbasis des deutschen Systems besonders hoch. Der Glaube an die antifaschistische Macht der Sowjetunion war daher ein letzter Halt für jene Aufklärer, die Fortschrittsglaube und Zukunftshoffnung nicht verlieren wollten. Einem von Koestlers Protagonisten erscheint die Freiheit als »fernste Dunkelheit, wo die verdorrenden Seelen sich vor Durstqualen krümmten, auf ewig ausgestoßen und verbannt in eine Wüstenei ohne einen Tropfen Wasser« (1951/1953, 149). Niekisch (1948) und Silone (1965/1966, 163 ff) zielen in ihren Diagnosen des Glaubensverlusts auf den Begriff des Nihilismus. Georg Glasers Beschreibung seines Freundes Hubert von Ranke, der in einer »Niemandszeit« angesiedelt wird, scheint Silones Verständnis des Nihilismus zu illustrieren:

»Er hatte sich von Tisch und Bett der Zeitgeschichte getrennt. Mit seiner Vergangenheit, die man ihm abgesprochen, so wie man einst große Namen aus den Geschichtsbüchern gelöscht, hatte er auch die Zukunft verloren, für die allein er sie von den Deutschen Aufständen an durchlebt und durchlitten hatte« (1985 b, 309).

Dennoch wird der Begriff »Nihilismus« in der Renegatenliteratur vermieden, weil er zum polemischen Wortschatz der Partei gehört. Silone und Glaser sind entfernt vom marxistischen Verdikt des Nihilismus als dem »spätbourgeoise⟨n⟩ faule⟨n⟩ Zauber«, das Ernst Bloch in Leipzig gegen Sartre verkündet. Das dichotomische Raster einer marxistischen (?) Philosophie der Hoffnung kennt eindeutige und suggestive Zuordnungen: hier »sozialistischer Aufbau« und »Glaube an eine bessere Welt«, dort »Spätkapitalismus« und »Nihilismus« [23]. Diese parteipolitische ›Besetzung‹ des Begriffs kann von Silone und Glaser schwerlich ignoriert werden.

Nietzsches Bilanz in den achtziger Jahren des vergangenen Jahrhunderts läßt sich wohl als Psychogramm des ehemals gläubigen Kommunisten lesen: »Der *Nihilismus als psychologischer Zustand* wird eintreten müssen, *erstens,* wenn wir einen ›Sinn‹ in allem Geschehen gesucht haben, der nicht darin ist: so daß der Sucher endlich den Mut verliert. Nihilismus ist dann das Bewußtwerden der langen *Vergeudung* von Kraft, die Qual des

›Umsonst‹, die Unsicherheit ⟨...⟩ die Scham vor sich selbst, als habe man sich allzulange *betrogen*... Jener Sinn könnte gewesen sein: die ›Erfüllung‹ eines sittlich höheren Kanons in allem Geschehen, die sittliche Weltordnung; oder die Zunahme der Liebe und Harmonie im Verkehr der Wesen; oder die Annäherung an einen allgemeinen Glücks-Zustand ⟨...⟩.

Der Nihilismus als psychologischer Zustand tritt *zweitens* ein, wenn man eine *Ganzheit*, eine *Systematisierung*, selbst eine *Organisierung* in allem Geschehen und unter allem Geschehen angesetzt hat: so daß in der Gesamtvorstellung einer höchsten Herrschafts- und Verwaltungsform die nach Bewunderung und Verehrung durstige Seele schwelgt ⟨...⟩ Eine Art Einheit, irgendeine Form des ›Monismus‹: und infolge dieses Glaubens der Mensch in tiefem Zusammenhangs- und Abhängigkeitsgefühl von einem ihm unendlich überlegenen Ganzen, ein *Modus* der Gottheit... ›Das Wohl des Allgemei-nen fordert die Hingabe des einzelnen‹... aber siehe da, es gibt kein solches Allgemeines! Im Grunde hat der Mensch den Glauben an seinen Wert verloren, wenn durch ihn nicht ein unendlich wertvolles Ganzes wirkt: d. h. er hat ein solches Ganzes konzipiert, *um an seinen Wert glauben zu können*« [24].

Diese Diagnose, für nicht wenige Expressionisten durch den Glauben an die siegrei-che Oktoberrevolution aufgehoben, kommt nach dem Ende dieses Aufschubs und dem Verlust des politischen Gottes mit um so größerer Wucht zur Geltung. Der Nietzsche-Schüler Peter Sloterdijk interpretiert dann auch die Phase sozialistischer Geschichtsgläu-bigkeit als Form der »Nihilismusabwehr«, in der Sloterdijk die eigentliche Front des ideologischen Krieges der Moderne ausmacht. »Wenn Faschismus und Kommunismus irgendwo an einer gemeinsamen Front kämpfen, dann an der gegen den ›Nihilismus‹, den man unisono der ›bürgerlichen Dekadenz‹ zur Last legt. Beiden gemeinsam ist die Entschlossenheit, dem ›nihilistischen‹ Trend einen absoluten Wert entgegenzustellen: hier die völkische Utopie, dort die kommunistische. Beide garantieren einen letzten Zweck, der jedes Mittel heiligt und der dem Dasein einen Sinn verspricht« [25].

Der Renegat ist entlassen in eine Freiheit [26], die unter den Vorzeichen von Verlust und Unglück steht. Seine Entscheidung erinnert an eine aufklärerische Denkfigur Voltai-res, dessen Brahmane Erkenntnis und Unglück dem glücklichen Nichtwissen vorzieht [27]. Die Desillusionierung, der Verlust sinnstiftender Zusammenhänge und Skeptizis-mus werden dort betont, wo sich Renegaten gegen den Vorwurf einer Konversion zur Wehr setzen. Gerhard Zwerenz behauptet, die Konvertiten flüchteten »in den radikalen Antikommunismus, weil sie ihr Nichts überschreien müssen« (1961, 160). Manchen Exkommunisten ermangele es »an Mut zum letzten Selbstbekenntnis, das ihnen möglich wäre: zur zynischen Lebensverachtung par excellence« (1961, 160). Der Renegat »⟨...⟩ steht vor dem Nichts. Im Nichts selbst muß er sich bewähren. Das wahre Renegatentum ist selten, vielleicht ist es sogar unmöglich« (1961, 144).

Auch Zwerenz neigt dazu, wenige Jahre nach seiner Loslösung von der Partei, von ›wahren‹ und ›falschen‹ Positionen zu sprechen und die ›wahre‹ Position zur endgültigen zu erklären. Doch nur eine Position des Renegaten ist der Veränderbarkeit enthoben: die Entscheidung zum Suicid. Wieviele Renegaten mit der Loslösung von der Partei den Freitod wählten und die Rollen von Opfer und Henker vereinten, wird unbekannt bleiben. »Nur durch eine einzige Tür verläßt man die Revolution«, schreibt Manès

Sperber, Geburt und Tod zusammenfassend, »sie öffnet sich ins Nichts – das hatte ich mir oft vorgehalten, mich damit geängstigt« (1987, 15).

Als typologische Gegenfigur zum »Nihilisten« ist die des Renegaten als des ›wahren Sozialisten‹, der den Glauben gegen eine pervertierte und die Lehre verfälschende Kirche rettet, zu verstehen. ›Nicht ich, die Partei hat sich geändert‹, heißt die Maxime dieses Renegaten, der gerade sein Renegatentum als Treue zum Sozialismus versteht. In diesem Selbstverständnis fallen Zeitpunkt der Parteidegeneration und des Austritts idealtypisch zusammen. Alexander Barmine: »Im Dienste der Regierung Stalins zu verbleiben, das hätte für mich das Versinken in die tiefste Demoralisation bedeutet, das hätte mich für meinen Teil mitverantwortlich gemacht für die Verbrechen ⟨...⟩ Es wäre Verrat an der Sache des Sozialismus gewesen, der ich mein ganzes Leben geweiht habe« (1938, 11). »Das sind keine Kommunisten«, weiß Wolfgang Leonhard, als er zuletzt den SED-Funktionären gegenübersitzt, »die wirklichen Kommunisten sind jene, die sich gegen eine Unterordnung unter die Sowjetunion, gegen die unmenschlichen Methoden der Bespitzelung wehren« (1955/ 1957, 536). Und Heinz Brandt schreibt im letzten Kapitel seiner Erinnerungen: »Ich fühle mich in meinem Wesen erfüllt und bestätigt, weil ich mit meiner Illusion nicht meine Vision verlor, aus der Vergangenheit nicht die Asche, sondern das Feuer in die Zukunft nahm. Man kann wohl den Menschen rauben, doch nicht seine Idee, nicht den Menschentraum, weil dieser Traum nicht entführbar ist« (1967, 363).

Einige Monate vor seinem Tod geht Brandt in seiner Osnabrücker Universitätsrede noch einmal mit jener »zum Himmel schreienden östlichen Halbwelt« ins Gericht, »die sich unbefugt« von Marx ableite. Nicht »gottlos« sei die »russische Patriarchen-Hierarchie«, wie ein Ronald Reagan schäume, sondern »marxlos«. Brandt läßt Karl Marx aus seinem Londoner Grab auferstehen, nicht um einen Heiligen zu erwecken, sondern um die wahre Lehre gegen Kirche und Dogma zu stellen. Der Marx von heute erhielte seitens der »kremlgläubigen Marxisten-Leninisten-Stalinisten-Poststalinisten ⟨...⟩ den Schandtitel RENEGAT« (1985, 27).

Verwandt im Ton sind die Erinnerungen *Karl Retzlaws*, auch wo sie sich gegen die deutsche Sozialdemokratie richten. Er habe auch dann an den ursprünglichen Zielen der Arbeiterbewegung festgehalten, so resümiert er, »als ihre Führer sie aufgaben«; und vergeblich habe er anfangs gehofft, daß Stalin »zur Rechenschaft gezogen werden würde«; zuletzt habe er auf den Tod Stalins gehofft (1971, 488 u. 500).

Auch *Wanda Bronska-Pampuch* unterstreicht, daß die Auflehnung gegen das herrschende Regime in der Regel aus der kommunistischen Theorie gespeist werde (1962, 44).

In diesem Sinne verallgemeinert Hans Christoph Buch, daß die Dissidenten von heute die legitimen Erben der marxistischen Theoretiker seien, »auch wenn deren offizielle Statthalter des realexistierenden Sozialismus und Gralshüter der ideologischen Orthodoxie ihnen diesen Erbschaft mit allen Mitteln streitig zu machen versuchen ⟨...⟩. Indem sie die von Marx und Engels entwickelte Methode der radikalen Gesellschaftskritik auf das politische System anwenden, das sich heute auf beide beruft, entlarven sie dessen herrschende Ideologie als Ideologie der Herrschenden« [28].

Der Kampf um die »wahre Lehre« ist stets auch ein Kampf um die Benennungen; er prägt die Versuche einer Typologisierung noch dort, wo die Namen von den Renegaten selbst stammen. Begriffe wie »Nihilist« oder »wahrer Sozialist« vermögen Aspekte der Loslösung zu erhellen, mit ihnen wird aber ein Zug eines komplexen Vorgangs isoliert und seines prozeßhaften Charakters beraubt. Daß Positionen sich ablösen und trotz ihrer Widersprüchlichkeit miteinander verbinden, bleibt in dieser Typologisierung unberücksichtigt.

Der einsame Renegat. Stalin als Adressat

So schwierig die Typologisierung der Renegaten scheint, so offensichtlich sind doch Stereotypen der Renegatenliteratur. Die Texte der Renegaten belegen sie gerade da, wo von der Einzigartigkeit der Erfahrung gesprochen wird. Verbunden ist dieses Konstrukt der Einzigartigkeit folgerichtig mit der Ausklammerung anderer Renegatenberichte und mit dem tiefen Mißtrauen gegen jene Renegaten, die später abgesprungen sind.

Hier liegt auch ein Indiz für die Grenzen der Wirksamkeit von Renegatenliteratur verborgen. Der Renegat erweckt den Eindruck der Gewißheit, am Anfang zu stehen, als Pionier, als der erste der Ausbrechenden, der eine einzigartige Erfahrung vermittelt. Für ihn hat keiner zuvor die Ungerechtigkeiten des Systems beschrieben, die Ernüchterung und das Erwachen des Gläubigen, und noch keiner die Verzögerungen des Absprungs gerechtfertigt. Dem stehen die stereotypen Inhaltselemente der Renegatenliteratur entgegen. Seit den dreißiger Jahren wiederholen sich in verschiedenen Varianten dieselben Argumente und Erfahrungen, die den Absprung notwendig machten, und jene Argumente und Erfahrungen, die ihn vorläufig hinausschoben. Der Adressat, an den sich der Renegat wendet, ist immer auch der noch zurückgebliebene, der potentielle Renegat [29]. Aber dieser will nicht lesen und nicht verstehen.

Die Rolle der Einmaligkeit und Erstmaligkeit [30] wird von den Renegaten unterstrichen durch die Ausgrenzung anderer Renegaten. Nicht jeder, der sich so nenne, sei wirklich ein »echter« Renegat. Wenn Whittaker Chambers von »unechten« Typen des Renegaten spricht, dann will er sich selbst nicht nur ein größeres Verdienst zuschreiben, sondern sich letztlich zum einzigen wirklichen wahren Vertreter des Renegatentums machen.

Im Gegensatz zu den Berechnungen eines großen Renegatenheeres macht Whittaker Chambers »nur eine Handvoll von Exkommunisten in der ganzen Welt« aus. »Mit Exkommunisten bezeichne ich nicht diejenigen, die über Meinungsverschiedenheiten über Strategie und Taktik (wie Trotzki) oder über die Organisation (wie Tito) mit dem Kommunismus brechen. Das sind nichts als Streitereien über eine Straßenkarte, von Leuten, die es alle eilig haben, an denselben Ort zu gelangen. Ich meine auch mit Exkommunisten nicht die vielen Tausend, die wie Treibholz dauernd in die kommunistische Partei hinein und wieder heraus schwimmen 〈...〉. Exkommunist nenne ich einen Mann, der genau wußte, warum er Kommunist wurde, der dem Kommunismus ergeben diente, und wußte, warum er das tat, der bedingungslos mit dem Kommunismus gebrochen hat und wußte, warum er den Bruch vollzog. Von diesen gibt es sehr wenige 〈...〉. Der Bruch eines Menschen mit dem Kommunismus ist zutiefst persönlich. Deshalb werden kaum zwei Berichte über den Bruch sich gleichen« [31].

Ignace Lepp wiederum distanziert sich von Chambers und vor allem von Kravchenko, den er für einen »Schwachkopf« oder Lügner hält (1959, 13). Georg K. Glaser fällt eine scharfe Unterscheidung zwischen den ›Gesundeten‹ und jenen, »die ihre Ungnade nie

verwunden hatten« (1985 b, 304). Auch Gerhard Zwerenz verwendet große Anstrengung
darauf, sich von fast allen früheren Renegaten abzugrenzen, vor allem aber von Wolfgang
Leonhard, der zur Zeit von Zwerenz' Flucht wohl der bekannteste Renegat war. Stephen
Spender polemisiert gegen Renegaten, die »zur Begründung ihrer Änderung genau die
Gegengründe anführten, die kurz zuvor für sie nur insofern existiert hatten, als man sie zu
mißachten oder durch Erklärungen aus der Welt zu schaffen hatte« (1949/ 1952, 235 f);
und Karlo Stajner befürchtet, sein Buch »würde zu den üblichen Antisowjetbüchern«
gerechnet werden (1975, 11). Die Nachfolgenden stellen den eigenen Erfahrungsbericht
und die Rechtfertigungsrede ebenso in Frage wie die Vorläufer, die bereits zu früheren
Zeiten einen Schlußstrich gezogen haben [32]. Sartre legt in seiner Nekrassow-Komödie
der Figur Demidoff (der er Züge von Manès Sperber gibt) die Worte in den Mund:
»Jeden, der nach mir die UdSSR verlassen hat, halte ich für einen Komplicen des
Sowjet-Regimes« (VI/4), und karikiert die Haltung des Exkommunisten, die Partei sei auf
dem rechten Weg gewesen, solange man ihr angehört habe, und sie sei verkommen,
nachdem man ausgetreten sei.

So häufig in der Schilderung des Wegs zum Kommunismus die Titel von Büchern
fallen, die diesen Weg bestimmten oder begleiteten, so selten wird in der Schilderung des
Absprungs ein anderer Renegatentext als Denk- oder Argumentationshilfe erwähnt, auch
nicht als Lektüreerfahrung für die Zeit zwischen Bruch und Niederschrift. Daß diese
Lektüre wirklich ausblieb, ist andererseits schwerlich denkbar.

Gelegentlich läßt sie sich indirekt nachweisen in Anlehnungen und Plagiaten. Fritz
Schenks Darstellung bewegt sich in der Nähe von der Wolfgang Leonhards, und Herbert
Prauß lehnt sich an die Erinnerungen des britischen Exkommunisten Douglas Hyde an.
Ernst-August Roloff führt das zurückhaltend-höflich darauf zurück, daß Prauß »sein
eigenes Erleben« in Hydes Bericht wiedergefunden habe (1969, 52 f); doch eben diese
Feststellung wird in der Renegatenliteratur gewöhnlich ausgespart. Ausnahmen finden
sich dort, wo der Renegat im Kollektiv eines Straflagers oder im Gefängnis die Trennung
von der Partei erlebt. Hier befreit sich nicht das isolierte Ich aus den Fesseln eines
gleichgeschalteten Wir, sondern das Kollektiv der Mitgefangenen vermag die eigene
Erfahrung widerzuspiegeln. Im übrigen stößt man aber auf das Symptom des Vergessens:
Das Licht, welches die Darstellung auf den Bruch und die dazugehörigen Anstöße wirft,
läßt die potentiellen Bruchstellen der Vorgeschichte im Dunkeln. »Im Reich des Informa-
tionsmangels und des Vergessens wird keine Lektion jemals *behalten*«, schreibt Jean-
François Revel. Er fährt fort: »Man käut dieselben Zitate, dieselben Namen, dieselben
Überlegungen wieder und glaubt, sie entdeckt zu haben. Das historische Gedächtnis der
Linken ist einem Federbett vergleichbar, das sich unter Schlägen deformiert, und ohne zu
lernen, ihnen auszuweichen, ruhig und allmählich zu seiner ursprünglichen Form zurückkehrt, um sich der nächsten Tracht Prügel auszusetzen« (1977, 48).

Der Eindruck der Einmaligkeit und die Motivation des Schreibens werden in den
meisten Fällen freilich durch die Opposition des Renegaten gegen die Übermacht eines
geschlossenen Systems vermittelt, das den Abtrünnigen in eine »schalldichte Isolation«
verstößt. »Die Parteimaschine ist ein geschlossenes System: Da ist eine Mauer – sie will
durchbrochen sein« [33]. Im Augenblick der Loslösung steht der Renegat der stalinistischen Organisation realiter als einzelner gegenüber. »Wehrlos müßte ich verstummen,

dachten sie ⟨in der Partei⟩, da ich ja nicht erwarten könnte, daß auch nur eines meiner Worte bei den früheren Gefährten Gehör finde«, schreibt Manès Sperber über die Situation nach seiner Trennung, in der es ihn ›stürmisch zum Schreiben drängte‹ (1987, 9).

Zu den Stereotypen der Renegatenliteratur gehört, neben dem Singularitätsanspruch, die verdichtete Erinnerung an die Konfrontation des Einzelnen (des Renegaten) mit dem feindlichen Gegenüber, der die Partei versinnbildlicht. Der Renegat rekonstruiert biographische Schlüsselszenen, in denen er sich mit einem Funktionär oder einem Verhörer als dem Repräsentanten der Partei auseinandergesetzt hat. Dieses Gespräch wird zum entscheidenden ersten Akt des Einspruchs, des Widerstands; es ist ein Vorbote des Bruchs. Kantorowicz streitet in Spanien mit General Gomez alias Zaisser, Kravchenko in der Sowjetunion mit dem örtlichen Leiter der GPU, Krebs mit seinem Vorgesetzten Ernst Wollweber, Giordano verteidigt sich vor dem Parteischiedsgericht. Beherzt tritt der Renegat diesen Instanzen gegenüber und schreitet voran in seiner Selbst- und Wahrheitsfindung. Das Selbstbild ist dabei in der Regel kontrastiv zu diesem Gegenüber angelegt: Kantorowicz wird zum Gegenspieler von Ulbricht, Krebs zu dem von Wollweber, Albrechts Negativ-Ich heißt Heinz Neumann und Orlows Gegenüber gar Stalin [34].

Der GPU-Offizier Alexander Orlow betont in seinen 1953 veröffentlichten Erinnerungen, daß er Stalin erpreßt habe; dessen Tod habe ihn »außerordentlich betrübt«, weil Stalin nun nicht mehr »den Geheimbericht seiner Verbrechen« lesen könne, der nun mit der Veröffentlichung von Orlows Erinnerungen »der ganzen Welt zugänglich gemacht« worden sei (1956, 15). Hauptpunkt der Enthüllungen war, daß Stalin wenigstens bis 1913 als agent provocateur der zaristischen Geheimpolizei fungiert habe (1956, 411-432). Diese Behauptung wird von Roy Medwedew widerlegt (1971/1973, 353). Orlow stilisiert sich in seinem Buch zum zentralen Gegenspieler Stalins, der vor seinen Enthüllungen gezittert habe. Und da »alle Bemühungen Stalins, diese Veröffentlichung zu unterdrücken, umsonst gewesen waren« (1956, 15), weist Orlow sich als Sieger dieses Zweikampfes aus.

Gerade im Bruch wird der Adressat des Abschieds weit oben in der Hierarchie bestimmt. Die letzten Briefe gelten Stalin oder doch dem ZK der KPdSU. Koestler, Karl Retzlaw und Ignaz Reiss haben diese Briefe tatsächlich abgesandt.

Retzlaw schrieb im März und November 1933 Briefe an Stalin und den Organisationsleiter der Komintern, Pjatnitzky; der zweite Brief wurde im selben Monat in der trotzkistischen Zeitschrift »Unser Wort« (Paris) veröffentlicht (Retzlaw 1981, 74 ff). Darin heißt es: »Mit diesem Brief nehme ich Abschied von der offiziellen K.P. und der Komintern, zu deren ersten Mitgliedern ich während des Weltkrieges gehörte. Von den revolutionären Kämpfern und Mitgliedern der Partei brauche ich keinen Abschied zu nehmen, mit ihnen gehe ich weiter zusammen, ohne Stalin, ohne das Ekki und ohne Z.K« (ebd. S. 77). Ignaz Reiss hatte am 17. Juli 1937 an das ZK der KPdSU geschrieben und mit der Parole geschlossen: »Vorwärts zu neuen Kämpfen für Sozialismus und proletarische Revolution« [35]. Und Arthur Koestler hat in seinem »Abschiedsbrief an die Partei« der Sowjetunion noch einmal seine Loyalität ausgesprochen (1971, 299).

Karl Albrecht und Alexander Orlow wollen in ihren Büchern einen Dialog mit Stalin aufnehmen [36]. Chruschtschow berichtet in seiner Geheimrede von Opfern der »Säuberungen«, die an Stalin geschrieben haben; dasselbe hat Jewgenija Ginsburg in den Gefängnissen und Straflagern erfahren [37].

In diesen Briefen kann sich die letzte Loyalität der alten Parteigenossen verbergen, aber auch der Glaube an ›Väterchen Stalin, der von allem nichts wußte‹ – eine verwandte Redewendung klingt im Ohr.

Die Redeweise »Wenn Hitler das wüßte« war so gebräuchlich, daß sie sogar im SS-Organ »Das Schwarze Korps« bestätigt und bekämpft wurde (4. Jg., 30.6. 1938, S. 1). »Si le roi savait« hieß eine Redensart vor der Französischen Revolution, mit der Elend und Ungerechtigkeit dem korrupten Klerus und Hofstaat zugeschrieben wurden. Joachim Schumacher spricht von einem »Seufzer der Kreatur«, hinter dem sich die schreiende Anklage verberge: »Führer, die nicht wissen, sind eben Führer, die nicht fühlen« (1937/1972, 200).

Jewgenija Ginsburg berichtet, daß einige ihrer Mithäftlinge »mit der Hartnäckigkeit Wahnsinniger« behaupteten, »daß Stalin von der Gesetzlosigkeit nichts wisse. ⟨...⟩ ›Man muß sich öfter an ihn wenden. An Josef Wissarionowitsch Stalin. Damit *er* die Wahrheit erfährt‹« (1967, 258). Zugleich wird mit dem Adressaten Stalin die besondere Bedeutung (und Gefährlichkeit) der eigenen Person hervorgehoben, besonders offensichtlich im Fall von Karl Albrecht oder Alexander Orlow.

Eine Antwort von Ulbricht, Stalin oder Wollweber konnte es nicht geben, und wo Richard Jensen im Fall Krebs, Palmiro Togliatti im Fall Silone zu antworten scheinen, geht es um keinen Dialog, sondern um die Bekämpfung und Vernichtung eines Feindes [38].

Die Wahrheit

»Und die Wahrheit wird euch freimachen.«
(Johannes 8,32)

In der Konfiguration des Streitgesprächs wie in dem Abschiedsbrief wird ›die Wahrheit‹ gegen ›die Lüge‹ gestellt. In keinem anderen Punkt berühren sich so viele Renegatenberichte wie in ihrem Anspruch auf Wahrhaftigkeit, der als Abwendung von einem System der Lüge gekennzeichnet wird. »Was sollen wir sagen?«, fragt Ignazio Silone 1942 sich und andere Exkommunisten und gibt die knappe Antwort: »Ganz einfach die Wahrheit« (1965/1966, 152).

Die Forderung nach Wahrheit resultiert aus der Konfrontation mit einem System der Zwecklügen, des Verschweigens und der Manipulationen. Es ist sinnvoll, den Vorwurf der Lüge genauer zu beobachten, zumal der Renegat als früheres Parteimitglied sich ›an der Seite der Wahrheit‹ gewußt und die Partei als Hüterin der Wahrheit verstanden hatte [39]. Eine Wahrheit, die dem Feind nütze, sei eine Form der Lüge, und eine Lüge, die uns diene, sei eine Form von Wahrheit, so charakterisiert Stephen Spender den Standpunkt der Partei (1948/1952, 63). Spender illustriert das mit seinem Bericht vom Gespräch mit einem kommunistischen Korrespondenten, der Spender zugesteht, »daß das, was ich über Spanien geschrieben hatte, wahr sei. Er wies darauf hin, daß es dennoch die Hauptsache sei, das zu schreiben, was am besten dazu diene, den Krieg zu gewinnen ⟨...⟩« (1949/1952, 228). In der »Sonnenfinsternis« läßt Koestler den angeklagten Rubaschow schreiben: »Die Geschichte hat uns gelehrt, daß man ihr mit einer Lüge oft besser als mit einer Wahrheit dient« (1940/1979, 86). Und Sperbers Revolutionär erinnert sich seiner alten Rede: »Wir werden den Betrug mit Lügen zudecken, habe ich gesagt, und die Lügen werden Wahrheit werden und der Betrug wird aufhören, Betrug zu sein – wenn wir der Revolution nur treu bleiben, wird das Krumme wieder gerade werden, das habe ich gesagt« (1961/1976, 444).

Arthur Koestler berichtet von einem Treffen deutscher Exilkommunisten im Pariser Café Mephisto (»wie der Ort unserer Zusammenkuft angemessenerweise hieß«) und ihrer Diskussion darüber, das neue Motto der Vereinigung der Sowjetschriftsteller, »Schreibt die Wahrheit«, angemessen in die Praxis umzusetzen: »Und da saßen wir ⟨Koestler, Kisch, Seghers, Regler, Kantorowicz, Uhse⟩ und besprachen ernsthaft, wie man Wahrheit schreiben könne, ohne die Wahrheit zu schreiben«. Man durchschaute, so Koestler, daß »die objektive Wahrheit bürgerlicher Mythos sei und daß ›die Wahrheit schreiben‹ bedeute, solche Themen und Aspekte einer gegebenen Situation herauszustreichen, die der proletarischen Revolution nützlich und daher ›historisch korrekt‹ seien« (1971, 296 f).

Kurt Hillers Kritik an Lion Feuchtwanger richtet sich gegen dessen Vorwurf an Gide, sein »schwächliches Büchlein gerade jetzt herausgegeben« zu haben. Feuchtwangers Kritik zielt nicht auf eine unwahre Darstellung, sondern sein Vorwurf lautet, Gide habe seine Schilderung zur inopportunen Zeit verbreitet. Auch Gides Reisebegleiter Jef Last, der den Sachverhalt des Reiseberichts bestätigt, kritisiert (in Briefen) das Faktum der Veröffentlichung [40] – obwohl Last zu diesem Zeitpunkt sich schon von der Komintern abgekehrt hatte.

Es ist das Argument vom drohenden Beifall von der falschen Seite, das dem Sagen der Wahrheit, letztlich allem Schreiben entgegensteht. Hans Magnus Enzensberger kennzeichnet die Rede vom falschen Beifall als »ein Charakteristikum totalitären Denkens«: »Die Rede ⟨...⟩ bezieht sich auf eine streng symmetrische Welt, aus der die Farben verbannt sind; auf immer dasselbe Feld, das weiße, versucht sie den Kritiker zu ziehen. Dort mag er reden, solange er will. Seine Parteigänger haben keine Zeit, ihm zuzuhören. Sie sind vollauf damit beschäftigt, im schwarzen, im feindlichen Feld nach Anzeichen des Beifalls Ausschau zu halten. Auf diese Weise machen sie ihre Feinde zu Schiedsrichtern des eigenen Redens. Unerheblich, was an den Worten ihres Sprechers wahr oder unwahr ist; Kritik, die sich taktisch auf solche Spielregeln einläßt, sich ihnen beugt, wird vollends fungibel« [41]. ›Nicht zu diesem Zeitpunkt!‹ – der Moment, in dem die Wahrheit über die eigene Machtpolitik opportun ist, wird nicht kommen, weil die Lage stets eine besondere sein wird; Feuchtwangers Argument, daß es gelte, ›die Arbeiter nicht zu verunsichern‹, wird immer seine zensierende Kraft bewahren.

Hiller schlußfolgert: »wer wahrhaftig ist, hat nach Feuchtwanger das Recht verwirkt, sich Sozialist zu nennen« (1937/1950, 205). Damit wird auch deutlich, daß die Opposition von Wahrheit und Lüge seitens der Renegaten keine Umkehrung einer Parteiattacke war. *Die Partei warf den Renegaten in erster Linie nicht ›Lüge‹, sondern ›Verrat‹ vor.* Wolfgang Leonhard betont am Schluß seines Berichts, er habe »ein Leben voller Verfälschungen und Lügen« hinter sich gelassen [42]. Noch sinnfälliger wird das Resumé von einer »Diktatur der Lüge« bei jenen Autoren, die in Gefängnissen und Gerichtssälen zur Verleugnung der Wahrheit gezwungen wurden oder werden sollten. In den Augen der Geheimpolizei »war die Wahrheit ein Begriff, den man nach Belieben verdrehen konnte«, schreibt beispielsweise Béla Szász über seine Erfahrungen im ungarischen Gefängnis [43].

Die Lösung von der Partei ist in jenen Darstellungen, in denen der Renegat als Agens erscheint, identisch mit dem Bekenntnis einer ›Wahrheit‹, die von der Partei verschwiegen oder verfälscht wird. Silone weigert sich, eine Resolution gegen Trotzki zu unterzeichnen; Koestler und Wright halten Reden, in denen sie Parteidirektiven durchbrechen; Istrati und Gide veröffentlichen inopportune Reiseberichte, mit denen sie eigene Wahrnehmungen gegen eine ›ideelle Wahrheit‹ setzen; Regler und Kantorowicz publizieren Artikel, in denen sie ›Parteilügen‹ bekämpfen. *In allen diesen Fällen geht es nicht um eine große Wahrheit, in deren Namen ein Konsens aufgekündigt wird, sondern um Einzelheiten, um eigene Wahrnehmungen, um Widersprüche im Detail.* »Du hast ja nur zwei Augen, die Partei hat Tausend«, so variiert Walter Kolbenhoff (1984, 213) eine Zeile Brechts, um die eigene Schwäche in der Situation des Widerspruchs zur Partei zu kennzeichnen. Das Vertrauen in die eigenen »zwei Augen« markiert zugleich den Bruch als Selbstbehauptung. Alfred Kantorowicz findet im »Deutschen Tagebuch« immer wieder zu Heinrich Manns Urteil über Walter Ulbricht: »Ich kann mich nicht mit einem Mann an den Tisch setzen, der plötzlich behauptet, der Tisch, an dem wir sitzen, sei kein Tisch, sondern ein Ententeich, und der mich zwingen will, dem zuzustimmen« [44].

An die Stelle von Tisch und Ententeich tritt in George *Orwells* »1984« eine Rechenaufgabe: Der Verhörer hebt vier Finger seiner Hand hoch. »Und wenn die Partei sagt, es seien nicht vier, sondern fünf – wie viele sind es dann?‹ – ›Vier.‹ Das Wort endete mit einem Schmerzensschrei« (1949/1950, 187). Der Gefolterte erkennt am Ende der Tortur »wirklich, einen Augenblick lang ⟨...⟩ fünf Finger, und ihnen haftete nichts Mißgestaltetes an«.

Manès *Sperber* leitet seine Trilogie »Wie eine Träne im Ozean« ein mit der »Legende vom verbrannten Dornbusch«, in der die neuen Herren alle jene töten, die aussprechen, daß das Feuer des Dornbuschs erloschen sei. Das Feuer der Partei/der Lehre ist niedergebrannt, und der von der Suche nach einem neuen Dornbusch spricht, stößt bei seinen Zuhörern nicht auf Zustimmung: »Wir versuchten, ihn schnell zu vergessen, ihn und den bitteren Geschmack seiner Hoffnung. Wir waren müde des ewigen Anfangs« (1961/1976, 10).

Bereits in den Titeln der Renegatenliteratur spiegelt sich vielfältig das Postulat vom Stalinismus als dem Reich der Lüge und vom Austritt aus der Partei als dem Schritt zur Wahrheit: »Nothing but the Truth«, »Truth will come out«, »Die Wahrheit«, »Die Wahrheit ist unsere Stärke«, »Doch es war nicht die Wahrheit«, »Hingabe an die Wahrheit«, »Im Land der Lüge«, »Diktatur der Lüge«, »Die Partei hat immer recht«, »I Confess«, »Out of the Night«, »Zeugenaussage«, »Witness«.

Am Beispiel verschiedener Autoren ist auch deutlich geworden, daß die eigene Beteiligung am stalinistischen ›System der Lüge‹ unterbelichtet oder verdrängt bleibt. Dennoch wird das schlechte Gewissen der Intellektuellen, die im Namen einer unfalsifizierbaren ›großen‹ Wahrheit ›Details‹ mißachteten, nicht zu unterschätzen sein.

Zum einen ist der strategische Rückzug zu beobachten auf die alte aufklärerische Bastion des einsamen Intellektuelle, der nur der Wahrheit verpflichtet ist, zum anderen die Ankündigung einer grundsätzlichen Enthüllung, einer globalen Wahrheit, die gegen das System der Lüge gerichtet ist. Als Chronist sieht man sich vom Jahrhundert in die

Schranken gefordert: Die Geschichte selbst führt die Feder des Autors. Julius Hay benennt den »Weggefährten« seiner Biographie, »das XX. Jahrhundert«, und findet das Jahrhundert in seinen Namen (»J. H.«) eingeschrieben [45].

Die Opposition galt einer »Prawda«, in deren Namen ›kleine‹ Wahrheiten unterdrückt wurden.

Die Renegaten entdecken die Differenz zwischen ›idealer Wahrheit‹ und einer ›Wahrheit der Fakten‹ in der russischen Sprache wieder. Georg Glaser:

»Überrascht und erstaunt hatte mich, zu hören, daß im Russischen gar zwei Begriffe für einen stehen: istina für durch sinnliche Wahrnehmung erspürte und *prawda* für die durch den reinen Gedanken erkannte Wahrheit« (1985 b, 20). Joseph Berger: »In den Gefängnissen stritt man sich ohne Unterlaß über den Unterschied zwischen *prawda* und *istina* (...). Das Äquivalent von Wahrheit – truth im Englischen, vérité im Französischen – ist *istina*. Dieses Wort meint sowohl die abstrakte Vorstellung von Wahrheit als auch die konkrete Realität, auf die sie zutrifft. *Prawda* hingegen ist ein rein russischer Begriff und bedeutet eine höhere, der Idee würdige Wahrheit« [46].

Berdjajew sieht 1919 in der Mißachtung von »istina« gar ein Kennzeichen der russischen Intelligenz: »Die Intelligenz interessiert nicht die Frage, ob, beispielsweise, Machs Erkenntnistheorie richtig oder falsch ist, sondern lediglich, ob sie der sozialistischen Idee günstig, ob sie dem Wohl und den Interessen des Proletariats dienlich ist oder nicht. Die Intelligenz ist bereit, an jedes philosophische System zu glauben, unter der Bedingung, daß es ihre sozialen Ideale sanktioniert, und ohne Kritik wird sie jede, auch die tiefste und wahrste Philosophie verwerfen, wenn diese in den Verdacht eines ungünstigen oder auch nur kritischen Verhältnisses zu jenen traditionellen Stimmungen und Idealen kommen wird« [47].

Dennoch wird in der Renegatenliteratur nun nicht immer die ›kleine‹ Wahrheit betont, sondern die Arbeit der Enthüllung gilt häufig – wenn nicht von Anfang an, so doch in der Folge – wieder dem Entwurf einer ›großen‹ Wahrheit: der Widerlegung eines Systems, der ›ganzen Wahrheit‹ über die eigene Biographie oder über den Verlauf der Geschichte [48]. »Im Bereiche der Wahrheit sind die Unterlassungssünden die gemeinsten«, heißt die Falle, die Koestler sich selbst stellt (1950/1974, 124). Ihre Konsequenz macht sich in der Neigung fest zur monokausalen Darstellung historischer oder biographischer Folgerichtigkeiten, zu Eindeutigkeiten und der Ausklammerung offener Fragen [49]. Im kommunistischen Konversionsbericht hieß die Formel, daß der Eintritt in die Partei die logische Folge des bisherigen Lebens gewesen sei; als solche konnte im Renegatentext nun die Trennung von der Partei fungieren. Erneut werden *der* Wahrheit die Funktionen zugeschrieben, die sie zu erfüllen hat. Hinter den Attribuierungen bittere, schmerzliche, harte, notwendige Wahrheit [50] kann sich wiederum ein medizinischer Blick verbergen, der zuletzt aufs Ganze gerichtet wird: Der Chirurg muß eine Krebs- oder Pestbeule entfernen, um die Menschheit zu retten; die Amputation muß schnell und rücksichtslos durchgeführt werden, soll sie erfolgreich sein [51].

Was Hans Blumenberg im Blick auf Ketzer wie Giordano Bruno oder Galilei anmerkt, behält seine Bedeutung auch noch für Exkommunisten: »Die Moral der Wahrheitsansprüche besteht darin, daß sie von ihren Anhängern mehr Überzeugungs- und Bezeugungskraft verlangen müssen als einer wissenschaftlichen Theorie – allgemeiner: einer rationalen Behauptung – gemeinhin zukommen kann. So werden die Nichtüberzeugten oder Zurückhaltenden alsbald zu Verrätern an der ›Sache‹; die nicht zum letzten oder vorletzten Opfer Bereiten werden vor die Geschichte als Versagende gestellt« [52].

Am stärksten beeindruckt der Anspruch auf Wahrheit dort, wo er mit dem Wissen um seine Uneinlösbarkeit verbunden bleibt. »Ich log so wenig als möglich«, heißt das Motto von Fritz Brupbachers Selbstbiographie, in der die Nahtstellen zwischen Erlebnissen und Erzählversionen nicht kaschiert sind. »Es steht nicht in unserer Macht, die zahlreichen Probleme unserer Zeit zu lösen; es steht aber in unserer Macht, aufrichtig zu sein«, präzisiert Ignazio Silone (1967, 271) und definiert Schreiben als mühsamen, einsamen Kampf. Wenn Silone von den »terribles simplificateurs« als den »großen Verwirrungsstiftern« und Feinden der Revolution spricht (1965/1966, 199), dann meint er nicht nur die Stalinisten, sondern auch jene Renegaten, die erneut zu den Kategorien des Entweder-Oder Zuflucht nehmen [53]. Die Betonung des eigenen Nichtwissens, etwa bei Georg K. Glaser, oder Franz Jungs Polemik gegen eine objektivistische Geschichtswissenschaft ist der Versuchung abgetrotzt, die Zweiteilung in ›ein Wahres‹ und ›ein Falsches‹ beizubehalten.

Doris Lessings zweifelnde Kommunisten wissen immerhin, »daß dies nämlich eine Zeit ist, in der es unmöglich ist, die Wahrheit über irgend etwas zu wissen«; und ketzerisch wird von der Protagonistin die kleine Wahrheit eines Augenblicks bestimmt: »Die Wahrheit ist, daß ich mir aus politischen Ansichten, Philosophie und allem übrigen einen Dreck mache, alles, was mich interessiert, ist, daß Michael sich im Dunkeln umdreht und sein Gesicht auf meine Brüste legt« [54].

Anmerkungen zu I.

1 Mit Jahr und Seitenzahl wird auf die Bibliographie verwiesen (hier: Ernst BLOCH: Verrat und Verräter. In: »Freies Deutschland« (Mexico), 1. Jg., Nr. 3 (Jan. 1942), S. 19; angekündigt war der Artikel unter dem Titel »Psychologie des Verrats«).

2 Günter Albrecht Zehm: Jean-Paul Sartre. Velber 1965, S. 100 f.

3 Jules Humbert-Droz in der Einleitung zu T. Pinkus (1937, 3).

4 1958, 172 – Von »Ferienstimmung« spricht Arthur Koestler (1955 a, 168).

5 Raoul Laszlo: »Der Glücksrausch des Menschen, der den festen Punkt gefunden zu haben glaubt, von dem aus er die Welt aus den Angeln heben kann. Lächelnd verzieh ich, übersah ich tausend Dinge, die für andere Quellen des Zweifels waren« (1936 b, 6).

6 1953, 226 f – Ähnlich Margarete Buber-Neumann: »So war ich bald auf dem besten Wege, Kommunistin zu werden, allerdings nur aus dem Gefühl heraus, denn von marxistischer Theorie und kommunistischem Dogma hatte ich nicht die geringste Ahnung« (1962, 15). Ignazio Silone: »Normalerweise wird nicht die Begegnung mit Büchern die Entscheidung herbeiführen, sondern die Begegnung mit Menschen (...). Die Wahl ist eine Sache des Gefühls, nicht des Verstandes« (1965/1966, 173 f).

7 Burkhardt Lindner prägte die Paraphrase von der »Geburt des deutschen Revolutionserlebnisses aus dem Geiste des Expressionismus« (FR 24.10.1987, S.4 der Beilage).

8 Eine Ausnahme: Der ehemalige SED-Ideologe Hermann von Berg bekundet im Interview, die Erkenntnis der Mängel des »Marxismus-Leninismus« sei die Hauptgrund für seinen Ausreiseantrags gewesen (in: SP 40. Jg, H. 21, 19.5.1986, S. 64); vgl. H. B.: Marxismus-Leninismus. Das Elend der halb deutschen, halb russischen Ideologie. Köln: Bund 1986.

9 Vgl. Karl Kerényi: Die Mythologie der Griechen. Bd. 1: Die Götter- und Menschheitsgeschichten. München 1966, S. 191 f).

10 Der dritte Band der unter dem Allonym »Panaït Istrati« erschienenen Rußlandtrilogie; Boris Souvarine war der Autor.

11 A. Koestler 1940/1979, 87.

12 G. Regler 1958, 169 – »Eine Wende in der Menschheitsgeschichte« heißt ein Bekenntnis von Frida Rubiner (Berlin: Dietz 1947) zum 30. Jahrestag der Oktoberrevolution. »Die Geburt des neuen Menschen«: so überschrieb Heinrich Vogeler seinen Rußlandreisebericht von 1925. Die Titel von Rubiner und Vogeler können für zahllose ähnliche Formeln stehen; einen Überblick gibt D. Caute (1973).

13 »Zuerst war es nur eine große Hoffnung, daß der Krieg jezt zu Ende gehen und daß eine große Erneuerung stattfinden würde. (...) Unsere Sympathien waren sehr stark mit der Antikriegseinstellung verbunden«, erinnert sich Karl August Wittfogel im Blick auf die Februar- und Oktoberrevolution (1979, 305). Auch Erwin Piscator war über den Pazifismus zur KPD gestoßen.

14 »Dantons Tod«, II. Akt; vgl. A. Koestler 1940/79, 74 f. Leo Bauer zitiert ebenfalls Büchners St.Just-Rede (1956, 407).

15 Die »alte Garde« wird von »den Neuen« abgelöst. In seinem späteren Roman »Gottes Thron

steht leer« (The Age of Longing) läßt Koestler den »neuen Menschen« sprechen: »Sie ⟨die Alten⟩ gehörten der Vergangenheit an; was hatten sie denn schon großes geleistet, auf das sie sich so viel einbilden konnten? Verschwörergrüppchen hatten sie aufgezogen, Bomben geschmissen und Partisanengeplänkel mitgemacht – alles überholte romantische Spielereien.« Sie waren »alte Trottel – taube Winterfliegen« (1951/1953, 148).

16 Zit. n. G. Koenen 1987, 61 f. Heinz Kamnitzer schreibt 1988 defensiver: »Es sagt sich so dahin, auch die Geschichte kenne keine unbefleckte Empfängnis. Aber was logisch sein mag, erweist sich als schmerzhaft, wenn man erlebt, was man weiß« (NDL, 36. Jg., H. 1, Jan. 1988, S. 121).

17 1967, 33 – Vgl. ebd. 178 ff. Eine Bibliographie der Rußlandreiseliteratur bei G. K. Kaltenbrunner 1975, 181 ff und B. Furler 1987; ein Psychogramm des Revolutionstouristen bei H. M. Enzensberger (1973, 155 ff).

18 Glorifizierung der SU und Kritik der deutschen Verhältnisse machen in den »roten Jahren« die eigentliche Spannung in Jungs Werk aus; das läßt sich auch vor dem Hintergrund der KAPD-Politik sehen (die KAPD hatte anfangs eine stärkere Massenbasis als die KPD) mit deren expliziter Differenzierung zwischen der Kritik an Rußland und an Deutschland. Die SU war Projektionsfeld der Sozialutopien; nur ein scheinbares Konkretum war damit visiert. Nachzuweisen wäre es etwa an den Rußlandberichten von Alfons Goldschmidt, in dessen »Räte-Zeitung« Franz Jung 1919 mitgearbeitet hatte: Moskau 1920. Tagebuchblätter (Berlin: Rowohlt 1920), Wie ich Moskau wiederfand (Berlin: Rowohlt 1925). Später kritisiert Jung den Revolutionstouristen (1961, 169 f).

19 E. Arendt: Bergwindballade. Gedichte des spanischen Freiheitskampfes. Berlin: Dietz 1952, S. 41 (»Wir haben im Rücken einen Freund«). Arendt war seit dem Spanischen Krieg mit Artur London befreundet, der, wie die meisten der osteuropäischen Spanienkämpfer, in die Mühlen der Stalinschen »Säuberungen« geriet.

20 R. Jouvenel 1950 – Bereits im »Kommunistischen Manifest« ist auf das Ende der nationalen Grenzen auch bei der »geistigen Produktion« hingewiesen und eine »Weltliteratur« prognostiziert, die sich nun hier, in der Renegaten- (und Exilliteratur) herausbildet.

21 Vgl. R. Krebs 1939, 271 f.

22 Vgl. A. Koestler 1971, 320 f.

23 Vgl. S. Heym 1981.

24 1935, 730 – Wladimir Korolenko: Die Geschichte meines Zeitgenossen. A. d. Russ. u. mit einer Einleit. v. Rosa Luxemburg. Berlin: Cassirer 1919; Max Hölz: Vom »Weissen Kreuz« zur Roten Fahne. Jugend-, Kampf- und Zuchthauserlebnisse. Berlin: Malik 1929; Ernst Ottwalt ⟨i. e. Ernst Gottwalt Nicolas⟩: Ruhe und Ordnung. Roman aus dem Leben der nationalgesinnten Jugend. Berlin: Malik 1929; Bodo Uhse: Söldner und Soldat. Paris: Editions du Carrefour 1935; Johannes R. Becher: Abschied. Einer deutschen Tragödie erster Teil. Moskau: Das Internationale Buch 1940; Ludwig Renn: Adel im Untergang. Mexiko: El Libro Libre 1944; Maté Zalka: Doberdo. A. d. Russ. v. Hans Wolf. Berlin: Dietz 1950.
    Stephan Hermlin schreibt 1968: »Wandlung war ein Begriff, der ⟨...⟩ einen hohen Kurswert hatte, ein Drama Tollers hieß so, später, als ich jung war, bedeutete das Wort wieder sehr viel, um das Jahr 1931 fielen dann Namen wie Bodo Uhse oder Richard Scheringer; heute hört man es kaum« (Lektüre 1960-1971. Frankfurt 1974, S. 35).

25 Vgl. Hans Jürgen Geerdts: Zur Thematik des Antifaschismus in der Geschichte der DDR-Prosa. In: »Zeitschrift für Germanistik« (Leipzig), 1. Jg., H. 1, März 1980, S. 71-81, hier S. 75.

26 Hinweise zu Samjatins Biographie und eine knappe Gegenüberstellung seines Romans mit Orwells »1984« und Huxleys »Brave New World« gibt J. Rühle 1987, 67 ff; Rühle schrieb das Nachwort für die erste deutsche Ausgabe von 1958; vgl. auch B. Souvarine 1937.

27 »Die völlige Abwesenheit von wahrheitssuchender und wenigstens annähernd wahrheitsfindender Autobiographie in den realsozialistischen Literaturen« stellt G. Zwerenz fest (1982, 17).

28 Helmuth Faust (»Aktion«, 1. Jg., H. 2⟨1951⟩, S. 67).

29 H. Kesten 1959, 408.

30 Einer der wenigen Versuche stammt von Gyorgy Konrad; zu seinem Schelmenroman »Der Komplize« vgl. M. Rohrwasser: Erfahrungen des Grauens. In: FH, 36. Jg. H. 11 (1981), S.

63-65. Georg K. Glaser nennt als Vorbild seines Berichts »Geheimnis und Gewalt« Grimmelshausens »Simplicius Simplicissimus« (J. Robichon 1951, 7). Joseph Caspar Witsch bezeichnet Gustav Reglers Autobiographie »Das Ohr des Malchus« als einen »simplizianischen Roman« (1977, 107).

31 E. Roloff 1969, 7 – Doch bereits mit der wachsenden Bedeutung der Sowjetunion in der Weltpolitik Ende der 30er Jahre entstand ein Informationsmonopol von Kommunisten, Exkommunisten und Rußlandkorrespondenten (vgl. W. Laqueur 1967, 34).

32 J. Edgar Hoover: Masters of Deceit. The Story of Communism in America. London 1959, zit. n. E. Roloff 1969, 16. »›Haben Sie dieses Buch gelesen? Sie sollten es tun. Dann werden sie wissen, warum wir die Atombombe auf die Bolschies abwerfen müssen!‹ Mit diesen Worten empfahl mir in New York ein jämmerlicher Zeitungsverkäufer die Lektüre von Orwells ›1984‹« (I. Deutscher 1955, 50).

33 1950, 86 – Zu Burnham vgl. Golo Mann: James Burnham, der Philosoph und der Politiker. In: »Neue Schweizer Rundschau«, 18. Jg., April 1951, S. 719-730.

34 Brief vom 8.10.1986 an den Verfasser. Joseph Caspar Witsch war im Nachkrieg der wichtigste deutsche Verleger von Renegatenliteratur; in den Verlagen »Kiepenheuer & Witsch« und »Verlag für Wirtschaft und Politik« erschienen u. a. Giordano, Krebs, W. Leonhard, Regler, Silone, Sperber, Milosz, Wittfogel, Zwerenz. Witsch schreibt 1958 in einem Brief: »An sich haben wir ja in Büchern dieser Art Vorlauf vor anderen Verlagen. Wir haben zuerst damit begonnen und stellen jetzt fest, daß andere uns nicht schnell genug nachlaufen können« (1977, 107).

35 Bislang ist man bei der Bibliographie auf Antiquariatskataloge und eigene Funde angewiesen. Nachweisbar ist die Leonhard-Ausgabe unter dem Titel »Josef Wissariowitsch Stalin: Kurze Lebensbeschreibung« und »Karl Marx: Der achtzehnte Brumaire des Louis Napoleon«, beide mit eingeklebtem Zettel »Verteilt durch das Ostbüro der SPD«. Der Band »Leo Trotzky: Stalin. Eine Biographie« erschien mit dem Umschlag der DDR-Publikation »Stalin. Ein Bild seines Lebens«.

36 Kurt Langmaacks Bericht »Ich wählte mein Unglück« ist vom »Verband der Heimkehrer« mit dem Hinweis versehen, das »vorliegende Buch« stelle »deshalb eine Besonderheit dar, weil es sich um den Bericht eines ehemaligen Kommunisten handelt« (1953, 3).

37 Dagegen ist Hillers Warnung schlüssig, daß die Erfahrung des Renegaten nicht immer »Wahrheit oder Weisheit« heißen müsse; »leider gibt es Ausflüge von einem Irrtum zum anderen!« Zu den neuen Irrtümern rechnet er beinahe alles, was nicht seiner Position entsprach: Anarchismus wie Konservatismus, Bigotterie, Ästhetizismus, politische Indifferenz und Zynismus; mit Seume nennt er die Renegaten »junge Huren, alte Betschwestern« (1951/1980, 43 f).

38 Zit. n. W. Laqueur 1967, 199 f.

39 Auf dem Kongreß wird ein deutsches und ein internationales Exekutivkomitee gegründet, in denen Silone, Spender, Buber-Neumann und Plievier aktiv mitwirken; in Frankreich erscheint die vom »Exekutivkomitee« ⟨sic!⟩ herausgegebene Zeitschrift »Preuves«, in England der »Encounter«, für Spanien die in Paris verlegte Zeitschrift »Cuadernos«, in der Bundesrepublik neben dem »Monat« noch »Kontakte. Mitteilungsblatt vom Kongreß für kulturelle Freiheit in Deutschland«; das Wiener »Forum« war ebenfalls an die Kongreßorganisation angeschlossen. In späteren Jahren geraten der Kongreß und die Zeitschriften »Der Monat« wie »Forum« durch den Verdacht, sie seien mit Geldern des CIA finanziert worden, in Mißkredit (z. B. bei F. Meyer 1987, 41). Zum Kongreß im allgemeinen: »Der Monat«, 2. Jg., H. 22/23 (Juli/ August 1950); zum Vorwurf der CIA-Finanzierung im besonderen: A. Koestler 1984, 103 ff.

40 Die Zweck-Mittel-Diskussion wird in den meisten Texten der Renegatenliteratur aufgegriffen, etwa bei S. Leonhard (1956, 822 ff), W. Schlamm (1937, 29 ff), A. Koestler (1950 /1974, 163 ff), G. K. Glaser (1985 b, 112, 136) und M. Barth (1986, 20). Außerdem A. Zweig in WB, 26. Jg., Nr. 46 (11.11.1930) S. 708; R. Rocker 1938, 4; R. Medwedew 1971/ 1973, 443 f; I. Ehrenburg 1972, 560 f. Albert Camus wirft Koestler vor, als Exkommunist wiederum mit dem Zweck die kriegerischen Mittel zu rechtfertigen (A. Camus: Tagebücher 1935-1951. Reinbek 1972, S. 215).

41 Der aktuelle Wandel der Bedeutung läßt sich an den aufeinanderfolgenden Fassungen der jeweiligen Auflagen des »Kleinen politischen Wörterbuchs« der DDR beobachten.

42 In »Die Literatur«, 1. Jg., Nr. 5, 15.5.1952, S. 1. Richters Frage zielte auf Plieviers Arbeit an seinem Roman »Moskau«. In ähnlicher Weise distanziert sich Karlo Stajner vom Vorwurf des Antikommunismus (1975, 11). Carola Stern schreibt über sich und ihren Mann: »Der Kommunismus liegt hinter ihnen, aber ebenso der Antikommunismus« (1986, 255). Bruno Frei erklärt dagegen (1950) in seinen Erinnerungen: »Wer den Antikommunismus predigt, kann nur ein Wegbereiter des Faschismus sein, mag er noch soviel von Freiheit reden« (1950/1980, 8 f).

43 Der Begriff des »professionellen Antikommunismus« als Versuch einer Differenzierung wird gebraucht von R. Giordano (1969, 39) und H. Mayer 1985. Allerdings wird gerade der ›linke Antikommunismus‹ als ›besonders heimtückischer Akt‹ der Kriegsführung von der Kommunistischen Partei schärfer bekämpft; vgl. J. F. Revel 1977, 61 ff. Zur Geschichte des Begriffs »Antikommunismus« die Stichworte in »Sowjetsystem« (I 238 ff) und im »Kritischen Wörterbuch des Marxismus« (I 65 ff); vgl. die Gespräche von H. Böll/L. Kopelew/H. Vormweg: Antikommunismus in Ost und West. Köln 1982.

44 J. Gabel 1954/1964, 88 ff. Hans Joachim Schädlich erzählt folgende Anekdote: Bei einem Zusammenstoß von pro- und antikommunistischen Demonstranten in den USA der McCarthy-Zeit wehrt sich ein vom Polizeiknüppel getroffener Demonstrant: »Aber ich bin doch Antikommunist!« Der Polizist antwortet vom Pferd herab: »Es ist mir ganz egal, was für ein Kommunist Sie sind.«

45 In Frankreich wurde Renegatenliteratur dagegen verstärkt als Identifikation beider Formen des ›Antikommunismus‹ rezipiert. Die Lektüre von Solschenizyn prägte die »Nouvelle philosophie«, die unter Glucksmann oder Broyelle eine ideelle oder auch militärische Aufrüstung gegen den Kommunismus verkündete. Als Beispiele der französischen Rezeption von Solschenizyn: A. Glucksmann 1974/1976 und B. H. Levy 1971/1978; zur Kritik: L. Baier 1985, 20 ff u. 54 ff.

46 1975, II 93 u. 95; Brief vom 30.11.1939 – K. Mann beschuldigt Schlamm (zu Unrecht), Verfasser eines anonymen Artikels im »Neuen Tage-Buch« zu sein, in dem Mann als »Sowjet-Agent« bezeichnet wurde.

47 Albrecht Flieger/Manfred Lefèvre: Intellektuelle zwischen den Fronten. Zu den Spanienbüchern von Regler und Orwell. In: BH Nr. 3, S. 111 f.

48 So wird Victor Kravchenko von einem Exilrussen verdächtigt, seine Enthüllungen seien nur die geschickte Legende eines zukünftigen Doppelagenten: »Es liegt die Vermutung, besser gesagt der Verdacht nahe, dass ihre aufsehenerregende Publikation den Zweck verfolgt, Sie in Ihrer Tätigkeit in geheimer Mission zu Gunsten Sowjetrusslands zu tarnen« (A. Valtna 1948, 218).

49 Brief an den Verfasser vom 25.12.1987.

50 »Szász vermeidet so, in einer Reihe mit bloßen Dissidenten-Pamphleten zu landen...« (Ernst Petz. In: »Forum«, 33. Jg., H. 387394, Sept. 1986, S. 62). »Carola Stern mochte nicht noch eine Beichte liefern über die Abkehr vom Gott, der keiner war« (Rolf Schneider. In: SP, 40. Jg. H. 21 (1986), S. 55). Die Herausgeber von Victor Serges Erinnerungen betonen in ihrer Vorbemerkung deren »nichtrenegatenhafte Art und Weise« (Serge 1974, 5). KD Wolff schließlich notiert zu Sperber, dessen »Abkehr vom Stalinismus /Kommunismus« habe nie »zum verbitterten Renegatentum« geführt (KD Wolff: Am Ziel der Befreiung festgehalten. In: taz 16.2.1984, S. 10).

51 Selbstkritisch schreibt Arthur Koestler: »Wenn Macht korrumpiert, dann stimmt auch das Gegenteil: Verfolgung korrumpiert das Opfer, wenn auch in differenzierterer Form« (1984, 39).

52 J. Serke: Das Ende einer Heimholung. Von der Schwierigkeit, den Verbrannten Dichtern einen Platz einzuräumen. Radiomanuskript 1985. Octavio Paz nennt die Dissidenten »die Ehre unseres Jahrhunderts« (H. M. Lohmann: Dissidenten. In: FR 29.6.1984, S. IV); und Hans Christoph Buch schreibt: »Die Dissidenten von heute sind die legitimen Erben der marxistischen Theoretiker und sozialistischen Revolutionäre des späten 19. und frühen 20. Jahrhunderts« (Gedanken über die Dissenz. In: FR, 28.6.1986, S. II).

53 Gespräch mit dem Verfasser.

54 Der ehemalige Nationalsozialist Walther Korrodi veröffentlichte unter dem Deckmantel von drei Sternen 1936 seinen Bericht »Ich kann nicht schweigen« im Europa-Verlag (mit einem Vorwort von »Staatsanwalt Dr. E. Zürcher«). Heinrich Most sprach in der Exilzeitschrift »Das Wort« von einem »erschütternden Buch« (1. Jg., H. 1 (1936), S. 90 f). Seit den sechziger Jahren schließlich erschienen einige selbstkritische Lebenserinnerungen ehemaliger Funktionäre von NS-Jugendorganisationen, z. B. Melitta Maschmann: Fazit. Kein Rechtfertigungsversuch. Stuttgart 1963; Esther Gallwitz: Freiheit 35 oder Wir Mädel singen falsch. Freiburg 1964; Renate Finck: Mit uns zieht die neue Zeit. Baden-Baden 1979; Margarete Hannsmann: Der helle Tag bricht an. Ein Kind wird Nazi. Hamburg 1982; Eva Sternheim-Peters: Die Zeit der großen Täuschungen. Mädchenleben im Faschismus. Bielefeld 1987. Auch Christa Wolf (»Kindheitsmuster«) und Carola Stern (1986) erinnern sich ihrer nationalsozialistischen Jugend, die durch parteikommunistische Organisierung abgelöst wurde. Beeindruckend sind die Erinnerungen von Luce d'Eramo: Deviazione. Mailand 1979 (dt.: Der Umweg. Reinbek 1981).

55 Vgl. W. Leonhard 1955/1957, 242 ff; E. Roloff 1969, 263 f; P. Hollander 1969; M. Boveri 1976, 396 f.

56 1982/1984, 18 f – »Schließlich gehörte es zur Lehrlingsarbeit jedes Intellektuellen, der in die Partei eintrat, der Parteileitung vertrauliche Berichte über alle Freunde und Bekannte zu schreiben, über ihre Eigenschaften, Schwächen und Verbindungen. Früher oder später wurde er gezwungen, seinen ›Weg zur Partei‹ offen darzulegen, seine Herkunft, seine Irrtümer, seine Schwächen. Und letzten Endes blieb keinem Stalinisten die bittere Stunde der ›Selbstkritik‹ erspart« (T. Pirker 1963, 82).

57 André Gorz' Beichte von 1956 ist kein Renegatenbericht, auch wenn der Autor sich mit seinem Verhältnis zur kommunistischen Partei auseinandersetzt und seine selbsternannten Richter Züge der PCF tragen. Auf die Spitze getrieben ist hier die Inszenierung eines Selbstgerichts, vor dem die ganze ›Sündenlast‹ des Autors verhandelt wird. Der Leser von Gorz' Buch »Der Verräter« ist nur noch ungebetener Gast im Zwiegespräch zwischen Ich und Über-Ich des Autors; seine Alibis werden mit Hilfe der Autoritäten Marx, Freud und Sartre zerpflückt, er verwickelt sich in Widersprüche, nichts wird ihm übersehen (vgl. M. Rohrwasser: Hartnäckige Verfolgung seiner selbst. In: FH, 36. Jg., H. 10 (1981), S. 65-68).

58 Weitere Adressaten sind die Kommunistische Partei oder Stalin (vgl. Kap. IX) und, für den Chronisten, die »Nachgeborenen«. Lew Kopelew, der seine schriftstellerische Rolle als »Brükkenbauer« sieht, nennt seine Erinnerungen »eine Beichte vor den Kindern und Kindeskindern (...) und für die Historiker« (1986, 16). Stellvertretend für viele sei Elinor Lipper zitiert, die die Stimmen ihrer Mitgefangenen wiedergibt: »Vielleicht wirst du als eine unter Millionen Gefangenen die Möglichkeit haben, den Menschen draußen zu sagen, wie es hier um uns steht. Vergiß nichts« (1950, 5).

59 Im Gespräch sagt Silone über seine Zeitschrift »Risorgimento Sozialista«: »Sie läßt die Kommunisten abtrünnig werden, Mann für Mann, täglich kommen andere« (Wolfgang Paul: Silone ante portas. In: »Die Literatur« (Stuttgart), 1. Jg., H. 3, 15.4.1952, S. 2).
Das Bild einer Renegatenarmee wird entworfen: »Allein in der Bundesrepublik dürfte es etwa 800 000 geben, weit mehr als Kommunisten aller Spielarten. In Italien und Frankreich wohl je zwei bis drei Millionen. Wenn der Kommunismus die bisher größte soziale Massenbewegung der Geschichte ist, so könnte der Exkommunismus den Anspruch erheben, die bisher umfassendste Abfallbewegung zu sein« (G. Bartsch 1980, 50). Die Beschwörung der Renegatenarmee korrespondiert mit der Phantasie des Renegaten (in seiner Mission als Vorläufer) von einem ›Tag X‹, wie Doris Lessing sie in ihrem »Red Notebook« entfaltet: »er stellte sich vor, der Tag X würde kommen, an dem allen Genossen in Rußland, plötzlich und im selben Moment, ein Licht aufgehen würde« (1962/1978, 508).
Beim Blick auf die große Zahl der Exkommunisten spielt freilich das Lagerbewußtsein eine wichtige Rolle. Hannah Arendt weist Karl Jaspers darauf hin, daß in den USA die Zahl der Exkommunisten gewachsen sei, weil durch die Denunziationspraxis der McCarthy-Ausschüsse alle frühen Sympathisanten hervorgekehrt würden und öffentlich abschwören müßten (H. Arendt/K. Jaspers: Briefwechsel 1926-1969. München – Zürich 1985, S. 246).

60 1981, 31 – Wittfogel: »Stalin war der Renegat, nicht ich« (ebd., S. 34).

61 Er sei der Meinung, »daß der Schriftsteller, auch wenn er einen bestimmten religiösen Glauben oder das Ideal einer politischen Partei teilt, sich dem entsprechenden institutionellen Apparat nicht unterwerfen darf. Ein Schriftsteller sollte dem Menschen und der Gesellschaft gehören, nicht den Institutionen« (1972, 140 f). Anders ist die Fragestellung Sartres, doch seine Antwort ähnelt der Silones: »Fragt man gegenwärtig, ob der Schriftsteller, um an die Massen heranzukommen, seine Dienste der Kommunistischen Partei anbieten soll, dann antworte ich mit ›nein‹; die Politik des STALINschen Kommunismus ist mit einer anständigen Ausübung des literarischen Berufs nicht vereinbar« (1948/1975, 150). Auch Béla Szász betont die Polarität von Politik und Literatur: »Ich meine heute, ich hätte mich nicht mit Politik beschäftigen sollen. Ich hätte lieber die Literatur als Lebensaufgabe wählen sollen« und vergleicht beide Bereiche mit der »Treue zur Partei« und der »Treue zum Volk« (zit. nach dem Rundfunkmanuskript, Hessischer Rundfunk 1986; vgl. Szász/Paetzke 1986, 60 f).

62 Dazu Melvin Laskys Polemik (1951, 652 ff) und Iring Fetschers Analyse des »Totalitarismus« (1983 a); ausführlich: Bruno Seidel/Siegfried Jenkner: Wege der Totalitarismusforschung. Darmstadt 1968 (= Wege der Forschung CXL). Ein überzeugendes Resultat von E. Roloffs Analyse lautet, daß die Renegatenliteratur den gleichsetzenden Aspekt der Totalitarismustheorie widerlege (1969, 413 f). Im fünften und sechsten Kapitel gehe ich ausführlicher auf die Gleichsetzung der Systeme ein.

63 In dem stereotypen Satz: »Das ganze Ausmaß der Terrorherrschaft Stalins ⟨...⟩ wird aber erst ⟨...⟩ auf dem berühmten XX. Parteitag der KPdSU 1956 sichtbar, als Nikita Chruschtschow sie in seiner Rede enthüllt«, der so oder ähnlich in den Monographien über Feuchtwanger, Brecht und anderen zu lesen ist (hier: W. Sternburg 1984, 267), schlägt sich, neben einer Fehleinschätzung von Chruschtschows Rede, die Ausblendung der Renegatenliteratur nieder.

64 »In unserer Zeit haben sowohl der kapitalistische ›Dschungel‹ als auch die stalinistische ›Hölle‹ literarische Charaktere von beeindruckender Lebendigkeit hervorgebracht. ⟨...⟩ Das Universum der GPU-Gefängnisse, des ›Ersten Kreises der Hölle‹ und des Gulag hat uns seinen Denisowitsch ebenso wie seine Matriona gegeben«, schreibt der Psychohistoriker Saul Friedländer, der (allzu) global das Versagen der Literatur gegenüber dem Nazismus beklagt (S. F.: Kitsch und Tod. Der Widerschein des Nazismus. München 1984, S. 82). Eine differenziertere Kritik der literarischen Bilder über das »Dritte Reich« in der Exilliteratur findet sich bei Thomas Koebner: Das Dritte Reich – Reich der Dämonen? In: Wulf Koepke/Michael Winkler, Hg.: Deutsche Exilliteratur. Bonn 1984, S. 56-74.

65 Gegen dieses ›Umsonst‹ führt Heiner Müller Stalingrad ins Feld. Das russische Volk habe Europa (die Welt) vom Nationalsozialismus befreit. Stalins ›Industrialisierungsdiktatur‹ habe die materielle Basis, die Unbesiegbarkeit der UdSSR garantiert (vgl. Müllers »Zement« und H. Domdeys Kritik, in: »Merkur«, 40. Jg., H. 5, Mai 1986, S. 403-413 ⟨»Mythos als Phrase oder Die Sinnausstattung des Opfers«⟩).

66 Der Grund liegt auch darin, daß der Berliner Literaturwissenschaftler Bernd Gürtler eine größere Untersuchung über Sperber vorbereitet, und daß Koestler wie Gide bereits Gegenstand eingehender Analysen sind.

67 Wo im Stalinismus eine Frage, die sich dem Postulat der Aufhebung von Widersprüchen nicht beugte, Verrat bedeuten mußte, war die Konfrontation mit einer ketzerischen Literatur vorgeprägt. In der Expressionismusdebatte war der Ketzerei in der Dichtung der Kampf angesagt worden. In welchem Maß wurden die Renegaten zu literarischen Ketzern, standen sie auf der Seite des Chaos, das durch die Direktiven des ›sozialistische Realismus‹ gebändigt werden sollte, sprengten sie die literarischen Formen und Formeln eines ›demokratischen Zentralismus‹?

68 Ein umfangreiches, wenn auch in seinen bio- und bibliographischen Angaben wenig zuverlässiges Nachschlagewerk mit dem Schwerpunkt auf der Dissidentenliteratur nach 1945 hat Peter Boris vorgelegt (1983), der unter dem Stichwort »Exkommunisten und Dissidenten« freilich auch Verfolgte, die nie der kommunistischen Ideologie oder der Partei nahestanden und innerparteiliche Kritiker, die sich nie »lossagten«, subsumierte.

Anmerkungen zu II.

1 1973 (2. Aufl.), S. 720; in der 3. Auflage (1978, 761) wird zusätzlich verwiesen auf die »ideologische Diversion«, die sich verstärkt der Renegaten bediene. »Diversion« ist im selben Wörterbuch definiert als »jede Art illegaler Störtätigkeit durch Agenten imperialistischer Staaten oder demoralisierte Elemente im Innern eines Landes, die das Ziel hat, die bestehende sozialistische oder fortschrittliche demokratische Staats- und Gesellschaftsordnung zu schädigen bzw. ihren Sturz herbeizuführen« (S. 184).

2 »Ein vom Christentum zum Islam Übergetretener, zahlreich besonders in der Blüthezeit der maurischen und türkischen Herrschaft in Europa« (Theologisches Universal-Lexikon ⟨in 2 Bd.⟩, Elbersfelde: Friderichs 1874). Der deutsche Begriff »Renegat« findet sich in der Kirchengeschichte jedoch kaum. Albert Camus nennt eine Erzählung, in der ein christlicher Missionar in Nordafrika seinem Glauben untreu wird, »Le renegat« (Paris 1957).

3 Laut »Synonymwörterbuch« der DDR (hg. v. H. Görner/G. Kempcke. Leipzig 1973, S. 34) ist der »Renegat« gleichgestellt dem »Abtrünnigen«, dem »Ketzer, Irrgläubigen, Häretiker, Schismatiker (rel.), Sektierer« und auch dem »Verräter«.

4 Kommunismus als Ketzerei: Berdjajew 1957; Aron 1951/1953, 145 ff; K. Kautsky 1909/1947, I 165 ff; ders. 1908/1919, 347 ff. Kommunismus als Islam: Monnerot 1949/1952, 20 ff; Bertrand Russell: Die Praxis und Theorie des Bolschewismus. Darmstadt 1987 (1920).

5 Zwerenz hält den Blick auf den Stalinismus gerichtet, wenn er schreibt: »Jahrhunderte lang wurden Christen in der Folge durchaus rechtmäßig – nach geltendem Recht – zu Tode gebracht. Grausam aber rechtmäßig. Nachdem das Christentum zur rechtmäßigen Staatsreligion wurde, begann es seinerseits Andersdenkende und Abtrünnige und Ketzer zu verfolgen, zu verdammen, und rechtmäßig – nach geltendem Recht – zu töten« (1961, 91).
   Auch die psychoanalytische Kirche ächtete nach der Frühphase ihre Ketzer und Dissidenten; vgl. J. Cremerius 1982 u. R. Jacoby 1985, 56 ff.

6 1961/1976, 448. Auch Silone wählt den Superlativ: »Es gibt keinen traurigeren Anblick als die ehemaligen Verfolgten, die ihrerseits zu Verfolgern geworden sind« (1965/1966, 179).

7 Lenin 1970, III 119; Lenin sieht »einen bodenlosen Abgrund von Renegatentum« (S. 84) und »entlarvt« Kautskys »Renegatentum« (S. 87). Dessen »Renegatenstandpunkt« bringe es mit sich, daß er »verkleistern und umlügen« müsse (S. 81). Auch die Verbindung zu Judas ist hier schon hergestellt: »Wäre ich Krupp oder Scheidemann ⟨...⟩, ich würde Herrn Kautsky Millionen zahlen, würde ihn mit Judasküssen belohnen ⟨...⟩« (S. 88).

8 G. K. Chesterton: Einleitende Bemerkungen über die Wichtigkeit der Orthodoxie. In: »Das Goldene Tor« (hg. v. A. Döblin), 5. Jg. (1950), H. 3, S. 169. So nannte Pasolini seine Schriften zu Literatur und Film »Empirismo Eretico« (1972, dt.: Ketzererfahrungen).

9 Sinowjew/Lenin, »Sozialismus und Krieg«, Genf 1915, zit. in: Lenin: Die proletarische Revolution und der Renegat Karl Kautsky, (1918; Lenin 1970, III 74). Kautsky prophezeite in seiner Schrift »Terrorismus und Kommunismus. Ein Beitrag zur Naturgeschichte der Revolution« (1919), daß Lenin, da er sich nicht auf das Vertrauen der Mehrheit der Arbeiterklasse beziehen könne, gezwungen sein werde, ein terroristisches Regime zu errichten.

10 Jules Monnerot interpretiert diese Schrift als den Emanzipationsschritt des russischen Marxismus: »Nicht mehr Europa diktiert Rußland Doktrin und Strategie, sondern Gebot und Direktiven kommen fortan aus Rußland ⟨...⟩« (1949/1952, 9).

11 In einem Brief an Engels (26.12.1865) nennt er den Bürgermeister von Osnabrück, Miquel, einen ›offenen Renegaten‹, »einstweilen im bürgerlichen Sinn, aber schon mit Schwenkung nach dem aristokratischen Sinn hin« (MEW Bd. 31, 163).

12 M. Sorki: Kautsky ›revidiert‹ die Geschichte. In: »Unter dem Banner des Marxismus«, 7. Jg., H. 1/2 (März/ Apr. 1933), S. 121-146.

13 »Hatte nicht einer der ganz Großen, nach dem sie die breitesten Avenuen benannt, aufgestellt: wer mit zwanzig Jahren kein Anar sei, ermangle der Herzensgröße; wer mit vierzig noch bleibe, ermangle der Einsicht« (G. K. Glaser 1985 b, 312).

14 So ist Karl Albrechts Verteidigung von 1954 gegen den Vorwurf des Renegatentums der Diktion Turels eng verwandt: »Ich fürchte auch nicht, als wetterwendisch und wankelmütig bezeichnet zu werden. Im Gegenteil, ich staune nur, ohne Neid, über jene, die in einer sich stündlich wandelnden Welt, ewig unbelehrbar, wie starre Trümmer der Vergangenheit am gleichen Ort bei ihren ewiggleichen Parolen verharren – und die das für Charakter halten!« (1954, 19)

15 1960, 10 – Ähnlich André Malraux: »Der große Intellektuelle ist der Mann der Nuance, des Grades ⟨...⟩. Er ist per definitionem wesentlich antimanichäisch ⟨...⟩. In allen Ländern, in allen Parteien haftet den Intellektuellen der Geschmack von Dissidenten an: Adler contra Jung, Sorel contra Marx. Nur sind in der Politik die Dissidenten die Ausgeschlossenen. Der Hang zu den Ausgeschlossenen ist in der Intelligenzia stark« (zit. n. A. Betz 1986, 197 f).

16 G. Almond ermittelt in seinen Interviews (in den fünfziger Jahren), daß der Haß auf Renegaten bei den proletarischen Parteimitgliedern und bei Kommunisten ohne höhere Parteifunktionen signifikant geringer entwickelt war (1954/1965, 131).

17 1948/1975, 152 – Heiner Müller verbindet in seinem Stück »Der Auftrag« Verrat (des bürgerlichen Renegaten) und Revolution: »Debuisson schloß die Augen gegen die Versuchung, seiner ersten Liebe ins Gesicht zu sehen, die der Verrat war. Der Verrat tanzte« (H. M.: Herzstück. Berlin 1983, S. 69).

18 So berichtet Ernst Fischer (1969, 377).

19 Stephan Hermlin: Rede auf dem PEN-Kongreß in Hamburg 1986. 1957 unterzeichnete Hermlin nach der ›Republikflucht‹ von Alfred Kantorowicz einen Artikel, der den Fortgang des Kollegen als Akt der Säuberung interpretiert (NDL, 5. Jg., H. 9 ⟨1957⟩, S. 7).

20 Becher als heimlicher Renegat? Verschiedene ehemalige DDR-Prominente berichten – mündlich, versteht sich -, Becher habe noch auf dem Sterbebett gesagt: »Verflucht sei der Tag, an dem ich in die Partei eingetreten bin«.

21 Die gleiche Sprache. In: »Aufbau« ⟨Berlin⟩, 6. Jg. ⟨1950⟩, H. 8, S. 697-703, hier S. 701.

22 Letzterer wird von Becher brieflich informiert, daß er von der Verurteilung ausgenommen sei (1969, 550).

23 Ihn beschimpft Becher im Diminutiv: »Das Männchen, das sich auf die Zehen stellt ⟨...⟩, ein lumpiges Verräterchen ⟨...⟩, das Knauserchen ⟨...⟩, das Heimkriegerchen ⟨...⟩, um ein Bedeutendes zu kurz geraten ⟨...⟩ – dieser zu kurz Geratene, behaftet mit einem schon psychiatrischen Geltungsbedürfnis, nennt sich Arthur Koestler« (1969, 533).

24 In: »Der Monat«, 2. Jg., H. 22/23 (1950), S. 356.

25 Ebd. S. 436.

26 Geschichte der deutschen Literatur 1973, X 425 f. Es bleibt die einzige Erwähnung Reglers in dem Band.

27 Ernst Glaeser war einer der wenigen exilierten Schriftsteller, die nach Deutschland zurückkehrten und dort wieder veröffentlichten. Ulrich Becher nannte ihn einen »literarischen Kriegsverbrecher« (»Die Seine fließt nicht mehr durch Paris. Porträt eines literarischen Kriegsverbrechers«. In: FD, 3. Jg. H. 8, Juli 1944, S. 27 f); vgl. Franz Leschnitzer in IL, 4. Jg. (1934), H. 2, S. 159 ff und Ernst Erich Noths Porträt eines »Deserteurs« (1971, 411-415); außerdem Gilbert Badia und René Geoffroy: Ernst Glaeser, ein Antisemit? Eine kritische Untersuchung des in der Emigration gegen Ernst Glaeser erhobenen Vorwurfs des Antisemitismus (in: Exilforschung 1983, 283-301).

28 1948/1981, 21 ff – 1930 hatten Glaeser und Weiskopf gemeinsam den Photoband »Der Staat ohne Arbeitslose. Drei Jahre ›Fünfjahresplan‹« (Berlin: Kiepenheuer) herausgegeben, zu dem Alfred Kurella das Nachwort schrieb.

29 1974, 143 – Während Schiller jedoch im Frankreich-Band der DDR-Reihe »Kunst und Literatur im antifaschistischen Exil« Regler ohne Vorwurf nennt (und, Novum in der DDR-Forschung, Schwarzschilds »Neues Tage-Buch« erwähnt), wird Regler im Südamerika-Band von Wolfgang Kießling verzerrt dargestellt und diffamiert. Inzwischen hat Schiller sich ausführlicher Regler gewidmet: »Gläubig an unsere Idee«. Die letzten Jahre des revolutionären Schriftstellers Regler (1935-1939). In: WB, 32. Jg. (1986), H. 7, S. 1172-1191.

30 »In jenen Tagen...«. Schriftsteller zwischen Reichstagsbrand und Bücherverbrennung. Eine Dokumentation. Leipzig – Weimar 1983, S. 11; schließlich wäre auf Werner Mittenzweis neue Brechtbiographie (1986) hinzuweisen, die Kuczynskis Diktum aufnimmt. Inzwischen werden Koestler und Orwell in der Sowjetunion wieder veröffentlicht, Reglers Roman »Die Saat« erschien in der DDR.

31 Die Kantorowicz-Rede ist freilich in Kurzfassung wiedergegeben; im biographischen Anhang wird er zum antikommunistischen »Publizisten«; daß er Mitglied der KPD und SED war, wird verschwiegen. Die Rede von Gaetano Salvemini, der gegen die Verhaftung Victor Serges in der SU protestierte, fehlt gänzlich. Zur Kontroverse um den Band vgl. die Beiträge von Ralph Schock und dem Herausgeber Wolfgang Klein in der Zeitschrift der Gewerkschaft Druck und Papier, »die feder« (32.Jg., 1983, H. 11 und 33.Jg., 1984, H. 4).

32 Heinz Kamnitzer: Zwischen Holland Park, Soho und Bloomsbury (NDL, 36. Jg., H. 1, Jan. 1988, S. 121). Er nennt im Rückblick auf das Ende des Spanischen Kriegs die Namen von W. H. Auden, Koestler, Silone und entwirft ein Psychogramm von Spender als Nachfahre von Byron und Shelley. Kamnitzer sucht die Versöhnung: »›Sei nicht närrisch, Stephen, laß uns zusammen einen heben.‹ Er wollte nicht, leider. Nicht nur um meinetwillen bin ich darüber so traurig gewesen. Ich weiß, was es heißt, sich zu versöhnen, wenn die Gräben breit geworden sind. Wer sich darum bemüht, macht sich sogar verdächtig. Der Widersacher vermutet dann leicht, man möchte ihn mit List zu sich hinüberziehen. Dennoch darf man nie aufhören, Gemeinsamkeiten zu suchen ‹...)« (S. 125).

33 K. Albrecht 1954, 169 f – vgl. Dieter Wolf: Die Doriot-Bewegung. Ein Beitrag zur Geschichte des französischen Faschismus. Stuttgart: DVA 1967; Jean-Paul Brunet: Jacques Doriot. Paris: Balland 1986.

34 A. Koestler 1940/1979, 8; vgl. T. Koebner 1983, 96.

35 Leo Löwenthal und Nobert Gutermann machen 1949 die Dichotomie des »Entweder-Oder« als Kennzeichen faschistischer Propaganda aus (Agitation und Ohnmacht. Auf den Spuren Hitlers im Vorkriegsamerika. Neuwied – Berlin 1966, S. 77 f).

36 Der ukrainische Parteisekretär Postyschew unternahm 1937 noch einmal den Versuch einer Parteiopposition. Er regte eine Bewegung im ZK der KPdSU an, um die ›Exzesse‹ der ›Säuberungen‹ einzudämmen. 1938 wurden er und seine Gruppe liquidiert (R. Medwedew 1971/1973, 449 f).

37 1956/1965, 45 ff, 128.

38 Lenin: Zwei Taktiken der Sozialdemokratie in der demokratischen Revolution (‹1905› 1970, I 583).

39 D. Joravsky in: Medwedew 1971/1973, X f. »Possev« ist der Name des Frankfurter Verlages, in der die exilrussische Zeitschrift »Grani« (Grenzen) erscheint. Der Verlag gehört der exilrussi-schen autoritären Partei »Nationale Arbeitsunion« (NTS), die im Nationalsozialismus mit Hitler zusammenarbeitete und nach Kriegsende von amerikanischen Dienststellen übernom-men wurde. 1983 versuchte der neue Chefredakteur Georgij Wladimow, »Grani« in eine liberaldemokratische Zeitschrift mit literarischen Qualitäten zu verwandeln. 1986 wurde ihm wegen ›unloyalen Verhaltens zu der ideologischen Linie des NTS‹ gekündigt.

40 1963, 130 – Ähnlich B. Szász/H. Paetzke 1986, 48

41 1956, 230 – Bernhard Roeder, der die eigene Geschichte in seinem Bericht ausklammert, definiert den Stalinismus über das Straf- und Arbeitslager: Stalins Idee sei es, die ganze Welt in eine Katorga zu verwandeln. Daß das sowjetisch-stalinistische System sich in seinen Lagern repräsentiere, wird von so unterschiedlichen Autoren wie H. Arendt (1955), Solschenizyn (1973/1974) oder Semprún (1980/1981) ausgeführt.

42 1984, 301 – Ähnlich ist der Tenor von Hans Magnus Enzensbergers »Fabel von der Konse-quenz«:
»Natürlich dürft ihr keine Angst haben vor dieser oder jener Partei, die ihr Biwak in der Sackgasse aufgeschlagen hat und die begreiflicherweise aufheult, wenn es so aussieht, als könnten ihre geheiligten Prinzipien in die Binsen gehen. Natürlich ist es auch nicht immer angenehm, von der eigenen Unfehlbarkeit Abschied zu nehmen. Doch der geordnete Rückzug

aus einer unhaltbaren Position ist das non plus ultra der Kriegskunst; alle guten Strategen haben das gewußt, und alle Kommißstiefel haben es vergessen« (Tintenfisch 20. Jahrbuch für Literatur 1981. Berlin 1981, S. 51).

43 »Dissidentes in religione« bezeichnet 1573 beide, einander Duldung zubilligenden Religionsparteien, Katholiken und Protestanten. Ab 1632 wurde die Bezeichnung nur für Nichtkatholiken benutzt.

44 David Cooper: Wer ist Dissident? Berlin 1978, S. 12 f; Julian Goytisolo: Dissidenten. Frankfurt 1984. Eine positive Wertung erfährt der Begriff auch im »Kritischen Wörterbuch des Marxismus« (Stichwort Dissidenz). Alexander Sinowjew deutet dagegen in seinem ›Roman‹ »Homo Sovieticus« auch die Figur des Dissidenten – ähnlich wie Kolakowski die des Renegaten – als Produkt des Stalinismus, die dessen Gesetzen verhaftet bleibe (1982/1984, 336 f).

45 Karl Kraus nennt Gottfried Benn einen Neophyten, der »die vollkommene Wendung von links nach rechts durchgemacht« habe, und meint, das mache Benn für den Nationalsozialismus so wertvoll, weil damit die Bekehrungsgewalt des neuen Systems belegt werde (Die dritte Walpurgisnacht. München 1967, S. 66). Benn beklagt sich 1948 gegenüber Hans Paeschke, dem Herausgeber der Zeitschrift »Merkur«, daß er »von den Emigranten als Renegat ⟨...⟩ bezeichnet wird« (in: »Merkur«, 3. Jg., H. 2, S. 204).

46 Konvertieren bedeutet freilich auch: die Währung tauschen, etwas umwandeln, in einen anderen Code überführen, auf einen anderen Datenspeicher übertragen. In psychoanalytischer Bedeutung bezeichnet Konversion die Umwandlung oder Umkehrung von (verdrängten) Triebansprüchen oder Affekten in körperliche Symptome (Konversionshysterie, Konversionsneurose). In der Logik bezeichnet Konversion die Veränderung einer Aussage durch Vertauschung von Subjekt und Prädikat. Zum Begriff des Konvertiten: Kurt Aland: Über den Glaubenswechsel in der Geschichte des Christentums. Berlin: Töpelmann 1961.

47 Walter van Rossum: Triumph der Leere. Zum Konvertitentum der französischen Intellektuellen. In: »Merkur«, 39. Jg. (1985), H. 4, S. 275-288. Ungleich differenzierter nimmt sich Lothar Baiers Attacke gegen die französische Linke »im Büßerhemd« aus (1985, 20-24); Baier macht deren Bußrituale sinnfällig, liefert aber ebensowenig Belege für seine Assoziation einer »Kreuzzugsstimmung«.

48 Dictionnaire de Théologie Catholique. Paris: Letouzey 1931, Bd. I/2, S. 1605 f. Im Klosterrecht der katholischen Kirche bedeutete Apostasie Bruch des ewigen Gelübdes durch einen Klosterangehörigen. Lessing läßt im »Nathan der Weise« den christlichen Patriarchen mit dem Scheiterhaufen drohen als Strafe für ›Verführung zur Apostasie‹ (IV, 2).

49 Taschenlexikon Religion u. Theologie, hg. E. Fahlbusch, Bd. IV, Göttingen 1974, 2. A. (Stichwort: »Häretiker und Schismen« in Bd. II). W. Bauer kennzeichnet das Schema »erst ›Rechtgläubigkeit‹, dann ›Häresie‹« als nachträgliche Konstruktion, mit der die Fiktion einer ununterbrochenen apostolischen Überlieferung untermauert worden sei: Die katholische Kirche sei ursprünglich und darum wahr, jede Häresie dagegen Neuerung und Verfälschung; stattdessen sei oftmals die Häresie ursprünglich gewesen (vgl. K. Deschner 1986, 159, 162, 177).

50 RGG III 13 ff.

51 Sie erschien 1699/1700; vgl. E. Seeberg: Gottfried Arnold. Die Wissenschaft und die Mystik seiner Zeit. Meerane 1923.

52 W. Bauer 1964, 149.

53 H. Lea 1887/1985, 481 f; K. Deschner 1986, 158 ff.

54 K. Rahner 1961, 43; K. Deschner 1986, 156 u. 161 f.

55 Karl Rahner spricht von einer »geheimen« oder »kryptogamen Häresie«, von der die Gemeinde »infiziert« werde (1961, 33 ff).

56 1942/1958, 11 – Ähnlich W. Leonhard 1955/1957, 9; Buber-Neumann 1967, 470 f.

57 Vgl. NTB, 5. Jg., H. 26, 26.2.1937, S. 607 f.

58 Wyschinski 1951, 686 ff.

59 Matthias Lexer, Mittelhochdeutsches Wörterbuch in 3 Bd. Im Minnesang wird es in der Bedeutung von »frevelhafter, schändlicher, verworfener Mensch« seit 1210 verwendet.

60 Nach: Mittelhochdeutsches Wörterbuch. Mit Benutzung des Nachlasses von Georg Benecke, ausgearbeitet von Wilhelm Müller (Stichwort »Ketzer«).

61 Kamen bezeichnet die Inquisition als »eine Waffe in den Händen eines Volkes« und spricht von der »Langmut« und der »relativen Milde« der Inquisitoren. »Falsche Zeugenaussagen kamen nicht sehr oft vor«. Als »ein starkes Argument« zur Verteidigung der Inquisition betrachtet Kamen das zeitliche Zusammenfallen ihrer intensivsten Tätigkeit mit der kulturellen Größe Spaniens (1969, 188 ff).

62 Vgl. Hans Magnus Enzensbergers Essay zu Bartolomé de Las Casas: Kurzgefaßter Bericht von der Verwüstung der Westindischen Länder, hg. v. H. M. Enzensberger. Frankfurt 1966, S. 131-165.

63 Gewaltsam vereinheitlicht werden sie beispielsweise in der Studie von Norman Cohn, der unterschiedliche Bewegungen unter dem Aspekt des Eschatologischen und Chiliastischen gleichsetzt und interpretiert (N. Cohn: Das Ringen um das tausendjährige Reich. Revolutionärer Messianismus im Mittelalter und sein Fortleben in den modernen totalitären Bewegungen. Bern 1961; zur Kritik an Cohn: Alfred Andersch: Ein neuer Scheiterhaufen für alte Ketzer. In: A. A.: Norden Süden rechts und links. Von Reisen und Büchern 1951-1971. Zürich 1972, S. 327-333).

64 RGG III 1072 f.

65 Karlo Stajner schildert derartige Gerichtsverfahren ohne Öffentlichkeit (1975, 46 f und 255 ff); auch Leo Bauer, Susanne Leonhard, Erich Müller u. a. wurden in Geheimprozessen abgeurteilt.

66 Damit sind nicht die juristischen Rehabilitierungen gemeint, die nach Stalins Tod und vor allem nach dem XX. Parteitag ausgesprochen wurden, sondern eine politische Rehabilitierung, wie sie beispielsweise 1988 Nikolai Bucharin erfuhr. Zum Prozeß der Rehabilitierung: W. Hermann 1956; W. Bronska-Pampuch 1957; K. H. Jakobs 1983/ 1985.

67 Zit. n. E. Pagels 1980, 14.

68 Jorge Luis Borges: Erzählungen 1949-1970. München 1981, S. 31 u. S. 41 (»Die Theologen«).

69 1957, 346 – Vgl. Regler: »›Wer beispielsweise einen Roman über Verschwörer schreibt, ist leicht verdächtig, die Gedanken der Verschwörer einschmuggeln zu wollen.‹ Da ist sie, die Katastrophe! So reden Geistesschwache oder Polizisten« (1976, 182).

70 Vgl. Jaucourts Stichwort »Hérétique« in Diderots »Encyclopédie«.

71 Tagebuch vom 11.5.1941 – Alfred Anderschs Motto für seinen Bericht »Kirschen der Freiheit«.

72 1985, 104 f – Nach Reglers Trennung von der Partei schreibt Kisch, daß Regler »im Augenblick der Gefahr, da Stalin und die Stalinisten an der russischen Front, in den Städten Frankreichs und auf den Bergen Serbiens todesmutig gemeinsam mit allen Freiheitsfreunden gegen die Nazis kämpfen, ⟨...⟩ Dienst am Feind« leiste (1985, 172).

73 Bodo Scheurig weist im Kontext einer Geschichte der Desertion auf die frühe kirchliche Exkommunikation von Deserteuren unter Kaiser Konstantin hin (1980, 81). Scheurigs Plädoyer für die Deserteure wird von seinem Herausgeber Kaltenbrunner, der die Todesstrafe für Deserteure legitimiert, zurückgenommen (1980, 13).

74 So André Wurmser (in R. Jouvenel 1950, 11). Wurmser äußert sich im Zusammenhang des Kravchenko-Prozesses (s. Kap. VI.3) und nennt Kravchenkos Zeugen »ein Gefolge von Kriegsverbrechern«.

75 Beispielsweise notiert Alfred Kerr in seinem England-Tagebuch, daß Neutralität im Kampf gegen den Nationalsozialismus heiße, zum »Deserteur« zu werden (A. Kerr: Ich kam nach England. Ein Tagebuch aus dem Nachlaß. Bonn 1979, S. 148).

76 Vgl. Bodo Scheurig (1980, 75 ff), der auf die Ausnahmen von Ulrich Bräker und Alfred Andersch hinweist. Bleibt der Hinweis auf Arno Schmidts Roman »Aus dem Leben eines Fauns« (1953) und dessen Protagonisten Düring. Zum Deserteur des II. Weltkriegs: Norbert Haase: Deutsche Deserteure. Berlin 1987 und G. Zwerenz 1988.

77 Brief an den Verf. vom 3.2.1988.

78 1962, 35 – Vgl. 1961, 33 (»brüllendes Gelächter«).

79 1963, 35 – Vgl. 1957 b, 2. Der drohende Vorwurf einer »Fahnenflucht« hielt auch den zweifelnden Ernst Fischer im Moskauer Exil. »Ich stand nicht zum letztenmal vor dieser

Entscheidung; nach jeder Niederlage dieselbe Antwort: jetzt darfst du nicht!« (1973, 168 f) Erst der Spanienkrieg eröffnete einigen deutschen Emigranten die Möglichkeit der »Fahnenflucht« an die spanische Front.

80 Das »Nationalkomitee Freies Deutschland«, Traumziel von Hermlins Leutnant, wandte sich an potentielle Deserteure, setzte sich jedoch fast ausschließlich aus Kriegsgefangenen zusammen (vgl. H. Einsiedel 1950 und B. Scheurig 1960).

81 Orwell untersucht die Verwendung des Begriffs in seinem Spanienbuch. »Das Wort ›Trotzkismus‹ wurde erst zur Zeit der russischen Spionageprozesse allgemein bekannt. Seit damals ist die Bezeichnung ›Trotzkist‹ praktisch gleichbedeutend mit der Bezeichnung ›Mörder‹, ›agent provocateur‹ und so weiter« (1938/1975, 220; vgl. ebd S. 219 ff). Jef Last erklärt Stalins Umgang mit dem Wort »Trotzkismus« als Kunstgriff, mit dem die Gegner vereinheitlicht werden zu einer einzigen großen Verschwörung (1938, 11).

82 A. J. Wyschinski 1951, 692 – Vgl. NTB, 5. Jg., H. 26, 26.6.1937, S. 607 f (»Teufelsgeschichten«).

83 H. M. Enzensberger 1964, 372. Zum paranoischen Aspekt vgl. Edith Jacobson: Depression. Eine vergleichende Untersuchung normaler, neurotischer und psychotisch-depressiver Zustände. Frankfurt 1977, S. 377 ff und Canetti 1960/1978, 473 ff. Für Deleuze/Guattari ist Verrat die »Aufrechterhaltung unbewußter paranoischer Besetzungen in den revolutionären Gruppen« (Anti-Ödipus. Frankfurt 1974, S. 492).

84 Buch 7, Kap. 7; vgl. H. Arendts Kommentar (1955, 737 ff).

85 W. M.: Der russische Dolchstoß. In: »Zukunft« Nr. 38 (22.9.1939), S. 1.

86 1949, 121 – Zur Dialektik des Verrats: Klaus Heinrich: Versuch über die Schwierigkeit nein zu sagen. Frankfurt 1964, S. 19 ff; ders.: Parmenides und Jona Frankfurt 1966, S. 114 ff.

87 33. Gesang, Vs. 150, in der Übersetzung von Richard Zoozmann.

88 Arthur Schopenhauer: Parerga und Paralipomena, Kap. 19: Zur Metaphysik des Schönen, § 233. Vgl. Arno Schmidts Polemik gegen Dante, dem man »die erste abendländisch exakte Schilderung eines wohleingerichteten K.Z.« verdanke (Leviathan oder Die Beste der Welten. In: A. Schmidt: Das Erzählerische Werk in 8 Bd., Zürich 1985, Bd. II, S. 24).

89 »Da sprach Virgil: ›Hier schmerzt die größte Pein
Judas, der mit dem Kopf steckt in den Fängen,
Indes nach außen zappelt Fuß und Bein.‹
(34. Gesang, Zoozmann)

90 Das Kominternblatt »Rundschau« konkretisiert in einer (ungezeichneten) Buchbesprechung von Feuchtwangers »Moskau 1937«, daß Stalin sich hier auf Radek bezogen habe (6. Jg., Nr. 32, 29.7.1937, S. 1172).

91 Szász (1963/1986, 106) zitiert das Budapester Zentralorgan Szabad Nep vom 19.7.1949: »Der Judas Tito und der Henker Rankovic haben den faschistischen Terror in Jugoslawien eingeführt«. Auch Gide (Pike 1981, 229), Kravchenko (V. K. 1950, 363 ff) und Sartre wurden zum »Judas« erklärt: »Für 30 Silberlinge und ein amerikanisches Linsengericht hat Jean-Paul Sartre den letzten Rest seiner Ehre und Redlichkeit verkauft‹, schrieb ein russischer Kritiker« (Beauvoir 1963/1970, 152).

92 Hans Mayer: Außenseiter. Frankfurt 1975, S. 16.

93 W. Jens 1975, 8 – Judas mußte sich hergeben, »die Rolle des leibhaftigen Satan zu spielen« (ebd., S. 9). In den jüdischen Legenden des Talmud und in der Sicht der Sekte der Kainiten aus dem 2. Jhdt. (»Evangelium des Judae Ischariot«) ist Judas eine positive Gestalt und dessen Verrat eine verdienstvolle Tat, »da er die Kreuzigung und damit die Erlösungstat des Heilands verursacht« hat (Paul Lehmann: Judas Ischarioth in der lateinischen Legendenüberlieferung des Mittelalters. In: P. L.: Erforschung des Mittelalters. Stuttgart 1959, Bd. II S. 246); vgl. Lexikon für Theologie und Kirche, Bd. V 1153 u. 1241).
In diesem Sinne ist auch Paul Gurks Erzählung »Judas« (1931) angelegt. In Howard Fasts Stück »Thirtie Pieces of Silver«, 1952 in Ostberlin (Übersetzung Alfred Kantorowicz) aufgeführt, ist Judas eine Variante der Mephisto-Figur; seine Verräterei bewirkt das Gegenteil des Beabsichtigten.

94 Feuchtwanger 1939/1940, 224; »Rundschau«, 6. Jg., Nr. 32 (29.7.1937), S. 1172.

95 Auf zum letzten Verhör. Erkenntnisse des verantwortlichen Hofnarren der Revolution Karl Radek. München 1977, S. 86

96 1975, 12 – S. Tarachow (1960, 531) interpretiert Judas als einen Anhänger Sacharjas, der versucht habe, dessen Prophezeiung zu erfüllen.

97 W. Jens 1975, 92; vgl. S. Tarachow 1960, 528 f.

98 Nachwort von Swetlana Geier zu L. Andrejev: Die Sieben Gehenkten. Lazarus. Judas Ischariot. Hamburg 1957, S. 151.

99 Hans Keilson: Zum Problem des linken Antisemitismus. Vortrag zur 2. Jahreshauptversammlung der Gesellschaft für Exilforschung am 13. Februar 1986. Das Sündenbockzeremoniell nach Theodor Reik (1923/1975, 122): Ein Stück Ich, das verleugnet werden soll, wird im Sündenbock verkörpert, gejagt, denunziert und bestraft.

100 Regler schrieb 1928, im Jahr seines Parteieintritts, eine Erzählung mit dem Titel »Judas«; er identifiziert sich dort mit Judas als dem Handelnden, der Jesus auf eine »furchtbare Probe« stellen will (1928, 172). In seinem Spanienroman »Das große Beispiel« wird der Verräter »Judas« genannt (1976, 358 u. 361).
Frühe literarische Judas-Figuren werden erwähnt bei Norman Reider: Medieval Oedipal Legends about Judas. In: »Psychoanalytic Quarterly«, 29. Jg. (1960), S. 515-527 und bei Friedrich Ohly: Desperatio und Praesumptio. Zur theologischen Verzweiflung und Vermessenheit. In: Festgabe für Otto Höfler zum 75. Geburtstag. Stuttgart 1976, S. 499-556.

101 Zum Mühsam-Drama: Fähnders/Rector 1974, I 294 ff. Konventionell wird das Judas-Motiv dagegen von Brecht in seiner späten Lyrik benutzt zur Kennzeichnung des Klassenfeindes und des Vaterlandverräters (1967, X 1008; 1982, IV 423).

102 1908/1919, 387 – Max Barth sieht die entsprechende Funktion des »Trotzkismus«: »Die Kommunisten hatten es verstanden, der ganzen ›bürgerlichen‹ Welt einzureden, daß sie ja gar nicht so schlimm seien, daß aber alle Trotzkisten Mörder, Giftmischer und eine Gefahr für alle Throne, Altäre und Präsidentenstühle seien« (1986, 21).

103 Nur in der Fußnote soll auf Harry Thürks ›Antwort‹ auf Solschenizyn hingewiesen werden (Der Gaukler, 1979), in der Dissidenten als »Sprengtechniker« der »Konterrevolution« und »Agenten des CIA und BND« ›entlarvt‹ werden (zur Kritik: Seyppel 1982, 162). Georg Lukács versucht dagegen 1964, nach der Veröffentlichung von »Iwan Denissowitsch« in der Sowjetunion, Solschenizyn als »sozialistischen Realisten« zu reintegrieren und formuliert programmatisch: »Das zentrale Problem des sozialistischen Realismus ist heute die kritische Aufarbeitung der Stalinzeit« (1964/1970, 8).

104 Zit. n. Annie Cohen-Salal: Sartre 1905-1980. Reinbek 1980, S. 455.

105 Jean-Paul Sartre: Die letzte Chance. Die Wege der Freiheit. Band 4. Reinbek 1986, S. 17-90; vgl. das »Dossier zum ›Fall Nizan‹«. In: P. Nizan: Aden. Die Wachhunde. Zwei Pamphlete. Reinbek 1969, S. 229243.

106 Vgl. den Lyssenko-Kult und in diesem Zusammenhang Brechts Lehrgedicht »Die Erziehung der Hirse«. Zur Kritik: G. Koenen (1986, 105 ff) und Kap. V dieser Arbeit.

107 Vgl. 1949/1951, 475, 480 f u. 500. Das Hauptargument ihrer Protagonisten heißt: Zeitgewinn (s. Kap. V.1).

108 Hans-Albert Walter weist hin auf eine mythologische Tiefenstruktur des Romans, in der Heinz, der KP-Protagonist, Züge von Philoktet trägt. Seine Wunde rührt her vom Eigennutz (dem Hitler-Stalin-Pakt) und muß durch den antifaschistischen Kampf geheilt werden (1984 b, 68 ff u. 107 ff).

109 »Zwei Seelen leben auch in Beaumarchais‹ Brust«, heißt es in Friedrich Wolfs Vorbemerkung (1946, 77 f). Die Gegenspielerin Michèle sagt zu Beaumarchais: »Sie konnten sich nicht entscheiden, und damit haben Sie sich gegen uns entschieden« (S. 189).

110 Regler 1958, 482 f; Kantorowicz 1961/1979, 426 f; vgl. L. Marcuse 1960/1975, 222. Wolf schrieb 1941 an einem Lagerroman, der den Titel »Baracke 8« tragen sollte; er ist unveröffentlicht geblieben.

111 Vor allem Fausts Appell an die »Wahrheit«, nach der er allein er strebe, was seinen bäuerlichen Gegenspieler Karl zur Antwort veranlaßt »Nach welcher?« (I/2), läßt einen direkten Bezug zur Renegatendiskussion erkennen (s. Kap. IX).

112 »Pluto:/ Herbei, ihr Gauner aller Arten! / Ihr Lumpenhund, Verbrecherpack, herbei!/ Ihr
    Treuzerstörer, Schmutzagenten,/ ihr Leutverführer, Diversanten,/ Achtgroschenjungen, De-
    nunzianten,/ ihr Renegaten : Herbei!« (Vorspiel; in der Erstausgabe von 1952 wurde das Wort
    »Renegaten« gesperrt gesetzt.)

113 Zitiert in der »Geschichte der KPdSU/B«, S. 105 mit dem Kommentar: »Die Bolschewiki
    brandmarkten eine solche Einschätzung als Verrat.«

114 Ernst Fischer: Der große Verrat. Ein politisches Drama. Wien 1950; Hans Mayer urteilt:
    »Historisch und politisch absurd, doch ein spannendes und glänzend gebautes Theaterstück,
    das in der DDR oft und wirklich erfolgreich gespielt wurde. Fischer wurde verlegen, wenn man
    ihn später darauf ansprach« (H. M.: Wachsamer Denker. Der österreichische Schriftsteller und
    marxistische Theoretiker Ernst Fischer. In: »Die Zeit«, Nr. 42, 11.10.1985, S. 15); vgl. H.
    Peitsch 1987, 119 ff.

115 Zit. n. F. J. Raddatz 1969, III 381 f – Zu Slansky, der 1963 rehabilitiert wurde, vgl. A. London
    1968/1970; zu Rajk, der im September 1956 ein nachträgliches Staatsbegräbnis erhielt, B. Szász
    1963/1986, 48 ff. Auch der Exkommunist Hans-Dietrich Sander schließt sich der Deutung von
    Fischer, Abusch und Girnus an, daß Eislers Faust »Renegat« sei (Geschichte der Schönen
    Literatur in der DDR. Ein Grundriß. Freiburg 1972, S. 79).

116 Zahlenangaben nach R. Aron 1953, 428.

117 Heller/Nekrich 1982, 178 ff; Solschenizyn 1973/1974, 229 ff. Solschenizyn deutet im Sinne
    von Canettis Analyse des Machthabers an, daß Stalins Haß den Überlebenden galt: »Die
    überlebenden Buchenwald-Häftlinge wurden gerade darum in unsere Lager gesperrt: Wieso
    hast du in einem Vernichtungslager am Leben bleiben können?« (1973/1974, 230)

118 1988 hat Heinz Kamnitzer, Präsident des P.E.N.-Zentrums der DDR im »Neuen Deutschland«
    belegt, daß die Gemeinsamkeiten nicht nur von Schweizer Exkommunisten betont werden.
    Anläßlich des Versuchs der autonomen DDR-Friedensbewegung, sich am SED-Trauerzug für
    Rosa Luxemburg und Karl Liebknecht zu beteiligen, schreibt er: »Was da geschah, ist verwerf-
    lich wie eine Gotteslästerung. Keine Kirche könnte hinnehmen, wenn man eine Prozession zur
    Erinnerung an einen katholischen Kardinal oder protestantischen Bischof entwürdigt« (zit. n.
    SZ, 29.1.1988, S. 2).

119 Krebs: »Nur diejenigen, denen es gelang, ›Strandräuber‹ und ›Trotzkistische Schlangen‹ unter
    ihren engsten Freunden zu finden, konnten sicher sein, ihre eigene Stellung, ihre Einkünfte und
    ihr Leben zu retten« (1957, 567); zur kirchlichen Inquisition: H. Kamen 1969, 188; H. Lea
    1887/1985, 245. Der Zwang zur Denunziation findet sich wieder in der Praxis der Ausschüsse
    von Dies und McCarthy.

120 »Kommunistische Emigranten, die oppositioneller Neigungen verdächtig waren, sandte der
    Apparat mit Scheinaufträgen nach Deutschland, bei gleichzeitiger Benachrichtigung der Gesta-
    po-Grenzstelle. Wurde ein solcher Emigrant verhaftet, dann war man eben einen ›unsicheren
    Kunden‹ los. Wurde er nicht verhaftet, glaubte der Apparat den Beweis zu haben, daß er ein
    Gestapo-Agent war. In vielen Fällen hatte er aber einfach einen anderen Grenzübergang
    benutzt, als ihm vom Apparat bezeichnet worden war« (Wollenberg 1952, 18).

121 Sein »Deutsches Tagebuch« hält die Entwicklung dieses Gedankens fest. Unter dem Datum
    vom 28. November 1952 findet sich die vorsichtige Erwägung: »Man müßte wahrscheinlich
    zurückgehen auf die Geständnisse in den Hexenprozessen des Mittelalters« (1961, 334); am 20.
    Juni 1953 notiert er dagegen, die »Gehirnwäsche« der Schauprozesse werde »heute von Arthur
    Koestler und seinen Adepten wie eine kopernikanische Entdeckung ausgeschrien ⟨...⟩, als sei sie
    ohne Vorgang in der Geschichte der Menschheit, während sie doch nur das zeitgemäße
    Gleichnis der Inquisition ist« (1961, 376).

122 1984, 39 – Die Renegaten F. Beck/W. Godin (1951) entdeckten im »Hexenhammer« (»Malleus
    Maleficarum«) die Analogie zur Stalinschen Inquisition; Parallelen werden u. a. gezogen bei
    Laxness 1963/1980, 219, Giordano 1961/ 1980, 29, Ginsburg 1967, 224, Koestler 1940/
    1979, 87, Zwerenz 1974 b, 231. Richard Coudenhove-Callergi nennt Stalin 1931 den Papst des
    bolschewistischen Kirchenstaates (Stalin & Co. Leipzig: Paneuropa 1931). Während des
    Spanischen Kriegs wurden die Falangisten mit der Inquisition verglichen (Koestler 1937, 46;
    Ernst Sommer: Botschaft aus Granada, 1937; Karl Otten: Torquemadas Schatten, 1938).

123 Melvin J. Lasky verweist in seiner Kritik an F. Becks und W. Godins Gleichsetzung von Inquisition und Stalinismus auf den Schlußteil des »Hexenhammer«, wo differenziert wird zwischen Ketzern, die ihre Ketzerei bekannt, aber nicht bereut haben; die ihre Ketzerei bekannt, aber rückfällig geworden, wenngleich nunmehr reuig sind; die ihre Ketzerei bekannt, rückfällig geworden aber auch nicht reuig sind, und solchen, die ertappt und überführt worden sind, aber alles leugnen: »eine Kulanz, die uns heute geradezu wie eine Art inquisitorischer Liberalismus erscheint« (1951, 652).

124 Im Gegensatz zur kirchlichen Praxis kann die Partei jedoch dem toten Ketzer auch überraschende Ehre widerfahren lassen (vgl. S. Spender 1949/1952, 229). Nach seinem Tod wurde Pasolini wieder in die italienische KP aufgenommen, und im Falle Silones zeichnet sich eine ähnliche Entwicklung ab. Koestler und Orwell werden inzwischen in der Sowjetunion veröffentlicht.

125 Die Verwandlungen vom Glauben zum Dogma und vom Fortschritt zur Ideologie werden von Hans Blumenberg (1979) und Karl Dietrich Bracher (1982) nachgezeichnet. Bracher unterstreicht den ›mystischen‹ Charakter der kommunistischen Ideologie: »Im Grunde ist kommunistische Politik ⟨...⟩ bei allem Anspruch auf Wissenschaftlichkeit eigentlich etwas Mystisches, das die rationale Fähigkeit des Einzelnen übersteigt, in ihrem Gehalt nur dem Kollektiv und seiner Führung ⟨...⟩ zugänglich« (1982, 182), nicht jedoch dem Intellektuellen ohne die Weihe proletarischer Herkunft.

Anmerkungen zu III.

1 Der Begriff ist angesichts der internationalen Beteiligung und Bedeutung irreführend. Der Kampf in Spanien sei »weitgehend eine nichtspanische Angelegenheit geworden«, schreibt Franz Borkenau 1938; »der Lauf der Geschichte hat die Spanier mit ins Geschehen gezogen, aber die Spanier sind nur Hilfstruppen« (1938/1986, 360).

2 A. Lehning: Erlebte Geschichte – Die Politik der Anarchisten in der Spanischen Revolution, Vortrag an der TU Berlin vom 27.5.1986. Kantorowicz vermutet eine vierstellige Summe allein für die Zahl der deutschsprachigen Veröffentlichungen (1973, 97). Die Bibliographie der literarischen Bearbeitungen von María José Montes (La guerra española en la creación literaria. Madrid 1970) umfaßt nahezu 200 Seiten; vgl. die Bibliographien von Herbert R. Southworth: El mito de la cruzada de Franco. Critica bibliografía. Paris: Ruedo iberico 1963 und von Marise Bertrand de Muñoz: La Guerra civil española en la novela. Bibliografía comentada. Bd. I/II Madrid 1982, sowie die Auswahlbibliographie von E. Nicolai in LiLi, 15. Jg., H. 60, S. 140-150. Einen Überblick zum Thema »Schriftsteller im Spanischen Krieg« liefern Benson 1967/1969, Mack 1972 und Kreuzer 1985.

3 »Weder der erste noch der zweite Weltkrieg haben die Gefühle der Menschen so aufgewühlt wie die Ereignisse in Spanien 1936 bis 1939 ⟨...⟩. Die Verteidigung des spanischen Volkes ⟨verkörperte⟩ für viele den Kampf der Mächte des Lichts gegen den Ansturm der alles verschlingenden Finsternis« (Benson 1967/1969, 9 f). Das jüngste Fazit des spanischen Historikers Julio Aróstegui lautet: »der spanische Fall war ⟨...⟩ ein einigermaßen getreues Abbild der sozialen und ideologischen Kämpfe im Europa der damaligen Zeit« (1987, 175).

4 Vorwort zu Koestler 1937, 7; Kantorowicz: »So unterschiedlich auch die ideologischen Standpunkte geblieben sind, von denen aus der Spanische Bürgerkrieg beurteilt wird, in einem scheint man sich näher gekommen zu sein: nämlich in dem Bewußtsein, daß der Zweite Weltkrieg 1936 auf spanischem Boden begonnen hat« (1979/1982, 8).

5 Spanien war vor Beginn des Kriegs nur für wenige Deutsche Exilland geworden. Die meisten versammelten sich auf den Balearen: Erich Arendt (1934-35), Walter Benjamin (1932-33), Raoul Hausmann (1933-36), Harry Graf Kessler (1933-36), Albert Vigoleis Thelen (1931-1936), Franz von Putkamer, Franz Blei und Karl Otten. Zur Situation der deutschen Emigranten in Spanien: Kantorowicz 1973, »Kunst und Literatur im antifaschistischen Exil«, VI 191 ff u. Mühlen 1985, 39-47.

6 1958, 383 – Das Heimatmotiv gehört zu den zentralen Themen der Lyrik des Spanischen Kriegs. Ernst Busch singt: »...doch wir haben die Heimat nicht verloren, unsere Heimat liegt heute vor Madrid...« Der Text des Liedes (»Vorwärts, Internationale Brigade«) stammt von Erich Weinert. Das Lied wurde bereits 1937 als Schallplatte gepreßt.

7 1949, 108 – Vgl. Regler 1958, 481.

8 1937/1954, 26 (C.N.T. = Confederación Nacional del Trabajo; U.G.T. = Unión General de Trabajadores).

9 Vgl. Negt/Kluge 1972, 341 f.

10 Maurice Blanchot: Die Intellektuellen im Kreuzfeuer. In: »Akzente«, 31. Jg., H. 5, Okt. 1984, S. 423 f. Die Konzentration des Blicks auf die Intellektuellen ist zulässig. Die Interbrigaden waren »die intellektuellste Truppe der Kriegsgeschichte«; Angel Viñas zählt 45 % Intellektuelle (1987, 231).

11 Adorno spricht im Kontext des II. Weltkriegs vom »phony war« (1986, 811); das Startzeichen zum Putsch der Generäle am 17. Juli 1936 lieferte ein Codewort, das vom Rundfunksender Centa in Spanisch-Marokko ausgestrahlt wurde.

12 Carl Einstein beispielsweise war im September 1936 als Journalist nach Spanien gekommen und wurde dort anarchistischer Milizionär.

13 1971, 21 ff – Franz Borkenau: »Ich versuchte auch ins Franco-Lager zu reisen, aber ohne Erfolg. Es ist eine neumodische, mit der fortschreitenden Entwicklung von ›totalitären Staaten‹ zunehmende Angewohnheit, nicht nur ausgesprochenen Gegnern den Zugang zu verwehren, sondern allen Beobachtern, deren unbedingter Loyalität man nicht von vornherein sicher ist« (1938/1986, 9 f).

14 Vgl. Gisèle Freund: Photographie und Gesellschaft. München 1976, S. 126. Im I. Weltkrieg dominierten noch die Standphotos. Zum Kriegsjournalismus in Spanien und seinen Bedingungen: Benson 1967/1969, 92 ff und Herbert R. Southwood: Les conditions de travail de la presse étrangère dans la zone nationaliste. In: ders.: La destruction de Guernica. Paris 1975, S. 63-88; zum Photojournalismus: Diethard Kerbs: Deutsche Fotografen im Spanischen Bürgerkrieg. In: Kulturamt der Stadt Düsseldorf, Hg.: Musik, Theater, Literatur und Film zur Zeit des Dritten Reichs. Düsseldorf 1987, S. 107-113, Görling 1986, 83 ff und S. Schneider 1987; zur republikanischen Rundfunkpolitik: Der Spanische Bürgerkrieg 1987, 486 ff.

15 »Hier wurde nicht mehr, wie in früheren Zeiten, die Umstände frisiert, retuschiert und leicht gefälscht; es werden die Tatsachen selbst umgedreht« (1937, 178).

16 Der illustrierte Band »Tschapaiew, das Bataillon der 21 Nationen« erschien 1938; die Moskauer Exilzeitschrift »Das Wort« brachte Auszüge (1938, H. 3, S. 40-49), die sich von der Buchfassung unterscheiden, und später eine lobende Kritik, die das Buch als Dokument der Entstehung einer Einheitsfront feierte (Maria Osten: Ein Heldenlied in Dokumenten, 1938, H. 12, S. 135 f); das Kominternblatt »Rundschau« veröffentlichte eine positive Würdigung von Willi Bredel (7. Jg., Nr. 35, S. 1192). Eine gekürzte, unbebilderte Neuausgabe erschien 1948 im Greifenverlag, eine weitere Auflage 1956 im Verlag des Ministeriums für Nationale Verteidigung. Kantorowicz berichtet in seinen »Tagebüchern« ausführlich über die Entstehungsgeschichte des Bandes (1979/1982, 456 ff; 1961, 616 ff). Ebenfalls 1937 erschien die »Geschichte des Bataillons Ernst Thälmann« (der XI. Brigade), herausgegeben von der norwegischen Journalistin Lise Lindbaek.

17 E. Weinert 1947, 286 (»Abschied von Spanien«, 1939). Ganz konträr klingt die Strophe eines Gedichts, das George Orwell (1953/1975, 37 f) gegen Ende des Krieges zum Andenken an seinen italienischen Kampfgenossen schrieb:
»Your name and your deeds were forgotten
Before your bones were dry,
And the lie that slew you is buried
Under a deeper lie«.

18 1986, 300 – vgl. Broué/Témime (1961/1975, II 512), Il Congreso (1978, I 159) und Cardona (1987, 358), wo von einem militärischen Fehlschlag gesprochen wird. Das am 5.7.1937 von den den Republikanern eingenommene Brunete wurde am 24.7. von den Nationalisten wieder

zurückerobert. Die Republikaner verzeichneten in ihren Reihen 1.500 Tote und 17.000 Verwundete. Michail Kolzow notierte am 7. Juli 1937 : »Mitten in der Sitzung kam plötzlich eine Delegation in den Saal, direkt aus den Schützengräben, mit der Nachricht, daß Brunete genommen sei. Sie trugen soeben bei den Faschisten eroberte Fahnen. Unbeschreiblicher Jubel« (1958/1986, 530 f); ähnlich Ludwig Renn in seinen Erinnerungen (Der Spanische Krieg. Berlin: Aufbau 1955, S. 298).

19 In »Das Wort«, 3. Jg., H. 3 (1938), S. 41 (Einleitung zu den Auszügen aus Kantorowicz‹ »Tschapaiew«-Band).

20 Semprún schildert den Selbstschutz kommunistischer Gruppen im Konzentrationslager Buchenwald und die besonderen Maßnahmen zur Rettung der Spanienkämpfer (1980/ 1981, hier S. 213). Freilich waren die Spanienkämpfer in höherem Maß als andere Kommunisten durch den nationalsozialistischen Terror gefährdet; allein im Konzentrationslager Mauthausen kamen mehr als 5.000 Spanier ums Leben (vgl. Wilhelm Alff: Der Begriff Faschismus und andere Aufsätze zur Zeitgeschichte. Frankfurt 1971, S. 142 ff).

21 1979/1982, 114 f – Später verstärkt Kantorowicz seine Erzählung. Einer seiner Freunde habe sich, so berichtet er, »mit gereckten Armen hoch über die Deckung aufgerichtet, keine fünfzig Meter weiter von den Franco-Linien. Drei Worte nur habe der Freund gesagt: ›weit vom Schuß!‹« (H. A. Walter im Vorwort zu Kantorowicz 1985, 18).

22 Bei Margarete Buber-Neumann endet der Witz anders: »›Aber nein! Teruel ist doch eine Stadt!‹ – ›Was, sie verhaften schon ganze Städte?‹« (1967, 470)

23 Kolzows Rede in »Das Wort«, 2. Jg., H. 10, 1937, S. 68-74.

24 »Sonntag«, 11. Jg., Nr. 45, 4.11.1956, S. 1 f. Verlagsleiter Walter Janka erinnert sich im Gespräch, daß er bei der Schlußredaktion der »Sonntags«-Nummer »noch schlimmeres verhindert«, d. h. noch vehementere Artikel abgelehnt habe.

25 1975, 288 – Diese Bilderflut rührt bei Peter Weiss aus den Radiomeldungen verschiedener Sender: »Was wir erfuhren, waren unzusammenhängende Signale, Morsezeichen, Fingerzeige ‹...›« (1975, 289).

26 1975, 290 – Zu Nikolai Krestinski und dessen Geständnis vgl. Wyschinski (1951, 622 ff) und Pirker (1963, 34 ff). »Gute Arbeit«, sagt dazu die deutsche politische Polizei bei Hans Joachim Schädlich (Tallhover. Reinbek 1986, S. 194), der sich im 60. Abschnitt seines Buches (über die Internationale der Polizei) Krestinski widmet. Artur London, Mitangeklagter im Prager Slansky-Prozeß von 1952, erinnert sich ausführlich an Krestinskis Widerstand und sein Geständnis am darauffolgenden Tage. Die Ähnlichkeit beider Schilderungen legt nahe, daß Weiss sich dieser Quelle bedient hat (London 1968/1970, 273 ff).

27 Reglers Freund Michail Kolzow spricht davon, daß im Spanischen Krieg »Metall und Feuer Argumente geworden sind und ‹...› der Tod der Hauptbeweis im Streite ist« (Rede auf dem II. Internationalen Kongreß der Schriftsteller. In: »Das Wort«, 2. Jg., H. 10, 1937, S. 68). In seinem 1986 aus dem Nachlaß herausgegebenen Spanienroman »Juanita« schildert Regler Kolzow (»Michailow«) und dessen späteres Schicksal (1986, 584 ff).

28 1978, 49; vgl. S. 53 f.

29 Zit. n. Krivitsky 1939/1940, 120. Buber-Neumann zitiert aus der russischen Presse: »Wie im Kusbass die Trotzkistenbande ihr Bündnis mit der Gestapo mit Arbeiterblut besiegelte, so dienen auch in Madrid die Trotzkisten dem General Franco, indem sie den Verteidigern des Spanischen Volkes den Dolchstoß in den Rücken versetzen« (1967, 461). Das Vokabular der Schauprozesse hielt auch in der Lyrik Einzug: »Mit Gewehren, Bomben und Granaten/ wird das Ungeziefer ausgebrannt«, heißt es in Erich Weinerts »Lied der Internationalen Brigaden« von 1936 (Camaradas. Ein Buch über den Spanischen Bürgerkrieg. Berlin: Volk und Welt 1951, S. 23). Dolores Ibárruri forderte: »Die Trotzkisten müssen wie Raubtiere ausgerottet werden« (Benson 1967/1969, 32).

30 7. Jg. (1937), S. 232 f u. S. 571 ff. Im Anhang von Renns Buch »Der spanische Krieg« (Berlin 1955) wird die POUM (Partido Obrero de Unificación Marxista) immer noch als »trotzkistische Partei mit überwiegend faschistischen Tendenzen« gekennzeichnet. »Diese Spionage- und Sabotageorganisation hat nie gegen die Faschisten gekämpft, aber einen Aufstand gegen die

Volksfrontregierung gemacht, die Offensive gegen Huesca vereitelt und den General Lukácz (Maté Zalka) umgebracht« (S. 383). A. Fadejew und A. Tolstoi sprechen im Vorwort zu Kolzows »Spanischem Tagebuch« von der POUM als der »widerwärtigen Trotzkistenagentur des Faschismus« (1958/1986, 6). Vgl. auch die Darstellung der POUM in »Schild und Flamme. Erzählungen und Berichte aus der Arbeit der Tscheka«. Berlin 1973, S. 183-186.

31 Die Kommunisten werden von Neruda dagegen als »die moralische Kraft« bezeichnet (P. N.: Ich bekenne ich habe gelebt. Darmstadt – Neuwied 1974, S. 181 f). Das beliebteste Bild der Denunziation war vermutlich das von Anarchisten, die gegen Francos Leute Fußball spielten. Dolores Ibárruri nannte die Anarchosyndikalisten kurz »nuevos facciosos« (D. I.: El unico camino, Paris 1965, S. 387-393). Auch noch in jüngeren Schulgeschichtsbüchern der DDR werden die innerrepublikanischen Konflikte in Spanien zugunsten einer Volksfrontmythologie verschwiegen, etwa in »Geschichte. Lesebuch für Klasse 9«, Berlin 1985. Erste Korrekturen des Geschichtsbildes finden sich bei Wolfgang Klein (Nachdenken über Spanien. In: SuF, 40. Jg., H. 4, Juli/Aug. 1988, 735-742). Eine knappe Zusammenfassung des Anarchismusbildes in der parteikonformen Spanienliteratur gibt Schmigalle (1985, 68 ff).

32 Zur Chronologie der sowjetischen Intervention: Viñas (1987, 220 ff), der die erste sowjetische Waffenlieferung auf den 4. Oktober 1936 datiert; ähnlich Krivitsky 1939/ 1940, 105. Broué/ Témime betonen eine Diskontinuität der Stalinschen Spanienpolitik (1961/1975, 459 ff).

33 1959/1978, 50; 1978, 181; 1979/1982, 10 f.

34 Einigen deutschen Emigranten war die Flucht von Moskau mit Hilfe des Reiseziels Spanien geglückt. Friedrich Wolf blieb dann im französischen Sanary, und auch Maria Osten, Willi Bredel und Ernst Busch sind für längere Zeit auf ›Wartestation‹ in Westeuropa geblieben (vgl. H. A. Walter 1984, 242 ff und C. Stern 1964/1965, 97). Auch Artur London berichtet, daß sein Weg nach Spanien Züge einer Flucht trug (1968/1970, 86 f).

35 P. von zur Mühlen resumiert für den Fall der deutschen Spanienkämpfer, daß unter den Zivilisten 200-300 Personen verhaftet und eingekerkert wurden und nimmt eine ähnliche Zahl für die Deutschen in den Interbrigaden an. Wie viele von diesen ›verschwunden‹ blieben, d. h. ermordet wurden, sei unbekannt, »jedoch darf diese Zahl als nicht sehr hoch angesehen werden« (1983, 175). »Tausende« von Spaniern und »zahlreiche« Interbrigadisten seien dem NKWD »vor die Gewehrläufe« geraten, schreibt H. Höhne (1985/1988, 297). Über die Schwierigkeiten der Quantifizierung der Opfer: J. Aróstegui 1987, 178 f.

36 NTB, 5. Jg., H. 27, 3.7.1937, S. 630 f: »Verräter und Spione« (anonym). »Im Innern des Landes aber wird ein großer Teil der Kräfte und Mittel dazu verwendet, die Truppen auszuhorchen und zu kontrollieren« (P. Weiss 1975, 244).

37 Auch im mexikanischen Exil macht Kisch eine »trotzkistische Fünfte Kolonne« aus, zu der er u. a. Regler, Serge und Gorkin rechnet (1985, 168).

38 1948, 22 – In der westdeutschen Neuausgabe des Tagebuchs (1979/1982, 32) wie in der ersten (amerikanischen) Buchveröffentlichung von 1937 (1937, 71 f) ist die Auflistung kürzer gehalten.

39 1979/1982, 306 – Diese Passage fehlt in der ostdeutschen Ausgabe von 1948.

40 Z. B. 1976, 23, 32 f, 41 und vor allem in fünften Kapitel, programmatisch überschrieben mit »Schlacht im Nebel«.

41 1968/1970, 93 – Bruno Frei berichtet von der Internierung der Spanienkämpfer in Frankreich. Eine französische »Fünfte Kolonne«, die »die Macht im Staate« habe, hätte dafür gesorgt, so pointiert Frei seinen Bericht, die Spanienkämpfer unter der Anklage zu internieren, sie seien die »Fünfte Kolonne« (1950/1980, 8). Bertolt Brecht beschwört 1940 angesichts der nationalsozialistischen Kriegserfolge die Gefahr der »Fünften Kolonne«, der auch eine Jeanne d›Arc unterläge (1973, 131). Franz Borkenau hatte »La Pasionaria«, Dol¿res Ibárruri, als die Jeanne d›Arc Spaniens bezeichnet (1938/1986, 12).

42 Wollenberg 1952, 18 f; Kantorowicz 1961, 635; P. von zur Mühlen 1983; H. Höhne 1985/ 1988, 296 f.

43 P. von zur Mühlen 1983, 169.

44 Auskunft von Patrik von zur Mühlen. So wurde beispielsweise Arthur Koestler durch Gefangenenaustausch aus der Todeszelle befreit.

45 1959, 15 f – L. de Jong (1959) untersucht die Legende einer deutschen »Fünften Kolonne« im Zweiten Weltkrieg; H. A. Walter (1984, 444 ff) stellt das Phänomen in den USA nach 1939 dar (hier: Kap. VI.4). Die meisten Todesopfer dürfte die Legende von der »Fünften Kolonne« in Rußland gefordert haben. Im »Journal de Moscou« hieß es 1938: »Es ist nicht übertrieben zu sagen, daß jeder im Ausland lebende Japaner ein Spion ist und jeder Deutsche im Ausland ein Agent der Gestapo (zit. n. Medwedew 1971/ 1973, 247). Ernst Bloch weist darauf hin, daß die Moskauer Prozesse einer »Fünften Kolonne« den Garaus gemacht haben (1942, 20).

46 H. Jaenecke verlegt den Ursprung des Wortes in die Zeit des Spanischen Kriegs (1980, 57). Aber bereits der römische Kaiser Augustus bediente sich des Arguments zur Legitimation seiner Politik. Nach der Niederlage seines Feldherren Varus gegen die Germanen verkündete er, daß vier Kolonnen Germanen, Gallier, Pannonier und Dalmatier vor Rom erscheinen könnten, eine fünfte aber schon innerhalb der Mauern stünde, womit er die Germanen meinte, die im römischen Militärdienst beschäftigt waren. Diese Argumentation diente ihm zur zeitweiligen Ausweisung dieser Gruppe und zur Aufrechterhaltung seiner Außenpolitik.

47 P. von zur Mühlen 1983, 168.

48 1975, 285 – Kantorowicz liefert in seinem »Spanischen Tagebuch« einen Beleg für die These von Hodann-Weiss. Bei einem »tragischen Mißgeschick« der republikanischen Truppen »drängt sich zu allem noch die Frage auf, ob nicht der, der zuerst aus den Tanks gefeuert habe, ein Francoagent sei? Wir müssen immer mit solcher Möglichkeit rechnen« (1948, 312 f). Ludwig Renn macht nicht nur Sündenböcke für die militärische Niederlage aus, sondern schiebt auch die Ermordung des POUM-Vorsitzenden Nin auf einen »Hitler-Agenten«, der sich als Interbrigadist getarnt habe (s. o.).

49 A. Kantorowicz: Harries Kester. In: OW, 3. Jg., H. 7, Juli 1949, S. 53-64, hier S. 62.

50 NTB, 5. Jg., H. 27, 3.7.1937, S. 631 (anonym). Als die »wahrscheinlich wahre Ursache ihrer Verfolgung« wird deren »Kritik an Stalin und der Komintern« angenommen.

51 John Dos Passos: Journeys between Wars (New York: Harcourt, Brace & Co 1938); Adventures of a Young Man (Roman. New York: Harcourt, Brace & Co 1939); The Ground We Stand On (Essays, 1941). Sein Roman »Adventures of a Young Man« war auch eine Antwort auf Upton Sinclairs Reportage »No Pasaran! A Story of the Battle of Madrid« (Passadena 1937).

52 1946/1975, 15 – Zu George Orwell: Bernhard Crick: G. Orwell. A Life. London: Secker & Warburg 1981. Peter Stansky/William Abrahams: Orwell: The Transformation. London: Granada 1981 und APUZ H. 1 (1984).

53 Zu den spanischen Renegaten Delgado, Tagüeña und Semprún vgl. A. Hoyo 1980.

54 1938/1986, 361 f – In der Einleitung schreibt Borkenau: »Im politischen Sinne, fürchte ich, wird es letztendlich auf dem Schauplatz nur Verlierer, aber keinen Gewinner geben (1938/ 1986, 8).

55 Ähnliche Gedanken legt Manès Sperber seinem Protagonisten in den Mund (1961/1976, 449 f).

56 Brief an Gide vom Mai 1936. In: Serge 1974, 460.

57 Golo Mann, ⟨Besprechung⟩ in »Maß und Wert« (Zürich), 2. Jg., H. 2, S. 262-268, hier S. 262.

58 Ausführlicher zu Koestler und seiner nachträglichen Überarbeitung der ersten Ausgabe des »Spanischen Testaments«: Schmigalle 1981.

59 Genaue Zahlenangaben bei Vormeier 1979, 231.

60 Die Zeitschrift erschien vom 12.10.1938 bis zum 11.5.1940 ohne Unterbrechung und offensichtlich, wie H. A. Walter nachweist (1978, 128 ff), mit der Unterstützung französischer Regierungskreise. Die Beiträge von Sperber (unter den Pseudonymen Jan Heger und N. A. Menlos) sind zum größten Teil versammelt in: Sperber 1987. Zu Münzenbergs Ablösungsprozeß vgl. dessen Briefe bei Nollau 1959, 394 ff; außerdem B. Gross 1967, 311 ff, Buber-Neumann 1967, 472 ff und Mühlen 1985, 291 ff.

61 1960/1975, 245 – vgl. Koestler 1954, 433.

62 1958, 465; vgl. Vormeier 1979, 230 ff; Mühlen 1985, 291 f. An anderer Stelle schreibt Regler: »Die Kader lebten von der Legende des Untergrunds« (1964, 4). Ralph Schock (1984, 509) fand die Bestätigung der Schilderung bei Franz Dahlem. Ausführlich stellt Semprún den Selbstschutz der KP-Gruppen im Konzentrationslager Buchenwald dar (1980/1981, 212 ff u. a.).

63 1950/1980, 118 – Bei Frei entlarvt sich einer der Leiter der »9. Kompanie« gar als Offizier der deutschen Wehrmacht (S. 119).

64 Vormeier 1979, 231. Patrik von zur Mühlen (1985, 291 u. 293) nennt die Zahl von 35 wirklichen »Heimkehrern«, »wobei es sich in den meisten Fällen um KPD-Anhänger handelte, die nervlich so zermürbt waren, daß sie die zu erwartende Strafverfolgung auf sich zu nehmen bereit waren, nur um den Lagerverhältnissen zu entgehen«.

65 P. von zur Mühlen 1985, 293.

66 Nach P. von zur Mühlen (1985, 293 f); vgl. M. Sperber 1977/1982, 148 f.

67 Souchy 1952, Hernandez 1953, Broué/Témime 1961/1975, Morrow 1974, Claudin 1975, Rocker 1976, Gorkin 1980, Mühlen 1983 und 1985.

68 Dallin 1955/1956, 94 ff.

69 1951, 181 – Zur Geschichte der sowjetischen Sicherheitsdienste Dallin 1955/1956 (Schwerpunkt: Nachrichtendienste); Lewytzkyj 1967 (Schwerpunkt: Tscheka, GPU und Nachfolge); Höhne 1985/1988 (zur Verflechtung von deutschen und sowjetischen Geheimdiensten); John J. Dziak: Chekisty. A History of the KGB. New York 1987. Zur Metaphorik des Begriffs »Apparat« vgl. das Stichwort von Etienne Balibar im »Kritischen Wörterbuch des Marxismus« (I 71 ff) und Höhne 1985/1988, 257.

70 Krivitsky berichtet, daß er auch Waffen aus dem nationalsozialistischen Deutschland bezog; Heinz Höhne trägt dazu nach, daß die deutsche Abwehr von diesem Transfer wußte und schadhaftes Material lieferte (1985/1988, 299).

71 1970, 51 – Don Levine redigiert später auch »Out of the Night« von Jan Valtin (Richard Krebs). Hugh Thomas überliefert parteikommunistisches Ondit: »⟨Krivitskys⟩ Buch wurde ⟨...⟩ möglicherweise ⟨...⟩ von einem unbekannten sowjetischen Sowjetologen geschrieben, von dem man sagt, daß ihm bei seinen Schriften über Rußland der FBI zur Seite stehe« (H. T.: Der Spanische Bürgerkrieg. Frankfurt – Berlin 1962, S. 209). Im selben Jahr wie die deutsche Ausgabe erschien auch eine französische Übersetzung von Krivitskys Erinnerungen (Agent de Staline. Paris 1940).

72 Zit. n. Medwedew 1971/1973, 284 f.

73 Vgl. Dolores Ibárruri, Hg.: Guerra y Revolución en España. Moskau 1967/1977, Bd. III S. 77. Krivitskys These, daß die Maiaufstände in Barcelona durch stalinistische Provokateure ausgelöst wurden, wird von Henry Jacoby unterstützt (1982, 44).

74 Broué/Témime (1961/1975, 459 f) unterscheiden drei Phasen der Sowjetpolitik: Neutralitätspolitik bis Okt. 1936, Interventionspolitik bis zum Sommer 1938, danach Reduzierung und schließlich Einstellung der militärischen Hilfe.

75 Trotzki prophezeite: »Die siegreiche Sozialrevolution in Spanien wird sich unaufhaltsam auf das übrige Europa ausbreiten« (zit. n. Benson 1967/1969, 27). Zur Analyse von Stalins Kriegszielen in Spanien Broué/Témime 1961/ 1975, 459 ff; Gorkin 1980, 46 ff; Viñas 1987, 220 ff. Zur sozialen Revolution in Spanien Walther L. Bernecker: Anarchismus und Bürgerkrieg. Zur Geschichte der sozialen Revolution in Spanien 1936-1939. Hamburg 1980; J. Aróstegui 1987, 78 ff.

76 F. Borkenau (1952, 153) schreibt: »Wo immer ich nachprüfen konnte, fand ich in Krivitskij einen vertrauenswürdigen Zeugen. Seine Deutungen der Vorgänge stehen auf einem anderen Blatt, und ich identifiziere mich nicht mit ihnen.« Borkenaus Analyse der spanischen Geschehnisse in »Spanish Cockpit« aus dem Jahr 1938 (dt. 1986) sind teilweise revidiert in seiner Geschichte des »Europäischen Kommunismus« (1952, 150-178; vor allem S. 151). Auch die französischen Historiker Broué und Témime bestätigen Krivitskys Darstellungen (z. B. 1961/1975, 464).

77 Über die Rivalitäten von GPU/NKWD und Militärischem Nachrichtendienst: Dallin 1955/ 1956, 17 ff; Höhne 1985/ 1988, 296; bei Krivitsky vor allem 1939/1940, 158 ff.

78 Sein Brief vom 17. Juli 1937 an den Generalsekretär der KPdSU, Stalin, spricht von der »Schuld«, die Reiß durch sein Schweigen nach der Verhaftung seiner Freunde auf sich geladen habe. »Meine Schuld ist groß. Aber ich will versuchen, sie zu sühnen, sie bald zu sühnen und mein Gewissen zu erleichtern. ⟨...⟩ Wer in dieser Stunde schweigt, wird ein Komplize Stalins, ein Verräter an der Sache der Arbeiterklasse und des Sozialismus« (Krivitsky 1939/1940, 275; vgl. H. Massing 1954, 224).

79 Vgl. H. Massing 1954, 234 ff; R. Fischer 1956, 43 f; M. Jay 1973/ 1981, 206). Zu Ignaz Reiß: die Erinnerungen seiner Frau, Elisabeth Poretsky (1969), die in den USA Asyl fand, Buber-Neumann (1967, 153 ff), Broué (1980, 20 ff), Serge/Wullens/Resmer (1938) sowie H. Massing (1951, 224 ff) ⟨Reiß heißt dort »Ludwig«⟩.

80 1974, 384 ff – Der Mordbericht der Schweizer Bundespolizei ist dokumentiert im Bericht des Bundesrats an die Bundesversammlung über »Antidemokratische Tätigkeit von Schweizern und Ausländern im Zusammenhang mit dem Kriegsgeschehen 1939-1945«. Bern 1946, S. 19; vgl. Krivitsky 1939/ 1940, 273 ff. Hede Massing, geborene Tune, (sie war nach Gerhart Eisler und Julian Gumperz in dritter Ehe mit Paul Massing verheiratet) schreibt, Gertrude Schildbach sei zuvor GPU-Agentin in Italien gewesen; bei der Ermordung von Reiß habe ihr Roland Abbiat geholfen (1951, 233 f). Zu Gertrude Schildbach: Mühlen 1985, 175 u. 354. Das Detail der vergifteten Schokolade, die Schildbach für Frau und Kind von Ignaz Reiß mitgebracht hatte, wird von Jean-Paul Sartre in seinem Stück »Die schmutzigen Hände« aufgegriffen.

81 1974, 386 f – Erich Wollenberg berichtet im Vorwort zu Serges Erinnerungen, daß Serge, »der sich mit Recht von stalinistischen Agenten verfolgt und bedroht fühlte« beim ersten Treffen mit Wollenberg ebenfalls die Hand am Revolver gehabt habe.

82 »Rundschau« (Basel), 7. Jg. (1938), Nr. 18, S. 571-573.

83 Es ist der Zwiespalt des »jungen Genossen« mit den Partei-Agitatoren (in Brechts Lehrstück »Die Maßnahme«). Der »junge Genosse« sagt: »Mit meinen zwei Augen sehe ich, daß das Elend nicht warten kann«, aber er wird von den »Agitatoren« zur Einsicht geführt, »daß er das Gefühl vom Verstand getrennt hatte«; der Kontrollchor schließlich nimmt die Legitimierung des Hitler-Stalin-Pakt vorweg: »Umarme den Schlächter, aber/Ändere die Welt: sie braucht es!« (1967, II 644, 652, 656).

84 Beispielsweise bei Buber-Neumann (1978 b, 23), Gide 1936/1937, 127 ff oder Koestler (1949/1952, 59); vgl. Laxness 1963/1980, 97.

85 Hier wurde nach der deutschen Übersetzung von Fritz Heymann geurteilt; der Vergleich mit dem amerikanischen Original bestätigt zwar die Befunde, läßt aber immer noch die Frage nach der Rolle von Bearbeitern (Isaac Don Levine) des (russischen?) Manuskripts offen.

86 Sein Wissen ist gleichwohl beschränkt, da auch die Stalinschen Quellen ihre Bedeutung behalten haben; er weist Romain Rolland als ›irregeleiteten Sympathisanten‹ darauf hin, daß Jagoda Gorki vergiftet habe (1939/1940, 14). An diesem Punkt argumentiert er mit den Moskauer Anklägern, die Jagoda, den Organisator des ersten Schauprozesses, der Ermordung Gorkis ›überführt‹ haben.
   Zu Romain Rollands Verteidigung Stalins vgl. E. Sinko 1962, 448 ff. Rolland hatte jedoch im Fall Victor Serge erfolgreich für dessen Freilassung und Ausreise interveniert.

87 Vgl. Broué/Témime 1961/1975, 464.

88 The Owl of Minerva. Autobiography. Translated from the German by Norman Denny. London: Rupert Hart-Davis 1959. Der Titel rührt an die Vorrede von Hegels »Grundlinien der Philosophie des Rechts«: »⟨...⟩ die Eule der Minerva beginnt erst mit der einbrechenden Dämmerung ihren Flug«.

89 Egon Erwin Kisch will in einer Polemik Reglers ›Weg des Verrats‹ markieren: »⟨...⟩ er gebärdete sich als der stalinistischeste ⟨!⟩ von allen Stalinisten« (1985, 171).

90 1958, 363; vgl. S. 169 – Mexiko wird von ihm als »das gelobte Land« bezeichnet (1958, 485).

91 »⟨...⟩ der Mensch ist träge und muß jedesmal vierzig Jahre durch die Wüste geführt werden, ehe er die nächsthöhere Stufe seiner Entwicklung erreicht ⟨...⟩« (1940/ 1979, 86); vgl. A. Kantorowicz 1961, 135. Regler wählt in einem späten Gedicht (1951, 76) noch eine andere mythologische Kulisse für die Lethargie der Masse:
   »Prometheus sah zu spät, dass er sein Licht
   den Blinden hielt ins stumpfe Angesicht.«

92 1946, 6 – Eine Phrase, da der Krieg, durch den Pakt gefördert, auch für Regler natürlich keine Überraschung war.

93 1971/1986, 26 – Der Brief ist abgedruckt im Anhang von Kantorowicz 1979/1982, 494 f. Jef Lasts Spanienbuch (»De Spaanse Tragedie«) von 1937 ist nicht ins Deutsche übertragen

worden. Lediglich ein Auszug erschien in Bek-grans Zeitschrift »Gegen den Strom« unter dem Titel »Ein Jahr in Madrids Schützengräben« (1938). Last, ein Freund Gides, trennte sich 1937 von der Partei auf Grund seiner Spanienerfahrungen und weil die Partei auf dem Madrider Schriftstellerkongreß von ihm verlangte, daß er Gide verurteile (vgl. A. Gide/J. Last 1985).

94 In New York, als Gast von Hemingway, hatte Regler sein Manuskript für die amerikanische Fassung überarbeitet. Er strich Alberts Rechtfertigungsversuche der Schauprozesse und fügte Szenen ein, in denen Interbrigadisten gegen die Prozesse revoltieren und ihre Gewehre fortwerfen, weil diese aus Rußland kamen. F. Bensons Analyse des Romans liegt die amerikanische Ausgabe (»The Great Crusade« New York: Longman, Green & Co) zugrunde; R. Schock vergleicht die beiden Ausgaben (1984, 543 ff).

95 1946, 5 u. 1958, 321 ff. Vgl. Pohle 1986, 429, H. A. Walter 1976. Eine andere Rede Reglers auf der Versammlung der »Escritores Antifascistos« im Oktober 1936 ist filmisch dokumentiert in Joris Ivens »Spanish Earth« (1937).

96 1982/1984, 207 – Über Reglers Arbeit berichtet auch Kisch (in FD, 1. Jg., Nr. 4, Feb. 1942, S. 26).

97 Die pseudonyme Attacke findet sich in Übersetzung bei Pohle (1986, 470-475). Der Aufsatz, den Regler bereits im Juli 1941 geschrieben hat, erschien schon vor Weihnachten 1941 (Schock 1984, 489 f u. 518), was die prompte Reaktion der KPD im Januar 1942 erklärt. Zur Rolle von Otto Katz im Exil: Koestler 1970, 465 ff.

98 Nach Pohle (1986, 73) verdächtigten ihn verschiedene Seiten, auch in den Diensten des Intelligence Service zu stehen.

99 E. E. Kisch: Ein Held unserer Zeit (in FD, 1. Jg., Nr. 4, Feb. 1942, S. 26). In der vorangegangenen Nummer von »Freies Deutschland« (Nr. 3, Jan. 1942, S. 28) erschien bereits eine Notiz, mit der Kisch und die Redaktion der Zeitschrift auf Reglers Katz-Porträt reagierte. Ausführlich werden die Vorwürfe gegen Regler bei Schock (1984, 481 ff) und Pohle (1986, 152 ff) dargestellt.

100 Vgl. Reglers Eintragungen im Tagebuch vom 22.8. 1940 und später (1985, 60 ff).

101 1958, 486 – Die Angegriffenen wenden sich daraufhin gemeinsam an die Öffentlichkeit, dokumentieren die Verleumdungskampagne der Partei und begründen ihre Distanz zur Parteipolitik; sie erklären außerdem, daß sie nicht herzkrank seien und keine Selbstmordabsicht hätten (Regler/Serge/Gorkin/Pivert 1942). Am 14.7.1941 hatte Regler in seinem Tagebuch eine andere Hydra ausgemacht – den Parteiapparat: »Diese Hydra erledigt man nicht mit einer Kugel. Sie hat tausend Köpfe und alle wachsen nach, denn die Bestie wird gefüttert mit dem Blut derer da unten, der Massen, für deren Heil du schießen willst« (zit. n. Pohle 1986, 148).

102 So in den Erinnerungen von Willi Bredel (1948) und in der von Hans Maaßen herausgegebenen zweibändigen Sammlung »Brigada Internacional ist unser Ehrenname ...« Erlebnisse ehemaliger deutscher Spanienkämpfer (Berlin 1976). Maaßen war Politkommissar der 1. Kompanie des Bataillons »Tschapaiew« in der XIII. Interbrigade. Ludwig Renn schildert zwar ausführlich den Tod von General Lukacz (er spricht von einem Anschlag der POUM), erwähnt aber nicht Regler, der mit Lukacz im Auto saß, als dieses von einer Granate getroffen wurde. Aber auch Kantorowicz muß im »Spanischen Tagebuch« von 1948 Regler noch verschweigen, und in Michail Kolzows später Ausgabe seines »Spanischen Tagebuchs« (Berlin 1960) ist Regler ebenfalls gestrichen worden. In Bruno Freis Lagererinnerungen (1950/1980, 246 f) heißt es über Regler: »Gustav, der Spanien mitgemacht hatte und dennoch zum Renegaten geworden war, verfertigte Listen mit den Namen der ihm bekannten Kommunisten. Der lange August spuckte aus. ⟨...⟩ aus dem hoffnungsvollen Schriftsteller ist ein Winkeljournalist geworden, der von den Bettelsubventionen irgendeiner amerikanischen Agentur ein kümmerliches Dasein fristet«. Alfred Kantorowicz betont zwar mehrfach, daß er den ›Renegaten‹ Regler 1947 in sein Lesebuch der im NS »unterdrückten Literatur« aufgenommen und sich damit Kritik zugezogen habe (1961, 214 u. 270), doch erwähnt wird Regler von ihm nur mit einem Satz in der »summarischen Bibliographie«.

103 Bodo Uhse, Eintragung v. 13.1.1942 (1981, I 514). Im Gespräch mit Kießling erinnert sich Ludwig Renn, daß Regler sich die Freilassung aus dem französischen Lager Le Vernet durch

Verrat und Denunziation, »letztlich durch Bruch mit seiner eigenen Vergangenheit erkauft« habe (Kießling 1981, 198).

104 »Dabei, vor allem bei der Erinnerung an die kommunistischen Jahre, hat ihn aber allzuoft der Rechtfertigungszwang übermannt«, urteilt Lothar Baier (»Zeitgeschichte mit Retuschen«, SZ 21./22.8.1976, Beilage S. 4).

105 Das Gedicht, geschrieben unter dem Eindruck des Hitler-Stalin-Pakts trägt den Titel »Die nächtliche Baracke« und wird auszugsweise zitiert bei A. Diwersy (1983, 74):
»⟨...⟩ O Tag der Wende, bitterböser Klarheit!
als du erkannt, was für ein Tor du bist,
ein Don Quichotte der reinen Wahrheit
in einer Welt, wo man mit Lügen mißt.
Verraten nicht nur deinesgleichen,
verraten die Idee vom gleichen Feind,
zerfetzt des Kampfes heilig Zeichen,
zerrissen, was die Welt geeint.
Da stand es. Ja! Am Scheunentor
links von der aufgemalten Faust;
der Mann im Kreml hat die Hand geboten
dem Tier, das in der deutschen Heimat haust ⟨...⟩.«

106 Regler führte von Jugend an regelmäßig Tagebuch; eine Publikation war nicht beabsichtigt (Diwersy 1983, 28).

107 Zit. n. Pohle 1986, 147.

108 Zit. n. Pohle 1986, 148 f; ein Teil dieser Tagebuchaufzeichnung vom 14. Juli 1941 entspricht jenem Katz-Porträt, das im Januar 1942 von Regler in »Analisis« veröffentlicht und mit dem das ›Stillhalteabkommen‹ zwischen ihm und der Exil-KPD beendet wird.

109 »Sohn aus Niemandsland«, (autobiographisches Manuskript aus dem Nachlaß) zit. n. Diwersy (1983, 44); Hervorhebung vom Verfasser.

110 »Warum eigentlich hat er sich, wenn alles so verlogen und widerwärtig war, 25 Jahre lang in der DDR eingefügt, warum hat er sich nicht längst als Parteisekretär abwählen lassen?« Helmut Lölhöffel, FR 9.3.1985, Beilage ⟨Rezension Franz Loeser: Die unglaubwürdige Gesellschaft. Köln: Bund 1984).

111 Louis Fischer etwa kritisiert Emma Goldman und Alexander Berkman, daß sie ›zu spät die Wahrheit sagten‹ (1949/1952, 188).

112 1958, 514 – Einen ähnlichen Vorschlag zum reuevollen Rückzug richtet Kantorowicz an die Adresse von Stephan Hermlin (1961, 583).

113 Togliattis Vorwurf u. Silones Antwort in »Der Monat«, 3. Jg., H. 25, Okt. 1950, S. 101-107, hier S. 101 f.

114 1950, 105 – Die Geschichte des Bruders floß in Silones Roman »Fontamara« ein (Zürich 1933).

115 1981, 77 – Lothar Baier kritisiert den Vorwurf des Zuspät-Kommens mit dem Hinweis, »daß die Frage nach dem Handeln sich auf eine Frage nach dem Irrtum reduziert, und daß sie sich nur noch in den Begriffen eines literarischen Rezeptionsproblems stellt. Es kommt darauf an, im richtigen Moment die richtigen Bücher zu lesen, dann bleibt uns die Täuschung erspart; verlangen wir also ordentliche Bibliographien« (1985, 28).

116 Vgl. Pohle 1986, 146. Im Tagebuch (18.11.1940) vergleicht Regler die Auflage von Hemingways »For Whom the Bell Tolls« mit »The Great Crusade«: »260.000 gegen 1.500 – bei allem Unterschied des Talents, der Problemstellung, des Bekanntseins, es war mir zuviel« (1985, 91). Czeslaw Milosz macht für seine Figur Alpha (der vermutlich Jerzy Andrzejewski Pate stand) den Zusammenhang von KP und Auflagenhöhe deutlich: »Sein Vorkriegsroman, den man so gelobt hatte, war nur in einigen Tausend Exemplaren verbreitet worden. Jetzt durfte er ⟨...⟩ auf eine große Gemeinde von Lesern rechnen. Er war nicht mehr isoliert« (1959, 110 f).

117 Zit. n. Pohle 1986, 147.

118 Buber-Neumann spricht von dem »Gefühl ungeheurer Überlegenheit gegenüber allen Nicht-kommunisten«, das verständlich mache, »wie schwer es für den gläubigen Kommunisten war

und ist, auf seine eingebildete Sicherheit, seine große Gewißheit zu verzichten und der bitteren Wirklichkeit ins Gesicht zu sehen. Wer glaubt, den Stein der Weisen zu besitzen, der gibt ihn nicht gern freiwillig aus der Hand« (1962, 20).

119 Zit. n. Gorkin (1980, 119). Diaz weiter: »Ich hätte meine Frau, meine Tochter, meine Eltern geopfert; ich hätte getötet und gemordet, um Stalins Rußland zu verteidigen.«

120 Koestler versucht sich mit jenen Morphiumtabletten das Leben zu nehmen, die Walter Benjamin ihm überlassen hatte (1971, 530).

121 In Sartres Drama »Die schmutzigen Hände« heißt es: »Aus der Partei kommt man höchstens mit den Füßen voran heraus« (V,1). Dos Passos läßt in »Adventures of a Young Man« seinen Protagonisten Glenn Spotswood an seinen Desillusionierungen sterben. Klaus Mann schreibt 1942, Weiskopf und andere »scheinen sich darüber einig zu sein, daß Toller und ⟨Stefan⟩ Zweig sich nicht umgebracht hätten, wären sie nur bessere Marxisten gewesen« (1952, 464).

122 1985 b, 306 f – Nach Auskunft von Glaser handelt es sich bei dem in »Jenseits der Grenzen« Hubert genannten Spanienkämpfer um Hubert von Ranke. Dieser war Politkommissar der »Centuria Thälmann« mit dem Tarnnamen Moritz Bresser und gehörte zeitweilig zum Apparat der Geheimpolizei in Barcelona. Danach brach er, noch in Spanien, »nicht ohne Lebensgefahr« (Mühlen 1985, 169) mit der Partei. Seine Erinnerungen sind nicht veröffentlicht.

123 1947/1987, 173 – H. A. Walter weist auf die »verblüffende Stilähnlichkeit« der von Regler zitierten Jorge-Gedichte mit denen des Autors hin (1987, 228).

124 B. Brecht (1967, X 867):
»Sprichst du wie der, den Lieb und Haß verzehren
Weil beir Geliebten ihn durch abgefeimte Künste
Ein Nebenbuhler listig ausgestochen.
Der Lippen Fülle denkt er und der Achselhöhlen Dünste
Vergißt er nicht, die er vor Jahr und Tag gerochen.«

125 1957/1981, 87 – Ebenso Koestler 1949/1952, 42. Günter Bartsch spricht von Treueschwur und einer Heirat, bei der keine Scheidung vorgesehen sei (1978, 129). Eric Hobsbawm spricht global von einer »Liebesbeziehung« der Intellektuellen zum Marxismus (1973/1977, 42).

126 1963/1986, 380 – Axel Eggebrecht nennt Revolution und Partei eine Mutter, »in deren Obhut ich geflüchtet war, weniger aus verstandesmäßiger Einsicht denn aus dem egoistischen Bedürfnis nach Geborgenheit« (1975, 130). Von einer »inneren Loslösung von der harten Mutter« schreibt Zwerenz (1974 b, 237); vgl. Kantorowicz 1961, 122 (weitere Belege: Rohrwasser 1980, 230 ff).

127 Günter Bartsch schafft eine inzestuöse Verknüpfung der Bilder von Mutter und Gattin. Er schildert die Partei als »große Geliebte, mit der wir Männer täglichen Verkehr hatten: von früh bis abends und oft ganze Nächte hindurch. Das erschöpfte natürlich« (1978, 137). Mit der Lösung von der Partei, so Bartsch, wurde er auch von seinem Leiden der Impotenz geheilt.

128 H. Kamnitzer in NDL, H. 1 (1988), S. 121; Merleau-Ponty 1947/1976, 206.

129 Freilich steht das im Widerspruch zu Merleau-Ponty, der behauptet, der verlassende Mann entwerfe ein »dürftiges Bild« von der Geliebten, um seinen Bruch zu rechtfertigen (1947/1966, 206); Merleau-Ponty geht es jedoch um die Schlüssigkeit seines Vergleichs, in dem die Partei/Geliebte »Ort aller Hoffnungen und Garant der menschlichen Bestimmung« ist (ebd.).

130 Gabriel Almond hat bei 221 Interviews mit Exkommunisten folgende Angaben ermittelt: Bei 9% der Befragten lag der Zeitpunkt der Loslösung sieben Jahre oder länger nach dem Auftauchen erster Zweifel, bei 14% zwischen drei und sieben Jahren, bei 19% zwischen zwei und drei Jahren. Dabei ergaben sich signifikante Unterschiede zwischen hohen Parteifunktionären und einfachen Mitgliedern. Während nur 7% der einfachen Mitglieder die längste Zeitspanne von ›sieben und mehr Jahren‹ angaben, waren es bei hohen Parteifunktionären 14% (1954/1965, 337).

131 Zum Begriff der psychischen Geburt: Mahler 1972 und Louise J. Kaplan: Die zweite Geburt. Die ersten Lebensjahre des Kindes. München – Zürich 1983.

132 »Wir kannten seit langem keine Eltern und Geschwister mehr, wir waren keinem Berufe und keiner Berufung gefolgt, wir hatten Liebe und Lust, Freude und Freundschaft der Partei

gegeben und unsere Jugend nicht gelebt, wir hatten unser Elend und unseren Hunger der Partei dargebracht« (Glaser 1953, 128 f). Die kommunistische Jugend in den proletarisch-revolutionären Romanen hatte zu beweisen, daß die Bindung zur Partei wichtiger war als die zur leiblichen Mutter (vgl. Rohrwasser 1975, 69 f).

133 Vgl. etwa das Kapitel »Trennungsschmerz und Autonomie«, in: Alice Miller: Du sollst nicht merken. Variationen über das Paradies-Thema. Frankfurt 1981, S. 103 ff.

134 Das Schuldeingeständnis des Angeklagten entspräche dem Sieg des Über-Ichs über sein gefälschtes Ich. »Um sein Ich-Ideal intakt, sauber und auf immer konstant zu erhalten, opfert er sich freiwillig auf diese Weise der einmal erwählten Sache und versetzt sich dadurch in den Stand der Gnade« (A. Bonnard 1955, 236).

135 Von der »mütterlich schützenden Hand« der Anna Seghers erzählt Bruno Frei (1972, 194 u. 227).

136 Bei Brecht ist die Drohung gegen die »Polizistenhunde« gerichtet, bei Villon gegen die »Wachsoldatenhunde«.

137 Regler-Übersetzer Whittaker Chambers berichtet, Krivitsky habe seine Frau gewarnt, daß sie, egal was geschehe, nie an einen Selbstmord glauben dürfe (1969, 485 ff); vgl. Nollau 1961, 198; Mayenburg 1978, 118. Bezeichnend ist der Kommentar, den die amerikanischen Stalinisten Sayers und Kahn in ihrem Buch zu Krivitskys Ende geben: »›General‹ Krivitsky, ein russischer Abenteurer und Zeuge des Dies-Komitees, der behauptete, einmal in der GPU eine wichtige Rolle gespielt zu haben, beging Selbstmord. Wie er in einem zurückgelassenen Brief erklärt, als Sühne für seine ›großen Sünden‹« (1946/1949, 295).

138 Mark Zborowski gab später in den USA zu, die Entführung von Krivitsky in Marseille geplant zu haben (Don Levine 1970, 46 ff).

139 Krivitsky beschreibt sich in der Rolle des einzigen Überlebenden, der die mörderische Wut des Machthabers herausfordert (s. Kap. III.2).

140 L. Trotzki, in: »Bjulleten Oppozicii«, Paris 1937, Nr. 50-61, S. 5, zit. n. Dallin 1955/1956, 486.

141 Dallin 1955/1956, 484; Krivitsky 1939/1940, 190 f.

142 André Gide wurde vor allem auf dem II. Internationalen Schriftstellerkongreß in Spanien (2.7.-18.7.1937) bekämpft – wenige Tage zuvor waren seine »Retouches« erschienen (vgl. »Das Wort«, 2. Jg., H. 10, 1937; K. Mann 1937/1973 u. 1943/1984; Ehrenburg 1972, II 364; Gorkin 1980, 243 ff). Zu Istrati: J. Rühle 1960, 510. Zu Kravchenko s. Kap. VI.3.

143 E. Wilson: Briefe über Literatur und Politik 1912 bis 1972. Frankfurt – Berlin – Wien 1985, S. 249 f (Brief vom 26.1.1940). Wie im Fall von Richard Krebs schaltete sich nach dem Tod von Krivitsky die prokommunistische New Yorker Tageszeitung »PM« ein, indem sie sich über die Verschwörungstheorien jener belustigte, die an einem Selbstmord zweifelten (vgl. E. Lyons 1970, 379 f).

144 A. Cohen-Salal: Sartre 1905-1980. Reinbek 1988, S. 455.

145 Zur Denunziation von seiten der Exkommunisten: Boveri 1976, 435; Roloff 1969, 387; S. Schneider 1986, 133 ff; s. auch Kap. VI.4.

146 Vgl. S. Schneider 1987, 13 u. 22.

147 1956/1965, 43 ff – »Kommunisten und Antikommunisten brauchen daher solche Apostaten, für die es eine Existenzfrage ist, sich um so radikaler zur Überzeugung der Gegengruppe zu bekennen, je totaler ihr Bruch mit der alten Ideologie war« (Roloff 1969, 368).

148 Auf das Beispiel von Burmeister-Zeutschel, dessen ›linkssektiererische‹ KPD-Kritik zuerst vom sozialdemokratischen Dietz-Verlag und nach 1933 von der NSDAP vertrieben wurde, gehe ich in Kap. VI.6 ein.

149 Leopold Schwarzschilds Kritik an Feuchtwangers Reisebericht erschien unter dem Titel »Moskauer Elegien« in der SS-Zeitung »Das Schwarze Korps«. Nach dem Krieg warf die PCF Gide Kollaboration mit den Nazis vor und forderte die Todesstrafe (vgl. Roloff 1969, 325). Gides Antwort auf Ehrenburgs Attacken schließt eine Reaktion auf den Mißbrauch seiner Schriften durch die Nationalsozialisten ein: »Aber heute werden echteste Empfindungen durch die Presse so abgründig entstellt, dass wer in eifriger Liebe die republikanische und proletarische Sache vor entehrenden Missgriffen bewahrt sehen möchte, am Ende in den Schein gerät, ein Feind ebendieser Sache zu sein« (1938, 12).

150 5. Jg., Nr. 47, 24.2.1933. Das Motto der Zeitung lautete: »Den Staat zerstört man nicht – man erobert ihn!«
Henry Picker hat Hitlers ambivalente Haltung zu den deutschen Kommunisten protokolliert: »Aber an sich sind mir unsere Kommunisten tausendmal sympathischer als zum Beispiel ein Starhemberg. Es waren robuste Naturen, die wenn sie länger in Rußland gewesen wären, vollkommen geheilt zurückgekommen sein würden« (Hitlers Tischgespräche im Führerhauptquartier 1941-42. Wiesbaden 1963, S. 64).

151 S. Kap. V.1. – Die erste Ausgabe der Erinnerungen von Nicolas erschienen 1942 unter dem Pseudonym Irene Cordes (»...Laßt alle Hoffnung fahren«. Berlin: Junker & Dünnhaupt), die Neuauflage von 1943 trug den Titel »Der Weg ohne Gnade«.

152 Vgl. Deutscher 1963/ 1972, 257; Duhnke 1972, 111 f; R. Fischer 1948/ 1950, 375 f; zum Verlag: Sywottek 1967.

153 1967, 94 – Der Grund für diese freundliche Hypothese kann darin liegen, daß Albrecht Willi Münzenberg 1919 das Leben gerettet hat (B. Gross 1967, 93 f). In seiner Nachkriegspublikation vermerkt Albrecht selbstkritisch, daß auch ›die Wahrheit zur Dienerin der Lüge‹ werden könne (1954, 16 u. 20).

154 Peter Boris hat über Albrecht in nationalsozialistischen Akten recherchiert (Im Zickzack durch die Zeit. In: »Die Zeit«, Nr. 37, 9.9.1988, S. 44); er vermutet, daß Albrecht auf Weisung des Propagandaministeriums nicht als Nationalsozialist auftrat, um so seinen Einfluß auf bisherige Mitglieder der KPD zu verstärken.

155 Vgl. hier Kap. VI.3.

156 Brief vom 3.4.1988.

157 Pechels Aufsatz (»Sibirien«) ist wiederveröffentlicht in: »Deutsche Rundschau«. Acht Jahrzehnte deutsche Geistesgeschichte, hg. v. R. Pechel. Hamburg 1961, S. 402-406; vgl. Pechels Erinnerungen (1947, 284).
»Ich würde es begrüssen, wenn mein Buch nicht als ›antisowjetische Agitation‹ aufgenommen wird, sondern als ein Rechenschaftsbericht«, bemerkt Iwan L. Solonjewitsch in der Einleitung zu seinen Erinnerungen (1937, I 3). Aus dem Originaltitel »Russland im Konzentrationslager« wurde im Deutschen »Rußland im Zwangsarbeitslager«. Zu Solonjewitschs Erinnerungen vgl. Kaminski 1982, 214 ff.

158 Erich Müller an Graf, 5.6.1947, Bayerische Staatsbibliothek.

159 Brief vom 1.10.1947, Bayerische Staatsbibliothek.

160 An Ruth (Mayenburg) und Ernst Fischer (Graf 1984, 88).

161 Frankfurt 1983, S. 363 u. 434.

162 1943, 212; vgl. S. 85.

163 Der Tribut an das Regime besteht aus Sätzen wie diesem: »Ein georgischer Journalist sagte: ›Grüßen Sie Deutschland! Wir glauben, daß es uns freimacht‹« (1943, 306). Doch die Zeugen, die Müller in seinem Bericht anruft, heißen Lesskow, Majakowski oder Gorki.

164 1943, 296; 1944, 216.

Anmerkungen zu IV.

1 1959, 59 f – »Es gab im Sommer 1938 (auf der Veranda meines Häuschens) wilde Gespräche: Professor Gumbel war dabei, Kantorowicz war dabei – vor allem im Wortwechsel zwischen dem abtrünnigen Koestler und dem einzigen, der auf kommunistischer Seite ihm gewachsen war: der Sagenumwobene ⟨...⟩ Otto Katz« (L. Marcuse 1960/ 1975, 245).

2 »Seltsam wie wenig zurückzunehmen ist«, schreibt er in einer »Nachbemerkung – Zuvor« (1977, 5).

3 Z. B. Kantorowicz 1971/ 1986.

4 Der geplante dritte Band des »Deutschen Tagebuchs«, der das Leben in München protokollieren sollte, ist nicht mehr fertiggestellt worden. Nach dem mangelnden Absatz der ersten beiden Bände zeigte der Kindler-Verlag kein Interesse an einer Fortsetzung mehr.

5 Z. B. H. J. Heydorn 1969, 7; F. J. Raddatz: »er ist von Beruf Zeitgenosse« (Deutschland – eine Minderheit. Der Schriftsteller Alfred Kantorowicz. In: SZ, 16.8. 1969, Beilage).

6 1969, 15 – Vgl. A. K. 1971/1986, 9.

7 1959, 317 – Feuchtwanger brachte das Fragment in die USA. Nach dem Krieg schreibt Kantorowicz eine neue Fassung, die mit dem Titel »Der Sohn des Bürgers« und dem Pseudonym Helmut Campe in der Zeitschrift »Ost und West« veröffentlicht wird: ein dialogreicher und kunstloser Roman über die politischen Entwicklungen und erotischen Abenteuer des autobiographischen Helden Martin Freymuth in den Jahren 1927 bis 1933 (das Pseudonym Helmut Kampe benutzte Kantorowicz bereits in den dreißiger Jahren).
Andere Zeitfixierungen finden sich beispielsweise in Kantorowicz' »Rückblick«, bei dem ihm »sinnfällig« erscheint, daß seine Geburt »ins 19. Jahrhundert zurückreicht« (1969, 12), und im zweiten Band des »Deutschen Tagebuchs«, wo er, wie der von ihm verachtete Johannes R. Becher, einsetzt mit dem Klang der Silvesterglocken in der Jahrhundertmitte; außerdem A. K. 1971/1986, 92 f.

8 1961, 165 f – Im (unpaginierten) Nachtrag zur Neupublikation des »Deutschen Tagebuches« (Berlin: Guhl 1978) präzisiert er, angesichts einer neuerlichen Denunziation durch Maximilian Scheer, der ihn in seiner Autobiographie (s. Fn. 85) der Brigade Ehrhardt zuordnet, daß es sich um eine sozialdemokratische Bürgerwehr gehandelt habe, die das Rathaus Schöneberg verteidigen wollte.

9 1969, 16 u. 1985, 33.

10 1958, 228 – Max Schröder nennt Kantorowicz noch 1949 einen »crusader« (M. Sch.: Auf der Suche nach Deutschland. In: »Aufbau«, 5. Jg., H.8, S. 760).

11 OW, 2. Jg., H. 8, Aug. 1948, S. 77 (»Der Sohn eines Bürgers«). In einem Selbstporträt erinnert sich Kantorowicz, er sei »ein schlechter Garnisonsoldat, aber ein recht brauchbarer Frontsoldat« gewesen (1957 b, 2).

12 Das Schauspiel wurde nur maschinenschriftlich vervielfältigt (Freiburg: Max Reichard 1929, 121 S.).

13 E. J. Salter: Noch einmal Kantorowicz. In: »Der Monat«, 10. Jg., 1957, H. 110, S. 81-84, hier S. 81.

14 A. K.: Positiver Aktivismus. In: »Die Literarische Welt«, 6. Jg., 8.8.1930, Nr. 32, S. 1 f; vgl. auch seinen Artikel »Zwischen den Klassen« in der Zeitschrift »Die Tat«, H. 10 (1930), S. 765-771.

15 Vgl. C. v. Ossietzky, in WB, 26. Jg., H. 35 (26.8. 1930), S. 293-295.

16 Kurt Hirschfeld: »Aufbruch der Jugend«?, in: WB, 26. Jg., Nr. 34, S. 285 f; Heinz Pol: Wie wählt die Jugend? In: WB 26. Jg., Nr. 36, S. 337-340. Pol schreibt: »Auch Wirrköpfe gibt es, und vornehmlich solche, die deshalb politische Aufsätze schreiben, weil sie hoffen, sie werden sich vielleicht während des Schreibens darüber klarwerden, was sie eigentlich meinten mit dem, was sie eine Zeile vorher geschrieben hatten« (S. 339). Friedrich Sternthal und Heinrich Lothar antworten Kantorowicz in der »Literarischen Welt« (6. Jg. 1930, Nr. 35, S. 7).

17 1971/1986, 11 – Kantorowicz' Antwort an Hirschfeld in WB, 26. Jg. (1930) Nr. 35, S. 330-332. Daß die Auseinandersetzung in der »Weltbühne« ihn der KPD näherbrachte, teilt er Barbara Baerns (1968, 54) mit. Laut Hans Sahl wollte Kantorowicz sich von der »Deutschen Staatspartei« sogar als Kandidat für den Reichstag aufstellen lassen. »Kanto ging in sich, besuchte die ›Masch‹ (Marxistische Arbeiter-Schulung) und ließ sich in Abendkursen zum überzeugten Marxisten ausbilden« (Sahl 1983, 202).

18 K. O. Paetel 1982, 56.

19 R. Giordano 1979, 3 f.

20 Editions du Phénix 1936; in der Einleitung spricht Kantorowicz vom »auserwählten Lager der antifaschistischen Avantgarde«, für das nur Emigranten mit bewußter politischer Mission ›kandidieren‹ könnten (1949 b, 65); 1947 rechnet er auch Ernst Wiechert und Oberst von Stauffenberg diesem Lager zu (1949 b, 11).

21 Gespräch mit A. Kantorowicz über die deutsche Frage. In: BH, H. 4, Juli 1977, S. 22. Vgl. K.s Antwort auf Emil Ludwigs ›Anti-Deutschland-Rede‹ (1949 b, 281 ff; zuerst in »Aufbau« (New York) 7.8.1942). Er spricht 1967 von dem »lang verdrängte Bewußtwerden der Erkenntnis, daß

Hitler so ›undeutsch‹ nicht war, wie wir Exilierten behauptet hatten« (1967, 16). 1971 nennt er als »Leitmotiv« seiner Artikel und Ansprachen im Exil den Gedanken, »daß wir, die noch frei sprechen und schreiben konnten, die Fürsprecher des – wie wir meinten – vom Nazismus unterjochten ›besseren Deutschland‹ zu sein hätten« (1971/1986, 12).

22 Karola Piotrkowska trennte sich im Frühjahr 1927, nachdem sie Ernst Bloch kennengelernt hatte, von Kantorowicz. Kantorowicz blieb mit beiden befreundet (K. Bloch 1981, 38 ff); sein Prosaband »Meine Kleider« ist ihnen gewidmet.

23 »Die Rote Fahne« 1.11.1928, Nr.258, Beilage.

24 1970, 327 – Vgl. Koestler 1949/1952, 42 f und Sahl 1983, 200; breiten Raum nimmt der »Rote Block« in Kantorowicz' Roman ein (z. B. OW, 2. Jg., H. 10, S. 78 ff und H. 11, S. 73 ff). Die Geschichte der Berliner Künstlerkolonie ist noch nicht geschrieben; nach Kriegsende zogen eine Reihe von Intellektuellen, darunter Slatan Dudow, Hanns Eisler, Ernst Busch und Ruthild Hahne wieder an den Laubenheimer Platz, bis sie von der SBZ/ DDR aufgefordert wurden, in den Ostteil der Stadt umzusiedeln.

25 Braunbuch über Reichstagsbrand und Hitlerterror. Basel: Universum Bücherei 1933, S. 222-269. Auch die späteren Renegaten Regler, Koestler und Babette Gross waren an der Entstehung des Buches beteiligt. Kanto spart 1948 deren Namen in der Liste der Co-Autoren aus (1949 b,22).

26 Am 10. Mai 1935, zum zweiten Jahrestag der Bücherverbrennung, hält K. in Paris die Rede »Ein Jahr Deutsche Freiheitsbibliothek« (wiederabgedruckt in: Klaus Schöffling, Hg.: Dort wo man Bücher verbrennt. Frankfurt 1983, S. 91-96). Zum Präsidium der »Deutschen Freiheitsbibliothek« gehörten André Gide und Heinrich Mann.

27 Nicht in der Kantorowicz-Bibliographie (1969):
    A. K.: Drei literarische Dokumente. Die Bücher von Bredel, Billinger und Langhoff. In: »Unsere Zeit« (ehemals »Der rote Aufbau«), 8. Jg., H. 4/5, Mai 1938, S. 77-79.

28 Am 3. November 1934 wurde im »Deutschen Reichsanzeiger« und im »Preußischen Staatsanzeiger« die dritte Ausbürgerungsliste des nationalsozialistischen Regimes veröffentlicht. Sie umfaßte die Namen von 28 Personen, darunter Hans Beimler, Willi Bredel, Leonhard Frank, Carola Neher, Klaus Mann, Erwin Piscator, Gustav Regler, Bodo Uhse und Erich Weinert.

29 Hanns Eisler hat das Sonett 1939 im New Yorker Exil vertont, jedoch die »unpolitische« Schlußzeile ersetzt.

30 1971/1986, 62 – Die Passage aus »Hermann und Dorothea«, in der sich Goethes Enttäuschung über den Verlauf der Französischen Revolution spiegelt, bildet das Motto des ersten Bandes des »Deutschen Tagebuchs«: »⟨...⟩ wir haben das Bittre der sämtlichen Jahre getrunken, / Schrecklicher, weil auch uns die schönste Hoffnung zerstört ward ⟨...⟩«.

31 Zur Internierungszeit: A. K. 1971/1986 und A. K.: Harries Kester. In: OW, 3. Jg., H. 7 (Juli 1949), S. 53-64. In den französischen Internierungslagern schwebten vor allem jene Deutschen, die in Spanien gekämpft hatten, in Gefahr, ans »Dritte Reich« ausgeliefert zu werden. Zusammen mit Anna Seghers, André Breton und Victor Serge bekam er am 24. März 1941 Platz auf einem der Martinique-Schiffe, der »Capitaine Paul Lemerle« und reiste von Martinique weiter über Santo Domingo nach New York. Zu seiner Amerikazeit: A. K. 1959 und A. K. 1967.

32 Im Nachlaß (K XV) findet sich ein bitterer Rückblick des Autors auf die bürokratische Versandung seiner Idee.

33 OW, 3. Jg., H. 12, S. 82 ff; K. Bloch 1981, 180.

34 »Einführung«. In: OW, 1. Jg. (1947), H. 1, S. 6 f.

35 1981, 180 u. 203 – vgl. A. K. in OW, 3. Jg. (1949) H. 12, S. 77 ff und B. Baerns 1968, 85 ff. Chefredakteur Maximilian Scheer nennt allein finanzielle Gründe für das Ende von »Ost und West«; Arnold Zweig vermutet, daß die Gründe »auf Differenzen in der Emigration in Spanien zurückgehen« (A. Zweig/ L. Feuchtwanger 1984, II 60).

36 1949 schreibt Ludwig Marcuse (in einem Brief) über Kantorowicz: »Nicht Partei, aber sehr nah.« Der Brief wirft Licht auf die Situation der Intellektuellen zwischen Ost und West: »Typischer Konflikt deutscher Intellektueller: zwischen dem amerikanischen Paß und den

russischen Angeboten, zwischen der westlichen Gleichgültigkeit gegen Intellektuelle und der Angst vor dem russischen Gefängnis.« Über Kantorowicz und Becher heißt es: »Sie alle leben sehr gut. Die Schwierigkeit für Intellektuelle sind nicht die Russen, sondern die deutschen Funktionäre« (1975, 65 f, Brief vom 22.6.1949).

37 1967, 151 – Jürgen Rühle schreibt, daß Kuba (Kurt Barthel) daraufhin »zum Denunzianten« wurde: Kantorowicz sei von ihm »aus dem Land gehetzt worden« (1960, 300).

38 Der Aufruf sei von Anna Seghers, Arnold Zweig und Helene Weigel unterzeichnet worden (1957 b, III 3).

39 M. Walden 1957, 83.

40 Deutsches Allgemeines Sonntagsblatt, 8.4.1979, wiederabgedruckt in: e.i., H. 4 (1979), S. 13. Gerhard Zwerenz berichtet, daß Leonhard Frank sich in München geweigert habe, seinem alten Bekannten Kantorowicz die Hand zu geben, »weil dieser Ulbrichts Staat den Rücken kehrte« (1961, 126).

41 »Wie diesem Manne, der sein Rad nicht schlug noch die je richtige Gebetsmühle drehte, im Westen Deutschlands mitgespielt wurde, war und bleibt eine Schande«, schreibt Fritz Raddatz in einem Nekrolog (in: »Die Zeit«, Nr. 15, 6.4.1979, S. 46).

42 Brief von Gustav Regler an Kantorowicz vom 18.8. 1939, (A. K. 1979/1982, 494 f). Reglers Urteil bezieht sich auf einen Auszug des »Spanischen Tagebuchs«, der 1938 in der amerikanischen Zeitschrift »New Writing« erschien (Nr. 4, S. 40-58, transl. by James Cleugh); die erste Buchveröffentlichung in: Marcel Acier, Hg.: From Spanish Trenches. Recent Letters from Spain. London: Cresset Press o. J. (1937) (nicht in der Kantorowicz-Bibliographie). Im »Hamburger Institut zur Erforschung des Nationalsozialismus« liegen inzwischen einige handschriftliche Aufzeichnungen aus der Zeit des Exils in Frankreich und den USA. Eine Edition ist geplant, der Zeitpunkt (laut Auskunft von Ingrid Kantorowicz) unbestimmt. Der Nachlaß von Kantorowicz befindet sich in der Hamburger Staatsbibliothek.

43 1979/1982, 8 – Dagegen lobt H. J. Heydorn die literarische Qualität des Tagebuchs (1969, 18 ff).

44 Robert Neumann: Vielleicht das Heitere. Tagebuch aus einem anderen Jahr. München 1968, S. 538.

45 »Die Wels und Ollenhauer und Stampfer, die Herren vom Parteivorstand« seien »Kryptofaschisten, die im Grunde ihres Herzens wünschen, daß ein rascher und vollständiger Sieg Francos sie aus dieser unbequemen und zweideutigen Situation erlöse (...)« (1948, 323).
Einige Passagen über sozialdemokratische ›Arbeiterverräter‹ aus seinen spanischen Tagebuchheften veröffentlicht Kantorowicz 1948 im ND, weil er (anläßlich der SED-Kampagnen gegen die SPD?) an die prognostische Qualität seiner Aufzeichnungen glaubt: »die rechten sozialdemokratischen Führer (sind wirklich) zu Würgern der Keime der Freiheit geworden« (1949 b, 284). Liest man seine Antwort in der Zeitschrift ›The German American‹ (April 1944) auf Angriffe gegen seine Person in der sozialdemokratischen ›Neuen Volkszeitung‹ (New York), gewinnt man den Eindruck, der Autor sei immer noch Anhänger der Sozialfaschismustheorie – er vergleicht die NVZ mit dem »Völkischen Beobachter« und dem »Stürmer« und urteilt, die Zeitung führe »aus innerem Antrieb« die Goebbelspropaganda weiter (1949 b, 290 f); in einer Anmerkung kennzeichnet er »Stampfer und Katz und Co« als »Wegbereiter unregenerierter, reaktionärer, faschistischer, kriegshetzerischer Kräfte in Deutschland« (1949 b, 291).

46 OW, 3. Jg., H. 2, S. 81 ff – Eine redigierte (und um die Polemik gegen Sartres Drama »Die schmutzigen Hände« gekürzte) Fassung des Briefes findet sich im Band »Suchende Jugend«; der zitierte Abschnitt trägt dort den programmatischen Titel »Kritik wird zum Verrat« (1949 a, 191 f).

47 1974, 91 – Kantorowicz berichtet von diesem Kreis im »Deutschen Tagebuch« (1959, 487 ff) und in dem Aufsatz »Wie finden Ost- und Westeuropa zusammen?« (1985, 171 ff). Das Protokoll über die »erste Zusammenkunft der Gesellschaft Imshausen von 19.-21. August 1947« findet sich bei Werner von Trott zu Solz: Der Untergang des Vaterlandes. Dokumente und Aufsätze. Freiburg – Olten 1965, S. 18-44. Nach jener dritten Tagung im Mai 1948, auf der Kantorowicz sich durch »antikommunistischen Positionen« zur Apologie des Sowjetsystems herausgefordert fühlte, löste sich die Gesellschaft auf.

48 OW, 3. Jg., H. 1 (Jan. 1949), S. 77 ff; auf die falsche Zitation des Thomas-Mann-Essays von 1944 ist schon in der Einleitung hingewiesen worden.

49 Noch im »Deutschen Tagebuch« schlägt sich diese Angst nieder (z.B. 1959, 591 ff). Nach dem 17. Juni 1953 sagte Niekisch auf einer Sitzung des Kulturbundes: »Man kann in der DDR von einer Grundbefindlichkeit der Angst sprechen, jedermann fühlt sich unausgesetzt schuldig. Diese dauernde Angst hängt mit der Rechtsunsicherheit zusammen. Es ist unerträglich, daß Menschen verhaftet werden, ohne daß ihre Angehörigen je noch etwas von den Abgeführten erfahren« (zit. n. F. J. Raddatz: Erfolg oder Wirkung. Schicksale politischer Publizisten in Deutschland. München 1972, S. 103).

50 Erst in einem späteren Essay bekennt Kantorowicz direkt, daß er in Imshausen »von Zweifeln geplagt war« (1985, 187), während er sich in seinem Beitrag für »Ost und West« den versteckten Hinweis auf Kritikwürdiges mit Ausfällen gegen den ›Klassenfeind‹ erkaufen muß.

51 1949 a, 195-198 (»Arthur Koestler: Ein ›Fachmann‹ des Antikommunismus«).

52 Vgl. 1961, 334. Ernest J. Salter stellt 1957 in Gesprächen mit Kantorowicz überrascht fest, daß dieser trotz seiner Möglichkeiten fast vollständig uninformiert über die »antitotalitäre Literatur des Westens« gewesen sei und folgert, Kantorowicz habe offensichtlich Widerwillen gehabt, diese Literatur zur Kenntnis zu nehmen (»Der Monat«, 10. Jg., H. 110, Dez. 1957, S. 83).

53 OW, 2. Jg. 1948 H. 6, S. 79 ff.

54 1977, 175; vgl. die Erinnerung von Kantos ältestem Freund, Jan van Loewen (in: e.i. H. 44, 1979, S. 28).

55 Zit. n. Pike 1981, 167. In der »Weltbühne« hatte Kantorowicz 1930 noch geschrieben: »Ich kann nicht finden, daß man sich zum Handlanger der Reaktion macht, wenn man versucht, Begriffen wie Humanität und Liberalität einen ehrlichen Sinn zu geben« (26. Jg., Nr. 35, 26.8.1930, S. 331).

56 Die Kritik am »Dreigroschenroman« ist wiederabgedruckt bei Wolfgang Jeske: Brechts Romane. Frankfurt 1984, S. 162-164.

57 B. Brecht 1981, 958 – Walter Benjamins briefliche Bemerkung über »Figuren wie diesen Kantorowi(c)z« geht wohl auf Gespräche mit Brecht zurück, den er zuvor auf dem Schriftstellerkongreß in Paris traf (W. Benjamin 1966/1978, 670; Brief vom 18.7.1935 an Alfred Cohn). Im »Spanischen Kriegstagebuch« registriert Kantorowicz jedoch, daß Ruth Berlau ihm 1937 Grüße von Brecht zu übermitteln hatte (1979/1982, 453).

58 Vgl. Pike 1986, 204 ff. Werner Mittenzwei gewichtet die Kontroverse um Brechts »Dreigroschenroman« als den Beginn der Expressionismusdebatte (1986, I 507).

59 »Die Verneinung«, 1948, XIV 12

60 Vgl. A. K.: Harries Kester. In: OW, 3. Jg. (1949), H. 7, S. 62.

61 Vgl. A. K. 1979/1982, 455.

62 OW, 1. Jg. (1947), H. 1, S. 54; vgl. 1961, 255 f.

63 1959, 51; vgl. 1961, 642 f. Ulrich Plenzdorf hat der Figur des unangepaßten Spanienveteranen in seiner Erzählung »Die neuen Leiden des jungen W.« (1973) den Namen Zaremba gegeben.

64 1961, 49 – Ebenso findet Kantorowicz zum ICH als Gegner der Gestapo, »auf deren Listen ich ziemlich weit oben stand« (1969, 14).

65 »Wir von unten standen im Februar 1933 führungslos allein gegen den übermächtigen Feind« (1957 b, 2).

66 Mitteilung von Charlotte Janka. In einem Brief an Waltraut Nicolas berichtet Kantorowicz, er habe sich 1936 als Gast der sowjetischen Schriftsteller in der Sowjetunion aufgehalten und sei am 8./9. November zurückgereist (bei Mytze 1977, 157). Im Dezember reiste Kanto nach Spanien weiter; seine erste ⟨publizierte⟩ Tagebucheintragung vor Ort ist auf den 18.12. 1936 datiert. In »Meine Kleider« spricht er von der Einladung in ein »Erholungsheim am Schwarzen Meer« (1968, 35).

67 1981, 471 – Vgl. ebd. S. 284 u. 483. Am 12.12.1938 wird in Moskau der Spanienkämpfer Michail Kolzow verhaftet; sein Verschwinden löst eine Kettenreaktion aus, denn das Dezemberheft der Moskauer Exilzeitschrift »Das Wort« brachte einen Artikel von Kantorowicz über den SDS in Paris, in dem Kolzow erwähnt wurde – weil nun der Name eines Volksfeindes im Heft stand, wurde die Nummer erst verspätet an die Abonnenten verschickt.

68 Barth (1986, 21) berichtet von einem Artikel, in dem Kantorowicz die Emigration als Chance des Schriftstellers versteht, sich mehr als bisher seiner wirklichen Aufgabe, dem Schreiben, zu widmen. »Dies, wurde ihm gesagt, sei ein falscher, konterrevolutionärer Zungenschlag, ein Verstoß gegen das heilige Gesetz ⟨...⟩. Besonders der Komponist Hanns Eisler schrie, mit aufgeregter Stimme, daß eine Äußerung wie die von Kantorowicz getane sozusagen Hochverrat sei« (1986, 20 f).

69 E. J. Salter: Noch einmal Kantorowicz. In: »Der Monat«, 10. Jg., H. 110 (Dez. 1957), S. 81-84, hier S. 83; vgl. Hans-Albert Walters Vorwort zu A. K. 1985, 10 f.

70 1963, 159 – Ähnlich 1962, 29. In seiner Rundfunkerklärung nennt Kantorowicz sich einen »ewigen Frondeur« (zit. n. M. Walden 1957, 86). Roloff (1969, 39 ff) hat auf die kleinen, marginal wirkenden Korrekturen hingewiesen, die Kantorowicz an einer seiner autobiographischen Darstellungen vorgenommen hat. K. hat dabei seine Skepsis an Marxismus und Partei stärker hervorgehoben.

71 Roloff bemerkt hier zu recht, daß dieses WIR »eine fiktive Gemeinschaft« sei, »die in Wirklichkeit während der 25 Jahre seiner Parteizugehörigkeit nicht bestanden hat« (1969, 55).

72 1959, 60; Hervorhebung vom Verfasser.

73 M. Walden 1957, 86.

74 Auf die Funktion der Somatisierung als letzter Stufe der Apostasie bei Kantorowicz geht E. Roloff ein (1969, 264 ff). Auch Manès Sperber wird zuletzt, im Herbst 1936, »von einer Herzschwäche übermannt«; er verstand, daß sein Herz »im Organdialekt ausdrückte, daß es nun aus sein mußte mit allen Vorwänden, mit allen falschen Rechtfertigungen, mit dem Selbstbetrug« (1987, 15).

75 »Rufe‹ kann man die verschwiegenen Notizen nicht nennen«, schreibt Kantorowicz (1971/ 1986, 61). Interessant wäre ein Vergleich mit den Tagebüchern Johannes R. Bechers. Becher schien als Politiker zu streichen, was er als Schriftsteller ins Tagebuch eintrug. Im Gegensatz zu Kantorowicz bekennt er sich in den gestrichenen Passagen zu seiner Mitschuld als Funktionär am System des Schweigens. Das habe ich in meinem Artikel »Sieben Abschnitte Becher« (taz 16.6.1988, S. 14) zeigen wollen.

76 1959, 11 f – Ernst Niekisch berichtet, daß Kantorowicz das Märchen bereits in der DDR in »vertrauter Gesellschaft« erzählt habe (1974, 283).

77 1959, 12 f – Hervorhebungen vom Verfasser.

78 »Zu mindestens hat er bei Lukács verhindert, daß ich überhaupt erwähnt werde«, schreibt Franz Jung in einem Brief über Kantorowicz, den er als »Lumpen« und »Intriganten« schildert und auch noch im Westen in der Rolle eines »Oberzensors« wahrnimmt (1981, 932, 1048, 1082 u. 1100).

79 Im Gespräch mit Walden gibt Kantorowicz ein präzises Datum für das Ende seiner Hoffnungen auf politische Reformen in der DDR an: den 17. Juni 1953 (1957, 84).

80 Eine antinazistische Variante dieses Märchens findet sich in: Deutsche innere Emigration. Anti-Nationalsozialistische Zeugnisse aus Deutschland. Gesammelt und erläutert von Karl O. Paetel. New York: Friedrich Krause 1946, S. 72 ff.

81 »Es ist voller Schwächen«, so urteilt das Politbüros der SED (1951) in seiner Begründung, warum das »Spanische Tagebuch« nicht in die »Bibliothek fortschrittlicher deutscher Schriftsteller« gehöre (A. K. 1961, 254; vgl. das Vorwort zur Ausgabe des »Spanischen Kriegstagebuchs« von 1966). Kantorowicz ›decodiert‹ den Beschluß: die SED vermisse den Parteistandpunkt, weil »die Helden des Buches das Fußvolk ⟨waren⟩«, während »die in Barcelona und Albacete amtierenden politischen Funktionäre« nicht gefeiert wurden (1961, 255). 1962 erinnert er sich, daß vor seiner Flucht »schon fast alle meine bis dahin erschienenen Bücher verboten waren« (1962, 33).

82 Er will sie »mit Flit behandelt« sehen, »ganz nebenher« (1949 b, 291; vgl. S. 290 ff u. 318 ff).

83 1961, S. 30f, 193, 197, 202, 276, 279, 335, 543, 553, 581 u. 702. Die Gedichte des »Parteibarden« Kubas bezeichnet Kantorowicz als »die Lieder des neuen Horst Wessel« (1957 b, Teil 2, S. 3).

84 Erklärung in NDL, 5. Jg., H. 9, S. 7 (zuerst in ND 25.8.1957 unter dem Titel »Feststellung«),

unterzeichnet von Anna Seghers, Hans Marchwitza, Ludwig Renn, Willi Bredel, Bodo Uhse, Stephan Hermlin, Walter Gorrish (i. e. Walter Kaiser). Maximilian Scheer (i. e. Walter Schlieper): Das Eintagsbömbche (NDL, 5. Jg., H. 10, S. 105-110; hier S. 105 f.

85 Maximilian Scheer: Ein unruhiges Leben. Autobiographie. Berlin: Verlag der Nation 1975, S.341-349. Kantorowicz antwortet auf die Verleumdungen in den »Gedanken zur Neuauflage« des »Deutschen Tagebuchs« (1978).

86 1977, 159 – Weitere Verurteilungen: Kurt Stern: Zum Fall »Kantorowicz« (ND 30.8.1957, S. 4); Bodo Uhse: Schlußwort (»Sonntag« 1.9.1957, S. 2); Irmgard Schütze: Geistiger Selbstmord (»Sonntag« 1.9.1957, S. 4); Horst Eckert: Schutz bei SA-Männern (ebd.); Inge Diersen: Er weiß, wem er dient (ebd.). In einem »Abriß der Spanienliteratur« erschien 1959 folgende Fußnote zu dem Band »Taschapaiew – Das Bataillon der 21 Nationen«: »Dieses Buch wurde seinerzeit von A. Kantorowicz redigiert, der jedoch durch sein Renegatentum in den letzten Jahren die Ideale jener Antifaschisten, die unter der heißen Sonne Kastiliens, am Ebro, bei Teruel und Madrid Blut und Gesundheit hergaben, verraten hat; indem er zu jenen Kräften, die die Mörder des spanischen Volkes mit hohen Pensionen und einträglichen Ämtern belohnen und die es heute wieder wagen, mit den Franco-Faschisten zu paktieren, überlief, hat er sich selbst als Mensch und Schriftsteller das Urteil gesprochen« (Bodo Uhse. Eduard Claudius. Abriß der Spanienliteratur. Berlin (Ost) 1959, S. 175).

87 Selbst in der Lizenz-Ausgabe des westdeutschen Claassen-Verlags (1958 ff) mußte jeder Hinweis auf den Herausgeber Kantorowicz unterbleiben. In jüngsten DDR-Publikationen wird sein Name wieder genannt.

88 1974, 283 – Seine Kritik weist auch hin auf das Phänomen der Renegatenschelte von seiten der Renegaten. Ernst Niekisch, über dessen »Widerstandskreis« in den dreißiger Jahren Bodo Uhse seinen Weg zur kommunistischen Partei nahm, war nie in der KPD, später aber SED-Mitglied. 1954 erklärt er seinen Parteiaustritt und erfährt in der Bundesrepublik ein ähnliches Schicksal wie später Kantorowicz. Mit Verweis auf seine DDR-Aktivitäten werden Niekisch im Westen Entschädigungsleistungen als Verfolgter des NS-Regimes verweigert (zu seiner Biographie vgl. Joseph E. Drexel: Der Fall Niekisch. Köln – Berlin 1964).

89 1974, 284 – In einem (undatierten) Brief an Kantorowicz kommt Niekisch zu einem anderen Urteil: »Sie haben viel Schweres durchmachen müssen, der Westen hat Sie nicht gut behandelt, ebenso wie auch mich, der ich keinen Anlaß habe, die Vorzüge des Westens, dem Osten gegenüber ins Feld zu führen« (in: Heydorn 1969, 96).

90 »Einen Platz zur Wirksamkeit hatte sie (die Bundesrepublik) nicht für ihn, und so war sie reduziert auf ein Fleckchen der Zuflucht. Damit ist nicht einmal primär das demütigende persönliche Schicksal gemeint als vielmehr das Ensemble der politischen und geistigen Verhältnisse, das zu einem solchen Schicksal die Voraussetzungen schuf«, urteilt Hans-Albert Walter in seiner Einleitung zur posthumen Publikation verstreuter Aufsätze von Kantorowicz (1985, 20). »Er hätte sich in der Bundesrepublik verkaufen können, wie es andere taten, er hat es nicht getan« (Heydorn 1969, 30).

91 In Heydorn 1969, 30. Heydorn zitiert noch ein weiteres Gedicht von Kantorowicz : »Der Winter zeigt mir Klarheit:
Nicht einer wird verschont
Am Ende steht die Wahrheit:
Es hat sich nicht gelohnt.«

92 Z. B. 1961, 656 und im »Gespräch mit Alfred Kantorowicz über die deutsche Frage« (BH, Nr. 4, Juli 1977, S. 21 f).

93 F. Jung 1961, 477 f; Koestler: Irrläufer der Evolution. München 1978. Solschenizyn: »Wenn sich in einer biologischen Art die ethische Komponente unterproportional entwickelt, also hinter der intellektuellen Entwicklung zurückbleibt, so ist diese Art zur Entartung oder zum Aussterben verurteilt. Ich meine, die Menschheit hat diese Talfahrt angetreten« (1987, 226).

94 Karola Bloch (1981, 38) und Koestler (1949/1952, 43) berichten davon. In »Ost und West« hat er autobiographische Prosa und sein Romanfragment »Der Sohn eines Bürgers« veröffentlicht; 1952 erschien sein Drama »Die Verbündeten«. Ein Vorabdruck des I. Aktes erschien unter dem

Titel »Befreiung. Eine Tragi-Komödie« anonym (OW, 3. Jg. 1949, H. 5, S. 32-53). In seiner Vorbemerkung stellt er fest, daß es sich um ein »dramatisches Erstlingswerk handle, dem noch Schwächen anhaften«. Sein erstes Stück »Erlangen« scheint damit vergessen; später nennt er dieses »formal mißglückt« (1969, 21). 1953 erschienen Szenen seines neuen Schauspiels »Der Schubert-Chor«, über die sofort eine heftige Diskussion einsetzte (NDL, 1. Jg. 1953, H. 5, 7 und 8). Kantorowicz geht auf Distanz zu seinen dichterischen Versuchen. Im Rückblick erwähnt er zum Beispiel seine »glücklicherweise für immer verschollenen und vergessenen frühen Liebesgedichte« (1969, 20). Einer seiner Verleger bezeugt später mündlich, daß es noch in der DDR »Kantos« unerfüllter Traum gewesen sei, Nationalpreisträger der Literatur zu werden.

Anmerkungen zu V.

1 1949/1962, 396 – Zur Kritik an Deutschers Stalinbiographie vgl. Georges Bataille: Kommunismus und Stalinismus. In: G. B.: Das theoretische Werk. Band I. München 1975, S. 237-288.

2 Vgl. Kritisches Wörterbuch des Marxismus, VI 992 f.

3 Serge 1973/1981, 254 ff; NTB, 4. Jg., H. 37, 12.9. 1936, S. 871873; ausführlich: Sigurd Hoel: Der Moskauer Prozeß. In: »Zeitschrift für Politische Psychologie und Sexualökonomie«, hg. W. Reich, Jg. 1936 (Reprint Sex-Pol, Bd. I, o. O. und o. J., S. 68-87, hier S. 76 ff).

4 Noch Peter Weiss' proletarischer Protagonist (in der »Ästhetik des Widerstands«) befindet sich, obwohl er wissensgleich mit seinem Autor scheint, nur im Konflikt wegen der Absurdität der Anklagen und Geständnisse, nicht aber wegen des Massenterrors.
»Wir wußten es nicht genau, doch ahnten wir, wie grausam die Dekulakisierung gewesen war, und vermuteten, daß im Zusammenhang mit ihren Folgen das Regime unfähig geworden war, irgendeinen Fehler zuzugeben ⟨...⟩, schreibt rückblickend Sperber (1987, 14). »Dekulakisierung« – so grausam hört sich die Wortschöpfung Sperbers nicht an. Zu Stalins Kulaken-Ausrottung: Conquest 1986/1988.

5 »Millionen von Sowjetbürgern leben Tag für Tag in der Lüge, um ihr Leben und ihren Broterwerb zu bewahren. Sie machen Tag für Tag falsche Geständnisse, sie sprechen Lügen, schreiben Lügen ⟨...⟩.« Louis Fischer (Men and Politics, New York 1941), zit. n. Melvin J. Lasky 1951, 650. Willi Schlamm geht von der Hypothese aus, daß in den Schauprozessen nur jene Angeklagten präsentiert wurden, die zum Geständnis gezwungen werden konnten (1937).

6 E. Bloch 1937/1972 a, 176.

7 In »Das Wort«, 2. Jg. 1937, H. 3, S. 102.

8 Jorge Semprún führte diesen Gedanken 1986 auf den Frankfurter Römerberggesprächen aus und wertete den Pakt als »Höhepunkt des Stalinismus« (1986, 11).

9 Vgl. Michael von Engelhardt/Michael Rohrwasser: Mythos und DDR-Literatur. In: »Michigan Germanic Studies«, Vol. VIII, Nr. 1-2 (1985), S. 13-50, hier S. 16 f.

10 Z. B. Margarete Buber-Neumann 1967, 451 ff.

11 Aus den Erinnerungen von Boris Efimov, dem jüngeren Bruder von Kolzow, zit. nach der Übersetzung von R. Görling 1986, 335.

12 1986, 10 – Leonhard nennt eine »Auswahl« von fünf Renegaten, die aufgrund des Pakts sich von der Partei trennten: Granville Hicks, Arthur Koestler, Louis Fischer, Willi Münzenberg und Hans Werner Richter. Koestler und Münzenberg gehörten 1939 jedoch nicht mehr der Partei an, der Pakt war ihnen Bestätigung. Die Entscheidungslage der drei anderen war darum einfacher, weil Hicks und Richter nur der Parteiperipherie angehörten und Fischer überhaupt nicht Parteimitglied war. Dagegen trat mit Paul Nizan eine größere Gruppe französischer Kommunisten wegen des Paktes aus der PCF aus.

13 1987 b – Zu Sahl: Erich W. Skwara: Hans Sahl. Leben und Werk. New York – Bern – Frankfurt 1986); zum Roman »Die Wenigen und die Vielen«: Gisela Berglund: Deutsche Opposition gegen Hitler in Presse und Roman des Exils. Stockholm 1972, S. 172-178.

14 Wehner 1982/1984, 208. Sperber veröffentlichte bis 1936 in der »Rundschau« unter dem Pseudonym Paul Haland (Hinweis von Bernd Gürtler).

15 H. Jacoby 1982, 39. Jacoby schildert anschließend eine Begegnung mit Sperber, bei der dieser ihn attackiert wegen seiner Kritik an Stalin. »Er wandte sich nicht gegen meine Kritik, aber fand, daß man zum gegenwärtigen Zeitpunkt nicht so sprechen dürfte. In späteren Jahren, als er mit seiner stalinistischen Vergangenheit abrechnete, hat er dann geschrieben, daß es die Aufgabe des Intellektuellen sei, die Wahrheit zu sagen; damals aber wollte er auch Politiker sein« (ebd.).

16 Nr. 10, 7.3.1937, S. 4; vgl. den Ausstellungskatalog »Manès Sperber« (1987, 42).

17 1977/1982, 116 – Sperber bezieht sich hier auf den zweiten Schauprozeß, dem Lion Feuchtwanger als Beobachter beiwohnte. Ähnlich argumentiert Peter Weiss in seinem Stück »Trotzki im Exil«, wo er Breton sagen läßt: »Wir sind eingetreten ins Zeitalter der wahnsinnigen Entstellungen und Fälschungen«, gegen die es nur »diese einzige Waffe« der Vernunft gäbe. Weiss läßt Trotzki und Breton darüber streiten, welchen Schaden die Geständigen der Revolution zugefügt haben; für beide bleiben die Angeklagten Oppositionelle, die aus der Sicht der Machthaber demnach zu Recht angeklagt waren; die Strategie Stalins ist für Trotzki und Breton eine der fehlgeleiteten Vernunft (Weiss 1970, 136 ff).

18 KD Wolff: Am Ziel der Befreiung festgehalten. In: taz 16.2.1984; H. D. Heilmann: Anti-Sperber. In: taz 24.3. 1984, S. 12 f.

19 Bloch hatte in der »Gesamtausgabe« nicht nur viele seiner Aufsätze weggelassen, sondern andere auch ›überarbeitet‹. Oskar Negt (1972) verteidigt die Publikationspraxis gegen die Kritik Hans-Albert Walters (FR 12.12.1970, S.IV; Blochs Antwort in FR 15.12.1970, S. 8); Bloch habe die Aufsätze »auf den Stand seines gegenwärtigen Bewußtseins« gebracht (Negt 1972, 430). Auch die nachträglich von Negt (1972) und Korol (1985) publizierten Aufsatzbände schließen nicht alle Lücken für die politische Publizistik Blochs.

20 »Was heißt dialektisch? Das ist, verstehst du, das Gesetz der Entwicklung. Zum Beispiel, die Politik der Bolschewiki ist dialektisch, der Pakt mit Hitler ist dialektisch, verstehst du, das muß man fühlen!«, läßt Sperber einen jungen Kommunisten sagen (1976, 638). »Dialektik« sei »Unverfrorenheit«, »Schamlosigkeit«, »Roßtäuscherei«, schreibt Willi Schlamm anläßlich der Prozesse (1937, 116 f). Kantorowicz sah durch den Pakt den Sozialismus aufgehoben »im dialektischen Sinne von: zeitweilig außer Kraft gesetzt, um zu bewahren« (1971/1986, 60).

21 Zit. n. W. Leonhard 1986, 120 u. 166.

22 1977/1982, 168 – Ausführlich werden die Auswirkungen des Paktes auf das Pariser KPD-Sekretariat analysiert bei H.-A. Walter (1988). Auch bei Kantorowicz läßt sich eine Rekonsolidierung des Glaubens beobachten. Nach der Rückkehr aus Spanien hatte er seinen (inneren) Bruch mit der Partei notiert; nun, im Lager von Les Milles glaubt er, »daß das, was uns in der Partei abstieß, nur Übergangserscheinungen waren, eben jene immer wieder zitierten Kinderkrankheiten« (1971/1986, 45).

23 »Der Teufel in Frankreich war ein freundlicher, manierlicher Teufel. Das Teuflische seines Wesens offenbarte sich lediglich in seiner höflichen Gleichgültigkeit den Leiden anderer gegenüber, in seinem Jem'enfoutismus, in seiner Schlamperei, in seiner bürokratischen Langsamkeit« (Lion Feuchtwanger: Der Teufel in Frankreich. Ein Erlebnisbericht. München 1983, S. 86; (1941 bei Viking Press, New York unter dem Titel: The Devil in France; 1942 unter dem Titel: Unholdes Frankreich. Mexico: El Libro Libre).

24 Zu Bloch, David, Drach, Koritschoner und Olberg: H. Weber 1989; zu Rittwagen: Erika Hornstein: Staatsfeinde. Köln – Berlin 1963, S. 141 f.

25 1984, 39 – Schon vor der Unterzeichnung des Pakts wurden mißliebige Deutsche aus der Sowjetunion abgeschoben, was nicht selten einer Auslieferung nach Deutschland gleichkam (H. A. Walter 1984, 230). Am 9.2.1940 wurden 28 Männer und zwei Frauen an die Gestapo ausgeliefert, darunter Buber-Neumann und Weißberg-Cybulski; insgesamt seien es etwa 470 Häftlinge gewesen, schätzt Carola Stern. Eine unbekannte Zahl von deutschen Kommunisten wurde umgekehrt den Russen übergeben (C. Stern 1964, 107 u. 320).

26 1984, 38f; ausführlich: Buber-Neumann 1952, 158 ff und 1967, 488 ff; vgl. Weißberg-Cybulski 1951, 688 ff. Georg K. Glaser schreibt von einer »Weltbestleistung des Grauens«: »als der Vater der Völker achtzig deutsche, vor Hitlers Henkern zu ihm geflüchtete Genossen, aus den sibirischen Lagern geholt, vier Wochen lang rundgefüttert und anständig gekleidet und sie

seinem Freund Adolf, gleichsam wie ein Herrscher einem anderen ein Pärchen begehrter Zwergnashörner, geschenkt hatte« (1985 b, 362). Buber-Neumann berichtete im Kravchenko-Prozeß von dem Gefangenenaustausch (vgl. »Aktion«, 1. Jg., H. 1 ⟨1951⟩, S. 3).

27 1942/1958, 307 – Erich Müller (s. Kap. III, Anhang) und Waltraut Nicolas drohte das Konzentrationslager und damit der Tod. Mit der Einwilligung zur pseudonymen Veröffentlichung ihrer Erlebnisse im nationalsozialistischen Deutschland konnten sie vermutlich ihr Leben retten.

28 Vgl. Heilbut 1983/1987, 296 und Stripling 1949, 58 ff.
Ruth Fischer verteilte während des Krieges vor Flüchtlingsversammlungen Flugblätter gegen ihre Brüder Gerhart und Hanns Eisler und sagte 1947 vor dem »Komitee für unamerikanische Umtriebe« gegen ihren Bruder Gerhart aus, er sei »der perfekte Terroristentyp«, ein Mann, »der sein Kind, seine Schwester, seinen besten Freund bedenkenlos Stalin überantworten würde«. 1944 hatte sie an Hanns Eisler geschrieben, falls er und Gerhart planten, sie umzubringen, »sollten sie wissen, daß sie sich von drei Ärzten habe untersuchen lassen, so daß ihr plötzliches Ableben Verdacht erregen würde, und daß Kopien dieses Briefes an ›andere deutsche Einwanderer‹ gingen« (A. Heilbut 1983/1987, 295). Außerdem machte sie Gerhart Eisler verantwortlich für den Tod Bucharins. In ihren Büchern wiederholt Ruth Fischer diese Vorwürfe nicht mehr. Hanns Eisler bezichtigt seine Schwester später der »unverschämten Lüge« (SuF, Sonderheft H. Eisler 1964, S. 20). In Hans Sahls Schlüsselroman »Die Wenigen und die Vielen« tritt Ruth Fischer unter dem Namen »Nathalie Ash« auf (Brief von Adolf Weingarten an Ruth Fischer vom 22.12.1959, Nettelbeck-Archiv).

29 J. Droz/A. Kriegel/R. Portal 1977, 126.

30 Klaus Mann 1952, 421. Seine differenziertere Stellungnahme an die Adresse des Herausgebers des »New Leader« vom September 1939 (1975, II 84 ff) zeigt ihn – im Vergleich zu Onkel Heinrich – als zurückhaltenden Beobachter.

31 G. Weinberg 1966, 1182; Bianka Pietrow: Stalinismus, Sicherheit, Offensive. Das Dritte Reich in der Konzeption der sowjetischen Außenpolitik 1933-1941. Melsungen 1983. Verträge und geheime Zusatzprotokolle sind abgedruckt bei Walter Hofer (Hg.): Der Nationalsozialismus. Dokumente 1933-1945. Frankfurt 1971 (20. Aufl.), S. 229-235.

32 1979, 318 f; 1981, 36 – Über Karl August Wittfogels Biographie informiert umfassend G. L. Ulmen: The Science of Society. Toward an Understatement of the Life and Work of Karl August Wittfogel (The Hague 1978); vgl. J. Radkaus Kritik an Ulmens »Hagiographie« (1983) und die knappen Hinweise bei M. Jay (1973/1981, 33 ff, 205 ff); außerdem Mathias Greffrath (»Jeder anständige Mensch muß kämpfen«. In: »Die Zeit« Nr. 38, 12.9.1986, S. 50). Leo Löwenthal (1980, 86 f) schildert Wittfogel noch als leidenschaftlichen Verteidiger der Stalinschen Politik.

33 H. Wehner 1982/1984, 275 f – Wehner fährt fort: »Ulbricht versuchte sogar, die in der Sowjetunion lebenden deutschen Schriftsteller auf diese ›legale‹ Methode der deutschrussischen Verständigung zu exerzieren«.

34 Zit. n. Axel/Beyer/Steinhauer 1979, 96. Molotow im November 1939: es sei »nicht nur sinnlos, sondern auch verbrecherisch, einen Krieg für die ›Vernichtung des Hitlerismus‹ zu führen«. In einer gemeinsamen Erklärung der KPs von Frankreich, Deutschland und England wurde die »Antihitler-Phraseologie« ›entlarvt‹ (beide Zitate nach Buber-Neumann 1967, 487).

35 »Koestler kommt mit dem Instinkt und der Phantasie des Dichters der Realität weit näher als der Philosoph ⟨Merleau-Ponty⟩ mit seiner Extrapolation«, urteilt Iring Fetscher (1983, 2).

36 Vgl. Caute 1964, 133 f u. Schoch 1980, 53 ff. Zur Kritik von »Humanismus und Terror«: Aron 1983/1985, 233 ff. Die Aggression Nordkoreas 1950 ließ Merleau-Ponty seine Diagnosen revidieren (Merleau-Ponty: Die Abenteuer der Dialektik. Frankfurt 1974 ⟨1955⟩).

37 »Rundschau«, 9. Jg., Nr. 46, 1939, S. 1323 f – Vgl. Braunthal 1961, 517 f; Duhnke 1972, 334 f; Schostakowitsch 1979/1981, 173 f.

38 Deutscher 1949/1962, 483 ff; Weinberg 1966, 1183.

39 Plievier war, neben Adam Scharrer, der einzige parteilose deutsche Emigrant, der den Moskauer Terror überlebte. H. A. Walter vermutet, daß Plievier dies dem Einfluß Bechers zu verdanken habe (1984, 237).

40 H.-A. Walter 1984 b, 107 ff; G. Koenen verweist auf Boris Pasternak (1987, 84).

41 »Trotzki: ›⟨...⟩ Wir alle wissen, das sowjetische Bündnis mit den deutschen Faschisten dient nur dem Zeitgewinn. Früher oder später muß es zum Zusammenstoß kommen. Nichts darf in dieser schwierigen Lage den Kurs gefährden‹« (P. Weiss 1970, 136).

42 L. Schwarzschild 1937 a, 759; E. Bloch 1937/1972 a; von »Verblödung« sprach Kurt Hiller 1937 (»Gide und die Volksfront«. In: K. Hiller 1950, 200).

43 Zu Position und Wandel von »Neues Tage-Buch« und »Neue Weltbühne« ausführlich: H. A. Walter 1978, 23 ff u. 72 ff. Ludwig Marcuse, der sich nach 1937 ebenfalls von Schwarzschild trennte, nennt diesen in seinen Erinnerungen einen »deutschen McCarthy« (1960/1975, 205). Schwarzschilds Gesinnungswandel hängt zeitlich zusammen mit dem Versuch von KP-Kreisen, ihn als Goebbels-Gehilfen zu denunzieren (vgl. H. A. Walter 1978, 103 u. 749; H. Sahl 1987).

44 1945/1947, 135 – Kantorowicz erinnert sich an eine entsprechende mündliche Äußerung Manns (1971/1986, 65).

Die Selbstdarstellung Manns erinnert an die Marxsche Pointierung von Hegels Geschichtsphilosophie: »Da der absolute Geist nämlich erst post festum im Philosophen als schöpferischer Weltgeist zum Bewußtsein kommt, so existiert seine Fabrikation der Geschichte nur im Bewußtsein, in der Meinung und Vorstellung des Philosophen, nur in der spekulativen Einbildung ⟨...⟩ Auf der einen Seite steht die Masse als das passive, geistlose, geschichtslose, materielle Element der Geschichte; auf der andern Seite steht der Geist, die Kritik ⟨...⟩. Der Umgestaltungsakt der Gesellschaft reduziert sich auf die Hirntätigkeit der kritischen Kritik« (MEW Bd. 2, S. 90 f).

45 J. Fest: Die unwissenden Magier. Über Thomas und Heinrich Mann. Berlin 1985.

46 Brief vom 15.10.1936, zit. n. D. Pike 1981, 264 f.

47 1945/1947, 126 – Ähnlich argumentiert später Sartre als Mitglied der PCF gegenüber Camus: »Geben Sie doch zu, Camus, als Sie den Aufsatz über die russischen Straflager lasen, waren Sie insgeheim erfreut, weil Sie sich bestätigt sahen« (Günter Albrecht Zehm: Jean-Paul Sartre. Velber 1965, S. 93 f).

48 Kurt Hiller nahm seine Kritik an den Schauprozessen (für kurze Zeit) zurück: »Mein Gewissen zwingt mich, Euch heute bekanntzugeben, daß ich den Vorwurf ›Justizmord!‹ gegen das Gericht der SU nicht aufrechterhalten kann. Nach gründlichem Studium des amtlichen Prozeßberichts ⟨sic!⟩ bin ich zu der Überzeugung gelangt, daß die Verurteilten jene Taten und Tatversuche begangen haben, derentwegen sie verurteilt und hingerichtet wurden. Daß dieser Bericht von der ersten bis zur letzten Zeile gefälscht sei, wäre eine groteske Annahme ⟨...⟩. Ich sehe keine, sei es künstlich erzeugten, sei es abgepreßten falschen Selbstbezichtigungen, ich sehe Geständnisse«, schreibt er 1936 (NWB, 32. Jg., Nr. 40, 1.10. 1936, S. 1272). In seinen Erinnerungen wird diese Volte ausgespart, aber auch die Nähe des »Weltbühnen«-Redakteurs zur KPD bleibt abseits (z. B. WB, 25. Jg., Nr. 46, 12.11.1929, S. 722 ff).

49 1967, 124 – Auf andere ›Verteidiger‹ weist Laqueur hin (1967, 22 ff). Zu Joseph Davies' Apologie vgl. H. Brandt 1967, 347 ff.

50 Vorbild für Robert Neumanns Mayflower (»Die Puppen von Poshansk«. München: Desch 1952) war, nach Wolfgang Bächler (in: »Die Literatur«, Stuttgart, 1. Jg., H. 5 ⟨15.5.1952⟩, S. 3), der Republikaner Wendell Willkie. Wahrscheinlich stand Neumann auch der Besuch des US-Vizepräsidenten Henry A. Wallace im Sommer 1944 vor Augen, der die Kolyma als Erholungsgebiet beschrieb (»Soviet Asia Mission«) und den Humanismus der sowjetischen Arbeitserziehung lobte (vgl. Lipper 1950, 101-103 u. 234-236; Hollander 1981, 156 f). Zu Neumann und seinem Roman vgl. SP, 6. Jg., Nr. 35 (27.8. 1952), S. 29-33 (Titelgeschichte).

51 »Die Dümmeren von den Funktionären, die ich gekannt habe, haben wirklich innerlich an die Linie geglaubt, wenigstens so weit es ihnen möglich war, sie zu verstehen. Nur die Gescheiteren sind dabei zynisch geworden und machten schlechte Witze über sich und die Linie, wenn sie unter sich waren. ⟨...⟩ Daß eine Partei, deren Funktionäre aus Pfarrern besteht, welche nicht glauben, weil sie intelligent sind, das nimmt dieser Partei die Durchschlagskraft«, urteilt Fritz Brupbacher 1935 nach dem Ende seiner Mitgliedschaft in der Schweizer KP (1935/1973, 356 f).

52 1969, 364 u. 419 – Aber auch nichtstalinistische Linke hielten sich vom Thema fern. Für die »Zeitschrift für Sozialforschung« schien der Stalinismus inexistent, und Horkheimer/Adorno haben die Dialektik der Aufklärung statt am Stalinismus an der Figur des Odysseus exemplifiziert.

53 1936/1967, 111 u. 113 f – »Von Alexandra Kollontaij wurde berichtet, daß sie zu einer Zeit, als sie noch Mitglied des Zentralexekutivkomitees der bolschewistischen Partei gewesen war, aber der ›Arbeiter-Opposition‹ angehört hatte, zu einem ausländischen Freund gesagt habe: ›Wenn ihr da drüben hören solltet, ich sei verhaftet worden, weil ich silberne Löffel im Kreml gestohlen hätte, so laßt euch gesagt sein, daß das weiter nichts bedeutet, als daß ich mit der Generallinie der Partei in irgendeiner Frage nicht ganz einverstanden bin‹« (S. Leonhard 1956, 818).

54 S. H.: Der Moskauer Prozeß. In: »Zeitschrift für politische Psychologie und Sexualökonomie«, hg. W. Reich, Jg. 1936 (Reprint SexPol, Bd. I, o. O. und o. J., S. 68-87, hier S. 70 f).

55 Auf Koestlers Verwendung der St. Just-Rede aus Büchners »Dantons Tod« ist in der Einleitung hingewiesen worden. Leopold Schwarzschild schreibt nach dem ersten Schauprozeß: »Sie waren die getreuen Bedienten der Anklage, überschütteten sich selber mit Beschuldigungen; wenn sie damit die Wahrheit sprachen, ist von Rechts wegen nichts mehr zu ihren Gunsten zu sagen; wenn sie die Unwahrheit sprachen, wenn sie, einst politische Führer, ihre wirkliche Meinung in der Hoffnung verbargen, sich Gnade erbetteln und erdemütigen zu können, spricht von Charakters wegen nichts mehr für sie. Danton ist anders in den Tod gegangen ⟨...⟩«. (Der Gestapomann Trotzki. In: NTB, 4. Jg., H. 35, 29.8.1936, S. 826). Auch Schwarzschild scheint die Möglichkeiten von Folter und Erpressung in seiner moralischen Verurteilung auszuklammern.

56 Z. B. bei W. Orloff 1929, 138 ff; Iwan Iljin (Hg.): Welt vor dem Abgrund. Politik, Wirtschaft und Kultur im kommunistischen Staate. Berlin-Steglitz: Eckart Verlag 1931, S. 107 f (mit Literaturhinweisen); Essad Bey (i. e. Leo Nussimbaum): Die Verschwörung gegen die Welt. G.P.U. Berlin: E. C. Etthofen-Verlag 1932, S. 137 ff; Adolf Ehrt (Hg.): Der Weltbolschewismus. Herausgegeben von der Anti-Komintern. Berlin – Leipzig: Nibelungen-Verlag 1936.

57 Joseph Bornstein weist in seinem Artikel auch darauf hin, daß im Unterschied zu den mittelalterlichen Hexenprozessen »Der Teufel heute im stalinistischen Rußland den offiziellen Namen ›Trotzkismus-Fascismus‹ (führt) und ⟨daß man⟩ mit dieser kleinen Aenderung im Radek-Prozeß so gut wie alle Elemente mittelalterlicher Hexenprozesse ⟨findet⟩: die Anklage auf verbotene Buhlschaft, Verkauf der Seele, Verrat am Heiligsten, boshafte Zerstörung und Sabotage, und nicht zuletzt das Faktum, dass zum Beweise von alledem nichts, buchstäblich nichts vorgebracht wird als die eigene, rätselhafte, unbegreifliche Selbstbezichtigung der Beschuldigten ⟨...⟩« (Erich Andermann: Hexenprozeß in Moskau. In: NTB, 5. Jg, H. 6, 6.2.1937, S. 133. Zu Joseph Bornstein alias Andermann (1899-1952), von 1933 bis 1940 Chefredakteur des »Neuen Tage-Buchs«, vgl. Kurt Kersten in »Aktion«, 1. Jg., H. 2, S. 68 f und Kerstens Nachruf (»Aktion«, 2. Jg., H. 21, S. 48 f).

58 Vergleich mit der Inquisition: Stanislaw Przybyszewski mag angesichts einer Zahl von »acht Millionen Hexen, die nach oberflächlicher Schätzung gebrannt wurden« nicht daran glauben, daß es sich nur um Unschuldige gehandelt habe (S. P.: Die Synagoge Satans. Entstehung und Kult des Hexensabbats, des Satanismus und der Schwarzen Messe. Berlin 1979 ⟨1897⟩, S. 107 u. 111).

59 Koestler (1937, 160), H. Mann (1945/1947, 110) und Kantorowicz (1947, 118) zitieren Hitler; Kantorowicz erinnert noch an die »tiefe Weisheit des alten Sprichworts, daß Lügen kurze Beine haben«. Brecht hatte in seiner Rede auf dem I. Internationalen Schriftstellerkongreß ohne direkten Verweis auf Hitler gesagt: »Wenn die Verbrechen sich häufen, werden sie unsichtbar ⟨...⟩ Wenn die Untat kommt, wie der Regen fällt, dann ruft niemand mehr halt« (1967, XVIII 242). Sperber bezieht später den Ausspruch Hitlers auf die »Propaganda aller Diktatoren« (1972, 45; 1984b, 163).

60 Serge 1973/1981, 314 f.

61 1938, 8 – Held nennt dieses Schweigen »Verrat. Verrat an euren Büchern und eurer Moral,

Verrat an den Opfern Hitlers und an den Opfern Stalins, Verrat an den Massen und Verrat an euch selbst«. Einen ähnlichen Vorwurf erhebt ein spanischer Anarchist nach der Ermordung des Italieners Camillo Berneri durch die GPU in Barcelona an die Adresse der kommunistischen Intellektuellen: »Wie freuen wir uns darüber, daß das Pack der heuchlerischen Schreiberlinge, die zum Wohl ihres Magens vor keiner Lüge zurückschrecken, die Ermordung unseres Genossen mit keinem Wort erwähnen!« (zit. n. Schmigalle 1985, 90).

62 Silone lehnt mit diesem Brief, den er als »notwendige(n) Akt antifascistischer Folgerichtigkeit« bezeichnet, die Mitarbeit in der von Brecht, Bredel und Feuchtwanger herausgegebenen Zeitschrift ab und veröffentlicht ihn in der Basler »Arbeiterzeitung« (24.9.1936; wiederabgedruckt in: e.i. 1975, H. 9, S. 37-39; vgl. Silone 1966, 145).

63 Der Gestapomann Trotzki. In: NTB, 4. Jg., H. 35, 29.8. 1936, S. 828. Noch spricht Schwarzschild von einem »Fehler« (ebd.), hält also eine Korrektur für denkbar.

64 1937 b, 801 f u. 825 – Er sei »⟨...⟩ der tiefen Überzeugung, daß jeder Wortführer der deutschen Opposition, der in die Reihen der stalinistischen Fremdenlegion eintritt ⟨...⟩ je nach Einfluß und Geltung daran mitwirkt, die geistigen und faktischen Positionen gegenüber dem Dritten Reich zu verwüsten, zu unterminieren und schließlich in die Luft zu sprengen«, schrieb Schwarzschild im angekündigten Nachtrag zu seiner Feuchtwanger-Kritik und hält fest, daß aus dem geplanten Nachtrag »eine Quintessenz und ein Fazit« geworden sei (1937 b, 801) – das Fazit, daß die Verteidiger der Prozesse keine Antifaschisten mehr seien.

65 Sowjet-Justiz. In: WB, 26. Jg., H. 49 (2.12.1930), S. 811-812.

66 Antwort an Arnold Zweig. In: WB, 26. Jg., H. 49 (2.12. 1930), S. 818-820; vgl. die Beiträge von Heinz Pol, Isaac Steinberg und Zweig im selben Jahrgang, S. 707 ff, 784 ff u. 854 ff. Auch Heinrich Mann unterzeichnete 1930 zusammen mit Zweig u. a. einen Protest der Liga für Menschenrechte in Deutschland gegen die sowjetischen Todesurteile. Leopold Schwarzschild erinnert an diesen Prozeß und an die Begnadigung der Angeklagten (1936, 826 f). Der erste sowjetische Schauprozeß fand im Juni 1922 gegen 22 Mitglieder des ZKs der Sozialrevolutionären Partei statt (vgl. Kurt Kersten: Der Moskauer Prozeß gegen die Sozialrevolutionäre. Berlin: Die Schmiede 1925). Zu dem in der »Weltbühne« diskutierten »Prozeß gegen die Industriepartei« und anderen Schauprozessen vor 1936 vgl.: Spione und Saboteure vor dem Volksgericht in Moskau. Berlin: Neuer Deutscher Verlag 1931; Ludwig Renn: Rußlandfahrten. Berlin 1932 (S. 175 ff: »Der Prozeß gegen die Industriepartei«); Schlamm 1937, 26 f; Wyschinski 1951, 393 ff; Buber-Neumann 1967, 455 ff.

67 J. Schaxel, zit. n. Pike 1981, 238 (Schaxel war Biologe und geriet 1937 selbst in die Mühlen der Stalin-Justiz; 1943 kam er ums Leben). Von »Ungeziefer« spricht wiederholt der Erfolgsautor Martin Andersen-Nexö, und noch 1956 schreibt Ernst Bloch von »Ratten« (1970, 358). »Plötzlich erkennt unser Land den Abszeß, der an seinem Leib brannte‹. So schrieb der Dichter aus Moskau. ›Schon ist das Fieber in vielen Gliedern gewesen. Aber jetzt setzen wir das Messer an und schneiden den Abszeß heraus.‹ Plötzlich bemerkt man einen Abszeß? Albert schüttelte den Kopf. Wie problematisch sind all diese Bilder! ⟨...⟩ Alle Bilder waren korrekt, alle waren aber auch bequem ⟨...⟩ Konnte man nicht ohne Bilder auskommen und lieber die Wahrheit sagen ⟨...⟩«, fragt sich Reglers Protagonist Albert (1976, 180).

68 S. Sontag: Krankheit als Metapher. Frankfurt 1981, S. 100, 102. Auf die zentrale Bedeutung der Krankheitsbilder in der antisemitischen Metaphorik weist Gerhard Kurz hin (Metapher, Allegorie, Symbol. Göttingen 1982, S. 25 f). Bereits Heinrich Heine kritisiert die blutdürstige Metaphorik des Chirurgen bei seinem früheren Freund Ludwig Börne (»Ludwig Börne. Eine Denkschrift«, Drittes Buch). Zur Tradition der Staatsmetaphorik von Körper, Krankheit und Heilung: A. Demandt 1978, 20 ff.
Wenn Heinz Rein als Literaturkritiker Walter Kolbenhoffs Roman »Von unserm Fleisch und Blut« verdammt, bedient er sich der Krankheits- und Chirurgenmetapher, doch er bezieht sie auf den Romanprotagonisten und verbindet sie mit der expliziten Hoffnung auf eine ›Genesung‹ des Autors: »Kein Zweifel, dieser Junge ist von unserem Fleisch und Blut ⟨...⟩, aber er ist nur eine Zelle unseres Körpers, allerdings eine Zelle, die ihren Eiter noch über andere Zellen ergießt und deshalb ausgebrannt werden muß. ⟨...⟩ Sollte es Kolbenhoff gelingen, künftig bei

Gegenwartsproblemen nicht in seinem ›temporären Nihilismus‹ ⟨...⟩ zu verharren, sondern sich mit ihnen positiv auseinanderzusetzen, so sind wir sicher, daß erbald eine der stärksten Positionen der jungen deutschen Literatur wird« (H. R.: Die neue Literatur. Versuch eines Querschnitts. Berlin: Henschel 1950, S. 304).

69 1939, 2 ff – Tatsächlich schrieb er in dem Band »Diktatur der Lüge« von einem bevorstehenden »Freundschaftsvertrag mit Hitler« (1937, 37 u. 41 ff). Vgl. J. Ginsburgs »Familienphoto« (1967, 332) und W. Krivitsky 1939/1940, 91.

70 Zit. n. Schlamm 1937, 6.

71 K. A. Wittfogel im Gespräch mit M. Greffrath (1979, 327); vgl. A. Heilbut 1983/1987, 104 u. E. Bloch 1985, 526 f. Ähnlich soll die Reaktion von Egon Erwin Kisch gewesen sein (G. Zehm 1961 und H. Kesten 1959, 197).

72 Vgl. H. Sahl 1987 b; H. A. Walter 1978, 104 u. 749 f.

73 1967, 137 – Ähnlich W. Schlamm 1937, 62.

74 Vgl. E. Fischer 1937. Die Prozeßberichte Fischers in der »Rundschau« zeigen den Schriftsteller an der Seite des Henkers (z. B. »Die Geständnisse«, 6. Jg., Nr. 5, 4.2.1937, S. 221 f).

75 1969, 375 – »Welch ein Wirrwarr! Wer gegen wen? Und wer spielt wessen Spiel? Wenn der Teufel die Karten mischt. ⟨...⟩ Wer hat Kirow ermordet? Wessen Spiel wird gespielt? Ist nicht alles möglich, wenn Hitler möglich ist?« (1969, 355) Fischers Hinweis auf die mündliche Rede behält nur für kurze Zeit seine Gültigkeit. In der Zeitschrift »Das Neue Tage-Buch« wird im September 1936 der amtliche »Prozessbericht über die Strafsache des Trotzkistisch-Sinowjewistischen Terroristischen Zentrums«, herausgegeben vom Moskauer Volkskommissariat für Justizwesen, angezeigt und einer scharfen Kritik unterzogen. Schwarzschild (der Artikel ist ungezeichnet, stilistisch aber dem Herausgeber zuzuordnen) hält den Bericht für »unendlich kompromittierend« (Russische Dokumente zum »Gestapomann Trotzki«. In: NTB, 4. Jg., H. 37, 12.9.1937, S. 871-873).

76 1981, 433 – Ausführlich wird die Episode vom Tod Steffins diskutiert bei Theweleit (1988, 711 ff).

77 Zit. n. Wolfgang Jeske/Peter Zahn: Lion Feuchtwanger oder Der arge Weg der Erkenntnis Stuttgart 1984, S. 189; die vorangehenden Zitate aus dem Briefwechsel Feuchtwanger–Arnold Zweig (1984, I 122).

78 1979/1981, 254 – In der sowjetischen Presse ist inzwischen die Rede von Feuchtwangers »Lüge um der Rettung ⟨vor dem Nationalsozialismus⟩ willen« (A. Plutnik 1988).

79 K. Mann 1975, I 311; E. Poretsky 1969, 198 f. Heinrich Mann nennt es die Behauptung Leopold Schwarzschilds, der in seinem »Neuen Tage-Buch« zwar, ähnlich wie Kurt Hiller, Feuchtwanger zum »Verräter am Geist« erklärt (1937 b, 830) und implizit von Lügen, aber nicht von Bestechung spricht. Feuchtwanger hatte keine Freunde unter den Angeklagten; allein mit Karl Radek war er bekannt. David Pike wertet Poretskys Vermutung als Gerücht, weist aber darauf hin, daß die jüdischen Angeklagten tatsächlich allesamt Gefängnisstrafen erhielten, während die anderen zum Tode verurteilt wurden. (1981, 244 u. 268).

80 G. Lukács 1980/1981, 160.

81 1950, 144 – Elinor Lipper organisierte sich Anfang der dreißiger Jahre in Berlin in einer Studentenorganisation der KPD, ging 1933 ins Exil und kam 1937 nach Moskau, wo sie in der »Verlagsgenossenschaft ausländischer Arbeiter« (VEGAAR) arbeitete und bereits nach zwei Monaten verhaftet wurde. Wegen »Spionage« zu fünf Jahren Lager verurteilt, mußte sie insgesamt elf Jahre in Gefängnissen und Lagern (Kolyma) verbringen.

82 R. Medwedew 1976 a, 33 – Weitere Zahlenangaben bei A. Kaminski (1982, 121 ff).

83 1937 b, 53 – Ähnlich äußert sich noch zehn Jahre später Erich Weinert (1947, 20); und Karl Mewis schreibt 1970 über sein sowjetisches Exil: »Man fuhr wieder durch Freundesland ⟨...⟩. Hier drohte den deutschen Antifaschisten keine Gefahr« (1971, 84).

84 Fritz Landshoff, Leiter des Querido-Verlags, erinnert sich, er habe Feuchtwanger nach der Lektüre des Manuskripts von »Moskau 1937« dringend von einer Veröffentlichung des Buches abgeraten (Volker Skierka: Lion Feuchtwanger. Eine Biographie. Berlin 1984, S. 174).

85 W. Köpke (1983, 61) spricht vorsichtig von einem »fast ⟨...⟩ religiösen Eifer« Feuchtwangers.

Aber Feuchtwangers Religion heißt Fortschritt. Feuchtwanger erwartet von seinem »anspruchsvolle⟨n⟩ Leser«, der das Buch – gemeint ist hier »Waffen für Amerika«, doch es läßt sich mit gutem Grund auf »Moskau 1937« beziehen – »offenen Sinnes und mit einigem Vertrauen zu dem Autor liest«, daß dieser als Helden des Buches den »Fortschritt« ausmache (Zu meinem Roman »Waffen für Amerika«. In: Lion Feuchtwanger zum 70. Geburtstag. Worte seiner Freunde. Berlin ⟨Ost⟩ 1954, S. 151).

86 1937 b, 119 – Julius Hay über Feuchtwanger: »Er ⟨...⟩ opferte, um die Front gegen den Faschismus zu stärken, das Größte, was der Schriftsteller besitzt: die Wahrheit« (1971 / 1977, 217).

87 »Das Wort«, 2. Jg. 1937, H. 3, S. 100.

88 1937, 153 – Feuchtwanger beruft sich – wie später Koestler – auf das Matthäus-Evangelium: »Eure Rede sei: Ja, ja; Nein, nein«; Feuchtwanger läßt keinen Zweifel darüber aufkommen, wem diese Zeugenschaft gilt: Stalin – er sei »Fleisch vom Fleisch des Volkes« (1937 b, 78).

89 L. Feuchtwanger 1937 b, 63, 81 u. 152.

90 Zit. n. K. Hiller 1950, 205. Feuchtwangers Besprechung findet sich mit etwas abweichendem Wortlaut wieder in der Exilzeitschrift »Das Wort« (L. F. 1937 a – dort fehlt beispielsweise das Attribut »schwächlich«). Hillers Kommentar: »Wer wahrhaftig ist, hat nach Feuchtwanger das Recht verwirkt, sich Sozialist zu nennen.« Hiller will Feuchtwanger der Lüge überführen, weil dieser in seiner Polemik geschrieben habe, daß Gide in »Retour de l'U.R.S.S.« sein »Augenmerk in jeder Hinsicht auf den Mangel an Klosettpapier« richte (L. F. 1937 a, 87; K. Hiller 1950, 206). Damit geschieht Feuchtwanger freilich Unrecht, da sein »Klosettpapier« sinnbildlichen Charakter besitzt. In »Moskau 1937« charakterisiert Feuchtwanger Gide jedoch als Heuchler, der in Rußland gelobt und in Frankreich gehetzt habe (1937 b, 50); ähnlich urteilt er in einem Brief an Arnold Zweig (1984, I 156).

91 L. F. 1937 b, 115 u. 124 – »Feuchtwanger, Lenins Testament somit kennend und anerkennend, entnimmt daraus einen Tadelssatz gegen Trotzki und verwendet ihn als autoritatives Attest für Stalin.« Das Testament enthält aber »eine schwer besorgte Warnung vor Stalin, dessen Absetzung geradezu verlangt wird. Das also hat Feuchtwanger gewußt. ⟨...⟩ Hier mindestens ist es evident, dass er das Gegenteil seiner besseren Kenntnisse niederschrieb« (L. Schwarzschild 1937 a, 731 f). Schwarzschild stützt sich in seinen Polemiken gegen Feuchtwanger offensichtlich auf die Argumentation von Willi Schlamms Streitschrift »Diktatur der Lüge« (1937). Zu Lenins Testament vom Dezember 1922/Januar 1923, das vom Trotzki-Biographen Max Eastman aus Rußland geschmuggelt und zuerst im Oktober 1926 in der »New York Times« veröffentlicht wurde, vgl. L. Trotzki: The Suppressed Testament of Lenin. New York: Pioneer 1946; R. Fischer 1948 / 1950, 289-297. 1956 wurde das Testament erstmals in der Sowjetunion veröffentlicht.

92 1937 b, 135 f – Ähnlich Martin Andersen-Nexö in »Das Wort«, 2. Jg. 1937, H. 3, S. 101 f.

93 G. Regler 1976, 182.

94 A. J. Wyschinski 1951, 575.

95 L. F. in: DZZ, 6.2.1937. Zu Feuchtwangers Vernunftkonzept vgl. die Hinweise von O. Drekonja 1985, 66, aber auch die Marxsche Kritik an der idealistischen Geschichtsphilosophie (MEW, Bd. 2, S. 89 ff).

96 Günter Caspar (1954) und Gerd Koenen (1987) haben das Material versammelt, ersterer in affirmativem Sinn, letzterer in kritischer Absicht.

97 Das Buch wurde »erstaunlich flink ins Russische übersetzt« (A. Plutnik 1988). Die russische Auflage betrug 200.000 Exemplare. Eine Nachauflage hat es ebensowenig gegeben wie später eine Ausgabe in der DDR. Ob das, wie Kantorowicz andeutet, an Feuchtwangers verhaltener Kritik an Stalins Personenkult lag, muß bezweifelt werden. Die erste Besprechung (mit vorsichtigem Lob) erschien in der »Rundschau« (6. Jg., Nr. 32, 29.7.1937, S. 1171). Lew Kopelew glaubt, daß Feuchtwangers Buch »im Westen etliche Menschen für Stalin« gewonnen habe (1983 b, 161).

98 Schlußrede Bucharins bei T. Pirker 1963, 239 f. Vgl. Ernst Blochs Aufsatz für die »Neue Weltbühne«: »Bucharins Schlußwort« (in: E. Bloch 1972, 351-359).

Wie groß Feuchtwangers Ruf Ende 1937 in der Sowjetunion war, zeigt eine Episode, die dem Regisseur Alexander Granach vermutlich das Leben gerettet hat: Bei seiner Verhaftung in Moskau im November 1937 trug er einen Brief Feuchtwangers bei sich; das scheint der Grund dafür gewesen zu sein, daß er freigelassen und ihm die Ausreise erlaubt worden ist (Ursula Ahrens: Bericht über Alexander Granachs sowjetische Exiljahre 1935-1937. In: e.i., H. 14/15, S. 130; vgl. Julius Hay 1971/1977, 229).

99 W. Zadek 1981, 163 ff.

100 S. Leonhard 1956, 90; H. Wehner 1982/1984, 237; D. Pike 1981, 423. Alexander Weissberg-Cybulski schreibt über den möglichen Grund ihrer Verhaftung: »In den Kreisen der deutschen Emigranten dort war sie dafür bekannt, daß sie kein Blatt vor den Mund nahm. Schon im Jahre 1936 führte das zu ihrer Verhaftung« (1951, 689). Und Margarete Buber-Neumann schreibt: »Nach mehreren Monaten Untersuchungshaft wurde sie eines Tages entlassen. Wenn ich mich recht erinnere, stellte man sie im Pyjama auf die Straße. Die Nachricht von ihrer Verhaftung war ins Ausland gedrungen, und ihre Freunde und die Gesinnungsgenossen Erich Mühsams erhoben in der Presse einen entrüsteten Protest. Das dürfte der Grund ihrer Entlassung gewesen sein« (1952, 165). Über die Freilassungskampagne von Raoul Laszlo, Rudolf Rocker, Roger N. Baldwin u. a. vgl. R. Rocker: Erich und Zensl Mühsam: Gefangene bei Stalin und Hitler. Wetzlar 1976, S. 29 ff.

101 Vgl. L. F. 1937 a und seinen Prozeßbericht in »Das Wort«, 2. Jg. 1937, H. 3, S. 100 f. Die »Rundschau« druckte Feuchtwangers Berichte für die »Prawda« ab (6. Jg., Nr. 4, 29.1.1937, S. 140 f; Nr. 5, 4.2.37, S. 222; Nr. 6, 11.2.37, S. 270). In seinem Bestseller »Waffen für Amerika« taucht freilich der »Ingenieur der Seele« im historischen Gewand wieder auf – unter dem Namen Benjamin Franklin. Hans-Albert Walter hat darauf hingewiesen, daß Feuchtwanger seinen Romanfiguren Franklin und dessen verräterischem Sohn Züge von Stalin und Trotzki aus »Moskau 1937« verleiht (H. A. Walter: Der falsche Franklin oder Ein echter Feuchtwanger. Nachwort zu Lion Feuchtwanger: Waffen für Amerika. Ausgabe in zwei Bänden. Frankfurt 1986, Bd. II, S. 355-432).

102 Pike interpretiert Kurellas Rezension in der »Internationalen Literatur« als politische Strategie (1981, 232 f).

103 A. K.: Ich lebe in Moskau. Berlin: Volk und Welt 1947, S. 110. Kurella war in seiner Jugend an jener Landkommune beteiligt, die Oskar Maria Graf in der Kalendergeschichte »Die Siedler« schildert. Zu seinen unbekannteren Anfängen als Sexualreformer vgl. R. Jacoby 1985, 78 f. Hans Mayer nennt Kurella eine »Schlüsselfigur« mit der »typische(n) Biographie eines deutsch-bürgerlichen Intellektuellen, der am Ausgang des 19. Jahrhunderts geboren wurde« (1984, 130).

104 Auch in seinem Spanienroman »Das große Beispiel« läßt Regler den ehemaligen Katholiken Albert im Zusammenhang mit den Moskauer Prozessen von dem Verrat des Petrus sprechen (1976, 197).

105 Auf sie hat Hans-Albert Walter (1984, 527) hingewiesen. Vergleichbar mit Reglers Erzählung vom Fall Schmückle ist Margarete Buber-Neumanns Bericht von der Isolierung Münzenbergs und seiner Frau. Sie seien zu »Aussätzigen« geworden und nur »rühmliche Ausnahmen« hätten den Kontakt aufrechterhalten (1967, 473 f).

106 Ervin Sinko 1962/1969, 128, 133.

107 1981, 282 – Mit größerem Wohlwollen äußert sich Zwerenz, ebenfalls Teilnehmer des ersten Lehrgangs, der sich von den menschlichen Zügen des Mächtigen berührt zeigt. Es habe »zwei verschiedene Kurella-Exemplare« gegeben, den »Funktionär« und »einen anderen Kurella...im kleineren Kreis« (1974 a, 454; vgl. 1974 b, 128 ff). Ähnlich Kopelew: ‹...› Kurella, der zuhause George und Rilke las und öffentlich über sie als reaktionäre Dekadente wetterte. Vor Kurella wurde man gewarnt, er wäre Denunziant!« (1983, 163) Theo Pinkus: »‹...› persönlich schätzte er ja die moderne Kunst, er hatte viele dieser Werke in seiner großen Privatbibliothek« (Lüscher/Schweizer 1987, 329). Pinkus ergänzte im Gespräch, Alfred Kurella habe erst im August 1956 auf dem Rückweg einer Kaukasusreise von Heinrichs Tochter Tanja erfahren, daß sein Bruder 1940 hingerichtet worden sei. (In den Berliner Jahren war ›Heini Kurella‹ ein enger Freund von Pinkus.

Im übrigen habe selbst Wanda Bronska-Pampuch der Behauptung widersprochen, Kurella habe sich durch die Denunziation seines Bruders vor der eigenen Verhaftung schützen wollen.)

108 1976, 241 – Völker zitiert Sidney Hook: »A Recollection of Bertolt Brecht« (1960); der Schauspieler Hermann Greid (»Der Mensch Brecht, wie ich ihn erlebt habe«) zitiert Brechts Ausspruch etwas abweichend: »Was die Angeklagten betrifft: Je unschuldiger sie waren, desto mehr verdienten sie zu sterben« (Stockholm 1974, S. 4).

109 1971/1977, 74 – In seinem Svendborger Gedicht »Ansprache des Bauern an seinen Ochsen« (1967, IX 683 f) will Brecht mit dem Bild des Ochsen an Stalin erinnern – diese Variante vertraut er seinem Freund Walter Benjamin an (GS VI, 536).

110 1936/1967, 111 (»Über die Moskauer Prozesse«). Mittenzwei berichtet, daß Brecht verschiedene Varianten des Textes entwarf (1986, I 622).

111 1967, X 979 ff – Eine knappe Darstellung und Kritik der »Lehre« von T. D. Lyssenko bei Gustav A. Wetter: Philosophie und Naturwissenschaft in der Sowjetunion. Hamburg 1958, S. 80 ff; vgl. das Stichwort »Lyssenkismus« im Kritischen Wörterbuch des Marxismus.

112 1967, XX 13 * – Mit dem Hitler-Stalin-Pakt war Finnland der Interessensphäre der Sowjetunion zugeschlagen worden. 1932 hatte die Sowjetunion einen Nichtangriffspakt mit Finnland unterzeichnet.

113 1967, XIX 488 (zuerst in OW, 3. Jg., H. 6 〈Juni 1949〉, S. 20, zum 65. Geburtstag von Lion Feuchtwanger). Hintergrund von Brechts neuerlichem Hinweis auf »Moskau 1937« war ein Angriff in der Moskauer Literaturzeitschrift »Nowy Mir« gegen Feuchtwanger: sein letzter Roman zeige, schon im Titel »Waffen für Amerika«, daß der Autor sich dem amerikanischen Imperialismus verkauft habe. Kantorowicz war aufgefordert worden, die Übersetzung der Kritik in »Ost und West« zu veröffentlichen (A. Kantorowicz 1959, 619 f).

114 Brecht schreibt an Kolzows Lebensgefährtin Maria Osten »Ich hoffe so sehr, daß die Gerüchte 〈von Kolzows Verhaftung〉 sich nicht bestätigen 〈...〉 Ich kann mir einfach nicht denken, was er getan haben könnte, ich habe ihn wirklich nur immer unermüdlich für die Sowjetunion arbeiten sehen. Haben Sie irgendeine Ahnung, was ihm zur Last gelegt wird?« (1981, 382)

115 MEW, Bd. 31, S. 53 u. 159 (1865).

116 W. Benjamin 1985 (GS VI), 534.

117 1985 (GS VI), 526.

118 1985 (GS VI), 529; vgl. Benjamins »Notiz über Brecht« (GS VI, 540). »im faschismus erblickt der sozialismus sein verzerrtes spiegelbild. mit keiner seiner tugenden, aber allen seinen lastern«, notiert Brecht 1943 im »Arbeitsjournal« (19.7.43) – in diesem Fall sei »sozialismus« mit Stalinismus gleichzusetzen, schlägt Helmut Dahmer vor.

119 W. Benjamin 1985 (GS VI), 535.

120 1981, 326 f – Brechts zweiter Brief, datiert vom Juni 1937, ist vermutlich nicht abgeschickt worden.

121 Mittenzwei 1986, II 617 – Ernst Ottwalt, Mitautor des Drehbuchs zu »Kuhle Wampe«, hatte sich 1929 unter dem Einfluß von Brecht der KPD zugewendet. Auf George Grosz' dringliche Bitte hin, etwas für Hermann Borchardt (Brechts früheren Mitarbeiter) zu unternehmen, ergeht sich Brecht in Schuldvermutungen; vgl. H. A. Walter 1984, 230 u. 530; Brecht 1981, 304 ff; G. Grosz: Briefe 1913-1959. Reinbek 1979, S. 232 ff.

122 Sergej Tretjakov wurde am 16. Juli 1937 unter der Beschuldigung, für den deutschen und den japanischen Geheimdienst gearbeitet zu haben, verhaftet und bereits am 9. August 1939 hingerichtet; im Februar 1956 wurde er vom Moskauer Militärkollegium rehabilitiert.

123 1967, IX 743 – Ein Schubladengedicht, zuerst publiziert in der (Suhrkamp-) Werkausgabe.
     In einem späteren Gedicht, »Die Verlustliste« genannt, notiert das lyrische Ich »Auf einen kleinen Zettel die Namen derer/Die nicht mehr um mich sind« – doch die Opfer des Stalinismus haben darauf keinen Platz (1967, X 829).

124 1973, 36 – Der Grund, warum Brecht von Bernhard Reich, der für kurze Zeit verhaftet worden war, keine Briefe mehr bekam, dürfte, nach der Inhaftierung von ihm und seiner Frau (Asja Lacis), bei Reichs Vorsicht zu suchen sein, sich nicht durch Kontakte zu Ausländern weiter zu gefährden. »Die Jahre erschwerten einen Briefwechsel mit dem Ausland«, schreibt er in seinen

Erinnerungen (B. Reich: Im Wettlauf mit der Zeit. Erinnerungen aus fünf Jahrzehnten Theater-geschichte. Berlin ⟨Ost⟩ 1970, S. 376).

125 ⟨entfällt⟩

126 »Jeder einzelne von uns hat mindestens einen Freund, von dem er weiß, daß er in einem Arbeitslager der Arktis umgekommen ist, als Spion erschossen wurde oder spurlos verschwand. Wie erbebten doch unsere Stimmen vor gerechter Empörung, wenn wir gelegentliche Fehl-schläge der Justiz in den westlichen Demokratien aufzeigten, und wie eisern hielten wir den Mund, wenn unsere Genossen auf dem sozialistischen Sechstel der Erde ohne Verhandlung und Urteil liquidiert wurden. Jeder von uns schleppt seine Toten in den Kellergewölben seines Gewissens herum« (Koestler 1949/1952, 68 f).

127 Bergamins Rede zit. n. R. Goerling 1986, 294; vgl. »Das Wort«, 2. Jg., H. 10, Okt. 1937.

128 Auf dem Zweiten Internationalen Schriftstellerkongreß 1937, wo Gide im Brennpunkt der Kritik steht, verlangt Egon Erwin Kisch »Konformismus« und prägt die Forderung nach »bejahender Wahrheit«; José Bergamin, der Gide beim Namen nennt, spricht von einem »ungerechten und unwürdigen Angriff auf die Sowjetunion« und von der »unwürdigen Haltung des Autors«, jedoch nicht von Lüge (»Das Wort« 2. Jg., H. 10, Okt. 1937, S. 55 u. 66). Zur Rezeption von Gides Reisebericht in Frankreich: R. Maurer 1983, 129 ff.

129 1967, XIX 434 – Auch Feuchtwangers Kritik zielt auf den Zeitpunkt von Gides Veröffentli-chung und weniger auf dessen Aussagen. Heinz Abosch kommentiert, mit Bezug auf Benjamins Brecht-Notizen, daß »Brecht ähnliche Beobachtungen wie Gide gemacht hat. Nur behielt er sie für sich, und in der Öffentlichkeit behauptete er das Gegenteil« (1983, 37). Doch Brecht hat auch seine Versuche einer Gide-Kritik nicht veröffentlicht (1967, XIX 434 ff u. XX 105 ff).

130 Auch Mittenzwei vermutet, daß Brecht nach dem XX. Parteitag nicht viel Neues erfahren habe (1986, I 630).
      In vier Aufsätzen zu Brechts Verhältnis zum Stalinismus sind seine wichtigsten Äußerungen zum Thema versammelt. Der von Peter Bormans (1975) läßt sich auf die knappe Formel bringen: nicht die Stalinisten, nicht die Antistalinisten, sondern Brecht hatte recht. Die beiden von Helmut Dahmer und Iring Fetscher (1973), geschrieben nach der Veröffentlichung von Brechts »Arbeitsjournal«, heben die Zurückhaltung des politischen Schriftstellers Brecht hervor. James Lyon (1983) widmet sich den vier Stalin-Gedichten des Nachlasses, die Brecht nach dem XX. Parteitag geschrieben hat. Am ausführlichsten untersucht David Pike (1986, 225 ff) den Apologeten Brecht, freilich im Stil der staatsanwaltlichen Anklageerhebung, der auf der Suche nach Belastungsmaterial kaum zwischen Veröffentlichung und Schreibversuch unterscheidet. Von Bedeutung bleibt immer noch Hannah Arendts Aufsatz über den politischen Schriftsteller Brecht (1971).

131 1963, 44 – Brecht verstand es andererseits, sich mit österreichischem Paß, schwedischem Konto und dem Verkauf seiner Autorenrechte an einen westdeutschen Verlag abzusichern (vgl. G. Lukács 1981, 151).

132 L. Kopelew 1983, 163

133 1967, XX 325 f – auch diese Notizen wurden probeweise entworfen und vermutlich nicht abgesandt (vgl. 1982, Suppl. IV 32*).

134 Alexander Sinowjew schreibt: »Nehmen wir die stalinistische Repressionsmaschinerie. Die Leute, die das Ganze entlarven, schieben alles Stalin und seinen Handlangern in die Schuhe. In Wirklichkeit aber war sie ohne die Intelligenz und letzten Endes ohne die intellektuelle Elite überhaupt nicht möglich. Sie ist von höchst raffinierten Intelligenzlern geplant, kalkuliert, zustandegebracht und in Gang gesetzt worden ⟨...⟩ Ein Glück für die Geschichte, daß diesbezüg-liche Spuren sorgfältig getilgt worden sind« (1982/1984, 339). In einer jüngsten Kontroverse zwischen Igor Schafarewitsch und Roy Medwedew (dokumentiert in »Moskau News« Nr. 9, Sept. 1988, S. 6) vertritt Schafarewitsch zusammen mit W. Koschinow gar die These, daß der Stalinkult als ein Produkt westlicher Intellektueller – an erster Stelle wird Feuchtwanger genannt – zu verstehen sei.

135 Benjamin notierte einen Hinweis Brechts auf die »immensen Verdienste« Stalins und dessen Äußerung, daß »›leider oder gottseidank, wie Sie wollen‹, dieser Verdacht ⟨gegenüber der ›russischen Entwicklung‹⟩ heute noch nicht Gewißheit« sei (1966, 131).

136 Die Theorie der Verdrängung vertritt Heiner Müller: »Und sein Problem war Hitler, das war seine letzte Fixierung. Und wegen der Fixierung auf Hitler hat er das Problem Stalin verdrängt, und das war ganz legitim in der Zeit, in der er gelebt hat, und das wurde für ihn zunehmend ein Problem in der DDR. ⟨...⟩ Er hat ⟨dort⟩ eigentlich nur noch sein Werk exekutiert und verkauft, aber hat nie ein, ein... das konnte er gar nicht aufgrund seiner Biografie, er hat nie mit beiden Augen auf diese neue Wirklichkeit geguckt, das konnte er nicht, das konnte man von ihm auch nicht verlangen, das hätte er nicht ausgehalten. Und er ist auch rechtzeitig gestorben ⟨...⟩ Das war eine seiner Qualitäten« (Ich bin ein Neger. Diskussion mit Heiner Müller. Darmstadt 1986, S. 24 f).

137 Zitiert nach dem Manuskript.

138 Brief an Paul Partos, 12.6.1939. In: Jahrbuch Arbeiterbewegung II ⟨1974, 219⟩).

139 1937/1972, 176 f; in leichter Variante zitiert Bloch im ähnlichen Kontext nochmals Schillers »Wallenstein«: »Aber eine Jugend, die gar keine mehr ist, war sehr rasch fertig mit dem Wort« (1942, 19).

140 1985, 526 f (Brief vom 14.10.1940). Selbst bei der Geburt des Sohnes hält sich sein Witz an den militärischen Rang: »Heißt Johann Robert und wird, so scheint es, ein roter Admiral« (1985, 525).

141 Vgl. Franz 1985, 91 u. 105. Ludwig Marcuse: »Bisweilen war er nicht zu unterscheiden von irgendeinem dieser Instruktions-Sergeanten« (1960/1975, 195). Aber in der Regel gilt für Bloch wie für Brecht, Feuchtwanger und Heinrich Mann, daß er sich nur selten zu Streitfragen oder Meinungsverschiedenheiten äußerte; man schrieb auf ›idealerem‹ Niveau und lieferte den ethischen und philosophischen Überbau für die Volksfrontbemühungen (vgl. H. A. Walter 1978, 59).

142 1937, 103 – Unter dem Motto »Jetzt hat ihr Schicksal sie doch ereilt« wurden zur selben Zeit in der deutschen Presse die Verhaftungen deutscher Emigranten gefeiert (vgl. Literaturmagazin 21. Reinbek 1987, S. 42).

143 In: K. Bloch 1978, 282.

144 Ausführlich: Franz 1985, 52 ff; E. B.: Kampf, nicht Krieg. Politische Schriften 1917-1919. Hg. v. Martin Korol. Frankfurt 1985.

145 Jubiläum der Renegaten. In: NWB, 33. Jg., Nr. 46 (11.11.1937), S. 1437. Der Verleger Walter Janka erinnert sich, daß Bloch 1956 für seine Werkausgabe im Aufbau-Verlag die Stalin-Apologien der 30er und 40er Jahre unverändert und unkommentiert übernehmen wollte. Nur gemeinsam mit Georg Lukács sei es Janka gelungen, Bloch zu einer Streichung dieser Verteidigungen Stalins zu bewegen. Der Band wurde, nachdem Bloch in Ungnade gefallen war, in der DDR nicht mehr veröffentlicht (mdl. Mitteilung).

146 1961, 22 – »Mit Bekannten und Freunden wie Kisch ging Bloch unerbittlich um, sagten sie ein Wort gegen die Sowjetunion«, schreibt Gerhard Zwerenz (1971, 113).

147 1957/1982, 22 – Zuvor hatte sich Bloch in der Wochenzeitung »Sonntag« zu den Unruhen in Ungarn geäußert, parteitreu, aber doch differenzierter als seine Mitstreiter, die auf denselben Seiten den »faschistischen Terror« (L. Renn) in Ungarn brandmarkten. Stephan Hermlin und Anna Seghers, die in ihren Beiträgen (neben Renn) die schärfsten Töne anstimmen, erinnerten beide an den faschistischen Putsch in Spanien, um vorweg eine sowjetische Intervention zu legitimieren (11. Jg., Nr. 45, 4.11.1956, S. 1 f; vgl. die Korrektur von Blochs Erklärung in der Nr. 48, S. 11).

148 Hans Müller 1985, 83

149 OW, 3. Jg., H. 11, Nov. 1949, S. 73 (Universität, Marxismus, Philosophie).

150 A. Gorz 1958/1980, 24; Bruno Frei nennt die Denunzianten im Lager Vernet »Ratten« (1950/1980, 77).

151 Freiligraths Gedicht »Von unten auf«, das der berühmten sozialdemokratischen Anthologie von 1911 den Titel gab, lenkt den Blick des Lesers unter Deck zum »Proletarier-Maschinisten«; die historischen Ereignisse der Matrosenaufstände im vorrevolutionären Rußland und zu Beginn der deutschen Novemberrevolution haben eine Unzahl literarischer Darstellungen erfahren, die hier von Bloch nicht beerbt werden.

152 In seinem Schauspiel »Die natürlichen Tochter« läßt Goethe den Monarchen zur Einigkeit gegen die Gefahren der Französischen Revolution aufrufen und bedient sich des Bildes vom Staatsschiff; vgl. Eckart Schäfer: Das Staatsschiff. Zur Präzision eines Topos. In: Peter Jehn, Hg.: Toposforschung. Eine Dokumentation. Frankfurt: Athenäum 1972, S. 259-292, hier S. 285 f.

153 IL, Nr. 3 und 8 (1936); wiederabgedruckt in Hans Günther: Der Herren eigener Geist. Ausgewählte Schriften. Berlin – Weimar 1981, S. 336-399. Günther, der Ehemann Trude Richters, starb 1938 in einem sibirischen Arbeitslager.

154 B. Ziegler (i. e. Alfred Kurella): »Nun ist dies Erbe zuende...«. In: »Das Wort«, 2. Jg. Nr. 9 (1937), S. 42-49.

155 Georg Lukács: Es geht um Realismus. In: »Das Wort«, 3. Jg., H. 6 (1938), S. 112 ff. Im August 1956, während der Trauerfeierlichkeiten zu Brechts Begräbnis, hatte Lukács gemeinsam mit Walter Janka versucht, Bloch von der kommentarlosen Neupublikation seiner Stalin-Apologien (in der »Aufbau«-Werkausgabe) abzuhalten. Bloch mußte sich schließlich den Argumenten von Lukács fügen.

156 E. B.: Originalgeschichte des Dritten Reichs (»Das Wort«, 2. Jg. 1937, H. 12, S. 54-73, hier S. 68). In seinem Aufsatz »Der Intellektuelle und die Politik« (zuerst in »Die Neue Weltbühne«, 1938) erklärt er die Suche nach der »Sicherheit beim starken Mann« als Rettungsbewegung des »ökonomisch haltlos gewordenen Bürger(s)« (1972, 337).

157 Nach P. Zudeick 1985, 247.

158 ebd.

159 ND vom 27.8.1949, zit. n. P. Zudeick 1985, 186 f, 191.

160 OW, 3. Jg., H. 11, Nov. 1949, S. 65-80, hier S. 70 u. 77.

161 Zur sogenannten Harich-Gruppe, die sich im Kontext der Hoffnungen nach dem XX. Parteitag gebildet hatte, wurden auch Blochs Assistent Richard Lorenz, Blochs Verleger Walter Janka und Manfred Hertwig gezählt; von der Verfolgung betroffen waren neben anderen die Bloch-Schüler Günther Zehm und Gerhard Zwerenz. Wolfgang Harich war Herausgeber der 1953 gegründeten »Deutschen Zeitschrift für Philosophie«, in der Bloch veröffentlicht hatte. Der Prozeß gegen Harich (1957 wurde er zu 10 Jahren Gefängnis verurteilt; Auszüge der Anklageschrift in: ND Nr. 59, 9.3.1957, S. 4; Urteilsbegründung bei: Fricke 1971, 239 ff) zog die Kampagne gegen Bloch und eine verstärkte Überwachung von Universitätslehrern nach sich. Zwerenz und Lorenz flüchteten in den Westen. Das Programm der Harich-Gruppe ist abgedruckt bei G. Hillmann 1967, 186 ff. An Blochs Leipziger Jahre erinnern Giordano (1961, 240 ff), J. Rühle (1962/ 1965), Hertwig (1963), Zehm (1963), Zwerenz (1971, 111 ff), Loest (1981, 296 ff) und H. Mayer (1984, 103 ff).

162 Über die Rolle von Projektionsobjekten, deren tatsächlicher oder scheinbarer Kontakt zur Machtelite die Hoffnung auf eine innerparteiliche Veränderung am Leben erhält: Roloff 1969, 258 ff.

163 Abosch 1983, 28; Orwell: »Ich glaube, man braucht nicht viel weiter zu gehen, um den Grund zu finden (...). Hier war einfach etwas, woran man glauben konnte. Hier war eine Kirche, eine Armee, eine Glaubenslehre, eine Disziplin. Hier war ein Vaterland und – jedenfalls seit 1935 – ein Führer (...). Gott – Stalin. Der Teufel – Hitler. Himmel – Moskau. Hölle – Berlin« (1940/1975, 128 f). Die Anziehungskraft des aktiven Widerstands gegen den Faschismus bleibt hier unbewertet. Orwells Vorwurf an die Intellektuellen, sie übten Verrat an ihrer eigentlichen Aufgabe der kritischen Vernunft, ist mit dem Julien Bendas (»La Trahison des Clercs«, 1927) verwandt (vgl. H. C. Schröder 1984, 22).

164 Brief an Hermann Kesten vom 24.7.1941 (in: A. Döblin: Briefe. Olten – Freiburg: Walter 1970, S. 256).

165 Victor Zaslavsky schreibt in seiner Analyse der Restaurierung des Stalinbildes in der Breschnew-Ära: »Selbst zu Lebzeiten Stalins – und man konnte ihm nicht eben übertriebene Bescheidenheit nachsagen – hätte man kaum Beschreibungen gefunden, in denen er als geistiger Titan geschildert wird, der mit der Feder in der Hand am Tisch saß und schrieb (...)« (V. Z.: In geschlossener Gesellschaft. Gleichgewicht und Widerspruch im sowjetischen Alltag. Berlin 1982, S. 12 f).

166 Heinrich Mann: Die Macht des Wortes. In: NWB, 31. Jg., Nr. 10 (März 1935), S. 285-288; wiederabgedruckt in: H. M.: Essays III. Berlin: Aufbau 1962, S. 461-466. Mann verstand die Oktoberrevolution als Fortsetzung und Vollendung der Französischen Revolution (1946/ 1947, 31 ff). Stalin wird von ihm 1949 unter dem Stichwort »Erfolg« rubriziert (Die Züge des Berufenen. In: G. Caspar 1954, 87).

167 »Stalin mit seiner eisernen Konsequenz war vielleicht der einzige, der in der Lage war, ihn ⟨Hitler⟩ zu besiegen«. Bronska-Pampuch (1962, 45) führt dies als Erklärung dafür an, warum sie noch im Straflager an Stalin glaubte.

168 1963/1986, 216 – Vgl. J. Fetscher 1987. J. Ginsburg spricht von einem »Theater des Entsetzens« (1967, 41); W. Schlamm von einem »Schauertheater« mit einem ungeheuer gewaltigen Zusammenspiel von Staatsanwalt und ›Geständigen‹« (1937, 29). Zur Tradition der Theatermetapher (für Geschichte): A. Demandt 1978, 333 ff.

169 Margarte Buber-Neumann, die Davies zitiert, kommentiert, daß Stalin »bestimmt kein Shakespeare war« und »daß die von Stalin inszenierten Tragödien von dramaturgischen Patzern nur so strotzten« (1976, 454 f).

Anmerkungen zu VI.

1 Das »Biographische Handbuch« (I 392 f) entlehnt seine Angaben vornehmlich »Out of the Night«, daher fehlen Hinweise auf Krebs' späteres Leben in den USA. Ungenau ist der angegebene Geburtsort, unrichtig die Datierung der Ankunft in den USA.

2 Keine Erwähnung findet Krebs etwa in der sechsbändigen Reihe »Kunst und Literatur im antifaschistischen Exil 1933-1945«. Radau (1971, 273) referiert knapp die Reaktionen auf »Out of the Night« und verläßt sich dabei auf das Antikommunismus-Urteil; der Erfolg des Buches ist ihm »anrüchig«. Auch H. A. Walter (1984, 150 u. 447 f) spricht von einem »anrüchigen Ruhm« des Buches. Krebs taucht auch nicht auf in den Studien von Boveri, Rühle und Roloff.

3 Die Auflage betrug über eine Million und war damit ungleich höher als die des Münzenbergschen »Braunbuchs über den Reichstagsbrand«, die sich nach großzügigen Schätzungen auf 600.000 belief. Die Auflage des »Braunbuchs« ist für Radau (1971, 23) »eine wahrhaft astronomische Ziffer; keine Aktion und keine Veröffentlichung der Emigranten hat später im Ausland auch nur annähernd soviel Resonanz gefunden wie die Münzenberg-Kampagne«. Dagegen schreibt Babette Gross: »Über die Höhe der Auflagen, die das Braunbuch erzielte, macht man sich manchmal übertriebene Vorstellungen. ⟨...⟩ die bei Edition Carrefour herausgekommenen deutschen und französischen Auflagen überstiegen 25.000 Exemplare nicht, und die Übersetzungen in weiteren 12 Ländern, darunter Griechenland und Palästina, dürften auch 70.000 kaum überschritten haben« (1967, 260). Höhere Auflagen wie das »Braunbuch« dürften dagegen A. Seghers' »Das siebte Kreuz« (vgl. Pohle 1986, 63), Feuchtwangers »Waffen für Amerika«, Franz Werfels »Lied der Bernadette« oder die Bestseller von Emil Ludwig, Hans Habe, Erich Maria Remarque oder Vicki Baum erzielt haben.

4 R. Krebs 1957, 9 – zitiert wird in der Regel nach der deutschen Übersetzung von Werner Krauss. Ein etwas abweichender Lebenslauf von Krebs findet sich bei S. Kunitz (1955, 1022 f), wo als Geburtsjahr 1903 genannt wird.

5 Pauline Krebs (geboren in Schonen/Schweden) lebte nach dem Tod ihres Mannes im Seefahrtshof in Doventor bei Bremen. Sie starb am 30.1.1933 in Heidenheim an der Brenz. Begraben ist sie auf dem Riensberger Friedhof in Bremen.

6 Von 1904 bis 1914 war der Vater beim Nautischen Inspektionsdienst, wurde dann zur kaiserlichen Marine eingezogen und diente zuerst auf einem Patrouillenboot, später auf dem Schlachtschiff »Thüringen«. 1918 wurde er als einer der Beteiligten der Meuterei auf der »Thüringen« in den Arbeiter- und Soldatenrat von Emden gewählt; am 20.1.1919 starb er in Wolfenbüttel.

7 Es handelt sich um die Gruppe von Felix Neumann und Rose-Skoblewski, der 1925 in Leipzig der Prozeß gemacht wurde; in der Presse wurde er der »große Tscheka Prozeß« genannt. Ausführlich bei Zeutschel 1931, R. Fischer 1948/ 1950, 395 ff, Buber-Neumann 1967; vgl. die Denkschrift des damaligen Verteidigers Arthur Brandt (1925/1979), Heinrich Hannover/Elisabeth Hannover-Drück: Politische Justiz 1918-1933. Frankfurt 1966, S. 219-227 und die sozialdemokr. Broschüre: Tscheka. Die Organisation der Kommunistischen Partei für den politischen Meuchelmord (Berlin: Flügge 1925), in welcher der Prozeßverlauf ausführlich dargestellt wird; außerdem R. A. Sievers: Der Tscheka-Prozeß (in: WB, 21.Jg., Nr. 16, 21.4.1925, S. 581-583) und Höhne 1985/1988, 263 f. Ernst Ottwalt streift den Prozeß in seinem Justiz-Roman »Denn sie wissen was sie tun« (1931, S. 184 ff). Laut Hans Langemann sind die Prozeßakten offenbar vernichtet worden (1956, 64). Das Urteil wurde in Auszügen im »Vorwärts« veröffentlicht (Nr. 189 und 190, 22.4. und 23.4.1925).

8 Vgl. Karl Kindermann 1931 – Krebs vertauscht Kindermanns Begleiter: nicht Wolscht, sondern Ditmar trat (laut Kindermann) vor dem Moskauer Gericht als Geständiger und Bekehrter auf. Zu Kindermann: W. Ilin: Die O.C. in Moskau (WB, 21. Jg., H. 12, 24.3.1925, S. 436-438). Der Vater, Hermann Kindermann, antwortet, er und sein Sohn seien Mitglieder der KPD und bestreitet die Mitgliedschaft des Sohnes in der »Organisation Consul« (WB, 21. Jg., Nr. 15, 14.4.1925, S. 563 f). Margarete Buber-Neumann teilt mit, Karl Kindermanns Begleiter Maxim von Ditmar sei zwar KPD-Mitglied, aber »agent-provocateur« gewesen (1967, 152 f).

9 Zur Rolle des »Apparats« der KPD: Wollenberg 1952; Retzlaw 1971, 268 ff; Angress 1973; Franz Feuchtwanger: Der militärpolitische Apparat der KPD in den Jahren 1928-1935. Erinnerungen. In: IWK, 17. Jg., H. 4 (1981), S. 485-533; H. A. Winkler 1985, 452 ff und H. Höhne 1985/1988, 262 ff.

10 1952, 11 – Vgl. E. Wollenberg in NTB (5. Jg., H. 9, 27.2.1937, S. 204). Über Skoblewskis Namen und Herkunft gehen die Angaben auseinander, vgl. dazu Angress 1973, 453 und Höhne 1985/1988, 263.

11 Beatrix Herlemann (Der deutschsprachige Bereich an den Kaderschulen der Kommunistischen Internationale. In: IWK, 18. Jg., H. 2 (1980), S. 205-229) berichtet über das militärische Kurssystem in der SU und über die Kaderschulen der Komintern. Günter Nollau bezweifelt jedoch, daß in Leningrad Komintern-Agenten ausgebildet wurden (briefl. Ausk.).

12 Buber-Neumann 1967, 26.

13 Nach Current Biography 1941, 879 und NYT Book Review, 10.5. 1942, S. 8. Er vervollständigt seine Sprachkenntnisse in Englisch, Schwedisch, Spanisch und Italienisch, außerdem erlernt er Navigationstechnik (R. van Gelder 1946, 162). Charles Poore (NYT, 17.1.1941, S. 15) weiß außerdem von Studien in Astronomie und Kartenkunde und von einem Kursus als Schriftsetzer, den Krebs absolviert haben soll.

14 R. van Gelder 1946, 161 f.

15 So unterschiedlich die Biographien von Conrad und Krebs in Bezug auf die Herkunft sind, so überraschend scheinen die Berührungen: Conrad wurde wie Krebs als Jugendlicher Matrose und erwarb später das Kapitän-Patent; er begann erst in seinen dreißiger Jahren zu schreiben und, statt in seiner Muttersprache, auf englisch.

16 Arthur L. Price schrieb 1942 das Vorwort zu »Bend in the River«, dem Band, in dem Krebs seine Schreibarbeiten aus der Zeit von San Quentin versammelte.

17 H. L. Mencken, in den zwanziger Jahren wahrscheinlich der bekannteste und einflußreichste nordamerikanischen Literaturkritiker, gab auch den Anstoß zur literarischen Produktion des Renegaten Richard Wright (F. Stanes: Gespräch mit dem Negerdichter R. Wright. In: »Umschau«, 1.Jg., H. 2, S. 214-216).

18 Krebs' Kommentar zit. nach NYT Book Review, 10.5.1942, S. 8.

19 Zit. n. R. van Gelder 1946, 161.

20 Krebs ist ab 1.3.1930 in der Seefahrtschule Bremen eingeschrieben und besteht die Prüfung mit dem Prädikat »gut«. Direktor der Schule war Kapitän Preuß, ein alter Bekannter von Krebs' Vater. Preuß wurde 1936 wegen politischen Äußerungen seiner Amtes enthoben und baute die Schule 1946 wieder auf. Zum Schulabschluß von Krebs vgl.: »Hansa. Deutsche Nautische Zeitschrift«, 68.Jg., Feb. 1931, S. 347.

21 Akten National Archives (Washington) Nr. 800.202 II.

22 R. Krebs 1957, 395.

23 Auskünfte von Carsten Conrad (s. Kap. VI.6).

24 Im »Roten-Marine-Prozeß« wurden Anschläge von Kommunisten auf Nazis, unter anderem der Überfall auf den SA-Mann Heinzelmann verhandelt. Der Prozeß fand statt vom 5.4.1934 – 2.5.1934. Dreizehn der Angeklagten wurden zum Tode verurteilt. Krebs wird am 24.4. zu 5 Jahren Gefängnis verurteilt und einen Tag später erneut wegen Beihilfe zum Landfriedensbruch. Ausführliche Berichterstattung beispielsweise im »Hamburger Fremdenblatt« und im »Hamburger Anzeiger«.

25 Auch die Komintern wußte, daß die Anfälligkeit der illegalen KPD im »Dritten Reich« auf die hohe Fluktuation von KPD zur NSDAP zurückzuführen war, durch die es der NSDAP mittels der Zurücksendung von Spitzeln gelang, die illegal operierenden KPD-Gruppen zu unterwandern.

26 Laut Todesurkunde am 15.11.1938.

27 H. A. Winkler 1985, 454.

28 »PM« (New York) 3.3.1941, S. 13.

29 1940/1979, 109; vgl. S. 45 ff, 62 ff, 104 ff.

30 Der Belgier Edo Fimmen, Generalsekretär der »Internationalen Transportarbeiterföderation«, war ein Gegner der Kominternpolitik (R. K. 1957, 574; Szende 1974, 194; Bergschicker 1981, 201).

31 Nach »Humanité« 16.5.1948; vgl. J. Baynac 1975.

32 Als erste Exilstation von Krebs wird im »Biographischen Handbuch« (Bd. I, S. 392 f) Westindien genannt; die Quelle dieses Irrtums ist nicht auszumachen, wohl seine Fortpflanzung: Sternfeld/Tiedemann (1962, 340) geben zuerst an, daß Krebs 1938 nach Westindien, 1942 erst in die USA emigriert sei; diese Angaben tauchen wieder auf im Kommentar zum Briefwechsel von Feuchtwanger/Zweig (1984, II 519). Krebs erwähnt in einem Gespräch eine Reise nach Jamaica (»PM«, 3.3.1941, S. 15); seine Ankunft in den USA 1938 ist aber mehrfach dokumentiert, nicht zuletzt durch die Reaktion des »Daily Worker« 1938 (s. u.).

33 15.3.1941, S. 17.

34 R. van Gelder 1946, 162.

35 »PM«, 3.3.1941, S. 14.

36 Eugene Lyons, 1898 in Rußland geboren, verstand sich in den zwanziger Jahren als Sympathisant der KP und arbeitete für die sowjetische Nachrichtenagentur in den USA; von 1928 bis 1934 war er Auslandskorrespondent in Moskau; von 1939 bis 1944 Herausgeber des »American Mercury«. Später war er einer der Editoren des »Reader's Digest«. Bekannt wurde er vor allem als Autor von »The Red Decade« (1941), einer historischen Studie über das dreißiger Jahre und den Einfluß der Kommunisten in den USA. Die Kampagne der kommunistischen Presse gegen Krebs sind in dem Buch bereits erwähnt. Lyons schrieb außerdem Monographien über Sacco und Vanzetti, Stalin und den amerikanischen Präsidenten Hoover. Die eigene Desillusionierung schildert er in dem Bericht »Sechs Jahre Moskau« (1951).

37 Fast denselben Wortlaut benutzt Krivitsky (1939/1940, 7). Der Verdacht hat sich bewahrheitet: »Durch die GPU kamen mehr Kader der Komintern zu Tode als durch die kapitalistische Polizei ganz Europas, einschließlich der Gestapo« (Droz/Kriegel/Portal 1977, 142).

38 Gussew war Autor des Buches »Die Lehren des Bürgerkriegs« (Hamburg: Verlag der Komintern 1921) und General der Roten Armee; nach Krebs (1957, 153) war sein Pseudonym im Ausland P. Green. Dallin (1955/1956, 499) geht am Rande ein auf Gussews Rolle in den Vereinigten Staaten. Krebs erwähnt in diesem Artikel auch ausführlich A. Langers »Road to Victory«, das in Deutschland 1928 als »Der Weg zum Sieg – Die Kunst des bewaffneten Aufstands« erschienen war – A. Langer war das Pseudonym von Hans Kippenberger (vgl. die Neuauflage 1971 bei EVA mit Kommentaren von Erich Wollenberg, der seinerzeit neben Togliatti, Ture Lehen und Osip Piatnitzki Mitautor des Buches war).

39 Stephan Hermlin würdigt ihn noch, zusammen mit seiner Mitstreiterin Olga Benario (»Die erste Reihe«. Berlin: Neues Leben 1951, S. 73).

40 1942 b, 225 – Der Artikel scheint Proteste beim US-Außenministerium ausgelöst zu haben (vgl. Akten der National Archives, Nr. 800.202 II).

41 »Warum fängst Du nicht wieder an mit dem Schreiben von Abenteuergeschichten«, hört Ken Stewart von »PM«, als Krebs ihm einen Brief von Bek-gran vorliest (»PM«, 3.3.1941, S. 15).

42 9.2.1941, S. 20.

43 1967, 98 – Isaac Don Levines »Stalin. Der Mann von Stahl« erschien 1931 im Avalun-Verlag (Hellerau), wo auch Trotzkis Werke verlegt wurden. Sein erstes Buch ist ein Bericht über die Februarrevolution und deren Vorgeschichte (»The Russian Revolution«, New York 1917), seine letzten sind ein Reisebericht (»I rediscover Russia«, New York 1964) und die Studie über Ramon Mercader (1970).

44 FD, 2. Jg., Nr. 2, Jan. 1943, S. 4.

45 »New Yorker«, 15.3.1941.

46 »Saturday Evening Post«, 3.2.1951.

47 »PM«, 3.3.1941, S. 14.

48 14.3.1941, S. 16.

49 NYT, 27.6.1942, S. 24.

50 »Aufbau«, New York, 4. Jg., Nr. 13, 1.12.1938, S. 13.

51 Die Alliance Book Corporation veröffentlichte 1938 unter anderem Ödön von Horvaths »Ein Kind unserer Zeit«, Heinrich Manns »Vollendung des Henri Quatre«, Thomas Manns »Achtung Europa! Aufsätze zur Zeit« und »Dieser Friede«, Ignazio Silones »Die Schule der Diktatoren« und Arnold Zweigs »Versunkene Tage«. Dabei handelte es sich um Lizenzausgaben der europäischen Exilverlage Querido, Allert de Lange und Bermann-Fischer. Stefan Heym informierte in der Moskauer Exilzeitschrift »Das Wort«, daß »Alliance« auch englische Übersetzungen von Exilliteratur veröffentlichen wolle (4. Jg., H. 1, Jan. 1939, S. 137).

52 Nach National Catalogue Washington. Die Vorzugsausgabe umfaßte 841 Seiten, die von 1941 749 Seiten.

53 Current Biography 1941, 878.

54 »PM«, 3.3.1941, S. 12.

55 Der Buchklub, 1926 gegründet, verlegte auch Anna Seghers' »Seventh Cross«, Thomas Manns »Joseph The Provider« und Erich Maria Remarques »Arc de Triomphe«. Mit der Aufnahme ins Programm verbanden sich sechsstellige Auflagenzahlen, da der »Book of-the-Month Club« während des Krieges etwa 600.000 Mitglieder hatte. Die Auflage von Remarque betrug beispielsweise 475.000; vgl. Karl Löcknitz: Buchgemeinschaften hier und in USA. In: FH, 1. Jg., H. 6 (Sept. 1946), S. 13-15 und André Maurois: Was liest Amerika? In: »Umschau«, 1. Jg., H. 2 (Okt. 1946), S. 211-214.

56 »Life« 24.2. und 3.3.1941 S. 82-86 und S. 94-98; »Reader's Digest«, März und Mai 1941, S. 125-168 und S. 13-21 (»American Dawn«). Über die Serie im Hearst-Blatt »Journal American« (1941) berichtete der New Yorker »Aufbau« (»Der Fall Valtin«, 6.6.1941, S. 4).

57 15.12.1941, S. 103.

58 Nach Kunitz 1955, 1022. Seine Witwe Clara Medders zeigte mir (1984) eine japanische Ausgabe, wußte jedoch nichts von einer chinesischen. Eine dänische Übersetzung erschien 1945 (Ud af Morket), eine französische 1948 (Sans Patrie ni Frontières) unter dem Autorennamen Jan Valtin. In Spanien erschien 1966 eine Übersetzung unter dem Titel »La Noche Quèdo Atras« (Barcelona: Luis de Caralt).

59 Auskunft von Guy Stern (1985). 1954 kam es zu einem Rechtsstreit mit der CBS-Gesellschaft, die einem Film den Titel »Out of the Night« gegeben hatte (Unterlagen im Bezirksamt von Chestertown).

60 Auf der Rückseite des Umschlags werden Wortmeldungen von Henry Seidel Canby, H. G. Wells, Oliver LaFarge, F. van Wyck Masen, Lyman W. Newlin und Elsie Clough (Verleger und Verlagsautoren von »Alliance«) zitiert, die durchgängig die Authentizität der Erzählung hervorheben. Ähnlich verfuhr die Januar-Ausgabe des »Book-of-the Month Club«, wo »Out of the Night« als »Autobiographie« gekennzeichnet wurde, eine Gattungsbezeichnung, die die Originalausgabe (und die deutsche Ausgabe von 1957) nicht trug.

61 Dazu L. de Jong 1959 u. H. A. Walter 1984, 442 ff.
62 Krivitsky und Krebs werden 1941 nicht selten verglichen (z. B. NVZ 21.6.1941, S. 2; »Aufbau«
   14.3.1941, S. 16).
63 Der englische Kunsthistoriker Herbert Read schreibt in »Spectrum« (30.5.1941, S. 166): »Wer
   immer und was immer er sein mag, Jan Valtin kann schreiben«. H. G. Wells: »An exciting, real
   book without a trace of unnecessary melodrama« (Umschlag der Originalausgabe von 1941); P.
   S. Buck: »Vivid writing that for quality can be rated high« (Umschlag von »Wintertime«); Buck
   rezensierte »Out of the Night« in »Asia« (März 1941, S. 149).
64 Etwa in »PM«, 3.3.1941, S. 12 f.
65 Max Ascoli, Dozent an der New School for Social Research, war erster Präsident der 1941 in
   New York gegründeten Mazzini-Gesellschaft, in der die nichtkommunistischen italienischen
   Emigranten sich organisierten.
66 Nach Current Biography 1941, 879.
67 Current History & Forum, März 1941, S. 52.
68 Nach Current Biography, (1941, 879).
69 Zit. n. Sayers/Kahn (1946/1949, 352). E. Johannsen in der in London erschienenen »Zeitung«:
   »Die genialste Fantasie hätte dies Dokument nicht erfinden, kein Dichter besser erzählen
   können« (1. Jg., Nr. 147, 30.8.1941, S. 3).
70 27.5.1941, S. 3.
71 10.2.1941, S. 16.
72 Zit. n. Current Biography 1941, 879. Bei Sayers/Kahn (1946/1949, 295, 352) wird Chamberlin
   dadurch diskreditiert, daß er eine »sowjetfeindliche Deutung der Moskauer Prozesse« veröffentlicht habe; zudem habe er an exponierter Stelle darauf hingewiesen (nämlich im »New York
   Sunday Times Literary Supplement«, 19.1.1941, S. 12), man solle sich Valtins wertvolle
   Mitarbeit für jene amerikanischen Behörden sichern, die sich mit der Bekämpfung von
   Spionage, Sabotage und ungesetzlichen, vom Ausland inspirierten Umtrieben befaßten. Zudem sei Chamberlin, ebenso wie Don Levine, Max Eastman, Alexander Barmine, Albert
   Goldman, Eugene Lyons und Walter Krivitsky einer von den »Freunden, Anhängern und
   Bewunderern Trotzkis«.
73 31.5.1941, S. 259.
74 »In Hamburg habe ich gearbeitet, es ist meine Heimatstadt, und im Hafen war ich als
   Seelsorger für Seeleute tätig« (28.3.1941, S. 559-561).
75 Die deutschsprachige Londoner »Zeitung« wurde von exilierten Journalisten, darunter Sebastian Haffner, im Auftrag des britischen Informationsministeriums herausgegeben.
76 30.8.1941, S. 3.
77 24.3.1941, S. 19.
78 31.1.1951, S. 27.
79 Für Kopien der Briefe danke ich Herrn Frank Tichy.
80 3.3.1941, S. 12 ff.
81 Vgl. Radkau 1971, 169 f; G. Seger 1936, 163 f. Als im September 1942 die U.S.amerikanische
   Justiz Ermittlungen gegen Krebs-Valtin einzieht, wird beispielsweise erwogen, Auskünfte über
   ihn auch bei der sowjetischen Botschaft einzuholen (Akten National Archives, Nr. 800.202 II).
82 Ähnlich erging es Victor Serge (1974, II).
83 17.1.1941, S. 15.
84 Gerhart Seger: The American Scene (Kolumne), in: NVZ, 15.3.1941, S. 1.
85 Z.B. NYT »Book Review«, 9.2.1941, S. 2; »PM«, 3.3.1941, S. 15.
86 1957, 145; Akten des Superior Court of Los Angeles, Nr. 28 625.
87 30.3.1941, S. 15 ff.
88 Krebs hatte in »Out of the Night« selbst darauf hingewiesen. »Freies Deutschland« (Mexiko)
   spricht später von einem »kleinen jüdischen Händler«, den Krebs »überfallen und beraubt«
   habe, um zu zeigen, daß Krebs schon 1926 Nazi war (2. Jg., Nr. 2, Jan. 1943, S. 4).
89 Vgl. NYT 25.11.1942, S. 15 und 3.1.1951, S. 27.
90 »PM« bringt am 30.3.1941 (S. 16 f) eine Serie von 6 Photographien, die Krebs im Camp von

Ellis Island zeigen, überschrieben mit »Der geheimnisvolle Jan Valtin legt einen literarischen Strip-Tease hin«. Auf den ersten drei Bildern versucht Krebs, sein Gesicht vor den Photographen zu verstecken und gibt schließlich, unter deren Ansturm auf. »PM« kommentiert boshaft: »Valtin gibt sein Versteckspiel um 14 Uhr 25 auf, und benimmt sich wie jeder andere Autor eines Bestsellers, dem es um Publicity geht ⟨...⟩ Ooops!!«

91 R. van Gelder (1946, S. 159), der das Interview führte, kommentiert: »Er lacht ziemlich häufig, wohl weil er sich klar machen will, daß er glücklich ist und daß sein jetziges Leben in mancher Hinsicht an den zweiten Akt eines Musicals erinnert.«

92 Vgl. NYT, 3.1.1951, S. 27

93 Sayers/Kahn 1946/1949, 352 – Gemeint ist wahrscheinlich das in Millionenauflage erschienene Buch von Karl Albrecht: »Der verratene Sozialismus. Zehn Jahre als hoher Sowjetbeamter in der Sowjetunion« (s. Kap. III. Anhang).

94 Brief vom 21.1.1942 (1984, I 248). Rauschning brach 1934 mit der NSDAP und emigrierte 1936 in die USA; seine »Gespräche mit Hitler« (1940 im Europa-Verlag und in Lizenz bei Alliance Book Corporation erschienen) hatten dort einen großen Erfolg. Er wurde faktisch von allen Seiten beargwöhnt, noch immer Nationalsozialist zu sein. Krebs allerdings saß Anfang 1942 in Auslieferungshaft. Auch in der »Neuen Volkszeitung« wurden Rauschning und Valtin zusammen abgehandelt (Götz Mayer: Zur Frage der Macht – und dergleichen, 21.6.1941, S.2). Feuchtwanger selbst war neben Franz Werfel einer der bestsituiertesten Autoren unter den deutschen Emigranten in den USA.

95 5.3.1941, S. 7.

96 Eine ähnliche Schlußfolgerung zieht der französische Philosoph und Psychiater Joseph Gabel und nennt Krebs als ›moralisch verdächtigen‹, in seinen Behauptungen jedoch glaubwürdigen Zeugen (1954/1964, 107).

97 Georg K. Glaser spricht in diesem Sinn von einer »Internationale der Polizei« (mdl. Mitteilung), J. Ginsburg zieht mehrfach den Vergleich zwischen NKWD und Gestapo (1967, 138 ff), und auch Oskar Maria Graf konstatiert 1951 im Zusammenhang von »Gestapo und GPU« eine »merkwürdige Verbundenheit der Polizeien auf der ganzen Welt«, die ihn an »Prostitution« erinnere (1984, 236).

Die Problematik eines Vergleichs von Gestapo und GPU hat Heinrich Böll 1974 in seiner Rezension von Solschenizyns »Archipel Gulag« verdeutlicht: »Die Gestapo war schlimm genug, und daran zweifelt gewiß auch Solschenizyn nicht. Solche Vergleiche sind nicht etwa nur heikel, sie sind undurchführbar, weil die Bilanz nicht zu ziehen wäre, nicht der Vergleich aller historischer Unterschiede ⟨...⟩. Es ist sinnlos, eine Grausamkeit gegen eine andere auszuspielen, und für den Chilenen, Spanier, Griechen oder Brasilianer, der heutzutage gefoltert wird, birgt die Masse der vergangenen deutschen oder sowjetischen Grausamkeiten nicht einmal den Ansatz zu einem Trost« (FAZ 9.2.1974, Beilage).

98 Vgl. E. Nolte 1974, 145 ff.

99 »Daily Worker« 5.5.1938, Nr.21, S.2, »Vets Battle Staten Island Spy Nest« by Lowell Wakefield. Dennoch wird im »Daily Worker« anläßlich des Erscheinens von »Out of the Night« dann scheinheilig die Frage gestellt: »Is there a Jan Valtin?« (zit. n. »PM«, 3.3. 1941, S. 12)

100 3. Jg., Nr. 2 (Jan. 1943), S. 4. Die »Humanité« veröffentlicht am 15.5.1948, nach dem Erscheinen der französischen Ausgabe von »Out of the Night«, ein Faksimile des Steckbriefes von Krebs, der 1938 im deutschen Gewerkschaftsorgan »Schiffahrt« erschien; vgl. J.Baynac 1975.

101 Dort ist die Rede von einem Artikel des »Deutschen Volksechos« vom 5.3.1938, der den Titel trug: »Achtung: Spione« (GDS, 1.Jg., Nr. 2, Apr. 1938, S. 6).

102 Ähnlich berichtet Kurt Hiller von seiner KZ-Erfahrung: Die Genossen wurden gewarnt, »ich sei von der Gestapo mit dem Auftrag in ihre Zelle untergebracht worden, sie – die Genossen von der KPD – ›zu zersetzen‹« (1951, 53). Koestler schildert einen anderen Fall, in dem einer seiner Freunde zusammen mit seiner Frau als Agenten der Gestapo angeprangert wurden. »Die Parteipresse veröffentlichte ihre Bilder mit der Warnung, jede Berührung mit ihnen zu vermeiden. Ich hatte schon von anderen Fällen dieser Art gehört, sie aber stets mit einem Achselzucken abgetan ⟨...⟩« (1949/1952,69).

103 Benjamin Gitlow war 1924 und 1928 der kommunistische Kandidat für die amerikanische Vizepräsidentschaft. Er verbüßte eine dreijährige Gefängnisstrafe und verließ die Partei nach dem Hitler-Stalin-Pakt (vgl. B. Gitlow 1940).

104 Gitlow (1948, 329) nennt einige dieser Adressen von Krebs in New York: 251 W 15th street, 569 W 150th str. und 124 W 82d str. Vgl. »PM« 3.3.1941, S. 12 ff.

105 Zit. n. Current Biography 1941, 881.

106 R. van Gelder 1946, 159 f.

107 9.2.1941, S. 2.

108 F. S.: Gegen den Valtin-Kult. In: NVZ, 14.6.1941, S. 1.

109 1978, 186 – Bruno Frei schreibt in seinen Erinnerungen noch pointierter (aber ungenau), daß der Hitlersche Überfall auf Rußland »den letzten Anstoß« zur Gründung der Zeitschrift gegeben habe: »Die Pläne waren reif, der Überfall auf die Sowjetunion gab den letzten Anstoß. Das Orchester war von Solisten besetzt. Um die Primgeigerin Anna Seghers versammelt, warteten ungeduldig auf den Einsatz: Egon Erwin Kisch, Ludwig Renn, Bodo Uhse, André Simone ⟨i. e. Otto Katz⟩, Paul Westheim, Leo Katz, Theo Balk, Paul Mayer, jeder Virtuose auf seinem Instrument« (1972, 238). Die »Solisten« Seghers, Frei, Westheim, Balk und Renn waren zur Zeit der Gründung noch nicht in Mexiko.

110 H. Duhnke 1972, 418.

111 Vgl. das Vorwort von Max Eastman, des amerikanischen Trotzki-Übersetzers, zu A. Barmine 1949, 10.

112 3. Jg., Nr. 2 (Jan. 1943), S. 4 ⟨Hervorheb. v. Verf.⟩.

113 Da während des Krieges der Charakter der deutschen Konzentrationslager als industrielle Anlagen der Massentötung in weiten Kreisen noch unerkannt war, könnte sich die Redaktion von »Freies Deutschland« möglicherweise auch auf die von Lenin und Trotzki eingesetzten »Konzentrationslager« beziehen. Letzterer forderte im Juni 1918 als Volkskommissar für Kriegswesen »Konzentrationslager« für »Parasiten«, Bourgeois und Offiziere, die nicht für die Roten kämpfen wollten. Lenin erweiterte die Liste für Kulaken, Popen, Weißgardisten, Prostituierte, »die Soldaten betrunken machen«, Reiche, Gauner, Tagediebe, Arbeitsscheue, Hysteriker, die Intelligenz, den Klassenfeind. Der Begriff, abgekürzt »konzlager«, war bis 1922 allgemein geläufig und verschwand nach 1934 endgültig; dann war die Rede von »Besserungsar-beitslagern« oder einfach von »Lagern« (vgl. A. Kaminski 1982, 55 f, 72 ff u. 86 ff).

114 1942/1986, 475; vgl. Diwersy 1983, 74.

115 »Sie lesen schon wieder das Kommunistenblatt‹, sagte Peggy fröhlich, kameradschaftlich, gutmütig herablassend. ›Hör auf, Peggy‹, warnte ich. ›Der Herausgeber des PM ist ein Millionär. Das Blatt ist nicht kommunistisch, sondern fortschrittlich liberal.‹ ›Es stinkt‹, sagte Peggy und biß in den Toast«. Maximilian Scheer: Alltag in Amerika. In: OW, 1. Jg., H. 5 (Nov. 1947), S. 58. Prominentester Mitarbeiter des New Yorker Blattes war I. F. Stone; zu den Mitbegründern der Nachmittagszeitung zählte auch Dashiell Hammett.

116 »PM« 3.3.1941, S. 12-15.

117 Zu Ginsburg(er)-Villon vgl. Nollau (1959, 182) u. Borkenau (1952, 312 f).

118 »PM«, 5.3.1941, S. 7.

119 »PM«, 3.3.1941, S. 14.

120 »PM«, 3.3.1941, S. 15.

121 H. Bergh 1979, 33.

122 H. Bergh 1979, 34. R. Jouvenel nennt Krebs-Valtin und Kravchenko in einem Atemzug (1950, 31); André Wurmser bezeichnet Kravchenko als »Prahlhans«, »Lügner«, »Verräter« und »Krimi-nalverbrecher«, der desertiert sei. Seine Zeugen seien »ein Gefolge von Kriegsverbrechern« (in R. Jouvenel 1950, 11). Konstantin Simonov schrieb in der »Prawda« vom »Judas Kravchenko«, von seinen »zitternden Judashänden« und vom »schändlichen Sturz der Judasmanager« (Krav-chenko 1950, 363-365). Nach André Glucksmann wurde Kravchenko auch vorgeworfen, er habe von Zeugen der Nazilager abgeschrieben (1974/1976, 81).

123 Nach B. D.: Die Sache mit Krawtschenko. In: »Sonntag« (BerlinOst), 4. Jg., H. 9, 27.2.1949, S. 4 f.

124 Statt dem geforderten Schadenersatz in Höhe von einer Million Francs wurden ihm nur 150.000 Francs zugesprochen. Sartre greift den Prozeß in seiner Komödie »Nekrassow« auf. Zum Prozeß: Le Procès Kravchenko 1949; Kravchenko 1950; Caute 1973, 103 ff; Buber-Neumann 1978, 238 ff. Ein Jahr später führte David Rousset einen ähnlichen Verleumdungsprozeß gegen »Les Lettres Françaises«, in dem El Campesino und Weißberg-Cybulski als Zeugen aussagten.

125 »Revolution for what? A critical comment on Jan Valtin's OUT OF THE NIGHT«. In: »Living Marxism« (Chicago) Vol. 5, Nr. 4, Frühj. 1941, S. 21-29. Der Artikel war mit L. H. unterzeichnet, den letzten Buchstaben des Vor- und Nachnamens Karl Korschs. Zitiert wird hier nach der deutschen Übersetzung in: K.Korsch 1941/1974, 349-363. Paul Mattick, seit 1920 Mitglied der KAPD, emigrierte 1926 in die USA und gründete dort 1938 die Zeitschrift »Living Marxism«, die bis 1941 erschien. Brecht scheint die Rezension von Korsch zur Kenntnis genommen zu haben; er schreibt Korsch im Nov. 1941: »vielen Dank für die ›Living Marxism Hefte‹. Ich las Ihre Artikel mit dem tiefsten Interesse« (in: »alternative«, Nr. 105, Dez. 1975, S. 253).

126 Erich Gerlach, Jürgen Seifert in: K. Korsch 1974, 349.

127 Vergleichbar Medwedews Kritik an Solschenizyns »Archipel Gulag« in der »New York Times«: »Mit einigen Interpretationen und Folgerungen Solschenizyns stimme auch ich nicht überein. Doch muß mit allem Nachdruck darauf hingewiesen werden, daß alle grundlegenden Fakten, die er in seinem Buch heranzieht, ⟨...⟩ völlig authentisch sind« (Medwedew 1974/1976, 16).

128 Paul Kraus war Kriminalinspektor der Hamburger Gestapo, Abteilung 6, (Bergschicker 1981, 210, sowie K. Singer 1945, 76 ff u. 109 ff) und direkt dem Hamburger Gestapochef Streckenbach unterstellt. Er taucht (mit seinem Ochsenziemer) auch in den Aufzeichnungen des Kommunisten Fiete Schulze (1959, 18) auf. Herta Jens, erste Sekretärin von Kraus, von der Krebs berichtet, daß sie früher in der Komintern tätig war, heiratete später Kraus – so steht es zumindest in der Wollweber-Broschüre (Vom Höllenmaschinisten zum Staatssekretär 1955, 16).

129 Ähnliche Vorwürfe trafen auch den KPD-Terroristen Walter Zeutschel (Alfred Burmeister) in einem »notwendigen Vorwort« des Dietz-Verlages (1931, 3).

130 Vgl. M. Buckmiller 1973.

131 »Time«, 7.4.1941, S. 50. Das Radio-Interview erregt Aufsehen, weil es trotz der laufenden Fahndung stattfindet. Die Polizei durchsucht jedoch vergeblich die Senderäume, da man Krebs-Valtin telephonisch interviewt hatte.

132 Zu Martin Dies und seinem Komitee vgl. neben der polemischen Darstellung von Sayers/Kahn (1946/1949, 348 ff) David Wymann: Paper Walls. America and the Refugee Crisis 1938-1941. Amherst 1968.

133 »Es ist für niemanden möglich, aus einem nationalsozialistischen Konzentrationslager entlassen zu werden ohne sich zu verpflichten, den Nazis zu dienen«, wiederholt Krebs noch einmal im »American Magazine« (zit. n. Current Biography 1941, 880).

134 L. de Jong 1959, 34 ff; A. Heilbut 1983/1987, 105; H. A. Walter 1984, 444 ff.

135 Vgl. die Besprechung von Stefan Heyms Broschüre »Nazis in den USA« in der Zeitschrift »Das Wort«, 4. Jg. 1939, H. 3, S. 138 oder Alfred Kantorowicz' New Yorker Briefe an die Zeitschrift »Freies Deutschland« (A. K. 1949 b, 220 f).

136 1951/1980, 69 – Derselbe Vorwurf traf später auch Regler (s. Kap.III.3) und Sartre (Beauvoir 1963/1970, 14).

137 Martin Dies widmete in seinem 1940 erschienenen Buch »The Trojan Horse in America« 300 Seiten der kommunistischen und 40 Seiten der faschistischen Gefahr.

138 Werner Guttmann: The Truth about Refugee Agents, in: »Aufbau« (N.Y.) 27.6.1941, S. 2.; der Historiker Guttmann legt die nationalsozialistische Praxis dar und weist auf die unterschiedliche Behandlung von jüdischen und politischen Häftlingen hin; vgl. H. A. Walter 1984, 447 f.

139 NYT 1.6.1941, S. 12; zum »Emergency Rescue Committee« vgl. K. Mann, 1952, 430.

140 Zit. n. »Aufbau« (N.Y.), 6.6.41, S. 4 (»Der Fall Valtin«).

141 F. S.: Gegen den Valtin-Kult. In: NVZ, 14.6.1941, S. 1.

142 Götz Mayer: Zur Frage der Macht – und dergleichen. Anlässlich eines Buches über die Moskauer Prozesse. Arthur Koestler's »Darkness at Noon«, In: NVZ 21.6.1941, S. 1 f.

143 In den »National Archives« finden sich verschiedene Denunziationen gegen Krebs (vgl. Akte Nr. 800.202 II. Valtin Jan/8 PS/VH).

144 Der Haftbefehl war von Staatsanwalt Francis Biddle unterzeichnet, dem späteren Ankläger im Nürnberger Prozeß.

145 »Sein Leben war geprägt von Gewalt, Intrige und Verrat, so daß es schwer wenn nicht unmöglich ist, sich vorzustellen, daß seine jetzige Zuverlässigkeit und sein guter Charakter von Dauer sind. (...) Es scheint, daß er ein völlig vertrauensunwürdiger und amoralischer Mensch war« (zit. n. »Time«, 7.12.1942, S. 26).

146 NYT, 25.11.1942 S. 1 und NYT, 9.12.1942, S. 12.

147 FD, 3. Jg., Nr. 2, Jan. 1943, S. 4.

148 S. Kunitz 1955, 1022.

149 NYT, 29.5.43, S. 11 und NYT, 10.6.43, S. 12.

150 NYT, 17.7.1945, S. 11; ausführlichere Angaben über seinen Kriegsdienst: J. Baynac 1975, 709 f.

151 Großen Widerwillen soll er gegen den benachbarten Truppenübungsplatz im Aberdeen County gehegt haben, erzählen seine alten Freunde.

152 Zit. n. S. Kunitz 1955, 1023. Jan wurde am 13.5.1946 in Bremen abgemeldet. Die Dokumente über den langwierigen Kampf mit den Behörden, den Krebs von Ende 1945 bis Mai 1946 führte, finden sich im Archiv des Emergency Rescue Committees in der Deutschen Bibliothek (Frankfurt).

153 Roger N. Baldwin hatte bereits Fürsprache bei der Staatsanwaltschaft genommen, als Krebs 1942 die Ausweisung drohte. Sein Brief an Staatsanwalt Francis Biddle findet sich in Auszügen in NYT vom 26.11.1942, S. 37. Baldwin hatte sich als Vorsitzender des »International Committee for Political Prisoners«, zusammen mit Rudolf Rocker für Zensl Mühsam eingesetzt, die in sowjetischer Haft war (R. Rocker: Erich und Zensl Mühsam – Gefangene bei Hitler und Stalin. Wetzlar 1976, S. 32 ff) und später für Hede und Paul Massing, die in der SU festgehalten wurden. Am Einbürgerungsverfahren von Krebs waren C. C. Hincks und A. Garfield-Hays beteiligt (vgl. NYT, 25.1.1947 und 7.6. 1947, S. 30).

154 »Epigonal und unbeholfen«, urteilt der »New Yorker« (18.4. 1942, S. 18), während NYT (10.5.1942, S. 22) und »Saturday Review of Literature« (11.4.1942, S. 25) die literarischen Qualitäten des neuen Buches höher bewerten als die von »Out of the Night«. Dorothy Hillyer urteilt, daß Krebs mit »Bend in the River« Amerikaner geworden sei (»Boston Globe«, 6.5.1942, S. 19).

155 So schreibt Drake de Kay (NYT 10.5.1942, S. 8), hier würden alle Zweifel dieser Art durch die sprachliche Meisterschaft von »Bend in the River« zerstreut werden.

156 »Castle in the Sand« wurde zwar nie ins Deutsche übersetzt, 1951 erschien jedoch eine französische Ausgabe (»Châteaux des sable«. Paris: Presses de la Cité).

157 Brief vom 20.2.1950.

158 R. Krebs 1951. Das Interview von G. Le Fèvre mit Krebs-Valtin erschien am 24.11.1950.

159 Postkarte, datiert vom November 1950 an »Clarita«.

160 Bargstedt (1974 gestorben), ehemaliger militärischer Leiter des RFB in Hamburg, in einem Brief an Fritz Tobias vom 5.12.1968.

161 Dorothy Hillyer schreibt im »Boston Globe« (6.5.1942, S. 19), Valtin habe den Kampf gewonnen, aus der Gewalt herauszutreten und als Amerikaner neu zu beginnen.

162 In der Übersetzung von Werner Krauss (Starnberger See).

163 »Und Verlage neigen in solchen Fällen dazu, für die Buchhandelsausgabe nicht mehr allzuviel zu tun; sie haben ihr Geschäft gemacht«, schreibt mir Carola Stern, die von 1960 bis 1970 Lektorin des Verlags war (Brief v. 13.12.85).

164 Briefliche Auskunft von Berend von Nottbeck (24.1.86), der 1957 Lektor bei Kiepenheuer & Witsch war. Demnach war Joseph Caspar Witsch Autor des Vorworts, wahrscheinlich auch des Nachworts.

165 Kopenhagen: Vilhelm Prior Vlg. (Ausgabe in 2 Bd., Auflage: 35.000).

166 Wilhelm Holzapfel: Die aus Finsternis Licht und aus Licht Finsternis machen. Erfahrungen mit dem Kommunismus, Metzingen 1958. Zitat aus der Besprechung in der »Neuen Züricher Zeitung«, abgedr. auf dem Umschlag des Buches.

167 Denn Jensen soll, so erzählt er, von Krebs den nationalsozialistischen Häschern ausgeliefert werden; Judas Krebs umarmt Jensen, um den Nazi den richtigen Mann zu weisen; Jensen kann der Falle freilich entkommen.

Krebs erzählt das Wiedersehen mit Jensen prosaischer: »Als das Schiff am Kai anlegte, entdeckte ich die mächtige Gestalt Richard Jensens in der Menge der wartenden Menschen. Unbehelligt passierte ich die dänische Paßkontrolle. Jensen sah mich. Er dreht sich um und ging langsam fort. Ich folgte ihm«(1957, 552).

168 Diese Version der Entstehungsgeschichte von »Out of the Night« entspricht der von Sayers/ Kahn (1946/1949, 351 f).

169 Seinen Kontrahenten Wollweber läßt er erklären: »Das Verschwinden von Firelei würde die Aussichten, unsere Leute in den Apparat der Gestapo hineinzusetzen, erledigen. Wenn dir das nicht klar ist, Genosse, dann bist du kein Bolschewist«(1957, 556 u. 560).

170 Vgl. »Humanité« 15.5.1948, 16.5.1948; »Le Figaro« 24.11.1950 (Interview mit Valtin) und 2.1.1951 – 22.1.1951 (Reportage von J. Valtin); »La Révolution Proletarienne«, April 1948 u. Dez. 1948; »Le Monde« 4.1.1951. Einen Überblick auf die Rezeption gibt J. Baynac (1975, 707 ff).

171 Hintergrund der Klage: René Cance war in der Zwischenzeit (von 1956 bis 1959 und von 1965 bis 1971) Bürgermeister von Le Havre gewesen; vgl. »Le Monde« 28.3.1975 und 4.4.1975; »Le Figaro« 9.4. 1975 und Pierre Saint-Germain/Patrice Vermeren: Les Aventures d'un Marin allemand. Jan Valtin. In: »Les Revoltes Logiques«(Paris) Nr. 2 (1976), S. 121 ff.

172 Salzburger Nachrichten 8.2.1958 (Dr. Alfred Rainer: Die höllische Alternative).

Weitere Besprechungen von »Tagebuch der Hölle«:

Kurier Düsseldorf, 9. Jg. Nr. 5/6, Juni 1958 (b. b.)

Das Parlament, Bonn, 8. Jg. 26.2.1958 (a.)

Rheinische Post, Düsseldorf, 29.3.1958 (Fritz Kölling: Die Hölle der Berufsrevolutionäre)

Stuttgarter Zeitung, 7.12.1957 (S(tefan) B(arcara): Die Passion eines Fanatikers)

SZ, 1.3.1958 (Regina Bohne: Tagebuch der Hölle)

FAZ, 25.1.1958 (Friedrich Sieburg: Das Heimweh nach der Finsternis)

Die Welt, Hamburg 1.3.1958 (Rudolf Krämer-Badoni: Aufgewacht vom Kommunismus)

Bücherkommentare, 12.3.1958 (Eberhard Jäckel: Zwischen Komintern und Gestapo)

Die Kultur, 1.2.1958 (bdh)

Der Tagesspiegel, Berlin 29.4.1958 (Werner Wilk: Autobiographie eines deutschen Kommunisten)

173 »Das historischpolitische Buch«, (Göttingen) 7. Jg. 1958, S. 127 (Walter Hildebrandt).

174 Stefan Barcara, »Stuttgarter Zeitung«, 7.12.1957.

175 F. Sieburg, FAZ, 25.1.1958.

176 Torberg an Schlamm, undatiert, wahrscheinlich März 1941 (zit. n. F. Tichy 1988, 63). Und ähnlich urteilte in den USA Donald Grant: »Als ich OUT OF THE NIGHT zuende gelesen hatte, hätte ich gerne Herrn Valtin angerufen und ihm gesagt: ›Es ist eine gute story, Herr Valtin, aber auf welcher Seite stehen sie jetzt und für wie lange?‹« (zit. in »PM« 3.3.1941, S. 12).

177 »Die Welt«, 1.3.1958.

178 K. Singer 1945, 125. Vor Wollweber warnt 1951 auch Buber-Neumanns Zeitschrift »Aktion« in einem anonymen Artikel (»Gefahren für Westdeutschland«. 1. Jg., H. 10 (1951), S. 8-15); der »berüchtigte« Wollweber, zur Zeit Staatssekretär für Seeschiffahrt und Häfen sowie Binnengewässer sei dabei, den Apparat der ISH wieder aufzubauen. Zu Wollwebers Nachkriegskarriere: H. Höhne 1985/1988, 542 ff.

179 »Die Kiepe«, Herbst-Sonderausgabe 1957, S.69.

180 »Vom Höllenmaschinisten zum Staatssekretär«, hg. von der ›Freiheits‹-Aktion der Jugend, Bonn, Bundesstelle, o. J. (1955) – die Broschüre ist im Stil jener Reihe aufgemacht, die in diesen Jahren von der SPD verlegt wurde (»Tatsachen und Berichte aus der Sowjetzone«) und deren wichtigster Autor Erich Wollenberg war. Möglicherweise war Wollenberg auch Verfasser dieser Broschüre, da einige Passagen identisch sind mit solchen aus seiner Broschüre »Der Apparat«. Zu Wollweber und der Schirdewan-Gruppe, der »opportunistische Auslegung der Ergebnisse des XX. Parteitages des KPdSU« vorgeworfen wurde: Fricke 1971, 117 f.

1961, im Jahr des Mauerbaus, wird das Buch nochmals als Munition im Kalten Krieg eingesetzt. Die Münchner Illustrierte »aktuell. Deutsches Wochenmagazin«, veröffentlicht nach dem 13. August in zehn Folgen Auszüge aus dem Buch.

181 In der Einleitung zur Besprechung wird jedoch betont: »Eine wirkliche Bewegung muß fähig sein, kritisch ihre eigene Vergangenheit zu würdigen«. »Arbeiterpolitik«, (Stuttgart) 11. Jg., Nr. 10, 22.5.58, S. 8 f, ohne Autorenangabe (den Hinweis auf diese Besprechung verdanke ich Hermann Weber).

182 Dasselbe Motto wählt Jacques Baynac für sein Nachwort zur Neuausgabe von Jan Valtins »Sans Patrie ni Frontières« (1975, 707).

183 Wollenbergs Faktenwut, mit der er die Rolle des kompetenten Zeugen einklagt, wurde bereits in seinem Kommentar zur Neuausgabe von Victor Serges Erinnerungen (1974) deutlich, wo er sich rühmt, den Hitler-Stalin-Pakt prophezeit zu haben (Serge 1974, IV). Seine Argumentationsweise (der Valtin-Aufsatz ist durchzogen mit Bemerkungen wie »zweifellos«, »völlig undenkbar«, »das ist natürlich unfassbar«) ist von Georg K. Glaser treffend charakterisiert worden (1985 b, 304).

184 1963, 103 – Kerns Bild von Ernst Wollweber ist gleichwohl geprägt durch die Schilderungen in »Out of the Night«. »Über allen Schiffen, die für Deutschland fuhren, schwebte der rote Todesvogel«, heißt es zu Wollweber (1963, 101).

185 Daneben enthält der Klappentext drei Fehler: Ein Vorname von Krebs (Hermann) wird falsch wiedergegeben, eine falsche Auflagenhöhe seines Buches genannt und schließlich behauptet, daß Krebs freiwillig amerikanischer Soldat geworden sei. Rezensionen der Neuausgabe (bemerkenswerter Akzent: die Schilderung des NS-Terrors wird ungleich deutlicher registriert als 1957) sind erschienen in:
Deutsches Ärzteblatt, 83. Jg., H. 25/26, 23.6.1986, S. 1896 (G.Burkart)
Westfälischer Anzeiger und Kurier, 28.8.1986 (Ralf Stiftel)
Pfaffenhofener Kurier, 8.8.1986 (Wolfgang Weber)
Südhessische Post, 5.7.1986 (Horst Hartmann)
die andere Zeitung, 6.6.1986 (Wolfgang Rüger)
Heilbronner Stimme, 6.9.1986 (-bert)
Hamburger Abendblatt, 27.5.1986 (Andreas Oldag).

186 Regler gibt eine Bemerkung Kischs über Krebs-Valtin wieder (in: Marceau Pivert/Victor Serge/Gustavo Regler/Julian Gorkin: La G.P.U. prepara un nueva crimen! Mexico D. F.: Edicion de ›Analisis‹ 1942, S. 47; für den Hinweis und die Übersetzung danke ich Fritz Pohle).

187 Ruth Fischer hält den Namen Burmeister für das Pseudonym, Zeutschel für den richtigen Namen (1948/1950, 416); korrekt dagegen Emig/Schwarz/Zimmermann (1981, 147).

188 Exemplar der Bibliothek von Peter Ober (Berlin).

189 »Hamburger Anzeiger« 14.2.1925 (»Der Tscheka-Prozeß in Leipzig«).

190 Die Originalausgabe »Stalin and German Communism« erschien 1948 in der Harvard University Press (Cambridge). Teile der deutschen Übersetzung erschienen 1949/1950 in »Der Monat« und in den »Frankfurter Heften«.

191 Neben den Hinweisen von Koestler (1949/1952, 53), Kolbenhoff (Untermenschen. Kopenhagen: Trobris 1933) und Buber-Neumann (1967, 267 ff, 313 ff) ist vor allem die Untersuchung von Eve Rosenhaft (Beating the Fascism. The German Communists and Political Violence 1929-1933. Cambridge 1983) zu nennen.

192 Brief von Mahncke an Peter Ober vom 17. Juni 1981. Eigentümlichkeiten in der Schreibweise von O. M. wurden beibehalten. Sein Kürzel »Osna« (für die »geheime Abwehr-›Polizei‹ des RFB«) konnte nicht entschlüsselt werden.
Der Überfall auf Heinzelmann wurde im April 1934 im sogenannten Hamburger Rote-Marine-Prozeß verhandelt, bei dem auch Krebs vor Gericht stand. Dort ist von fünf Messerstichen in den Rücken Heinzelmanns die Rede, an denen er später gestorben sei. Stockfleth und Dettmer werden in dem Prozeß am 24.4.1934 zum Tode verurteilt und kurz darauf hingerichtet.

193 Adolf Schelley (Pseudonym) war, nach Auskunft Conrads, 1931 in Hamburg stationiert und wurde 1934 nach Moskau zurückbeordert. Im August 1935 kommt Schelley als Funktionär der

ISH illegal nach Kopenhagen. Anfang 1936 wird er unter dem Vorwurf der Agententätigkeit hingerichtet.

194 Vgl R. Krebs 1957, 383 ff. Eine von ihnen soll Krebs' Schwester Cilly gewesen sein.

195 Vgl. R. Krebs 1957, 210 f. Auf der »Konferenz von Fünfhausen«, die von Edgar André einberufen worden war, ging es laut Krebs um die Organisation einer schlagkräftigen »antifaschistischen Garde«. Hennig wurde am 14.3.31 auf der Rückfahrt von Kirchwerder nach Bergedorf ermordet, der ihn begleitende Louis Cahnbley schwer verletzt. Der Anschlag der Nationalsozialisten galt vermutlich dem Rotfrontkämpfer-Führer Edgar André. Augenzeugen kamen in den darauffolgenden Wochen zu Wort, die Presse widmete ihm große Aufmerksamkeit. An dem Begräbnis nahmen 35.000 Hamburger teil, Ernst Thälmann hielt die Trauerrede; vgl. C. von Ossietzky in WB, 27. Jg., Nr. 12, 24.3.1931, S. 409-413 und »Vorwärts und nicht vergessen«. Arbeiterkultur in Hamburg um 1930 (Ausstellungskatalog). Berlin 1982, S. 131 f.

196 Dokumentation Stadthaus in Hamburg, Gestapohauptquartier von 1933 bis 1943, hg. v. ÖTV, Bezirksverwaltung Hamburg. Hamburg 1981, S. 16; vgl. ebd. S. 17 u. S. 32. »Sehr stilisiert, aber im Kern wohl zutreffend sind hier die Erinnerungen« von Jan Valtin, schreibt Karl Ditt (1985, 110).

197 »Hermann Knüffgen« habe eine Delegation der KPD (sic!) in die SU gebracht, schreibt Krebs (1957, 20 f); Franz Jung, ehemaliger leitender KAPD-Funktionär, beschreibt die Episode, als Beteiligter, genauer (1961, 143 ff). Auf einige weitere, marginale Irrtümer (falsche Straßen- und Vornamen) macht J. Baynac aufmerksam (1975, 718).

198 Current Biography 1941, 879; Krebs berichtet an anderer Stelle, er habe seinen Bericht »so eindringlich wie möglich« machen wollen (»Time« 7.12.1942).

199 1982/1984, 312 f.

200 1973, 537 - »Seine Schilderung der kommunistischen Agitation in Hamburg und anderen Teilen der norddeutschen Küste im Jahre 1923 ist spannend geschrieben, aber wieweit sie zuverlässig ist, läßt sich schwer feststellen. Das gleiche trifft im allgemeinen auch für andere ›Enthüllungsberichte‹ zu: Walter Zeutschel ⟨...⟩, Walter G. Krivizky ⟨...⟩ sowie Ypsilon« (Angress 1963/1973, 537). Für glaubwürdiger hält Angress die Berichte von Bajanow (!), Bessedovsky und Hoelz.

201 Ludwig Marx fährt fort, der Leser gewinne gleichwohl »im großen und ganzen einen glaubwürdigen Eindruck« (Politik und Verbrechen. Jan Valtins »Out of the Night«. In: »Aufbau« ⟨New York⟩, 7. Jg., Nr. 11, 14.3.1941, S. 16). Ähnlich Sigmund Neumann: »Many of the most successful books on contemporary politics, such as Valtin's OUT OF THE NIGHT, are frequently read as modern substitutes for wild ›westerns‹« (Permanent Revolution. Totalitarianism in the Age of International Civil War. London/Dunmow: Pall Mall Press 1965, S. XVI). Julius Hay schreibt im »Auftakt« zu seinen Erinnerungen: »Wie sehr ich mich auch an die reine Wahrheit halte, so weist mein Buch doch eine gewisse Ähnlichkeit mit einem Abenteuerroman auf« (1971/1977, 13).

202 E. Weinert: Camaradas. Ein Spanienbuch. Berlin: Volk & Welt 1951, S. 277. Weinerts Gefühl von Bedrohung ist mehr als nur politisches Kalkül - es sind die Mächte des Chaos, die in ihm den Wunsch nach Härte evozieren: »Unter uns waren auch Feinde. Wir spürten ihr Wirken, ohne sie belangen zu können... war ihr Werk... Klaue der Trotzkisten... Giftdepots... Kreaturen... entpuppten... anitbolschewistische Konterbande... Undurchsichtige... war ihnen leider nichts nachzuweisen... ließen sie die Maske fallen... chaotische Kräfte, die in ihrem Rücken wirkten« (ebd. S. 276 f).

203 1963/1986, 319 - Folgerichtig betont Hans Magnus Enzensberger im Begleitheft zu Szászs Buch die Parallelen von Szász' Erinnerungen mit den Spionage-Thrillern von Graham Greene und Eric Ambler; Ruth von Mayenburg hat bereits die Moskauer Schauprozesse eine »Kriminalstory« genannt (1984, 133), Norbert Mühlen entdeckt im New Yorker Alger-Hiss-Prozeß die »Spannungs- und Überraschungselemente eines Kriminalromans« (N. Mühlen: Die Affäre Hiss. In: »Der Monat«, 2. Jg., Nr. 18, März 1950, S. 621).

204 Kantorowicz will damit die Täterschaft der Nationalsozialisten im Falle des Reichstagsbrandes beweisen (A. K.: Der Reichstagsbrand: Auftakt zur Weltbrandstiftung. In: »Aufbau«, 3. Jg., H. 2, 1947, S. 115).

205 R. van Gelder 1946, 160 f. Schutz suchte Krebs bei anderen Pseudonymen. In den USA nannte er sich anfangs R. Wolfe und E. Holmberg.
206 Vgl. Kenneth Burke: Dichtung als symbolische Handlung. Eine Theorie der Literatur. Frankfurt 1966, S. 46.
207 »Time« (7.12.42) und Sayers/Kahn (1946/1949, 351) zählen als Pseudonym auch den Namen Otto Melchior auf. Melchior, Vorstandsmitglied des Bundes der Freunde der Sowjetunion Dänemarks, war jedoch nicht mit Krebs identisch (vgl. Schellenberg 1956/1979, 384).
208 M. Jay 1973/1981, 205.
209 »Mein richtiger Name ist Sanchez, Artigas, Salagnac, Bustamonte, Larrea!‹ Er sieht mich an, schüttelt den Kopf. ›Na schön, alter Freund‹, sagt er nachdenklich zu mir. ›Dein richtiger Name ist ein falscher Name‹« (Semprún 1980/1981, 387 f).
210 Kenneth Stewart: The Truth About ›Out of the Night‹? In: »PM«, 3.3.1941, S. 14.
211 Die drei kurzen Erzählungen »Chimera«, »Silver Bridges«, »Long China Coast« (Krebs 1930 ac) erscheinen in der zweisprachigen Zeitschrift auf englisch und unter Richard Krebs' richtigem Namen.
212 Ein Vorabdruck erschien von März bis Juli 1950 in »The Ladies' Home Journal«.
213 Pierre Saint-Germain/Patrice Vermeren: Les Aventures d'un Marin Allemand. Jan Valtin. In: »Les Revoltes Logiques« (Paris) Nr. 2 (1976), S. 121.
214 »New York Times Book Review«, 9.2.41, S. 20.
215 E. Johannsen, in: »Zeitung« (London), 30.8.1941, S. 3.
216 An diesem Punkt scheint tatsächlich eine Ähnlichkeit zwischen den Texten von Krebs und K. Albrecht zu bestehen: Albrecht behauptet, nach seiner Rückkehr aus der Sowjetunion vor den Nationalsozialisten geschwiegen zu haben. Danach schrieb er in der Schweiz seine umfassenden Erinnerungen nieder.
217 »Unheimlich« nennt Ludwig Marx das gute Gedächtnis von Krebs, »als ob er Tagebuch geführt hätte« (in: »Aufbau«, 14.3.41, S. 16); ähnlich E. Johannsen (in: »Zeitung«, London 30.8.1941, S. 3) und Charles Poore, der schreibt, hinter Valtin müßten sich wenigstens drei oder vier Personen verbergen (in: NYT, 17.1.41, S. 15). Die Ausführlichkeit läßt sich denn auch als Ausdruck eines kollektiven Gedächtnisses interpretieren; Krebs mochte versuchen, auch die Erinnerung seiner verschollenen Mitkämpfer zu konservieren.
218 1957, 15 – »Fraglos gehörte er mit zu den aktivsten Elementen unter den revolutionären Matrosen«, heißt es in einer 1954 vom Bundesministerium für Gesamtdeutsche Fragen herausgegebenen Broschüre (»Vom Höllenmaschinisten zum Staatssekretär«, S. 10), die als Beleg für den Krebsschen Bericht jedoch wenig geeignet ist, da die Broschüre sich im wesentlichen auf »Out of the Night« stützt (1954, 11). Nach H. Weber (1969, II 348) hißte Wollweber 1918 auf dem Linienschiff »Helgoland« die rote Fahne und war Vorsitzender des Arbeiter- und Soldatenrates beim U-Bootkreuzerverband. Doch auch Weber scheint sich hier auf die Krebssche Erzählung zu beziehen: »An Bord der ›Helgoland‹ holte ein kräftiger junger Heizer die Flagge des Kaisers nieder und hißte die rote Flagge am Hauptmast. ‹...› Sein Name war Ernst Wollweber« (1957, 14).

Anmerkungen zu VII.

1 Rolf Recknagel: Beiträge zur Biographie des B. Traven, Berlin: Guhl 1977 ⟨1971⟩ S. 452. In der korrigierten Neuauflage des Buches (Leipzig 1982) wird Bek-grans »Vom Wesen der Anarchie« nicht mehr unter den Werken Travens aufgeführt. Zu seiner Pseudonym-Auflösung mögen ihn die Tatsachen verführt haben, daß sich Bek-gran in diesem Schriftchen wie B. Traven und dessen Alias Ret Marut zu einem stirnerianisch geprägten Individualanarchismus bekannte und durch Erscheinungsort und -jahr sowie den inhaltlichen Bezug auf Gustav Landauer der Zusammenhang mit der sogenannten anarchistischen Münchner Räterepublik (7.4.-13.4.1919) deutlich wurde, der Marut als Leiter der Presseabteilung des Zentralrats diente.

Fähnders u. Rector (1974, I 316 f), Hansjörg Viesel (Literaten an der Wand. Die Münchner Räterepublik und die Schriftsteller. Frankfurt 1980, S. 539 ff), Will Wyatt (The Man Who Was B. Traven. London 1980, S. 321), Uli Bohnen und Dirk Backes (Franz W. Seiwert: Schriften. Berlin 1978, S. 15) übernehmen die Entschlüsselung Recknagels. Bohnen und Backes glauben zudem, daß Bek-grans Schrift eine Gemeinschaftsarbeit von Marut-Traven und dessen Freundes Franz Wilhelm Seiwert sei. Eine Neuauflage der Broschüre im Verlag Guhl (Berlin o. J. ⟨1977⟩) trug dann auch folgerichtig die Autorenangabe B. Traven/ Robert Bek-gran. Auch im jüngsten Pseudonymen-Schlüssel des »Lexikons der deutschsprachigen Gegenwartsliteratur« (München 1987) wird Bek-gran noch – wenn auch mit Fragezeichen – als Pseudonym von Traven angeführt.

2 Radkau 1971, 342; »Verbrannt, verboten...« 1974, 63.

3 Bek-gran veröffentlicht 1919 in der Zeitschrift »Das Rautenfähnlein der Wandervögel in Bayern« Lyrik und Essays, vereinzelt auch schon in »Wandervogel. Bayerisches Gaublatt« (z. B. 4. Jg., H. 6, Juli 1914, S. 84 – dort »Beckgran«). Nach Schulabschluß wurde er Mitglied des Älterenbundes des Wandervogel, des »Bundes der Landesgemeinden«, der im Sommer 1914 gegründet und im April 1919 aufgelöst wurde. Im »Rautenfähnlein« bezeichnet sich Bek-gran als »Sozialdemokrat«. Weitere Veröffentlichungen Bek-grans und eine ausführlichere Darstellung seiner Frühzeit findet sich bei Linse/Rohrwasser 1987.

4 Vgl. U. Linse: Die Entschiedene Jugend 1919-1921. Deutschlands erste revolutionäre Schüler- und Studentenbewegung. Frankfurt 1981.

5 »PM«, 3.3.1941, S. 13.

6 In Faksimile bei J. Hein 1985, Anhang (Exemplar im Stadtarchiv Nürnberg).

7 Maria Schühlein aus Nürnberg, Tochter eines Käsehändlers, und Bek-gran heirateten während der Kriegsjahre und ließen sich 1933 scheiden. Im selben Jahr verheiratete sich Bek-gran mit der Besitzerin einer Stellenvermittlung.

8 »Über den proletarischen Puritanismus«. In: FSJ, 1. Jg., H. 6 (1925), S. 119 f; »100 %«. In: FSJ, 2. Jg., H. 5 (1926), S. 69 f.

9 Mühsam schrieb 1929 in einem an Lenin adressierten Brief: »Ich hatte 1920 nicht die Pflicht, zu wissen, was 1929 aus Rußland geworden sein würde« (Vorwort vom Februar 1929 zu seiner Schrift »Von Eisner bis Levine«. Hamburg 1976 ⟨1929⟩, S. 16).

10 Vgl. Valeriu Marcu: Ein Ketzer unter Sozialisten. In: NTB 5. Jg., H. 6 (17.4.1937) S. 377-379.

11 Bek-gran in einer Besprechung von Victor Serge, »Russia, Twenty Years Later« (GDS, 1. Jg., H. 3, Mai 1938, S. 14).

12 Sturm im Wasserglas. In: GDS, 2. Jg., H. 10 (Juni 1939), S. 4.

13 Zur Frühgeschichte des amerikanischen Kommunismus: Theodore Draper: The Roots of American Communism. New York: Viking Press 1957.

14 Zit. n. William Weinstone: The Formative Period of the CPUSA. In: »Political Affairs« (New York) Sept./Okt. 1969, S. 18 f.

15 Zahlenangaben nach Grace Arnold: Zur Geschichte der kommunistischen Partei der USA. Frankfurt 1976, S. 57 f und J. Starobin 1973, 3178. Leo Löwenthal spricht von einem »große⟨n⟩ Schock, als wir nach Amerika kamen ⟨und sahen⟩, daß all diese kommunistischen und trotzkistischen Organisationen kleine sektiererische Grüppchen ohne jeden Massenzusammenhang waren« (1980, 46).

16 Die ›patriotische‹, ›revisionistische‹ Linie wurde 1945 nach Kriegsende korrigiert; Earl Browder, KP-Chef während der Kriegsjahre, wurde als Sündenbock aus der KP ausgeschlossen. Zur amerikanischen Arbeiterbewegung: Forster Rhea Dulles (Die Arbeiterbewegung in den USA. Geschichte der amerikanischen Gewerkschaften von ihren Anfängen bis heute. Paderborn 1956), Daniel Guérin (Die amerikanische Arbeiterbewegung 1867-1967. Frankfurt 1970) und Jeremy Brecher (Streiks und Arbeiterrevolten. Amerikanische Arbeiterbewegung 18771970. Frankfurt 1975). Zur Geschichte des CIO: Elizabeth Jones (Der CIO – Reform zur Reaktion. In: Jahrbuch Arbeiterbewegung Bd. 6, hg. Claudio Pozzoli. Frankfurt 1979, S. 78-114). Zur Rolle der CPUSA: Starobin 1973; Hoover 1959; William F. Foster (History of the Communist Party of the United States. New York 1952) und Irving Howe/Lewis Coser (The American Communist Party. A Critical History 1919-1957. Boston 1957).

17 Herman Kormis in einem Brief an Robert E. Cazden vom 10.6. 1964 (in Hein 1985, Anhang); vgl. Cazden 1970, 30 u. 41. Herman Kormis war Inhaber der »Modernen Deutschen Buchhandlung« in New York, die in »Gegen den Strom« inserierte: die führende sozialistische deutsche Buchhandlung in New York (die erst 1969 geschlossen wurde).

18 J. Hein 1985, 24.

19 E. W. Mareg. Geschichte der Deutschen Arbeiterklubs. In: GDS, 1. Jg., H. 3 (Mai 1938) S. 9-11.

20 GDS, 1. Jg., H. 4 (Juni 1938), S. 14. Der »Arbeiter«, das offizielle Organ der deutschen Sektion der CPUSA, erschien 1930-1937 und wurde nach Gründung des »Deutschen Volksechos«, das ab Februar 1937 in New York erschien (Chefredakt.: Stefan Heym), eingestellt (Cazden 1970, 187; Stefan Heym: Wege und Umwege − Streitbare Schriften aus fünf Jahrzehnten. München 1980, S. 20 ff).

21 GDS, 1. Jg., H. 6 (August 1938), S. 13.

22 GDS, 1. Jg., H. 6 (August 1938), S. 14.

23 Brief von Peter Michael Gross (Sohn des GDS-Mitarbeiters und Anarchosyndikalisten Fritz Gross) vom 11.4. 1985 an Jürgen Hein (J. Hein 1985, Anhang).

24 In New York lebten 1933 etwa eine halbe Million Deutschamerikaner. Vgl. Pfanner 1983; H. A. Walter 1984, 380 ff; Radkau 1971 und Cazden 1970 (mit einer Aufzählung der deutschsprachigen antifaschistischen Publikationen der Zeit). Die wichtigsten deutschamerikanischen politischen Publikationen waren der jüdische »Aufbau«, die sozialdemokratische »Neue Volkszeitung« (Chefredakteur Gerhart Seger) und das kommunistische Volksfrontorgan »Deutsches Volksecho«. Vgl. Cazden 1970, Hardt/Hilscher/Lerg 1979, 326-406, H. A. Walter 1978, 543 ff.

25 GDS, 2. Jg., H. 10 (Juni 1939), S. 2.

26 GDS, 2. Jg., H. 11/12 (Okt./Nov. 1939), S. 32.

27 Die KPO-Zeitschrift erschien vom November 1928 bis Ende 1935 unter der Redaktion von August Thalheimer (Reprint in 3 Bd., Hamburg 1986). Die Aufsätze Lenins und Sinowjews aus den Jahren 1914-16 erschienen unter dem Titel »Gegen den Strom« 1921 in Hamburg (C. Hoym) in der Übersetzung von Frida Rubiner.

28 Jesus von Sirach 4, 31: »Schäme dich nicht zu bekennen, wo du gefehlt hast, und strebe nicht wider den Strom«. »Wider den Strom« schwimmt auch Karl Philipp Moritz' Ketzer Andreas Hartknopf (Stuttgart 1968, S. 8), und Goethe befürchtet, daß ein tüchtiger Jüngling sich begnüge, »im Zeitstrom mit fortzuschwimmen, und hier ist's, wo ich immerfort aufmerksam machen möchte: daß dem Menschen in seinem zerbrechlichen Kahn eben deshalb das Ruder in die Hand gegeben ist, damit er nicht der Willkür der Wellen, sondern dem Willen seiner Einsicht Folge leiste« (Maximen und Reflexionen Nr. 477).

29 Bek-grans »Bemerkungen« finden sich in H. 1 (März 1938), S. 2, in H. 2 (April 1938), S. 2 u. 15, in H. 3 (Mai 1938), S. 2, in H. 4 (Juni 1938), S. 2 u. 16, in H. 7 (Okt. 1938), S. 15 und, unter dem Titel »Viel Lärm...«, in H. 11/12 (Okt./Nov. 1939), S. 31 f. Außerdem finden sich zwei Übersetzungen von Bek-gran in H. 4 (Juni 38), S. 4 f (Ernst L. Meyer: Hymne an den Krieg) und H. 5 (Juli 1938, S. 16 (M.L.M.: Das Ergebnis). In H. 3 (Mai 1938), S. 14 f erscheint eine Buchbesprechung Bek-grans (V. Serge: Russia, Twenty Years Later), in H. 5 (Juli 1938), S. 13 eine Vorbemerkung zu Susan Bermans »Analyse einer radikalen Schule« und in H. 10 (Juni 1939), S. 2-9, Bek-grans einziger längerer Artikel: »Sturm im Wasserglas«. Daneben treten Ernst W. Mareg und Fritz Gross mit je vier Beiträgen am häufigsten in Erscheinung. Der Anarchist Fritz Gross lebte 1938/39 in England und schrieb in GDS anfangs unter seinen Initialien, später unter dem Vornamen seines Sohnes Peter Michael.

30 GDS, 1. Jg., H. 1 (März 1938), S. 2.

31 GDS, 1. Jg., H. 2 (April 1938), S. 2.

32 So widerspricht er beispielsweise dem Trotzkisten J. Poytlak von der Socialist Workers Party, der das leninistische Parteimodell verteidigte (H. 2, S. 12 ff). Bek-gran: »Lenin und Trotzky sind die Väter der Maschine, die Stalin wie einen Golem zeugte« (H. 3, S. 14).

33 Die trotzkistische Gruppe »Internationale Kommunisten Deutschlands« inserierte wiederholt in »Gegen den Strom«.

34 Rudolf Rocker lebte seit September 1933 in den USA; 1937 siedelte er von New York nach Mohigen Colony, Crompond, 50 Meilen von New York entfernt, das Anfang der zwanziger Jahre von Rockers Bekannten, Harry Kelly und dessen Freunden als anarchistische Siedlung gegründet worden war. Er stirbt dort 1958 (vgl. Wienand 1981).

35 GDS, 1. JG., H. 3 (Mai 1938), S. 14 f.

36 Kurt Tucholsky: Qui Potest Mori, Brief an A. Zweig vom 15.12.1935. In GDS, 2. Jg., H. 8/9 (Jan. 1939), S. 2-6 ⟨Titel von Bek-gran⟩. In gekürzter Fassung erschien der Brief in der »Neuen Weltbühne« (Prag) (Nr. 6, 6.2. 1936, S. 159-165). Das Zentralorgan der SS, »Das Schwarze Korps«, übernahm ihn (in der Weltbühnen-Fassung) am 27.2.1936 (2. Jg., 9. Folge, unter dem Titel »Jüdische Schlußbilanz«); die »Jüdische Rundschau« (Berlin) druckte ihn am 3.3.1936 (Nr. 18, S. 2, unter dem Titel »Jüdische Selbstflucht«) ebenfalls ab; gegen deren Interpretation eines »jüdischen Selbsthasses« wendet sich Kurt Hiller (1950, 290-293). Tucholsky übt im Brief Kritik an den deutschen Juden: »Das Judentum ist besiegt, so besiegt, wie es das verdiente – und es ist auch nicht wahr, dass es seit Jahrtausenden kämpft. Es kämpft eben nicht ⟨...⟩ ich sage, es gibt auch anständige Juden ⟨...⟩ aber -? der Rest taugt nichts. Es ⟨ist⟩ nicht wahr, dass die Deutschen verjudet sind. Die deutschen Juden sind verbocht« (GDS, H. 8/9, S. 2).
Hans Dieter Heilmann, der Tucholskys Brief »sein politisches und philosophisches Testament« nennt, gibt als erste Veröffentlichung des Briefes allerdings die Zeitschriften »Ordo« ⟨1938⟩ (ein in Paris erscheinendes jüdisches Blatt) und »Deutsches Adelsblatt« ⟨1936⟩ an (Kurt Tucholsky in Berlin. Berlin: Hentrich 1983). Ich konnte diese Angabe nicht überprüfen. Der vollständige Brief in K. Tucholsky: Ausgewählte Briefe 1913-1935, Hamburg 1962, S. 333-339. Arnold Zweigs Antwort ist in derselben Nummer der »Neuen Weltbühne« (Nr. 6, 6.2.1936, S. 165-170) abgedruckt.

37 GDS, 1. Jg., H. 4 (Juni 1938), S. 2.

38 ebd.

39 »Wenn man den Aufwand an tatsächlich geleisteter Arbeit mit den Erfolgen misst, dann können einem die Haare zu Berge stehen. Der DAKV hat in Wirklichkeit seit dem ersten Deutschen Tage OHNE ZU WACHSEN sich gerade am Leben erhalten« (GDS, 2. Jg., H. 10 (Juni 1939), S. 4).

40 Seger wußte wohl um die nationalsozialistischen Affinitäten unter Deutschamerikanern, seine deutschsprachige Zeitung war jedoch auf die Deutschamerikaner als Adressaten angewiesen.

41 J. Hein (1985, 28) kommt in seiner Rechnung auf 400 bis 500 politisch aktive Emigranten in den USA; Gerhart Segers Schätzung nach »Aufbau«, 1.11.1940, S. 10.

42 Herausgeber war Karl Maison (vgl. Cazden 1970, 184 f).

43 GDS, 1.Jg., H. 4 (Juni 1938), S. 16; W. Weiss: »Ich gestehe«, ebd. S. 6-8.

44 Léon Trotsky: Oeuvres, Vol. 16 (Janvier-Mars 1938). Paris 1983, S. 352 ; Vol. 17 (Mars-Juin 1938). Paris 1984, S. 220. (Den Hinweis auf diese Briefe Trotzkis verdanke ich Reiner Tosstorff.)

45 Kenneth Stewart, »PM«, Nr. 184, 3.3.1941, S. 12 ff.

46 »All his life he lived in the Village. Married, two children. Today, about 70 years old«, schreibt Herman Kormis 1964 (J. Hein 1985, Anhang).

47 Hinweise im Brief von Marie Bek-gran an U. Linse.

48 »Beide Namen, die Sie mir da nennen – Bek-gran und Krebs-Valtin – rufen irgendwo in meinem Hinterkopf ein ganz schwaches Echo hervor; aber mehr kann ich auch nicht sagen. Ich weiss, dass ich von den beiden gewusst, wahrscheinlich dies und das von ihnen auch gelesen habe; möglicherweise habe ich mit einem von ihnen auch mal zu tun gehabt; nur bei allem Nachdenken kann ich nichts Näheres zu Tage bringen. Bedauerlich«, schreibt mir Stefan Heym (10.11.1986).

49 Im Central Park West war der Andrang der Emigranten zum Beispiel so stark, daß die Mieten in die Höhe schnellten; die Emigranten schränkten eher ihre Ausgaben fürs Essen ein, als daß sie in andere Viertel ausweichen wollten (vgl. Hein 1985, 29 f).

Anmerkungen zu VIII.

1 »Mein Buch ⟨»Geheimnis und Gewalt«⟩ ist keine Autobiographie und keine Polemik, sondern ein Kunstwerk, eine Schöpfung nach den Maßen der Schönheit. Es hat also noch einen anderen Wert – hoffe ich – als den seiner Wirkung im Wortstreit«, schreibt Glaser am 26.12.1948 an Walter Dirks (unveröfftl.). Gustav Regler spricht (in einem Text aus dem Nachlaß) davon, daß Glaser »eine der besten Biographien« geschrieben habe (1957).

2 Zitate aus Glasers Vorwort zur Neuauflage von »Schluckebier« (1979). Die drei Phasen sind, im Urteil Glasers, repräsentiert in seinen Büchern »Schluckebier«, »Geheimnis und Gewalt« und »Jenseits der Grenzen« (G).

3 Die beiden kurzen Erzählungen sind wiederveröffentlicht in: Glaser 1985 a, 101-111 (vgl. Fn. 5); die Erzählung »Schluckebier« von 1932 wurde 1979 im Verlag Klaus Guhl (Berlin) neu aufgelegt.

4 1953, 112 – Über den Prozeß gegen »Stubenrauch und Genossen« berichtete Glaser 1933 für die kommunistische Frankfurter »Arbeiterzeitung«. Die Jugendlichen hatten, nach fehlgeschlagenen Abtreibungsversuchen, ein schwangeres Mädchen ertränkt. (Im Dezember 1931 wurde das Verbrechen verübt, der Prozeß fand im Januar 1933 statt.)

5 Einige wenige der von Glaser hier bezeichneten frühen Arbeiten sind aufgenommen in dem Band »Aus der Chronik der Rosengasse« (1985 a). Leider sind dort nicht nur verschiedene bibliographische Angaben fehlerhaft, der Herausgeber hat auch nicht gekennzeichnete Kürzungen vorgenommen. Glasers Erzählung »Die junge Alte«, zuerst in der »Linkskurve« (1932), H. 5, S. 17-21 (und nicht S. 16-17, wie die »Chronik« vermerkt) wird beispielsweise nur zur Hälfte wiedergegeben. Glaser publizierte außerdem in der »Frankfurter Zeitung«, im »Magazin für Alle«, »Die Welt am Abend«, »Deutsche Republik«, in der saarländischen Zeitschrift »Westland«, »Einheit für Hilfe und Freiheit. Monatszeitschrift für internationale Solidarität« (Paris), »Internationale Literatur« und in den »Neuen Deutschen Blättern«. Diese Arbeiten sind bislang ebensowenig gesammelt wie seine Gerichtsreportagen in der Frankfurter »Arbeiterzeitung«.

6 1953, 201 – Zu den ›Pariser Dichtern‹ zählt er vor allem Anna Seghers, Johannes R. Becher, Arthur Koestler, Manès Sperber, Alfred Kantorowicz und Egon Erwin Kisch. Kantorowicz habe sich dem Parteidiktat unterworfen und die Kisch-Kritik unterstützt; dagegen sei Sperber der einzige gewesen, der versucht habe, Glaser zu helfen (G).

7 Von ihnen sagt er, im Zusammenhang mit dem Bericht von der Entstehung und Verteilung einer illegalen Betriebszeitung, der seiner Erzählung »Die Nummer Eins der Rotfabrik« zugrunde liegt: »Und unsere Leitung mußte wissen, was im Lande vorging, aber sie wählte den Weg der scheinbaren Blindheit, um ihrerseits besser gehorchen zu können, jenen fernen kalten Göttern, die gewohnt waren, in Menschen wie in Mörtel zu schöpfen« (1953, 153).

8 Koestler, der mit Glaser in Paris zusammentraf (s. o.), läßt einen Schlosser von der Arbeit einer von der Zentrale getrennten Gruppe im nationalsozialistischen Deutschland berichten. »Die Bewegung war zerschlagen, ihre Mitglieder wurden als Freiwild gejagt, zu Tode geprügelt ⟨...⟩. So, wie den Toten noch die Haare und Nägel weiterwuchsen, so regten sich immer noch einzelne Zellen, Muskeln, Gliedmaßen der toten Partei. Überall im Lande lebten kleine Grüppchen von Menschen, die die Katastrophe überdauert hatten und unterirdisch weiterkonspirierten ⟨...⟩. Sie verfertigten Flugblätter, in denen sie sich und den andern vorlogen, daß sie noch lebten ⟨...⟩. Die Flugblätter bekamen nur wenige zu Gesicht, und die warfen sie rasch fort, denn es graute ihnen vor der Botschaft der Toten« (1940/1979, 33). Der Bericht deckt sich nicht nur in Einzelheiten, sondern auch in seinem Tenor mit dem von Glaser. Möglicherweise geht auch Anna Seghers' Darstellung der Höchster Farbwerke (in ihrem Exilroman »Das siebte Kreuz«) auf den Bericht Glasers zurück.

9 1. Jg., Nr. 8 (1.5.1934), S. 491-502; wiederabgedruckt in »Filmkritik«, 26. Jg., H. 7 (1982), S. 303-315 und in Glaser 1985 a, 126-140.

10 Zuerst erschienen in »Das Wort«, Juni 1938. Walter Benjamin notiert Brechts Lob für Anna

Seghers, »⟨...⟩ daß ein Querkopf und Einzelgänger in diesen Geschichten als die tragende Figur auftritt« (1985, GS VI 538).

11 »I.G.-Farben« (Das Wort, 2. Jg., H. 1, S. 56-62); »Anilinarbeiter als Versuchskaninchen« (»Das Wort«, 2. Jg. H. 4/5, S. 215-16); »Mädchen bei IG-Farben« (»Deutsches Volksecho«, New York, 1. Jg., Nr. 3 ⟨6.3.1937⟩, S. 7).

12 Etwa zur selben Zeit schreibt Brecht eine kurze Skizze, die in der Werkausgabe den Titel »Im Auftrag der Vernunft« trägt. Der Text handelt von einem kleinen Trupp, der unter Todesgefahr die drei Buchstaben »KPD« auf eine Mauer malt, die, wenn der Trupp nicht entdeckt wird, für einige Stunden zu lesen sein werden. Brechts Kommentar: »Wird der Leser lachen, wenn er liest, daß diese Leute das im Auftrag der Vernunft tun, für die Sache der ganzen Menschheit?« (1967, XX 81)

13 Glaser führt rückblickend die Veröffentlichung der Erzählung »Die Nummer Eins der Rotfabrik« darauf zurück, daß der Erzählung als erstem Erfahrungsbericht das Gewicht des Neuen zukam, für das die Parteizensur noch keine Kriterien entwickelt hatte. Von einer strikten Parteizensur kann aber gerade bei den »Neuen Deutschen Blättern«, in denen auch Sozialdemokraten und Liberale zu Wort kamen, nicht ausgegangen werden.

14 1953, 208 f – Glaser erinnert sich in »Jenseits der Grenzen« des Geschehens, »als ich vor dem versammelten Rat der Parteischriftsteller Tränen geheult, weil der Auftrag, erlebtes Leid zu schönfärbenden Geschichten umzudichten, mir die Schreibhand gelähmt hatte« (1985 b, 317).

15 Giordano schrieb einen offenen Brief an Stefan Heym, der am 3.1.1957 in der »Anderen Zeitung« veröffentlicht wurde. Mit der Abfassung des Briefes und dem Entschluß zur Veröffentlichung sei »untergründig und noch jenseits bewußter Wahrnehmung etwas Neues gewachsen«, erinnert sich Giordano (1961/1980, 257). Vergleichbar ist auch Koestlers Verhalten, der eine Rede vortrug, die die Partei zu Konsequenzen nötigte (1949/1952, 70; 1971, 297 ff).

16 Zum Londoner Gegenprozeß, auf dem Van der Lubbes »Gegnerschaft zur KPD« und die Unmöglichkeit einer Alleintäterschaft festgestellt, mithin Van der Lubbe zum Handlanger der Nationalsozialisten erklärt wurde, vgl. D. N. Pritt: Der Reichstagsbrand. Die Arbeit des Londoner Untersuchungsausschusses. Berlin: Kongreß 1959 (Pritt war englischer Kronanwalt und Vorsitzender des Gegenprozesses; später trat er als enthusiastischer Beobachter des zweiten Moskauer Schauprozesses in Erscheinung); B. Gross 1967, 261 ff. 1933 erschien in der SU die Broschüre »Wer sind die Brandstifter? – Das Urteil von London« (Moskau – Leningrad: Verlagsgenossenschaft ausländ. Arbeiter in der UdSSR). Zur Rehabilitierung von Marinus van der Lubbe:Horst Karasek: Der Brandstifter (Berlin 1980).

17 Vgl. Fritz Tobias: Der Reichstagsbrand. Legende und Wirklichkeit. Rastatt 1962; Uwe Backes et al.: Reichstagsbrand. Aufklärung einer historischen Legende. München – Zürich 1986.

18 1985 a, 50 – zur Passionsgeschichte in »Geheimnis und Gewalt« vgl. dort S. 109, 361 u. 528 f. »Es ist als ob man sein Kreuz auf sich nimmt«, heißt es in der Erzählung »Die Nummer Eins der Rotfabrik« (1985 a, 132).

19 »Van der Lubbe war der Archetyp des Rebellen, der aus der Geschichte verschwinden, aus dem Bewußtsein der Menschen ausgemerzt werden mußte. Das war die Lehre des Reichstagsbrands für die Nazis und die Kommunisten. Van der Lubbe war ihnen gerade darum so gefährlich, daß er die zwei großen Weltmächte aus der Fassung bringen konnte. Eines einzigen Menschen Initiative. Der Rebell mußte ersetzt werden durch den Archetypus des Befehlsempfängers, des Parteisoldaten. Dem entspricht aber auch die industrielle Entwicklung« (G).

20 Auf meine Bemerkung, daß er sich kurz danach auch von Penelope getrennt habe, antwortete Glaser schlagfertig: »Sie hatte auch nicht gewebt« (G).

21 1953, 201 – Glasers Frauen sind Kunstfiguren (die im Vergleich zu den männlichen Protagonisten auffallend blass bleiben); als solche sind sie nicht eindeutig zu entschlüsseln. Aber in die Porträts der literarischen Geburtshelferinnen sind Züge von Trude Richter, Hermynia zur Mühlen, Maria Leitner und Anna Seghers eingegangen.

22 Über den Massenmörder Weidmann, der Glaser als Vorlage für Weidner diente, berichtet die Ehefrau Theodor Balks, Lenka Reinerova (Es begann in der Melantrichgasse. Berlin: Aufbau 1985, S. 131 ff).

23 Bereits Karl August Horst hat bemerkt, daß die Begriffe Geheimnis und Gewalt »wie Katalysatoren wirken und sich im Laufe der Darstellung mit verschiedenen Niederschlägen bedecken« (In: »Merkur«, 6. Jg., 1952, S. 1189).

24 Brief an den Verfasser vom 3.12.1986.

25 P. Härtling: Vergessene Bücher. Stuttgart 1966, S. 207.

26 Glaser benutzt dieses Bild häufig im Gespräch. In »Jenseits der Grenzen« berichtet er über seinen Freund Hubert (von Ranke), der »bis zur Selbstqual bemüht war, ›die Wörter mit der Wurzel auszugraben‹. Es hatte noch seine Redeweise geprägt, seine durch Denkpausen getrennten, wie im Kopf schon geschriebenen Sätze« (1985 b, 310). – Es ist nicht der einzige Hinweis auf eine Bruderschaft zwischen Hubert und dem Erzähler (vgl. 1985 b, 367).

27 Im ersten Druck hat das Lektorat daraus ein »umgetauscht« gemacht (1980, 232). »Angst senkte sich in uns« (1985 a, 139); »Spinne« (1953, 83).

28 SZ, 31.12.1951 (Rezension von »Geheimnis und Gewalt«) SZ, 10.5.1952 (Briefwechsel zwischen Glaser und Kuby). Ähnlich urteilte Rolf Schroers: Glasers Sprache sei »selbstgebildet und aussagemächtig ‹...› wie wenig zeitgenössische deutsche Prosa« (Im Maelstrom. ‹Rezension von »Geheimnis und Gewalt«› In: FAZ, 26.9.1953). Kubys Porträt von Glaser erschien in »Die Literatur« (Stuttgart) Nr. 14, 1.10.1952, S. 5 ff. 1978 spricht Kuby rückblickend von einem »Jahrhundertbuch« (in »Der Monat«, 30. Jg., H. 1, S. 128). Eine ausführlichere Bibliographie der Rezeption Glasers findet sich in meinem Artikel für das »Kritische Lexikon der deutschsprachigen Gegenwartsliteratur«. Folgende Besprechungen der deutschen Ausgabe von »Geheimnis und Gewalt« ermittelte ich noch nachträglich: Wilfried Berghahn: Unterwegs – zum Menschen. In: »Wort und Wahrheit« (Wien) H. 2 (1954), S. 142 f; Herbert Eisenreich, in: »Die Zeit« 10.9. 1953; Peter Blachstein, in: »Gewerkschafter« (Frankfurt), Dez. 1953; Wolfgang Büsgen, in: »Die Aula« (Tübingen) 22.1.1954.

29 1985 b, 367 – »Das alles so zu erzählen, wie es sich abspielte, damit gewinne ich überhaupt nichts. Ich vermittle nichts Neues. Stattdessen habe ich diese Dinge zusammengeschoben und verdichtet. So wie ich in der Sprache versuche, die Worte mit der Wurzel auszugraben, so versuche ich im Erzählen zu verdichten. Dichten und Verdichten, daß das zusammengehört, brauchen wir nicht erst im Wörterbuch nachzusuchen« (G).

30 1980, 230 – Der Kapitelentwurf ist zitiert nach dem Korrekturexemplar Glasers. Eine veränderte Fassung findet sich in »Jenseits der Grenzen« (S. 20).

31 Heinz Brandt spricht von seinem »Traumthema« einer Doktorarbeit: »Die Rolle der Frau bei der Menschwerdung durch Sprache« und erinnert an das Bild seiner Mutter. »Die Sprache als Muttersprache; die Frau genuin sprachlehrend, sprachschöpfend; die Frau – der bei der urtümlichen Arbeitsteilung mit der friedlichen zugleich die gesellige Arbeit zufällt, jene, welche der sprachlichen Mitteilung, Verständigung, also (im Neusprech) der verbalen Kommunikation lebensnotwendig bedarf: Sammeln, Anbauen, Jäten, Ernten; die Arbeit mit dem Lebendigen: Pflanze, Tier und Menschenkind« (1985, 25).

32 »Sie warf ihr ganzes Leben zwischen uns Kinder und die Alten ‹...›. Ich weiß es ganz genau, ich wäre ein Ungeheuer geworden, hätten ihre Arme, mit denen sie die Spannriemen des Alten auffing, sooft sie es konnte, um danach tagelang gramvoll, aber ohne Scham blaue Streifen über dem Handgelenk zu tragen, hätten diese heiligen Arme nicht meine Seele gerettet« (1953, 12). Das »K« in seinem Namen sei »das Grabkreuz meiner Mutter«, erläutert Glaser im Gespräch.

33 »Über die Sprache überhaupt und über die Sprache des Menschen«, in GS II, S. 140-157; »Theologisch-politisches Fragment«, in: GS II, S. 203-213.
Benjamin hat nach der Lektüre von Erzählungen in der »Frankfurter Zeitung« 1932 aus Ibiza dem Autor geschrieben; sein Brief ist in den Exiljahren verlorengegangen (G).

34 Weitere Namen ließen sich anführen, beispielsweise die des Redakteurs der »Frankfurter Zeitung«, Bürger (i. e. Ludwig Zimmermann) oder die der Dimitroff-Gestalt im Van der Lubbe-Drama: sie trägt den Namen »Hammer«. Van der Leiden hat seinen Namen auch nach der Stadt Leiden, aus der van der Lubbe stammt; »Weh« steht für Weidmann (in der Erzählung: Weidner), den letzten Häftling, der in Frankreich öffentlich durch die Guillotine hingerichtet wurde. Entscheidend für die Namensgebung dürfte jedoch das Signal des Leidens und der Existenzqual sein.

35 1980, 229 – »In den ausgesparten Feldern erst, zwischen den Wörtern, war etwas erstanden, das sich als wahr hatte erfühlen, ahnen, vermuten lassen« (1985 b, 20).

36 1953, 196 f; vgl. S.181. Die wichtigste Rolle in Glasers Beobachtung einer Annäherung nimmt der Fall Van der Lubbe an. In seinem Drama läßt er den Nationalsozialisten zum Kommunisten sprechen: »Du weißt, wir sind uns einig« (1985 a, 87).
In der Annäherung nimmt Glaser auch das spezifische der nationalsozialistischen Revolution wahr. Der Alltag des »Dritten Reichs«, schreibt er, » ⟨...⟩ enthielt die höhnische Darstellungen aller unserer Grundsätze und Ziele, Wünsche und Träume, von meinem eigenen bis zu den Sehnsüchten von Unzähligen« (1953, 397); zwar seien die Forderungen der Linken »verzerrt« worden, »wie um sie in Verruf zu bringen – aber mehr als eine List einiger kühner Diebe. Hinter dem verblüffenden Schwindel mußte ein furchtbares Gesetz, so alt wie die Geschichte, stehen. Denn vor wie vielen Menschenaltern schon hatte der Seher geklagt: ›Feindliche Götter haben unsere Gebete erhört‹?« (1953, 398)

37 Zum Beispiel 1953, 142 u. 148; 1985 b, 36 f. Haueisen nimmt nach Hitlers Machtergreifung verzweifelt Kontakt auf zu dem Verbindungsmann der Partei, auf der Suche nach dem Wort und wird enttäuscht: »Ich war guten Willens. Aber ich kam über den Mann nicht hinweg ⟨...⟩. Es war, als lebte er an einem geschützten Ort in einer stets gleichen Wärme und mit der stets gleichen, sorgfältig ausgewogenen Nahrung, einem Ort, den er nur verließ, wenn sein kostbarer Inhalt benötigt wurde. Oh, er war bereit, damit nicht zu kargen. Er wartete auf meine Klage und meinen Bericht, um mir die heilende Wissenschaft, mit der er angefüllt war, in der richtigen Zusammensetzung und Menge einflößen zu können. Aber ich hätte nicht einen Tropfen davon aufnehmen können. Ich wußte genau, was er in sich hatte: nicht ein einziges eigenes Wort, sondern nur, was hunderttausend mit ihm in Abendschulen gelernt hatten ⟨...⟩, dieselbe Geschichte und Erklärung, anwendbar auf die Neger und Napoleon, auf den Burenkrieg und die Kommune, auf Goethe und den ›Wahren Jakob‹« (1953, 144 f).

38 1985 b, 338; vgl. S. 316 f.

39 1953, 128 f; vgl. S. 342. Auch auf das Geheimnis »der Gewaltschleicher«, auf die Massenbasis des Nationalsozialismus habe »die Partei keine Antwort gegeben« (1953, 425).
Ein Blick in die Tarnschriften der KPD (vgl. etwa die Reproduktion von 12 Heften aus den Jahren 1935/36 im Verlag K. Saur, 1987) macht dem Leser deutlich, wofür die Schmuggler ihr Leben einsetzten: für Schulungsmaterial, Stalin- und Ulbricht-Reden.

40 Die Einschätzungen von Ignazio Silone und Czeslaw Milosz sind der Glaserschen Analyse verwandt. Unter dem Titel »Die schlimmste Tyrannei ist die Tyrannei der Worte« beschreibt Silone den Zwang zur verbalen Konformität als Bedingung einer konformistisch-reduzierten Wahrnehmung der Umwelt (1965/1966, 194 ff). Czeslaw Milosz sieht in der Sprachregelung durch die Partei die Grundlage einer »kollektiven Ausübung religiöser Akte«, die »unbemerkt zum Glauben« führen (1959, 191 ff).

41 1953, 227 – In einem der letzten Kapitel von »Geheimnis und Gewalt«, das den programmatischen Titel »Die fünfte Himmelsrichtung« trägt, deutet Glaser den neuen Weg an (1953, 534 ff).

42 Ceram war nicht nur der Autor von »Götter, Gräber und Gelehrte«, unter seinem richtigen Namen Kurt W. Marek erschien 1941 beispielsweise: »Wir hielten Narvik«.

43 Nach dem (unveröfftl.) Briefwechsel von Glaser und W. Dirks 1948.

44 Der Band erschien im Frühjahr 1951 mit einem Vorwort von Albert Béguin in der Reihe »Le chemin de la vie«, die von Maurice Nadeau herausgegeben wurde; dort wurden u. a. Werke von Lawrence Durrell, Lautréamont, Malcolm Lowry, Raymond Roussel und David Rousset verlegt.

45 Zit. n. Rolf Schroers: Im Maelstrom. In: FAZ, 26.9. 1953. Albert Béguin nannte im Vorwort zur französischen Ausgabe »Secret et Violence« eines der wichtigsten deutschen literarischen Ereignisse nach dem Zweiten Weltkrieg. Maurice Nadeau lobte Glaser in »Combat« (28.6.1951), Max-Pol Fouchet in »Carrefour« (27.6.1951). »Es war ein literarischer Erfolg, kein Bestseller, wie man heute sagt, aber es erntete lange und große Kritikern« (G). »Geheimnis und Gewalt« wurde auch ins Holländische übersetzt (Auflage 50.000).

46 Alfred Polgar schreibt in seiner Kritik, Salomons Buch mache »Stimmung für Faschismus und Hitlerei« und atme eine »faschistische Moral« (»Der Monat«, 3. Jg., H. 36, Sept. 1951, S. 654 f). In der DDR-Wochenzeitung »Sonntag« wird dagegen »die entschlossen antiamerikanische und Amerikanisierungstendenzen bekämpfende« Seite von Salomon gelobt (12. Jg., H. 6, 10.2.1957, Beilage).

47 Eher als Kuriosum ist auf eine Lesart in der Anthologie »Traum von Rätedeutschland« hinzuweisen, wo im biographischen Anhang über Glaser vermerkt ist: »Gemeinsam mit seinem Bruder gab er eine Zeitung der Verwahrlosten, ›Der Bespresorny‹ heraus, die von den Kommunisten wegen ihrer linksradikalen Tendenzen kritisiert wurde« (Berlin – Weimar: Aufbau 1968, S.675). »Ich verstehe das nicht, ein 17jähriger Bub mit seinen abgezogenen Zetteln, und vierzig Jahre danach, schwarz auf weiß, die Schelte, ist es nicht ungeheuerlich?« (G) Wenn Glaser in »Geheimnis und Gewalt« von seinem Bruder Jockel spricht, dann ist auch dort durch den Kontext sinnfällig, daß von einer Wahlverwandtschaft die Rede ist. Hinter Jockel verbirgt sich der inzwischen pensionierte Oberstleutnant Liebersohn der Nationalen Volksarmee.

48 Beispielsweise W. Fähnders und H. Karrenbrock in ihrem Nachwort zur Neuauflage von »Schluckebier« (unpaginiert). Und leider habe auch ich in meiner Rezension von »Jenseits der Grenzen« geschrieben, daß es Glaser war, der den Schuß abgab.

49 Als Roman war die französische Ausgabe bezeichnet; Albert Béguin hob in seinem Vorwort hervor, daß Glaser »mehr als eine Autobiographie und eine dokumentarische Erzählung« geschaffen habe (1951, 9). Die zweibändige Schweizer Ausgabe von 1951 trug keinen weiteren Untertitel, die deutsche Ausgabe von 1953 hatte den autorisierten Untertitel »Ein Bericht«, die Claassen-Ausgabe von 1969 sprach (auf dem Umschlag) wieder von einem Roman, die Rowohlt-Taschenbuchausgabe von 1983 trug die Kennzeichnung »Der autobiographische Bericht eines Einzelkämpfers«.

50 Die Vorstadt ist eine Kompilation verschiedener Städte, in denen Glaser gelebt und gearbeitet hat, unter anderem Frankfurt (Höchst) und Worms (siehe nachfolgenden Brief).

51 (G) – »nicht haben«: nämlich die Fähigkeit zur Selbstbeobachtung. »Es ist, als ob ich jenseits stehe und mir selbst zuschaue«, erläutert Glaser weiter. Das Trampeltier und die Graugans Martina: das Besondere und das Typische (Anspielung auf Konrad Lorenz). »Wenn vor zweihundert Jahren das erste Trampeltier durch Europa geführt wurde, und der Begleiter erzählt nun die Wunder, wie es gelebt hat, in der Wüste, wie es sechs Tage ohne Trinken auskommen kann, da ist es wirklich bestaunt worden. Die Lebensgeschichte der Graugans Martina ist dagegen unscheinbar. Doch sie geht viel weiter und geht uns viel mehr an« (G). Vergleicht man »Geheimnis und Gewalt« mit »Jenseits der Grenzen«, dann ist die programmatische Mitteilung Glasers dort noch weiter eingelöst. Sein Bericht nähert sich dem Unspektakulären. »Ich habe keinen weiteren Weltkrieg zu erzählen. Kein anderes Lager. Aber ich habe ein viel größeres Abenteuer zu berichten, nämlich Halt zu machen mit der Ideologie. Nur im Reich der Notwendigkeit können wir zur Freiheit gelangen. Das war meine Herausforderung. Was ich getan habe in meiner Werkstatt, das war eben das. Meine Kritiker sind höflich dran vorbeigeschlichen« (G).

52 Koestler unterscheidet beim Autobiographen den »Chronistendrang« (Außenwelt) und ein »Eccehomo-Motiv« (Innenwelt); beide Impulse entsprächen der »Quelle« jeder Literatur: das Erlebte mit anderen zu teilen und damit die Isolation des Ich zu überwinden. Als »Fallen der Autobiographie« wertet er »falsche Bescheidenheit« und »Selbstgeißelung« (1985, 7 ff).

53 »Ich will aufs Herz binden – will sagen: Hör mal zu, überlege Dir doch mal, Herrgott Mann, überleg Dir! Das ist alles. Eindringlich und so gut wie möglich. Ich will nicht überzeugen, aber Unruhe erzeugen« (G).

54 Glaser läßt Haueisen im Kriegsgefangenenlager für seine Kameraden Briefe schreiben. In dieser Schreibarbeit verschmilzt Haueisen mit dem Ich seiner Auftraggeber (1953, 403 ff).

55 Die Konstruktion der biographischen Wirklichkeit im analytischen Prozeß. In: Freiburger literaturpsychologische Gespräche, hg. v. Johannes Cremerius u. a. Frankfurt – Bern: P. Lang 1981, S. 15-37

Anmerkungen zu IX.

1 Brief vom 23.9.1957 (Nachlaß Kantorowicz, Hamburg).

2 Louis-Ferdinand Céline beginnt den Bericht seiner Rußlandreise mit dem Bekenntnis: »Das, was uns am Kommunismus verführt, ist offen gesagt sein großer Vorzug, den Menschen endlich zu demaskieren« (Mea Culpa. Märisch-Ostrau: Kittls o. J., S. 5).

3 Fritz Schenk will den Nachweis führen, daß er niemals Kommunist, sondern immer schon Sozialdemokrat gewesen sei (vgl. E. Roloff 1969, 53 f).

4 »Die Aktion«, 1. Jg., H. 1, S. 7.

5 Diesen Hinweis verdanke ich Justus Fetscher.

6 Es liegt m. E. nicht an der Auswahl, sondern an der Genauigkeit seiner Untersuchung, wenn Ernst-August Roloff in seinen beiden Fallstudien (zu Gide und Wright) zum Urteil der Unverwechselbarkeit kommt.

7 In den Statistiken von Almond gaben von den einfachen Parteimitgliedern 0% an, ernsthafte Schwierigkeiten bei der Loslösung gehabt zu haben, dagegen 19% bei ›höheren Dienstgraden‹ und 30% der hohen Funktionsträger (1954/1965, 340).

8 »Wenn ich heute nach einer Deutung meiner Entwicklung suche, finde ich sie keineswegs in den Büchern der ersten frühen Ex-Kommunisten-Generation, nicht bei Arthur Koestler oder Ignazio Silone, sondern bei Männern, deren Erfahrungen mit dem Kommunismus aus der Zeit nach dem Zweiten Weltkrieg stammen, etwa bei Czeslaw Milosz ⟨...⟩«. »Exkommunisten wie Margarethe Buber-Neumann, Alfred Kantorowicz u. a. gehören alle einer älteren Generation an. ⟨...⟩ Wir können uns nicht auf das verlassen, was die alten Exkommunisten sagen« (Zwerenz 1962 b, 50 u. 52). »Der junge Exkommunismus ⟨...⟩ ist intellektuell in seiner Kritik, utopieablehnend, illusionslos. Metaphysisch unbestechlich« (Zwerenz 1961, 32). Die Zitate sprechen auch davon, wie sehr dem Autor am Entwurf eines positiven Selbstbildes gelegen ist.

9 A. Koestler 1984, 181.

10 »Seit vier Jahren war ich Mitglied der Partei – aber diese Zeitangabe ist eigentlich irreführend, in Wahrheit war ich eigentlich seit meiner Geburt vorprogrammiert, seit fünfundzwanzig Jahren also«, sagt Walter Kolbenhoffs autobiographischer Protagonist (1984, 208).

11 »Die Rolle persönlicher Freundschaften und der erotischen Bindungen wird verständlicherweise von den Frauen besonders hervorgehoben«, schreibt E. Roloff (1969, 154) – ein Hinweis nicht auf geschlechtsspezifische Unterschiede in der Vita, sondern eher auf die biographische Genauigkeit der Erinnerungen von Exkommunistinnen.

12 J. C. Witsch 1977, 114.

13 Doris Lessings Protagonistin erkennt beim Parteieintritt ihr Bedürfnis »nach Ganzheit, nach einem Ende der gespaltenen, zerteilten, unbefriedigenden Lebensweisen« (1962/1975, 169).

14 Victor Serge erinnert sich gegenüber Gide, er sei zum Kommunismus gestoßen, weil dieser die freie Entfaltung seiner Persönlichkeit verhieß (1974, 457).

15 S. Spender 1949/1952, 212.

16 »Das Statut der kommunistischen Parteien duldet keinen Austritt; es kennt nur den Ausschluß« (I. Silone 1950, 160). »Ist man einmal in der Partei, so kann man nicht wieder austreten ⟨...⟩. Dagegen ist das Ausgeschlossenwerden (aus Gründen der Reinigung) etwas recht Häufiges. Und das bedeutet dann: Sibirien« (A. Gide 1938/1960, 400).

17 In den Statistiken von G. Almond (1954/1965, 357):

6% (6) religiöse Orientierung
1% (2) politische Rechte
1% (2) Konservative
32% (41) gemäßigte Linke
18% (6) extreme Linke
12% (12) Gewerkschaftsbewegung
17% (18) indifferent

Die erste Zahl bezeichnet die Neuorientierung zum Zeitpunkt des Bruchs, die Zahl in Klammer zum Zeitpunkt der Befragung. Ernst Nolte, der die »Konversionspotenz« der Systeme untersucht, schreibt: »Die Umwendung zu einem radikalen Antikommunismus war beinahe die Ausnahme und jedenfalls nicht die Regel« (1974, 456).

18 1987 a, 80 – Roloff unterscheidet nur drei politische Typen des Renegaten: a) Abtrünnige, die mit dem Stalinismus brechen und es ablehnen, sich mit der westlichen Demokratie zu identifizieren; b) unabhängige Sozialisten, die den kapitalistischen Formen der Demokratie skeptisch gegenüberstehen; c) demokratische Sozialisten, die Formen der westlichen Demokratie als Chance zur Veränderung sehen. Auch Roloff weist freilich auf Veränderungen in der politischen Entwicklung der Renegaten hin und darauf, daß der neue Abtrünnige »nicht zu denen gerechnet werden (möchte), die lange vor ihm gegangen und inzwischen militante Antikommunisten geworden sind (1969, 382 f).

19 A. Kantorowicz 1959, 28; H. Müller: Ich bin ein Neger. Diskussion mit H. Müller. Darmstadt 1986, S. 25.

20 Zu Kurt Kläber vgl. Glaser 1985 b, 304 und Werner Humm: Erinnerungen an Kurt Held. In: Lisa Tetzner-Kläber: Das war Kurt Held. 40 Jahre Leben mit ihm. Frankfurt: Büchergilde Gutenberg 1961, S. 112. Von Erwin Piscator berichtet Sahl, daß dieser »nicht gern« über seine Abreise aus Moskau 1938 sprach, »wohl aus Scham über eine Enttäuschung, die er anderen gegenüber nicht zugeben wollte« (1983, 139). Einer der möglichen Gründe der Zurückhaltung liegt in der Angst vor Repressionen des Systems gegenüber den Autoren oder ihren Angehörigen: vgl. R. Bek-gran in GDS, 1. Jg., H. 2, April 1938, S. 2; A. Orlow 1953/1956, 14 f.

21 Hans Mayer erzählt, daß er in seiner »Erinnerung (...) zwei grundverschieden Menschen mit diesem Namen (Otto) Grotewohl« sehe; der eine war der funktionstüchtige Politiker, der andere ein Enttäuschter, der seine Hoffnungen verloren habe. »Grotewohl hatte keinen Rückweg. Er mußte weitergehen: ein schwerkranker, trauriger Mann, der bis zuletzt den Vorsitz hatte im Ministerrat« (1984, 35 f). Im Falle des DDR-Kulturministers Becher dürfte die Spaltung noch schärfer gewesen sein.

22 Sperber 1961/1976, 10 – P. Istrati: Vers l'autre flamme. Paris: Editions Rieder 1929 (dt.: Drei Bücher über Sowjetrußland).

23 Ernst Bloch: Universität, Marxismus, Philosophie. In: OW, 3. Jg., H. 11, Nov. 1949, S. 73.

24 Friedrich Nietzsche: Hinfall der kosmologischen Werte. In: Werke, hg. v. Karl Schlechta. Frankfurt – Berlin – Wien 1977 Bd. IV (Ullstein-Taschenbuchausgabe), S. 268 f.

25 Peter Sloterdijk (Kritik der zynischen Vernunft. Frankfurt 1983, Bd.I, S. 363) gibt der völkische Ideologie zuviel Ehre – als Ideologie war sie wohl nie sonderlich anziehend und überzeugend.

26 Der Exilrusse Joseph Brodsky spricht von der Idee, »daß ein befreiter Mensch kein freier Mensch ist, daß Befreiung lediglich bedeutet, Freiheit zu erreichen, und nicht mit ihr gleichzusetzen ist« (Der Zustand, den wir Exil nennen. In: Literaturmagazin 22. Reinbek 1988, S. 170).

27 Voltaire: Geschichte eines guten Brahmanen (Sämtliche Romane und Erzählungen (in 2 Bd.). Frankfurt 1976, Bd. I S. 391-394).

28 Gedanken über die Dissenz (sic!). In: FR 28.6.1986.

29 Krivitsky spricht Romain Rolland an (1939/1940, 14).

30 »Zum erstenmal war ein Funktionär geflohen, der zehn Jahre in der Sowjetunion verbracht hatte und dort aufgewachsen, erzogen und politisch geschult worden war«, betont W. Leonhard (1955/1957, 9); »man steht ziemlich allein dabei«, befindet Koestler (1944/1974, 146).

31 Zit. n. Boveri 1976, 393 f). Zu Whittaker Chambers: Ernst/Loth 1952, 30; H. Arendt: The Excommunists. In: »Commonweal«, Vol. 57, 20.3.1953, S. 595-599; Boveri 1976, 435 ff.

32 Anschauliches Beispiel ist die Attacke von Regler gegen den ›Spätheimkehrer‹ Alfred Kantorowicz (vgl. Kap. III.3).

33 H. Brandt 1967, 177.

34 Für Bentley war es Earl Browder, für Wehner Heinz Neumann und Hermann Remmele, für Gitlow Charles E. Ruthenberg (vgl. E. Roloff 1969, 252).

35 Poretsky 1969; René Dazy: Fusillez ces chiens enragé... Le génocide du trotskistes. Paris 1981.

36 Karl Albrecht bietet sich dem Kreml als Zeugen an für die Unschuld der Moskauer Angeklagten; doch »der Kreml schwieg« (1954, 11). »Im tiefsten Herzen hatte ich die törichte Hoffnung, die Männer im Kreml würden dieses Buch (»Der verratene Sozialismus«) lesen« (1954, 165).

37 1967, 192 – Ähnliches berichtet Roy Medwedew von Karl Radek (1971/1973, 335). Auch Willi Münzenberg hat sich direkt an Stalin gewandt.

38 »Man antwortet dem Gegner nie: man diskreditiert ihn, er gehöre der Polizei, dem International Service an, er sei ein Faschist« (J. P. Sartre 1948/1975, 151).

39 Vgl. N. Berdjajew 1957, 31 ff; I. Silone 1952, 198.
Das Unfehlbarkeitsdogma der Partei, von Louis Fürnberg 1950 anläßlich des 3. Parteitags der SED im Lied »Die Partei« auf den Refrain »Die Partei, die Partei hat immer recht...« gebracht, taucht wieder auf in den Titeln von Ralph Giordano und Carl-Jacob Danziger.

40 Gide/Last 1985, 33 ff.

41 H. M. Enzensberger: Einzelheiten, Bd. I. Frankfurt 1964, S. 104.

42 1955/1957, 552 – Giordanos knappes Fazit heißt: »Es gibt keine Koexistenz mit der Lüge« (1961/1980, 272). Silone: »Die historische Bedeutung des ungarischen Aufstandes beruht auf der Zurückweisung der Lüge im totalitären Staat« (1965/1966, 198). V. Serge: »Und die Lüge, die man wie Luft einatmet« (1974, 452; vgl. S. 456 u. 460).

43 1963/1986, 140 f – »Im Wesentlichen« und »Kontakte« seien, so Szász, die zentralen Vokabeln der Geheimpolizei gewesen, mit denen »aus einem echten Kern eine Scheinwahrheit« wurde (S. 133).

44 1961, 75 – Kantorowicz verbindet auf diesen Seiten des »Deutschen Tagebuchs« sein Schicksal mit dem Heinrich Manns.

45 »Und mag der Leser von unserem Jahrhundert denken, wie er will, es wird – wie der Vernommene das Protokoll – auch dieses Buch auf jeder einzelnen Seite mitsignieren« (1971/ 1977, 13). In seinen Erinnerungen benutzt Hay das Kürzel »J. H. 35« für ›1935‹ und für den ›35jährigen Hay‹.

46 Zit. n. A. Glucksmann 1974/1976, 138. Wo Lenin davon spricht, daß »die Wahrheit ⟨...⟩ immer konkret« sei (Werke Bd. 7, S. 417) spricht er von »istina«.

47 Nikolaus Berdjajew: Die politische und die philosophische Wahrheit. In: Rußlands politische Seele. Berlin 1919, S. 88-104, hier S. 92 f.

48 »Der Autor verpflichtet sich, die Wahrheit zu sagen, nichts als die Wahrheit, und die ganze Wahrheit, soweit es auf dreihundert Seiten möglich ist« (P. Istrati ⟨B. Souvarine⟩ 1930 c, 7).

49 Als spätes Beispiel für den Zwang zur Eindeutigkeit seien die Schlußfolgerungen Joachim Seyppels zitiert, der ein komplexes Zusammenspiel vieler Kräfte als folgerichtiges Nacheinander darstellt: »Aber diese ⟨...⟩ Veränderungen haben offenbar noch nicht genügt, das abzubauen, was als Erbe des Stalinismus auf uns gekommen ist. Was auch Hermlin weiß. Weswegen er dann 1976 die Petition gegen Biermanns Ausbürgerung initiierte. Woraufhin ihm wiederum die ›Falken‹ in seiner Partei hart zusetzten. Wodurch er sich gezwungen sah, sich in einem Brief an Honecker von jener Petion zu distanzieren, was nicht etwa alle der Unterzeichner taten ⟨..⟩. Was wiederum Hermlin bewegte ⟨...⟩« (1979, 69).

50 »Und eine – selbst schmerzliche – Wahrheit kann nur verletzen um zu heilen«, schreibt Gide im Vorwort zu »Retour de l›U.R.S.S.«; Lew Kopelew beruft sich auf Goethe: »Es gilt allein, was Goethe sagte: ›Schädliche Wahrheit, ich ziehe sie vor dem nützlichen Irrtum. Wahrheit heilet den Schmerz, den sie vielleicht uns erregt‹« (1983 a, 9); Koestler zitiert 1938 bei seiner Lösung von der Partei Thomas Mann: »Eine schädliche Wahrheit ist besser als eine nützliche Lüge« (1949/1952, 70; vgl. 1971, 297 f). Bodo Uhses kommentiert im Tagebuch: »Abends ⟨...⟩ hielt ⟨Koestler⟩ eine Schlußansprache ⟨...⟩. ›Gegen die nützliche Lüge und für die schädliche Wahrheit.‹ Ich hatte neulich schon so ein Gespräch mit ihm, wobei er von neuer Moral sprach. Heute hatte er für die widrigen Worte viel Beifall gefunden und saß nachher finster brütend herum. ›Man sieht ja, wo das hinführt, wenn man abgleitet.‹ Das kommt aus seinem Mund. Er ist also wieder in Dostojewski-Stimmung ⟨...⟩. Was haben ihm die langen Tage in der Todeszelle angetan?« (1938/1981, I 370 f)

51 Krankheit und Gesundung, Überwindung einer falschen Liebe, Heilung einer Neurose – auch die Krankheitsmetaphern der Renegatenliteratur implizieren die Forderung nach rigoroser ärztlicher Therapie.

52 Damit wird der Märtyrer zum Gegentypus des Verräters (Hans Blumenberg: Die Genesis der kopernikanischen Welt. Frankfurt 1981, Bd. II, S. 308).

53 Silone: »Ehrlichkeit allein führt noch nicht zur Wahrheit« (1965/1966, 79).
54 1962/1978, 295 u. 297.

Karl Iwanowitsch Albrecht war der Name, den sich Karl Matthäus Löw später in der Sowjetunion gab. Er wurde am 8. Nov. 1897 in Weingarten (Württemberg) geboren als Sohn eines Feldwebels und wuchs in ärmlichen Verhältnissen auf. Im I. Weltkrieg wurde er Soldat, erhielt nach mehrfachen Verwundungen das Eiserne Kreuz, schloß sich in den ersten Nachkriegsjahren den Freikorps an und trat 1921 in den württembergischen Staatsforstdienst ein. Insgeheim mit den Spartakisten sympathisierend, rettete er (nach eigenen Angaben) als Offizier des Freikorps Willi Münzenberg und anderen das Leben; von Münzenbergs Ehefrau und Biographin Babette Gross wird das bestätigt (1967, 94). Er schloß sich der KPD an und ging Ende 1924 mit Empfehlungen von Münzenberg und Clara Zetkin als Forst- und Holzspezialist in die Sowjetunion. In Moskau veröffentlichte er 1930 ein Buch über die russische Forstwirtschaft, zu dem Lazar Kaganowitsch das Vorwort schrieb. Nach achtjähriger Arbeit wurde er unter der Anschuldigung von Spionage und Sabotage verhaftet und, nach einem Todesurteil, begnadigt. 1934 nach Deutschland abgeschoben und mehrere Monate von den Nazis interniert, zog er zuerst in die Türkei, dann, weil er sich von GPU verfolgt wußte, in die Schweiz. Dort schrieb er seine Erinnerungen (»Der verratene Sozialismus«), die nach seiner Rückkehr (1938) in Deutschland vom nationalsozialistischen »Antikomintern-Büro« herausgegeben wurden und eine Gesamtauflage von zwei Millionen erreichten. In seinen Einleitungen für die erste Auflage und für die »Volksausgabe« ergriff er Partei für die Nationalsozialisten (Affinitäten sind auch noch in der Fortsetzung seines Berichts von 1954 spürbar); unübersehbar in seinen Erinnerungen ist die antisemitische Haltung des Autors. Albrecht betätigte sich in Berlin als Propagandaredner, daneben als Gemüse- und Buchhändler und wurde 1941 als Wachtmeister einer Propaganda-Abteilung für den Rußlandfeldzug aktiviert. 1945 bis 1947 war er in amerikanischer Kriegsgefangenschaft; 1951 organisierte er sich in einem freikirchlichen »Kreis der Moralischen Aufrüstung«, der für eine Ost-West-Verständigung auf christlichem Boden eintrat. Für diese Organisation, deren Vorsitzender Frank Buchman war, hielt er in verschiedenen Ländern Vorträge. Am 22. August 1969 starb er in Tübingen.

Max Barth, 1896 in Waldkirch geboren als Sohn eines Buchbinders, veröffentlichte 1911 erste Gedichte, war Mitglied des Wandervogel, wurde nach dem I. Weltkrieg Lehrer und nach 1922 freier Autor und Journalist; unter anderem redigierte er die Monatszeitschrift »Freie sozialistische Jugend«. 1931 trat er in die KPD ein, ging ins Exil (Schweiz, Frankreich, Spanien, Tschechoslowakei, Norwegen, Schweden, USA). Ende 1933 wurde er in Paris wegen seiner Parteikritik als Trotzkist denunziert und per Einschreiben aus der Partei ausgeschlossen; er hatte, nach eigener Angabe, den Ausdruck »die korrupten Brüder vom ZK« gebraucht, »und das war an sich schon Gotteslästerung genug« (1986, 21). Im September 1944 titulierte ihn »Freies Deutschland« (Mexiko) wegen seiner Artikel in der »Neuen Volkszeitung« (New York) als »anarchistisch-trotzkistischen Provokateur«. »Ich war froh außen zu stehen und befand mich außerdem schon auf dem Weg vom Marxismus zum neuen Humanismus, wie wir später, in Norwegen und Schweden, die neue liberaldemokratisch-humanistische Haltung nannten« (1986, 22). Er kehrte 1950 nach Westdeutschland zurück und trat 1969 in die SPD ein. 1970 starb er in Waldkirch. Peter Weiß erinnert sich seiner in den »Notizbüchern« mit »schlechtem Gewissen«. In »Abschied von den Eltern« und »Fluchtpunkt« taucht er als »Max B.« und »Max Bernsdorf« auf (vgl. Brief von Weiss an M. B. in FAZ 26.11.1983).

Leo Bauer, Sohn eines jüdischen Uhrmachers, wurde 1912 im ostgalizischen Tarnopol geboren und wuchs in Chemnitz auf. Dort schloß er sich der Sozialistischen Arbeiter-Jugend an, trat in Berlin der SPD bei und 1931 der sich abspaltenden Sozialistischen Arbeiterpartei Deutschlands. Noch im selben Jahr wurde er KPD-Mitglied und begann eine schnelle Parteikarriere. Nach einigen Monaten Nazi-Haft emigrierte er zuerst nach Prag, dann nach Paris, organisierte dort die Flüchtlingskomitees der Exil-KPD und wurde nach dem Hitler-Stalin-Pakt verhaftet. Er floh in die Schweiz, auch dort interniert. Nach dem Krieg wurde er von der SED als Chefredakteur des Berliner Rundfunks eingesetzt. In der Folge von Nachkriegs-»Säuberungen« wurde er im August 1950 in Ostberlin verhaftet und wegen »konterrevolutionärer Aktivitäten« zum Tode verurteilt, später zu 25 Jahren Zwangsarbeit im sibirischen Lager begnadigt. Nach Westdeutschland abgeschoben, trat er 1956 in die SPD ein, arbeitete im »Stern«, später als Chefredakteur der Zeitschrift »Neue Gesellschaft« und als Berater von Willy Brandt. Er starb 1972. 1983 veröffentlichten Peter Brandt, Jörg Schumacher, Götz Schwarzrock und Klaus Sühl seine Biographie.

Robert Bek-gran siehe Kap. VII

Heinz Brandt, 1909 in Posen als Sohn deutscher Juden geboren, aufgewachsen in einem liberal-pazifistischen Elternhaus, besuchte die Neuköllner Karl-Marx-Schule, studierte Volkswirtschaft und schloß sich der kommunistischen Jugend- und Studentenbewegung an. Er arbeitete nach 1933 illegal für die KPD und überlebte nach seiner Verhaftung den Nationalsozialismus in den Zuchthäusern Luckau und Brandenburg und schließlich in den Konzentrationslagern Sachsenhausen, Auschwitz und Buchenwald. Nach dem Krieg schloß er sich wieder der KPD an, wurde Parteifunktionär der SED, floh 1958 vor der drohenden Verhaftung nach Westdeutschland, trat in die SPD ein und wurde 1961 in Westberlin von der ostdeutschen »Staatssicherheit« in die DDR entführt und dort, nach seiner Weigerung, ein Schuldgeständnis zu unterzeichnen, zu 13 Jahren Zuchthaus verurteilt. Nach internationalem Protest wurde er 1964 aus dem Zuchthaus Bautzen entlassen. Bis zu seiner Pensionierung arbeitete er als Redakteur der Gewerkschaftszeitung »Metall«, opponierte gegen die SPD-Politik und trat schließlich aus der Partei aus. 1984 erhielt er die Ehrendoktorwürde der Universität von Osnabrück. Er starb 1986 in Frankfurt (Bibliographie seiner Schriften in: H. Brandt 1985.)

Wanda Bronska-Pampuch kam 1911 als Kind polnischer Eltern in der Schweizer Emigration (in Zürich) zur Welt. Ihre Eltern gehörten jenem Kreis russischer und polnischer Emigranten an, aus dem während des I. Weltkriegs die polnische kommunistische Bewegung entstanden ist. Sie wurde 1925 in Berlin, wo sie Nationalökonomie studierte, Mitglied der KPD und setzte ihr Studium in Moskau fort. Dort arbeitete sie als Journalistin und wurde 1938 zu acht Jahren Zwangsarbeit verurteilt. Bis 1946 war sie in Kolyma interniert. Dort gelangte sie zur Überzeugung, »daß Stalin die Revolution verraten habe« (1962, 43), gehörte aber zu den wenigen überlebenden polnischen Kommunisten, die 1946/47 aus den Stalinschen Lagern nach Polen entlassen wurden, um am Aufbau eines kommunistischen Polen mitzuwirken. Nach einem knappen Jahr brach sie mit der KP und ging nach Ostberlin. Von dort aus publizierte sie unter dem Pseudonym Alfred Burmeister im »Monat« und der »Aktion«. 1950 floh sie in den Westen und arbeitete in München als Übersetzerin (von Kolakowski, Brandys, Bonarski u. a.) und als Journalistin (für SZ, SFB, Bayerischer Rundfunk). Eine Reihe von Aufsätzen über die Entwicklung in Polen erschien (unter ihrem Pseudonym Alfred Burmeister) in der Zeitschrift »Aus Politik und Zeitgeschichte«.

Margarete Buber-Neumann wurde 1901 als Tochter eines Brauereibesitzers in Potsdam geboren; Babette Gross (spätere Ehefrau von Willi Münzenberg) war ihre Schwester. Ende des Weltkriegs kam sie über die Freideutsche Jugendbewegung zu linkssozialistischen Kreisen, 1921 wurde sie Mitglied des Kommunistischen Jugendverbands. Mit ihrem ersten Mann, Rafael Buber (dem Sohn Martin Bubers), studierte sie in Heidelberg und Jena, 1926 wurde sie Mitglied der KPD und Mitarbeiterin des Kominternblatts »Inprekorr«; in zweiter Ehe heiratete sie den Chefredakteur der »Roten Fahne«, Heinz Neumann, der, nach Fraktionskämpfen in Deutschland entmachtet, Kominternfunktionär wurde. 1935 gingen beide in die Sowjetunion, wo er im April 1937, sie im Juli 1938 verhaftet wurden. Sie wurde zu fünf Jahren Arbeitslager verurteilt; nach zwei Jahren im sibirischen Lager Karaganda (Kasachstan) wurde sie 1940 in der Folge des Hitler-Stalin-Pakts an die Gestapo ausgeliefert. Im Konzentrationslager Ravensbrück wurde sie von der Gruppe der KP-Häftlinge als »Trotzkistin« geächtet. In Schweden schrieb sie 1947 ihr erstes Buch, »Als Gefangene bei Stalin und Hitler«, das in ein Dutzend Sprachen übersetzt wurde; 1951/52 gründete sie in Frankfurt a. M. die Zeitschrift »Aktion« und heiratete den Journalisten Helmut Faust. Sie lebte als politische Publizistin in Frankfurt; 1989 ist sie dort gestorben.

El Campesino, mit bürgerlichem Namen Valentin Gonzalez, 1909 in Malcocinado in der spanischen Provinz Estremadura als Sohn eines Minenarbeiters geboren, war 1928 der Kommunistischen Partei beigetreten; im Spanischen Krieg war er der jüngste und legendärste republikanische General; nach der Niederlage floh er in die Sowjetunion, wo er in der Frunse-Militärakademie tätig war, bis er 1941 als »Trotzkist« zur Zwangsarbeit verurteilt wurde. Nach seiner gescheiterten Flucht nach Persien kam er ins Arbeitslager Workuta und gelangte 1948 nach erneuter Flucht nach Frankreich, wo er als Steinmetz arbeitete und mit exilspanischen Gruppen Franco bekämpfte. Nach dessen Tod kehrte er nach Spanien zurück; er starb 1983 in seiner Madrider Wohnung.

Isaac Deutscher wurde 1907 in Chrzanów bei Krakau (Galizien) geboren, siedelte 1925 nach Warschau über und arbeitete als Korrektor bei der polnisch-jüdischen Tageszeitung »Nasz Przeglad«. Anfang 1927 trat er der illegalen polnischen KP bei und schrieb für der KP nahestehenden halblegale jüdische und polnische Zeitschriften. Er stellte sich 1931, nach einer Reise in die Sowjetunion, an die Spitze der ersten antistalinistischen Opposition in der polnischen KP, die sich auf Trotzkis Kritik an der Politik der bolschewistischen Partei stützte, und wurde im Juni 1932 wegen einer Artikelserie ausgeschlossen, in der er die kommunistische Parteilinie in Deutschland kritisierte, vor allem, daß sich deren Hauptangriff gegen die Sozialdemokraten statt gegen die erstarkende Nazibewegung gerichtet habe. Für Polen forderte er eine Einheitsfront von Kommunisten und Sozialisten gegen Hitler und Pilsudski. Zur Zeit der Moskauer Prozesse trat er in öffentlichen Versammlungen in Warschau zugunsten der Moskauer Angeklagten auf. Deutscher setzte seine Arbeit für jüdische wie nichtkommunistische Literaturzeitschriften in Polen fort und gründete die Zeitschrift Widnokrag (Horizont). Im April 1939 siedelte er angesichts der Bedrohung Polens über nach London. Dort begann er nach einer kurzen Dienstzeit in der polnischen Armee seine journalistische Tätigkeit u. a. als Korrespondent von »The Economist«, »The Observer« und »Tribune«. Mit Beginn des Kalten Krieges zog er sich aus dem hauptberuflichen Journalismus zurück und widmete sich der Arbeit an Biographien über Lenin, Stalin und Trotzki. 1966 wurde er Ehrenprofessor der New York State University. Er nahm teil am Russel-Tribunal über Kriegsverbrechen in Vietnam und starb 1967 in Rom.

Milovan Djilas wurde 1911 in Polja (Montenegro/Jugoslawien) geboren, studierte Jura, beteiligte sich an den Aktionen der illegalen Kommunistische Partei Jugoslawiens und wurde 1932 deren aktives Mitglied. 1938 wurde er, nach drei Jahren Gefängnis, Mitglied des Zentralkomitees, 1940 Mitglied des Politbüros. Während des Kriegs organisierte er mit M. Pijade den Partisanenkrieg in Montenegro und kämpfte gegen die deutschen Besatzer. 1944 war er Titos Verbindungsmann in Moskau und nach 1945 Minister, Generalsekretär des Politbüros und 1953 stellvertretender

Ministerpräsident. Nach dem der jugoslawischen KP aufgezwungenen Bruch mit Stalin veröffentlichte Djilas im Zentralorgan seiner Partei eine Analyse des Stalinismus als »Diktatur der Bürokratie«. Ende 1953 erschien seine kritische Artikelserie über Parteibürokratie und -diktatur der KP Jugoslawiens. Im Januar 1954 wurde er wegen seiner Kritik (und einer Satire über privilegierte Parteimitglieder) seiner Parteiämter enthoben, aus der Partei ausgeschlossen, mit Schreibverbot belegt und zu 18 Monaten Gefängnis verurteilt. Nachdem er in der amerikanischen Presse einen Artikel veröffentlichte, in dem er als Sozialist den Ungarnaufstand billigte, wurde er erneut verhaftet und zu drei Jahren Gefängnis verurteilt. Dort schrieb er sein Buch »Die neue Klasse«, mit dem er sich eine Gefängnisstrafe von sieben Jahren einhandelte. Nach seiner vorzeitigen Entlassung wurde er wegen der Veröffentlichung seines neuen Buches, »Gespräche mit Stalin«, erneut zu fünf Jahren Gefängnis verurteilt. Am 31. Dezember 1966 wurde Djilas begnadigt und aus der Haft entlassen.

Ernst Fischer wurde 1899 in Komotau (Böhmen) geboren, sein Vater war Oberst der österreichischungarischen Armee. Im I. Weltkrieg meldete er sich als Freiwilliger, schloß sich danach der Sozialdemokratie an und arbeitete seit 1927 als Redakteur bei der Wiener »Arbeiter-Zeitung«, schrieb Gedichte und Dramen. Vom linken Flügel der SPÖ trat er nach dem Februar-Aufstand 1934 zur KPÖ über und wurde bald Mitglied des ZK. Er lernte die 1907 in Teplitz-Schönau (Böhmen) geborene *Ruth von Mayenburg* kennen. Sie trat ebenfalls der KPÖ bei und ging mit Fischer, der inzwischen Mitarbeiter der Komintern geworden war, 1934 gemeinsam ins tschechische, später ins sowjetische Exil. Während Ernst Fischer in Moskau blieb, kehrte Ruth von Mayenburg 1935 als Agentin für den Militär-Apparat der Roten Armee nach Deutschland zurück; nach dem Kriegsbeginn arbeitete sie als russischer Propaganda-Offizier an der Front und in Kriegsgefangenenlagern. 1954 wurde ihre Ehe geschieden. Ernst Fischer wurde 1945 nach seiner Rückkehr einer der führenden KPÖ-Mitglieder. Für kurze Zeit war er als Staatssekretär für Unterricht an der österreichischen Regierung beteiligt; bis 1959 war er Mitglied im Nationalrat. Er war 1963 einer der Organisatoren der Prager Kafka-Konferenz und äußerte sich nach 1965 gegen Stalinismus und Dogmatismus. Sein wichtigster Mitstreiter in diesen Jahren war Franz Marek (seit 1934 KPÖ-Funktionär). Am 13.10.1969 wurde Fischer wegen seiner Kritik am »Panzerkommunismus« in der CSSR aus der KPÖ ausgeschlossen; mit ihm wurde Marek »verurteilt«. Er starb 1972 in der Steiermark. Ruth von Mayenburg war nach dem Krieg Generalsekretärin der Österreichisch-Sowjetischen Gesellschaft und arbeitete später als Dramaturgin, Schriftstellerin (Pseudonyme: Modesta, Ruth Wieden) und Übersetzerin (unter anderem von Roger Garaudy und José Vicente Ortuño). Ende der sechziger Jahre vollzog sie eine stille Trennung von der KPÖ. Sie lebt in Wien unter dem Namen Ruth Dichtl.

Ruth Fischer, 1895 in Leipzig geboren, hieß mit richtigem Namen Elfriede Eisler – sie wählte ihr politisches Pseudonym nach dem Geburtsnamen ihrer Mutter. Der Vater, Rudolf Eisler war Philosophieprofessor und Autor des »Wörterbuchs der Philosophischen Begriffe und Ausdrücke«. Sie wuchs in Wien auf, studierte dort Philosophie und Nationalökonomie und gründete nach Kriegsbeginn eine linksradikale Studentengruppe. 1918 gründete sie, gemeinsam mit ihrem Mann, Paul Friedländer, die KPÖ. Ende 1919 zog sie nach Berlin, wo ihre rasche Parteikarriere in der KPD begann. Mit ihrem späteren Lebensgefährten Arkadij Maslow führte sie die linke Parteiopposition. Von 1924-26 war sie Vorsitzende des Politbüros und betrieb – nach Maslows Verhaftung de facto allein an der Spitze der KPD. Bis 1928 war sie Mitglied des Reichstags, aber bereits im August 1926 wegen »trotzkistischer Gruppenbildung« aus der Partei ausgeschlossen worden. Sie versuchte die kommunistische Linksopposition zu sammeln, u. a. als Mitbegründerin des linkskommunistischen Leninbundes (März 1928). Nach einem vergeblichen Versuch der Wiederaufnahme trat sie auf der parteipolitischen Bühne nicht mehr in Erscheinung. Sie arbeitete in Berlin als Pädagogin und Sozialpflegerin und emigrierte 1933, als Jüdin und steckbrieflich gesuchte Kommunistin, zusammen mit Maslow in die Tschechoslowakei, dann nach Paris, wo sie auch mit dem Trotzkismus brach. Im Rahmen der Moskauer Schauprozesse wurde sie in Abwesenheit verurteilt. Im Juni 1940 floh sie über Südfrankreich nach Spanien, Portugal und Kuba, 1941 in die USA, wo sie journalistisch und wissenschaftlich tätig wurde. Vor amerikanischen antikommunistischen Ausschüssen belastete sie ihre Brüder Hanns und Gerhart Eisler und veröffentlichte ein ›Informationsbulletin‹ (»The Network«), in dem belastendes Material über Kommunisten und deren Untergrundaktivitäten veröffentlicht wurde. Nach dem Krieg lebte sie vorwiegend in Paris, wo sie an einer Biographie ihres Lebensgefährten Arkadij Maslow und einer Edition von dessen Schriften arbeitete; Franz Jung unterstützte sie bei dieser Arbeit. 1961 ist sie in Paris gestorben.

André Gide, 1869 in Paris geboren und im protestantisch-calvinistischem Elternhaus aufgewachsen, war bereits über sechzig Jahre alt und einer der angesehensten und meistgelesenen Autoren seiner Zeit, als er sich zum Kommunismus bekannte. Wegen seiner frühen Reiseberichte (Tschad, Kongo) und seiner Kirchenkritik war er angefeindet. Nicht die Lektüre von Marx, sondern die der Evangelien habe ihn zum Marxisten gemacht, notiert er in seinen (für die literarische Öffentlichkeit bestimmten) Tagebüchern. Sein spätes Engagement für den Kommunismus hängt zusammen mit seinem Glauben, daß das Christentum die Lehren Christi verraten habe, hängt vielleicht zusammen mit dem »schlechten Gewissen des Bürgers« (Jürgen Rühle), wahrscheinlich auch damit, daß er sich im Kampf gegen seine Feinde in der französischen Öffentlichkeit auf der Seite der ›Wahrheit der Geschichte‹ eingeordnet fand. »Die Ignoranz und vorurteilsbeladene Affektivität, mit der seine Gegner den Kommunismus angriffen, erinnerten Gide an die Formen der Angriffe gegen ihn selbst« (E. Roloff 1969, 312 f). Für kurze Zeit trat er der PCF bei und löste sich von ihr nach der verunglimpfenden Kritik, die sein Rußlandreisebericht vom November 1936 erfuhr, in dem er vor allem die Uniformität des Lebens in der Sowjetunion und den Stalinkult kritisierte. Erste Anzeichen von Distanz sind bereits in seinen Tagebüchern der Jahre 1932/33 zu finden. 1947 erhielt er den Nobelpreis für Literatur; er starb 1951 in Paris.

Ralph Giordano, 1922 geboren, als »jüdischer Mischling« während des Nationalsozialismus verfolgt, wurde 1946 in Hamburg Mitglied der KPD, weil er in ihr rückblickend die stärkste Kraft im antifaschistischen Widerstand sah. Er war tätig als Journalist, FDJ- und KPD-Funktionär und studierte am Literaturinstitut »Johannes R. Becher« in Leipzig. 1957 trat er aus der KPD aus, weil der XX. Parteitag ohne die von ihm erwarteten Folgen blieb. Die Ereignisse in Ungarn wurden zum Anlaß seiner Flucht. Er arbeitet seitdem als Funk- und Fernsehjournalist wie als Schriftsteller (»Die Bertinis« ⟨1982⟩, »Die zweite Schuld oder Von der Last Deutscher zu sein« ⟨1987⟩).

Georg Katharina Glaser siehe Kap. VIII

Valentin Gonzalez siehe El Campesino

Julius Hay teilte 1937 der Zeitschrift »Das Wort« (2. Jg. H. 4/5, S. 170) seine Biographie mit: »Geboren 1900 in Abony, einem der großen Bauerndörfer der ungarischen Tiefebene. Die ungarische Revolution und Rätediktatur treffen ihn auf der Architekturfakultät der Technischen Hochschule in Budapest. Mit den Lehren der Kriegs- und Revolutionszeit und mit den ersten literarischen Versuchen im Gepäck fährt er als 19jähriger nach Deutschland. Mit 26 Jahren beginnt er schriftstellerische Arbeiten zu veröffentlichen, mit 30 schreibt er sein erstes Theaterstück, mit 32 Jahren hat er seine erste Aufführung, ›Gott, Kaiser und Bauer‹ in Breslau ⟨...⟩ Er übersiedelt März 1933 nach Wien, wo er nach dem Februaraufstand verhaftet und unter einer verschwommenen Beschuldigung gefangen gehalten wird.«

Nach seiner Entlassung emigrierte er in die Sowjetunion, 1945 ging er nach Ungarn, wo er 1956 als einer der geistigen Urheber des Revolution in den Kerker kam. 1960 entlassen, wurde er 1965 in den Westen abgeschoben. Er ging in die Schweiz; dort starb er 1975.

Panaït Istrati, 1884 im rumänischen Donauhafen Braila geboren – sein Vater war ein griechischer Tabakschmuggler, seine Mutter Bäurin -, gehörte in Rumänien zur griechischen Minderheit. Er wurde in seiner Jugend sozialistischer Gewerkschaftssekretär und schrieb für die Arbeiterpresse. Als Vagabund zog er durch den Nahen Osten und Nordafrika und ernährte sich von Gelegenheitsarbeiten. Nach der Oktoberrevolution zum Kommunisten geworden – sein Bekenntnis hieß »Tolstoismus oder Bolschewismus« und erschien in dem Genfer Blatt »La Feuille« -, zog er nach Paris, wo ihm nach einem Suicidversuch Romain Rolland als literarischer Förderer beistand. Eingeladen zum zehnten Jahrestag der Oktoberrevolution als Vizepräsident ehrenhalber der französischen Gesellschaft der Freunde Sowjetrußlands, reiste er sechzehn Monate lang durch die Sowjetunion. Er besuchte sein literarisches Vorbild Maxim Gorki und lernte Victor Serge kennen, der ihn mit dem System der sowjetischen Straflager konfrontierte. Nach der Reise, von der er seelisch gebrochen als »Besiegter« zurückkehrte (Niko Kazantzakis war zeitweilig sein Reisebegleiter), wandte er sich neun Monate später gegen das kommunistische Regime, zuletzt beunruhigt durch die Nachricht vom Selbstmord Adolf Joffes und der Verhaftung Victor Serges. An die Stelle des Parteiengagements trat die Identifikation mit den Ausgestoßenen und Entrechteten und Sympathie für die verfolgte trotzkistische Opposition. Seine Romane, die anfangs unter dem Patronat von Romain Rolland entstanden, schrieb er auf französisch und übersetzte sie später ins Rumänische. Nach seinem Rußlandbuch verlor er literarische Förderer und Leserschaft. Als Todkranker kehrte er nach Rumänen zurück und erhielt von der Bukarester Akademie eine bescheidene Pension. Er veröffentlichte auch in der einheimischen rechtskonservativen Presse und wurde von den Kommunisten als Agent der rumänischen Geheimpolizei denunziert. 1935 starb er in Bukarest an Tuberkulose.

Franz Jung wurde 1888 im oberschlesischen Neiße als Kind eines Uhrmachers geboren. Er studierte in Leipzig, Jena, Breslau und München, schrieb für Pfemferts »Aktion« und veröffentlichte 1912 seinen ersten Prosaband, das »Trottelbuch«. Im I. Weltkrieg hatte er sich freiwillig gemeldet und war dann desertiert; Ende 1918 beteiligte er sich an den Kämpfen in Berlin und war 1920 Mitbegründer der KAPD. Er trat als ihr Sprecher auf, wurde Mitglied der Kampforganisation (KO) und entführte den Fischdampfer »Senator Schröder«, um auf dem II. Weltkongreß der Komintern (1920) Lenin und Sinowjew von der Situation in Deutschland zu berichten. Er empfahl der KAPD, die Bedingungen für die Aufnahme in die Komintern zu akzeptieren, wurde überstimmt und zog sich aus der Führung zurück; 1921 trennte er sich von der KAPD wegen ihrer Gegnerschaft zu Sowjetrußland. Jung führte ein Leben zwischen Börse, Literatur und kommunistischer Politik; viele seiner literarischen Arbeiten sind im Gefängnis entstanden. Er arbeitete längere Zeit in der Sowjetunion, wurde von der GPU verfolgt, blieb auch nach dem nationalsozialistischen Machtantritt in Deutschland, arbeitete mit an der Zeitschrift »Der Gegner« (vgl. L. Trepper) und den »Sopade-Berichten«, ging 1938 nach Paris und Genf, später nach Budapest; das Kriegsende überlebte er in Italien. Ab 1948 lebte Jung vorwiegend in den USA, 1963 starb er in Stuttgart.

Alfred Kantorowicz siehe Kap. IV

Arthur Koestler, 1905 in Budapest geboren als Sohn eines jüdisch-ungarischen Kaufmanns und einer Wienerin, wuchs in Österreich, Ungarn und Deutschland auf. Seit dem 17. Lebensjahr schrieb er deutsch, nach 1940 auf englisch. Sein Ingenieur-Studium in Wien brach er ab, ging als Siedler nach Palästina und wurde 1926-1929 Auslandskorrespondent des Ullstein Verlags im Nahen Osten. Am

31. Dezember 1931 trat er in Berlin der KPD bei, verlor seine Stelle bei Ullstein und wurde im Pariser Exil enger Mitarbeiter von W. Münzenberg. 1936 ging er als Journalist mit geheimen Parteiaufträgen nach Spanien. Nach dem Fall der Stadt Malaga verhaftet, wurde er von den Falangisten auf Grund ausländischer Interventionen freigelassen. Im Frühjahr 1938 trat er aus der KPD aus; der Entschluß dazu sei in der Todeszelle des spanischen Gefängnisses gereift. Eine wichtige Rolle für seine Loslösung spielte die Verhaftung seines engen Freundes Alexander Weißberg-Cybulski in der Sowjetunion. Er schrieb Romane, dessen bekanntester, »Sonnenfinsternis«, 1940 auf englisch erschien, kämpfte 1941/42 als Freiwilliger in der französischen und britischen Armee und ließ sich später in England nieder, wo er anfangs dem linken Flügel der Labour-Party angehörte und sich mit einer Reihe von Sachbüchern wieder den Naturwissenschaften zuwandte. Als politischer Schriftsteller meldete er sich nach 1955 kaum mehr zu Wort, sieht man von der politischen Dokumentation seiner Autobiographien ab. 1983 ging er gemeinsam mit seiner Frau Cynthia in den Freitod.

Leszek Kolakowski wurde 1927 in Radom (Polen) als Kind einer Intellektuellenfamilie geboren, sein Vater wurde im Krieg von polnischen Faschisten an die Gestapo ausgeliefert und umgebracht. Er trat 1945 in den Kommunistischen Jugendverband ein, wurde Parteimitglied und studierte in Lodz Theologie, Kirchengeschichte und Philosophie; 1953 habilitierte er bei Adam Schaff. Während des »polnischen Oktobers« 1956 wurde er zu einem Wortführer der intellektuellen Rebellion innerhalb der Partei und wurde von Gomulka als »Revisionist« bezeichnet; 1958 kehrte er nach einem längeren Studienaufenthalt in Holland und Frankreich nach Polen zurück und erhielt einen Lehrstuhl für Geschichte der Philosophie in Warschau. Nach seiner fortgesetzten Kritik an Partei und Marxismus (»Von der Möglichkeit und Unmöglichkeit, Marxist zu sein«) wurde er 1966 aus der Partei ausgeschlossen und verlor 1968 wegen seiner Verteidigung der Warschauer Studentendemonstrationen seinen Lehrstuhl; er emigrierte nach Kanada und lehrte in Montreal und Berkeley. Jürgen Habermas schlug ihn 1970 für die Nachfolge auf Adornos Lehrstuhl vor, was an der studentischen Kritik scheiterte, er habe mit seiner »Kritik des Stalinismus auch wesentliche Bestandteile des Marxismus preisgegeben«. Kolakowski lehrt seit 1970 am All Souls College in Oxford.

Walter Kolbenhoff, 1908 in Berlin als Walter Hoffmann geboren, Sohn eines Buchdruckers, aufgewachsen im Proletarierviertel Adlershof, schloß sich als Fabrikarbeiter der sozialistischen Jugendbewegung an. Mit 17 Jahren ging er auf Wanderschaft, vagabundierte durch Europa, Nordafrika und Kleinasien, wo er sich als Gelegenheitsarbeiter, Karikaturist und Straßensänger durchschlug. Kleinere schriftstellerische Arbeiten wurden im »Vorwärts« veröffentlicht. Nach dem »Blutmai« 1929 trat er in Berlin in die KPD ein, wurde Reporter der »Roten Fahne« und Mitglied des BPRS. Anfang März 1933 verließ er Deutschland, wurde von Holland nach Dänemark ausgewiesen und traf dort Wilhelm Reich wieder, unter dessen Einfluß er seinen ersten Roman schrieb (»Untermenschen«). Das Buch erschien unter dem Pseudonym Walter Kolbenhoff, das er in Zukunft beibehielt. Die Freundschaft mit Reich und sein skeptischer Roman führte zu Konflikten mit der KPD, von der er sich distanzierte, aber deren Kommando, sich zur deutschen Wehrmacht zu melden, er dennoch folgte. 1944 geriet er bei Monte Cassino in amerikanische Kriegsgefangenschaft; im Lager war er zusammen mit Alfred Andersch und Hans Werner Richter, die er nach Kriegsende in München wiedertraf. Er arbeitete dann als Redakteur bei der »Neuen Zeitung«, bei der Zeitschrift »Der Ruf« und wurde Mitbegründer der »Gruppe 47«. Heute lebt er in München-Germering.

Victor A. Kravchenko, 1905 geboren, wurde Ingenieur und 1929 Mitglied der KPdSU. Im August 1943 kam er als Mitglied der sowjetischen Einkaufskommission in die USA. Als Fachmann für Rüstungsproduktion gehörte er zur obersten Machtspitze seines Landes. 1944 stellte er sich unter den Schutz der amerikanischen Behörden. Die Partei bekämpfte ihn öffentlich, und die sowjetische

Regierung verlangte seine Auslieferung. Er verklagte Redakteure der Zeitschrift »Les Lettres Françaises« wegen Verleumdung, die behauptet hatten, sein Buch »I Chose Freedom« sei von amerikanischen Behörden geschrieben und der Autor ein Verbrecher. Im Prozeß traten unter anderen als Zeugen Margarete Buber-Neumann und El Campesino auf. Später arbeitete er in den USA als Lehrer; 1966 nahm er sich in New York das Leben.

Richard Krebs (Pseud. Jan Valtin) siehe Kap. VI

Der Russe *Walter Krivitsky*, 1899 geboren (sein Familienname war Samuel Ginsberg), schloß sich bereits 1912 der bolschewistischen Bewegung an und arbeitete in den zwanziger Jahren in Deutschland als einer der sowjetischen Organisatoren der Roten Armee. Er war General der Roten Armee und wurde in den dreißiger Jahren leitender Offizier des Militärischen Nachrichtendienstes der Sowjetunion (mit Sitz in Den Haag). Er arbeitete zuletzt als Chef der Westeuropäischen Abteilung und organisierte unter anderem die russischen Waffenlieferungen nach Spanien wie die Verlagerung des Goldschatzes der Spanischen Republik nach Moskau. Als er sich weigerte, sich an der Liquidierung seines besten Freundes, des abgesprungenen Agenten Ignaz Reiß zu beteiligen, wurde er nach Moskau zurückbeordert und floh stattdessen in die USA. Dort veröffentlichte er im Frühjahr 1939 eine Reihe von Artikeln in der »Saturday Evening Post« (unter dem Titel »I was Stalin's Secret Agent«), in denen er auf Verhandlungen zwischen Hitler und Stalin hinwies. Im Spätjahr 1939 erschien sein Buch »In Stalin's Secret Service. An Expose of Russias Secret Policies by the former Chief of the Soviet Intelligence of Western Europe« – der erste Renegatenbericht eines Deserteurs aus dem »Apparat«. Er wurde 1941 in Washington erschossen aufgefunden.

Susanne Leonhard, geb. Köhler, kam 1895 in Oschatz zur Welt und studierte während des I. Weltkriegs in Göttingen Mathematik und Philosophie. Sie wurde freiberufliche Publizistin und Mitglied der KPD; eine Zeitlang arbeitete sie als Pressereferentin der sowjetischen Handelsvertretung in Berlin. Von der Gestapo verfolgt entkam sie im Frühjahr 1935 nach Schweden und ging von dort im Juni in die Sowjetunion. In erster Ehe war sie mit dem Dramatiker Rudolf Leonhard, in zweiter Ehe mit dem Sowjetbotschafter in Wien, Mieczyslaw Bronski, einem engen Vertrauten Lenins, verheiratet. 1936, 16 Monate nach ihrer Ankunft in Rußland, wurde sie verhaftet, von ihrem Sohn Wolfgang getrennt, und verbrachte 12 Jahre in Gefängnissen und Lagern (u. a. Workuta), die sie in ihren Erinnerungen (»Gestohlenes Leben«) schildert. Ihren Sohn sah sie erst 1948 in Ostberlin wieder. 1949 verließ sie die DDR und lebte unter schwierigen Bedingungen in der Bundesrepublik; sie starb 1984. Ich zitiere aus einem Brief (unveröfftl., undatiert, wohl 1956) an einen Leser:

»Ich bin schwer krank (eine Folge der langen Hungerzeit) und bekomme keinerlei Unterstützung. Weder steht mir eine Rente zu, noch zahlt man mir die ›Wiedergutmachung‹. Um eine Anstellung habe ich mich 1949/1950 monatelang tagtäglich überall, auch beim Arbeitsamt, intensivst bemüht. Nichts. Zu alt. Und jetzt bin ich – nach zwölfjähriger sowjetischer Gefangenschaft und siebenjähriger Leidenszeit hier in der Bundesrepublik tatsächlich schon nicht mehr arbeitsfähig. Daß ich einen materiellen Erfolg meines Buches – falls es einen geben wird – noch erlebe, wage ich kaum zu hoffen.«

Wolfgang Leonhard, 1921 geboren, in Berlin aufgewachsen und Schüler der Neuköllner Karl-Marx-Schule, gehörte seit 1931 den »Jungen Pionieren« an, der Kinderorganisation der KPD, und wurde im Herbst 1933 von seiner Mutter nach Schweden geschickt. 1935 emigrierte er mit ihr in die Sowjetunion. Er wurde nach deren Verhaftung in Parteiheimen untergebracht und begann seine Parteikarriere. Bis 1943 studierte er am Institut für Fremdsprachen, später in der Kominternschule. Danach war er Mitglied des »Nationalkomitees Freies Deutschland«. Im ersten Tross kehrte er mit der »Gruppe Ulbricht« nach Berlin zurück. Als Mitarbeiter der Abteilung Agitation und Propaganda des ZK der SED, dann als Dozent an der Parteihochschule »Karl Marx« setzte er seine politische Laufbahn fort. Im Mai 1949, als Tito mit Stalin brach, emigrierte er auf der Suche nach einem besseren Sozialismus nach Jugoslawien und kam 1950 nach Westdeutschland. Nach 1952 wurde er SPD-Mitglied. Er ist seit 1966 Professor an der historischen Fakultät der US-amerikanischen Yale Universität.

Ruth von Mayenburg siehe Ernst Fischer

Erich Müller, geboren 1897 in Liebenwerda, nahm teil an der Münchner Räterepublik; sein Freund Oskar Maria Graf kennzeichnet ihn in »Gelächter von außen« als den »rasanten Kommunisten im Münchner Kulturbund«. In einem Brief an Ernst Fischer von 1934 nennt Graf ihn seinen »nächststehenden Freund« (1984, 88). Der promovierte Philologe Müller, Übersetzer von Lesskow, Tolstoi, Gogol und Gontscharow, Autor einer Biographie Peters des Großen, zweier Essay-Sammlungen (»Ewig in Aufruhr« ist Oskar Maria Graf gewidmet) und eines Büchner-Hörspiels, stand 1930 nationalbolschewistischen Kreisen um Ernst Niekisch nahe (noch 1933 erschien in Deutschland seine Skizze mit dem Titel »Nationalbolschewismus«; der Historiker Louis Dupeux nennt ihn 1974 den »nationalbolschewistischen Chronisten«), von denen er sich Ende 1931 distanzierte und der KPD beitrat. 1932 ging er als Literaturdozent nach Moskau. Dort übergab er Graf 1934 ein (bislang unveröffentlichtes) autobiographisches Manuskript, in dem er seinen Weg über »Schwärmei und Verworrenheit« zur KPD schildert. Nach der Ermordung Kirows wurde er am 14.8.1935 verhaftet und in ein Arbeitslager im Pektora-Gebirge deportiert. Im Dezember 1935 erhielt Graf noch einen Brief des Verhafteten, in dem dieser sich als begeisterter Anhänger der SU erklärte, der auf seine Rehabilitierung vertraue. Nach einjähriger Haft wandte er sich mit Hilfe seiner Frau an die deutsche Botschaft in Moskau und wurde »repatriiert«. Er publizierte dann im »Dritten Reich« eine Monographie über seinen Malerfreund Georg Schrimpf (in der Oskar Maria Graf nicht mehr erwähnt wird) und 1942 unter dem Pseudonym Matthias Pförtner seine Rußlanderfahrungen. Im Nachlaß von Gerhart Pohl (Preußische Staatsbibliothek) findet sich ein Konvolut von Briefen Müllers, in denen er seine politische Entwicklung reflektiert. Nach 1947 lebte er unter dem Namen Müller-Kamp in Bonn, wo er als Verlagslektor tätig war und 1980 gestorben ist.

Theodor Plievier (eigtl. Plivier), 1892 in Berlin als Sohn eines Arbeiters geboren, brach seine Stukkateurlehre ab und vagabundierte durch Europa. Er fuhr zur See und hatte frühe Kontakte zu anarchistischen und syndikalistischen Kreisen. Von 1914 bis 1918 diente er in der Kriegsmarine und nahm am Matrosenaufstand in Wilhelmshaven teil. 1919 gründete er mit Gregor Gog in Urach eine, dem Vorbild Ascona verwandte Kommune, veröffentlichte anarchistische Flugschriften und zog als politischer Wanderprediger durch Deutschland. Er vagabundierte nach Übersee und erlangte in den dreißiger Jahren mit seinen dokumentarischen Romanen von der deutschen Kriegsflotte literarischen Ruhm. Er stand der KPD nahe und veröffentlichte in der kommunistischen Presse, wurde aber nie Parteimitglied. 1933 ging er über Skandinavien ins russische Exil, wo er als Mitglied des »Nationalkomitees Freies Deutschland« tätig war und sich bei der Neufassung seiner Bücher den politischen Tagesforderungen unterwarf. Von Johannes R. Becher bekam er den Auftrag zu einem Stalingrad-Epos; »Stalingrad« wurde zu Plieviers auflagenstärkstem und berühmtestem Roman; Alfred Andersch nannte ihn »das erste große Kunstwerk der deutschen Nachkriegsliteratur«. 1945 wurde er Landesleiter für den »Kulturbund zur demokratischen Erneuerung Deutschlands« in Thüringen, 1946 Mitglied des Landtages von Thüringen und leitender Mitarbeiter des Gustav-Kiepenheuer-Verlages in Weimar. 1947 siedelte er über in den Westen und erklärte 1951 aus Protest gegen die Präsidentschaft Bechers seinen Austritt aus dem PEN. 1955 starb er in Avegno bei Locarno; sein Freund und Mitarbeiter Harry (Schulze-)Wilde wurde sein Biograph.

Gustav Regler, 1898 in Merzig (Saarland) als Sohn eines Buchhändlers geboren, wurde Soldat im I. Weltkrieg und studierte danach Philosophie, Französisch und Geschichte in Heidelberg und München. Bei Gundolf promovierte er über »Die Ironie im Werk Goethes«. Seit 1918 schrieb er für verschiedene Zeitungen. 1928 wahrscheinlich trat er in die KPD ein, 1929 erschien sein erster Roman (»Zug der Hirten«). Regler lebte in Berlin mit Marieluise Vogeler, der Tochter des Malers Heinrich Vogeler zusammen, arbeitete als Lehrer und Reporter, unter anderem für das »Berliner Tageblatt« und emigrierte 1933 nach Paris, wo er sich im Stab Münzenbergs an der Arbeit am »Braunbuch gegen den Reichstagsbrand« beteiligte. 1934 und 1936 reiste er in die Sowjetunion, engagierte sich im Saarkampf und nahm als Politkommissar am Spanischen Krieg teil. Dort wurde er 1937 schwer verwundet und unternahm danach eine USA-Reise, um Geld für den spanischen Sanitätsdienst zu sammeln. Ende 1939 wurde er in Frankreich interniert und emigrierte nach seiner Entlassung aus Le Vernet über die USA nach Mexiko. Dort löste er sich endgültig von der KPD. Ende 1952 verließ Regler Mexiko, lebte in Rom, Worpswede und später in Wilhelmshaven-Rütersiel; er starb 1963 während einer Studienreise nach Neu-Delhi (Bibliographie in: R. Schock 1984).

Karl Retzlaw (i. e. Karl Gröhl), wurde 1896 als Sohn eines Tischlers im ostpreußischen Schneidemühl geboren. Er arbeitete in einer Schuhfabrik und später in der Rüstungsindustrie. 1916 trat er in die SPD, 1917 in die USPD ein, dann ging er zur Spartakus-Gruppe. Im Mai 1918 wurde er wegen Kriegsdienstverweigerung verhaftet und zu sechs Monaten Militärgefängnis verurteilt. Er nahm an der Novemberrevolution in Berlin teil und wurde, inzwischen KPD-Mitglied, in München Volkskommissar für das Polizeiwesen und Polizeipräsident der kommunistischen Räterepublik. Danach arbeitete er in der Illegalität als KPD-Funktionär in Brandenburg, mit der Spitzelabwehr der Partei beauftragt. 1921 wurde er als Anhänger Paul Levis abgewählt und reiste 1922 und 1924 in die Sowjetunion. 1923 übernahm er unter Brandler die Leitung des illegalen Parteiapparates und der proletarischen Hundertschaften. 1921-1926 war er Geschäftsführer des deutschen »Komintern-Verlags« (Verlagsbuchhandlung Carl Hoym), 1924 vorübergehend wegen seines Protests gegen die Gründung des Rotfrontkämpferbundes aus allen Parteiaufgaben entlassen. 1926 bis 1928 war er wegen seiner illegalen Tätigkeit im Gefängnis und wurde 1928 durch Amnestie befreit. 1928/29 arbeitete er als Co-Geschäftsführer des »Neuen Deutschen Verlags«. 1929 und 1933 unternahm er weitere Reisen nach Moskau. 1933 floh er ins Saargebiet und trat im November aus der KPD aus. Politisch stand Retzlaw der KPD-Opposition nahe und nahm dann Kontakt zur trotzkistischen IV.Internationale auf. Verfolgt von Gestapo und GPU, floh er 1935 nach Straßburg, dann nach Paris. Er wurde tätig für den britischen Geheimdienst, floh über Südfrankreich nach Spanien und Portugal und wurde 1940 nach London ausgeflogen, wo er Kontakte zur Exil-SPD aufnahm. Einige seiner Pseudonyme waren Karl Friedberg und Siegfried Retzlaw, sein literarisches Pseudonym in England hieß Spartacus. 1946 kehrte er ins Saarland zurück, wurde Kultursekretär der saarländischen SPD; 1949 siedelte er nach Frankfurt am Main über (zeitweise Mitarbeiter der FR), kämpfte gegen die deutsche Wiederbewaffnung und handelte sich mehrere Parteirügen ein. In Frankfurt ist er 1979 gestorben.

Willi Siegfried Schlamm (später William S. Schlamm), 1904 in galizischen Przemysl als Sohn eines vermögenden Kaufmanns geboren, ging in Wien zur Schule und wurde 1919 Mitglied der Kommunistischen Jugend Österreichs. 1920 reiste er nach Moskau und wurde danach Redakteur der Wiener »Roten Fahne«; nach seiner Übersiedelung nach Deutschland gehörte er 1923 als Jugendvertreter dem ZK der KPD an. 1929, nach einem Parteigerichtsverfahren in Moskau (wegen »Rechtsabweichung«), trat er aus der KP aus und gründete mit anderen die »Kommunistische Opposition Österreichs«. In München wurde der Karl-Kraus-Schüler Schlamm Mitarbeiter der Zeitschriften »Jugend« und des »Simplicissimus«, und 1933 übernahm er die Leitung der »Wiener Weltbühne«, die nach dem Verbot der Berliner »Weltbühne« zu deren Exilorgan wurde. Kurz darauf mußte er die Zeitschrift nach Prag verlegen, wo sie den Namen »Die Neue Weltbühne« trug, und leitete sie bis zum März 1934 (er veröffentlichte in seiner Zeitschrift auch unter dem Pseudonym Wilhelm Stefan). Seine Ablösung durch Hermann Budzislawski interpretierte er (mit einigem Grund) als Machtübernahme durch die KPD. Zwischen 1934 und 1937 gab er in Prag (wo er mit Milena Jesenská eng befreundet war) die »Europäischen Hefte« heraus. 1938 emigrierte er über Brüssel nach New York und wurde dort Mitarbeiter bei »Time«, »Life« und (als stellvertretender Chefredakteur) bei »Fortune«. Schlamms Einfluß reichte bis in höchste amerikanische Regierungskreise. In New York hatte er auch Kontakt zu Walter Krivitsky und Richard Krebs. Nach dem Krieg arbeitete er als »Stern«Redakteur, von 1965 bis 1971 war er Kolumnist in »Welt am Sonntag« und attackierte Willy Brandts Ostpolitik. 1971 erhielt er den Konrad-Adenauer-Preis der Deutschlandstiftung, isolierte sich aber politisch durch seine eifernde Kreuzzugsmentalität immer weiter. 1978 starb Schlamm in Salzburg.

Jorge Semprun, 1923 in Madrid als Sohn eines katholischen Republikaners und Diplomaten geboren, wuchs in Paris auf und kämpfte in der französischen Résistance (unter dem Namen Gérard Sorel). Von der Gestapo verhaftet, wurde er 1943 nach Buchenwald deportiert. 1954 wurde er in Paris ZK-Mitglied der illegalen spanischen KP (unter dem Namen Frederico Sanchez) und 1964 zusammen mit dem Parteitheoretiker Fernando Claudin wegen »parteifeindlicher« Thesen aus dem Politbüro, 1965 aus der Partei ausgeschlossen. Seine parteifeindlichen Thesen wurden 15 Jahre später unter dem Namen »Eurokommunismus« offizielle Strategie der spanischen KP. Er wurde zum Drehbuchautor (»Z«, »L'aveu«, »La guerre est finie«) und Schriftsteller; 1988 wurde er zum spanischen Kulturminister ernannt.

Ignazio Silone (ein ungefähres Anagramm seines eigentlichen Namens Secondo Tranquilli), 1900 in Pescina dei Marsi, einem kleinen Abruzzen-Dorf geboren, stammt aus einer wenig begüterten Bauernfamilie (die Mutter arbeitete als Weberin) und verlor 1915 durch ein Erdbeben die Mutter und fünf Brüder. Er ging in der Reggio Calabria aufs Gymnasium, war während des I. Weltkriegs einer der Leiter der italienischen sozialistischen Jugendbewegung und nahm 1921 als deren Vertreter an der Gründung der italienischen KP teil. Er wurde Mitglied des ZK und des Politbüro, war Redakteur von »Il Lavoratore« in Triest und Herausgeber der römischen Wochenzeitschrift »Avanguardia«, unternahm Reisen nach Moskau, Spanien und Frankreich. 1927 weigerte er sich in Moskau, als Delegierter der Komintern einer Resolution zuzustimmen, mit der Trotzki verurteilt werden sollte, ohne daß dessen Text verlesen werden durfte. 1930/31 wandte er sich vom Kommunismus ab, wurde als Sozialist von den Faschisten verfolgt und mußte die Jahre von 1930 bis 1944 im Schweizer Exil verbringen; dort begann seine literarische Laufbahn. Nach seiner Rückkehr nach Rom 1954 arbeitete er in der sozialistischen Partei Italiens, deren Auslandszentrale er im Exil geleitet hatte. Er war Parlamentsabgeordneter, Chefredakteur der Tageszeitung »Avanti!« und Gründer des »teatro popolo«. Silone starb 1978 in Genf (Bibliographie in: Luce d›Eramo: L'Opera di Ignazio Silone. Saggio critico e guida bibliografica. Milano: Mondadori 1979).

Alexander Solschenizyn wurde 1918 in Kislovodsk geboren; seine Eltern stammten aus vermögenden Grundbesitzerfamilien. Er studierte Mathematik und Physik und nahm ab 1941 am Krieg teil; wie sein Vater wurde er Artillerieoffizier. Er wurde wegen brieflicher Äußerungen über Stalin (»Ich hielt ihn für einen Verräter an der Sache des Leninismus«) in Ostpreußen verhaftet und zu acht Jahren Arbeitslager verurteilt. Nach 1953 lebte er in der Verbannung. 1956 rehabilitiert, arbeitete er als Mathematiklehrer und schrieb für die Schublade, bis im November 1962, mit Chruschtschows Unterstützung, seine Erzählung »Ein Tag im Leben des Iwan Denissowitsch« veröffentlicht wurde. Nach anfänglicher Unterstützung durch die Partei (1963 erschienen drei weitere Erzählungen, 1964 war er Kandidat des Lenin-Preises) wurden er und sein Werk zunehmend unterdrückt, 1969 wurde er aus dem Schriftstellerverband ausgeschlossen. 1970 erhielt er den Literatur-Nobelpreis. 1974, nach der Veröffentlichung des »Archipel Gulag« in Paris, wurde er verhaftet und aus der Sowjetunion ausgewiesen. Inzwischen beginnt in der SU die Publikation von Solschenizyns Werk.

Stephen Spender, Sohn des liberalen englischen Schriftstellers Harold Spender, wurde 1909 geboren und erhielt seine Ausbildung in der Schweiz und am University College von Oxford. In Oxford befreundete er sich mit den Marxisten Day Lewis und W. H. Auden und schrieb wie diese Lyrik. Seine ersten Gedichte wurden 1933 veröffentlicht. Nach der Publikation seiner Liberalismuskritik (»Forward from Liberalism« 1930) schloß er sich für einige Zeit der englischen KP an, bekämpfte sie aber nach seinen beiden Reisen in das spanische Kriegsgebiet. In seiner Kriegslyrik steht im Vordergrund das Mitleid mit den Opfern. 1946 erforschte er für die Abteilung Political Intelligence des Foreign Office die Einwirkung des Nazismus auf die deutschen Intellektuellen, war von 1948-1970 Dozent an verschiedenen englischen und U.S.amerikanischen Universitäten und arbeitete als Publizist und Literaturkritiker und übersetzte u. a. Goethe, Schiller, Rilke, Wedekind und Toller ins Englische. 1953 bis 1967 war er Herausgeber der englischen Zeitschrift »Encounter«.

Manès Sperber, 1905 in Zablotow (Ostgalizien) als Sohn östjüdischer Eltern geboren, kam 1916 nach Wien, wo er im Herbst 1921 in den Kreis des Individualpsychologen Alfred Adler aufgenommen wurde; er befreundete sich mit den späteren Renegaten Alexander Weissberg-Cybulski und William Schlamm; über Adler, den ›Renegaten der Psychoanalyse‹, schrieb er 1926 sein erstes Buch. Nach einem Zwischenaufenthalt bei Alice und Otto Rühle in Dresden siedelte er im Oktober 1927 nach Berlin über, arbeitete dort als Lehrer für Individualpsychologie, heiratete und wurde noch im selben Jahr Mitglied der KPD. Im März 1933 wurde er von den Nazi in ›Schutzhaft‹ genommen und fünf Wochen später, auf Intervention des polnischen Botschafters, wieder entlassen. Danach emigrierte er über Prag, Wien und Jugoslawien nach Frankreich. 1934 bis 1936 arbeitete er im Auftrag der KP für das »Institut zum Studium des Faschismus« und für den »Weltjugendkongreß gegen Krieg und Faschismus«. Unter dem Eindruck der Moskauer Schauprozesse und der »Säuberungen« verließ er 1937 die Partei (mit dem zweiten Moskauer Prozeß habe »die schwerste, bedrohlichste Phase« seines Lebens begonnen: die Trennung von der Partei (1977/1982, 117)). In Paris war er u. a. mit André Malraux, Raymond Aron und Arthur Koestler befreundet und wurde, nach der Trennung von der KPD, Schriftsteller. 1938 erschien seine sozialpsychologische Studie »Die Analyse der Tyrannis«; im Dezember 1939 wurde er in die französische Fremdenlegien eingezogen. Ende 1942 floh er in die Schweiz und kehrte nach Kriegsende nach Frankreich zurück. 1946 ging er als Kulturbeauftragter für den kulturellen Wiederaufbau in die französisch besetzte Zone Deutschlands und begann seine Tätigkeit als Lektor im Pariser Verlag Calmann-Lévy. 1948 gab er, inzwischen Berater des französischen Informationsministeriums, in Mainz unter dem Pseudonym A. J. Haller die Zeitschrift »Umschau« heraus. Seine literarische Karriere begann 1949 mit »Der verbrannte Dornbusch«, dem ersten Band der Trilogie »Wie eine Träne im Ozean«, die er 1955 abschloß. Der »Dornbusch« wurde u. a. rezensiert von Upton Sinclair, Alfred Andersch und Arthur Koestler. Sperber arbeitete in Paris als Lektor, Publizist und Schriftsteller. 1984 ist er dort gestorben.

Leopold Trepper, 1904 in Nowy Targ (Galizien) geboren, war der Sohn ostjüdischer Eltern; der Vater besaß einen Krämerladen. In Oberschlesien leitete er eine zionistische Jugendorganisation und brach als zwanzigjähriger nach Palästina auf, wo er 1925 in die KP eintrat und an der Gründung einer proarabisch orientierten kommunistischen Gruppe beteiligt war – »Ich wurde Kommunist, weil ich Jude bin« (1975 b, 72). 1929 ging er als aktiver Kommunist nach Paris und studierte 1932 bis 1935 an einer Moskauer Parteiuniversität. Mit dem Auftrag, in Westeuropa einen Spionagering aufzubauen, ließ er sich, getarnt als wohlhabender kanadischer Kaufmann, in Belgien nieder. Zu den Mitgliedern der »Roten Kapelle« – so wurde die Spionageorganisation von den Nationalsozialisten genannt – gehörten in Deutschland Adam Kuckhoff und Harro Schulze-Boysen. 1941 erfuhr er dasselbe Schicksal wie Richard Sorge: seine Warnung vor einem deutschen Angriff auf die Sowjetunion wurde ignoriert. Nach 1942 in Gestapo-Haft, geriet er bei seiner Rückkehr in die Sowjetunion in die Stalinschen Kerker. Nach dem Krieg und seiner Freilassung (1954) löste er sich von der Partei und ging in den 70er Jahren nach Israel, wo er 1982 starb. Die französische Ausgabe seiner Erinnerungen (»Le Grand Jeu«) ist umfangreicher als die deutsche, in der die Arbeit der »Roten Kapelle« im Zentrum steht.

Der 1901 in Krakau geborene *Alexander Weissberg-Cybulski* war Sohn eines wohlhabenden jüdischen Kaufmanns und wuchs nach 1907 in Wien auf. Mit 17 Jahren schloß er sich der sozialistischen Jugendbewegung an, dann der SPÖ und 1927 den Kommunisten. 1931 erhielt er als Physiker einen Ruf an das Ukrainische Physikalisch-Technische Institut in Charkow und zog in die Sowjetunion, wo er bis zu seiner Verhaftung am 1. März 1937 arbeitete. Es gelang seinen Verhörern nicht, ihn zu einem Schauprozeß ›vorzubereiten‹. Albert Einstein, Irene und Frederic Joliot-Curie wie Arthur Koestler setzten sich für ihn ein; nach dem Abschluß des Hitler-Stalin-Pakts, am 5.1.1940, wurde er nach Deutschland ausgeliefert und erneut interniert; 1941 entlassen, lebte er im Krakauer Ghetto und floh im März 1943. Unter falschem Namen arbeitete er danach im polnischen Untergrund. Er wurde verhaftet und ins KZ Kawenczyn gebracht, floh und nahm als Mitglied der polnischen Widerstandsbewegung am Warschauer Aufstand teil. Nach dem Krieg lebte er zunächst in Polen, dann in Stockholm und schließlich in London und Wien. Im Sommer 1950 trat er in Paris im Verleumdungsprozeß, den David Rousset gegen die kommunistische Zeitschrift »Les Lettres Françaises« angestrengt hatte, als Zeuge auf, der über die sowjetischen Straflager berichtete. 1951 wurde er Mitarbeiter der Zeitschrift »Aktion« (siehe M. Buber-Neumann). Er starb im April 1964.

Gerhard Zwerenz wurde 1925 in Gablenz (Vogtland) als Sohn eines Arbeiterpaares geboren, wuchs in der Ziegelei der Großeltern auf, absolvierte eine Lehre als Kupferschmied und meldete sich 1942 freiwillig zur Wehrmacht. Zwei Jahre später desertierte er und war bis 1948 in russischer Kriegsgefangenschaft. In der DDR arbeitete er als Volkspolizist und Lehrer und wurde SED-Mitglied. Er gab seine Stellung als Lehrer für Gesellschaftswissenschaft an einer Ingenieurschule auf und begann 1952 in Leipzig ein Philosophiestudium; sein Mentor hieß Ernst Bloch. In der »Weltbühne« und dem Wochenblatt »Sonntag« begann er seine publizistische Tätigkeit (Pseudonym Gert Gablenz u. a.). Mit dem XX. Parteitag wuchs bei Zwerenz wieder die Überzeugung, daß der Kommunismus von innen her reformierbar war, und der Gegenstoß der Parteibürokratie auf Reformanstrengungen traf ihn empfindlich. Eine Zeitlang konnten Zwerenz und Erich Loest noch von Johannes R. Becher geschützt werden; mit dessen Isolierung und der Verhaftung von Wolfgang Harich drohte Zwerenz der Parteiausschluß. Als Wiedergutmachungsleistung wurde von ihm eine »harte und fundierte Auseinandersetzung mit den philosophischen Anschauungen Professor Blochs« verlangt (1963, 191). Seiner drohenden Verhaftung entzog er sich 1957 durch die Flucht nach Westdeutschland, wo er als freier Schriftsteller arbeitet.

APUZ	Aus Politik und Zeitgeschichte. Beilage zur Wochenzeitung »Das Parlament«
BH	Berliner Hefte
DS	Die Sammlung (Amsterdam)
DZZ	Deutsche Zentral-Zeitung (Moskau)
e.i.	europäische ideen (Berlin-West)
FAZ	Frankfurter Allgemeine Zeitung
FD	Freies Deutschland (Mexiko)
FH	Frankfurter Hefte
FR	Frankfurter Rundschau
FSJ	Freie Sozialistische Jugend
GDS	Gegen den Strom (New York)
IL	Internationale Literatur (Moskau)
INPREKORR	Internationale Pressekorrespondenz
IWK	Internationale Wissenschaftliche Korrespondenz zur Geschichte der deutschen Arbeiterbewegung
LK	Linkskurve
ND	Neues Deutschland
NDL	Neue deutsche Literatur
NR	Neue Rundschau
NTB	Neues Tage-Buch
NVZ	Neue Volkszeitung (New York)
NWB	Neue Weltbühne
NZZ	Neue Züricher Zeitung
NYT	New York Times
OW	Ost und West
PS	Unter dem Pflaster liegt der Strand (Berlin-West)
SuF	Sinn und Form
SP	Der Spiegel
SZ	Süddeutsche Zeitung
taz	Tageszeitung (Berlin-West)
WB	Die Weltbühne

BPRS	Bund proletarisch-revolutionärer Schriftsteller
CPUSA	Communist Party of the USA
DAKV	Deutschamerikanischer Kulturverband
EKKI	Exekutivkomitee der Kommunistischen Internationale
GESTAPO	Geheime Staatspolizei (der Nationalsozialisten)
GPU	Gossudarstwennoje politscheskoje uprawlenije (Staatliche Politische Verwaltung, Name der sowjetischen Geheimpolizei 1922-1934)
GULAG	Glavnoje Upravlenije Lagerow (Hauptverwaltung für die Lager, eine Unterabteilung des NKWD)
IAH	Internationale Arbeiterhilfe
ISH	Internationale der See- und Hafenarbeiter
KAPD	Kommunistische Arbeiterpartei Deutschlands
KI	Kommunistische Internationale, Komintern
KPD	Kommunistische Partei Deutschlands
KPO	Kommunistische Partei-Opposition
KPÖ	Kommunistische Partei Österreichs
NKWD	Narodnyi kommissariat wnutrennich djel (Volkskommissariat für innere Angelegenheiten, Name der sowjetischen Geheimpolizei seit 1934)
NSDAP	Nationalsozialistische Deutsche Arbeiterpartei
PCF	Parti Communiste Français
POUM	Partido Obrero de Unificacion Marxista
RFB	Roter Frontkämpfer-Bund (der KPD)
SA	Sturm-Abteilung (der NSDAP)
SAP	Sozialistische Arbeiterpartei
SBZ	Sowjetisch besetzte Zone (Deutschlands)
SDS	Schutzverband Deutscher Schriftsteller
SS	Schutzstaffel (der NSDAP)
Tscheka	Tschereswytschajnaja Kommissija po Borbe s Kontrevolutsijej Sabotashem (Außerordentliche Kommission zum Kampf gegen Konterrevolution und Sabotage, Name der sowjetischen Geheimpolizei von 1917-1922)
USPD	Unabhängige Sozialdemokratische Partei Deutschlands
ZK	Zentralkomitee

Die erste angegebene Jahreszahl nennt – soweit möglich – die Ersterscheinung (in der Originalsprache), die zweite Jahreszahl nennt das Erscheinungsdatum der benutzten Auflage oder Übersetzung.

Im ersten Teil der Bibliographie sind die Texte von Renegaten erfaßt; im zweiten Teil werden, zur Erleichterung beim Auffinden, die übrigen Quellen von der Sekundärliteratur nicht getrennt. Die Zuordnung zum ersten oder zweiten Teil der Bibliographie bleibt oft problematisch, da viele Standardwerke über Bolschewismus und Stalinismus von Renegaten oder kritischen Kommunisten stammen. Die historisch-wissenschaftliche Prosa von Exkommunisten wird dann im zweiten Teil der Bibliographie aufgeführt, wenn keine autobiographischen oder belletristrischen Texte der Autoren vorliegen oder berücksichtigt wurden – das gilt beispielsweise für Franz Borkenau, Joseph Bornstein, James Burnham, Lewis Coser, David J. Dallin, Isaac Deutscher, Ruth Fischer, Babette Gross, Leszek Kolakowski, Frank S. Meyer, Jules Monnerot, Arthur Rosenberg, Boris Souvarine, Karl August Wittfogel oder Erich Wollenberg. Der Begriff des Renegaten ist hier extensiv gefaßt als ›Person, die sich vom Kommunismus abkehrt‹ und nicht weiter differenziert nach dem Grad der Opposition und nicht beschränkt auf Parteizugehörigkeit. Auch Autoren wie Ernst Fischer oder Karlo Stajner, die nur von ihrer Partei als Renegaten bezeichnet wurden, sind hier aufgenommen; ebenso Autoren wie Alexander Solschenizyn, Czeslaw Milosz oder George Orwell, die gläubige Kommunisten oder Sympathisanten waren, aber nie einer kommunistischen Partei angehörten. Bei Schriftstellern wie Koestler, Glaser, Regler oder Kantorowicz wurden der Übersicht halber auch die früheren Publikationen in den ersten Teil der Bibliographie aufgenommen.

Die Bibliographie der Renegatenliteratur erhebt keinen Anspruch auf Vollständigkeit (das gilt vor allem für die osteuropäische »Dissidentenliteratur«), jedoch werden bei den hier aufgenommenen Autoren in der Regel deren wichtigsten Arbeiten angeführt.

Mündliche Auskünfte von Carsten Conrad, Justus Fetscher, Georg K. Glaser, Gisela Graf, Walter B. Harris, Ludger M. Hermanns, Manfred Jäger, Charlotte und Walter Janka, Fokke Joel, Ingrid Kantorowicz, Clara Krebs-Medders, Günter Kunert, Marianne Kunert, Erhard Lucas, Gunther R. Lys, Hans Mayer, Peter Ober, Theo Pinkus, Gershom Scholem, Egon Schwarz, Helga Schwarz, Guy Stern, Fritz Suhr, Hansjörg Viesel, Hans-Albert Walter.

Schriftliche Auskünfte von Russel A. Berman, Carolus Bernitt, Margarete Buber-Neumann, Michael Buckmiller, Carsten Conrad, Gustav W. Dickel, Verlag J. H. W. Dietz Nachf. (Berlin – Bonn), Marta Feuchtwanger, Iring Fetscher, Ralph Giordano, Georg K. Glaser, Walter B. Harris, Verlag William Heinemann (London), Stefan Heym, Charlotte und Walter Janka, Karl-Heinz Janßen, Ingrid Kantorowicz, Verlag Kiepenheuer & Witsch, Günter Kunert, Hans Langemann, Erhard Lucas, Gunther Lys, Otto Mahncke, David Marc, Ruth von Mayenburg, Hans Mayer, Günther Nollau, Berend von Nottbeck, Otto Piehl, Theo Pinkus, Werner Röder, Hans Joachim Schädlich, Carola Stern, Fritz Tobias, Frank Tichy, Frithjof Trapp, Hans-Albert Walter, Hermann Weber, Gerhard Zwerenz.

Archive: Bayerische Staatsbibliothek (München), Bundesarchiv (Koblenz), Deutsche Bibliothek (Frankfurt), Hamburger Arbeitsstelle für Deutsche Exilliteratur, Hamburger Staatsbibliothek (Nachlaß Kantorowicz), Hoover Institution (Stanford), Institut für Deutsche und Ausländische Arbeiterliteratur (Dortmund), Institut für Zeitgeschichte (München), Institut für Zeitungsforschung (Dortmund), Internationales Institut für Sozialgeschichte (Amsterdam), Library of Congress (Washington), National Archives (Washington), Privatarchiv Uwe Nettelbeck (Salzhausen), Gustav-Regler-Archiv (Saarbrücken), Staatsarchiv Bremen, Studienbibliothek zur Geschichte der Arbeiterbewegung (Zürich).

ACZEL, Tamas/MERAY, Tibor (1959): Die Revolte des Intellekts. Die geistigen Grundlagen der ungarischen Revolution. A. d. Ungar. v. Jutta u. Theodor Knust. München: Langen/Müller

ALBRECHT, Karl I. (i. e. Karl Matthäus LÖW) (1938/1942): Der verratene Sozialismus. Zehn Jahre als hoher Staatsbeamter in der Sowjetunion. Berlin – Leipzig: Nibelungen (Volksausgabe)

ALBRECHT, Karl I. (1942): Lebensweg eines Sozialisten (sechsseitige Verlagsbroschüre). Berlin – Leipzig: Nibelungen (o. J.)

ALBRECHT, Karl I. (1954): »Sie aber werden die Welt zerstören...«. München: H. Neuner

ANDERSCH, Alfred (1952/1971): Die Kirschen der Freiheit. Ein Bericht. Zürich: Diogenes

ASMUSS, Erika siehe *Carola STERN*

BAJANOW, Boris (1931): Stalin Der rote Diktator. von seinem ehemaligen Privatsekretär. A. d. Franz. v. Paul Muralt. Berlin: Paul Aretz

BAJANOW, Boris (1984): Drei Jahre enger Vertrauter Stalins. In: UTTITZ, S. 15-24

BARMIN⟨E⟩, Alexander (1938): Ein Brief. In: GDS, 1. Jg., H. 1, S. 1011

BARMINE, Alexander (1938/1945): Einer der entkam. Lebensgeschichte eines Russen unter den Sowjets. Mit einer Einleitung von Max Eastman. A. d. Amerikan. v. T. Fabian. Wien: Neue Welt (o. J.)

BARTH, Max (1986): Flucht in die Welt. Exilerinnerungen 1933-1950, hg. v. Manfred Bosch. Waldkirch: Waldkircher Verlag

BARTSCH, Günter (1978): Fremder Kern in eigener Psyche. In: LÖW/EISENMANN/STOLL, S. 127-139

BARTSCH, Günter (1980): Bin ich ein Verräter? Bekenntnis eines Exkommunisten. In: KALTEN-BRUNNER, S. 48-65

BAUER, Leo (1956): »Die Partei hat immer recht«. Bemerkungen zum geplanten deutschen Rajk-Prozeß (1950). In: APUZ, B XXVII (4. Juli), S. 405-419

BAUER, Leo (1963): ⟨Beitrag⟩. In: KRÜGER, S. 71-87

BAUER, Leo (1973): Gespräche. Vorwort Herbert Wehner. Bonn: Neue Gesellschaft

BECK, F./GODIN, W. ⟨Pseudonym?⟩ (1951): Russian Purge and the Extraction of Confession. Translated from the German by Eric Mosbacher and David Porter. New York: Viking Press

BEK-GRAN, Robert siehe »Gegen den Strom« (II)

BEK-GRAN, Robert (1938): Victor Serge. Russia, Twenty Years Later. In: GDS, 1. Jg., H. 3, S. 14 f

BEK-GRAN, Robert (1939): Sturm im Wasserglas. In: GDS, 2. Jg., H. 10, S. 2-9

BENTLEY, Elisabeth (1951): Out of Bondage. The Story of Elisabeth Bentley, London: Hart-Davis

BERGER, Josef (1971): Nothing but the Truth. New York

BESSEDOWSKY, Grigorij (1930 a): Im Dienste der Sowjets. Erinnerungen. A. d. Russ. v. N. V. Gersdorff. Leipzig – Zürich: Grethlein

BESSEDOWSKY, Grigorij (1930 b): Den Klauen der Tscheka entronnen. Erinnerungen. A. d. Russ. v. N. V. Gersdorff. Leipzig – Zürich: Grethlein

⟨Anonym⟩ i.e. *BOGDANOV, Janis (1954):* Wir hoffen sehr auf Kronstadt. Köln: Greven

BONE, Edith (1957): Seven Years Solitary. New York: Harcourt, Brace and Co

BORKENAU, Franz siehe II

BORKOWSKI, Dieter (1981): Für jeden kommt der Tag... Stationen einer Jugend in der DDR. Frankfurt: Fischer

BRANDT, Heinz (1967): Ein Traum, der nicht entführbar ist. Mein Weg zwischen Ost und West. Mit einem Vorwort von Erich Fromm. München: List

BRANDT, Heinz (1985): Danksagung. In: Verleihung der Ehrendoktorwürde an Heinz Brandt. Universität Osnabrück, S. 25-40 ⟨mit Primärbibliographie⟩

⟨Anonym⟩ i. e. *BRONSKA-PAMPUCH, Wanda* (1950): Warum viele immer noch mitmachen. In: »Der Monat« 2. Jg., H. 16, S. 440-442

⟨Pseud.⟩ *Alfred Burmeister* ⟨i. e. *BRONSKA-PAMPUCH, Wanda*⟩ (1951): Goldland Kolyma. In: »Aktion«, 1. Jg., H. 5, S. 85-96; H. 6, S. 75-88; H. 8, S. 82-96

⟨Pseud.⟩ *Alfred Burmeister* ⟨i. e. *BRONSKA-PAMPUCH, Wanda*⟩ (1952): Die tödliche Säuberung der Komintern. Vor 15 Jahren. In: Aktion«, 2. Jg., H. 17, S. 32-36

⟨Pseud.⟩ *Alfred Burmeister* ⟨i. e. *BRONSKA-PAMPUCH, Wanda*⟩ (1956): Der Aufstand von Kingir. In: APUZ, B XXII (30. Mai), S. 333-344

BRONSKA-PAMPUCH, Wanda (1957): »Kein Tatbestand«. Gedanken beim Anblick meines Rehabilitierungsbescheides. In: »Der Monat«, 9. Jg., H. 106, S. 13-17

BRONSKA-PAMPUCH, Wanda (1959): Polen zwischen Hoffnung und Verzweiflung. Köln – Berlin: Kiepenheuer & Witsch

BRONSKA-PAMPUCH, Wanda (1962): Kommunismus gestern und heute. In: FASZINATION DES KOMMUNISMUS, S. 37-48

BRONSKA-PAMPUCH, Wanda (1963): Ohne Maß und ohne Ende. Roman. München: Piper

BRUPBACHER, Fritz (1935/1973): 60 Jahre Ketzer. Selbstbiographie. »Ich log so wenig als möglich«. Zürich: Verlagsgenossenschaft

BRUPBACHER, Fritz (1946): Der Sinn des Lebens. Zürich: Oprecht

BUBER-NEUMANN, Margarete siehe AKTION

BUBER-NEUMANN, Margarete (1952): Als Gefangene bei Stalin und Hitler. Köln: Rote Weissbücher

BUBER-NEUMANN, Margarete (1957/1981): Von Potsdam nach Moskau. Stationen eines Irrwegs. Köln: Maschke

BUBER-NEUMANN, Margarete (1962): Illusion und Wirklichkeit des Kommunismus. In: FASZINATION DES KOMMUNISMUS, S. 9-22

BUBER-NEUMANN, Margarete (1963): Kafkas Freundin Milena. München: G. Müller

BUBER-NEUMANN, Margarete (1967): Kriegsschauplätze der Weltrevolution. Ein Bericht aus der Praxis der Komintern 1919-1943 Stuttgart: Seewald

BUBER-NEUMANN, Margarete (1970): Der kommunistische Untergrund. Ein Beitrag zur Geschichte der kommunistischen Geheimarbeit. Kreuzlingen: Neptun (= Schriftenreihe des Instituts f. polit. Zeitfragen, Bd. 2)

BUBER-NEUMANN, Margarete (1976): Die erloschene Flamme. Schicksale meiner Zeit. München – Wien: Langen Müller

BUBER-NEUMANN, Margarete (1978 a): »Freiheit, du bist wieder mein...« Die Kraft zu überleben. München – Wien: Langen Müller

BUBER-NEUMANN, Margarete (1978 b): Erfahrungen mit dem Kommunismus. In: LÖW/EISENMANN/STOLL, S. 19-32

BUBER-NEUMANN, Margarete (1984): Von den Sowjets an die Gestapo ausgeliefert. In: UTTITZ, S. 25-47

BUDENZ, Louis Francis (1946/1952): Was will Moskau? A. d. Amerikan. v. Eckart Peterich. Basel: Morus

BUDENZ, Louis Francis (1954): The Techniques of Communism. Chicago: Regnery

BURMEISTER, Alfred siehe Bronska-Pampuch, Wanda

BURNHAM, James siehe II

⟨Pseud.⟩ *EL CAMPESINO* ⟨i. e. *Valentin Gonzalez*⟩ (1951): Die große Illusion. Von Madrid nach Moskau. A. d. Franz. v. W. Eberhard. Köln – Berlin: Kiepenheuer & Witsch

⟨Pseud.⟩ *EL CAMPESINO* (1975): Leben und Tod in der UdSSR (1939-1949). A. d. Franz. v. Marita Molitor. Hamburg: Association

⟨Pseud.⟩ *EL CAMPESINO* (1978/1983): Morgen ist ein anderer Tag. Memoiren. A. d. Franz. v. Heinz Abosch. Berlin – Frankfurt – Wien: Ullstein

CHAMBERS, Whittaker (1952/1969): Witness. New York: Random House

CHAMBERS, Whittaker (1956): Das Ende einer dunklen Epoche kündigt neue Gefahren an. In: APUZ, B XXXVI, S. 568-572

CHARNEY, George (1968): A Long Journey. Chicago: Quadrangle Books

CHOCHLOW, Nikolaj Jewgenjewitsch (1954): Ich sollte morden... Ein Tatsachenbericht mit amtlichen Protokollen und Schilderungen. Frankfurt: Rudl

CHOCHLOW, Nikolaj Jewgenjewitsch (1959): Recht auf Gewissen. Ein Bericht. Stuttgart: DVA

CHOU, Eric (1963): A Man must choose. The Dilemma of a Chinese Patriot. London: Longmans

CILIGA, Anton (1940/1979): The Russian Enigma. London: Ink Links

CILIGA, Anton (1942): The Kronstadt Revolt. London: Freedom Press

CILIGA, Anton (1953): Im Land der verwirrenden Lüge. 10 Jahre hinter dem eisernen Vorhang. A. d. Französ. v. Hansjürgen Wille u. Barbara Klau. Köln: Rote Weissbücher

CORINO, Karl, Hg. (1981): Autoren im Exil. Frankfurt: Fischer

CROSSMAN, Richard, Hg. (1949/1952): Ein Gott der keiner war. Arthur Koestler, André Gide, Ignazio Silone, Louis Fischer, Richard Wright, Stephen Spender schildern ihren Weg zum Kommunismus und ihre Abkehr. Vorwort von Richard Crossman, Nachwort von Franz Borkenau. Köln: Rote Weissbücher

DALLIN, David J. siehe II

DANZIGER, Carl-Jacob ⟨i.e. Schwarz, Joachim Chajm⟩ (1976): Die Partei hat immer recht. Autobiographischer Roman. Stuttgart: Werner Gebühr

DANZIGER, Carl-Jacob (1978): Falscher Salut. Roman. Frankfurt: Krüger

DELGADO, Enrique Castro (1951): Mi fe se perdi en Moscu. Mexiko: Horizontes

DELGADO, Enrique Castro (1963): Hombres made in Moscu. Madrid

DENNIS, Peggy (1977): The Autobiography of an American Communist. A Personal View of a Political Life 1925-1975. Westpoint Berkeley

DEUTSCHER, Isaac siehe II

DJILAS, Milovan (1957/1964): Die neue Klasse. Eine Analyse des kommunistischen Systems. A. d. Amerikan. v. Reinhard Federmann, Einführung Alfred Kantorowicz. München: Kindler

DJILAS, Milovan (1962): Gespräche mit Stalin. A. d. Amerikan. v. Hermann Junius. Frankfurt: Fischer

DJILAS, Milovan (1969/1971): Die unvollkommene Gesellschaft. Jenseits der neuen Klasse. A. d. Serbokroatischen v. Zora Shaked. Reinbek: Rowohlt

DJILAS, Milovan (1976): Der junge Revolutionär. Memoiren 1929 – 1941. A. d. Amerikan. v. Branko Fejakovic. Wien: Molden

EGGEBRECHT, Axel (1975): Der halbe Weg. Zwischenbilanz einer Epoche. Reinbek: Rowohlt

⟨*EGGEBRECHT, Axel*⟩ (1969): Axel Eggebrecht. Eingeleitet von Robert Neumann und Kurt W. Marek. Hamburg: Hans Christians ⟨= Hamburger Bibliographien Bd.4⟩

EINSIEDEL, Heinrich Graf von (1950): Tagebuch der Versuchung. Erlebnisse in russischer Gefangenschaft im 2. Weltkrieg und Gründung des »Nationalkomitees Freies Deutschland« in Moskau. Berlin – Stuttgart: Pontes

Ericson, Walter siehe: *FAST, Howard*

FAST, Howard ⟨i. e. Ericson, Walter⟩ (1957): The Naked God. The Writer and the Communist Party. New York: F.A.Praeger

FAST, Howard (1958): Der nackte Gott – Erlebnisse eines Schriftstellers unter Kommissaren. In: »Der Monat«, 10. Jg., H. 112, S. 3-15 und H. 113, S. 60-69

FASZINATION DES KOMMUNISMUS? Teil II (1962) Herausgegeben vom Arbeitskreis für Ostfragen. München: Kopernikus (= Schriften des Arbeitskreises für Ostfragen Bd. 9)

FAUST, Siegmar (1978): Irgendwas muß doch passieren. In: *LÖW/EISENMANN/STOLL*, S. 177-220

FELDBIN, Lew Lasarewitsch siehe ORLOW, Alexander

FILAP, Ota (1981): Dissident wider Willen. In: CORINO, S. 37-45

FISCHER, Ernst (1934): Freiheit und Diktatur. Straßburg (?): Prometheus-Verlag

FISCHER, Ernst (1937): Vernichtet den Trotzkismus. Straßburg: Edition Prométhée

FISCHER, Ernst (1950): Der große Verrat. Ein politisches Drama in fünf Akten. Wien

FISCHER, Ernst (1952/1969): Doktor Faustus und der deutsche Bauernkrieg. In: F. RADDATZ 1969, III 110-122

FISCHER, Ernst (1968): Ohnmacht und Macht der Intellektuellen im Sozialismus. In: Kurt Hoffman, Hg.: Macht und Ohnmacht der Intellektuellen. Hamburg: Wegner, S. 61-75

FISCHER, Ernst (1969): Erinnerungen und Reflexionen. Reinbek: Rowohlt

FISCHER, Ernst (1973): Das Ende einer Illusion. Erinnerungen 1945-1955. Wien – München – Zürich: Molden

FISCHER, Ernst (1984): Kultur Literatur Politik. Frühe Schriften. Frankfurt: Sendler

FISCHER, Louis (1935): Der Kirowmord. In: NWB, 31. Jg., H. 23, S. 715-721

FISCHER, Louis (1936): Sozialer Rückschritt in der Sowjet-Union. In: NTB, 4. Jg., H. 28, S. 661-664 und H. 29, S. 685-688

FISCHER, Louis (1941): Men and Politics. An Autobiography. New York: Duell, Sloane

FISCHER, Louis (1949/1952): ⟨Beitrag⟩ in R. CROSSMAN, S. 181-210

FISCHER, Louis (1957): Wiedersehen mit Moskau. Ein neuer Blick auf Rußland und seine Satelitten. A. d. Amerikan. v. Wilm W. Elwenspoek. Frankfurt: EVA

FISCHER, Louis (1969): Russia's Road from Peace to War. Soviet Foreign Relations 1917-1941. New York: Harper & Row

FISCHER, Ruth siehe II

FISCHER, Walter (1986): Kurze Geschichten aus einem langen Leben. Mannheim: persona

FLECHTHEIM, Ossip K. siehe II

FOOTE, Alexander ⟨Pseud.⟩ (1954): Handbuch für Spione. Darmstadt: Leske

GARAUDY, Roger (1976): Menschenwort – Ein autobiographischer Bericht. Wien – München – Zürich: Molden

GATES, John ⟨i. e. Israel Regenstreif⟩ (1958): The Story of an American Communist. New York: Thomas Nelson

GERLAND, Brigitte (1954): Die Hölle ist ganz anders. Stuttgart: Steingrüben

GIDE, André (1936/1937): Zurück aus Sowjetrußland. A. d. Franz. Ferdinand Hardekopf. Zürich: Jean Christophe

GIDE, André (1937/1966): – Retuschen zu meinem Rußlandbild. A. d. Franz. v. Ferdinand Hardekopf. In: GIDE, André: Reisen. Stuttgart: DVA 1966, S. 385-420

GIDE, André (1938): Die Antwort. In: GDS, 1. Jg., H. 1, S. 11-12

GIDE, André (1949/1952): ⟨Beitrag⟩. In R. CROSSMAN, S. 153-179

GIDE, André/LAST, Jef (1985): Correspondance 1934-1950, hg. v. C. J. Greshoff. Lyon: Presses Universitaires

GINSBURG, Jewgenija Semjonowna (1967): Marschroute eines Lebens. A. d. Russ. v. Swetlana Geier. Reinbek: Rowohlt

GINSBURG, Jewgenija Semjonowna (1979/1980): Gratwanderung. A. d. Russ. v. Nena Schawina. Vorwort Heinrich Böll, Nachwort Lew Kopelew und Raisa Orlowa. München – Zürich: Piper

GIORDANO, Ralph (1961/1980): Die Partei hat immer recht. Vorwort Wolfgang Leonhard. Berlin: Klaus Guhl

GIORDANO, Ralph (1963): ⟨Beitrag⟩. In: H. KRÜGER, S. 89-110

GIORDANO, Ralph (1968): »Oh gäb‹ es eine Fahne«. Der Lebensweg des Alfred Kantorowicz. Drehbuch Westdeutscher Rundfunk

GIORDANO, Ralph (1969): Gibt es einen Gewinn? In: HEYDORN S. 35-42

GIORDANO, Ralph (1979): Trauerrede ⟨für A. Kantorowicz⟩. In: e.i. H. 44, S. 3-8

GIORDANO, Ralph (1982): Die Bertinis. Roman. Frankfurt: Fischer

GIORDANO, Ralph (1987): Die zweite Schuld oder Von der Last Deutscher zu sein. Hamburg: Rasch und Röhring

GITLOW, Benjamin (1940): I Confess. The Truth about American Communism. Introduction M. Eastman. New York: Hyperion

GITLOW, *Benjamin* (1948): The Whole of Their Lives. Communism in America. A Personal History and Intimate Portrayal of its Leaders. Foreword by M. Eastman. New York – London: Scribners

GLASER, *Georg* (1932): Schluckebier. Berlin – Wien: Agis

GLASER, *Georges* C. (1951): Secret et Violence. Roman. Traduit de l'Allemand par Lucienne Foucrault. Paris: Editions Corrêa (»Le chemin de la vie«, collection dirigée par Maurice Nadeau)

GLASER, *Georg K(atharina)* (1953): Geheimnis und Gewalt. Ein Bericht. Stuttgart – Hamburg: Scherz & Goverts

GLASER, *Georg K.* (1968): Die Geschichte des Weh. Erzählung. Hamburg – Düsseldorf: Claassen

GLASER, *Georg K.* (1979): Schluckebier. Herausgegeben u. mit Nachwort von Walter Fähnders und Helga Karrenbrock. (Vorwort des Autors zur Neuauflage) Berlin: K.Guhl

GLASER, *Georg K.* (1980): Erstes Kapitel, in dem ich erkenne, was mir gegeben und was mir versagt ist. In: »Die Begegnung«, 16. Folge. Berlin: Elwert und Meurer, S. 216-233

GLASER, *Georg K.* (1981): Weil ich Arbeiter bin und weil ich schreiben kann. In: Peter Dahl/Rüdiger Kremer: Lebensgeschichten. Zehn Interviews über Biographisches, Zeitgeschichte und die Rolle des Schreibens. Bornheim: Lamuv, S. 19-40

GLASER, *Georg K.* (1982): (Gespräch mit Harun Farocki). In: »Filmkritik« (München), 26. Jg., H. 7, S. 295-302

GLASER, *Georg K.* (1985 a): Aus der Chronik der Rosengasse und andere kleine Arbeiten. Berlin – Bonn: Dietz

GLASER, *Georg K.* (1985 b): Jenseits der Grenzen. Betrachtungen eines Querkopfs. Düsseldorf: Claassen

GODAU, *Heinz* (1965). Verführter Verführer. »Ich war Politoffizier der NVA«. Köln: Markus

GONZALEZ, *Valentin* siehe: El Campesino

GORKIN, *Julian* (1980): Stalins langer Arm. Die Vernichtung der freiheitlichen Linken im Spanischen Bürgerkrieg. A. d. Franz. v. Heinz Abosch. Köln: Kiepenheuer & Witsch

GORKIN, *Julian* (1984): Erfahrungen eines spanischen Sozialisten mit dem Stalinismus. In: UTTITZ, S. 69-79

GRÖHL, *Karl* siehe Karl Retzlaw und Spartacus

GROSSMANN, *Wassilij* (1962/1984): Leben und Schicksal. Roman. Hg. v. Efim Etkind u.Simon Markish. A. d. Russ. v. Heinz-Dieter Mendel von Podbielski u. Elisabeth Markstein. München – Hamburg: Knaus

GRÜNWALD, *Leopold* (1980): Wandlung. Ein Altkommunist gibt zu Protokoll. Vorw. W. Leonhard. Wien: Wiener Volksbuchhandlung

GRÜNWALD, *Leopold* (1984): Ein österreichischer Patriot aus Mähren. In: UTTITZ, S. 81-96

GUTTMANN, *Ketty*: Los von Moskau! Erlebnisse einer Kommunistin (Mskr, o. J.)

HALDANE, *Charlotte* (1949): Truth will Out. London: Weidenfeld & Nicolson

HALLSTROM, *Björn* (1953): I Believed in Moscow. Translated from the Swedish. London: Lutterworth Press

HAY, *Julius* (1969): Die Rolle der Wahrheit in der Lebensgestaltung des Schriftstellers. In: HEYDORN, S. 113-115

HAY, *Julius* (1971/1977): Geboren 1900. Aufzeichnungen eines Revolutionärs. München – Wien: Langen Müller

HERNANDEZ, *Jesus* (1953): La Grande Trahison. Paris

HERTWIG, *Manfred* (1963): (Beitrag), in: H. KRÜGER, S. 49-70

HETMANN, *Frederik* siehe KIRSCH, Hans Christian

HICKS, *Granville* (1954): Where We Came Out. New York: Viking Press

HOFFMANN, *Walter* siehe KOLBENHOFF, Walter

HUMBERT-DROZ, *Jules* (1969-1973): Mémoires Bd. I-IV. Neuchâtel: A. la Baconnière.
  Bd. I: Mon Évolution du Tolstoïsme au communisme (1969)
  Bd. II: De Lénine à Staline (1971)
  Bd. III: Dix Ans de lutte antifasciste (1972)
  Bd. IV: Le Couronnement d'une vie de combat 1941-1971 (1973)

HYDE, Douglas (1952): Anders als ich glaubte. Der Weg eines Revolutionärs. A. d. Engl. v. Annemarie Langens. Freiburg: Herder

HYDE, Douglas (1960): Wem werden sie glauben? A. d. Engl. v. Annemarie Langens. Freiburg: Herder

ISTRATI, Panaït (1929/1931): Tage der Jugend. München: Piper

Istrati, Panaït (1930 a): Auf falscher Bahn. 16 Monate in Rußland. A. d. Franz. v. Karl Stransky. München: Piper

ISTRATI, Panaït (1930 b) ⟨eigtl. Autor: Victor Serge⟩: So geht es nicht. Die Sowjets von heute. A. d. Franz. v. Lilly Nevinny. München: Piper

ISTRATI, Panaït (1930 c) ⟨eigtl. Autor: Boris Souvarine⟩: Rußland nackt. Zahlen beweisen. A. d. Franz. v. Rudolph Stephan Hoffmann. München: Piper

JACOBY, Henry (1982): Davongekommen. 10 Jahre Exil 1936 – 1946. Prag – Paris – Montauban – New York – Washington. Erlebnisse und Begegnungen. Frankfurt: Sendler

JAKOBS, Karl-Heinz (1983/1985): Das endlose Jahr. Begegnungen mit Mäd. Frankfurt – Berlin – Wien: Ullstein

JUNG, Franz (1961): Der Weg nach unten. Aufzeichnungen aus einer großen Zeit. Neuwied – Berlin: Luchterhand

JUNG, Franz (1980): Der tolle Nikolaus. Prosa, Briefe. Hg. v. Cläre M. Jung und Fritz Mierau. Leipzig: Reclam

JUNG, Franz (1981): Schriften und Briefe in zwei Bänden. Salzhausen: Petra Nettelbeck

KANTOROWICZ, Alfred (1935 a): Die Einheitsfront in der Literatur. In: DS, 2. Jg., S. 237-344

KANTOROWICZ, Alfred (1935 b): Literatur, die den Krieg vorbereitet. In: DS, 2. Jg., S. 682-694

KANTOROWICZ, Alfred (1937): ⟨Diary⟩. In: From Spanish Trenches. Recent Letters from Spain. Collected and edited by Marcel Acier. London: Crescent Press, S. 71-82

KANTOROWICZ, Alfred (1938): Tschapaiew. Das Bataillon der 21 Nationen. Dargestellt in Aufzeichnungen seiner Mitkämpfer. Redigiert von Alfred Kantorowicz, Informationsoffizier des Bataillons. Madrid: Imprenta Colectiva Torrent

KANTOROWICZ, Alfred/DREWS, Richard, Hg. (1947): Verboten und verbrannt. Deutsche Literatur 12 Jahre unterdrückt. Berlin – München: Ullstein – Kindler

KANTOROWICZ, Alfred (1947): Porträts. Deutsche Schicksale. Berlin: Chronos

⟨*KANTOROWICZ, Alfred*⟩ Pseud. Helmut CAMPE (1947-1949): Der Sohn des Bürgers. Roman ⟨in 22 Folgen⟩. In: OW, H. 6 (Dez. 1947) – H. 10 (Okt. 1949)

KANTOROWICZ, Alfred (1948): Spanisches Tagebuch. Berlin: Aufbau

KANTOROWICZ, Alfred (1949 a): Suchende Jugend. Briefwechsel mit jungen Leuten. Berlin: Alfred Kantorowicz Verlag ⟨= Ost und West Buchreihe, Bd. 9⟩

KANTOROWICZ, Alfred (1949 b): Vom moralischen Gewinn der Niederlage. Artikel und Ansprachen. Berlin: Aufbau

KANTOROWICZ, Alfred (1952 a): Die Verbündeten. Schauspiel (o. O. und o. J.)

KANTOROWICZ, Alfred (1952 b): Der Einfluß der Oktoberrevolution auf Heinrich Mann. Eine Zusammenstellung. Berlin: Aufbau

KANTOROWICZ, Alfred (1957 a): Meine Kleider. Berlin: Aufbau

KANTOROWICZ, Alfred (1957 b): Selbstporträt eines Abtrünnigen. In: »Die Zeit«, 12. Jg., Nr. 36 (5. Sept.), S. 2; Nr. 37, (12. Sept.), S. 3; Nr. 38 (19. Sept.), S. 3

KANTOROWICZ, Alfred (1959): Deutsches Tagebuch. Erster Teil. München: Kindler

KANTOROWICZ, Alfred (1961): Deutsches Tagebuch. Zweiter Teil. München: Kindler

KANTOROWICZ, Alfred (1962): Mein Weg vom Kommunisten zum Nichtkommunisten. In: FASZINATION DES KOMMUNISMUS, S. 23-36

KANTOROWICZ, Alfred (1963): ⟨Beitrag⟩ in H. KRÜGER, S. 153-174

KANTOROWICZ, Alfred (1964): Deutsche Schicksale. Intellektuelle unter Hitler und Stalin. Wien – München – Zürich: Europa Verlag

KANTOROWICZ, Alfred (1966): Spanisches Kriegstagebuch. Köln: Verlag Wissenschaft und Politik

KANTOROWICZ, Alfred (1967): Im 2. Drittel unseres Jahrhunderts. Illusionen Irrtümer Widersprüche Einsichten Voraussichten. Köln: Verlag Wissenschaft u. Politik

KANTOROWICZ, *Alfred* (1968): Meine Kleider. Hamburg: Freie Akademie der Künste

KANTOROWICZ, *Alfred* (1969): Rückblick. In: Alfred Kantorowicz. Eingel. v. Jürgen Rühle. Hamburg: Christians (= Hamburger Bibliographien, Bd. 3)

KANTOROWICZ, *Alfred* (1971): Deutschland-Ost und Deutschland-West. Kulturpolitische Einigungsversuche und geistige Spaltung in Deutschland seit 1945. Münsterdorf: Hansen und Hansen (o. J.) (= Sylter Beiträge, Bd. 2)

KANTOROWICZ, *Alfred* (1973): Die Exilsituation in Spanien. In: M. DURZAK, Hg., S. 90-100

KANTOROWICZ, *Alfred* (1977): Die Geächteten der Republik. Alte und neue Aufsätze. Berlin: europäische Ideen

KANTOROWICZ, *Alfred* (1978): Politik und Literatur im Exil. Deutschsprachige Schriftsteller im Kampf gegen den Nationalsozialismus. Hamburg: Christians

KANTOROWICZ, *Alfred* (1979/1982): Spanisches Kriegstagebuch. Frankfurt: Fischer

KANTOROWICZ, *Alfred* (1971/1986): Exil in Frankreich. Merkwürdigkeiten und Denkwürdigkeiten. Frankfurt: Fischer

KANTOROWICZ, *Alfred* (1985): Etwas ist ausgeblieben. Zur geistigen Einheit der deutschen Literatur nach 1945. Einleit. v. Hans-Albert Walter. Hamburg: Christians

KIBALCHICH, *Victor* siehe Victor SERGE

⟨Pseud.⟩ Frederik Hetmann ⟨i. e. *KIRSCH, Hans Christian*⟩ (1961): Enteignete Jahre. Junge Leute berichten von drüben. München: Juventa

KISSELEW-GROMOW (1936): Die Lager des Todes. Prag: Snamja Rossii

KLIMOW, *Gregory* (1951): Berliner Kreml. A. d. Russ. v. Irina Finkenauer-Fuess. Mit einem Vorwort von Ernst Reuter. Köln – Berlin: Kiepenheuer & Witsch

KLUG, *Kajetan*: Die größte Sklaverei der Weltgeschichte. Tatsachenbericht aus den Strafgebieten der GPU. Aufgezeichnet von Karl Heuscheler. Bln: Eher 1941

KLUMP, *Brigitte* (1978): Das rote Kloster. Eine deutsche Erziehung. Hamburg: Hoffmann und Campe

KLUMP, *Brigitte* (1981): Freiheit hat keinen Preis. München: Herbig

KOESTLER, *Arthur* (1937): Menschenopfer unerhört. Ein Schwarzbuch über Spanien. Paris: Editions du Carrefour

KOESTLER, *Arthur* (1937/1980): Ein spanisches Testament. Mit Vorworten des Verfassers und der Herzogin von Atholl. Frankfurt: Fischer

KOESTLER, *Arthur* (1939/1985): Die Gladiatoren. Roman. A. d. Engl. Frankfurt: Büchergilde Gutenberg

KOESTLER, *Arthur* (1940/1979): Sonnenfinsternis. Roman. A. d. Engl. Frankfurt – Berlin – Wien: Ullstein

KOESTLER, *Arthur* (1944/1974): Der Yogi und der Kommissar. Auseinandersetzungen. A. d. Engl. v. Friedrich Klumpp. Frankfurt: Suhrkamp

KOESTLER, *Arthur* (1945): Ein Mann springt in die Tiefe. Roman. A. d. Engl. v. Katie George. Zürich: Artemis

KOESTLER, *Arthur* (1949): Demi-Vierges und gefallene Engel. Der gefährliche Flirt mit dem Totalitarismus. In: »Der Monat«, 1. Jg., H. 11, S. 119-121

KOESTLER, *Arthur* (1949/1952): ⟨Beitrag⟩. In: CROSSMAN, S. 19-72

KOESTLER, *Arthur* (1951/1953): Gottes Thron steht leer. Roman. A. d. Engl. v. Karl-Ulrich von Hutten. Fankfurt: Fischer

KOESTLER, *Arthur* (1952/1953): Pfeil ins Blaue. Bericht eines Lebens 1905-1931. A. d. Engl. v. Eduard Thorsch. Wien – München Basel: Desch

KOESTLER, *Arthur* (1955 a): Die Geheimschrift. Bericht eines Lebens. A. d. Engl. v. Eduard Thorsch. Wien – München – Basel: Desch

KOESTLER, *Arthur* (1955 b): Die Fährte des Dinosauriers. In: »Der Monat«, 7. Jg., H. 80, S. 106-118

⟨KOESTLER, *Arthur*⟩ (1955 c): Der Mensch und der Dinosaurier. Eine Diskussion. In: »Der Monat«, 7. Jg., H. 82, S. 370-379

KOESTLER, *Arthur* (1970): Gesammelte autobiographische Schriften. Bd. 1: Frühe Empörung, A. d. Engl. v. Eduard Thorsch u. Franziska Becker. Wien – München – Zürich: Molden

KOESTLER, Arthur (1971): Gesammelte autobiographische Schriften. Bd. 2: Abschaum der Erde. A. d. Engl. v. Franziska Becker u. Heike Kurtze. Wien – München – Zürich: Molden

KOESTLER, Arthur und Cynthia (1984): Auf fremden Plätzen. Bericht über die gemeinsame Zeit. Autobiographie 1940 – 1956. A. d. Engl. v. Liesl Nürenberger. Wien: Europa Vlg.

KOESTLER, Arthur (1985): Als Zeuge der Zeit. Das Abenteuer meines Lebens. A. d. Engl. v. Franziska Becker, Heike Curtze und Eduard Thorsch. Bern – München: Scherz

KOHUT, Pavel: (1969/1970): Aus dem Tagebuch eines Konterrevolutionärs. A. d. Tschech. v. Gustav Solar u. Felix R. Bonsonnet. München: dtv

KOLBENHOFF, Walter (i. e. Walter HOFFMANN) (1933): Untermenschen. Roman. Kopenhagen: Trobris

KOLBENHOFF, Walter (1947/1978): Von unserm Fleisch und Blut. Roman. Frankfurt: Fischer

KOLBENHOFF, Walter (1984): Schellingstraße 48. Erfahrungen mit Deutschland. Frankfurt: Fischer

KOLMAN, Arnost (1979 a): Die verirrte Generation. So hätten wir nicht leben sollen. Eine Biographie. Frankfurt: Fischer

KOLMAN, Arnost (1979 b): Auf der Mauer, auf der Lauer – Satiren über den staatlich verordneten Verdacht. Berlin: Olle und Wolter

KONRAD, Gyorgy (1980): Der Komplize. Roman. A. d. Ungar. v. Hans-Henning Paetzke. Frankfurt: Suhrkamp

KOPELEW, Lew (1975/1979): Aufbewahren für alle Zeiten. A. d. Russ. v. Heddy Pross-Weerth u. Heinz-Dieter Mendel. Nachwort H. Böll. München: dtv

KOPELEW, Lew (1978/1981): Und schuf mir einen Götzen. Lehrjahre eines Kommunisten. A. d. Russ. v. Heddy Pross-Weerth u. Heinz-Dieter Mendel. München: dtv

KOPELEW, Lew (1980/1983): Tröste meine Trauer. Autobiographie 19471954. A. d. Russ. v. Heddy Pross-Weerth u. Heinz-Dieter Mendel. München: dtv

KOPELEW, Lew (1983 a): Kinder und Stiefkinder der Revolution. Unersonnene Geschichten. A. d. Russ. v. Albert Knierim u. Elisabeth Markstein. München: dtv

KOPELEW, Lew (1983 b): Zur Situation der deutschen Emigranten in der Sowjetunion. Aus einem Gespräch. In: EXILFORSCHUNG, S. 159-164

KOPELEW, Lew (1986): Ich bekenne mich schuldig. Dokumentarfilm von Hans-Dieter Grabe. ZDF, 23.1.1986 (Skript)

KRAVCHENKO, Victor A. (1946): Ich wählte die Freiheit. Das private und politische Leben eines Sowjetbeamten. A. d. Amerikan. v. Albert Heß. Hamburg: Drei Türme Verlag o. J.

KRAVCHENKO, Victor A. (1947): Einvernahme vor dem Komitee für unamerikanische Umtriebe in den Vereinigten Staaten am 22.7.1947. Zürich: Thomas

KRAVCHENKO, Victor A. (1950): Schwert und Schlange. A. d. Amerikan. v. James Schwarzenbach. Zürich: Thomas

KRAWTSCHENKO, R(ichard). (1941): Ich war Stalins Gefangener. Tatsachenbericht eines Ingenieur-Offiziers in der Sowjetunion. A. d. Engl. v. B. Gerde (i. e. Berta Gredler). Dresden: Franz Müller

KREBS, Richard (1930 a): Chimera. In: »Lloyd Zeitung«, Nr. 6 (Juni) S. 14

KREBS, Richard (1930 b): Silver Bridges. In: »Lloyd Zeitung«, Nr. 7 (Juli) S. 12-13

KREBS, Richard (1930 c): Long China Coast. In: »Lloyd Zeitung« Nr. 11 (November) S. 11

(Pseud.) Valtin, Jan (i. e. Richard KREBS) (1939): Communist Agent. In: »American Mercury« (November), S. 264-271

(Pseud.) Valtin, Jan (1941 a): Out of the Night. New York: Alliance

(Pseud.) Valtin, Jan (1941 b): ABC of Sabotage. In: »American Mercury« (April), S. 417-425

(Pseud.) Valtin, Jan (1941 c): Moscows Academy of Treason. In: »American Mercury« (Juli), S. 39-43

(Pseud.) Valtin, Jan (1942 a): Bend in the River and other stories. Introd. by Pat Gil Rankin. New York: Alliance

(Pseud.) Valtin, Jan (1942 b): We can stir Revolt in Europe. In: »American Mercury« (August), S. 224-230

(Pseud.) Valtin, Jan (1946): Children of Yesterday. New York: The Reader's Press

⟨Pseud.⟩ *Valtin, Jan* (1947): Castle in the Sand. New York: Beachhurst Press

⟨Pseud.⟩ *Valtin, Jan* (1948): Spy School in Leningrad. In: Kurt Singer, ed.: Three Thousand Years of Espionage. New York: Prentice Hall, S. 307-321 ⟨Auszug aus »Out of the Night"⟩

⟨Pseud.⟩ *Valtin, Jan* (1950): Wintertime. New York – Toronto: Rinehart

⟨Pseud.⟩ *Valtin, Jan* (1951): La Frontière de la peur. In: »Le Figaro«, 2.1. -2.1.1951

    I: Visite à Katemin, première étape vers la liberté pour 500.000 clandestins qui fuient chaque jour l'enfer soviétique (2.1.1951)

    II: Feu à volonté sur quiconque tente de franchir clandestinement la frontière (3.1.1951)

    III: Les points vulnérables du rideau de fer allemand (4.1.1951)

    IV: La plus grande ménagerie d'informateurs et de tueurs (5.1.1951)

    V: Les Russes entrent en guerre contre les séductions de la culture occidentale (6.1.1951)

    VI: Le contreespionnage américain découvrre les secrets de Koubalev (8.1.1951)

    VII: Le plus grave danger pour l'Allemagne: la police populaire communiste (19.1.1951)

    VIII: Les spécialiste de l'infiltration, de la terreur rouge et de la guerre civile (20.1.1951)

    IX: Les anciens combattants allemands répugneraient à reprendre les armes (22.1.1951)

⟨Pseud.⟩ *Valtin, Jan* (1957): Tagebuch der Hölle. A. d. Amerikan. v. Werner Krauss. Köln – Berlin: Kiepenheuer & Witsch

KRIVITSKY, W⟨alter⟩ G. ⟨i. e. Samuel Ginsberg⟩ (1939/1940): Ich war in Stalins Dienst! A. d. Amerikan. v. Fritz Heymann. Amsterdam: Allert de Lange

KRÜGER, Horst (Hg.) (1963): Das Ende einer Utopie. Hingabe und Selbstbefreiung früherer Kommunisten. Olten – Freiburg: Walter

KUUSINEN, Aino (1972): Der Gott stürzt seine Engel. Hg. u. eingel. v. Wolfgang Leonhard. Wien – München – Zürich: Molden

LANGMAACK, Kurt (1953): Ich wählte mein Unglück. Hamburg: Selbstverlag des Verfassers

LAST, Jef (1938 a): Ein Jahr vor Madrids Schützengräben. In: GDS, 1. Jg., H. 5, S. 11-12

LAST, Jef (1938 b): Lettres d‹ Espagne. Paris: Gallimard

⟨Pseud.⟩ *A. Rudolf* ⟨i. e. *Raoul LASZLO*⟩ (1936 a): Abschied von Sowjetrußland. Tatsachenroman. Zürich: Schweizer Spiegel Vlg.

⟨Pseud.⟩ *A. Rudolf* ⟨i. e. *Raoul LASZLO*⟩ (1936 b): Die Wiederentdeckung Europas. Prag: Snamja Rossii

⟨Pseud.⟩ *A. Rudolf* ⟨i. e. *Raoul LASZLO*⟩ (1936 c): Der Moskauer Prozeß. Seine Hintergründe und Auswirkungen. Prag: Grunow

⟨Pseud.⟩ *A. Rudolf* ⟨i. e. *Raoul LASZLO*⟩ (1936 d): Drei Jahre Sowjetrußland. Wien: Reinhold-Verlag

⟨Pseud.⟩ *A. Rudolf* ⟨i. e. *Raoul LASZLO*⟩ (1937): GPU über Europa. In: NZZ Nr. 1627 (11.2.1937)

LEONHARD, Susanne (1952): Alexandra Kollontaj. In: »Aktion«, 2.Jg., H. 15, S. 44-48

LEONHARD, Susanne (1956): Gestohlenes Leben. Schicksal einer politischen Emigrantin in der Sowjetunion. Frankfurt: EVA

LEONHARD, Susanne (1957): Die Stalin-Legende. In: APUZ, B XIV, (10. April), S. 211-230

LEONHARD, Wolfgang (1949): Die Wahrheit über das sozialistische Jugoslawien. Eine Antwort auf die Komintern-Verleumdungen. Belgrad: Das jugoslawische Buch

LEONHARD, Wolfgang (1952): Schein und Wirklichkeit in der Sowjetunion. Berlin: Freies Wort

LEONHARD, Wolfgang (1955): Die Revolution entläßt ihre Kinder. Berlin – Köln: Kiepenheuer & Witsch

LEONHARD, Wolfgang (1986): Der Schock des Hitler-Stalin-Pakts. Erinnerungen aus der Sowjetunion, Westeuropa und den USA. Freiburg – Basel – Wien: Herder

LEPP, Ignace (1957): Von Marx zu Christus. A. d. Franz. v. Ludwig Reichenpfader. Graz – Wien – Köln: Styria

LESSING, Doris (1962/1978): Das goldene Notizbuch. A. d. Engl. v. Doris Wagner. Frankfurt: Fischer

LIPPER, Elinor (1950): Elf Jahre in sowjetischen Gefängnissen und Lagern. Zürich: Oprecht

LOEBL, Eugen und POKORNY, Dusan (1968): Die Revolution rehabilitiert ihre Kinder. Hinter den Kulissen des Slansky-Prozesses. Wien – Frankfurt – Zürich: Europa Verlag

LOEST, Erich (1981): Durch die Erde ein Riß. Ein Lebenslauf. Hamburg: Hoffmann und Campe

LOEST, Erich (1984): Der vierte Zensor. Vom Entstehen und Sterben eines Romans in der DDR. Köln: Edit. Deutschland Archiv

LÖW, Karl Matthäus siehe ALBRECHT, Karl (Pseud.)

LOEW, Konrad/EISENMANN, Peter/STOLL, Angelika, Hg. (1978): Betrogene Hoffnung. Aus Selbstzeugnissen ehemaliger Kommunisten. Krefeld: Sinus

LOEWENTHAL, Richard siehe II

LONDON, Artur (1968/1970): Ich gestehe. Der Prozeß um Rudolf Slansky. A. d. Franz. v. Willy Thaler. Hamburg: Hoffmann und Campe

· LYONS, Eugene (1941/1970): The Red Decade. New York: Arlington

LYONS, Eugene (1951): Sechs Jahre in Moskau. In: Die russische Sphinx. Erlebnisberichte aus der Welt zwischen Elbe und Pazifik. A. d. Amerikan. v. Erwin Schuhmacher. Hannover: Tewista-Verlag, S. 257269

de MAN, Hendrik (1953): Gegen den Strom. Memoiren eines europäischen Sozialisten. Stuttgart: DVA

MALRAUX, André (1937/1954): Die Hoffnung. A. d. Franz. v. H. Kanders. Stuttgart: DVA

MALRAUX, André (1967/1968): Anti-Memoiren. A. d. Franz. v. Carlo Schmid. Frankfurt: Fischer

MASCHKE, Günter (1975): Vom Verrat der Intellektuellen. Notizen eines Renegaten. In: KALTENBRUNNER, S. 19-27

MASSING, Hede (1951): This Deception. New York: Duell, Sloan and Pearce

MASSING, Hede (1954): Die große Täuschung. Geschichte einer Sowjetagentin. Freiburg – Basel – Wien: Herder (o. J.) (von der Autorin ins Deutsche übertragene und überarbeitete Ausgabe von 1951)

MAYENBURG, Ruth von (1969): Blaues Blut und Rote Fahnen. Ein Leben unter vielen Namen. Wien – München – Zürich: Molden

MAYENBURG, Ruth von (1978): Hotel Lux. München: Bertelsmann

MAYENBURG, Ruth von (1984): Agentin der sowjetischen Militärspionage. In: UTTITZ, S. 123-136

MERAY, Tibor siehe ACZEL/MERAY

MERAY, Tibor (1959): Der Feind. Roman. A. d. Franz. v. Walter Lenz. München: Langen Müller

MILLER, Michael (1963): (Beitrag). In: H. KRÜGER, S. 195-214

MILOSZ, Czeslaw (1959): Verführtes Denken. Vorw. v. Karl Jaspers. A. d. Poln. v. Alfred Loepfe. Köln – Berlin: Kiepenheuer & Witsch

MNACKO, Ladislav (1967): Wie die Macht schmeckt. Roman. A. d. Slowakischen v. Erich Bertleff. Wien – München – Zürich: Molden

MNACKO, Ladislav (1968) Die siebente Nacht. Erkenntnis und Anklage eines Kommunisten. A. d. Slowak. v. Adolf Maldess. Wien – München – Zürich: Molden

MNACKO, Ladislav (1969): Die Aggressoren. Von der Schuld und Unschuld der Schwachen. A. d. Slowak. v. Erich Bertleff. Wien – München – Zürich: Molden

MNACKO, Ladislav (1981): Zehn Jahre schriftstellerischer Gastarbeiter. In: CORINO, S. 46-57

MNACKO, Ladislav (1987): Hitler – Stalins Agent? Enthüllung. In: »Forum« (Wien), 34. Jg., Nr. 401-5, S. 62-64

MÜLLER, Erich (1927): Deutsche Abenteurer. Seltsame Schicksale aus drei Jahrhunderten. Berlin: Deutsche Rundschau

MÜLLER, Erich (1928): Ewig in Aufruhr. 18 Porträts deutscher Rebellen. Berlin: Universum (= Universum Bücherei Bd. 26)

MÜLLER, Erich (1933): Nationalbolschewismus. Hamburg: Hanseatische Verlagsanstalt

(Pseud.) Matthias PFÖRTNER (i. e. MÜLLER, Erich) (1940): Georg Schrimpf. Berlin: Rembrandt Verlag (= Die Kunstbücher des Volkes. Kleine Reihe Bd. 4)

(Pseud.) Matthias PFÖRTNER (i. e. MÜLLER, Erich) (1943): Die russische Wanderung. Erlebnisbericht. Dessau: Karl Rauch (»gekürzte Frontausgabe« 1944)

MÜNZENBERG, Willi siehe »Zukunft« (II)

NAGY, Imre (1959): Politisches Testament. München: Kindler

NICOLAS, Waltraut (1942/1958): Die Kraft, das Ärgste zu ertragen. Frauenschicksale in Sowjetgefängnissen. Bonn: Athenäum 1958

NICOLAS, *Waltraut* (1960): Viele Tausend Tage. Erlebnisbericht aus zwei Ländern. Stuttgart: Steingrüben

NOLL, *Hans* (1980): Der Abschied. Journal meiner Ausreise aus der DDR. Hamburg: Hoffmann & Campe

NOLL, *Hans* (1986): Rußland, Sommer, Loreley. Ein Deutscher in der Sowjetunion. Hamburg: Hoffmann & Campe

NOLL, *Hans* (1987): Berliner Scharade. Hamburg: Hoffmann & Campe

ORLOW, *Alexander* ⟨i. e. Lew Lasarewitsch Feldbin⟩ (1953/1956): Kreml-Geheimnisse. A. d. Amerikan. v. Karl Kindermann. Würzburg: Marienburg-Verlag

ORLOWA-KOPELEW, *Raissa* (1985): Eine Vergangenheit, die nicht vergeht. Rückblicke aus fünf Jahrzehnten. A. d. Russ. v. Elisabeth Markstein. München: Albrecht Knaus

ORWELL, *George* ⟨i. e. Eric Arthur Blair⟩ (1938/1975): Mein Katalonien. A. d. Engl. v. Wolfgang Rieger. Zürich: Diogenes

ORWELL, *George* (1940/1975): Im Innern des Wals. In: Orwell: Im Innern des Wals. Ausgewählte Essays, Bd. I. A. d. Engl. v. Felix Gasbarra. Zürich: Diogenes, S. 94-147

ORWELL, *George* (1946/1975): Warum ich schreibe. In: Orwell: Im Innern des Wals. Ausgewählte Essays, Bd. I. A. d. Engl. v. Felix Gasbarra. Zürich: Diogenes, S. 7-18

ORWELL, *George* (1949/1950): 1984. Roman. A. d. Engl. v. Kurt Wagenseil. Zürich: Diana

ORWELL, *George:* (1953/1975): Rückblick auf den Spanischen Krieg. In: Orwell: Rache ist sauer. Ausgewählte Essays, Bd. II. A. d. Engl. v. Felix Gasbarra. Zürich: Diogenes, S. 10-38

PACHMANN, *Ludek* (1974): Gott läßt sich nicht verbrennen. Freiburg – Basel – Wien: Herder

PFÖRTNER, *Matthias* siehe Erich MÜLLER

PLIEVIER, *Hildegard* (1957): Meine Hunde und ich. Ein Leben in Sowjetrußland. Frankfurt: H. Scheffler

PLIEVIER, *Hildegard* (1958): Gelber Mond über der Steppe. Roman. Frankfurt: H. Scheffler

PLIEVIER, *Hildegard* (1960): Flucht nach Taschkent. Frankfurt: H . Scheffler.

PLIEVIER, *Hildegard* (1966): Ein Leben gelebt und verloren. Frankfurt: H. Scheffler

PLIEVIER, *Theodor* (1950): Vom Nullpunkt der Kultur. In:»Der Monat«, 2. Jg., H. 24, S. 527-534

PLIEVIER, *Theodor* (1952): Moskau. Roman. München: Desch

PLIEVIER, *Theodor* (1954): Berlin. Roman. Wien – München – Basel: Desch

⟨PLIEVIER, *Theodor*⟩ (1987): Hans-Harald Müller/Wilhelm Schernus: Theodor Plievier. Eine Bibliographie. Frankfurt – Bern – New York – Paris: Lang

PORETSKY, *Elisabeth K.* (1969): Our Own People. A Memoir of ›Ignace Reiss‹ and His Friends. Ann Arbor: The University of Michigan Press

PRAUß, *Herbert* (1960): ...Doch es war nicht die Wahrheit. Tatsachenbericht zur geistigen Auseinandersetzung unserer Zeit. Berlin: Morus

PRITZEL, *Konstantin* (1978): Die Praxis revidiert die Theorie. In: LOEW/EISENMANN/STOLL, S. 113-125

PROCHAZKA, *Jan* (1969): Es lebe die Republik – Ich, Julina und das Kriegsende. Recklinghausen: Bitter

QUITTNER, *Genia* (1971): Weiter Weg nach Krasnogorsk. Schicksalsbericht einer Frau. Wien – München – Zürich: Molden

RAYSKY, *Adam* (1985): Nos illusions perdues. Paris: Balland

RAYSKI, *Adam* (1987): Zwischen Thora und Partei. Lebensstationen eines jüdischen Kommunisten. Freiburg: Herder 1987

REESE, *Maria* (1938): Abrechnung mit Moskau. Hg. im Auftrag der AntiKomintern. Berlin – Leipzig: Nibelungen

REGLER, *Gustav* (1928): Judas. In: Querschnitt durch die fränkische Dichtung der Gegenwart, hg. v. Fritz Hilsenbeck. Nürnberg: Ernst Frommann, S. 165-172

REGLER, *Gustav* (1929): Zug der Hirten. Roman. Berlin – Lübeck – Leipzig: Otto Quitzow Verlag

REGLER, *Gustav* (1935): Bodo Uhse, Söldner und Soldat. In: DS, 2. Jg., S. 728-731

REGLER, *Gustav* (1936/1975): Die Saat. Frankfurt: Büchergilde Gutenberg

REGLER, *Gustav* (1940): The Great Crusade. Translated from the German by Wittaker Chambers and Barrows Mussey. New York – Toronto

REGLER, Gustav/SERGE, Victor/GORKIN, Julian/PIVERT, Marceau (1942/1986): Gemeinsame Erklärung (Auszug aus: La G.P.U. prepara un nuevo crimen...!). In: F. POHLE 1986, S. 475-478

REGLER, Gustav (1946): Regler über jenen Regler. Autobiographische Notizen. o. O (Saarbrükken?) u. o. J.

REGLER, Gustav (1947/1987): Vulkanisches Land. Nachw. v. Hans-Albert Walter. Göttingen: Steidl

REGLER, Gustav (1951): Der Turm und andere Gedichte. Calw: Peregrina

REGLER, Gustav (1956): Journal d'Europe. In: »Texte und Zeichen«, 2. Jg., S. 408-430

REGLER, Gustav (1957 a): An einen jungen Deutschen. Brief aus Mexiko. In: »Merkur«, 11. Jg., H. 4, S. 396-401

REGLER, Gustav (1957 b): (Manuskript über Georg K. Glaser), unveröfftl., undat., im Regler-Nachlaß, Saarbrücken, 2 Seiten

REGLER, Gustav (1958): Das Ohr des Malchus. Eine Lebensgeschichte. Köln – Berlin: Kiepenheuer & Witsch.

REGLER, Gustav (1976): Das große Beispiel. Roman einer internationalen Brigade. Vorwort Ernest Hemingway. Frankfurt – Wien Zürich: Büchergilde Gutenberg

REGLER, Gustav (1985): Personal Diary 1940. Hg. u. kommentiert von Ralph Schock und Günter Scholdt. In: GUSTAV REGLER. DOKUMENTE UND ANALYSEN, S. 11-116

REGLER, Gustav (1986): Juanita. Roman aus dem Spanischen Bürgerkrieg. Frankfurt – Olten – Wien: Büchergilde Gutenberg

REICH, Wilhelm (1974/1982): Menschen im Staat. Frankfurt: Nexus

RETZLAW, Karl siehe Spartacus

(Pseud.) RETZLAW, Karl (i. e. Karl Röhl) (1971): Spartakus. Aufstieg und Niedergang – Erinnerungen eines Parteiarbeiters. Frankfurt: Verlag Neue Kritik

RETZLAW, Karl (1978): Aktiv bleiben, politisch denken – leben. In: e.i., H. 43, S. 30 f

(RETZLAW, Karl) (1981) – PUCK, Karin/BERNHARDI, Peter, Hg.: . . . die Flamme am Brennen halten! Beiträge von und über Karl Retzlaw. Frankfurt: Arbeitskreis Karl Liebknecht.

RICHTER, Hans Werner (1974): Brief an einen jungen Sozialisten. Vorwort v. Leonhard Reinisch. Hamburg: Hoffmann und Campe.

ROEDER, Bernhard (1956): Der Katorgan. Traktat über die moderne Sklaverei. Köln – Berlin: Kiepenheuer & Witsch

ROEDERER, Lucien (1938): Elsäßische Freiheitskämpfer in Rotspanien. Strasbourg: Selbstverlag des Verfassers

ROSENBERG, Arthur siehe II

Rudolf, A. siehe Raoul LASZLO

SAHL, Hans (1959): Die Wenigen und die Vielen. Roman einer Zeit. Frankfurt: Fischer

SAHL, Hans (1983): Memoiren eines Moralisten. Erinnerungen. Zürich: Ammann

SAHL, Hans (1987 a): Umsteigen nach Babylon. Erzählungen und Prosa. Zürich: Ammann

SAHL, Hans (1987 b): Gespräch mit Ilja Richter. In: taz 23.10.1987

SAMJATIN, Jewgenij (1924/1958): Wir. A. d. Russ. v. Gisela Drohla. Köln – Berlin: Kiepenheuer & Witsch

SAMJATIN, Jewgenij (1967): Morgen. Essays – Erzählungen – Dokumente. A. d. Russ. v. Gabriele Leech-Anspach. Wiesbaden: Limes

SAVARIUS, Vincent siehe SZASZ, Béla

SCARLETT, Dora (1959): Window on to Hungary. Bradford: Broadacre Press

SCHENK, Fritz (1962): Im Vorzimmer der Diktatur. 12 Jahre Pankow. Köln – Berlin: Kiepenheuer & Witsch

SCHENK, Fritz (1981): Mein doppeltes Vaterland. Erfahrungen und Erlebnisse eines geborenen Sozialdemokraten. Würzburg: Naumann

SCHEWTSCHENKO, Arkadij Nikolajewitsch (1986): Mein Bruch mit Moskau. Bergisch Gladbach: Gustav Müller

SCHLAMM, Willi (1937): Diktatur der Lüge. Eine Abrechnung. Zürich: Der Aufbruch

SCHLAMM, Willi (1939): Adolf Judas Stalin. In: GDS, 2. Jg., Nr. 11/12, S. 2-9

SCHLAMM, *William S.* (1966): Vom Elend der Literatur. Pornographie und Gesinnung. Stuttgart: Seewald

SCHOLMER, *Joseph* (1954): Die Toten kehren zurück. Bericht eines Arztes aus Workuta. Köln – Berlin: Kiepenheuer & Witsch. ⟨1963 mit neuem Vorwort unter dem Titel »Arzt in Workuta«. München: dtv⟩

SCHOLMER, *Joseph* (1957): Die Revolution in Ungarn. In: APUZ, B I (9. Jan.) S. 1-16

SCHOLMER, *Joseph* (1963): ⟨Beitrag⟩. In: H. KRÜGER, S. 135-152

SCHOLMER, *Joseph* (1964): Der Gummiminister. In: Peter Jokostra, Hg.: Ohne Visum. Lyrik – Prosa – Essays aus dem Osten geflohener Autoren. Gütersloh: S. Mohn, S. 135-147

SCHOSTAKOWITSCH; *Dmitrij* (1979/1981): Zeugenaussage. Die Memoiren des Dmitrij Schostakowitsch. Aufgezeichnet und hg. v. Solomon Volkow. A. d. Russ. v. Heddy Pross-Weerth. Frankfurt – Berlin – Wien: Ullstein

SCHWARZ, *Joachim Chajm* siehe: DANZINGER, Carl-Jacob

SCOTT, *Sidney Wilfred* (1960): Rebel in a Wrong Cause. Auckland: Collins

SEMPRUN, *Jorge* (1969/1974): Der zweite Tod des Ramon Mercader. Roman. A. d. Franz. v. Gundl Steinmetz. Frankfurt: Suhrkamp

SEMPRUN, *Jorge* (1978/1981): Frederico Sanchez. Eine Autobiographie. A. d. Franz. v. Heide Mahler-Knirsch. Frankfurt – Berlin – Wien: Ullstein

SEMPRUN, *Jorge* (1980/1981): Was für ein schöner Sonntag! A. d. Franz. v. Johannes Piron. Frankfurt: Suhrkamp

SEMPRUN, *Jorge* (1981): Links bleiben. A. d. Franz. v. Grete Osterwald. In: »Freibeuter« (Berlin), 3. Jg., Heft 10, S. 74-84

SEMPRUN, *Jorge* (1986): Stalinismus und Faschismus. Eine Rede an die deutsche Intelligenz (Römerberggespräche). In: taz, 14.6.86, S. 11 f

SENGER, *Valentin* (1984): Kurzer Frühling. Zürich: Ammann

SERGE, *Victor* siehe ISTRATI, Panaït

SERGE, *Victor* (i. e. KIBALCHICH, Victor Lwowitsch) (1937): From Lenin to Stalin. New York: Pioneer

SERGE, *Victor* (1950): Der Fall Tulajew. Die große Ernüchterung. A. d. Franz. v. N. O. Scarpi. Hamburg: EVA

SERGE, *Victor* (1951/1967): Beruf: Revolutionär. Erinnerungen 1901 – 1917 – 1941. A. d. Franz. v. Cajetan Freund. Frankfurt: Fischer

SERGE, *Victor* (1951/1974): Erinnerungen eines Revolutionärs 1901 – 1941. Vorwort und Nachbemerkung von Erich Wollenberg. Wiener Neustadt: Räteverlag

SERGE, *Victor* (1936/1977): Die sechzehn Erschossenen. Zu den Moskauer Prozessen. Unbekannte Aufsätze, Bd. II. A. d. Franz. v. Marita Molitor Hamburg: Vlg. Association

SERGE, *Victor/WULLENS, Maurice/RESMER, Alfred* (1938): L'Assassinat Politique et l'URSS: Crime a Lausanne. Paris

SERGE, *Victor* (1973/1981): Leo Trotzki. Leben und Tod. A. d. Franz. v. Peter Linnert. München: dtv

SERGE, *Victor* (1975): Für eine Erneuerung des Sozialismus. Unbekannte Aufsätze. A. d. Franz. v. Marita Molitor. Hamburg: Association

SERGE, *Victor* (1981): Jahre ohne Gnade. Roman. Wien – München – Zürich: Europa Vlg.

SEYPPEL, *Joachim* (1979): Die Unperson oder Schwitzbad und Tod Majakowskis. Frankfurt: EVA

SEYPPEL, *Joachim* (1982): Ich bin ein kaputter Typ. Bericht über Autoren in der DDR. Wiesbaden – München: Limes

SHARPLEY, *Cecil* (1952): The Great Delusion. The Autobiography of an Ex-Communist Leader. London: Heinemann

SILONE, *Ignazio* ⟨i. e. Secondo Tranquilli⟩ (1934): Der Fascismus. Seine Entstehung und seine Entwicklung. ⟨A. d. Italien. v. Gritta Baerlocher⟩ Zürich: Europa-Vlg. (Reprint Frankfurt: VNK 1978)

SILONE, *Ignazio* (1938): Die Schule der Diktatoren. A. d. Italien. v. Jakob Huber. New York – Toronto: Alliance Book Corporation (Parallelausgabe Zürich: Europa-Vlg.)

SILONE, Ignazio (1949/1952): ⟨Beitrag⟩. In: R. CROSSMAN, S. 73-106

SILONE, Ignazio (1950): ⟨Antwort an Palmiro Togliatti⟩. In: »Der Monat«, 3. Jg, H. 25, S. 102-106

SILONE, Ignazio (1952): Eine Handvoll Brombeeren. Roman. A. d. Ital. (ohne Übersetzerangabe). Zürich – Stuttgart – Wien: Europa

SILONE, Ignazio (1965): Die Kunst der Diktatur. Mit einem Vorwort zur Neuausgabe. Köln: Kiepenheuer & Witsch (= Essay 5. Hg. v. Manès Sperber) ⟨gekürzte u. überarbeitete Neuausgabe v. Silone 1938⟩

SILONE, Ignazio (1965/1966): Notausgang. A. d. Italien. v. Hanna Dehio. Köln – Berlin: Kiepenheuer & Witsch

SILONE, Ignazio (1967): Neorealismus, Nihilismus, Idolatrie. A. d. Italien. v. Lisa Rüdiger. In: »Akzente«, 14. Jg., S. 258-271

SILONE, Ignazio (1972): ⟨Gespräch⟩. In: François Bondy: Gespräche. Wien – München – Zürich: Europa Vlg.

SINKO, Ervin (1962/1969): Roman eines Romans. Moskauer Tagebuch. A. d. Ungar. v. Edmund Trugly. Vorwort von Alfred Kantorowicz. Köln: Jg. Wissenschaft und Politik

SINOWJEW, Alexander (1981): Perspektiven des Widerstands. A. d. Russ. v. Josefine Bauer. In: CORINO, S. 166-177

SINOWJEW, Alexander (1982/1984): Homo Sovieticus. Roman. A. d. Russ. v. G. von Halle. Zürich: Diogenes

SLANSKA, Josefa (1968/1969): Bericht über meinen Mann. Die Affäre Slánsky. Wien – Frankfurt – Zürich: Europa Vlg.

SOLSCHENIZYN, Alexander (1968 a): Der erste Kreis der Hölle. Roman. A. d. Russ. v. Elisabeth Mahler u. Nonna Nielsen-Stokkeby. Fankfurt: Fischer

SOLSCHENIZYN, Alexander (1968 b und 1969): Krebsstation. Roman in zwei Bänden. Mit einem Vorw. v. Heinrich Böll. A. d. Russ. v. Christiane Auras, Agathe Jais u. Ingrid Tinzmann. Neuwied – Berlin: Luchterhand

SOLSCHENIZYN, Alexander (1969/1971): Nemow und das Flittchen. Theaterstück. A. d. Russ. v. Gisela Drohla. Neuwied – Berlin: Luchterhand

SOLSCHENIZYN, Alexander (1970/1972): Im Interesse der Sache. Erzählungen. A. d. Russ. v. Mary von Holbeck u.a. Neuwied – Berlin: Luchterhand

SOLSCHENIZYN, Alexander (1973/1974): Der Archipel Gulag. 1918-1956. Versuch einer künstlerischen Bewältigung. A. d. Russ. v. Anna Peturnig. Bern – München: Scherz

SOLSCHENIZYN, Alexander (1974): Der Archipel Gulag. 1918-1956. Versuch einer künstlerischen Bewältigung. Folgeband: Arbeit und Ausrottung. Seele und Stacheldraht. A. d. Russ. v. Anna Peturnig und Ernst Walter. Bern – München: Scherz

SOLSCHENIZYN, Alexander (1974/1976): Der Archipel Gulag. 1918-1956. Versuch einer künstlerischen Bewältigung. Schlußband: Die Katorga kommt wieder. In der Verbannung. Nach Stalin. A. d. Russ. v. Anna Peturnig und Ernst Walter. Bern – München: Scherz

SOLSCHENIZYN, Alexander (1981): Neigt sich die Freiheit zur Seite des Bösen? A. d. Russ. v. Elisabeth Heresch. In: CORINO, S. 178-197

SOLSCHENIZYN, Alexander (1987): Gespräch mit Rudolf Augstein. »Man lügt über mich wie über einen Toten«. In: »Der Spiegel«, 41. Jg., Nr. 44, S. 218-251

Sonnet, André (1951): Bolschewismus nackt. Ein Kommunist erlebt sowjetisches KZ. Offenbach: Bollwerk Vlg.

SOUVARINE, Boris siehe II; siehe P. Istrati

Spartakus ⟨i. e. *Karl Röhl* alias *Karl Retzlaw*⟩ (1944): German Communists. Translated from the German by E. Fitzgerald. London: Hutchinson & Co

SPENDER, Stephen (1948/1952): Welt zwischen Welten. Ein Buch Lebens- und Zeitgeschichte. Frankfurt: Parma Edition

SPENDER, Stephen (1949/1952): ⟨Beitrag⟩. In: R. CROSSMAN, S. 211-151

SPENDER, Stephen (1978): The Thirtees and After. New York: Random House

SPERBER, Manès siehe »Die Umschau«

SPERBER, Manès (1926): Alfred Adler. Der Mensch und seine Lehre. München: Bergmann

SPERBER, *Manès* (1932 a): Schulen und Sekten. Sozialanalytische Bemerkungen zur Situation der Pathopsychologie. In: »Zentralblatt für Psychotherapie«, Bd. 5, S. 579-593

SPERBER, *Manès* (1932 b): Der gegenwärtige Stand der Psychologie. In: Krise der Psychologie. Psychologie der Krise. Berlin: Selbstverlag der Fachgruppe für dialektisch-materialistische Psychologie, S. 7-28

SPERBER, *Manès* (1959 a): Interview von Jean Bloch-Michel mit M. S. In: »Der Monat«, 11. Jg., H. 130, S. 41-46

SPERBER, *Manès* (1959 b): Israelisches Tagebuch. In: »Der Monat« 11. Jg., H. 130, S. 47-56

SPERBER, *Manès* (1960): Die Achillesferse. Essays. Köln – Berlin: Kiepenheuer & Witsch

SPERBER, *Manès* (1961/1976): Wie eine Träne im Ozean. Romantrilogie. Wien – München – Zürich: Europa Vlg.

SPERBER, *Manès* (1967): Zur täglichen Weltgeschichte. Köln – Berlin: Kiepenheuer & Witsch

SPERBER, *Manès* (1970): Alfred Adler oder Das Elend der Psychologie. Wien – München – Zürich: Molden

SPERBER, *Manès* (1972): Leben in dieser Zeit. Sieben Fragen zur Gewalt. Wien – München – Zürich: Europa Vlg.

SPERBER, *Manès* (1974/1978): Die Wasserträger Gottes. All das Vergangene... Bd. 1. München: dtv

SPERBER, *Manès* (1975/1979): Die vergebliche Warnung. All das Vergangene... Bd. 2. München: dtv

SPERBER, *Manès* (1977/1982): Bis man mir Scherben auf die Augen legt. All das Vergangene... Bd. 3. München: dtv

SPERBER, *Manès* (1978): Individuum und Gemeinschaft. Versuch einer sozialen Charakterologie. Stuttgart: Klett Cotta

SPERBER, *Manès* (1979): Churban oder Die unfaßbare Gewißheit. Wien – München – Zürich: Europa Vlg.

SPERBER, *Manès* (1980): Der freie Mensch. Zürich: Arche

SPERBER, *Manès* (1980/1983): Nur eine Brücke zwischen Gestern und Morgen. München: dtv

SPERBER, *Manès* (1981 a): Unterwegs überall im Niemandsland. In: CORINO, S. 285-295

SPERBER, *Manès* (1981 b): Essays zur täglichen Weltgeschichte. Wien: Europa

SPERBER, *Manès* (1983): Die Wirklichkeit in der Literatur des 20. Jahrhunderts. Der Freiheitsgedanke in der europäischen Literatur. Zwei Vorträge. Nymphenburger: München

SPERBER, *Manès* (1984 a): Wolyna. Vorw. André Malraux. Wien – München – Zürich: Europa Vlg.

SPERBER, *Manès* (1984 b): Ein Moralist als Zeuge des Jahrhunderts. In: UTTITZ, S.153-175

SPERBER, *Manès* (1984 c): Ein politisches Leben. Gespräch mit Leonhard Reinisch. Stuttgart: DVA

SPERBER, *Manès* (1985 a): Geteilte Einsamkeit. Der Autor und sein Leser. Wien – München – Zürich: Europaverlag

〈SPERBER, *Manès*〉 (1985 b): Sein letztes Jahr. Mit Beiträgen von Manès Sperber, Jenka Sperber und Siegfried Lenz. Hg. v. Heinz Friedrich. München: dtv

SPERBER, *Manès* (1986): Der schwarze Zaun. Roman. Wien – München – Zürich: Europa-Vlg.

SPERBER, *Manès* (1987 a): Die Tyrannis und andere Essays aus der Zeit der Verachtung. Hg. v. Jenka Sperber. München: dtv

〈SPERBER, *Manès*〉 (1987 b): Manès Sperber. 1905-1984. Eine Ausstellung der Österreichischen Nationalbibliothek. Hg. Victoria Lunzer-Talos. Wien 〈Katalog〉

STAJNER, *Karlo* (1975): 7000 Tage Sibirien. A. d. Serbokroat. Wien: Europa Vlg.

STAJNER, *Karlo* (1984): Trotz Verfolgung blieb er Kommunist 〈Gespräch〉. In: UTTITZ, S. 177-198

STERN, *Carola* (i. e. *Erika Asmuss*) (1963): Bilanz. In: KRÜGER, S. 215-234

STERN, *Carola* (1964/1965): Ulbricht. Eine politische Biographie. Frankfurt: Büchergilde Gutenberg

STERN, *Carola* (1986): In den Netzen der Erinnerung. Lebensgeschichte zweier Menschen. Reinbek: Rowohlt

SZASZ, *Béla* (1963/1986): Freiwillige für den Galgen. Die Geschichte eines Schauprozesses. A. d. Engl. v. Rudolf Schröder, Textrevision nach der ungar. Originalausgabe (Brüssel 1963) von

Hans-Henning Paetzke. Nördlingen: Greno (die 1. dt. Ausg. erschien 1963 in Köln unter dem Pseudonym Vincent Savarius)

⟨SZASZ, Béla⟩ Hans-Henning PAETZKE (1986): »Wir vergessen nicht«. Interview mit Béla SZASZ. In: H. P.: Andersdenkende in Ungarn. Frankfurt: Suhrkamp S.39-61

SZENDE, Stefan ⟨i. e. Adolf Folkmann⟩ (1945): Der letzte Jude aus Polen. Zürich: Europa

SZENDE, Stefan (1975): Zwischen Gewalt und Toleranz. Mit einem Vorw. von Willy Brandt. Frankfurt – Köln: EVA

THALMANN, Clara und Paul (1974/1976): Revolution für die Freiheit. Stationen eines politischen Kampfes. Moskau. Madrid. Paris. Hamburg: Vlg. Association

TREPPER, Leopold (1975 a): Le grand jeu. Paris: Albin Michel

TREPPER, Leopold (1975 b): Die Wahrheit. Autobiographie. A. d. Franz. v. Emmi Heimann u. a. München: Kindler

UNTER DEM ROTEN BANNER. Stimmen von Enttäuschten. Graz: Heimatverlag o. J. (ca. 1927)

UTLEY, Freda (1948): Lost Illusions. Philadelphia: Fireside

UTTITZ, Friedrich (1984): Zeugen der Revolution. Mitkämpfer Lenins und Stalins berichten. Köln: Bund Vlg.

VALTIN, Jan siehe KREBS, Richard

WALLACH, Erica (1969): Licht um Mitternacht. Fünf Jahre in der Welt der Verfemten. München: Piper

WEBER, Hermann (1963): ⟨Beitrag⟩. In: H. KRÜGER, S. 111-134 (siehe auch II)

WEHNER, Herbert (1946/1984): Zeugnis. Bergisch Gladbach: Lübbe

WEISS, Wolf (1938): Ich gestehe. In: GDS, 1. Jg., H. 4, S. 6-9

WEISSBERG-CYBULSKI, Alexander (1951 a): Hexensabbat. Rußland im Schmelztiegel der Säuberungen. A. d. Engl. v. Michael Kogon. Vorwort von A. Koestler. Frankfurt: Vlg. der Frankfurter Hefte

WEISSBERG-CYBULSKI, Alexander (1951 b): Die Kriegsziele des kalten Krieges. In: »Aktion«, 1. Jg., H. 4, S. 14-19

WITTFOGEL, Karl August siehe GREFFRATH, Mathias und II

WOLFE, Betram David (1981): A Life in two Centuries. Introduction by Leonard Shapiro. New York: Stein and Day

WOLLENBERG, Erich siehe II

WRIGHT, Richard (1949/1952): ⟨Beitrag⟩. In: R. CROSSMAN, S. 107-151

WRIGHT, Richard (1953/1966); Der Mörder und die Schuldigen. Roman. A. d. Amerikan. v. R. Malchow-Huth. Hamburg: Rowohlt

ZEHM, Günther (1961): Ernst Bloch. In: »Der Monat«, 14. Jg., H. 158, S. 21-28

ZEHM, Günther (1963): ⟨Beitrag⟩. In: H. KRÜGER, S. 29-48

ZEUTSCHEL, Walter (1931): Im Dienst der kommunistischen Terror-Organisation. Tscheka-Arbeit in Deutschland. Berlin: Dietz

ZWEIMAL AUF DER FLUCHT (1936). Nach Rußland geflüchtete und freiwillig zurückgekehrte ehemalige Schutzbündler berichten ihre Erlebnisse. Wien: Verein »Arbeiterpresse« ⟨Die Autoren sind Ludwig Zounek, Josef Loibl, Alfred Herold, Karl Weninger und Johann Kupecek; die beiden letzteren waren KPÖ-Mitglieder⟩

ZWERENZ, Gerhard (1959 a): Aufs Rad geflochten. Roman vom Aufstieg der neuen Klasse. Köln: Kiepenheuer & Witsch

ZWERENZ, Gerhard (1959 b): Die Liebe der toten Männer. Roman. Köln: Kiepenheuer & Witsch

ZWERENZ, Gerhard (1961): Ärgernisse. Von der Maas bis an die Memel. Köln – Berlin: Kiepenheuer & Witsch

ZWERENZ, Gerhard (1962 a): Wider die Deutschen Tabus. München: List

ZWERENZ, Gerhard (1962 b): Vom Jungkommunisten zum Exkommunisten. In: FASZINATION DES KOMMUNISMUS, S. 49-61

ZWERENZ, Gerhard (1971): Kopf und Bauch. Die Geschichte eines Arbeiters, der unter die Intellektuellen gefallen ist. Frankfurt: Fischer

ZWERENZ, *Gerhard* (1974 a): Intellektueller und Revolutionär. Meine Erinnerungen an Alfred Kurella. In: NR, H. 3, S. 454-462

ZWERENZ, *Gerhard* (1974b): Der Widerspruch. Autobiographischer Bericht. Frankfurt: Fischer

ZWERENZ, *Gerhard* (1982): Antwort an einen Friedensfreund oder längere Epistel für Stephan Hermlin und meinen Hund. Ein Diarium. Köln: Bund Verlag

ZWERENZ, *Gerhard* (1988): »Soldaten sind Mörder«. Die Deutschen und der Krieg. München: Knesebeck & Schuler

Bibliographien, Lexika, Nachschlagewerke

BIOGRAPHISCHES HANDBUCH der deutschsprachigen Emigration nach 1933, hg. v. Institut f. Zeitgeschichte München u. d. Research Foundation for Jewish Immigration, New York. Gesamtleitung Werner Röder und for Jewish Immigration, New York. Gesamtleitung Werner Röder und Herbert A. Strauss. München – London – New York – Paris: Saur
  Bd. I (1980): Politik, Wirtschaft, Öffentliches Leben
  Bd. II 1/2 (1983/1985): The Arts, Sciences and Literature
  Bd. III (1983/1985): Index
CURRENT BIOGRAPHY Ed. Charles Moritz. New York: Wilson, Jg. 1941
EMIG, Brigitte/SCHWARZ, Max/ZIMMERMANN, Rüdiger (1981): Literatur für eine neue Wirklichkeit. Bibliographie und Geschichte des Verlages J. H. W. Dietz Nachf. 1881-1981. Berlin – Bonn: Dietz
GESCHICHTE DER DEUTSCHEN ARBEITERBEWEGUNG. Biographisches Lexikon. Berlin (Ost): Dietz 1970
GESCHICHTE DER DEUTSCHEN LITERATUR von den Anfängen bis zur Gegenwart. Berlin: Volk und Wissen
  Bd. X (1973): Geschichte der deutschen Literatur 1917-1945. Von einem Autorenkollektiv unter der Leit. v. Hans Kaufmann u. Dieter Schiller
  Bd. XI (1976): Literatur der Deutschen Demokratischen Republik. Von einem Autorenkollektiv unter der Leit. v. Horst Haase u. a.
KINDLERS LITERATUR LEXIKON im dtv, 14 Bde., München 1986
KLEINES POLITISCHES WÖRTERBUCH. Berlin (Ost): Dietz 1978 (3. A.)
KRITISCHES WÖRTERBUCH DES MARXISMUS Hg. v. Georges Labica. Herausgeber der deutschen Fassung Wolfgang Fritz Haug. Berlin: Argument 1983 ff (bislang: Bd. I-VII)
KRITISCHES LEXIKON DER DEUTSCHSPRACHIGEN GEGENWARTSLITERATUR. Hg. v. Heinz Ludwig Arnold. München: Ed. text + kritik 1978 ff
KUNITZ, Stanley Jasspon, Hg. (1955): Twentieth Century Authors. A biographical dictionary of modern literature. First Supplement. New York: Wilson
KUNST UND LITERATUR IM ANTIFASCHISTISCHEN EXIL 1933-1945 (in 7 Bänden). Leipzig: Reclam 1978-1981
  Bd. 1 (1979): Exil in der UdSSR. Redaktion Klaus Jarmatz u. a.
  Bd. 2 (1978): Exil in der Schweiz. Redaktion Werner Mittenzwei
  Bd. 3 (1979): Exil in den USA. Redaktion Eike Middell u. a.
  Bd. 4 (1980): Exil in Lateinamerika. Redaktion Wolfgang Kießling
  Bd. 5 (1980): Exil in der Tschechoslowakei, in Großbritannien, Skandinavien und Palästina. Redaktion Gisela Seeger
  Bd. 6 (1981): Exil in den Niederlanden und in Spanien. Redaktion Klaus Hermsdorf u. a.
  Bd. 7 (1981): Exil in Frankreich. Redaktion Dieter Schiller
LAZITCH, Branko (1973): Biographical Dictionary of the Comintern. Stanford (= Hoover Institution Publications 121)

LEXIKON FÜR THEOLOGIE UND KIRCHE. Hg.v. Josef Höfer und Karl Rahner, (Bd. I-X). Freiburg: Herder 1957 ff (2. Aufl.)

LEXIKON SOZIALISTISCHER DEUTSCHER LITERATUR. Von den Anfängen bis 1945. Halle: Bibl. Institut 1963

MAAS, *Lieselotte* (1976-1981): Handbuch der deutschen Exilpresse, Hg. v. Eberhard Lämmert, Bd. I-III. München – Wien: Hanser

MELZWIG, *Brigitte* (1975): Deutsche sozialistische Literatur 1918-1945. Bibliographie der Buchveröffentlichungen. Berlin – Weimar: Aufbau

DIE RELIGION IN GESCHICHTE UND GEGENWART (= RGG). Handwörterbuch für Theologie und Religionswissenschaft. Hg. v. Kurt Galling, Bd. I-VI. Tübingen: Mohr 1957

SOWJETSYSTEM UND DEMOKRATISCHE GESELLSCHAFT. Eine vergleichende Enzyklopädie. Hg.: C⟨laus⟩ D⟨ieter⟩ Kernig, (Bd. I-VI). Freiburg – Basel – Wien: Herder 1966-1972

STERNFELD, *Wilhelm/TIEDEMANN, Eva* (1970): Deutsche Exilliteratur 1933-1945. Eine Bio-Bibliographie. Heidelberg: Schneider

VERÖFFENTLICHUNGEN DEUTSCHER SOZIALISTISCHER SCHRIFTSTELLER in der revolutionären und demokratischen Presse. Bibliographie 1918-1945, hg. v. der Deutschen Akademie der Künste zu Berlin. Berlin – Weimar: Aufbau 1969

Sekundärliteratur und andere Literatur

AARON, *Daniel* (1961): Writers on the Left. Episodes in American Literary Communism. New York: Harcourt

ABOSCH, *Heinz* (1983): Von der Volksfront zu den Moskauer Prozessen. In: EXILFORSCHUNG, S. 27-44

ABRAMOWITSCH, *R⟨afail⟩* (1930): Die politischen Gefangenen in der Sowjetunion. Vorw. v. Louis de Brouckère u. Arthur Crispien. Berlin: Dietz

ABUSCH, *Alexander* (1953/1969): Faust – Held oder Renegat in der deutschen Nationalliteratur? In: RADDATZ 1969, III S. 123-135

ACHMINOW, *Herman* (1953): Warum ändern die Sowjets ihren Kurs? Köln: Rote Weißbücher

ADORNO, *Theodor W.* (1986): Vermischte Schriften I/II. Frankfurt: Suhrkamp (= Gesammelte Schriften Bd. 20 in zwei Teilbd.)

AKTION ⟨*Zeitschrift*⟩, hg. v. Margarete Buber-Neumann. Frankfurt 1951/52, H. 1-21

ALMOND, *Gabriel A.* (1954/1965): The Appeals of Communism. Princeton: University Press

ANDERS, *Günther* (1982): Ketzereien. München: Beck

ANDICS, *Hellmut* (1967): Der große Terror. Von den Anfängen der russischen Revolution bis zum Tode Stalins. Wien: Molden

ANDREWS, *Bert* (1948): Washington Witch Hunt. New York: Random House

ANGRESS, *Werner T.* (1963/1973): Stillborn Revolution. Die Kampfzeit der KPD 1921-1923. A. d. Amerikan. v. Heinz Meyer. Düsseldorf: Droste

ANTONOW-OWSSEJENKO, *Anton* (1980/1986): Stalin. Porträt einer Diktatur. A. d. Russ. v. Diether Wilmersdoerfer. Einleitg. Stephen F. Cohen. Frankfurt – Berlin – Wien: Ullstein

ARENDT, *Hannah* (1955): Elemente und Ursprünge totaler Herrschaft. Von der Verfasserin übertragene und neubearbeitete Ausgabe. Vorwort Karl Jaspers. Frankfurt: EVA

ARENDT, *Hannah* (1971): Walter Benjamin. Bertolt Brecht. Zwei Essays. München: Piper

ARON, *Raymond* (1951/1953): Der permanente Krieg. A. d. Franz. v. Gustav Strohm. Frankfurt: Fischer

ARON, *Raymond* (1957): Opium für Intellektuelle oder Die Sehnsucht nach Weltanschauung. A. d. Franz. v. Klaus Peter Schulz. Köln – Berlin: Kiepenheuer & Witsch

ARON, Raymond (1983/1985): Erkenntnis und Verantwortung. Lebenserinnerungen. A. d. Franz. v. Kurt Sontheimer. München – Zürich: Piper

AROSTEGUI, Julio (1987): Soziale und politische Aspekte. In: DER SPANISCHE BÜRGER-KRIEG, S. 65-186

AXEL, S./BEYER, G./STEINHAUER, E. (1979): Der »Hitler-Stalin-Pakt« von 1939. Diskussionsbeiträge und Dokumente. Köln: Rote Fahne

BADIA, Gilbert et al. (1979): Les barbelés de l'exil. Etudes sur l'émigration allemande et autrichienne (1938-1940). Grenoble: Presses universitaires

BAERNS, Barbara (1968): »Ost und West«. Eine Zeitschrift zwischen den Fronten. Zur politischen Funktion einer Zeitschrift in der Besatzungszeit. Münster: Fahle

BAIER, Lothar (1984): Die große Ketzerei. Verfolgung und Ausrottung der Katharer durch Kirche und Wissenschaft. Berlin: Wagenbach

BAIER, Lothar (1985): Gleichheitszeichen. Streitschriften über Abweichung und Identität. Berlin: Wagenbach

BALK, Theodor (i. e. Dragutin FODOR) (1943/1949): Das verlorene Manuskript. Berlin (Ost): Dietz

BAUER, Gerhard (1987): Gefangenschaft und Lebenslust. Oskar Maria Graf in seiner Zeit. München: Süddeutscher Vlg.

BAUER, Walter (1934/1964): Rechtgläubigkeit und Ketzerei im ältesten Christentum. Tübingen: Mohr

BAYNAC, Jacques (1975): Histoire Cloaque. Postface ⟨von⟩: Jan Valtin ⟨Richard Krebs⟩: Sans Patrie ni Frontières. Paris: Editions Jean-Claude Lattes, S. 707-722.

BEAUVOIR, Simone de (1954/1960): Die Mandarins von Paris. Roman. a. d. Franz. v. Ruth Ücker-Lutz und Fritz Montfort. München – Zürich: Droemer

BEAUVOIR, Simone de (1963/1970): Der Lauf der Dinge. A. d. Franz. v. Paul Baudisch. Reinbek: Rowohlt

BECHER, Johannes R⟨obert⟩ (1950): Die gleiche Sprache. In: »Aufbau« (Berlin), 6. Jg., H. 8 (Aug.), S. 697-703

BECHER, Johannes R⟨obert⟩ (1969): Auf andere Art so große Hoffnung. Tagebuch 1950. Eintragungen 1951 (= Gesammelte Werke Bd. 12). Berlin – Weimar: Aufbau

BENJAMIN, Walter (1966): Versuche über Brecht. Frankfurt: Suhrkamp

BENJAMIN, Walter (1966/1978): Briefe ⟨Bd. I/II⟩. Hg. v. Gershom Scholem und Theodor W. Adorno. Frankfurt: Suhrkamp

BENJAMIN, Walter (1972 ff): Gesammelte Schriften. Unter Mitwirkung von Theodor W. Adorno und Gershom Scholem hg. v. Rolf Tiedemann und Hermann Schweppenhäuser (Bd. I – VI). Frankfurt: Suhrkamp

BENSON, Frederick R. (1967/1969): Schriftsteller in Waffen. Die Literatur und der Spanische Bürgerkrieg. A. d. Engl. v. Alfred Kuoni. Zürich: Atlantis

BERDJAJEW, Nikolai (1957): Wahrheit und Lüge des Kommunismus. A. d. Russ. v. J. Schor. Baden-Baden: Holle

BERGH, Hendrik van (1979): Die Überläufer. Eine illustrierte Dokumentation aus den Akten der Geheimdienste. Würzburg: Naumann

BERGSCHICKER, Heinz (1981): Deutsche Chronik 1933-1945. Ein Leitbild der faschistischen Diktatur. Berlin: Vlg. d. Nation

BETZ, Albrecht (1986): Exil und Engagement. Deutsche Schriftsteller im Frankreich der dreissiger Jahre. München: text + kritik

BLOCH, Ernst (1935/1973): Erbschaft dieser Zeit. Frankfurt: Suhrkamp

BLOCH, Ernst (1937): Ironie des Schicksals. In: »Das Wort«, 2. Jg., H. 2, S. 103 f

BLOCH, Ernst (1937/1972 a): Kritik einer Prozeßkritik. Hypnose, Mescalin und die Wirklichkeit. In: BLOCH (1972), S. 175-184

BLOCH, Ernst (1937/1972 b): Feuchtwangers »Moskau 1937«. In: BLOCH (1972), S. 230-235

BLOCH, Ernst (1937/1972 c): Jubiläum der Renegaten. In: BLOCH (1972), S. 281-289

BLOCH, Ernst (1938/1972): Bucharins Schlußwort. In: BLOCH (1972) S. 351-359

BLOCH, Ernst (1942): Verrat und Verräter. In: FD, 1. Jg., Nr. 3 (Januar), S. 19 f

BLOCH, Ernst (1957/1983): Offener Brief. Protest gegen Anwürfe der Parteileitung der SED am Institut für Philosophie der Karl-Marx-Universität Leipzig (22.1.1957). In: Bloch-Almanach (3. Folge) Hg. v. Ernst-Bloch-Archiv der Stadtbibliothek Ludwigshafen durch Karlheinz Weigand. Baden-Baden: Nomos, S. 19-32

BLOCH, Ernst (1970): Politische Messungen, Pestzeit, Vormärz. Frankfurt: Suhrkamp (= Gesamtausgabe Bd. 11)

BLOCH, Ernst (1972): Vom Hasard zur Katastrophe. Politische Aufsätze aus den Jahren 1934-1939. Mit einem Nachwort von Oskar Negt. Frankfurt: Suhrkamp

BLOCH, Ernst (1985): Briefe 1903-1975, hg. v. Karola Bloch u. a. Bd. I/II, Frankfurt: Suhrkamp

BLOCH, Karola/REIF, Adelbert, Hg. (1978): »Denken heißt überschreiten«. In memoriam Ernst Bloch 1885-1977. Köln – Frankfurt: EVA

BLOCH, Karola (1981): Aus meinem Leben. Pfullingen: Neske

BLUMENBERG, Hans (1979): Arbeit am Mythos. Frankfurt: Suhrkamp

BONNARD, Augusta (1955): Die Metapsychologie der Geständnisse in den russischen Prozessen. Ein Beispiel des Abwehrmechanismus der Identifikation mit dem (idealisierten) Angreifer. In: »Psyche«, 9. Jg., H. 3, S. 230-239

BORIS, Peter (1983): Die sich lossagten. Stichworte zu Leben und Werk von 461 Exkommunisten und Dissidenten. Köln: Markus

BORKENAU, Franz (1937): The Communist International. London: Faber

BORKENAU, Franz (1938/1986): Kampfplatz Spanien. Politische und soziale Konflikte im Spanischen Bürgerkrieg. Ein Augenzeugenbericht. A. d. Engl. v. Werner Steinbeiß. Stuttgart: Klett-Cotta

BORKENAU, Franz (1949): Zwischen Rot und Braun. 〈Rez.: M.Buber-Neumann: »Als Gefangene bei Stalin und Hitler«〉. In: »Der Monat«, 1. Jg., H. 6, S. 95-97

BORKENAU, Franz (1949/1952): Nachwort zu CROSSMAN, S. 253-260

BORKENAU, Franz (1952): Der europäische Kommunismus. Seine Geschichte von 1917 bis zur Gegenwart. Berlin: Francke

BORMANS, Peter (1975): Brecht und der Stalinismus. In: Brecht-Jahrbuch 1974. Frankfurt: Suhrkamp

BORNSTEIN, Joseph (1951): The Politics of Murder. New York: William Sloane

BOVERI, Margret (1956/1976): Der Verrat im 20. Jahrhundert. 〈Einbändige Ausgabe〉. Reinbek: Rowohlt

BRACHER, Karl Dietrich (1982): Zeit der Ideologien. Eine Geschichte politischen Denkens im 20. Jahrhundert. Stuttgart: DVA

BRACHFELD, Georges (1959): André Gide and the Communist Temptation. Genf – Paris: Droz

BRANDT, Arthur (1925/1979): Der Tscheka Prozeß. Denkschrift der Verteidigung. Hamburg: Attica

BRAUNTHAL, Julius (1961, 1963, 1971): Geschichte der Internationale, Bd. I-III, Hannover: Dietz

BRECHT, Bertolt (1936/1967): Über die Moskauer Prozesse. In: BRECHT (1967), Bd. XX S. 111-116

BRECHT, Bertolt (1967): Gesammelte Werke in 20 Bänden. Frankfurt: Suhrkamp

BRECHT, Bertolt (1973): Arbeitsjournal 1938-1955. Hg. v. Werner Hecht. Frankfurt: Suhrkamp

BRECHT, Bertolt (1975): Tagebücher 1920-1922. Autobiographische Aufzeichnungen 1920-1954. Hg. v. Herta Ramthun. Frankfurt: Suhrkamp

BRECHT, Bertolt (1981): Briefe. Bd. I/II. Hg. v. Günter Glaeser. Frankfurt: Suhrkamp

BRECHT, Bertolt (1982): Gesammelte Werke. Supplementband III/IV: Gedichte aus dem Nachlaß. Frankfurt: Suhrkamp

BREDEL, Willi (1948): Begegnung am Ebro. Berlin: Verlag Lied der Zeit

BROUÉ, Pierre (1980): L'Assassinat de Trotsky. Brussel: Editions Complexe

BROUÉ, Pierre/TÉMIME, Emile (1961/1975): Revolution und Krieg in Spanien. Geschichte des Spanischen Bürgerkriegs. (Bd. I/II) A. d. Franz. v. A. R. L. Gurland. Frankfurt: Suhrkamp

BUCKMILLER, Michael (1973): Marxismus als Realität. Zur Rekonstruktion der theoretischen und politischen Entwicklung Karl Korschs. In: JAHRBUCH ARBEITERBEWEGUNG, Bd. 1, S. 15-85

BÜCHNER, J. (1932): Kampf gegen Provokation und Spitzelei. Hamburg – Berlin: Hoym (= Bücherei des Parteiarbeiters, Bd. 5)

BÜTTNER, Ursula (1983): Alfred Kantorowicz. Sein Beitrag zum geistigen Widerstand. In: Ulrich Walberer (Hg.): 10. Mai 1933. Bücherverbrennung in Deutschland und die Folgen. Frankfurt: Fischer, S. 199-22

BURNHAM, James (1947): The Struggle for the World. New York: John Day

BURNHAM, James (1950): Die Strategie des Kalten Krieges. A. d. Amerikan. v. Helmut Lindemann. Stuttgart: Union Deutsche Verlagsgesellschaft

CANETTI, Elias (1960/1978): Masse und Macht. Düsseldorf: claassen

CARDONA, Gabriel (1987): Die Militäroperationen. In: DER SPANISCHE BÜRGERKRIEG, S. 296-407

CASPAR, Günter (Hg.) (1954): Du Welt im Licht. J. W. Stalin im Werk deutscher Schriftsteller. Berlin: Aufbau

CAUTE, David (1964): Communism and the French Intellectuals, 1914-1960. New York: André Deutsch

CAUTE, David (1973): The Fellow-Travellers. A Postscript to the Enlightenment. London: Weidenfeld

CAUTE, David (1978): The Great Fear. The Anti-Communist Purge under Truman and Eisenhower. London: Secker & Warburg

CAZDEN, Robert E. (1970): German Exile Literature in America, 1933-1950. A History of the Free German Press and Book Trade. Chicago: American Library Ass.

CHRUSCHTSCHOW, Nikita (1956/1977): »Geheimrede« vom 25. Februar 1956. In: *CRUSIUS/ WILKE, S.* 487-537

CLAUDIN, Fernando (1970/1977): Die Krise der kommunistischen Bewegung. Von der Komintern zur Kominform. A. d. Franz. v. Friedrich Krabbe. Berlin: Olle und Wolter

    Bd.I (1970/1977): Die Krise der Kommunistischen Internationale

    Bd.II (1970/1978): Der Stalinismus auf dem Gipfel der Macht

EL (SEGUNDO) CONGRESO Internacional de Escritores Antifascistas 1937. Barcelona: Laia

    Bd. I (1978): SCHNEIDER, Luis Mario: Intelligencia y guerra civil en Espana

    Bd. II (1978): AZNAR SOLER, Manuel: Pensamiento literario y compromiso antifascista de la inteligencia espanola republicana.

    Bd. III (1979): Ponencias, documentos, testimonios. hg. v. L. M. Schneider/M. Aznar Soler

CONQUEST, Robert (1968/1970): Am Anfang starb Genosse Kirow. A. d. Engl. v. Jutta u. Theodor Knust. Düsseldorf: Droste

CONQUEST, Robert (1970/1974): Stalins Völkermord. A. d. Engl. v. Peter Aschner. Wien: Europa-Vlg.

CONQUEST, Robert (1986/1988): Ernte des Todes. Stalins Holocaust in der Ukraine 1929-1933. A. d. Engl. v. Enno von Löwenstern. München: Langen Müller

COSER, Lewis A. (1956/1965): Theorie sozialer Konflikte. A. d. Engl. v. Sebastian u. Hanne Herkommer. Neuwied: Luchterhand

CREMERIUS, Johannes (1982): Die Bedeutung des Dissidenten für die Psychoanalyse. In: »Psyche«, 31. Jg., H. 6, S. 481-514

CRUSIUS, Reinhard/WILKE, Manfred, Hg. (1977): Entstalinisierung. Der XX. Parteitag der KPdSU und seine Folgen. Frankfurt: Suhrkamp

DAHMER, Helmut (1973): Bertolt Brecht und der Stalinismus. In: JAHRBUCH ARBEITERBEWEGUNG, Bd. 1, S. 349-356

DALLIN, David J. (1944/1948): Das wirkliche Sowjet-Rußland. A. d. Amerikan. v. Hermann Michaelsen. Hamburg: Oetinger

DALLIN, David J./NICOLAEVSKY, Boris (1947): Forced Labor in Soviet Russia. New Haven: Yale University Press

DALLIN, David J. (1955/1956): Die Sowjetspionage. Prinzipien und Praktiken. A. d. Engl. v. Franz Wördemann. Köln: Vlg. f. Politik und Wirtschaft

DALLIN, David J. (1962): The Kravchenko Case. In: »Modern Age«, 6. Jg., Nr. 3, S. 267-276

THE DARK SIDE OF THE MOON (1946). With a preface by T. S. Eliot. London: Faber & Faber

DAVIES, Joseph E. (1943): Als USA-Botschafter in Moskau. Authentische und vertrauliche Berichte über die Sowjet-Union bis Oktober 1941. A. d. Amerikan. v. Elisabeth Rotten. Zürich: Steinberg

DEMANDT, Alexander (1978): Metaphern für Geschichte. Sprachbilder und Gleichnisse im historisch-politischen Denken. München: Beck

DESCHNER, Karlheinz (1986): Kriminalgeschichte des Christentums. Bd. 1: Die Frühzeit. Reinbek: Rowohlt

DEUTSCHER, Isaac (1949/1962): Stalin. Eine politische Biographie. A. d. Engl. v. Artur W. Just und Gustav Strohm. Stuttgart: Kohlhammer.

DEUTSCHER, Isaac (1955): Heretics and Renegades and other Essays. London: Hamilton

DEUTSCHER, Isaac (1959/1972): Trotzki. Der unbewaffnete Prophet 1921-1929. A. d. Engl. v. Harry Maor. Stuttgart – Berlin – Köln – Mainz: Kohlhammer

DEUTSCHER, Isaac (1963/1972): Trotzki. Der verstoßene Prophet 1929-1940. A. d. Engl. v. Harry Maor. Stuttgart – Berlin – Köln – Mainz: Kohlhammer

DIELS, Rudolf (1950): Lucifer ante Portas ... es spricht der erste Chef der Gestapo. Stuttgart: DVA

DIES, Martin (1940): The Trojan Horse in America. A Report to the Nation. New York: Dodd, Mead & Co

DITT, Karl (1985): Organisierter Widerstand der Sozialdemokraten und Kommunisten in Hamburg während der Anfangsphase des Dritten Reiches. In: Ludwig Eiber, Hg.: Verfolgung, Ausbeutung, Vernichtung. Die Lebens- und Arbeitsbedingungen der Häftlinge in deutschen Konzentrationslagern 1933-1945. Hannover: Fackelträger, S. 90-110

DIWERSY, Alfred (1983): Gustav Regler. Bilder und Dokumente. Saarbrücken: Saarbrücker Verlag

DON LEVINE, Isaac (1970): Die Psyche des Mörders. Der Mann, der Trotzki tötete. A. d. Engl. v. Babette Gross. Wien – Frankfurt – Zürich: Europa

DREKONJA, Otmar M. (1985): Feuchtwanger und der Sozialismus. In: Walter Huder/Friedrich Knilli (Hg.): Lion Feuchtwanger. »...für die Vernunft, gegen Dummheit und Gewalt«. Berlin: publica, S. 64-75

DROZ, Jacques/KRIEGEL, Annie/PORTAL, Roger (1977): Die sowjetische Welt. A. d. Franz. v. Henriette Beese. Frankfurt – Berlin – Wien: Ulstein (= Geschichte des Sozialismus, hg. v. J. Droz, Bd. X)

DUHNKE, Horst (1955): Stalinismus in Deutschland. Die Geschichte der sowjetischen Besatzungszone. Köln: Rote Weissbücher

DUHNKE, Horst (1972): Die KPD von 1933 bis 1945. Köln: Kiepenheuer & Witsch

DURZAK, Manfred (Hg.) (1973): Die deutsche Exilliteratur 1933-1945. Stuttgart: Reclam

DUTSCHKE, Rudi/WILKE, Manfred, Hg. (1975): Die Sowjetunion, Solschenizyn und die westliche Linke. Reinbek: Rowohlt

EASTMAN, Max (1941): Stalin's American Power. In: »The American Mercury«, 8. Jg., Nr. 216, S. 671-680

EHRENBURG, Ilja (1972): Memoiren. Menschen, Jahre, Leben. A. d. Russ. v. Alexander Kaempfe, Bd. I-III, München: Kindler

EISLER, Hanns (1952): Johann Faustus. Oper ⟨Libretto⟩. Berlin: Aufbau

ENZENSBERGER, Hans Magnus (1964): Politik und Verbrechen. Neun Beiträge. Frankfurt: Suhrkamp

ENZENSBERGER, Hans Magnus (1972): Dossier: Revolutions-Tourismus. In: »Kursbuch« Nr. 30, S. 155-181

ERNST, Morris L./LOTH, David (1952): Report on the American Communist. New York: Holt

EUROPÄISCHE IDEEN, Berlin ⟨Zschr.⟩, hg. Andreas W. Mytze ⟨ = e.i.⟩
    Heft 9 (1975): Ignazio Silone
    Heft 14-15 (1976): Exil in der Sowjetunion
    Heft 33 (1977): Leszek Kolakowski
    Heft 34-36 (1977): Exil in der Sowjetunion 2 ⟨ u. a.⟩
    Heft 44 (1979): In memoriam Alfred Kantorowicz
    Heft 45-46 (1979): Faschismus – Stalinismus

EXILFORSCHUNG (1983). Ein Internationales Jahrbuch, Bd. I: Stalin und die Intellektuellen und andere Themen. München: text + kritik

FÄHNDERS, Walter/RECTOR, Martin (1974): Linksradikalismus und Literatur. Untersuchungen zur Geschichte der sozialistischen Literatur in der Weimarer Republik. 2 Bde. Reinbek: Rowohlt

FÄHNDERS, Walter (1987): Franz Jung-Bibliographie. In: RIEGER, S. 252-268

FETSCHER, Iring (1973): Brecht und der Kommunismus, in »Merkur« 9. Jg., S. 872-886

FETSCHER, Iring (1976): Der Marxismus. Seine Geschichte in Dokumenten (Ausgabe in 2 Bd.). München – Zürich: Piper

FETSCHER, Iring (1976/1978): Der Tod im Lichte des Marxismus. In: Paus, Ansgar, Hg.: Grenzerfahrung Tod. Frankfurt: Suhrkamp, S. 283-317

FETSCHER, Iring (1983 a): Der ›Totalitarismus‹. In: EXILFORSCHUNG S. 11-26

FETSCHER, Iring (1983 b): Arthur Koestler. Eine Würdigung des politischen Schriftstellers im Jahr seines Todes. Rias Funkuniversität (Mskr.)

FETSCHER, Justus (1987): (Rez. Béla Szász: Freiwillige für den Galgen). In: L'80, H. 44, S. 172-175

FEUCHTWANGER, Lion (1937 a): Der Ästhet in der Sowjetunion. In: »Das Wort«, 2. Jg., H. 2, S. 86-88

FEUCHTWANGER, Lion (1937 b): Moskau 1937. Ein Reisebericht für meine Freunde. Amsterdam: Querido

FEUCHTWANGER, Lion/ZWEIG, Arnold (1984): Briefwechsel 1933-1958, hg. v. Harald von Hofe, Bd. I/II. Berlin – Weimar: Aufbau

FISCHER, Ruth siehe »The Network«

FISCHER, Ruth (1948/1950): Stalin und der deutsche Kommunismus. Der Übergang zur Konterrevolution. Frankfurt: Vlg. Frankfurter Hefte

FISCHER, Ruth (1956): Von Lenin zu Mao. Kommunismus in der Bandung-Ära. Düsseldorf – Köln: Diederichs

FISCHER, Ruth (1958): Die Umformung der Sowjetgesellschaft. Chronik der Reformen 1953-1958. Düsseldorf – Köln: Diederichs

FLECHTHEIM, Ossip K. (1969/1976): Die KPD in der Weimarer Republik. Frankfurt: EVA

FLECHTHEIM, Ossip K. (1978): Von Marx bis Kolakowski. Sozialismus oder Untergang in der Barbarei? Frankfurt: EVA

FODOR, Dragutin siehe BALK, Theodor

FOITZIK, Jan (1986): Zwischen den Fronten. Zur Politik, Organisation und Funktion linker politischer Kleinorganisationen im Widerstand 1933 bis 1939/40 unter besonderer Berücksichtigung des Exils. Bonn: Neue Gesellschaft

FOUCAULT, Michel (1976/1977): Sexualität und Wahrheit. Erster Band: Der Wille zum Wisen. A. d. Franz. v. Ulrich Raulf u. Walter Seitter. Frankfurt: Suhrkamp

FRANK, Pierre (1977): Le Stalinisme. Paris: Maspero

FRANK, Pierre (1979): Histoire de l'Internationale Communiste (1919-1943). Paris: Ed. la Breche

FRANZ, Trautje (1985): Revolutionäre Philosophie in Aktion. Ernst Blochs politischer Weg, genauer besehen. Hamburg: Junius

FRANZBACH, Martin (1978): Eine Aufgabe der vergleichenden Literatur- und Sozialgeschichte: Die deutschsprachige Exilliteratur über den Spanischen Bürgerkrieg. In: M. F.: Plädoyer für eine kritische Hispanistik. Frankfurt: Dieter Vervuert, S. 61-77

FREI, Bruno (i. e. Benedikt Freistadt) (1950/1980): Die Männer von Vernet. Ein Tatsachenbericht. Hildesheim: Gerstenberg

FREI, Bruno (1972): Der Papiersäbel. Autobiographie. Frankfurt: Fischer

FREUD, Sigmund (1940-1968): Gesammelte Werke Bd. I-XVIII. London – Frankfurt: Imago (GW)

FRICKE Karl Wilhelm (1971): Warten auf Gerechtigkeit. Kommunistische Säuberungen und Rehabilitierungen. Köln: Vlg. Wissenschaft und Politik

FRICKE Karl Wilhelm (1979): Politik und Justiz in der DDR. Zur Geschichte der politischen Verfolgung 1945-1968. Bericht und Dokumentation. Köln: Vlg. Wissenschaft und Politik

FRITZ, Helmut (1986): Haudegen der Revolution. El Campesino – ein spanischer Held. In: FR, 19.7.1986, ZB 1

FUEGI, John B. (1982): The Exile's Choice: Brecht and the Soviet Union. In: SPALEK/BELL, S. 119-132

FÜR SPANIEN. Internationale Kunst und Kultur zum Spanischen Bürgerkrieg. (Ausstellungskatalog). Bochum 1986

FURLER, Bernhard (1987): Augen-Schein. Deutschsprachige Reisereportagen über Sowjetrußland 1917-1939. Frankfurt: Athenäum

GABEL, Joseph (1954/1964): Formen der Entfremdung. Aufsätze zum falschen Bewußtsein. A. d. Franz. v. Juliane Stiege und Gernot Gather. Frankfurt: Fischer

GABEL, Joseph (1962/1967): Ideologie und Schizophrenie. Formen der Entfremdung. A. d. Franz. v. Hans Naumann. Vorwort Igor A. Caruso. Frankfurt: Fischer

GEGEN DEN STROM. Herausgeber Robert Bek-gran. New York, März 1938 bis Okt./Nov. 1939 (H. 1 bis H. 11/12)

GELDER, Robert van (1946): Writers and Writing. New York: Scribner's

GENDLIN, Leonard (1981): Feuchtwanger führt seine Freunde irre. In: ZADEK S. 163-165

GESCHICHTE DER KOMMUNISTISCHEN PARTEI DER SOWJETUNION (Bolschewiki). Kurzer Lehrgang (nach d. russ. Aufl. v. 1944). Berlin: Dietz 1952

GLUCKSMANN, André (1974/1976): Köchin und Menschenfresser. Über die Beziehungen zwischen Staat, Marxismus und Konzentrationslager. A. d. Franz. v. Maren Sell und Jürgen Hoch. Berlin: Wagenbach

GÖRLING, Reinhold (1986): »Dinamita Cerebral«. Politischer Prozeß und ästhetische Praxis im Spanischen Bürgerkrieg (1936-1939). Frankfurt: Dieter Vervuert

GORZ, André (1958/1980): Der Verräter. Vorw. Jean-Paul Sartre. A. d. Franz. v. Eva Moldenhauer. Frankfurt: Suhrkamp

GRAF, Oskar Maria (1974): Reise in die Sowjetunion 1934. Mit Briefen von Sergej Tretjakow. Hg. v. Hans-Albert Walter. Darmstadt – Neuwied: Luchterhand

⟨*GRAF, Oskar Maria* (1984)⟩: Bauer, Gerhard/Pfanner, Helmut F., Hg.: Oskar Maria Graf in seinen Briefen. München: Süddeutscher Verlag

GREBING, Helga (1977): Der Revisionismus. Von Bernstein bis zum ›Prager Frühling‹. München: Beck

GREFFRATH, Mathias (1979): Die Zerstörung einer Zukunft. Gespräche mit emigrierten Sozialwissenschaftlern. Reinbek: Rowohlt

GREFFRATH, Mathias (1981): Wasserzeichen der Despotie. Ein Porträt Karl August Wittfogels. In: »Trans Atlantic«, H. 2, S. 30-42

GROSS, Babette (1967): Willi Münzenberg. Eine politische Biographie. Vorw. A. Koestler. Stuttgart: DVA. (= Schriftenreihe der »Vierteljahreshefte für Zeitgeschichte« Nr. 14/15)

GRUNDMANN, Herbert (1963): Ketzergeschichte des Mittelalters. Göttingen: Vandenhoek & Ruprecht

HAMILTON, Ian (1982): Koestler. A Biography. London: Secker & Warburg

HANDT, Friedrich (1965): Ignazio Silones Antiideologica. In: »Akzente«, 12. Jg., H. 6, S. 506-512

HARDT, Hanno/HILSCHER, Elke/LERG, Winfried B., Hg. (1979): Presse im Exil. Beiträge zur Kommunikationsgeschichte des deutschen Exils 1933-1945. München – New York – London – Paris: Saur

HEILBUT, Anthony (1983/1987): Kultur ohne Heimat. Deutsche Emigranten in den USA nach 1930. A. d. Amerikan. v. Jutta Schust. Weinheim – Berlin: Quadriga

HEIN, Jürgen (1985): »Gegen den Strom« (New York 1938/39) – Eine Zeitschrift am Rande der Emigration. Magisterhausarbeit im Fach Publizistik (Mskr.), Münster

HELD, Walter (1938): Stalins deutsche Opfer und die Volksfront. In: »Unser Wort« (Paris), Nr. 4/5 (Okt.), S. 7 f

HELLER, Michael (1974/75): Stacheldraht der Revolution. Die Welt der Konzentrationslager in der sowjetischen Literatur. A. d. Franz. v. Joachim Nehring. Stuttgart: Seewald

HELLER, Michail/NEKRICH, Alexander: Geschichte der Sowjetunion. Königstein: Athenäum
  HELLER, Michael (1981): Band I. 1914-1918. A. d. Russ. v. Barbara u. Boris Inoy.
  NEKRICH, Alexander (1982): Band II. 1940-1980. A. d. Russ. v. Willi Eichhorn u. Karl Huber.

HERMANN, W. ⟨Pseud.?⟩ (1956): Die Rehabilitierung und ihre Grenzen. In: APUZ B IL/56 (5. Dez.), S. 761-780

HEYM, Stefan ⟨i. e. Hellmuth Fliegel⟩ (1981): Zwei Sprachen, ein Kopf. In: ZADEK S. 133-135

HEYDORN, Heinz-Joachim, Hg. (1969): Wache im Niemandsland. Zum 70. Geburtstag von Alfred Kantorowicz. Köln: Vlg. Wissenschaft u. Politik

HILLER, Kurt (1950): Koepfe und Troepfe. Profile aus einem Vierteljahrhundert. Hamburg – Stuttgart: Rowohlt

HILLER, Kurt (1951/1980): Rote Ritter. Erlebnisse mit deutschen Kommunisten. Nachwort Eugen M. Brehm. Berlin: Mytze

HILLMANN, Günter (1967): Selbstkritik des Kommunismus. Texte der Opposition. Reinbek: Rowohlt

HOBSBAWM, Eric J. (1973/1977): Revolution und Revolte. Aufsätze zum Kommunismus, Anarchismus und Umsturz im 20.Jahrhundert. A. d. Engl. v. Irmela Rütters u. Rainer Wirtz. Frankfurt: Suhrkamp

HÖHNE, Heinz (1985/1988): Der Krieg im Dunkeln. Macht und Einfluß der deutschen und russischen Geheimdienste. Frankfurt – Berlin: Ullstein

HOLLANDER, Paul (1969): Kritik und Selbstkritik. In: SOWJETSYSTEM (Bd. III, S. 1123-1134)

HOLLANDER, Paul (1981): Political Pilgrims. New York – Oxford: University Press

HOOVER, J. Edgar (1959): Masters of Deceit: The Story of Communism in America. London: Dent

HOYO, Arturo del (1980): Zwischen Stalin und Franco. Drei Fälle spanischer Exkommunisten. A. d. Span. v. Erna Brandenberger. In: *KALTENBRUNNER, S.* 157-165

HUBER, Peter Alfred (1962): Arthur Koestler. Das literarische Werk. Zürich: Fretz & Wasmuth

IHLAU, Olaf (1971): Die roten Kämpfer. Ein Beitrag zur Geschichte der Arbeiterbewegung in der Weimarer Republik und im Dritten Reich. Meisenheim: A. Hain

JACOBY, Russel (1983/1985): Die Verdrängung der Psychoanalyse oder Der Triumph des Konformismus. A. d. Amerikan. v. Klaus Laermann. Frankfurt: Fischer

JAEGGI, Urs (1984): Versuch über den Verrat. Darmstadt – Neuwied: Luchterhand

JAENECKE, Heinrich (1980): Es lebe der Tod. Die Tragödie des Spanischen Bürgerkrieges. Hamburg: Gruner & Jahr

JAHRBUCH ARBEITERBEWEGUNG, hg. Claudio Pozzoli. Frankfurt: Fischer
Bd. 1. (1973): Über Karl Korsch
Bd. 2. (1974): Marxistische Revolutionstheorien.

JANKA, Walter (1987): Vergossene Tränen. »Enthüllungen« westlicher Historiker und Publizisten zum Spanischen Krieg. In: »Film und Fernsehen« (Berlin-Ost) H. 4, S. 15-21

JANSSEN, KARL-HEINZ (1981): ⟨Über Otto Mahncke⟩
Teil 1: Bomben Bullen Barrikaden
Teil 2: Letztes Gefecht in Altona
In: »Zeitmagazin«, Nr. 20, S. 18-32; Nr. 21, S. 37-47

JAROSLAWSKI, E. (1936): Was fordert die Partei vom Kommunisten. Moskau – Leningrad: Verlagsgenossenschaft ausländ. Arbeiter

JASPER, Will (1983): Heinrich Mann und die »Deutsche Volksfront«. In: EXILFORSCHUNG S. 45-60

JAY, Martin (1973/1981): Dialektische Phantasie. Die Geschichte der Frankfurter Schule und des Instituts für Sozialforschung. A. d. Amerikan. v. Hanne Herkommer u. Bodo von Greiff. Frankfurt: Fischer

JENS, Walter (1975): Der Fall Judas. Stuttgart: Kreuz Verlag

JENSEN, Richard (1946): Frem I Lyset. Jan Valtin Gestapo-Agent Nr. 51. Kopenhagen: Vilhelm Priors Forlag

de JONG, Louis (1959): Die deutsche Fünfte Kolonne im Zweiten Weltkrieg. A. d. Holländ. v. Helmut Lindemann. Stuttgart: DVA

de JOUVENEL, Renaud (1950): Die Internationale der Verräter. Mit einem Vorwort von André Wurmser. A. d. Franz. v. Josef Schlesinger. Berlin: Dietz

KALTENBRUNNER, Gerd-Klaus, Hg. (1975): Radikale Touristen. Pilger aus dem Westen – Verbannte aus dem Osten. Freiburg – Basel – Wien: Herder

KALTENBRUNNER, Gerd-Klaus, Hg. (1980): Tragik der Abtrünnigen. Verräter, Ketzer, Deserteure. Freiburg – Basel – Wien: Herder

KAMEN, Henry (1969): Die spanische Inquisition. A. d. Engl. v. Arno Dohm. München: dtv

KAMINSKI, Andrzej J. (1982): Konzentrationslager 1896 bis heute. Eine Analyse. Stuttgart – Berlin – Köln – Mainz: Kohlhammer

KAUTSKY, Karl (1908/1919): Der Ursprung des Christentums. Eine historische Untersuchung. Stuttgart: Dietz

KAUTSKY, Karl (1909/1947): Vorläufer des neueren Sozialismus. Bd. I/II. Berlin: Dietz

KEIL, Hartmut, Hg. (1979): Sind oder waren Sie Mitglied? Verhörprotokolle über amerikanische Aktivitäten 1947-1956. A. d. Am. v. Anita Eichholz u. a. Reinbek: Rowohlt

KEILSON, Hans (1984): Wohin die Sprache nicht reicht. In: »Psyche« 38. Jg., S. 915-926

KELLENTER, Sigrid (1987): Hans Sahl. In: H. Sahl: Umsteigen nach Babylon. Erzählungen und Prosa. Zürich: Ammann, S. 135-173

KENNAN, George F⟨rost⟩ (1961): Sowjetische Außenpolitik unter Lenin und Stalin. A. d. Engl. v. Pierre Mathis u. Hans Dieter Müller. Stuttgart: Steingrüben

KERN, Erich ⟨i. e. Erich Kernmayr⟩ (1963): Verrat an Deutschland. Spione und Saboteure gegen das eigene Vaterland. Göttingen: Schütz (3. A.)

KESTEN, Hermann (1959): Meine Freunde Die Poeten. München: Kindler

KINDERMANN, Karl (1931): Zwei Jahre in Moskaus Totenhäusern. Der Moskauer Studentenprozeß und die Arbeitsmethoden der OGPU (= Die Notreihe. Fortlaufende Abhandlungen über Wesen und Wirkung des Bolschewismus, Heft 7/8). Berlin – Leipzig: Eckart

KIRSCH, Hans Christian (1967/1971): Der Spanische Bürgerkrieg in Augenzeugenberichten. München: dtv

KISCH, Egon Erwin (1985): Läuse auf dem Markt. Vermischte Prosa (= Ges. Werke Bd. X). Berlin – Weimar: Aufbau

KLEIN, Wolfgang, Hg. (1982): Paris 1935. Erster Internationaler Schriftstellerkongreß zur Verteidigung der Kultur. Reden und Dokumente. Mit Materialien der Londoner Schriftstellerkonferenz 1936. Berlin: Akademie-Verlag

KOEBNER, Thomas (1983): Arthur Koestlers Abkehr vom Stalinismus. In: EXILFORSCHUNG, S. 95-108

KOENEN, Gerd (1987): Die großen Gesänge. Lenin, Stalin, Mao, Castro... Sozialistischer Personenkult und Sänger von Gorki bis Brecht – von Aragon bis Neruda. Frankfurt: Eichborn

KOEPKE, Wulf (1983): Das dreifache Ja zur Sowjetunion. Lion Feuchtwangers Antwort an die Enttäuschten und Zweifelnden. In: EXILFORSCHUNG, S. 61-72

KOEPKE, Wulf/WINKLER, Michael, Hg. (1984): Deutschsprachige Exilliteratur. Studien zu ihrer Bestimmung im Kontext der Epoche 1930 bis 1960. Bonn: Bouvier

KOLAKOWSKI, Leszek (1960/1967): Der Mensch ohne Alternative. Von der Möglichkeit und Unmöglichkeit Marxist zu sein. A. d. Poln. v. Wanda Bronska-Pampuch. München: Piper

KOLAKOWSKI, Leszek (1977/1980): Leben trotz Geschichte. München: dtv

KOLZOW, Michail (1958/1986): Spanisches Tagebuch. A. d. Russ. v. Rahel Strassberg. Berlin: Militärverlag der DDR

KORSCH, Karl (1941/1974): Revolution wozu? Ein kritischer Kommentar zu Jan Valtins Buch »Out of the Night«. ⟨Revolution for what? A critical comment on Jan Valtin's OUT OF THE NIGHT⟩ In: K. K.: Politische Texte. hg. u. eingel. v. Erich Gerlach u. Jürgen Seifert. Frankfurt: EVA

KRAUS, Wolfgang, Hg. (1976): Schreiben in dieser Zeit. Für Manès Sperber. Wien: Europaverlag

KREILER, Kurt, Hg. (1978): Traditionen deutscher Justiz. Große politische Prozesse der Weimarer Zeit. Berlin: Wagenbach

KREUZER, Helmut, Hg. (1985): Spanienkriegsliteratur. LiLi, 15. Jg., H. 60

EINE KULTURMETROPOLE WIRD GETEILT (1987). Literarisches Leben in Berlin (West) 1945 bis 1961. Berlin: Kunstamt Schöneberg

KUNDE, Karl (1985): Die Odyssee eines Arbeiters. Vorwort von Hans Mayer. Stuttgart: Edition Cordeliers

LALON, René (1951): Arthur Koestler. In: »Les Nouvelles Littéraires, Artistiques et Scientifiques« (Paris), Nr. 1244 (Juli), S. 3

LANG, Hans-Joachim (1984): 1984 und Orwells Nineteen Eighty-Four. Anmerkungen zur Literatur, zum Totalitarismus und zur Technik. In: APUZ, H. 1, S. 3-13

LANGEMANN, Hans (1956): Das Attentat. Eine kriminalwissenschaftliche Studie zum politischen Kapitalverbrechen. Hamburg: Vlg. f. kriminalist. Fachliteratur

LANGKAU-ALEX, Ursula (1977): Voksfront für Deutschland? Vorgeschichte und Gründung des »Ausschusses zur Vorbereitung einer deutschen Volksfront«. 1933-1936. Band 1. Frankfurt: Syndikat

LAQUEUR, Walter (1965): Deutschland und Rußland. A. d. Engl. v. K. H. Abshagen. Berlin: Propyläen

LAQUEUR, Walter (1967): Mythos der Revolution. Deutungen und Fehldeutungen der Sowjetgeschichte. Eine Studie. A. d. Engl. v. Emi Ehm. Frankfurt: Fischer

LASCH, Christopher (1962): The American Liberals and the Russian Revolution. New York: Columbia University Press

LASKY, Melvin J. (1951): Die Moskauer Geständnisse. In: »Der Monat«, 3. Jg., H. 36, S. 648-654

LAXNESS, Halldór (1963/1980): Zeit zu schreiben. Biographische Aufzeichnungen. A. d. Isländ. v. Jón Laxdal. Frankfurt: Fischer

LEA, Henry Charles (1887/1985): Die Inquisition. A. d. Engl. v. Heinz Wieck und Max Rachel. Nördlingen: Greno

LEHMANN, Hans Georg (1976): In Acht und Bann. Politische Emigration, NS-Ausbürgerung und Wiedergutmachung am Beispiel Willy Brandts. München: Beck

LERMOLO, Elizabeth (1955): Face of a Victim. A. d. Russ. v. I. D. W. Talmadge. New York: Harper

LENIN, Wladimir Iljitsch (1970): Ausgewählte Werke in drei Bänden. Berlin: Dietz

LEVENE, Mark (1985): Arthur Koestler. London: Oswald Wolff

LEVY, Bernard-Henri (1971/1978): Die Barbarei mit menschlichem Gesicht. A. d. Franz. v. Hans-Ulrich Laukat. Reinbek: Rowohlt

LEWYTZKYJ, Borys (1967): Die rote Inquisition. Die Geschichte der sowjetischen Geheimdienste. Frankfurt: Societäts-Verlag

LINSE, Ulrich/ROHRWASSER, Michael (1987): Der Mann, der nicht B. Traven war. Robert Bek-gran. In: »Archiv für die Geschichte des Widerstandes und der Arbeit« (Bochum), Nr. 8, S. 75-98

LOEW, Konrad (1985): Warum fasziniert der Kommunismus? Eine systematische Untersuchung. München: Saur

LOEWENTHAL, Leo (1980): Mitmachen wollte ich nie. Ein autobiographisches Gespräch mit Helmut Dubiel. Frankfurt: Suhrkamp

Paul Sering, i. e. Richard LOEWENTHAL (1947): Jenseits des Kapitalismus. Nürnberg: Nest

LOEWENTHAL, Richard (1963): Chruschtschow und der Weltkommunismus. Stuttgart: Kohlhammer

LOHMANN, Hans-Martin (1984): Stalinismus und Linksintelligenz. Anmerkungen zur politischen Biographie Ernst Blochs während der Emigration. In: »Exil«, 4. Jg., Nr. 1, S. 71-74

LÜDTKE, Gerhard (1955): Die Versuchung durch das Absolute (Rezens. Koestler, Autobiographie). In: »texte und zeichen«, 1. Jg., H. 5, S. 525-533

LÜSCHER, Rudolf M./SCHWEIZER, Werner (1987): Amalie & Theo Pinkus. Leben im Widerspruch. Zürich: Limmat Vlg.

LÜTHY, Herbert (1955): Jean-Paul Sartre und das Nichts. In: »Der Monat«, 7. Jg., H. 83, S. 407-414

LUKACS, Georg (1964/1970): Solschenizyn: »Ein Tag im Leben des Iwan Denissowitsch«, in: G. L.: Solschenizyn. Neuwied – Berlin: Luchterhand, S. 5-29

LUKACS, Georg (1981): Gelebtes Denken. Eine Autobiographie im Dialog. Redaktion István Eörsi. A. d. Ungar. v. Hans-Henning Paetzke. Frankfurt: Suhrkamp

LYON, James K. (1983): Brecht und Stalin – des Dichters »letztes Wort«. In: EXILFORSCHUNG, S. 120-129

MACK, Gerhard Georg (1972): Der Spanische Bürgerkrieg und die deutsche Exil-Literatur. Dissertation. University of Southern California

MAHLER, Margaret S. (1972): Symbiose und Individuation. Bd. 1: Psychosen im frühen Kindesalter. Stuttgart: Klett

MAHNCKE, Otto siehe K. H. JANSSEN

MANDEL, Ernest (1975): »Archipel GULag« oder Die unbewältigte Vergangenheit des Stalinismus. In: DUTSCHKE/WILKE (1975), S. 211-226

MANDELSTAM, Nadeschda (1971): Das Jahrhundert der Wölfe. A. d. Russ. v. Elisabeth Mahler. Frankfurt: Fischer

MANDELSTAM, Nadeschda (1975): Generation ohne Tränen. Erinnerungen. A. d. Russ. v. Godehard Schramm. Frankfurt: Fischer

MANN, Heinrich (1946/1947): Ein Zeitalter wird besichtigt. Berlin: Aufbau

MANN, Klaus (1937/1973): Der Streit um André Gide. In: K. M.: Die Heimsuchung des europäischen Geistes. Aufsätze. München: dtv, S. 4150

MANN, Klaus (1952): Der Wendepunkt. Ein Lebensbericht. Frankfurt: Fischer

MANN, Klaus (1943/1984): André Gide und die Krise des modernen Denkens. Reinbek: Rowohlt

MANN, Klaus (1949/1973): Die Heimsuchung des europäischen Geistes. In: K. M.: Die Heimsuchung des europäischen Geistes. Aufsätze. München: dtv, S. 115-132

MANN, Klaus (1975): Briefe und Antworten 1922-1949, hg. v. Martin Gregor-Dellin. München: Ellermann (Bd. I/II)

MARCUSE, Ludwig (1960/1975): Mein zwanzigstes Jahrhundert. Auf dem Weg zu einer Autobiographie. Zürich: Diogenes

MARCUSE, Ludwig (1975): Briefe von und an Ludwig Marcuse. Hg. u. eingel. v. Harald v. Hofe. Zürich: Diogenes

MARKO, Kurt (1966): Antikommunismus. In: SOWJETSYSTEM I, S. 238-245

MARKSTEIN, Elisabeth/INGOLD, Felix Philipp, Hg. (1973): Über Solschenizyn. Aufsätze, Berichte, Materialien. Darmstadt – Neuwied: Luchterhand

MARTSCHENKO, Anatolij (1969): Meine Aussagen. Bericht eines sowjetischen Häftlings 1960-1966. A. d. Russ. v. Elisabeth Mahler. Frankfurt: Fischer

MARX, Karl/ENGELS, Friedrich: Werke. Bd. 1-39. Berlin: Dietz 1956 – 1968 (MEW)

MASCHKE, Günter (1976): Sterben für eine Fiktion. Der Mythos des Spanischen Bürgerkriegs. In: FAZ, 11.9.1976, Nr. 203 (Beilage)

MAURER, Rudolf (1983): André Gide et l'URSS. Bern: Tillier

MAYER, Hans (1976): DDR 1956: Tauwetter, das keines war. In: FH 31. Jg., H. 11, S. 15-23; H. 12, S. 29-38

MAYER, Hans (1984): Ein Deutscher auf Widerruf. Erinnerungen II. Frankfurt: Suhrkamp

MEDWEDEW, Roy A. (1971/1973): Die Wahrheit ist unsere Stärke. Geschichte und Folgen des Stalinismus. Hg. v. David Joravsky und Georges Haupt. A. d. Engl. v. Günther Danehl. Frankfurt: Fischer

MEDWEDEW, Roy (1975): Was erwartet uns? Über den Brief von A. I. Solschenizyn. A. d. Russ. v. Michel Morozow. In: DUTSCHKE / WILKE (1975), S. 232-250

MEDVEDEV, Roy (1976 a): Solschenizyn und die Sowjetische Linke. Eine Auseinandersetzung mit dem Archipel GULag und weitere Schriften. Berlin: Olle und Wolter

MEDWEDEW, Roy (1976 b): Twardowskij und Solschenizyn. A.d.Russ.v. Nikolaj K. Dutsch. In: »L'76«, 1. Jg., Nr. 1, S. 156-172

MELGUNOW, S. P. (1924): Der rote Terror in Rußland 1918-1923. Berlin: Olga Diakow

MENGES, Karl (1984): Geist und Macht. Zur Problematik von Heinrich Manns politischem Engagement im französischen Exil. In: KOEPKE / WINKLER, S. 108-124

MERLEAU-PONTY, Maurice (1947/1976): Humanismus und Terror. A. d. Franz. v. Eva Moldenhauer. Frankfurt: Syndikat

MEWIS, Karl (1971): Im Auftrag der Partei. Erlebnisse im Kampf gegen die faschistische Diktatur. Berlin (Ost): Dietz

MEYER, Frank S. (1961): The Moulding of Communists: The Training of the Communist Cadre. New York: Harcourt, Brace and Co

MEYER, Franziska (1987): »Auch die Wahrheit bedarf der Propaganda«: Der Kongreß für kulturelle Freiheit und die Folgen. In: EINE KULTURMETROPOLE WIRD GETEILT, S. 32-48

MICAUD, Charles A. (1963): Communism and the French Left. London: Weidenfeld & Nicolson

MITTENZWEI, Werner (1986): Das Leben des Bertolt Brecht oder Der Umgang mit den Welträtseln. Bd. I/II. Berlin – Weimar: Aufbau

MONNEROT, Jules (1949/1952): Soziologie des Kommunismus. A. d. Franz. v. Max Bense u. a. Köln – Berlin: Kiepenheuer & Witsch

MOROZOW, Michael (1975): Der Fall Solschenizyn. In: DUTSCHKE/ WILKE, S. 202-211

MORROW, Felix (1974/1986): Revolution und Konterrevolution in Spanien. Essen: Gervinus

von zur MÜHLEN, Patrik (1983): Säuberungen unter deutschen Spanienkämpfern. In: EXILFORSCHUNG (1983), S. 165-176

von zur MÜHLEN, Patrik (1985): Spanien war ihre Hoffnung. Die deutsche Linke im Spanischen Bürgerkrieg 1936 bis 1939. Berlin – Bonn: Dietz

von zur MÜHLEN, Patrik (1987): »Spaniens Himmel breitet seine Sterne...« Mythos und Realität der Internationalen Brigaden im Spanischen Bürgerkrieg. In: »Die Neue Gesellschaft / FH«, 34. Jg., H. 1, S. 61-64

MÜLLER, Hans (1985): Von Prometheus zu Proteus. Bruchstücke zu einer Geschichte des Verräters. In: PS, H. 15, S. 71-83

MYTZE, Andreas W. (1977): Ottwalt. Leben und Werk des vergessenen revolutionären deutschen Schriftstellers. Berlin: europäische ideen

NEGT, Oskar (1972): Ernst Bloch – der deutsche Philosoph der Oktoberrevolution. Ein politisches Nachwort. In: BLOCH 1972, S. 429-444

NEGT, Oskar/KLUGE, Alexander (1972): Öffentlichkeit und Erfahrung. Zur Organisationsanalyse von bürgerlicher und proletarischer Öffentlichkeit. Frankfurt: Suhrkamp

NEKRICH, Alexander siehe HELLER, Michail

THE NETWORK. Information Bulletin about Stalinist Organizations und Organizational Forms. Ed. Ruth Fischer, Adolf Weingarten (und, ab Nr. 6, Heinz Langerhans). Januar 1944 – Dezember 1945 (New York)

Index der »NEUEN WELTBÜHNE« von 1933-1939, hg. v. Georg Heintz. Worms: G. Heintz 1972

NEUMANN, Sigmund (1942/1965): Permanent Revolution. Totalitarianism in the Age of International Civil War. London: Pall Mall

NEUMANN-HODITZ, Reinhold (1974): Alexander Solschenizyn in Selbstzeugnissen und Lebensdokumenten. Reinbek: Rowohlt

NIEKISCH, Ernst (1948): Nihilismus. In: »Die Umschau«, 3. Jg., H. 2, S. 193-206

NIEKISCH, Ernst (1974): Erinnerungen eines Revolutionärs. Zweiter Band: Gegen den Strom 1945-1967. Einleitung Hans Schwab-Felisch. Köln: Vlg. f. Wissenschaft und Politik

NOLLAU, Günther (1961): Die Internationale. Wurzeln und Erscheinungsformen des Proletarischen Internationalismus. Köln – Berlin: Kiepenheuer & Witsch

NOLTE, Ernst (1974): Deutschland und der Kalte Krieg. München-Zürich: Piper

NORGAARD, Erik (1975): Revolution des Udeblev. Kominterns virksomhed med Ernst Wollweber og Richard Jensen i forgrunden. Copenhage: Fremad

NORGAARD, Erik (1985): Skygger Fra Fortiden. Komintern i Danmark. Bd. I/II. Copenhage: Bogan

NORRIS, Christopher (1984): Language, Truth and Ideology. Orwell and the Postwar Left. In: Christopher NORRIS, ed.: Inside the Myth. Orwell: Views from the Left. London: Lawrence & Wishart, S. 242-262

NOTH, Ernst Erich (i. e. Paul KRANTZ) (1971): Erinnerungen eines Deutschen. Hamburg – Düsseldorf: Claassen

NOTH, Ernst Erich (1973): Die Exilsituation in Frankreich. In: DURZAK, S. 73-89

ORLOFF, Wladimir (1929): Mörder Fälscher Provokateure. Lebenskämpfe im unterirdischen Rußland. Berlin: Brückenverlag

PAETEL, Karl O. (1982): Reise ohne Uhrzeit. Autobiographie. Hg. u. bearb. v. Wolfgang D. Elfe und John M. Spalek. Worms: G. Heintz

PAGELS, Elaine (1979/81): Versuchung durch Erkenntnis. Die gnostischen Evangelien. A. d. Engl. v. Angelika Schweikhart. Frankfurt: Insel

PECHEL, Rudolf (1947): Deutscher Widerstand. Erlenbach – Zürich. Eugen Rentsch Vlg.

PEITSCH, Helmut (1987 a): Das erzählte Berlin der 50er Jahre. In: EINE KULTURMETROPOLE WIRD GETEILT, S. 67-86

PEITSCH, Helmut (1987 b): Vorbilder, Verräter und andere Intellektuelle. DDR-Friedensdramatik 1950/51. In: Ulrich Profitlich, Hg.: Dramatik der DDR. Frankfurt: Suhrkamp, S. 98-127

PFANNER, Helmut F. (1983): Exile in New York. German and Austrian Writers after 1933. Detroit: Wayne State Univ. Press

PIKE, David (1981): Deutsche Schriftsteller im sowjetischen Exil 1933-1945. A. d. Engl. v. Lore Brüggemann. Frankfurt: Suhrkamp

PIKE, David (1986): Lukacs und Brecht. A. d. Engl. v. Lore Brüggemann. Tübingen: Niemeyer (= Studien u. Texte zur Sozialgeschichte der Literatur, Bd. 16)

PINKUS, Theo (Pseud.: Paul Thur) (1937): Aus der Hexenküche des Antibolschewismus. Basel: Verlag Freie Schweiz

PIRKER, Theo (1963): Die Moskauer Schauprozesse 1936-1938. München: dtv

PIRKER, Theo, Hg. (1964): Utopie und Mythos der Weltrevolution. Zur Geschichte der Komintern 1920-1940. München: dtv

PIRKER, Theo (1965): Komintern und Faschismus. Dokumente zur Geschichte und Theorie des Faschismus. Stuttgart: DVA

PLUTNIK, Albert (1988): Moskau 1937. Wie Lion Feuchtwanger zum Lobsänger des Stalinismus wurde. In:»Moskau News«, Nr. 12, Dez. 1988, S. 18

POHLE, Fritz (1986): Das Mexikanische Exil. Ein Beitrag zur Geschichte der politisch-kulturellen Emigration aus Deutschland (1937-1946). Stuttgart: Metzler

POPOFF, Georg (1925): Tscheka, der Staat im Staate. Frankfurt: Frankfurter Societäts-Druckerei

PORETSKY, Elisabeth K. (1969): Our Own People. A memoir of ›Ignace Reiss‹ and His Friends. London: Oxford University Press

POSSONY, Stefan T. (1953): A Century of Conflict. Communist Techniques of World Revolution. Chicago: H. Regnery

LE PROCES KRAVCHENKO, Compte rendue sténographique. Bd. I/II. Collections des Grands Procès Contemporains publiée sous la direction de Maurice Garçon de l›Academie Francçaise. Paris: Editions Albin Michel 1949

PROZEßBERICHT über die Strafsache des sowjetfeindlichen trotzkistische Zentrums. Verhandelt vor dem Militärkollegium des obersten Gerichtshofes der UdSSR vom 23. – 30.Januar 1937 (gegen Pjatakow, Sokolnikow, Radek u.a.). Vollständiger stenographischer Bericht, hg. vom Volkskommissariat für Justizwesen der UdSSR. Moskau 1937

PÜTZ, Hans (1931): Dokumente kommunistischer Führerkorruption. Die KPD im Dienste der russischen Außenpolitik. Leipzig: Wildeis

PUTLITZ, Wolfgang Gans Edler Herr zu (1957): Unterwegs nach Deutschland. Erinnerungen eines ehemaligen Diplomaten. Berlin: Verlag der Nation

RADDATZ, Fritz J., Hg. (1969): Marxismus und Literatur. Eine Dokumentation in drei Bänden. Reinbek: Rowohlt

RADKAU, Joachim (1971): Die deutsche Emigration in den USA. Ihr Einfluß auf die amerikanische Europapolitik 1933-1945. Düsseldorf

RADKAU, Joachim (1983): Der Emigrant als Warner und Renegat. Karl August Wittfogels Dämonisierung der ›asiatischen Produktionsweise‹. In: EXILFORSCHUNG, S. 73-94

RAHNER, Karl (1961): Was ist Häresie? In: Anton Böhm, Hg.: Häresien der Zeit. Ein Buch zur Unterscheidung der Geister. Freiburg – Basel – Wien: Herder, S. 9-44

GUSTAV REGLER. DOKUMENTE UND ANALYSEN (1985). Tagebuch 1940 und Werkinterpretation. Hg. v. Uwe Grund, Ralph Schock, Günter Scholdt. Festgabe für Gerhard Schmidt-Henkel. Saarbrücken: Saarbrücker Vlg.

REIK, Theodor (1923/1975): Der eigene und der fremde Gott. Zur Psychoanalyse der religiösen Entwicklung. Frankfurt: Suhrkamp

REISSNER, Larissa (1977): Hamburg at the Barricades and other Writings on Weimar Germany. Edited by Richard Chappell. London

REVEL, Jan François (1977): Die totalitäre Versuchung. A. d. Franz. v. Eva Brückner-Pfaffenberger. Frankfurt – Berlin – Wien: Ullstein

RIEGER, Wolfgang (1987): Glückstechnik und Lebensnot. Leben und Werk Franz Jungs. Freiburg: ça ira

RITTER, Ernst, Hg. (1979): Lageberichte und Meldungen zur Aufrechterhaltung der inneren Sicherheit 1920-1933. Bundesarchiv Koblenz

ROBICHON, Jacques (1951): Georges C. Glaser. In: »Les Nouvelles Littéraires, Artistiques et Scientifiques (Paris), Nr. 1244 (Juli), S. 7

ROCKER, Rudolf (1938): Lasset die linke Hand nie wissen was die rechte tut. In: GDS, 1. Jg. H. 5, S. 2-8

ROCKER, Rudolf (1976): Die Spanische Tragödie. Einl. Rudolf de Jong. Berlin: Kramer

ROHRWASSER, Michael (1975): Saubere Mädel, starke Genossen. Proletarische Massenliteratur? Frankfurt: Roter Stern

ROHRWASSER, Michael (1980): Der Weg nach oben. Johannes R. Becher. Politiken des Schreibens. Basel – Frankfurt: Stroemfeld/Roter Stern

ROHRWASSER, Michael (1983): Über den Umgang mit dem Tod in der sozialistischen Literatur. In: FH, 38. Jg., H. 3, S. 55-66

ROLOFF, Ernst-August (1969): Exkommunisten. Abtrünnige des Weltkommunismus. Ihr Leben und ihr Bruch mit der Partei in Selbstdarstellungen. Mainz: v. Hase & Koehler

ROSENSTOCK-HUESSEY, Eugen (1951): Die europäischen Revolutionen und der Charakter der Nationen. Stuttgart: Kohlhammer

RUBEL, Maximilien (1975): Josef W. Stalin in Selbstzeugnissen und Bilddokumenten. Reinbek: Rowohlt

RÜHLE, Jürgen (1960): Literatur und Revolution. Die Schriftsteller und der Kommunismus. Köln – Berlin: Kiepenheuer & Witsch

RÜHLE, Jürgen (1962/1965): Geist der Utopie. Ernst Bloch. In: Labedz, Leopold, Hg.: Der Revisionismus. Köln – Berlin: Kiepenheuer & Witsch, S. 222-239

RÜHLE, Jürgen (1969): Der gelebte Traum. In: KANTOROWICZ-BIBLIOGRAPHIE, S. 5-25

RÜHLE, Jürgen (1984): Das warme und das kalte Rot. Ernst Bloch im Netzwerk der SED, in: Bloch-Almanach (4. Folge), hg. v. Ernst-BlochArchiv der Stadtbibliothek Ludwigshafen durch Karlheinz Weigand. Baden-Baden: Nomos, S. 75-84

RÜHLE, Jürgen (1987): Literatur und Revolution. Die Schriftsteller und der Kommunismus in der Epoche Lenins und Stalins. Mit einem Vorwort von Manès Sperber. Frankfurt – Olten: Büchergilde Gutenberg

RÜHLE-GERSTEL, Alice (1979): Kein Gedicht für Trotzki. Tagebuch-Aufzeichnungen aus Mexico. Frankfurt: Verlag Neue Kritik

RÜHLE-GERSTEL, Alice (1984): Der Umbruch oder Hanna und die Freiheit. Roman. Vorwort von Ingrid Herbst und Bernd Klemm. Frankfurt: Fischer

RUNDSCHAU über Politik, Wirtschaft und Arbeiterbewegung. (Basel: Rundschau-Verlag) 1. Jg., Nr. 1 (Juli 1932) bis 8. Jg., Nr. 52 (Okt. 1939) (Reprint Milano: Feltrinelli 1967)

SAINT-GERMAIN, Pierre/VERMEREN, Patrice (1976): Les aventures d'un marin allemand (Notes de lecture). In: »Les Revoltes Logiques«, Nr. 2, S. 121-128

SARGANT, William (1957/1958): Der Kampf um die Seele. Eine Physiologie der Konversionen. A. d. Amerikan. v. Marianne Eckardt. München: Piper

SARTRE, Jean Paul (1948/1975): Was ist Literatur? Ein Essay. A. d. Franz. v. Hans Georg Brenner. Reinbek: Rowohlt

SAYERS, Michael/KAHN, Albert E. (1946/49): Die große Verschwörung. A. d. Engl. v. Marianne Dreifuß. Berlin (Ost): Volk und Welt

SCHAFAREWITSCH, Igor R. (1977/1980): Der Todestrieb in der Geschichte. Erscheinungsformen des Sozialismus. A. d. Russ. v. Anton Manzella. Frankfurt – Berlin – Wien: Ullstein

SCHELLENBERG, Walter (1979): Aufzeichnungen. Die Memoiren des letzten Geheimdienstchefs unter Hitler. Wiesbaden: Limes

SCHENCK, Ernst von (1953): Dokumente der Resignation (Sammelrezension). In: FH, 8. Jg., S. 234-237

SCHEURIG, Bodo (1960): Freies Deutschland. Das Nationalkomitee und der Bund Deutscher Offiziere in der Sowjetunion 1943-1945. München: Nymphenburger

SCHEURIG, Bodo (1980): Desertion und Deserteure. In: KALTENBRUNNER, S. 75-91

SCHILLER, Dieter (1974): »Von Grund auf anders...«. Programmatik der Literatur im antifaschistischen Kampf der dreißiger Jahre. Berlin (Ost): Akad. Verlag

SCHILLER, Dieter (1986): »Gläubig an unsere Idee«. Die letzten Jahre des revolutionären Schriftstellers Regler (1935-1939). In: WB, 32. Jg., S. 1172-1191

SCHMIGALLE, Günther (1980): André Malraux und der Spanische Bürgerkrieg. Zur Genese, Funktion und Bedeutung von »L'Espoir« (1937). Bonn: Bouvier

SCHMIGALLE, Günther (1981): Zwiesprache mit dem Tod. Arthur Koestlers Erfahrung des spanischen Bürgerkriegs. In: »Iberoamericana« H. 2/3, S. 22-37

SCHMIGALLE, Günther (1985): Anarchistische Lyrik im Spanischen Bürgerkrieg. In: H. KREUZER, S. 68-93

SCHMITT, Carl (1932/1963): Der Begriff des Politischen. Text von 1932 mit einem Vorwort und drei Corollarien. Berlin: Duncker & Humblot

SCHMITT, Carl (1963): Theorie des Partisanen. Zwischenbemerkung zum Begriff des Politischen. Berlin: Duncker & Humblot

SCHNEIDER, Sigrid (1986): Die FBI-Akte über Oskar Maria Graf. In: Heinz Ludwig Arnold, Hg.: Oskar Maria Graf. München: text + kritik (Sonderband), S. 131-150

SCHNEIDER, Sigrid (1987): Von der Verfügbarkeit der Bilder. Fotoreportagen aus dem Spanischen Bürgerkrieg (unveröfftl. Mskr.)

SCHOCH, Bruno (1980): Marxismus in Frankreich seit 1945. Frankfurt – New York: Campus

SCHOCK, Ralph (1984): Gustav Regler – Literatur und Politik (1933-1940). Frankfurt: R. G. Fischer

SCHRÖDER, Hans-Christoph (1984): George Orwell und die Intellektuellen. In: APUZ, H. 1, S. 14-28

SCHULZE, Fiete (1959): Briefe und Aufzeichnungen aus dem Gestapo-Gefängnis in Hamburg. Mit einer einleitenden Skizze von Erich Weinert. Berlin (Ost): Dietz

SCHUMACHER, Joachim (1937/1972): Die Angst vor dem Chaos. Über die falsche Apokalypse des Bürgertums. Frankfurt: Makol

SCHWARZSCHILD, Leopold (1936): Der Gestapomann Trotzki. In: NTB 4. Jg., H. 35, S. 825-828

SCHWARZSCHILD, Leopold (1937 a): Feuchtwangers Botschaft. In: NTB 5. Jg., H. 31, S. 730-740 und H. 32, S. 752-759

SCHWARZSCHILD, Leopold (1937 b): Zwei Despotien. In: NTB, 5. Jg., H. 34, S. 800-805; H. 35, S. 825-831

SEGER, Gerhart (1934/1979): Oranienburg. Erster authentischer Bericht eines aus dem Konzentrationslager Geflüchteten. Mit einem Geleitwort von Heinrich Mann. Berlin: Guhl.

SEGER, Gerhart (1936): Reisetagebuch eines deutschen Emigranten. Zürich: Europa-Verlag

SEGHERS, Anna (1948/1985): Transit. Roman. Frankfurt: Büchergilde Gutenberg

SEGHERS, Anna (1949/1951): Die Toten bleiben jung. Roman. Berlin: Aufbau (= Gesammelte Werke Bd. VI)

SEGHERS, Anna (1975): Zum Schriftstellerkongreß in Madrid. In: »Kürbiskern« (München), 10. Jg., H. 4, S. 58-63

SERKE, Jürgen (1982): Die verbannten Dichter. Berichte und Bilder von einer neuen Vertreibung. Hamburg: A.Knaus

SIMMEL, Georg (1908): Soziologie. Untersuchungen über die Formen der Vergesellschaftung. Leipzig: Dunker & Humblot

SINGER, Kurt (1945): Spies and Traitors of World War II. New York: Prentice Hall

SINGER, Kurt, Hg. (1948): Three Thousand Years of Espionage. New York: Prentice Hall

SOLONEWITSCH, Iwan (1937): Die Verlorenen. Eine Chronik namenlosen Leidens. Erster Teil: Rußland im Zwangsarbeitslager 1933. Zweiter Teil: Flucht aus dem Sowjetparadies 1934. A. d. Russ. v. J. P. Slobodjanik. Essen: Essener Verlagsanstalt

SOUCHY, Augustin (1952): Nacht über Spanien. Bürgerkrieg und Revolution in Spanien. Darmstadt: Vlg. Die Freie Gesellschaft

SOUVARINE, Boris (i. e. Lifschitz) siehe ISTRATI, Panaït (I)

SOUVARINE, Boris (1937): Vom Elend der Sowjetliteratur. In: NTB 5. Jg., H. 20, S. 474-477

SOUVARINE, Boris (1939): Die andere Unterwelt. In: NTB, 7. Jg. H. 51 (16.12.1939), S. 1134-1137

SOUVARINE, Boris (1940/1980): Stalin. Anmerkungen zur Geschichte des Bolschewismus. A. d. Franz. v. Theodor Fuchs. München: Bernard & Graefe

SPALEK, John M./BELL, Robert F., Hg. (1982): Exile: The Writer's Experience. Chapel Hill: Univ. of North Carolina Press

DER SPANISCHE BÜRGERKRIEG. Eine Bestandsaufnahme von Manuel Tunon de Lara u. a. Frankfurt: Suhrkamp 1987

⟨*SPERBER, Manès*⟩ (1987): MANES SPERBER. 1905 – 1984. Eine Ausstellung der Österreichischen Nationalbibliothek. Hg.: Victoria Lunzer-Talos. Wien

STAROBIN, Joseph R. (1973): The American Communist Party. In: History of US. Political Parties. Vol. IV: 1945-1972. The Politics of Change. Hg. v. Arthur M. Schlesinger. New York, S. 3169-3202

STERNBERG, Fritz (1963): Der Dichter und die Ratio. Erinnerungen an Bertolt Brecht. Göttingen: Sachse & Pohl (= Schriften zur Literatur, hg. Reinhold Grimm, Bd. 2)

STERNBURG, Wilhelm von (1984): Lion Feuchtwanger. Ein deutsches Schriftstellerleben. Königstein/Ts.: Athenäum

STRAUSS, Wolfgang (1980): Abtrünnige und Neophyten. »Verräter« aus dem Osten als Kritiker des Westens. In: KALTENBRUNNER, S. 140-156

STRIPLING, Robert E. (1949): The Red Plot against America. Pennsylvania: Bell

STRÖDTER, Karl-Wilhelm (1982): Gustav Regler. Ein verlorener Sohn wirklich heimgekehrt? In: »Exil«, 2. Jg., Nr. 1, S. 79-85

SUDHOF, Siegfried (1973): Leopold Schwarzschilds »Neues Tage-Buch« im Winter 1939. Eine Korrespondenz Berthold Viertels mit Oskar Maria Graf. In: »Jahrbuch der dt. Schillergesellschaft«, 17. Jg. S. 117-135

SUTTRO, Nettie (1947): Ignazio Silone. In: »Die Umschau«, 2. Jg., S. 489-501

SYWOTTEK, Jutta (1976): Mobilmachung für den totalen Krieg. Die propagandistische Vorbereitung der deutschen Bevölkerung auf den Zweiten Weltkrieg. Opladen: Westdeutscher Verlag

TARACHOW, Sidney (1960): Judas, the Beloved Executioner. In: »Psychoanalytik Quarterly«, 29. Jg., S. 528-554

THEWELEIT, Klaus: Männerphantasien. Frankfurt: Roter Stern
Band I (1977): Frauen, Fluten, Körper, Geschichte
Band II (1978): Männerkörper. Zur Psychoanalyse des weißen Terrors

THEWELEIT, Klaus (1988): Buch der Könige. Band I: Orpheus und Eurydike. Basel – Frankfurt: Stroemfeld/Roter Stern

THOMAS, Hugh (1961): The Spanish Civil War. New York: Harper

TICHY, Frank (1988): Ein fauler Hund. ⟨Über Friedrich Torberg⟩. In: Forum« (Wien), 35. Jg., H. 419, S. 60-67

TROTZKI, Leo (1937): Stalins Verbrechen. A. d. Russ. v. Alexandra Pfemfert ⟨geb. Ramm⟩. Zürich: Jean Christophe

TROTZKI, Leo (1981): Denkzettel. Politische Erfahrungen im Zeitalter der permanenten Revolution. Hg. v. Isaac Deutscher, George Novack u. Helmut Dahmer. Frankfurt: Suhrkamp

TROTZKI, Leo (1960/1983): Tagebuch im Exil. Mit einem Vorw. v. Carola Stern u. einem Rückblick von Hermann Weber. München: dtv

UHSE, Bodo (1981): Reise- und Tagebücher. Gesammelte Werke. Hg. v. Günter Caspar, Bd. 5 (Teil I/II). Berlin Weimar: Aufbau

ULAM, Adam B. (1977): Stalin, Koloss der Macht. A. d. Amerikan. v. Götz Pommer. Esslingen: Bechtle

DIE UMSCHAU. Internationale Revue. Hg. v. A. J. Haller ⟨i. e. Manès Sperber⟩. Mainz, Jg. 1 (1946) - Jg. 3 (1948)

VALTNA, Ats (1948): Die Moral der Roten Armee. Identifiziertes Heldentum. Berichte und Geschichten. Mit einem abschließenden offenen Brief an Viktor Kravchenko. Biel: Helios

VERBRANNT, VERBOTEN – VERDRÄNGT? (1974). Literatur und Dokumente der deutschen Emigration nach 1933 als Zeugnisse des antifaschistischen Widerstandes sowie NS-Schrifttum.

Ausstellung der Stadtbibliothek Worms zum 40. Jahrestag der Bücherverbrennung am 10. Mai 1933. Worms, 2. erw. Auflage

VESPER, Bernward (1967): Nachwort zu Leo Trotzki: Ihre Moral und unsere. Berlin: Voltaire, S. 65-80

VIÑAS, Angel (1987): Der internationale Kontext. In: DER SPANISCHE BÜRGERKRIEG, S. 187-295

VÖLKER, Klaus (1971): Brecht-Chronik. Daten zu Leben und Werk. München: Hanser

VÖLKER, Klaus (1976): Bertolt Brecht. Eine Biographie. München: Hanser

VOM DRITTEN REICH ZUR DDR (1953). Heft Nr. 8 der Schriftenreihe »Tatsachen und Berichte aus der Sowjetzone«, hg. v. Vorstand der SPD, Bonn

VOM HÖLLENMASCHINISTEN ZUM STAATSSEKRETÄR (1954). Hg. v. »Freiheit«Aktion der Jugend, Bonn: Bundesstelle. o. J.

VON HITLER ZU PIECK (1953). Heft Nr. 7 der Schriftenreihe »Tatsachen und Berichte aus der Sowjetzone«, hg. v. Vorstand der SPD. Bonn

VORMEIER, Barbara (1979): Les internés allemands et autrichiens en 1939-1940. In: G. BADIA, S. 224-242

WALTER, Hans-Albert (1972 a): Deutsche Exilliteratur 1933-1950. Bd. 1, Bedrohung und Verfolgung bis 1933. Darmstadt – Neuwied: Luchterhand

WALTER, Hans-Albert (1972 b): Deutsche Exilliteratur 1933-1950. Bd. 2, Asylpraxis und Lebensbedingungen in Europa. Darmstadt – Neuwied: Luchterhand

WALTER, Hans-Albert (1976): In das historische Genre geflohen. Bemerkungen zu Gustav Reglers Bauernkriegsroman »Die Saat«. In: FR, Nr. 157 (20. Juli), S. 11

WALTER, Hans-Albert (1978): Deutsche Exilliteratur 1933-1950. Bd. 4 Exilpresse. Stuttgart: Metzler

WALTER, Hans-Albert (1984 a): Deutsche Exilliteratur 1933-1950. Bd. 2 Europäisches Appeasement und überseeische Asylpraxis. Stuttgart: Metzler

WALTER, Hans-Albert (1984 b): Anna Seghers‹ Metamorphosen. Transit – Erkundungsversuche in einem Labyrinth. Frankfurt – Olten – Wien: Büchergilde Gutenberg

WALTER, Hans-Albert (1987): Nachwort zu G. REGLER (1947/1987), S. 215235

WALTER, Hans-Albert (1988): Das Pariser KPD-Sekretariat, der deutsch-sowjetische Nichtangriffsvertrag und die Internierung deutscher Emigranten in Frankreich zu Beginn des Zweiten Weltkriegs. In: Vierteljahreshefte für Zeitgeschichte, H. 3, S. 483-528

WEBER, Hermann (1969): Die Wandlungen des deutschen Kommunismus. Die Stalinisierung der KPD in der Weimarer Republik. Bd. I/II Frankfurt: EVA

WEBER, Hermann (1989): »Weiße Flecken« in der Geschichte. Die KPD-Opfer der Stalinschen Säuberungen und ihre Rehabilitierung. Frankfurt: ISP

WEINBERG, Gerhard L. (1966): Deutsch-sowjetischer Nichtangriffspakt. In: SOWJETSYSTEM I, S. 1177-1187

WEINERT, Erich (1947): Rufe in die Nacht. Gedichte aus der Fremde 1933-1943. Berlin: Volk und Welt

WEISKOPF, F⟨ranz⟩ C⟨arl⟩ (1948/1981): Unter fremden Himmeln. Ein Abriß deutscher Literatur im Exil 1933-1947. Berlin – Weimar: Aufbau

WEISS, Peter (1970): Trotzki im Exil. Stück in 2 Akten. Frankfurt: Suhrkamp

WEISS, Peter (1975, 1978, 1981): Ästhetik des Widerstands. Bd. I-III. Frankfurt: Suhrkamp

WIENAND, Peter (1981): Der »geborene« Rebell. Rudolf Rocker. Leben und Werk. Berlin: Kramer

WILDE, Harry ⟨i. e. Harry Schulze-Wilde⟩ (1965): Theodor Plievier. Nullpunkt der Freiheit. Biographie. München: Desch

WILDE, Harry (1966): Politische Morde unserer Zeit. Frankfurt: Societäts Vlg.

WINKLER, Heinrich August (1984): Von der Revolution zur Stabilisierung. Arbeiter und Arbeiterbewegung in der Weimarer Republik 1918 bis 1924. Berlin – Bonn: Dietz

WINKLER, Heinrich August (1985): Der Schein der Normalität. Arbeiter und Arbeiterbewegung in der Weimarer Republik 1924 bis 1930. Berlin – Bonn: Dietz

WINKLER, *Heinrich August* (1987): Der Weg in die Katastrophe. Arbeiter und Arbeiterbewegung in der Weimarer Republik 1930 bis 1933. Berlin – Bonn: Dietz

WITSCH, *Joseph Caspar* (1977): Briefe 1948-1967. Köln: Kiepenheuer & Witsch

WITTFOGEL, *Karl August* (1957/1977): Die orientalische Despotie. Eine vergleichende Untersuchung totaler Macht. Frankfurt – Berlin – Wien: Ullstein

WITTFOGEL, *Karl August* (1977): Beiträge zur marxistischen Ästhetik. (Mit einer Vorbemerkung des Autors von 1976 und einem Nachwort von 1971). Berlin: europäische ideen

WOLF, *Friedrich* (1946): Beaumarchais oder Die Geburt des »Figaro«. In: F. Wolf: Empörung. Vier Dramen. Berlin: Aufbau

WOLLENBERG, *Erich* (1939): Peter Forster, die GPU und die deutsche Emigration. In: GDS, 2. Jg., H. 8/9, S. 6-8

WOLLENBERG, *Erich* (1950 a): Von der Gestapo zum SSD. o. O. und o. J. (= Heft Nr. 4 der Schriftenreihe »Tatsachen und Berichte aus der Sowjetzone«)

WOLLENBERG, *Erich* (1950 b): Vom ProMi zum Afi. Hg. vom Vorstand der SPD, Bonn, o. O. und o. J. (= Heft Nr. 6 der Schriftenreihe »Tatsachen und Berichte aus der Sowjetzone«)

WOLLENBERG, *Erich* (1951): Der Apparat. Stalins fünfte Kolonne. Hg. v. Bundesministerium f. Gesamtdeutsche Fragen, Bonn o. J.

WOOD, *Neal* (1959): Communism and British Intellectuals. London: Gollancz

WYSCHINSKI, *A(ndrej) J.* (1951): Gerichtsreden. Berlin: Dietz

YPSILON (i. e. Johann Rindl (Robert Volk) und Julian Gumperz) (1947): Pattern for a Worldrevolution. Chicago – New York: Ziff David

ZADEK, *Walter*, Hg. (1981): Sie flohen vor dem Hakenkreuz. Selbstzeugnisse der Emigranten. Ein Lesebuch für Deutsche. Reinbek: Rowohlt

ZUDEICK, *Peter* (1985): Der Hintern des Teufels. Ernst Bloch – Leben und Werk. Moos – Baden-Baden: Elster

DIE ZUKUNFT. Organ der deutsch-französischen Union. Herausgeber Willi Münzenberg. Paris, Oktober 1938 – Mai 1940. (Reprint Vaduz: Topos 1978)

Abendroth, Wolfgang   233
Abosch, Heinz   321
Abusch, Alexander   53 f, 187, 292
Acheson, Dean   14
Achminow, H.   11
Aczel, Tamas   365
Adler, Alfred   92, 134, 152, 286, 360
Aorno, Theodor W.   60, 294, 315
Aland, Kurt   288
Albrecht, Karl   19, 22, 34, 101 f, 273 f, 286 f,
   304, 329, 336, 346, 349, 365
Algren, Nelson   143
Almond, Gabriel   264, 286, 302, 345 f
Alpari, Julius   146
Ambler, Eric   335
Anders, Günther   27
Andersch, Alfred   16, 250, 289, 355, 357, 360,
   365
Andersen-Nexö, Martin   81, 316, 318
André, Edgar   163, 222, 335
Andrejev, Leonid   51, 291
Andrzejewski, Jerzy   301
Angress, Werner T.   223, 335
Antonow-Owssejenko, Anton   35, 152
Apletin, Michail   151
Aragon, Louis   52
Arendt, Erich   6 f, 280, 293
Arendt, Hannah   48, 160, 283, 287, 290, 321,
   346
Arnold, Gottfried   40
Aron, Raymond   143 f, 285, 292, 360
Arostegui, Julio   75, 293, 296
Ascoli, Max   189, 328
Auden, W.H.   360
Badia, Gilbert   286
Baerns, Barbara   305
Baier, Lothar   16, 100, 282, 288, 301
Bajanow, Boris   263, 335, 365
Bakunin, Michail   99
Baldwin, Roger   77, 208, 319, 332
Balibar, Etienne   298

Balk, Theodor   59, 86, 92, 330, 341
Balluseck, Lothar v.   11
Barbusse, Henri   150, 174
Bargstedt, Karl   210
Barmine, Alexander   8, 91, 197, 238, 270, 328,
   365
Barth, Max   122, 150, 281, 291, 349, 365
Bartsch, Günter   94, 283, 302, 365
Bataille, Georges   311
Bauer, Gerhard   25
Bauer, Leo   266, 279, 289, 350, 365
Bauer, Walter   32, 288
Baum, Vicki   226, 324
Baumann, Herbert   220
Baynac, Jacques   210, 213, 332, 334 f
Beauvoir, Simone de   52, 85, 290
Bebel, August   50
Becher, Johannes R.   9, 30 f, 46 f, 85, 93, 99,
   109, 117 f, 143, 159, 246, 286, 305, 307, 309,
   340, 357, 361
Becher, Ulrich   286
Beck, F.   292 f, 365
Béguin, Albert   343 f
Beimler, Hans   58, 306
Bek-gran, Robert   3, 4, 22–24, 45, 184, 186,
   195, 199, 226 f, 232–241, 267, 300, 327,
   336–339, 346, 365
Benario, Olga   185, 326
Benda, Julien   323
Benjamin, Walter   32, 135, 144, 160, 162, 168,
   254, 293, 302, 308, 320 f, 340–342
Benn, Gottfried   142, 150, 167, 172, 288
Benoist, Alain de   34
Benson, Frederic   293, 300
Bentley, Elisabeth   135, 266, 346, 365
Berdjajew, Nikolai   277, 285, 347
Berg, Hermann von   279
Bergamin, José   165, 321
Berger, Josef   277, 365
Berkman, Alexander   301
Berlau, Ruth   308

Berle, Adolf E.   187, 198
Berman, Russell A.   364
Bernanos, Georges   71
Bernecker, Walther L.   298
Bernitt, Carolus   364
Bessedowsky, Grigorij   8, 335, 365
Bey, Essad (i.e. Leo Nussimbaum)   315
Beyer, W.   233
Biddle, Francis   332
Biermann, Wolf   347
Billinger, Richard   226
Blanchot, Maurice   59, 294
Blei, Franz   293
Bloch, Ernst   1–3, 24, 30, 49 f, 85, 97, 101,
    108 f, 124, 131, 134, 142–146, 151, 155, 161,
    167–177, 197, 211, 227, 268, 297, 311 f, 314,
    316–318, 322 f, 346, 361
Bloch, Karola   108, 111, 131, 168, 306, 310
Bloch, Hans   130
Blumenberg, Hans   167, 277, 293, 347
Bock, Sigrid   246
Böll, Heinrich   329
Börne, Ludwig   316
Bogdanov, Janis   8, 365
Bondy, François   20
Bone, Edith   365
Bonnard, Augusta   96, 303
Borchardt, Hermann   164, 320
Borges, Jorge Luis   43 f, 51
Boris, Peter   284, 304
Borkenau, Franz   12, 21, 70, 215, 265, 293 f,
    296 f, 298, 365
Borkowski, Dieter   365
Bormans, Peter   164, 321
Bornstein, Joseph   145 f, 315
Botzenhardt, Hans   219
Boveri, Margret   11, 15, 22, 235, 283
Bowles, Sally   109
Bracher, Karl Dietrich   293
Bräker, Ulrich   289
Brandler, Heinrich   203, 214, 216–219
Brandt, Arthur   325
Brandt, Heinz   36, 136, 149, 176, 237, 265,
    270, 314, 342, 350, 366
Brandt, Willy   70, 350, 359
Brecht, Bertolt   4, 24, 30, 79, 90, 93, 96, 109,
    117, 124, 131, 134, 137, 141, 143–145,
    147–151, 160–168, 172–177, 216, 267, 276,
    291, 296, 299, 302 f, 308, 316, 320–322, 331,
    341
Bredel, Willi   85, 117 f, 125, 130, 294, 296,
    300, 306, 310, 316
Breschnew, Leonid   35

Bréton, André   306, 312
Brezan, Jurij   9
Bridges, Harry   199
Brill, H.   11
Brodsky, Joseph   346
Bronska-Pampuch, Wanda   139, 265, 270,
    289, 319 f, 324, 350, 366
Bronski, Mieczyslaw   356
Broué, Pierre   75, 294, 298 f
Browder, Earl   337, 346
Bruno, Giordano   277
Brupbacher, Fritz   45, 55 f, 234, 278, 267, 314,
    366
Brust, Walter   220
Buber, Martin   351
Buber-Neumann, Margarete   2, 11, 22, 99,
    130, 135 f, 140, 144, 146, 159, 200, 224, 264,
    279, 281, 288, 295, 297, 299, 301 f, 311 f,
    313, 316, 319, 324 f, 331, 333 f, 345, 350 f,
    356, 361, 364
Buch, Hans Christoph   270, 282
Bucharin, Nikolai   47, 50, 146 f, 155, 167,
    289, 313
Buck, Pearl S.   189
Buckmiller, Michael   203, 364
Budenz, Louis-Francis   116, 132, 266 f
Budziwslawski, Hermann   109, 141
Büchner, Georg   5, 82, 315
Bullitt, William C.   194
Bunin, Iwan   168 f
Burke, Kenneth   336
Burmester, Carl   221 f
Burnham, James   10 f, 266, 281, 366
Busch, Ernst   109, 294, 296, 306
Cahnbley, Louis   335
El Campesino (i.e. Valentin Gonzalez)   11, 70,
    331, 351, 356, 366
Camus, Albert   257, 281, 285, 314
Cance, René   213, 333
Canetti, Elias   290, 292
Carroll, Lewis   26
Caspar, Günther   318
Caute, David   132, 152, 204
Cazden, Robert E.   338
Celan, Paul   257
Céline, Louis-Ferdinand   238, 345
Ceram, C.W. (i.e. Kurt W.Marek)   257 f, 343
Ceretti, Giulio   136
Chamberlin, William Henry   190, 328
Chambers, Wittaker   267, 271, 303, 346, 367
Chaplin, Charles   30
Charney, George   136, 367
Chesterton, Gilbert K.   27

Cheyney, Peter   225
Chochlow, Nikolaj J.   265, 367
Chou, Eric   367
Chruschtschow, Nikolai   37, 146 f, 165 f, 170, 273, 284, 359
Churchill, Winston   225
Ciliga, Anton   11, 99, 367
Claudin, Fernando   359
Cohen-Salal, Annie   99
Cohn, Norman   289
Conquest, Robert   152
Conrad, Carsten   221, 325, 334, 364
Conrad, Joseph   179, 208, 325
Cooper, David   38
Coser, Lewis   35, 100, 337
Coudenhove-Callergi, Richard   292
Cowley, Malcolm   98
Crawford, Kenneth G.   199
Cremerius, Johannes   261, 285
Crossman, Richard   11 f, 367
Dahlem, Franz   68, 79, 297
Dahmer, Helmut   320 f
Dallin, David J.   298, 303, 367
Dante Alighieri   48–50, 290
Danziger, Carl-Jacob   347, 367
David, Hans Walter   136
Davies, Joseph E.   143, 176, 314, 324
Deleuze, Gilles   290
Delgado, Enrique Castro   70, 297, 367
Demandt, Alexander   171
Dengel, Philipp   138
Dennis, Peggy   367
Deschner, Karlheinz   40, 288
Dettmer, Johnny   219 f, 334
Deutscher, Isaac   12, 22, 129, 264, 351, 367
Diaz, José   91, 302
Diderot, Denis   40, 44
Diersen, Inge   310
Dies, Martin   188 f, 204 f, 292, 331
Dimitroff, Giorgi   172, 180, 342
Dirks, Walter   115, 127, 257, 340, 343
Ditt, Karl   335
Djilas, Milovan   264, 351 f, 367
Döblin, Alfred   32, 174
Domdey, Horst   25, 284
Don Levine, Isaac   74, 77, 186 f, 193, 197 f, 222 f, 226–228, 298 f, 327 f
Doriot, Jacques   34, 116, 266, 287
Dos Passos, John   70, 297, 302
Dostojewski, Fjodor M.   5, 347
Drach, Hans   136
Dudow, Slatan   306
Duhnke, Horst   11, 223

Dupeux, Louis   357
Duran, Gustavo   70
Durrell, Lawrence   343
Durruti, Buenaventura   224
Eastman, Max   266, 318, 328, 330
Eberlein, Hugo   179
Eckert, Horst   310
Efimov, Boris   311
Eggebrecht, Axel   109, 112, 302, 367
Ehrenburg, Ilja   30, 59 f, 63, 100, 142, 224, 281, 303
Ehrt, Adolf   315
Einsiedel, Heinrich v.   367
Einstein, Albert   144, 361
Einstein, Carl   59, 294
Eisenstein, Sergej   263
Eisler, Gerhart   99, 136 f, 265, 299, 313, 353
Eisler, Hanns   30, 53, 99, 126, 291 f, 306, 309, 313, 353
Eisler, Rudolf   352 f
Engel, Erich   109
Engelhardt, Michael v.   25
Engels, Friedrich   162, 270, 285
Enzensberger, Hans M.   6, 47 f, 275, 280, 287–289, 335
d'Eramo, Luce   283
Erpenbeck, Fritz   118, 166
Ewert, Arthur   48, 185
Fadejew, Alexander   296
Farocki, Harun   244
Fast, Howard   214, 290, 367
Faust, Helmuth   280, 351
Faust, Siegmar   367
Feistmann, Gertrud   65
Fest, Joachim   142
Fetscher, Iring   160, 284, 313, 321, 364
Feuchtwanger, Franz   325
Feuchtwanger, Lion   4, 6, 24, 47, 49, 101, 105, 133, 136, 141–143, 145, 148, 150–157, 160–163, 169 f, 173–177, 198, 275, 290, 305, 311, 316–322, 324, 329
Feuchtwanger, Marta   364
Figner, Vera   223
Filap, Ota   367
Fimmen, Edo   184, 326
Fink, Renate   283
Fischer, Ernst   17, 22, 53 f, 140, 144, 149 f, 159, 264, 266, 286, 289 f, 292, 317, 352, 357, 367 f
Fischer, Louis   11, 66, 89, 130, 135, 142, 165, 265 f, 301, 311, 368
Fischer, Ruth   2, 21, 98 f, 116, 133, 136, 179, 204, 215, 217–219, 224, 264–267, 313, 318, 334, 352 f, 368

Fischer, Samuel   233
Fischer, Walter   368
Flechtheim, Ossip K.   368
Foote, Alexander   368
Foucault, Michel   17
Franco, Francisco   32, 60, 64–66, 70, 75 f,
    115, 295, 307, 351
Frank, Leonhard   306 f
Frei, Bruno   72, 148, 282, 296, 298, 300, 303,
    322, 330
Freiligrath, Ferdinand   322
Freud, Sigmund   118, 283
Freund, Gisèle   294
Fricke, Karl Wilhelm   22, 323, 333
Friedländer, Paul   352
Friedländer, Saul   284
Friedrich, G.   11
Frobenius, Leo   178
Fühmann, Franz   9, 119
Fürnberg, Louis   347
Gabel, Joseph   13, 263, 329
Gabor, Andor   118, 166
Gaedke, Paul   240
Gallwitz, Esther   283
Gannett, Lewis   189
Garaudy, Roger   352, 368
Gates, John   368
de Gaulle, Charles   14
Geerdts, Hans Jürgen   280
Geier, Swetlana   201
Gelder, Robert van   179, 208, 225, 325, 329
Gendlin, Leonard   156
Geoffroy, René   286
Gerland, Brigitte   368
Gide, André   1 f, 4, 6, 20, 22, 29, 32, 45, 65 f,
    71, 89, 98–101, 133 f, 142, 146, 151, 154,
    156–158, 161, 165, 175, 237 f, 263, 265,
    275 f, 284, 290, 297, 299 f, 303, 306, 318,
    321, 345, 347, 353, 368
Ginsburg, Jewgenija S.   273 f, 292, 317, 324,
    329, 368
Ginsburg, Roger W.   199
Giordano, Ralph   2, 20, 108, 112, 159, 173,
    215, 249, 265 f, 273, 282, 292, 323, 341, 347,
    353, 364, 368
Girnus, Wilhelm   54, 292
Gitlow, Benjamin   195 f, 204, 330, 346, 368
Glaeser, Ernst   32, 286
Glaser, Georg K.   3, 5, 8, 12–14, 16 f, 20–25,
    32, 37, 70 f, 92, 95 f, 121, 241–262, 265, 268,
    271, 277 f, 280 f, 285, 302 f, 312 f, 329, 334,
    340–344, 346, 364, 369
Glucksmann, André   282, 330, 347

Godau, Heinz   369
Godin, W.   292 f, 365
Goebbels, Joseph   102 f, 115, 132, 150, 188,
    194, 250
Göring, Hermann   202
Görling, Reinhold   61
Goethe, Johann W.   40, 82, 110, 171, 306,
    323, 338, 347, 360
Gog, Gregor   357
Gogol, Nikolai   357
Goldman, Albert   328
Goldman, Emma   301
Goldschmidt, Alfons   151, 280
Gomulka, Wladyslaw   355
Gontscharow, Iwan   357
Goodstein, Maurice   191 f
Gorbatschow, Michail   37
Gorki, Maxim   1, 30, 41, 146, 155 f, 243, 299,
    304, 354
Gorkin, Julian   70, 75, 84, 86, 198, 296, 369
Gorrish, Walter   310
Gorz, André   17, 171, 283, 322
Goya, Francisco   63, 65
Goytisolo, Julian   288
Graf, Gisela   364
Graf, Oskar Maria   3, 41, 45, 103 f, 135, 246,
    304, 319, 329, 357
Granach, Alexander   160, 318 f
Greene, Graham   335
Greffrath, Mathias   19, 138
Greid, Hermann   160, 320
Grether, Jakob   41
Grimmelshausen, Hans Jakob Ch. v.   281
Gröhl, Karl   s. Karl Retzlaw
Gross, Babette   102, 297, 306, 319, 324, 341,
    349 f
Gross, Fritz   240, 338
Gross, Peter M.   236, 338
Grossmann, Wassilij   369
Grosz, George   320
Grotewohl, Otto   346
Grünwald, Leopold   369
Guattari, Felix   290
Günther, Hans   172, 323
Guérin, Daniel   337
Gumbel, Emil J.   105
Gundolf, Friedrich   82, 358
Gurk, Paul   290
Gussew   185, 326
Gutermann, Norbert   287
Guttmann, Ketty   369
Guttmann, Werner   205, 331
Habe, Hans   324

Habermas, Jürgen 355
Härtling, Peter 253, 258, 342
Haffner, Sebastian 328
Haikiss, Leo 230 f
Haldane, Charlotte 369
Halle, Felix 147
Hallstrom, Björn 267, 369
Hammett, Dashiell 143, 330
Hannsmann, Margarete 283
Harich, Wolfgang 121 f, 170, 173, 323, 361
Hasenclever, Walter 32
Haus, Rudolf 147
Hausmann, Raoul 293
Hay, Julius 8, 118, 176, 277, 318 f, 335, 347, 353 f, 369
Hegel, Georg W. F. 299, 314
Heilbut, Anthony 204
Heilmann, Hans Dieter 134, 339
Hein, Jürgen 337, 339
Heine, Heinrich 245, 316
Heinrich, Klaus 290
Held, Walter 147, 163, 315 f
Heller, Michael 152
Hemingway, Ernest 60, 70, 300 f
Henley, William Ernest 187 f
Hennig, Ernst Robert 221
Henriot, Jean-Claude 213
Henschen, Gottfried 41
Heraklit 155
Hermann, Georg 109
Hermann, Liese 163
Hermlin, Stephan 30, 47, 63, 99, 280, 286, 290, 301, 310, 322, 326, 347
Hernandez, Jesus 70, 369
Herold, Alfred 380
Hertwig, Manfred 323, 369
Herzfelde, Wieland 187, 246
Hess, Rudolf 206
Heydorn, Hans Joachim 307, 310
Heym, Stefan 241, 280, 327, 331, 338 f, 341, 364
Heymann, Fritz 299
Hicks, Granville 311, 369
Hiller, Kurt 11 f, 55, 85, 89, 109, 142–144, 205, 238, 275, 281, 314, 317 f, 329, 339
Hippolyt 41
Hirschfeld, Kurt 108, 305
Hiss, Alger 14, 335
Hitler, Adolf div.
Hobsbowm, Eric 302
Hodann, Max 69
Höhne, Heinz 140, 296, 298
Hoel, Sigurd 145, 311

Hoelz, Max 9, 335
Holzapfel, Wilhelm 332
Honecker, Erich 126, 136, 347
Hook, Sidney 160, 322
Hoover, Edgar 10, 281
Horkheimer, Max 315
Horst, Karl August 342
Horthy, Nikolaus 115
Horvath, Ödön v. 187, 327
Huchel, Peter 109
Hughes, Langston 143
Humbert-Droz, Jules 2, 77, 98, 263, 266, 279, 369
Huxley, Aldous 1, 280
Hyde, Douglas 17, 132, 265, 267, 272, 370
Ibarruri, Dolores 295 f, 298
Iljin, Iwan 315
Illner, Artur 68
Ingersoll, Ralph M. 188, 198
Innozenz III. 42
Irenäus 41, 43
Issakowitsch, Michail 151
Istrati, Panaït 1, 4, 8, 20, 265, 268, 276, 279, 303, 346 f, 354, 370
Ivens, Joris 300
Jacob, Eleanor 187
Jacoby, Russel 285, 319
Jäger, Manfred 112
Jaeggi, Urs 37, 47
Jaenecke, Heinrich 66 f, 297
Jagoda, Genrich G. 299
Jahnke, Max 183
Jakobs, Karl-Heinz 102, 289, 370
Janka, Charlotte 25, 121, 308, 364
Janka, Walter 15, 25, 59, 62, 68, 99, 121, 295, 322 f, 364
Janßen, Karl-Heinz 219, 364
Jaspers, Karl 172, 283
Jaucourt 40, 44
Jens, Herta 331
Jens, Walter 50
Jensen, Richard 195, 211–213, 274, 332 f
Jeschow, Nikolaij J. 50, 74
Jensenska, Milena 359
Joffe, Adolf 354
Johannsen, Ernst 190, 328, 336
Joliot-Curie, Irene u. Frederic 361
Jong, Luis de 67 f, 297
Jarovsky, David 35
Jünger, Ernst 34, 108
Jung, Carl Gustav 286
Jung, Franz 2, 6, 13, 22, 28, 32, 45, 99, 124, 128, 278, 280, 310, 335, 353 f, 370

Justin 41
Kafka, Franz 30, 162
Kaganowitsch, Lazar 349
Kahn, Albert 98, 187 f, 224, 303, 328
Kaltenbrunner, Gerd-Klaus 289
Kamen, Henry 42, 289
Kamenew, Lev B. 83 f, 131, 155
Kaminski, Andrzej J. 102, 152, 200
Kamnitzer, Heinz 33, 94, 280, 287, 292, 302
Kantorowicz, Alfred 2, 12 f, 19, 22–24,
    32–34, 36, 46, 56, 58 f, 61–64, 66–70, 81–83,
    88, 90, 99, 105–128, 135, 141, 143, 150, 172,
    175, 183, 225, 249, 262 f, 265–268, 273,
    275 f, 286 f, 290–296, 299–302, 304–312,
    315, 318, 320, 331, 340, 345–347, 370 f
Kantorowicz-Ebenhoech, Friedel 109
Kantorowicz-Schneider, Ingrid 112, 307, 364
Kaplan, Louise J. 302
Karasek, Horst 341
Katz, Leo 330
Katz, Otto 60 f, 84–87, 168, 250, 300 f, 304,
    330
Kautsky, Karl 27 f, 41, 50–52, 169, 172, 285
Kazantzakis, Niko 354
Keilson, Hans 291
Kellenter, Sigrid 132
Kelly, Harry 339
Kerbs, Diethard 294
Kerenyi, Karl 279
Kern, Erich 217, 334
Kerr, Alfred 289
Kersten, Kurt 315 f
Kessel, Martin 109
Kessler, Harry Graf 293
Kesten, Hermann 10, 117, 160, 323
Kießling, Wolfgang 286, 300 f
Kindermann, Karl 178, 222, 325
Kingdon, Frank 205
Kippenberger, Hans 179, 326
Kirchwey, Freda 207
Kirow, Sergej M. 84, 357
Kirsch, Hans Christian 371
Kisch, Egon Erwin 30, 45, 59, 70, 85, 98, 132,
    142, 170, 217, 244–246, 248–250, 267, 275,
    289, 296, 299 f, 317, 321 f, 330, 334, 340
Kisselew-Gromow 371
Kläber, Kurt 246, 267, 346
Klein, Herbert 192
Klein, Wolfgang 287
Kleist, Heinrich von 108
Klimow, Gregory 11, 371
Klug, Kajetan 371
Kluge, Alexander 26

Klump, Brigitte 371
Knopf, Alfred A. 180
Knüfken, Hermann 222, 335
Koebner, Thomas 284, 287
Koenen, Gerd 166, 314, 318
Koepke, Wulf 6
Koestler, Arthur 2, 5, 8–16, 20–22, 31 f, 34,
    36, 38 f, 43, 48, 53, 56, 58–61, 64, 70–74,
    81–84, 89 f, 92 f, 95, 97–99, 105, 108 f,
    116 f, 121, 128, 131, 146, 164, 168, 176, 183,
    188 f, 206, 215, 225, 244 f, 262, 263, 265 f,
    273–277, 279–282, 284, 286 f, 292 f, 296 f,
    299, 302, 304, 306, 308, 310 f, 313, 315, 318,
    321, 329, 331, 334, 341, 344–347, 354 f,
    360 f, 371 f
Kogon, Eugen 115
Kohut, Pavel 372
Kolakowski, Leszek 2, 33 f, 35–37, 53, 150,
    288, 350, 355
Kolbenhoff, Walter 265, 276, 316 f, 334, 355,
    372
Kollontaij, Alexandra 315
Kolman, Arnost 372
Kolzow, Michail 59 f, 63, 131, 164, 295, 300,
    308, 311, 320
Konrad, Gyorgy 280, 372
Kopelew, Lew 161, 283, 318 f, 321, 347, 372
Koppell, Heinz Günther 187, 199, 240
Koritschoner, Franz 136
Kormis, Herman 233, 236, 337–339
Korolenko, Wladimir 9
Korrodi, Walther 283
Korsch, Karl 160, 165, 167, 182, 188 f,
    200–203, 223, 230, 331
Krämer-Badoni, Rudolf 214, 333
Kramer, Josef 212
Kramer, M. 11
Kraus, Karl 288, 358
Kraus, Paul 201, 213, 229 f, 331
Krauss, Werner 324, 332
Kravchenko, Victor A. 8, 22, 46, 98 f, 101 f,
    139, 141, 196 f, 199 f, 265, 271, 273, 282,
    289 f, 303, 313, 330 f, 355 f, 372
Krawtschenko, Richard 102, 200, 372
Krebs, Richard 2 f, 8, 20, 22–24, 47 f, 54, 74,
    95, 97 f, 100 f, 131, 177–232, 240 f, 252,
    264–266, 273, 280, 292, 298, 303, 324–336,
    339, 359, 372 f
Krebs-Medders, Clara 25, 193, 207–210, 327,
    332
Krebs-Stöver, Hermine 180, 207, 212, 216,
    225
Krestinski, Nikolai 47, 64, 147, 295

Krivitsky, Walter 2, 8, 22 f, 50, 58, 70, 73–80, 84, 96–99, 105, 138, 140, 146, 183, 186, 189 f, 196 f, 204, 225, 264, 295 f, 298, 303, 317, 326, 328, 335, 346, 356, 359, 373
Krömke, Bruno 102
Kropotkin, Peter 238
Krüger, Horst 373
Kuba (i.e. Kurt Barthel) 111, 307, 309
Kuby, Erich 253, 342
Kuckhoff, Adam 360
Kuczynski, Jürgen 33
Kun, Béla 164
Kunde, Karl 72
Kunert, Günter 364
Kupecek, Johann 380
Kurella, Alfred 118, 149, 157–159, 161, 166 f, 170, 172, 286, 319 f, 323
Kurella, Heinrich 118, 157–159, 170, 319 f
Kurz, Gerhard 316
Kuusinen, Aino 373
Lacis, Asja 164
LaFarge, Oliver 187, 198, 327
Landau, Karl 68
Landauer, Gustav 51, 232, 238, 336
Landshoff, Fritz 233, 317
Langemann, Hans 223 f, 325
Langmaack, Kurt 20, 265, 281, 373
Laqueur, Walter 6, 156, 187, 266
Larsen, Axel 212
Las Casas, Bartolomé de 42, 289
Lasky, Melvin 284, 293, 311
Last, Jef 66, 70, 82, 113, 238, 275, 290, 299 f, 347, 373
Laszlo, Raoul 98, 146, 279, 319, 373
Lautréamont 343
Laxness, Halldor 131, 292, 299
Lefèbvre, Henri 52
Lehen, Ture 326
Lehmann, Paul 290
Lehning, Arthur 58
Leitner, Maria 246, 341
Lenin, Wladimir I. 4, 27, 34 f, 37, 129, 146, 154, 172, 176, 203, 235, 237, 243, 266 f, 285, 287, 318, 330, 338, 347, 354, 356
Leonhard, Rudolf 356
Leonhard, Susanne 109, 159, 281, 289, 315, 356, 373
Leonhard, Wolfgang 11, 132, 135, 140, 267, 270, 272, 275, 281, 288, 311 f, 346, 356 f, 373
Lepel, Hermann 157
Lepp, Ignace 92, 267, 271, 373
Leschnitzer, Franz 286

Lessing, Doris 29, 91, 278, 283, 345, 373
Lesskow, Nikolai 304, 357
Levi, Paul 358
Levy, Benno 133
Lewis, Day 360
Lieb, Fritz 135
Liebknecht, Karl 292
Lindbaek, Lise 294
Lindner, Burkhardt 279
Linse, Ulrich 337
Lipper, Elinor 20, 152, 266, 283, 317, 373
Litten, Hans 163
Litwinow, Maxim M. 137, 194
Loebl, Eugen 373
Loerke, Oskar 142
Loest, Erich 149, 159, 173, 323, 361, 373 f
Loewen, Jan van 308
Loewenthal, Leo 287, 313, 337
Loewenthal, Richard 72, 374
Loibl, Josef 380
London, Artur 68, 85, 280, 292, 295 f, 374
London, Jack 179, 208
Lozareff, Pierre 189
Lorenz, Karl 344
Lorenz, Richard 323
Lowry, Malcolm 343
Lubbe, Marinus van der 249 f, 252, 254, 260, 341–343
Lucas, Erhard 364
Luce, Henry 61
Ludwig, Emil 155, 305, 324
Lüdtke, Gerhard 16 f
Lukacs, Georg 111, 118, 135, 137, 166, 170, 172, 291, 309, 317, 322 f
Luther, Martin 81, 87
Luxemburg, Rosa 292
Lyon, James 165
Lyons, Eugene 94, 184, 186 f, 197, 200, 226, 228, 326, 328, 374
Lys, Gunther R. 25, 102, 364
Lyssenko, T. D. 291, 320
Maaßen, Hans 300
Machiavelli, Nicolo 131
Mahler, Margret S. 302
Mahncke, Otto 219 f, 364
Maison, Karl 330
Majakowski, Wladimir 304
Malenkow, Georgij M. 12
Malraux, André 14, 59, 70, 246, 286, 360, 374
de Man, Hendrik 237, 374
Mann, Golo 71, 297
Mann, Heinrich 6, 24, 72, 107, 111 f, 117, 119 f, 135, 142 f, 151, 155, 162, 173–176, 187, 276, 306, 313–317, 322, 324, 327, 347

Mann, Klaus 14, 29, 36, 38, 55, 81, 109, 151, 186, 246, 282, 302, 306, 313, 317, 331
Mann, Thomas 13, 115, 163, 187, 239, 308, 327, 342
Marc, David 364
Marchwitza, Hans 310
Marcu, Valeriu 337
Marcuse, Ludwig 72, 105, 155, 291, 304, 306, 314, 322
Mareg, Ernst W. 236, 239 f, 338
Marek, Franz 352
Marty, André 68, 88, 263
Marut, Ret 24, 240, 336 f
Marx, Karl 3, 27, 30, 37, 99, 162, 164, 238, 267, 270, 280, 283, 285, 314, 353
Marx, Ludwig 187, 335 f
Maschke, Günter 374
Maschmann, Melitta 283
Maslow, Arkadij 218, 352 f
Maslowski, Peter 73
Massing, Hede 73, 77, 97, 264, 265, 267, 298 f, 332, 374
Massing, Paul 77, 97, 226, 299, 332
Matthews, Herbert L. 59
Mattick, Paul 200, 203, 331
Maurois, André 327
May, Karl 197
Mayenburg, Ruth von 19, 46, 74, 94, 134, 140, 159, 267, 335, 352, 364, 374
Mayer, Götz 206, 329, 331
Mayer, Hans 56, 158, 282, 290, 292, 319, 323, 346, 464
Mayer, Paul 330
McCarthy, Joseph 13 f, 189, 265, 292
Medwedew, Roy 22, 35 f, 56, 66 f, 140, 147, 152, 281, 287, 321, 331, 347
Melville, Herman 208
Mencken, Henry Louis 179, 185, 325
Meray, Tibor 365
Mercader, Ramon 187, 327
Merker, Paul 72
Merleau-Ponty, Maurice 94 f, 138 f, 143, 302, 313
Mesnil, Jacques 174
Mewis, Karl 68, 317
Meyerhold, Wsewolod 165, 176
Mielke, Erich 68
Migsch, Thomas 136
Mihaly, Jo 109
Miller, Alice 96, 303
Miller, Michael 374
Milosz, Czeslaw 265, 281, 301, 343, 374
Mittenzwei, Werner 53, 164 f, 167, 308, 320 f

Mnacko, Ladislav 10, 76, 374
Molotow, Vjaceslav M. 137, 313
Monnerot, Jules 285
Montesquieu 47
Moritz, Karl Philipp 338
Moses 82
Most, Heinrich 283
Mühlen, Hermynia zur 341
Mühlen, Norbert 335
Mühlen, Patrik von zur 105, 296–298
Mühsam, Erich 51, 109, 156 f, 234, 267, 291, 337
Mühsam, Zensl 156 f, 332
Müller, Erich 22, 103 f, 266, 289, 304, 313, 357, 374
Müller, Heiner 5, 267, 284, 286, 322, 346
Münzenberg, Willi 32, 48, 58, 60 f, 71–73, 109, 142, 250, 297, 304, 311, 319, 324, 347, 349 f, 355, 358, 374
Münzer, Thomas 81 f, 87
Muni 86
Mussolini, Benito 52, 65, 76, 161, 176
Mytze, Andreas 158 f
Nadeau, Maurice 343
Nagy, Imre 374
Namuth, Hans 100
Negt, Oskar 26, 151, 169, 312
Neher, Carola 147, 157, 162–164, 306
Neruda, Pablo 65, 295
Nettelbeck, Uwe 217
Neumann, Felix 179, 219, 325
Neumann, Heinz 72, 144, 146, 219, 224, 273, 346, 351
Neumann, Robert 113, 143, 307, 314
Neumann, Sigmund 335
Nicolas, Waltraut 41, 101, 136, 266, 304, 308, 374 f
Niekisch, Ernst 111, 115 f, 127, 237, 268, 308–310, 313
Nietzsche, Friedrich 28, 113, 268 f, 346
Nin, Andres 65, 75, 297
Nixon, Richard 149
Nizan, Paul 52, 99, 291, 311
Noll, Dieter 9
Noll, Hans 375
Nollau, Günter 325, 364
Nolte, Ernst 329
Norgaard, Erik 221
Noth, Ernst Erich 286
Nottbeck, Berend von 11, 332, 364
Ober, Peter 25
Oettinghaus, Walter 73
Ohly, Friedrich 291

Olberg, Betty 136
Ollenhauer, Erich 113, 307
Olson, Cuthbert 207
Orloff, W. 315
Orlow, Alexander 8, 70, 74–76, 99, 273 f,
346, 375
Orlowa-Kopelew, Raissa 375
Ortuno, José Vicente 352
Orwell, George 1, 9, 14, 20, 51, 59 f, 70, 174,
263, 276, 280–282, 287, 290, 294, 297, 323,
375
Ossietzky, Carl von 148, 305
Osten, Maria 294, 296, 320
Ostrowski, Nikolai A. 4, 9
Otten, Karl 292 f
Ottwalt, Ernst 9, 41, 136, 147, 158, 162, 320,
325
Pachmann, Ludek 375
Paeschke, Hans 288
Paetel, Karl Otto 108, 309
Parker, Dorothy 143
Partos, Paul 322
Pascal, Roy 261
Pasolini, Pier Paolo 285, 293
Pasternak, Boris 314
Paul, Wolfgang 283
Paz, Octavio 49, 282
Pechel, Rudolf 31, 103, 303
Pétain, Henri P. 32, 115
Petersen, Jan 246
Pfanner, Helmut 338
Pfemfert, Franz 354
Pförtner, Matthias s. Erich Müller
Picker, Henry 304
Piehl, Otto 364
Pike, David 121, 158–160, 164, 317, 319, 321
Pinkus, Theo 4, 66, 146, 319 f, 364
Pirker, Theo 154, 283, 295
Piscator, Erwin 279, 306, 346
Pivert, Marceau 198
Pjatakow, Georgij L. 130
Pjatnitzky, Osip 273, 326
Platen, August Graf v. 15
Plechanow, Gregorij V. 54
Plenzdorf, Ulrich 308
Plievier, Hildegard 375
Plievier, Theodor 13, 31, 81, 141, 281 f, 313,
357, 375
Plutnik, Albert 156
Pohle, Fritz 300, 334
Pokorny, Dusan 373
Pol, Heinz 108, 142, 305, 316
Polgar, Alfred 344

Pollitt, Harry 266
Poore, Charles 336
Poretsky, Elisabeth 9, 77, 151, 153, 299, 317,
346, 375
Poyntz, Juliette Stuart 97
Prauß, Herbert 267, 272, 375
Price, Arthur L. 179, 192, 325
Pritt, D.N. 341
Pritzel, Konstantin 375
Prochazka, Jan 375
Proudhon, Pierre J. 99
Przybyszewski, Stanislaw 315
Putkamer, Franz von 293
Putlitz, Wolfgang Gans Edler Herr zu 222
Quisling, Vidkun 115
Quittner, Genia 375
Raddatz, Fritz J. 292, 307
Radek, Karl 50, 137, 146, 290 f, 317, 347
Radkau, Joachim 177, 324
Rahner, Karl 42, 288
Raikoff, Ilja 221
Rainer, Alfred 214
Rajk, Laszlo 54
Ranke, Hubert von 70, 92, 267 f, 302, 342
Rankin 115
Raskolnikow, Fjodor 145
Rauschning, Hermann 187, 193, 206, 329
Rayski, Adam 375
Read, Herbert 328
Reagan, Ronald 270
Recknagel, Rolf 232, 336 f
Reese, Maria 101 f, 375
Regler, Gustav 2 f, 5 f, 9, 14, 20, 22 f, 32 f,
44 f, 51–54, 58 f, 63 f, 67 f, 70–72, 81–93,
95 f, 98, 105–113, 118, 121, 150, 155, 158,
197 f, 217, 249, 262, 265–268, 275 f, 279,
281 f, 286 f, 289, 291, 294–297, 299–303,
306 f, 316, 318 f, 331, 334, 344, 358, 375 f
Regler-Vogeler, Marieluise 110, 358
Reich, Bernhard 160, 164, 320
Reich, Wilhelm 109, 238, 355, 376
Reider, Norman 291
Reik, Theodor 51, 291
Rein, Heinz 316 f
Reinerova, Lenka 341
Reinhold, R.A. 190
Reisner, Georg 100
Reiß, Ignaz 9, 77 f, 97 f, 151, 196, 217, 273,
298 f, 356
Remarque, Erich Maria 324, 327
Remmele, Hermann 346
Renn, Ludwig 9, 86, 125, 295–297, 300, 310,
316, 322, 330

Retzlaw, Karl 108, 226, 270, 273, 325, 358, 376
Reuter, Ernst 12
Revel, Jean-François 272, 282
Ribbentrop, Joachim v. 137
Richter, Hans Werner 13, 48, 265 f, 282, 311, 355, 376
Richter, Trude 323, 341
Rittwagen, Kurt 136
Rivera, Diego 240
Rocker, Rudolf 76, 233, 238, 240, 281, 319, 332, 339
Roe, Wellington 184, 198 f
Roeder, Bernhard 36, 287, 376
Röder, Werner 364
Roederer, Lucien 70, 376
Rolland, Romain 6, 80, 117, 124, 150, 299, 346, 354
Roloff, Ernst-August 22, 97, 122, 272, 284, 309, 345 f
Roosevelt, Theodore 160, 204
Rosenberg, Arthur 376
Rosenthal, Gérard 78
Rosenwald, Kurt 103
Rossum, Walter van 38, 288
Roth, Joseph 117
Roussel, Raymond 343
Rousset, David 331, 343, 361
Rubiner, Frida 279, 338
Rudolf, A. s. Raoul Laszlo
Rühle, Jürgen 15, 22, 170, 280, 307, 353
Rühle, Otto 360
Rühle-Gerstel, Alice 360
Russell, Bertrand 285
Ruthenberg, Charles E. 346
Saar, Karl 228
Sahl, Hans 121, 132 f, 142, 265, 267, 305 f, 311, 313, 317, 376
Saint-Exupéry, Antoine de 59
Salomon, Ernst von 108, 257 f, 344
Salter, Ernest J. 107, 112, 122, 305, 308 f
Salvemini, gaetano 287
Samjatin, Jewgenij 1, 9, 20, 243, 280, 376
Sander, Hans-Dietrich 292
Sartre, Jean-Paul 2, 29 f, 52, 85, 134, 171, 268, 272, 283 f, 290 f, 299, 302, 307, 314, 331
Sattler, Otto 240
Sayers, Michael 98, 187 f, 224, 303, 328
Scarlett, Dora 376
Schädlich, Hans Joachim 127, 282, 295, 364
Schafarewitsch, Igor 321
Schaff, Adam 355
Schaffner, John 208

Scharrer, Adam 313
Schaxel, Julius 148, 316
Scheer, Maximilian 126, 305 f, 310, 330
Schellenberg, Walter 140, 336
Schelley, Adolf 221, 334 f
Schenk, Fritz 2, 263, 272, 345, 376
Scheringer, Richard 280
Scheurig, Bodo 289
Schewtschenko, Arkadij N. 376
Schildbach, Gertrude 77, 299
Schiller, Dieter 32, 286
Schiller, Friedrich 82, 322, 360
Schirdewan, Karl 214, 333
Schlamm, Willi 14, 48, 62, 76, 130, 146 f, 149, 172, 190, 214, 238, 266, 281 f, 311 f, 316–318, 324, 333, 358–360, 376 f
Schlesinger, Rosa 93
Schmid, Carlo 257
Schmidt, Arno 289 f
Schmigalle, Günther 174
Schmitt, Carl 34, 227
Schmückle, Karl 158 f, 319
Schneider, Rolf 282
Schneller, Luise u. Eva 217 f
Schock, Ralph 287, 297, 300
Schönherr, Gustav 221
Scholmer, Joseph 266, 377
Schopenhauer, Arthur 49, 290
Schostakowitsch, Dmitrij 151, 153, 376
Schrimpf, Georg 104
Schröder, Max 108, 126, 305
Schroers, Rolf 342 f
Schütze, Irmgard 310
Schulz, Fiete 331
Schulz, Max Walter 9
Schulze-Boysen, Harro 360
Schumacher, Joachim 168 f, 274
Schwarz, Egon 191, 364
Schwarzschild, Leopold 69, 132, 141 f, 148, 150, 154, 168, 286, 314–316, 318
Scott, Sidney W. 140, 377
Sedow, Leo 77 f, 130
Seeckt, Hans von 202, 217
Seger, Gerhart 191, 238, 240, 328, 338 f
Seghers, Anna 30, 52 f, 53, 81, 96, 132, 141, 246, 275, 303, 306 f, 310, 322, 324, 327, 330, 340 f
Seiwert, Franz Wilhelm 337
Semprún, Jorge 8 f, 17, 19 f, 62, 89, 95, 139, 226, 287, 295, 297, 311, 336, 359, 377
Senger, Valentin 377
Serge, Victor 1, 20, 71, 77 f, 84, 86, 99, 140, 174, 198, 234, 237, 266, 282, 287, 296, 299,

306, 311, 315, 328, 334, 337 f, 345, 347, 354, 377

Serke, Jürgen 16

Seyppel, Joachim 291, 347, 377

Shakespeare, William 30, 110, 176, 324

Sharpley, Cecil 377

Shaw, Bernard 155

Shaw, Irvin 143

Sheean, Vincent 189

Sieburg, Friedrich 214, 333

Silone, Ignazio 2, 8, 11–14, 17, 19 f, 22, 29, 44, 54, 88 f, 91, 94 f, 99, 131, 133, 147–150, 215, 267 f, 272, 276, 278, 281, 283–285, 293, 301, 316, 327, 343, 345, 348, 359, 377 f

Simone, André s. Otto Katz

Simonow, Konstantin 200, 330

Sinclair, Upton 297, 360

Sinko, Ervin 76, 159, 299, 319, 378

Sinowjew, Alexander 10, 16 f, 288, 321, 378

Sinowjew, Grigorij 27, 84, 155, 237, 338, 354

Sintenis, Renée 31

Skoblewski 178 f, 325

Slanska, Josefa 378

Slansky, Rudolf 12, 54, 84 f, 127, 250, 292

Sloterdijk, Peter 269, 346

Sohn-Rethel, Alfred 109

Sokrates 129, 155

Solonjewitsch, Iwan 102 f, 304

Solschenizyn, Alexander 20, 152, 156, 282, 287, 291 f, 310, 329, 331, 359, 378

Sommer, Ernst 292

Sontag, Susan 149, 316

Sorge, Richard 360

Souchy, Augustin 298

Souvarine, Boris 1, 165, 204, 266, 279, 347, 378

Spender, Stephen 33, 59, 70, 131, 266, 272, 274, 281, 345, 360, 378

Sperber, Manès 8, 10, 14, 20, 22, 26, 32, 72 f, 81 f, 90–92, 94 f, 99, 132 f, 136, 138 f, 144, 146, 152, 164, 173, 215, 263, 265–270, 272 f, 275 f, 281 f, 297 f, 309, 311 f, 340, 346, 360

Staimer, Richard 68

Stajner, Karlo 266, 272, 282, 289, 379

Stalin, Josef W. div.

Stampfer, Friedrich 113, 196, 206, 307

Steckel, Leonhard 109

Steffen, Jochen 50

Steffens, Lincoln 82

Steffin, Margarete 151, 162

Steinberg, Isaac 316

Stern, Carola 2, 7, 11, 17, 94, 215, 282 f, 296, 312, 332, 364, 379

Stern, Guy 191, 327, 364

Stern, Kurt 81, 310

Sternberg, Fritz 160, 166

Sternheim-Peters, Eva 283

Stewart, Kenneth 184, 198 f, 241, 327, 336

Stirner, Max 28, 234

Stockfleth, Claus 220, 334

Stone, I.F. 330

Strasser, Otto 206

Strauss, Wolfgang 38

Streicher, Julius 116

Strödter, Karl-Wilhelm 86

Sundermann, Helmuth 103

Szasz, Béla 94, 129, 168, 176, 225, 264, 276, 282, 284, 287, 290, 292, 335, 347, 379

Szende, Stefan 140, 380

Tagüena, Manuel 70, 297

Tasker, L. 179

Témime, Emile 75, 294, 298

Tertullius 41

Thälmann, Ernst 44, 124, 218, 335

Thalheimer, August 338

Thalmann, Clara u. Paul 380

Thelen, Albert Vigoleis 293

Theweleit, Klaus 166 f, 317

Thomas, Hugh 298

Thomas, Stefan 11

Thorez, Maurice 52

Thürk, Harry 291

Tichy, Frank 328, 364

Tito, Josip B. 34, 49, 54, 271, 290, 351 f, 357

Tobias, Fritz 341, 364

Togliatti, Palmiro 12, 68, 88 f, 274, 301, 326

Toller, Ernst 32, 302, 360

Tolstoi, Alexej 296

Tolstoi, Leo 354, 357

Torberg, Friedrich 190, 214, 333

Torgler, Ernst 101 f

Torquemada, Tomas de 56

Tosstorff, Reiner 339

Trapp, Frithjof 364

Traven, B. 24, 232, 240, 336 f

Trepper, Leopold 261, 265 f, 354, 360, 380

Tretjakow, Sergej 162–165, 320

Trott zu Solz, Werner von 109, 115, 307

Trotzki, Leo 11, 14, 27 f, 34, 44 f, 49, 51, 77, 85 f, 90, 97, 102, 129 f, 141, 145 f, 149, 153 f, 157, 187, 235, 240, 263, 271, 276, 290 f, 298, 303, 312, 318 f, 327 f, 330, 338 f, 351, 359

Tuchatschewski, Michail N. 130, 140

Tucholsky, Kurt 32, 107, 238 f, 339

Turel, Adrien 28 f, 286

Uhland, Ludwig 110

Uhse, Bodo 9, 65, 86, 89, 114, 125, 275, 300, 306, 310, 330, 347

Ulbricht, Walter 12, 68, 88, 112, 120 f, 138, 214, 273 f, 276, 313

Urbahns, Hugo 203

Utley, Freda 380

Uttitz, Friedrich 380

Valtin Jan s. Richard Krebs

Valtna, Ats 282

Viesel, Hansjörg 364

Villon, Françoid 96, 303

Völker, Klaus 160 f, 322

Vogeler, Heinrich 279, 358

Volkersen, Hilde 181, 212, 220 f

Voltaire 269

Wadsworth, A.P. 265

Wakefield, Lowell 195, 329

Walden, Mathias 309

Wallace, Henry A. 314

Wallach, Erica 380

Walter, Albert 178, 195 f

Walter, Hans-Albert 22, 25, 86, 141, 159, 177, 197, 227, 291, 296 f, 302, 310, 312, 319, 324, 364

Weber, Hermann 27 f, 36, 185, 196, 215, 265, 267, 333, 336, 364, 380

Wehner, Charlotte 222

Wehner, Herbert 2, 17, 84, 133, 159, 164, 222, 265, 311, 313, 346, 380

Wehrenberg, Fred 220

Weigel, Helene 307

Weil, Simone 257

Weinert, Erich 61, 109, 140, 224, 294 f, 306, 317, 335

Weingarten, Adolf 133, 313

Weiskopf, Franz Carl 32, 286, 302

Weiss, Peter 62 f, 64 f, 69, 141, 295 f, 311 f, 349

Weiss, Wolf 240, 339, 380

Weissberg-Cybulski, Alexander 10, 99, 136, 139, 176, 265 f, 312, 319, 331, 355, 360 f, 380

Weizsäcker, Carl Friedrich von 115, 127

Wells, H.G. 155, 189, 327 f

Wels, Otto 113, 307

Weninger, Karl 380

Werfel, Franz 32, 324, 329

Wessel, Horst 309

Westheim, Paul 330

Wiechert, Ernst 305

Wiemers, Adalbert 50

Wilde, Harry 357

Wilson, Edmund 98

Witsch, Joseph Caspar 11, 210, 265, 281, 332

Wittfogel, Karl August 2, 19, 93, 135, 137 f, 150, 160, 204, 279, 281, 284, 313, 380

Wladimow, Georgij 287

Wolf, Christa 283

Wolf, Friedrich 53, 291, 295

Wolfe, Bertram D. 380

Wolff, KD 134, 282

Wollenberg, Erich 8, 21, 68, 157, 216 f, 240, 266 f, 292, 296, 299, 325 f, 333, 380

Wollweber, Ernst 131, 181, 196, 209, 214–217, 222, 230 f, 273 f, 333, 336

Wright, Richard 143, 276, 325, 345, 380

Wurmser, André 289, 330

Wymann, David 331

Wyneken, Gustav 233

Wyschinski, Andrej J. 47, 131, 154 f, 288, 290, 295, 316, 318

Zaisser, Wilhelm 67 f, 114, 273

Zalka, Maté 9

Zborowski, Mark 303

Zehm, Günther 2, 170, 172, 266, 323, 380

Zeutschel, Walter (i.e. Adolf Burmeister) 218 f, 221, 264, 303, 325, 331, 334 f, 380

Zimmermann, Ludwig 342

Zounek, Ludwig 380

Zudeick, Peter 172

Zweig, Arnold 105, 126, 148, 151, 163, 193, 238, 281, 306 f, 316–318, 327, 339

Zweig, Stefan 32, 187, 302

Zwerenz, Gerhard 13, 36 f, 38 f, 100, 112, 175, 215, 265, 269, 272, 280, 285, 292, 302, 307, 319, 322, 345, 361, 364, 380 f